Heini Hofmann: Gesundheits-Mythos St. Moritz
Sauerwasser – Gebirgssonne – Höhenklima

Heini Hofmann

GESUNDHEITS-MYTHOS
ST. MORITZ

Sauerwasser – Gebirgssonne – Höhenklima

Zum 150. Geburtstag
des grossen Alpenmediziners
Dr. Oscar Bernhard

Vorwort

Mythos, das Wort aus dem Altgriechischen bedeutet eine sagenhafte Geschichte, eine erzählerische Verknüpfung von Ereignissen von tiefem Sinn und faszinierendem Inhalt mit nachhaltiger Ausstrahlung. Was verlieh St. Moritz in der abgeschiedenen Bergwelt schon sehr früh einen weitreichenden Mythos? Es war die Kunde von Gesundheit und Heilung, die von hier ausging und die Menschen anzog. Sie scheuten keine Mühe, um daran teilhaben zu können und wurden dadurch Teil des Gesundheitsmythos St. Moritz.

Der 150. Geburtstag des hochverdienten Talarztes Dr. Oscar Bernhard und die 100 Jahre seit dem Bau seiner berühmten Sonnenklinik waren Anlass, zu seinen Ehren die gesamte, wechselvolle Medizingeschichte von St. Moritz zum ersten Mal in vollem Umfang aufzuarbeiten. Denn es waren die Heilquellen, die Gebirgssonne und das Höhenklima, die dem Bergdorf zu Weltruhm verhalfen.

Glücklicherweise konnte für diesen anspruchsvollen Auftrag der erfahrene Wissenschaftspublizist Heini Hofmann gewonnen werden. Mit unermüdlicher Akribie und enormem Rechercheaufwand, mit kritischer Distanz und zugleich grosser Begeisterung hat er diese Aufgabe angepackt. So entstand ein mit vielen Originaltexten angereichertes, attraktiv illustriertes, sachlich fundiertes, äusserst unterhaltsam geschriebenes und mit einer Prise Humor gewürztes Sachbuch. Eine solche Gesamtschau hat bisher gefehlt.

Die Bandbreite des Inhaltes ist gross. Sie reicht von den seit bald 3500 Jahren genutzten Heilquellen, dem geheimnisvollen Alpenmoor und dem geschichtsträchtigen Heilbad über die mit vielen neuen Fakten belegte Lebensgeschichte des in Vergessenheit geratenen Oscar Bernhard mit seiner weltweit erfolgreichen Heliotherapie bis hin zur Wirkung des Höhenklimas. Themen, die nicht nur Medizin und Wellness, sondern ganz speziell auch Tourismus, Hotellerie und Sport direkt tangieren.

Der Autor verstand es, den umfangreichen Stoff kritisch aufzuarbeiten und zu analysieren. Zudem entwickelte er prüfenswerte, visionäre Ideen. Das Buch wird die Liebhaber des Engadins begeistern. Es wird das Interesse jener wecken, die noch nie hier waren. Und für alle Einheimischen sollte es Pflichtlektüre sein, damit sie ihr Paradies, in dem sie leben, noch besser kennenlernen und seine Naturschätze verantwortungsvoll pflegen und nutzen.

St. Moritz, im September 2011

Dr. med. Robert Eberhard
Präsident der Dr. Oscar Bernhard-Stiftung St. Moritz und
Leitender Arzt Medizinisches Therapiezentrum Heilbad St. Moritz

Dank für Unterstützung

Die nachstehend aufgeführten Gönner und Institutionen ermöglichten die Realisierung dieses Buches, wofür ihnen ganz herzlich gedankt sei:

Gemeinde und Bürgergemeinde St. Moritz
Dr. Oscar Bernhard-Stiftung, St. Moritz
Renato Testa, St. Moritz
Verein Forum Vulpera, Vulpera
Medizinisches Therapiezentrum Heilbad St. Moritz
Stavros Niarchos Foundation
Kulturförderung des Kantons Graubünden, Chur
Nachkommen von Dr. Oscar und Lili Bernhard
Dorli und Rudolf Müller, Zürich
Verena und Hans Thoma, St. Moritz
Doris und Hans Imholz
Lady Mercia Harrison
Plinio Testa, St. Moritz
Gemeinde Samedan
Bata Schuh Stiftung, St. Moritz
Willi Muntwyler-Stiftung, St. Moritz
Kur- und Verkehrsverein, St. Moritz
Klinik Gut, St. Moritz
Maurizio Degiacomi, Landhotel Meierei, St. Moritz
Badrutt's Palace Hotel, St. Moritz
Frieda und Hartly Mathis, St. Moritz
Hotel Gasthaus Krone, La Punt Chamues-ch
Fundaziun Biblioteca Engiadinaisa
Spital Oberengadin, Samedan
Dr. M. O. Winterhalter Stiftung, Chur
Stiftung Jacques Bischofberger, Chur

Impressum:

Herausgeber:	Dr. Oscar Bernhard-Stiftung, St. Moritz Präsident: Dr. med. Robert Eberhard
Verlag:	Montabella-Verlag, Max Weiss, St. Moritz, www.montabella.ch
Layout:	Jon Duri Gross, Bever und Heini Hofmann, Jona
Druckvorstufe:	e-grafica sa, Pontresina
Korrektorat:	Esther Siegrist, Samedan *(Die Sprachregelung entspricht derjenigen von NZZ und FAZ.)*
Fotos:	*vorgängige Aufbereitung:* Foto Breitenmoser, Rüti ZH Foto Flury, Pontresina Fotoatelier Reinhardt, Chur
Druck:	Gammeter Druck AG, St. Moritz
Binden:	Buchbinderei Eibert AG, Eschenbach SG
	1. Auflage 2011
ISBN	978-3-907067-40-6

Inhalt

Vorwort des Stiftungspräsidenten   5

Prolog: Späte Ehrung!   13

Von der magischen Heilkraft der Berge   17
- *Ohne Köpfe, nur mit Mützen* *18*
- *Korrektur eines Zerrbildes* *20*
- *Kuriose Bergapotheke* *23*
- *Alpenmilch – ein ganz «besondrer Saft»* *32*
- *Wasser und Luft als Medizin* *38*
- *Reize stimulieren das Leben* *40*
- *Wellness – zuerst beim Rindvieh* *49*
- *Benachteiligte Bergler* *52*
- *Engadin – Nukleus der Alpenmedizin* *56*
- *Der Kreis schliesst sich* *57*

Die älteste, höchstgelegene Heilquelle   59
- *Am Anfang war das Wasser* *60*
- *Wasserfreundliches Mittelalter* *62*
- *Paracelsus und Gessner* *64*
- *Initialzündung von aussen* *68*
- *Erste Promis tauchen auf* *70*
- *Rotes Wasser, blaues Blut* *75*
- *Ein erster Reiseboom* *79*
- *Würde bringt Bürde* *83*
- *Steter Tropfen zeitigt Erfolg* *87*
- *Der grosse Befreiungsschlag* *93*

Aufstieg zum Weltkurort – dank Wasser   99
- *Mauritius- und Paracelsusquelle* *100*
- *Den Turnaround geschafft* *108*
- *Die grosse Rochade* *120*
- *Balneologische Sensation* *122*
- *Gesamtrenovation unter Zugzwang* *126*
- *Highlife im Weltbadekurort* *128*
- *Zwei Nobelhotel-Paradepferde* *133*
- *Das abrupte Ende* *150*

Das ständige Sorgenkind Quellfassung   153
- *Tragikomödie in zehn Akten* *154*
- *Regen ertränkt Sauerbrunnen* *162*

Zauberlehrling Mensch	168
Versuch einer Erklärung	170
Tragikomödie – die Zweite	172
Die aktuelle Situation	175
Zwiegespräch mit dem Quellengeist	179

Heilbad-Revival: Totgesagte leben länger — 183

Kurze goldene Zwanzigerjahre	184
Die grosse Ernüchterung	186
Neues Leben erwacht	187
Verkannte gute Geister	188
Mutiger Schritt nach vorn	192
Das neue Heilbadzentrum	197
Auf wissenschaftlicher Basis	201
Stillstand wäre der Untergang	210
Tolle Ziele – unglückliche Umsetzung	213
Totgesagt – und auferstanden!	217
Dem modernen Zeitgeist folgend	221

Promotor Oscar Bernhard (1861-1939) — 227

Es begann in Samedan	228
Kein ewiger Student	239
Volksnaher Praktiker	242
Dirigierender Spitalarzt	244
Bergführer und Samariter	246
Naturfreund und Jäger	253
Freundschaft mit Segantini	257
Wechsel nach St. Moritz	262
100 Jahre Bernhard-Klinik	266
Tragik des Tüchtigen	273
Verhinderter Nobelpreis?	276
Numismatiker und Historiker	282
Der Mensch Bernhard	286
Ein grosses Leben endet	293

Der älteste Arzt ist die güldene Sonne — 297

Alle Wesen leben vom Licht	298
Wo viel Sonne, da kein Arzt	301
Als das Licht wieder ans Licht kam	303
Therapeutischer Quantensprung	304
St. Moritzer Sonnenwonne	306

Oscar Bernhard – Begründer der Heliotherapie — 309

Gespenst «weisse Spinne»	310
Samedan – Wiege der Heliotherapie	313

Bündnerfleisch sei Dank!	*314*
Fairer Forscher-Wettstreit	*316*
Zwerge aus den Bergen	*320*
Bernhard als Kriegschirurg	*322*
Beeindruckender Palmarès	*329*
Auf einmal überflüssig	*335*

Höhenklima und Höhenphänomene — 337

Vergessenes geistiges Erbe	*338*
Das Klimawunder Engadin	*342*
Ärztlich betreute Klimatologie	*345*
Das Alpentriptychon der Medizin	*351*
Das Engadin – eine Klimaoase	*356*
Schonungsvolles Reizklima	*357*
Die grosse Rückschau	*359*
Aktuelle Klimagutachten	*362*
Das Wunderkind Malojawind	*366*
Grösstes Riesenreptil der Welt	*370*
Sibirien im Engadiner Untergrund	*372*
Befreiungsritual seit 1832	*374*

Höhenmedizin und Höhentraining — 377

Die Seele aus dem Leib erbrochen	*378*
Schwarzes Blut und weisse Stirn	*382*
Vom Laboratorium an die Höhenfront	*388*
Höchstgelegenes Akutspital Europas	*393*
Gretchenfrage: Wie hoch ist hoch?	*397*
In «atemberaubender» Bergwelt	*400*
Höhentraining begann mit Pferden	*403*
Muottas Muragl – Zauberberg des Sports	*405*
Verpuffte Attacke auf das Höhentraining	*409*

Engiadina – Terra sana — 415

Andere Welt in anderem Licht	*416*
Die Luft der Gemsen schlürfen	*419*
Am meisten liebe ich die Sonne	*421*

Epilog: Lage ist Auftrag! — 427

Verdankung — 438

Bildernachweis — 440

Terra sana – St. Moritz und die Oberengadiner Seenlandschaft: Das höchstgelegene, sanft in den Alpenkranz einbegettete, ganzjährig bewohnte Bergtal, aus der Vogelperspektive betrachtet.

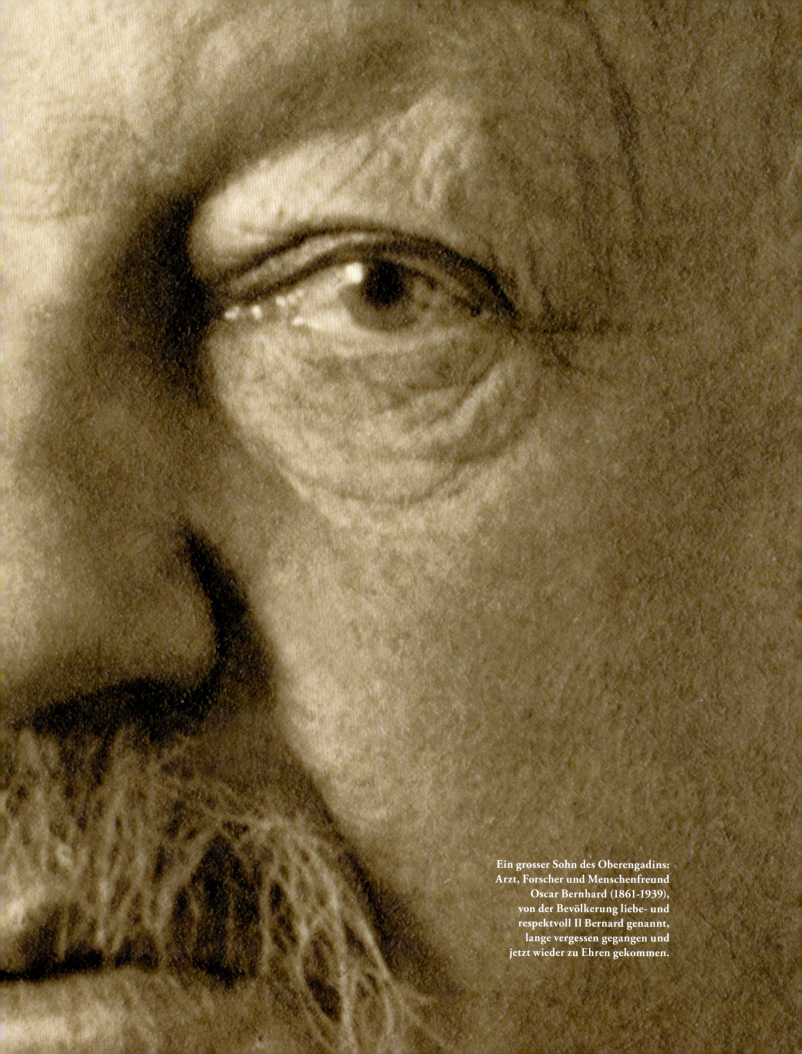

Ein grosser Sohn des Oberengadins: Arzt, Forscher und Menschenfreund Oscar Bernhard (1861-1939), von der Bevölkerung liebe- und respektvoll Il Bernard genannt, lange vergessen gegangen und jetzt wieder zu Ehren gekommen.

Prolog: Späte Ehrung!

Das Oberengadin hat einen der ganz grossen Alpenmediziner hervorgebracht: Dr. Oscar Bernhard (1861-1939), geboren und tätig gewesen zuerst in Samedan, dann in St. Moritz. Hier erhielt er zwar das Ehrenbürgerrecht. Doch seither wurde er – Prophet im eigenen Vaterland – nie richtig gewürdigt, nicht einmal postum zu seinem 100. Geburtstag. Böse Zungen sagen, er sei richtiggehend totgeschwiegen worden.

Vergessen und verkannt

Dafür spricht, dass beispielsweise 1911 die Eröffnung seiner weltbekannten Klinik selbst in der Lokalpresse nur marginale Erwähnung fand. Das hat damit zu tun, dass man den aufstrebenden Kurort St. Moritz mit Gesundheit, Sport und Lebensfreude und nicht mit Krankheit, Medizin und Sanatorium in Verbindung bringen wollte, obschon sinnigerweise auch viele Berühmtheiten der Luxushotel-Klientel zu Bernhards dankbaren Patienten zählten.

Und siehe, solches Vergessen wirkt sich nachhaltig aus. Das zeigte sich unter anderem, als im Frühjahr 2010 im Schweizerischen Landesmuseum eine Ausstellung über Alpenmedizin und Heliotherapie in der Schweiz gezeigt wurde, in der weder St. Moritz noch Oscar Bernhard Erwähnung fanden, obschon *er* die Heliotherapie (Sonnenlichtbehandlung) begründet hat, mit der weltweit dann Hunderttausende von Patienten mit Knochen- und Gelenktuberkulose gerettet wurden, als noch keine Tuberkulostatika zur Verfügung standen.

Doppeljubiläum

Als aktueller Anlass zur späten Ehrung des grossen, aber leider in Vergessenheit geratenen Alpenmediziners anerbot sich das 2011 anstehende Doppeljubiläum: 150. Geburtstag von Dr. Oscar Bernhard und zugleich 100 Jahre Bernhard-Klinik (die noch existiert, aber heute zu Wohnzwecken dient).

Um das Lebenswerk des grossen Mediziners nachträglich zu würdigen, wurde beschlossen, die Verdienste dieses Pioniers in einem Buch festzuhalten. Bei der umfangreichen Recherche bis hin zu privaten Briefen und Schriftstücken musste festgestellt werden, dass sich solche Ehrung doppelt aufdrängt, da auch eine Art Wiedergutmachung ansteht.

Dunkle Schatten

Denn was man bisher verdrängt oder nicht mehr gewusst hat und was auch in keiner bisherigen Publikation aufscheint: Der nachmalige Ehrenbürger wurde anfänglich alles andere als nobel behandelt. (Korrekterweise muss hier angefügt werden: Wo passiert solches nicht?) In Samedan hat man dem verdienten Spitalgründer, obschon er einer von ihnen war, auf unschöne Art den Laufpass gegeben, und in St. Moritz wollte man ihn zuerst nicht und

Die Geburtsurkunde aus einem im Keller des Samedner Pfarrhauses lagernden Rodel, die belegt, dass sich Bernhards Vorname Oscar richtigerweise mit c und nicht mit k schreibt.

hat ihm später die Hände gebunden, was zur Folge hatte, dass ein anderer mit seiner Entdeckung berühmt und er vielleicht sogar um den Nobelpreis geprellt wurde.

Für seine Grösse spricht, dass er sich darüber nie öffentlich beklagte, sondern – weil er ein Macher und kein Lamentierer war – neue Herausforderungen suchte und sich in den vom Krieg heimgesuchten Ländern als Lazarettchirurg nützlich machte. Allen Widerwärtigkeiten zum Trotz war und blieb er der bodenständige Arzt und Menschenfreund seines Heimattals, für den Beruf Berufung war.

Umfassende Gesamtschau

Deshalb: Im Sinne der von ihm gelebten Universalität soll in diesem Buch seine Würdigung in die ganze Bandbreite des Gesundheitsmythos von St. Moritz eingebettet werden. Mit anderen Worten: eine Gesamtschau anstelle einer Solitärbeweihräucherung, wohl ganz im Sinne des trotz Ruhm und Ehre bescheiden gebliebenen Bernhard.

Das heisst, nach einer Einführung über die Heilkraft der Berge folgt zuerst die wechselvolle Geschichte der Quellen- und Bädertradition samt dem heutigen Revival, dann zentral Oscar Bernhards Leben und Lebenswerk, speziell die Heliotherapie und die Bergrettung, gefolgt von aktuellen Aspekten wie Klimatherapie und Höhentraining sowie einer abschliessenden Besinnung auf die Geschenke, mit denen die Natur das Engadin verwöhnte und wie diese auch in Zukunft gewinnbringend zu nutzen wären.

Sinnvolle Umrahmung

Diese Einbettung der Bernhard-Biografie und Heliotherapie zwischen die Themenbereiche Heilwasser und Höhenklima macht doppelt Sinn. Zuerst bezüglich Wasser: Am Anfang der Erfolgsstory von St. Moritz standen nämlich nicht, wie das heute vielfach vermutet wird, die Luxushotels mit ihrer exklusiven Klientel und der Sport. Begonnen hat alles mit der ältesten, höchstgelegenen Heilquelle. Sie war es, die das ehemals unscheinbare Bauerndorf weltberühmt machte, den Nobelhotels und dem Sport zu Gevatter stand und somit den Grundstein legte für alle spätere Entwicklung.

Interessanterweise scheint auch hier Nachholbedarf zu bestehen. Denn als Gottfried Grieshaber, langjähriger Ortsgeometer, Vorsteher des Bauamtes und damit Betreuer der Mauritiusquelle, 1965 von der Gemeinde den Auftrag erhielt, die Geschichte der Heilquelle in Kurzform nachzuführen, schrieb er im Vorwort dieser Broschüre, dass er es nicht unterlassen möchte, «auch an dieser Stelle den schon mehrmals gemachten Vorschlag an die Gemeindebehörden zu wiederholen», jemanden mit der «Abfassung einer vollständigen Geschichte der Quelle» zu beauftragen. Dieser Wunsch geht hiermit ebenfalls in Erfüllung.

Und nun bezüglich Klima: Heilquelle, Sonne und Höhenklima sind eine unzertrennliche Naturtrilogie. Das Ganze ist auch hier mehr als die Summe seiner Teile. Dem Höhenklima kommt, wie dem Heilwasser und der Gebirgssonne, eine ganz besondere Bedeutung zu. Wäre das Engadin kein Hochtal, wäre St. Moritz nie zu dem geworden, was es heute ist, nämlich der welterste Höhenkurort. Deshalb sah sich Oscar Bernhard auch veranlasst, eine Stiftung für Klimaforschung zu gründen. Das Credo in einem seiner Vorträge lautete: «Ich wünsche unserem Orte durch seine Luft, seine Sonne und seine Quelle für sich und die leidende Menschheit ein blühendes Gedeihen». Was heute vielleicht wieder vermehrt zu bedenken wäre!

Symbolische Wundheilung

Erfreulicherweise ist es beim Gedenken zum 150. Geburtstag des grossen Mitbürgers nicht bloss bei einem Buch geblieben, das auch wieder vergilben kann. So wurden in St. Moritz gleich noch andere Nägel mit Köpfen geschmiedet: Korrektur der Strassentafel und Umwandlung der Grabstätte in ein Ehrengrab. Auch Samedan schloss sich an und brachte im Spital Oberengadin eine Gedenktafel an.

Warum Korrektur einer Strassentafel? Weil die Beschilderung jener Zufahrt, die in St. Moritz von der Via Somplaz hinauf zur ehemaligen Villa und Klinik Bernhard führt, fehlerhaft war: Via Dr. Oskar Bernhard statt richtigerweise Via Dr. Oscar Bernhard. Denn im Taufschein und auf dem Grabstein sowie in allen von ihm handschriftlich unterzeichneten Briefen und Texten steht der Vorname mit einem – wohl etwas ladinischer klingenden – weichen c statt harten k, welch Letzteres mehrheitlich in Publikationen aufscheint, die in Deutschland herausgegeben wurden. Von hier ist es dann unkritisch übernommen worden, selbst in sogenannt wissenschaftlichen Abhandlungen, in denen ja gelegentlich – mit oder ohne summa cum laude – auch abgeschrieben wird…

Läppisches Detail? Vielleicht. Doch so, wie sein Name nicht mehr richtig wiedergegeben wurde, so ist auch sein Lebenswerk nicht mit dem verdienten Respekt in Erinnerung geblieben. Beinahe symbolisch prangte unter der fehlerhaften Strassentafel statt vielleicht einer Erinnerungstafel ausgerechnet das Sackgassesignal – gleich einem «Erinnerungs-Endstation»-Mahnmal.

Daher: Es ehrt das heutige St. Moritz und auch Samedan, dass diese symbolische Wundheilung nun vollzogen wurde (mit Gedenktafel, Ehrengrab und Korrektur der Strassentafel), auf dass die Engadiner Sonne inskünftig auch über dem berühmten Talarzt Il Bernard wieder hell erstrahlt. Das freut auch den Schreiberling dieses Buches.

Heini Hofmann

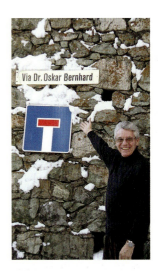

Beinahe symbolisch: Unter der alten, fehlerhaft geschriebenen Strassentafel am Weg zur ehemaligen Bernhard-Klinik in St. Moritz das Sackgassesignal, das wie für «Endstation Erinnerung» steht. Davor der Grosssohn von Oscar Bernhard, Michael A. R. Bernhard.

VON DER MAGISCHEN HEILKRAFT DER BERGE

Johanna Spyri

Angst und Ehrfurcht dominierten einst das Alpenbild des Menschen. Dann mutierte das Gebirge zum Symbol für Naturkraft und Gesundheit. Dadurch wurden die Alpen zur Therapielandschaft. Eine Erfolgsgeschichte nahm ihren Anfang. Alpenmythos und Medizin – ein faszinierendes Kapitel Schweizer Kulturgeschichte, worin St. Moritz, Samedan und das Engadin eine ganz zentrale Rolle spielen. Doch in diesem Einleitungskapitel sei zuerst die Situation im ganzen Alpenbereich skizziert.

Plakativer liesse sich die medizinische Bedeutung der Bergwelt wohl kaum darstellen, als dies Johanna Spyri (1826-1901), selbst Arzttochter, im Welterfolg «Heidi» getan hat: Wenn der ungehobelte Geissenpeter das künstliche Hilfsmittel eines kränkelnden Stadtmädchens, den Rollstuhl, trotzig von der Felswand stösst und zerschellen lässt, beschwört er ungewollt die heilsame Wirkung der Natur – und Klara lernt auf der Alm wieder gehen... Die Alpen – eine einzige, grosse Kraftlandschaft?

Ohne Köpfe, nur mit Mützen

Nicht nur die Bergbewohner galten als «ungeschlachte Barbaren», auch die Beutegreifer unter den Wildtieren wurden als gefährliche Bestien bezeichnet – selbst in wissenschaftlichen Werken.

«Worin die heilenden Kräfte der Bergwelt genau bestehen», schreibt Margrit Wyder in ihrem medizinhistorischen Buch «Kräuter, Kröpfe, Höhenkuren» (2003), «war und ist umstritten». Und sie präzisiert noch: «Die Wirkung der Berge auf kranke Menschen wird erst bei längerem Aufenthalt spürbar und ist letztlich nur ‹ganzheitlich› zu erfassen. Kurmedizin ist und bleibt weitgehend Erfahrungsmedizin».

Doch die Entdeckung der Therapielandschaft Alpen durch den Menschen kam nicht von heute auf morgen. Erst vor rund einem Vierteljahrtausend erwachte – im Bündnerland etwa dank Placidus Spescha – das alpine Selbstbewusstsein. Der Lebensraum Berge wurde nun langsam aber stetig erforscht und thematisiert. Denn bis anhin hatte diese gewaltige Transitbarriere als dämonische Welt gegolten, bewohnt von unkultivierten Barbaren. Die Beschreibungen waren nicht eben schmeichelhaft.

Kriechen und fressen

Davon zeugt in «Schilderung der Gebirgsvölker der Schweiz» (um 1810) von Johann Gottfried Ebel das Kapitel «Alpenreisen von Knabengesellschaften», worin der bitterböse, beleidigende Bericht eines Zürcher Geistlichen im Anschluss an eine Reise nach Graubünden in grauer Vorzeit wiedergegeben wird: «O glückliche Einwohner dieses unglückseligen Landes, dass Euch der Schöpfer ohne Köpfe, und nur mit Mützen, oder, so Ihr Köpfe habt, doch ohne Gehirn erschaffen hat, denn so wüsstet Ihr Euer eigen Unglück nit. Ihr werdet wegen der Sprach, die Euer eigen ist, ausser Stand gesetzt, von gesitteten Völkern und comoden Wohnungen der grossen Welt etwas zu erfahren und bleibt also ewig ein zeitlicher Fluch auf Euch, dass Ihr müsst auf allen Vieren kriechen und fressen».

Ein ungeschlachtes Volk

Nicht besser tönt es im «Bündner Volksblatt» anno 1829, wenn ein deutscher Professor zitiert wird, wie er seinen Scholaren das Bündnerland «erklärt»: «Da wo der

Rhein aus Graubündens fürchterlichem Gebirge hervorbricht, öffnet sich ein unterirdischer grauenhafter Bergschlund, in dessen Abgrund das Gewässer schrecklich toset: durch diesen Schlund führt ein schmaler Weg in Graus und Schrecken, gefährlich für jeglichen Fuss und verwirrend für Sinn und Mut».

Und weiter: «Jenseits dieses dunklen Eingangs soll ein Volk wohnen unter Bäumen und in Felshöhlen, das mit Bären und Auerochsen um das Nachtlager, um Raub, Lebensmittelunterhalt und Dasein kämpft und streitet, ein ungeschlachtes riesenhaftes Volk, wie solche nur in den Urwäldern Amerikas gefunden werden. Wenige haben sich durch diese höllische Pforte in dieses Land gewagt und fast keiner ist jemals wieder zum Vorschein gekommen».

Echtes Spitzbubenklima

Auch spezifisch auf das Engadin bezogen tönt es bei Sebastian Münster in seiner «Cosmographey oder Beschreibung aller Länder, Herrschaften und fürnembsten Stetten des gantzen Erdbodens, gemehret bis in 1578 Jar» nicht viel erbaulicher: «Es wachst kein Frucht darin dann Summergersten und Höuw, aber Vieh genug und Dörffer, guot streitbar Volk – und grösser Dieben dann die Zügyner».

Lustigerweise taucht dieses Bündner Räuberimage sogar in Schillers Dramaerstling «Die Räuber» von 1781 auf, das er am Ende der Sturm- und Drangzeit geschrieben hat: «Willst Du in ein echtes Spitzbubenklima, so rat ich Dir, reis Du ins Graubündnerland, dort ist das Athen der heutigen Gauner». Eigentlich hätte er sich auch vor der eigenen Haustür inspirieren können; denn Räuberbanden gab es damals in Deutschland zuhauf...

Sätze wie «Schütze, fasse die Bestie genau aufs Korn!» standen noch 1853 in Friedrich von Tschudis «Thierleben der Alpenwelt», was auch dem Bartgeier nicht frommte.

Ebenfalls in «Meiner's Briefe über die Schweiz» von 1790 klingt dieser Rufmord-Vorwurf an: «Graubünden steht unverdienter Weise in Teutschland, und selbst in der Schweiz in dem üblen Ruf, dass es wegen der häufigen Mörder und Räuber lange nicht so sicher als die übrige Schweiz zu bereisen sey». Doch aufgrund eigener Überprüfung berichtigt er sogleich: «Den genauesten Erkundigungen zufolge kann ich versichern, dass nicht so leicht in einem andern Land weniger Mordthaten und Räubereyen als in Graubünden verübt werden».

Wie in den Alpen, so erging es den Beutegreifern auch im Jura: Die Wildkatze wurde im 19. Jahrhundert drakulahaft und blutrünstig dargestellt. Dieser Rufmord geht ihr noch heute nach.

Korrektur eines Zerrbildes

Diese aus den Fingern gesogenen Moritaten-Reiseberichte verflüchtigten sich wie Schnee unter der Sonne, sobald seriöse Naturforscher auf den Plan traten. Zur Zeit der Renaissance war es ein Dreigestirn von Gelehrten, die ein neues Bild der Alpen zeichneten und, weil sie alle drei auch Ärzte waren, ihr Augenmerk speziell auf die gesundheitsfördernden Aspekte der Bergwelt legten.

Drei Alpen-Notabeln

Vielleicht gerade deshalb, weil sie vom Unterland und aus städtischen Verhältnissen stammten, hatten sie einen anderen Blick für die Naturphänomene der Berge als die Alpenbewohner selber, denen manches selbstverständlich erschien. Es war dieser vergleichende Ansatz, der die Vorzüge der Bergwelt leichter erkennen liess. Und dass alle drei von der Medizin her kamen, ist wohl mehr als Zufall. Denn wie sich später zeigen wird *(vgl. die Kapitel über die älteste Heilquelle und die Heliotherapie)*, waren es immer wieder Ärzte, die entscheidende Impulse lieferten.

So war es im 16. Jahrhundert der Zürcher Stadtarzt und Naturforscher Conrad Gessner (1516-1565), der die Alpenwelt als erhabenen Teil der Schöpfung erkannte: «Was die Natur anderswo nur vereinzelt und spärlich hervorbringt, das zeigt sie auf den Bergen im Überfluss». Als er 1555 den Pilatus bezwang, hat er damit den Bann der Angst vor den Bergen gebrochen *(vgl. Kastentext)*.

Das Haupt in die Wolken erheben!
Aus «De montium admiratione» von Conrad Gessner, 1541

Ich habe mich entschlossen, von nun an, solange mir Gott das Leben gönnt, jedes Jahr mehrere Berge oder wenigstens einen zu besteigen, wenn die Pflanzen in ihrer vollen Kraft stehen, einmal, um sie zu erforschen, aber auch als Körperübung und zur geistigen Erholung. Denn welche Lust und Wonne ist es für ein empfängliches Gemüt, die unermesslichen Gebirgsmassen staunend zu betrachten und gleichsam das Haupt in die Wolken zu erheben!

Auf unsagbare Weise wird man von der überwältigenden, erstaunlichen Höhe berührt und hingerissen zum Gedanken an den höchsten Baumeister. Stumpfe Menschen freilich wundern sich über nichts, bleiben untätig zu Hause und treten nie hinaus auf die Schaubühne des Weltalls; sie verharren in ihrem Winkel wie die Siebenschläfer im Winter und denken nicht daran, dass der Mensch mitten in die Welt gestellt ist, um aus ihren Wundern etwas Grösseres, die erhabene Gottheit selbst, zu erfassen.

Ihre Stumpfheit ist so gross, dass sie wie die Schweine stets zur Erde schauen, nie mit erhobenem Gesicht den Himmel betrachten, nie ihren Blick zu den Gestirnen in die Höhe richten. Sollen sie sich also im Dreck wälzen, wenn sie unfähig sind sich zu erheben, und nur von Gewinnsucht und niedrigen Bestrebungen erfüllt sind: Die Weisheitssucher aber werden nicht aufhören, mit leiblichen und geistigen Augen die Wunder dieses irdischen Paradieses zu betrachten – dazu gehören die hochragenden, abschüssigen Gipfel der Berge und ihre unzugänglichen Abgründe, die himmelanstrebende Wucht ihrer Flanken, ihre steilen Felsen und schattigen Wälder.

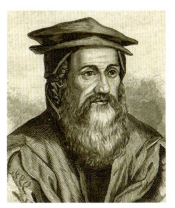  

Drei herausragende Alpen-Notabeln (v.l.n.r.): Conrad Gessner (1516-1565), Johann Jacob Scheuchzer (1672-1733) und Albrecht von Haller (1708-1777).

Im 17. Jahrhundert lobte Johann Jacob Scheuchzer (1672-1733), auch er Stadtarzt in Zürich, «dass die Thiere / so in Bergweiden genehret werden / gesünder / schmackhafter / stärker / und in alleweg besser sind / als andere / weilen sie von besseren / schmackhafteren / und recht gewürzten Kräuteren leben». Kleiner Wermutstropfen: Durch seine Schriften spukte immer noch der sagenumwobene, feuerspeiende Bergdrache.

Im 18. Jahrhundert war es wiederum ein Mediziner, nämlich der Berner Arzt und Universalgelehrte Albrecht von Haller (1708-1777), der auf seinen Reisen die Gebirgsflora erforschte und mit seinem berühmt gewordenen Gedicht «Die Alpen» eine paneuropäische Euphorie für die Bergwelt einläutete und diese zum Symbol für Robustheit und Gesundheit erkor: «Entfernt vom eiteln Tand der mühsamen Geschäfte, wohnt hier die Seelenruh, und flieht der Städte Rauch» (Strophe 17).

Visionär Placidus Spescha

Impulse kamen aber auch aus den eigenen Reihen: Der Bündner Benediktinerpater Placidus Spescha (1752-1833), geboren als Hirtenbub Giuli Battesta Spescha, der neben dem Dichter und General Johann Gaudenz von Salis-Seewis wohl als herausragendste Persönlichkeit Graubündens aus der Zeit um 1800 rangiert, hat ebenso dazu beigetragen, die Zerrbild-Pamphlete über die Alpiner aus dem Aus- und Unterland Lügen zu strafen.

Er korrigierte diese Wildnis-Robinsonaden, indem er die Alpen als Lebensraum erforschte und thematisierte und dadurch zum Sprachrohr derer wurde, die sie bewohnten und die er Alpiner nannte. Unter den Begründern der Alpenforschung kommt ihm auch deshalb besondere Bedeutung zu, weil er, im Gegensatz zu den genannten urbanen, universitären Universalgelehrten jener Epoche, ein Sohn der Berge und zudem Autodidakt war, jenen aber in nichts nachstand.

Herkunftsbedingt war ihm die Abhängigkeit der alpinen Bevölkerung von der unbarmherzigen Umwelt im Gebirge ein Begriff. Und er verstand es, auf die praktischen Erfordernisse des Alltags zu antworten. Mit seinen Vorschlägen, den Lawinen, Erdrutschen und Hochwassern zu begegnen, nahm er manch spätere Entwicklung voraus. Auch sein energisches Einstehen für einen respektvollen Umgang mit der Natur ist heute noch wegweisend, und Zeichen setzte er auch in der Landwirtschaft und in der Jagd, hier durch das Initiieren unabhängiger Jagdinspektorate.

Alpinist und Naturforscher Placidus Spescha (1752-1833): «Je abscheulicher die Berge und Gletscher waren, desto mehr wuchs meine Begierde, sie zu erforschen».

Mit seinen Vorschlägen, wie Lawinen, Erdrutschen und Hochwassern zu begegnen sei, nahm Placidus Spescha manch spätere Entwicklung vorweg.

Pionier der Alpenforschung

Für die Bündner Berge war er das, was Horace Bénédicte de Saussure für die Westalpen und Belsazar Hacquet für die Ostalpen, nämlich erfolgreichster Bergsteiger in dieser Frühepoche der Eroberung der Alpen und Wegbereiter des alpinen Selbstbewusstseins.

Mutig und eigenwillig beschritt er neue Wege und wagte sich als Erster auf die höchsten Gipfel, machte Höhenbestimmungen, zeichnete Karten, beschrieb Pflanzen und Tiere. Seine Forschungsergebnisse hielt er in unzähligen Handschriften fest, mal nüchtern-exakt, mal farbig-poetisch, oft auch humorvoll oder sarkastisch.

Er ging bereits so weit, die Alpen nicht nur als Lebens-, sondern auch als Wirtschaftsraum zu verstehen. Sie sollen, so meinte er, sinnvoll bewirtschaftet werden, «damit die Ausfuhr vergrössert und die Einfuhr vermindert würde und hiemit der Verdienst und das Geld im Alpgebirge blieb». So forderte er den Bau von Fabriken und Bergwerken, «in welchen der Reichtum der Alpiner verborgen liegt». Doch es kam anders, als Placi es voraussah: Statt Wirtschaftsraum wurden die Alpen zuerst Therapieraum.

Unbequemer Querdenker

Der Placi war aber auch Provokateur. Schon damals ventilierte er eine romanische Einheitssprache, befürwortete im Schulwesen eine Zusammenarbeit über die Konfessionsgrenzen hinweg und ging noch weiter: «Beyde Religionen könnten meines Erachtens leicht zu einer einzigen vereiniget werden, wenn der wahren Menschenliebe und der christlichen Vertragsamkeit Platz gestattet würde, denn beyde Religionsgenossen glauben an den nemlichen Gott und Erlöser».

Viel Ärger provozierte er mit seiner dezidierten Haltung gegenüber dem Pflichtzölibat für katholische Weltgeistliche: «Die Welt hat immer auf die Priester wenn sie kluge, sauber angekleidete, wohl gestaltete, gesunde, liebreiche und junge Mädchen zum Dienste anstellen, einen sehr grossen Verdacht, als wenn ihre Enthaltsamkeit dabei in Gefahr stünde; wohlan, wenn dieses wahr ist, so verschaffe man ihnen die apostolische Freiheit!».

Streitigkeiten mit den Vorgesetzten verbitterten ihm den Lebensabend. Seine letzten Worte, als er das Zeitliche segnete, sollen gelautet haben: «Ussa dat la baracca ensemen» – «Jetzt fällt die Baracke zusammen». Das Lebenswerk des Placidus Spescha zu Gunsten der Alpiner gleicht seinem Lieblingsobjekt, dem Bergkristall: spitzig und kantig, aber dauerhaft und strahlend – und dies über ein Vierteljahrtausend hinweg bis in die heutige Zeit.

Kuriose Bergapotheke

Die Volksmedizin, ein Mix aus Erfahrungsheilkunde und Quacksalberei, war in der «Bergapotheke» von einst ausgeprägt. Verwendung fanden vornehmlich Heilkräuter, aber auch Erzeugnisse aus Körperteilen und Organen von Gebirgstieren und nicht zuletzt mineralische Produkte.

Europa-Hit «Schweizertee»

Heilpflanzen waren, lange bevor sie die Wissenschaft zu solchen erklärte, aufgrund von Erfahrung genutzt worden. Manch bekannte Medizinalpflanze – wie Moschus-Schafgarbe, Gelber Enzian oder Meisterwurz – findet sich nur im Gebirge. Bereits die frühen Universalgelehrten erkannten, dass Bergkräuter kleiner sind und stärker duften. So eroberte denn der «Schweizertee» aus Alpenpflanzen ganz Europa, zumal, nachdem Albrecht von Haller die Rezeptur noch optimiert hatte. Und obschon man dann im 19. und 20. Jahrhundert vermehrt auf schnellwirkende chemische Heilmittel setzte, sollten die Heilkräuter aus der Schweiz ein Revival erleben. «Kräuterpfarrer» Johann Künzle (1857-1945) verhalf der traditionellen Pflanzenheilkunde zu neuem Auftrieb *(vgl. Kastentext)*. Vom bündnerischen Zizers aus exportierte er seine Kräutermischungen in

«Kräuterpfarrer» Johann Künzle (1857-1945) hat der botanischen Bergapotheke zum eigentlichen Durchbruch verholfen.

Leicht radioaktive Mixtura professoralis
«Kräuterpfarrer» Johann Künzles gesetzlich geschützter «Professorentee»

So benenne ich den Tee, der hauptsächlich für Leute bestimmt ist, die, wie Professoren, Kommandanten, Hauptleute, Prediger, Katecheten, Lehrer, Portiers an Bahnhöfen, Ausrufer usw., viel und laut sprechen müssen und daher ein sicheres, schnell wirkendes Mittel benötigen, um Schnupfen, Katarrh, Heiserkeit, Zahnweh, Kopfweh zu verhüten oder zu heilen; er entfernt auch die Anlage zur Gesichtsrose sowie zur Mandelanschwellung.

Er ist ein sehr angenehmer und wohlschmeckender Tee, der an Wohlgeschmack den chinesischen Tee übertrifft, dabei den Nerven ganz unschädlich ist, indem er nicht aufregt wie der Chinese, sondern beruhigt, so dass er als Familientee jedermann gereicht werden kann.

Er wird aus folgenden Alpenkräutern zusammengesetzt: Primula officinalis (wohlriechendes Schlüsselblüemli), Alchymilla alpina (Silbermänteli), Dryas octopetala (Sillur), Geum reptans (St. Benediktskraut), Potentilla aurea (Goldenes Fünffingerkraut), Meum mutellina (Muttern), Plantago alpina (Ritzen), Mentha piperita (Pfefferminze), Triticum repens (Schliessgraswurzel). Die Kräuter zwei bis fünf gehören in die Familie der Potentillaceen und sind etwas radioaktiv; daher kommt wahrscheinlich ihre Heilkraft.

Man siedet den Tee eine halbe Stunde, setzt Zucker dazu nach Belieben und trinkt ihn warm, soviel man will. Bevor man daran gewöhnt ist, nimmt man ihn lieber zur Vesperzeit als vor dem Schlafengehen, weil er anfangs gewaltigen Urinabgang bewirkt und so die katarrhalischen Stoffe ausführt.

Murmeltiere wurden ihres Fettes wegen gejagt und in der Winterstarre auch ausgegraben; auf dem Bild jedoch handelt es sich um eine Umsetzaktion.

Heilpflanzen» erreichte zehn Auflagen. Und heute werden – als landwirtschaftliche Alternative – in verschiedenen Schweizer Berggebieten erfolgreich Heilpflanzen angebaut. Entscheidende und nachhaltige Impulse zugunsten der Heilpflanzen setzte auch Naturheilkunde-Pionier Alfred Vogel (1902-1996), dessen Gedankengut sich an natürlichen Wirkungsmechanismen orientiert. Kurz, die botanische Bergapotheke hat sich bis heute behauptet!

Bärengalle und Munggenfett

Neben pflanzlichen gewannen auch tierliche Produkte in der abergläubischen Laienmedizin an Bedeutung. Rücksichtslose Bejagung von Alpentieren durch Jäger und Wilderer geschah nicht bloss des Fleisches und der Trophäen wegen; verschiedene Körperteile und Organe wurden für Arzneien verwendet, so etwa Bärengalle gegen Gallensteine oder Bartgeier-Innereien gegen «Fallende Sucht» (Epilepsie). Speziell begehrt war Murmeltierfett gegen rheumatische Erkrankungen.

Da der unbarmherzige Gebirgswinter über der Waldgrenze den Munggen kein Überleben im Freien erlaubt, verbringen sie gut sechs Monate schlafend unter der Erde. Damit dies ohne Nahrungsaufnahme möglich ist, haben sie im Herbst tüchtig vorgesorgt.

Was beim Menschen verpönt, ist beim Mungg Pflichtübung: das Anlegen von Fettreserven, mehr als ein Kilogramm pro erwachsenes Tier. Je molliger im Herbst, desto drolliger im Frühling, heisst die Lebensphilosophie der «Bergmäuse». Um dieses Fett zu ernten, wurde neben der Jagd mit der Schusswaffe früher auch das narrensichere Ausgraben von Murmeltieren im Winterschlaf häufig geübt.

alle Welt, und seine Broschüre «Chrut und Uchrut» wurde ab 1911 mit über zwei Millionen verkauften Exemplaren zur erfolgreichsten Schweizer Publikation.

Der inländische Heilkräuteranbau für die pharmazeutische Industrie erzielte seinen Höhepunkt in den Dreissiger- und Vierzigerjahren des letzten Jahrhunderts. Auch das von ETH-Pharmazeut Hans Flück 1941 publizierte Büchlein «Unsere

Engadiner Landleben um 1925 in S-charl, das belegt, dass nicht alle Munggen zu Fett verarbeitet wurden...

Als ein erster Anwalt des Wildes und Begründer der Jagdaufsicht durch Inspektorate hat aber schon Placidus Spescha nicht nur dem tierquälerischen Fallenstellen, sondern auch diesem Ausgraben von zwar winterstarren, aber doch lebenden Murmeltieren mittels grossem Bohrer (analog dem Entkorken einer Flasche mit dem Zapfenzieher) den Kampf angesagt: «Das Murmeltier ist ebenfalls beinahe ausgerottet. Das Nachgraben dieser Tiere mindert ihre Vermehrung ausserordentlich. Man kann ihnen den sanften Winterschlaf nicht vergönnen, da ihn der Schöpfer angeordnet hat».

Die «kletternde Apotheke»

Auch dem Steinwild wurde abergläubische Volksmedizin zum Verhängnis. Die geballte Kraft des mächtigen Hornträgers, seine – trotz scheinbar plumpem Körper – elegante Kletterkunst und die extreme Härte gegenüber den mörderischen Strapazen des langdauernden Bergwinters haben den Steinbock, den König der Berge, in den Augen der Menschen zu einem Symbol für robuste Gesundheit werden lassen. Dies wiederum führte dazu, dass ihm abergläubische Volksmedizin zum Verhängnis wurde und massgeblich zu seiner Ausrottung beitrug.

Praktisch alles an dieser «kletternden Apotheke» sollte für oder gegen etwas gut sein, heilend oder magisch wirken, vom Horn übers Herz bis zu Mark und Blut, ja sogar Herzkreuzchen (Verknöcherungen im Austrittsbereich der Herzschlagadern) und Bezoarkugeln (eingeschleckte und im Magen strumpfkugelförmig zusammengeklebte Haare). Einen Steinbock zu erlegen war deshalb ein lohnendes Unterfangen. Die Bischöfe von Salzburg betrieben sogar eigentliche «Steinbock-Apotheken».

Ingredienzien der Bergapotheke: Bärenfett-Topf, Steinbockhorn-Becher und Bezoarkugeln (eingeschleckte Haare aus dem Magen von Gemse oder Steinbock).

Verschiedenen Alpentieren gereichte die Bergapotheke zum Verhängnis

Der Steinbock wurde als «kletternde Apotheke» und der Bartgeier wegen seiner «heilkräftigen Innereien» verfolgt bis zur Ausrottung. Ihre zum Glück erfolgreiche Wiederansiedlung begann vor genau 100 respektive 25 Jahren. (Dieses nicht getrickste Bild wurde am 22. Februar 2009 bei Pontresina aufgenommen.)

Der tote letzte Schweizer Bär, erlegt am 1. September 1904 am Piz Pisoc im Val S-charl (Unterengadin), war in Scuol für die ganze Dorfschaft eine Sensation; man liess sich mit den beiden Jägern Padruot Fried und Jon Sarott Bischof (rechts vom Bären) ablichten.

ren Völkern zum Beispiel die Ausrottung der Nashörner, basierend auf dem Irrglauben, das Nasenhorn sei ein Aphrodisiakum, belehrend bekämpfen, wenn bei uns – im 21. Jahrhundert! – das Gleiche mit dem Steinbockhorn gemacht wird?

Mondmilch und Gletschersalz

Doch wieder zurück zur Bergapotheke von damals: Selbst mineralische Produkte hatten Heilmittelstatus. So galt das Gletschersalz oder Sal Alpinum als Allerweltsmittel gegen vielerlei Gebrechen. Bei diesem weissen Mineral handelt es sich um Magnesiumsulfat oder Epsomit, das – gleich wie das Natriumsulfat (Glaubersalz) – abführend wirkt.

Kaum zu glauben, dass ausgerechnet jetzt, exakt 100 Jahre nach der erfolgreichen Wiederansiedlung des Steinbocks, eine Engadiner Drogerie mit diesem Blödsinn wieder dümmliche Geschäfte macht – mit unkritischer medialer Unterstützung notabene! Wie können wir bei ande-

Ein anderes Beispiel ist die Mondmilch (eigentlich Montmilch = Bergmilch), nämlich feine Calciumcarbonat-Ablagerungen aus Höhlenbächen, die, mit Wasser angerührt, noch bis 1900 als Heilmittel gegen Sodbrennen und Muttermilchmangel in Gebrauch standen.

Viele Jäger sind des Bären Tod: Diese Bärenjagd im Misox gegen Ende des 19. Jahrhunderts widerspiegelt die damalige Mentalität den Raubtieren gegenüber.

Bei der «Mondmilch» (eigentlich: Montmilch) vom Pilatus, die als Heilmittel verwendet wurde, handelte es sich um Calciumcarbonat-Ablagerungen aus Höhlenbächen.

«Verdichtetes» Wasser

Und natürlich war es vor allem der in den Alpen häufige Bergkristall, den man – meist pulverisiert – gegen Ruhr und Magenschmerzen einsetzte. Unzerteilt – als Lutscher im Mund – sollte er den Durst stillen; denn man ging damals davon aus, dass Bergkristalle nichts anderes seien als gefrorenes, «verdichtetes» Wasser.

Kein Geringerer als der Alpenforscher und Universalgelehrte Placidus Spescha hatte eine grosse Leidenschaft für Mineralien und Gesteine, so dass er noch heute als der Übervater der Strahler gilt. Schon als Hirtenbub hatte er Bergkristalle gesucht. Später betätigte er sich als Strahler, handelte mit Kristallen und baute eine reichhaltige Mineraliensammlung auf.

Dass jedoch das Wissen um die innersten Geheimnisse der Natur damals noch beschränkt war (vielleicht müsste man korrekterweise sagen: beschränkter war als heute), belegen Speschas Ansichten über den Bergkristall als Remedium *(vgl. Kastentext)*. Es ist anzunehmen, dass der gute Placi bas erstaunt wäre, wenn er wüsste, was heutzutage in esoterischen Theorien den Steinen und Kristallen für Heilwirkungen nachgesagt werden; wahrscheinlich sähe er sich bestätigt...

Ein Milch beförderndes Mittel
Placidus Spescha in «Bemerkungen über den Krystall», 1800

Was soll ich von der medizinischen Kraft des Krystalls sagen? Man hat ihn beym eingestellten Durste im Munde gelegt, und Labung empfunden; man hat ihn im kalten Fieber, wo keine andere Mittel haben fruchten wollen, bey sich getragen, und ist vom gedachten Fieber befreyet worden; man hat ihn endlich zerstossen, und eingenommen, oder aufgelegt, und soll gute Dienste geleistet haben; er soll gestossen und eingenommen ein Milch beförderndes Mittel seyn. Vielleicht kann er noch zu etwas mehreres dienen, das uns unbekannt ist.

Was bist Krystall in deinem Glanz
Mit Farbenspiel umgeben?
Ich bin sechsseitig fein, und ganz,
Und spitzig ist mein Leben!

Der sagenhafte Luzerner «Drachenstein», das wohl berühmteste medizinische Kultobjekt der Schweiz.

Das Buch von den Steinen

Mit ganz konkreten Rezepturen wartet die gelehrte Äbtissin Hildegard von Bingen in «Das Buch von den Steinen» um 1150 auf: «Wem die Augen schwach geworden sind, erwärme den Kristall an der Sonne und lege den warmen Stein häufig auf seine Augen. Weil er vom Wasser stammt, zieht er die schlechten Säfte von den Augen ab; so wird der Kranke besser sehen».

Oder: «Wem ein ‹hube› (Geschwulst) an der Kehle wächst oder anschwillt, der erwärme den Kristall an der Sonne und giesse über den erwärmten Stein Wein. Er trinke häufig von diesem Wein und lege den an der Sonne erwärmten Kristall mehrfach an die Kehle auf den ‹huben›, und dieser wird kleiner werden. Wer von ‹nesseden› (Wurmbefall) geplagt wird, erwärme den Stein an der Sonne und lege den warmen Stein auf die schmerzende Stelle, und die ‹nessia› (Wurmkrankheit) wird vertrieben werden».

Gegen Ruhr und Pestilenz

Ganz besonders gefragt unter den «Mineralien» waren Steine von Bergdrachen. Einer von diesen brachte es zu besonderer Berühmtheit, der Luzerner «Drachenstein», eine mit seltsamen Zeichen verzierte Steinkugel. Anno 1420 soll ein Bauer namens Stämpfli an einem schwülen Sommertag beobachtet haben, wie ein Drache auf dem Flug von der Rigi zum Pilatus bei Rothenburg diesen habe fallen lassen, umschlossen von einem Blutkuchen… Vor Hitze und Gestank fiel er in Ohnmacht. 1509 wurde dieser Fund anlässlich eines Besitzerwechsels urkundlich dokumentiert, und 1523 wurde auch seine Heilwirkung und Wunderkraft gegen Pestilenz, Ruhr und Blutfluss verbrieft.

Über diesen vom Himmel gefallenen «Drachenstein» berichtet Johann Leopold Cysat 1661 in seiner Beschreibung des «Berümbten Lucerner- oder 4.-Waldstätten-Sees»: «Er ist treffentlich gut contra pestem, den Schaden / mit dem Stein bestrichen oder umbfahren / und dann 24 Stund darüber gebunden / oder also / ist der Schaden under der Uchs (Achsel) / so bind den Stein / mit einer Zwehel (Tüchlein) in die rechte Hand / so ziechts von stund an das Gifft auss / dass der Schaden ausgehet / ist er am Schenckel / so thu gleichfals und bindts auff die Füss.

Item den Weibern / so ihr Monat zu streng haben; wer den Bauchfluss / die rothe Ruhr und rothen Schaden hat / der soll disen Stein gleicher gstalt / in die Hand binden 24. Stund / jtem der sonsten bös Kranckheiten mit Flüssen hat».

Kühe, von Hexen gemolken

Mit den damals für existent gehaltenen Drachen wurden auch Fossilien in Verbindung gebracht, so zum Beispiel Ammoniten, ausgestorbene Kopffüsser der Kreidezeit, oder Haizähne und versteinerte Hirnkorallen. Sogar Knochen von Höhlenbären wurden als solche von Drachen missdeutet, was zu Höhlenbezeichnungen wie Drachenloch von Vättis oder Drachenhöhle bei Mixnitz (Steiermark) führte.

So schreibt Reiskius 1688 von einem Ammoniten-Dracontium: «Man hält insgemein davor / dass dieser «Drachenstein» sonderbahre Krafft bey Hexerey habe / sonderlich wann die Kühe ihre Milch nicht geben / oder von Hexen durch Satans Betrug ausgemolken werden: Alsdann wird in den Melkpot dieser Stein gelegt / und darauf die vorige Milch bey der Kuh verhofft / wie sie dann sich wieder einfindet».

Der Name des Bergkristalls stammt vom griechischen Wort für Eis (krystallos), weil man dachte, es handle sich um gefrorenes Wasser.

Die Gewinnung von «Trackenstein» umschreibt auf blumige Weise Konrad von Megenberg 1350 in seinem «Buch der Natur»: «Den nimpt mann auss eines trachenhirn / unnd zeucht mann in nit auss eins lebendigen trachenhirn / so ist er nit edel. Die künen mann schleichet über die trachen da sie liegen / und schlatzen in das hirn entzwey / und dieweil sie zabeln so ziehen sie im das hirn herauss. Man spricht der stein sei gut wider die vergifftent thier und widersteh dem vergifft trefftiglich.»

Spuren von Radioaktivität

Obschon der Arzt und Alpenforscher Johann Jacob Scheuchzer noch 1723 in seinem Buch «Der Schweizer Bergreisende» Drachen abbildet und von wahrhaftigen Beobachtungen solcher Tiere berichtet, kommt doch umgekehrt auch früh schon Skepsis auf. So äussert sich Moritz Anton Kappeler in «Pilati Montis Historia» 1767 bereits kritisch zur Existenz von Fabelwesen und zur Geschichte rund um den Luzerner «Drachenstein», den ein solches Ungeheuer auf dem Flug von der Rigi zum Pilatus bei Rothenburg habe fallen lassen: «Wir finden keine schriftlichen Beobachtungen über diese Tiere, ausser jenen, die in den Mythen der Dichter vorkommen und dort Ceres und Proserpina durch die Luft kutschieren».

Notabene: Beim «Drachenstein» vom Pilatus, der als das bekannteste medizinische Kultobjekt der Schweiz im Natur-Museum Luzern aufbewahrt wird, soll es sich um eine Kieselkonkretion handeln, die nachträglich bearbeitet und braun bemalt wurde, oder um eine gebrannte Tonkugel. Interessant ist, dass sich im Bereich der Bemalung Stellen leicht erhöhter Radioaktivität befinden. Ergo: Auch wenn er nicht vom Drachen stammt – ein bisschen rätselhaft ist und bleibt er trotzdem.

Alpenmilch – ein ganz «besondrer Saft»

Sie fanden aus einfacher Verarbeitungsumgebung heraus zu Weltruf: die Alpenmilch und ihre Produkte.

Heute geht im Schatten der aktuellen politischen Tagesprobleme rund um die Milch gerne vergessen, dass diese auch schon bessere Zeiten kannte. Denn früher waren Milch- und Milchprodukte nicht nur Grundnahrungsmittel. Dem weissen Saft, besonders jenem ab den Alpen, kam sowohl ernährungstechnische als auch grosse medizinische Bedeutung zu, was ihm und der Schweiz zu Weltruf verhalf.

Wunderdroge Bocksmilch

Während heutzutage milchige Lifestyle-Kreationen im Trend liegen, waren es damals reine Naturprodukte. Sowohl Milchkuren und -bäder als auch die äussere und innere Anwendung von Butter waren seit der Antike Bestandteil medizinischer Therapie. Neben dem weissen Saft von Kühen und Ziegen galt die Milch von Pferde- und Eselstuten, aber auch Frauenmilch, als therapeutisches Mittel, vorab gegen Schwindsucht (Lungentuberkulose) und Gicht.

Speziell die Ziegenmilch umgab schon immer ein grosser Nimbus. Bereits in der Conrad-Gessner-Ausgabe von 1669 steht zu lesen: «Geissmilch mit Honig getruncken / macht die Männer muthig / und die Weiber geschickt zu empfahen».

Ganz besondere magische Kräfte wurden – davon berichtet schon Aristoteles – der Bocksmilch zugeschrieben. Ziegenböcke, die Milch spenden? Das ist kein Bocksmist, sondern erklärbare Tatsache, wenn auch nur selten vorkommend. Bocksmilch wird (besonders bei hornlosen Ziegenrassen) von Zwittern sezerniert, die am Hodenskrotum noch Striche aufweisen, sogenannte Afterzitzen mit darunterliegendem Drüsengewebe. Noch heute wird gelegentlich solcher Bocksaft in der Alternativszene in Kleinstmengen zu horrenden Preisen verschachert.

Geschirrspüler als Medizin

Anfänglich, als der weisse Saft ab den Alpen Heilmittelstatus erhielt, betraf dies lediglich einen ganz besonderen Bestandteil der Milch, der es ab Mitte 18. Jahrhundert zu medizinischem Ruhm brachte: die Molke. Bevorzugt zur Trinkkur wurde die Ziegenmolke, weil Meckertiere weniger anfällig auf Tuberkulose sind als Rinder; umgekehrt wurde in Kuhmolke auch gebadet.

Früher war das, was bei der Käseherstellung als wässrige Flüssigkeit zurückbleibt, die Molke eben oder Schotte, in der Sennhütte zum Spülen des Milchgeschirrs verwendet – oder den Schweinen verfüttert worden. Allerdings schätzten auch bereits die Älpler dieses durstlöschende Getränk, das Milchzucker, Eiweiss, Vitamine und Mineralstoffe enthält.

Ziegenmolke – der grosse Hit

Als 1749 ein Arboner Arzt namens Meyer einen hoffnungslos lungenkranken Patienten aus Zürich durch eine Ziegenmolkenkur in Gais im Appenzellerland wieder fit kurierte, sprach sich das schnell herum. So kamen Molkenkuren im Kampf gegen die Volksseuche Schwindsucht ab Mitte 18. Jahrhundert in den Bergen gross in Mode, beginnend im Alpenvorland, ausgehend vom Flecken Gais im Appenzellerland und bald mal auf das gesamte Berggebiet übergreifend.

In mehrstündigem Fussmarsch brachten die Sennen die Ziegenmolke von den Alpen des Säntismassivs nach Gais, dem damals bekanntesten Dorf der Schweiz, wo das abführend und zugleich nährend wirkende Getränk noch warm auf dem Dorfplatz ausgeschenkt wurde.

Schon bald rollte hier eine gewaltige Kurwelle *(vgl. Kastentext)* an und initiierte eine eigentliche Ratgeber- und Reiseführerliteratur, deren Herzstück wohl die 1812 vom Winterthurer Arzt und Dichter Ulrich Hegner verfasste Briefnovelle «Die Molkenkur» ist.

Die hohe Zeit der Molke
Johann Heinrich Ernst in «Nachricht von Gaiss», 1795

Ich erinnere mich eines Frauenzimmers aus Deutschland, welche, nachdem sie von verschiedenen geschickten Aerzten Jahre lang die bewährtesten Arzneymittel und mancherley Curen für ihre Krankheit, welche sehr complizirt ware, wobey aber hysterische Beschwerden und Nervenschwäche sich am meisten auszeichneten, gebraucht hatte, sich auf anrathen einer Freundin aus der Schweiz entschloss, diese Alpenkur noch zu versuchen.

Sie machte die beträchtliche Reise von Heidelberg nach der Schweiz mit grossen Beschwerden, und langte halbtodt in Gaiss an, trank 3 Wochen lang die Molken, ohne Besserung zu verspüren, hatte mit Magenbeschwerden und anderen Zufällen zu kämpfen, so dass ihr der Arzt den ferneren Gebrauch der Molken missrieth; nichts destoweniger hatte sie den Muth, die Molken fortzutrinken. Gegen das Ende der 4ten Woche spürte sie Besserung, und endigte erst mit der 6ten Woche ihre glückliche Cur; sie befand sich ein ganzes Jahr durch ziemlich wohl, und kam das Jahr darauf zum 2ten mal voll Freude und Hoffnung wieder nach Gaiss.

Das Alte verehrend, das Neue ablehnend
Ulrich Hegner in «Die Molkenkur», 1812

Anfangs mussten wir die Molken auf dem Zimmer trinken, nunmehr aber, da sich viele Fremde eingefunden, trinkt man unten auf dem grossen Platze, der mitten im Dorf ist. Es ist Raum genug da für alle Schottentrinker in der ganzen Schweiz, aber kein Schatten, keine Spur von künstlicher Anlage. Die Schweizer thun überhaupt, wie man sagt, wenig zur Verschönerung der Natur im Kleinen, das heisst, für den Geschmack; sie meinen, man solle sich mit der grossen Natur begnügen, die schön genug sey.

Vom Appenzeller-Volke ist hier gar nichts zu erwarten; alles Alte ist ihnen recht, und, was Neu ist, verdächtig und verhasst. Mit vieler Mühe und nach jahrelangem Widerstande konnten sie endlich dahin gebracht werden, fahrbare Strassen durch ihr Ländchen anzulegen, da vorher lauter Fusssteige gewesen, auf denen kein anderer Transport als durch Saumthiere möglich war. Die hiesige Gemeine soll sogar dem Wirthe, der sich erboth auf eigne Kosten den Platz mit Linden zu bepflanzen, den Abschlag gegeben haben.

Molkige Stimmungsbilder

Doch was passiert, wenn ein Bauerndorf aufgrund eines in Mode gekommenen Kurhits urplötzlich von anspruchsvollen Gästen überschwemmt wird? Zwar locken Verdienst und Ruhm, doch kommt auch eine gewisse Fremdenangst ins Spiel, so dass sich die einheimische Bevölkerung abkapselt oder kratzbürstig gibt. So geschah denn in Gais durch den Molkenboom genau dasselbe wie in St. Moritz im Zusammenhang mit der Mauritiusquelle *(vgl. das Kapitel über die älteste Heilquelle)*. Wie dort, gab es auch hier kritische Stimmen, wie etwa die von Ulrich Hegner *(vgl. Kastentext)*.

Aber auch amüsante Wortmeldungen sind überliefert, zum Beispiel jene von Karl von Kronfels in «Molkenkuren im Canton Appenzell» (1826): «Seit Kurzem ist Dr. Heim da, ein Bruder des Ochsenwirths, ein junger Mann, welcher mit schönen Kenntnissen ein gefälliges Aeusseres verbindet. Da derselbe den Sommer über an der Wirthstafel des Bruders speist, so lernt er die Gäste und diese ihn kennen, was vertrauliche Mittheilungen befördert und erleichtert. Einige nicht unbedeutende Kuren haben bereits dieses jungen Arztes Geschicklichkeit beurkundet; es wäre daher zum Besten der Kuranstalt zu wünschen, dass er derselben erhalten und bei ihr fixirt werden möge».

Direkt vom Säntismassiv brachten die Sennen die Molke zum Ausschank auf den Dorfplatz von Gais.

Typische bäuerliche Volkskunst zum Thema Alpaufzug: Scherenschnitte mit Mittelachse, meist in Schwarz-Weiss-Technik, gelegentlich auch als mehrfarbige Collage.

Ländliche «Drecksapotheke»

Was man sich rückblickend kaum mehr vorstellen kann: Nebst der Molke hatten damals selbst Harn und Kot vom Vieh Heilmittelfunktion, nämlich in der vor allem in ländlichen Gegenden verbreiteten «Drecksapotheke».

So platzierte man, wie beispielsweise in der Kuranstalt Heinrichsbad in Herisau, die Krankenzimmer direkt über dem Kuhstall, um dadurch die «heilenden» Ammoniakdämpfe bestmöglich nutzen zu können…

Früher war es noch deftiger. In der Conrad-Gessner-Ausgabe von 1669 wird eine Arznei besonderer Art gepriesen: «Sie mischen den frischen Kühdreck unter den Wein / drücken ihn auss durch ein Tuch / und geben den Safft dem Krancken ein. / Gedörrete Kuhtäsch zu Aschen gebrandt / und ein Löffel voll darvon getruncken / ist gut den Wassersüchtigen». Oder: «Der Ochsen=Harn vermischt mit Myrrhen / ist auch gut in Ohren=Schmertzen / so mans hinein treuflen thut».

Alpenmilch – ein Welterfolg

Gegen Ende des 19. Jahrhunderts verloren die Molkenkuren wieder an Bedeutung. Allerdings haben inzwischen ein erfolgreiches Schweizer Milchserumgetränk (erfunden 1952) sowie neue Wellnessprodukte auf Molkenbasis ein Revival dieses traditionsreichen Milchproduktes eingeläutet.

Dafür entwickelte sich damals im Gras- und Viehzuchtland Schweiz immer mehr eine eigentliche Milchkultur, wobei der weisse Saft ab der Bergweide als besonders gesundheitsfördernd galt. Was der Schweizer Alpenmilch im 19. Jahrhundert dann

Als der Alltag noch einen Aufwand wert war, wurden Gebrauchsgegenstände für Milch- und Milchprodukte, wie dieser Rahmlöffel und dieses Buttermodel aus dem Greyerzerland, liebevoll verziert.

endgültig zum gewaltigen Siegeszug rund um die Welt verhalf, das war ihre Verarbeitung zu Kondensmilch, Milchpulver und Milchschokolade.

Im zugerischen Cham hat 1866 ein amerikanisches Brüderpaar die erste Milchkondensations-Fabrik Europas realisiert und durch Eindampfen den weissen Saft jahrelang haltbar und zudem keimfrei gemacht.

Und schon 1867 begründete der Frankfurter Apotheker Heinrich Nestlé in Vevey eine erfolgreiche «Kindermehl»-Produktion. Beide Unternehmen fusionierten 1905. Die haltbaren Milchprodukte des nunmehrigen Branchenleaders wurden zum glorreichen Exportschlager.

Die süsse Versuchung

Ein weiterer Markstein im Erfolgsmärchen der Schweizer Alpenmilch war die Erfindung der Milchschokolade, die dem Schweizer Fabrikanten Daniel Peter zu verdanken ist. Ihm gelang die Vermischung von Milch und Kakao mittels Kondensmilch, und so produzierte er ab 1875 in Vevey die Marke «Gala Peter».

Wie schon das Milchpulver, so profitierte nun auch die Schokolade vom Gesundheitsmythos der Alpenmilch. 1929 wurde die Firma Peter zusammen mit Cailler und Kohler von der Nestlé-Gesellschaft übernommen. Alsdann dauerte es nicht mehr lange, bis die Schweizer Alpenmilch-Schokolade zu einem Welthit wurde. Doch die süsse Versuchung – Schokolade erhielt bald einmal den Ruf als Hefe im Teig der Glückshormone – löste auch kritische Stimmen aus.

Aber selbst solch derbe Worte wie die von Kräuterpfarrer Johann Künzle *(vgl. Kastentext)* vermochten den Siegeszug der Schweizer Alpenmilch und ihrer Produkte nicht zu schmälern. Natürlich konnte die Milchtherapie auch zu Verdauungsproble-

---

Schwarze Täfeli für jedes Liseli und Babeli
Kräuterpfarrer Johann Künzle in «Chrut und Uchrut», 1934

In Fabriken und weiblichen Geschäften schlecken viele wie alte Rosse den ganzen Tag diese schwarzen Täfeli; als Zeichen beleckter Kultur findest du auf allen Strassen Schokoladepapier. Hat einmal jedes Liseli und Babeli Stimmrecht und willst du Grossrat werden, so kauf ihnen ein Fuder Schokolade, und sie stehen begeistert für dich ein, wärest du auch röter als Bebel und schwärzer als der älteste Jesuit.

men führen, weshalb man den weissen Saft dann mit Mineralwasser verdünnt getrunken hat. Eine noch bessere Ersatzlösung wusste allerdings 1767 Gottlieb Conrad Pfeffel, der von Milch sprach – und dabei an Wein dachte:

Braucht eine Milchkur, sprach Callist
Mein Leibarzt, Ihr seyd krank.
Ich folgt ihm und von nun an ist
Liebfrauenmilch mein Trank.

Amtsschimmlige Nachtmilch

Medizinalhistörchen rund um die Milch sind nicht nur von gestern; es gibt sie auch jetzt noch: Eine junge Zürcher Agronomin und Landwirtin versuchte vor einiger Zeit, den Nimbus der Milchkuren wieder aufleben zu lassen.

Inspiriert durch analoge Produkte in England und Finnland produzierte sie Nachtmilch für Leute mit Schlafproblemen. Indem sie ihren Kühen den Stall verdunkelte und sie somit am Morgen noch im Finstern molk, vermehrte sich das normalerweise in der Milch vorhandene Schlafhormon Melatonin. Doch es dauerte nicht lange, und schon wieherte der Amtsschimmel.

Der Kantonschemiker untersagte die Vermarktung dieses Nischenprodukts, mit dem ein Revival einstiger Milchkuren hätte eingeläutet werden sollen, zwar nicht generell, aber er verbot jegliche Art von Werbung, welche der Nachtmilch eine schlaffördernde Wirkung attestiert, da es gemäss Lebensmittelverordnung nicht statthaft ist, Nahrungsmitteln eine heilende Wirkung zuzuschreiben.

Umgekehrt tun das heute Nahrungsmittelmultis mit ihrem Marketing hemmungslos, was offensichtlich toleriert wird. Zweierlei Milch(k)ellen?

Nun, was das natürliche Schlafhormon aus der Zirbeldrüse (Hypophyse) anbetrifft, das heute synthetisch hergestellt wird, so ist seine Wirksamkeit bei Schlafstörungen und anderen Leiden unbestritten.

Der Melatoningehalt besagter Nachtmilch allerdings wäre ohnehin dermassen gering gewesen, dass, wollte man den Effekt einer einzigen Melatonintablette erzielen, etliche Kannen Milch hätten getrunken werden müssen...

Ein Glas jungfräulich frische Alpenmilch vor symbolischer Kulisse auf einem Plakat der Chemins de Fer Paris-Lyon-Méditerranée (um 1900).

Wasser und Luft als Medizin

Leukerbad um 1800: Adlige und Bürgerliche waren in gesonderten Bädern; doch eine Trennung nach Geschlechtern gab es nur im Armenbad.

Neben dem weissen Saft Milch spielte in der Alpenmedizin vor allem die klare Flüssigkeit Wasser eine überragende Rolle. Die mit Bergen und Quellen gesegnete Schweiz war denn auch schon früh prädestiniert für Bade-, Trink- und Höhenkuren. Mineralhaltige und warme Quellen galten seit jeher als Gesundbrunnen, ebenso wie Höhenluft und Gebirgssonne.

Der grosse Bäderboom

Trink- und Badekuren dauerten mindestens vier Wochen. Bei Trinkkuren wurden bis zehn Liter Quellwasser pro Tag einverleibt... Gebadet wurde, bekleidet mit langem Hemd, an die zehn Stunden am Tag, bis dass die «Urschlechte», ein Badeausschlag, auftrat. Diese Frühform des Tourismus erfuhr durch den Ausbau der Verkehrswege im 19. Jahrhundert zusätzlichen Aufschwung.

Die älteste und zugleich höchstgelegene Heilquelle der Schweiz ist die kohlensäurehaltige Eisenquelle von St. Moritz *(vgl. die folgenden Kapitel)*, die schon Paracelsus in den höchsten Tönen zur Trinkkur empfohlen hat, die heisseste dagegen die Kalziumsulfit-Therme von Leukerbad. Als verborgenste Quelle kann sich jene von Pfäfers in der Taminaschlucht rühmen, die später auch Bad Ragaz versorgte und wo Paracelsus 1535 als erster Badearzt gewirkt hat. Die «radioaktivste», mit am meisten Radongas (= Zerfallsprodukt des Radiums), war die St. Placi-Quelle bei Disentis, die erst dann aus der Mode kam, als Radium und Radon in der Schulmedizin ausgedient hatten.

Die warmen Kalziumsulfat-Quellen von Leukerbad hat bereits Albrecht von Haller als «reicher Brunn» besungen, und Johann Wolfgang Goethe, der kurz hier weilte, war nicht minder des Lobes. In der Blütezeit des Bäderbooms war die Schweiz mit Hunderten von Heilbädern überzogen, von denen die meisten später wieder verschwanden. Allerdings hat diese traditionsreiche Kurform in der Neuzeit durch den Gebrauch der Mineralwässer als Tafelgetränk und durch moderne Wellness-Badeanlagen eine Renaissance erlebt. Im Grunde genommen dasselbe, nur ein bisschen anders...

Luft- und Höhenkuren

Die hohe Zeit der Luft- und Höhenkuren sowie der von der Trockenfleisch-Gewinnung inspirierten Sonnenlichtbehandlung *(vgl. die Kapitel über Oscar Bernhard und die Heliotherapie)* entfaltete sich erst nach den Molke- und Badekuren.

Obschon bereits Hippokrates den Klimawechsel und Galen die reine und kühle Luft belobigt und schliesslich Johann Jacob Scheuchzer und Jean-Jacques Rousseau ausdrücklich die Alpenluft empfohlen hatten, rückte dieses Element erst nach der Entdeckung des Luftsauerstoffs (1789) ins Zentrum des Interesses. Dabei konkurrenzierten sich im Streit der Gelehrten die Meeres- und die Alpenluft.

Dutzende hoch gelegener Ortschaften arrivierten nun plötzlich zu selbsternannten Luft- und Höhenkurorten. Wie Pilze schossen die Sanatorien aus dem Alpenboden. Lungenkurorte zur Bekämpfung der Tuberkulose wie Davos (als Pionier), Arosa, Leysin oder Montana florierten so lange, bis die medikamentöse Behandlung der Tuberkulose möglich wurde. Beim Aufkommen der Antibiotika leerten sich die Kurhäuser und Sanatorien zusehends und wurden zu Sporthotels umfunktioniert.

Als Ozon noch gefragt war...

In dieser Epoche der Höhenkuren und der Sonnenlichtbehandlung bei Knochentuberkulose spielte das Engadin gleich mehrfach Vorreiterrolle. Als sich mit der Ausdehnung der Kursaison auch auf den Winter die Frage nach der Bekömmlichkeit der in den Alpen sehr kalten und trockenen Winterluft stellte, wurde der von 1882 bis 1884 erbaute Hotel-Kursaal Maloja (das spätere Hotel Palace) dank einer ausgeklügelten Heizungs- und Lüftungsanlage mit jahreszeitlich abgestimmtem Ventilationssystem zum Vorreiter für Lufthygiene.

Und weil damals – man höre und staune! – ozonreiche Luft für Höhenkurorte als Wettbewerbsvorteil galt, wurde im Keller des Hotel-Kursaals Maloja extra ein Elektromotor installiert, der die Anreicherung der Luft in den Hotelzimmern mit Ozon sicherstellte. Das aggressive Gas galt zudem als Indikator für besonders staubarme Luft. Andere Zeiten, andere Sichtweisen!

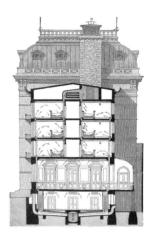

Im Keller des Hotel-Kursaals Maloja sorgte ein Elektromotor für die Raumbelüftung mit Ozon, weil dies als gesund galt.

Im Frauenbad des Armenspitals von Leuk. Wegen den extrem langen Badezeiten wurde ab schwimmenden Tabletts gegessen.

Reize stimulieren das Leben

Die Reizpalette der Natur ist unendlich; das Farbenspektrum des Regenbogens erfreut Auge und Gemüt.

Fassen wir zusammen: Sicher sind im Verlauf von Jahrhunderten Heerscharen von Menschen in der Therapielandschaft Alpen gesund geworden, wobei – neben medizinischer Hilfe – wohl auch nichtmaterielle Kräfte mitspielten, nämlich Reize und Impulse, gewonnen aus den drei «Grundnahrungsmitteln» für das Wohlbefinden, Wasser, Sonne und Höhenklima, die sowohl Geist als auch Körper stimulieren, ein Phänomen, das sich wie ein roter Faden durch dieses Buch ziehen wird.

Reize in allen Variationen wirken auf Geist und Körper. Im Bild scheint die Sonne durchs Ela-Loch bei Bergün.

Eine Binsenwahrheit

Mit solchen Reizen hat die Natur die Bergwelt ganz allgemein, St. Moritz und das Engadin jedoch besonders privilegiert. Und so, wie diese Stimulanzien früher genutzt wurden, so werden sie es auch heute noch, bewusst oder unbewusst, in Tourismus und Sport, Wellness und Medizin; denn sie alle arbeiten mit Reizen, gemäss der Binsenwahrheit: Ein reizvolles Leben ist ein Leben voller Reize!

Und es funktioniert: So wie beim Waisenmädchen «Heidi», das im fernen Frankfurt aus Heimweh zur Schlafwandlerin wurde, jedoch, daheim beim Öhi auf der Geissenalp, sofort wieder aufblühte. Wer weiss, vielleicht spielte auch diese berühmteste aller Alpenidyllen mit medizinischem Background nicht von ungefähr im Bündnerland. Bleibt die Gretchenfrage: Sind die Alpen, seitdem sie zur Sportarena mutierten, entmystifiziert, oder sind die Menschen in ihrem Naturverständnis nüchterner geworden – allenfalls ein bisschen gar nüchtern? Sollte man sich vielleicht wieder vermehrt auf diese Gaben der Natur und deren Wirkungsweise zurückbesinnen?

Denn offene Augen und wache Sinne genügen, um zu realisieren, dass so ziemlich alles im Leben durch Reizwirkung geschieht, zum Beispiel durch Impulse wie Tag- und Nachtrhythmus, Jahreszeitenwechsel, Hochdruck und Tiefdruck, Hitze und Kälte, Blitz und Donner, Sonne und Regen, Lob und Tadel, Streicheleinheiten und Schläge, freundliches Lächeln und böse Worte. Aber nicht allein wir Menschen reagieren auf Reize. Um dies besser zu verstehen, wollen wir in einem kleinen Exkurs ein paar – *nicht nur mit den Bergen zusammenhängende* – Beispiele Revue passieren lassen.

Feuchte Spinnennetz-Seide wird kürzer und dicker; deshalb die Bauernregel «gut befestigt – Wetter heftig».

Fichten- und Tannzapfen sind eigentliche Hygrometer. Ist es feucht, schliessen sie sich, und umgekehrt.

Photo- und Hygrometerpflanzen

Auch Pflanzen und Tiere antworten auf Reize, zum Beispiel auf Witterungseinflüsse, wenn auch unterschiedlich. Pflanzen reagieren – als Photometer oder als Hygrometer – hauptsächlich auf Veränderungen von Licht und Luftfeuchtigkeit. Tiere tun es desgleichen, nur dass sie zusätzlich noch auf Temperatur und atmosphärischen Druck ansprechen, wie Thermometer oder Barometer.

Photometrische Pflanzen antworten auf Richtung und Stärke des Lichteinfalls, und einige können sogar ihre Blätter nach der Lichtstrahlung ausrichten, um so die Photosynthese zu steigern. Andere, zum Beispiel Enziane oder Seerosen, reagieren selbst auf kurzfristige Veränderungen der Helligkeit und schliessen ihre Blüten, wenn eine Wolke im Vorbeiziehen die Sonne verdeckt.

Anders bei hygrometrischen Pflanzen: Sie verändern je nach Feuchtigkeitsgrad der Luft den Wassergehalt bestimmter Zellen, was ein vorübergehendes Einrollen der Blätter bei Trockenheit ermöglicht. Analoges zeigen Tannzapfen: Sie öffnen sich bei Trockenheit und schliessen sich, wenn es feucht wird. Bei den Tieren wiederum reagieren vor allem diejenigen auf höhere Luftfeuchtigkeit, welche sich bei Trockenheit verkriechen und Regenperioden für Ernährung und Fortpflanzung nutzen, Schnecken etwa oder Regenwürmer.

Barometer- und Thermometertiere

Bei vielen Insekten ist das Verhalten temperaturabhängig. So zirpen Grillen und Heuschrecken nur dann, wenn es mindestens 12 bis 15 Grad warm ist. Während der Hitzewelle im Sommer 2003 allerdings haben in Italien die normalerweise tagaktiven Zikaden auf Nachtkonzert umgestellt. Die Natur ist anpassungsfähig! Dass Amphibien auf Luftdruckveränderungen reagieren sollen, liess sich in Versuchen jedoch nicht bestätigen; deshalb hat sich das «lebende Barometer», der Laubfrosch auf dem Leiterchen im Einmachglas, nicht bewährt – zum Glück für diesen!

Aber es gibt tatsächlich Barometertiere, nämlich parasitäre Wespen, die ihre Eier in andere Insekten legen. Bei Druckabfall vor schlechtem Wetter beschleunigen sie die Eiablage in hektischer Weise. Auch Reisebrieftauben arbeiten mit Druckunterschieden – und das innerhalb von nur zehn Metern Höhendifferenz! Sie haben also sozusagen einen biologischen Höhenmesser eingebaut. Oder wer hat nicht schon beobachtet, wie bei aufziehenden Gewittern und «geladener Luft» sowohl Menschenkinder als auch Jungtiere – auf der Bauernhofweide wie im Zoogehege – den Sausewahn haben und übermütig herumtollen?

Die leuchtenden Sperrrachen und die Bettelrufe der jungen Blaumeisen signalisieren den Elternvögeln «Hunger».

Rot oder tot

Eine grosse Rolle im tierlichen Verhalten spielen optische, akustische und olfaktorische Signale. So etwa, um ein Beispiel herauszugreifen, bei der Balz, dem Liebesvorspiel der Flamingos, die rote Gefiederfarbe, vor allem die intensive Rotfärbung auf der Flügelunterseite, die beim Lüften der Flügel Signalwirkung entfacht. Verblasst diese, bleibt der Nachwuchs aus. Schon immer hatte man in Tiergärten Flamingos gehalten; doch Zuchterfolge misslangen, und man wusste lange nicht, warum. Zwar stellte man fest, dass bei Flamingos in menschlicher Obhut die rote Gefiederfarbe stets rasch verblasste und dadurch die Balz verflachte.

Als man herausfand, dass die rote Farbe via Nahrung in die Federn eingelagert wird, gab man dem Futter natürliches Karotinoid (= roter Farbstoff der Natur) bei, zum Beispiel mit Paprika. Dadurch wurde das Gefieder aber nur ein bisschen röter, da man die grossen Mengen an hoher Farbstoff-Konzentration nie erreichte, wie sie die Flamingos in der Wildbahn mit ihrem als Filterapparat konstruierten Schnabel in Form karotinoidhaltiger Kleinkrebschen und roter Algen aus dem Wasser herausseihen. Dies gelang erst, als man das von einer Basler Chemiefirma 1956 entwickelte Canthaxantin, ein synthetisches Karotinoid, dem Futter in richtiger Dosierung beifügte.

Noch im gleichen Jahr gelang im Basler Zolli – weil jetzt die roten Signale wirkten, die Balz funktionierte und befruchtete Eier gelegt wurden – die welterste Flamingo-Nachzucht. Seither wird in jedem Zoo dem Futter der Flamingos und anderer rot befiederter Vögel stabilisiertes Carophyll-Rot beigemischt mit dem Resultat, dass sie problemlos züchten. Denn jetzt wirken beim Balztanz im Frühjahr, das heisst beim raschen Lüften der Flügel, die roten Unterseiten wie optische Signale, deren Reizwirkung sich auf das Hormongeschehen überträgt. Dieses Beispiel zeigt, wie natürlichen Impulsen, seien sie optisch, akustisch oder olfaktorisch, überlebenswichtige Signalwirkung zukommen kann.

Das Rot im Gefieder der Flamingos hat beim Balztanz entscheidende Signalwirkung.

Bei staatenbildenden Insekten steuern Pheromone das Zusammenleben; die Bienenkönigin regiert sozusagen «chemisch».

Wird eine Bienenkönigin alt und kann nicht mehr genügend Pheromone produzieren, bildet ein Teil ihres Staates einen Schwarm und dadurch ein neues Volk.

Chemische Staatsführung

Ein anderes Beispiel sind die chemischen Signal- und Steuerungsstoffe, zum Beispiel Pheromone, körpereigene Hormone, die ausgeschieden und von anderen Artgenossen aufgenommen werden, wobei sie bei diesen entsprechende Reaktionen auslösen. Solche Drüsenabsonderungen als Informationsträger zur Verständigung gleichartiger Lebewesen sind weit verbreitet. Bei staatenbildenden Insekten sind sie flüchtiger Kittstoff des festen Zusammenhalts aller Individuen, so etwas wie eine stoffliche Staatsräson, genialer Ersatz für Bürokratie und Beamtentum. Informationen werden hier nicht verschickt, sondern verduftet.

Solch ein Steuerungsstoff im Bienenvolk ist die Königinnensubstanz, auch Weiselstoff genannt. Von den Oberkieferdrüsen ausgehend breitet sich diese «Substance royale» über den königlichen Körper und wird von den Hofdienerinnen unter den Arbeiterinnen begierig abgeleckt und an die Stockbienen weitergegeben. Das gibt allen das Gefühl der Zugehörigkeit zur Volksmutter. Funktioniert in einem Bienenstock dieser Informationstransfer nicht mehr, weil die Königin zu schwach geworden ist, werden die Randbienen im Staat sozusagen deblockiert und beginnen mit der Aufzucht einer Ersatzkönigin.

Kein Stau auf Ameisenstrassen

Ein anderes Beispiel aus dem Superorganismus Waldameisenstaat: Ein grosses Netz von Strassen, auf denen dichtester Stossverkehr herrscht, erschliesst die Umgebung des Hügelnestes bis in eine Entfernung von zirka 100 Metern. Diese Strassen führen zu Nahrungsquellen, befreundeten Nachbarvölkern und sogar auf Bäume zu den Honigtau liefernden Blatt- und Rindenlauskolonien. So wie die Kommunikation im Ameisenhaufen mittels chemischer Botenstoffe funktioniert, so ist es auch im Strassenverkehr; denn jedes Tier hinterlässt eine individuelle Duftspur, an der sich nachfolgende Artgenossinnen orientieren.

Die Ameisenstrassen sind eigentliche Schwerverkehrsachsen, auf denen massige

Auch im Superorganismus Waldameisenstaat regeln chemische Botenstoffe das Zusammenleben.

Beutetiere und unförmiges Baumaterial (bis zum Sechzigfachen des eigenen Körpergewichtes!) transportiert werden. Dennoch kommt es zu keinem Stau! Warum? Die Forschung gibt eine simple Antwort: Im Gegensatz zu unseren Autobahnen, wo jeder Verkehrsteilnehmer sein Eigeninteresse verfolgt, respektieren Ameisen das übergeordnete Interesse des Gesamtvolkes: Beute und Baumaterial müssen rasch ins Nest gebracht werden, man lässt ihnen den Vortritt, weicht aus, wartet, passt das Tempo an oder hilft sich sogar gegenseitig. Kein Drängeln also, daher kein Stau – so einfach!

Die innere, biologische Uhr

Wahrscheinlich sind wir uns gar nicht bewusst, wie sehr auch wir von Impulsen der Natur gesteuert werden. So ticken zum Beispiel in unserem Körper Uhren, und zwar deren Abermillionen. Das ganze Leben ist chronometriert, und alle Lebewesen, ob Mensch oder Einzeller, richten sich in ihrer Tagesrhythmik nach inneren, biologischen Uhren. Diese molekularen Schrittmacher steuern – der Erdrotation gehorchend – einen Grossteil der biologischen Funktionen in einer Periode von ungefähr 24 Stunden, was etwa einem Tag entspricht. Dafür hat man, zusammengesetzt aus den lateinischen Wörtern circa (ungefähr) und dies (Tag) den Begriff zirkadianer Rhythmus geprägt; er wird gesteuert durch Lichtwahrnehmung über noch nicht schlüssig erforschte Rezeptoren. Die Wissenschaft, die sich damit beschäftigt, heisst Chronobiologie.

Diese innere Uhr funktioniert wie ein Schwingkreis, der den Tagesrhythmus regelt. Sie hilft uns zum Beispiel beim Einschlafen oder Erwachen, kann uns aber auch irritieren bei Reisen in andere Zeitzonen durch den unangenehmen Jetlag. Oder sie verwirrt uns in unterirdischen Anlagen ohne Tageslicht, weshalb in militärischen Festungen und Kommandobunkern 24-Stunden-Zifferblätter zur Anwendung kamen. Missachtung des Biorhythmus kann sogar zu chronischen Erkrankungen von Schichtarbeitern führen oder zu Konzentrationseinbussen, was die Häufung von Industrie-Störfällen in den frühen Morgenstunden belegt.

Versuch einer adaptierten Darstellung der Linné'schen Blumenuhr in Kombination mit der aus dem 19. Jahrhundert stammenden Vogeluhr.

Alle Lebewesen werden von inneren biologischen Uhren gesteuert, auch Zugvögel wie die Störche.

Angeborenes Zeitgefühl

Wie eine innere Uhr funktioniert, zeigt die Forschung am Beispiel Zugvögel, die sich nicht nach dem Wetter richten, sondern am saisonalen Verlauf der Tageslänge orientieren. Werden die Tage im Herbst kürzer, beginnen sie mit den Vorbereitungen für den Distanzflug durch Aufbau der Fettreserven (als Reiseproviant), nachdem sie schon vorher in der sommerlichen Mauser – vergleichbar dem grossen Service beim Auto vor der Ferienfahrt – ihr Federkleid erneuert haben. Als Treibstoffreserve fressen sie sich ein zünftiges Fettpolster an, oft bis zur Verdoppelung des Eigengewichts.

Selbst der Stoffwechsel wird während der Zugzeit derart umgestellt, dass die Vögel während des Langdistanzfluges bis zu 95 Prozent der notwendigen Betriebsenergie aus dem Körperfett beziehen können. Aber nicht nur die Physiologie, auch das Verhalten wird von der inneren Uhr umgepolt. Vor dem Zug werden viele sonst rein tagaktive Vögel plötzlich nachtaktiv. Selbst gefangen gehaltene Zugvögel zeigen diese nächtliche Unrast mit Hüpfen und Flattern, wobei diese Aktivitäten auf die angeborene Zugrichtung ausgerichtet sind und zudem bei Langstreckenfliegern ausgeprägter ausfallen als bei Kurzstreckenziehern. Dies deutet auf ein vererbtes Richtungs- und Distanzgefühl.

Liebes-Chronometer

Ein wichtiges Regelwerk ist auch die «Liebesuhr»; sie lässt Tiere erahnen, wann Fortpflanzungszeit ist. Doch nicht alle spüren den «Frühling» zur selben Zeit, wie das Beispiel einheimischer Schalentiere zeigt, welche die heissen Tage in die kühle Jahreszeit verlegen; so fällt die Brunft beim Hirsch auf Oktober, bei der Gams dauert sie bis November, und das Schwarzwild rauscht sogar erst im Dezember. Die Rehe dagegen paaren sich bereits mitten im Hochsommer, lassen dann aber die befruchteten Eizellen fast ein halbes Jahr ruhen, ehe die Einnistung in die Gebärmutter und damit das Embryonalwachstum einsetzt.

Doch wie «tickt» eigentlich diese «Liebesuhr» – zum Beispiel bei den Rehen? Die länger werdenden Tage im Frühsommer stimulieren die Hypophyse und setzen

Nicht alle spüren den «Frühling» zur selben Zeit: Gemsen haben ihre heissen Tage in der kühlen Jahreszeit, ihre Brunft dauert bis November.

Die innere «Liebesuhr» lässt Tiere erahnen, wann Fortpflanzungszeit ist; beim Hirsch im Oktober.

dadurch die Produktion von Geschlechtshormonen in Gang. Den eigentlichen Brunfttermin bestimmen die Geissen, indem sie bereits in der Vorbrunft Pheromone (Dufthormone) aussenden, auf welche die Böcke reagieren. Doch wirklich paarungsbereit sind sie nur während weniger Stunden.

Ähnlich wie beim Vogelzug, so spielt auch bei der Brunft das Wetter keine Rolle. Indirekt allerdings schon; denn Rehgeissen können bei ungünstiger Witterung die Tragzeit ein klein wenig verlängern, weshalb der Setztermin in der gleichen Population von Jahr zu Jahr etwas schwanken kann. Eine solche Zeitverschiebung überträgt sich dann aber auch auf den nächsten Eisprung und den erneuten Brunftbeginn. Der Paarungszeitpunkt ist also nicht vom Wetter, sondern vom letzten Setztermin abhängig.

Multifaktorielle Reize

Es gäbe noch unzählige Signalwirkungen aufzuzählen, so beispielsweise jene durch Schutz-, Tarn- und Warnfarben oder durch sekundäre Geschlechtsmerkmale wie Hirschgeweih, Kuhhörner und Hahnenkamm, oder das Rad des Pfaus und das Prachtgefieder des Entenerpels zur Balzzeit, alles arterhaltende Attribute, mit der die Natur ihre Lebewesen ausstattet und die zur Signalgebung dienen. Doch schliessen wir den Kreis, indem wir, bevor wir wieder zur Bergthematik zurückkehren, mit einem Beispiel aus meinem früheren Tätigkeitsbereich die Wichtigkeit von natürlichen Impulsen auf die körperliche Fitness beleuchten.

Wenn heute in der veröffentlichten Meinung (die ja dann gerne zur öffentlichen mutiert) von Nichtfachleuten Zoo- und Zirkustierhaltung zum Nachteil der letzteren gegeneinander ausgespielt werden durch Bewertung der Gehegemasse als einzigen Parameter, so wird dabei ausgeblendet, dass es noch andere Faktoren gibt, die für das Wohlbefinden eines Tieres ebenso wichtig sind. Lebensqualität ist die Summe multifaktorieller Reize. Die Lebensraumgrösse muss daher in Relation zur Bewegungsanimation und zum Reizangebot gesehen werden, die beide im Zirkus grösser sind als in jeder anderen Tierhaltung.

Sekundäre Geschlechtsmerkmale sind Signalgeber, wie zum Beispiel der Hahnenkamm, das Hirschgeweih oder das Prachtgefieder des Entenerpels.

Die Gehegegrösse bei Zoo- und Zirkustieren ist der eine, die Bewegungsanimation der andere, noch wichtigere Aspekt – wie hier beim Spaziergang der Zirkuselefanten auf dem Churer Waffenplatz Rossboden.

Leben ist Bewegung!

Deshalb kann der Parameter Gehegegrösse im Zirkus nicht gleichgesetzt werden mit demjenigen in statischen Tierhaltungen. Während Zootiere lebenslänglich das zwar grössere, aber immer gleiche Gehege bewohnen, erfahren Zirkustiere auf jedem Platz eine veränderte Gehegesituation mit neuartigen optischen, akustischen, geruchlichen und taktilen Reizen, was in stationären Wildtierhaltungen nicht der Fall ist. Zudem können die Zirkustiere ihr Gehege immer wieder verlassen und finden Beschäftigungsanimation in Proben und Auftritten.

Dies kommt der Situation in freier Wildbahn näher, wo die Tiere während 24 Stunden gefordert sind, durch Wasser- und Futtersuche, Herstellung von Sozialkontakten oder Flucht vor Feinden und Naturereignissen. Zwei in «Nature Neuroscience» publizierte Forschungsarbeiten zeigen übrigens, dass Lern- und Betätigungsmöglichkeiten sowie der Kontakt zu vielen anderen Tieren, kurz, ein besonders stimulierendes Umfeld, wie sie der Zirkuszoo und die Dressur in der Manege bieten, bei Säugetieren einen günstigen Einfluss auf die Zahl neugebildeter Nervenzellen hat.

Damit bestätigt sich die These, die schon der Doyen der Tiergartenbiologie, Professor Heini Hediger, vor Jahrzehnten formuliert hat, nämlich, dass tiergerechte Dressur «gesund» ist (korrekte Tierhaltung vorausgesetzt). Die Zirkustiere selber bekräftigen dies durch höhere Lebenserwartung sowie körperliche und geistige Fitness bis ins hohe Alter. Denn Langeweile ist auch für Tiere tödlich. Leben ist Bewegung! Damit ist der Bogen geschlagen zum Bewegungsbedürfnis des Menschen – durch Arbeit, Sport oder Wellness.

Wellness – zuerst beim Rindvieh

Lange bevor der Mensch die alpine Wellness entdeckte, hat sie das Rindvieh bereits praktiziert – als bovine Sommerferien auf der Alm, mit Höhenklima, Gebirgssonne und würzigen Kräutern.

Ist Wellness bloss ein moderner Modebegriff? Jein! Wohl ist die Wortschöpfung neu, nämlich eine Begriffskreuzung aus «Wellbeing» und «Fitness»; doch das Verlangen des Menschen nach Wohlbefinden ist uralt.

Schon in früheren Jahrhunderten suchte man nach natürlichen Heilkräften – und fand sie vor allem in den Bergen: Wasser, Sonne und Höhenklima. Doch bevor, und dies vergisst man gerne, der Mensch alpine Wellness betrieb, tat dies, und zwar lange vor ihm, bereits das Rindvieh.

Animalisches Fitness-Programm

Gemeint ist die Alpung des Nutzviehs. Rund 45 Prozent der Fläche unseres Landes liegen auf über 1200 Meter oberhalb Meereshöhe. Gut ein Fünftel oder zirka eine Million Hektaren sind Alpweiden, die gesamthaft rund 40 Millionen Stosstage aufweisen (ein Stosstag = Weidefutter für den Tagesbedarf einer Kuh).

Die Alpung des Viehs ist daher eine logische Folgerung; sie bedeutet einen unerbittlichen Gesundheits- und Konditionstest, der sich auch positiv auf die Milchqualität auswirkt. Die Rindvieh-Sommerferien auf der Alp sind also so etwas wie ein bovines Wellness-Programm.

Der Kuhorganismus profitiert vom würzigen Alpenfutter mit den kleineren und intensiver duftenden Bergkräutern (was ja bereits die frühen Naturgelehrten konstatiert hatten).

Der freie Lauf auf steinigem und steilem Gelände stärkt die Muskeln und Knochen und fördert die Vertrautheit der Tiere mit der Natur – und dies in über 10 000 Alpbetrieben. Bergluft und Sonnenbestrahlung optimieren zudem den Stoffwechsel.

Die Alpung ist für das Rindvieh ein Härtetest; Mensch und Tier bilden eine Schicksalsgemeinschaft.

Während andernorts kulturelle Werte dahinschwinden, halten die Sennen an ihrem Brauchtum fest.

Bovines Qualitätslabel

Kein Wunder also, dass Alpenmilch und Alpkäse bald als besonders gesund galten – was übrigens aktuelle Forschungsergebnisse bestätigen («Agrarforschung», Band 9, Februar 2002). Die in der Alpenmilch angereicherten Fettsäuren sollen zudem vorbeugende Wirkung gegen Brust- und Darmkrebs haben, fand die Wissenschaft heraus. Trotzdem wird die Alpenmilch kaum je im Supermarkt als Renner zu kaufen sein; denn die Kühltransporte wären zu lang und zu kostspielig.

Die positiven Eigenschaften des gealpten Viehs wie Anpassungsfähigkeit, Widerstandskraft, Weidetüchtigkeit, kräftige Beine und harte Klauen haben sich auch für den Export als vorteilhaft erwiesen: Zwei der vier einheimischen Rinderrassen, das Schweizer Braunvieh und das Simmentaler Fleckvieh, sind heute – als Markenzeichen tierzüchterischen Heimatwerks – weltweit verbreitet. Solch lebende bovine Schweizer Qualität aus Milch und Fleisch mit im Härtetest der Alpen geprüften körperlichen Eigenschaften bewährt sich auf allen Kontinenten und in den unterschiedlichsten Klimazonen.

Alpaufzüge und Alpabfahrten

Das Sennentum im gesamten Alpenbereich der Schweiz und auch im Jura hat eine lange Tradition. Und weil in der Alphütte Mensch und Tier noch unter dem gleichen Dach leben, stellt die Viehhabe hier weit mehr als blossen Sachwert dar, was in verehrendem Brauchtum zur Geltung kommt, wo Nützlichkeit und Schönheit, Besitzerstolz und Besitzerfreude ineinander verfliessen.

Menschen, die eng verbunden mit Nutztieren arbeiten und leben, wie die Sennen auf den Alpen, haben ein tiefes Bewusstsein dafür, dass der Mensch nicht vom Brot alleine lebt. Darum halten sie das Brauchtum rund um die Alpauffahrten und Alpentladungen hoch und bekränzen ihre Tiere an diesen besonderen Tagen mit den schönsten Glocken und Treicheln und mit – je nach Landesgegend unterschiedlichem – Kopfschmuck. Dass dieser Sennenkult heute noch lebt, freut Einheimische und Touristen gleichermassen.

Ein besonders urtümliches Ritual hat die zahlenmässig kleinste Viehrasse, jene der Walliser Eringer, über die Runden gerettet. Ihre Kuhkämpfe sind weltberühmt. Während in der Viehzucht normalerweise um die beste Milch- oder Fleischleistung gebuhlt wird, haben die Eringer Kühe ihre eigene Überlebensstrategie entwickelt: Kommentkämpfe, das heisst unblutige Rangordnungsbereinigungen. Weiberkämpfe statt Milchleistungszirkus, die Kühe erhalten die Rasse durchs Showgeschäft...

Die vielen Könige der Alpen

Die robusten Eigenschaften dieser schwarzrotbraun gefärbten, kleinwüchsigen, genügsamen und widerstandsfähigen Gebirgsrasse werden geprägt durch das karge Futterangebot der mineralstoffarmen Böden auf den hochgelegenen Alpen (1800 bis 2500 m ü.M.) und das trockene Klima der Gebirgstäler. Das alpine Haltungssystem zeichnet sich durch Kleinbetriebe und extensiven Weidegang aus. Allerdings beträgt die Alpungsdauer im Wallis lediglich 75 bis 90 Tage, im Vergleich zu rund 100 Tagen beispielsweise im Kanton Bern.

Noch heute werden die Eringer im wahrsten Sinne des Wortes gehirtet, was zu einer engen Mensch-Tier-Verbindung führt. Speziell die Kampfkühe, die den Besitzer oft mehr kosten als dass sie ihm Nutzen bringen, werden wie Rennpferde gehätschelt. Wenn dann die «reine à la corne et au lait» ermittelt ist, macht diese automatisch auch ihren glücklichen Besitzer zum ungekrönten König. Ob dies für den Mythos Alpen wohl auch symptomatisch ist, dass bei uns Könige nur hier oben zu finden sind, vom Steinbock, dem König der Berge, über den Adler, den König der Lüfte, und die Kuhköniginnen bis hin zu den Bösen, den Schwingerkönigen?

Wie auch immer, eine Erkenntnis hat sich durchgesetzt: Was dem Rindvieh bei der Alpung förderlich ist, kann dem Menschen beim Bergaufenthalt nicht schaden. Wie hiess es doch?: Ein reizvolles Leben ist ein Leben voller Reize! Das hat auch unser Gang in Siebenmeilenstiefeln durch die Geschichte der Alpenmedizin deutlich gezeigt. Doch es steht – leider – noch eine weniger euphorische Schlussbemerkung an.

Die spektakulären Walliser Kuhkämpfe (unblutige Rangordnungsbereinigung) zeigen die Urtümlichkeit der Eringer Rasse und sind eine Touristenattraktion.

Alpöhi alias «Cool Man» Peter Steiner mit seinen Pfauenziegen. In der Berglandwirtschaft ist das Verhältnis Mensch-Tier noch ein inniges.

Benachteiligte Bergler

Stillleben am Dorfbrunnen von Tschierv im Münstertal: Die Bergbevölkerung war punkto Medizin benachteiligt, dafür von der Natur reich beschenkt.

Die «Zweargla» von Samnaun blieben kleinwüchsig, weil sie Träger eines defekten Wachstumshormon-Gens waren.

Was gerne übersehen wird ob all den positiven Entwicklungen in der Alpenmedizin: Die Bergbewohner selber waren nicht immer so gesund, wie das die idealisierende Vorstellung der Städter wahrhaben wollte. Und sie hatten auch kaum Zugang zu den medizinischen Neuerungen in den Hochburgen des Kurtourismus. Deshalb holen sie Hilfe bei Pfarrherren, Viehärzten, Hebammen und Kräuterfrauen – oder auch bei Scharlatanen.

Kein Leibarzt, kein Feldscher

Und vor allem waren sie auch viel grösseren Unfallgefahren ausgesetzt im steilen, lawinen-, wildwasser- und steinschlaggefährdeten Gelände, sei das beim Betreuen des Viehs, beim Holzen oder Wildheuen. Letzteres betraf die armen Bergbäuerlein, die, weil sie nicht genug eigene Matten besassen, um ihre Tiere im Winter durchfüttern zu können, auf hohen und schmalen Grasbändern unter Lebensgefahr wildheuen mussten. All diese Mühen und Plagen widerspiegeln sich auch in den Fürbitten der Alpsegen und Betrufe.

Zudem wirkten sich ansteckende Krankheiten, die durch den Handelsverkehr über die Alpenpässe eingeschleppt wurden, bei der Bergbevölkerung gravierender aus, weil hier Ärzte fehlten. So schreibt Placidus Spescha 1805: «Hier ist kein Leibarzt, kein Feldscheerer, kein Vieharzt, keine erfahrene Hebamme. Kurz, es gibt etwa eine Person, die schlechthin eine Ader öffnen, gebrochene Beine und verrenkte Glieder zu Rechte biegen kann. Aus Mitleiden nimmt sich der Herr Pfarrer des Orts der Nothleidenden an».

Ein schwieriges Kapitel waren vor allem auch die Geburten in abgelegenen Siedlungen. Die Geburtshelferinnen waren noch nicht medizinisch ausgebildet, und ein Arzt meist nicht zugegen. Zudem war traditionelles Handeln noch tief verwur-

Hartes Ringen mit der Natur: Eine Bauernfamilie beim Bearbeiten des Ackers in Rueras im Bündner Oberland, während rundum noch Schnee liegt.

zelt, während medizinisches Wissen fehlte, wie die Walliser Hebamme Adeline Favre (1908–1983) eindrücklich beschreibt *(vgl. Kastentext)*.

Kröpfe und Kretinismus

Häufige Krankheitsbilder im alpinen Raum waren die Kropfbildung (Vergrösserung der Schilddrüsen) und der Kretinismus (Entwicklungsstörung). Erst im 19. Jahrhundert erkannte man den Zusammenhang beider Krankheitsbilder mit dem Jodmangel in der Nahrung und konnte dem 1922 durch die Einführung von jodiertem Kochsalz entgegenwirken.

Als «Menschenabart der Alpen» wurden die kleinwüchsigen und oft gehörlosen Kretins apostrophiert, bemitleidet und gehänselt. Der aus Meilen am Zürichsee stammende Arzt Johann Jacob Guggenbühl (1816–1863) stellte sein Leben ganz in den Dienst solch geistig und körperlich behinderter Kinder und eröffnete für sie 1841 auf dem Abendberg bei Interlaken eine «Cretinenanstalt», die zugleich die allererste heilpädagogische Einrichtung Europas war.

Bluter und Zwergwüchsige

Auch Erbkrankheiten wirkten sich in abgelegenen Regionen aufgrund fehlender Durchmischung fatal aus, wie zum Beispiel die Bluterkrankheit (Hämophilie) im Walserdorf Tenna im Safiental.

> **Gebären im Stall**
> **Adeline Favre in «Ich, Adeline, Hebamme aus dem Val d'Anniviers», 1981**
>
> Die Geburten fanden nicht immer unter guten Bedingungen statt. So ging die Grossmutter von Roland und Jean, den Malern, zum Gebären in den Stall hinaus, weil sie das Schreien nicht zurückhalten konnte. Mit einer Laterne gingen ihr Mann und sie in den Stall zu den Kühen. Sie gebar ihren Sohn und kam, das Kind in die Schürze gewickelt, ins Haus zurück. Sie tat dies, damit die andern Kinder nichts hörten. Es waren viele, ungefähr fünfzehn.

Das Alphorn – Inbegriff für Heimatklänge. Bevor es Touristenattraktion wurde, diente es als Lockinstrument, um die Tiere von der Weide zu holen.

Um 1650 lebte hier eine Familie mit vier Kindern. Der eine Sohn gilt als der erste Hämophile, die eine Tochter als erste Überträgerin (Konduktorin); ihnen entstammten über 60 Bluter in 15 Generationen. Im Roman «Die Frauen von Tannò» von Heimatschriftsteller Ernst Zahn wurde diese tragische Familiengeschichte 1911 dokumentiert.

Ein anderes Beispiel sind die acht Zwergwüchsigen, die zwischen 1873 und 1892 in der abgeschiedenen Talschaft Samnaun geboren wurden. Sie waren nur etwa einen Meter gross und hatten praktisch mit drei Jahren aufgehört zu wachsen. Ursache war ein defektes Wachstumshormon-Gen. Lokalhistoriker Arthur Jenal hat die Stammbäume dieser «Zweargla» verfolgt. Rund 25 Prozent der Kinder von Eltern, die beide Träger des Defektes waren, wiesen Kleinwuchs auf. Sie starben zwar an den gleichen Krankheiten wie die «grossen» Samnauner, jedoch früher.

Die Kantonswappenkühe

Analoge Inzuchterscheinungen gibt es auch im Nutztierbereich. Beim Fleckvieh, neben dem Braunvieh die andere bedeutende Rinderrasse im Land, standen früher rote Simmentaler und schwarze Freiburger gemischt im Stall. Doch weil in der Tierzucht – als neben Leistung noch Schönheit zählte – Kantönligeist und Lokalpatriotismus mitschwangen, begann man die «lebenden Kantonswappen» zu selektionieren: Die Berner Rotflecken blieben weit verbreitet, die Freiburger Schwarzflecken schrumpften auf das Greyerzerland zusammen.

Die Folge war: In der zu klein gewordenen Population der Schwarzflecken traten Inzuchterscheinungen auf, es kamen verzworgelte, ankylotische Kälber mit Gelenkversteifungen zur Welt. Die Blutauffrischung kam zu spät und musste deshalb so rigoros vollzogen werden, dass sie einer Verdrängungskreuzung (durch die ebenfalls schwarzbunte Rasse Holstein) gleichkam. Der «Ranz des vaches», einst Lobgesang für die Freiburger Kuh, gilt somit heute einer helvetisierten Amerikanerin.

Das ist, vom kulturellen Standpunkt aus, für eine einstige Sennennation ein trauriger Verlust. Denn in langer Zuchtarbeit erschaffene, auf die Landschaft geprägte

Wegen Inzuchterscheinungen infolge zu kleiner Population ist das Freiburger Schwarzfleckvieh zwar nicht ausgestorben, aber durch Verdrängungskreuzung «amerikanisiert» worden.

Nutztierrassen stellen lebendes Kulturgut dar. Die Genetik jedoch sieht das nüchterner, weil nämlich schwarz und rot gefleckte Rinder genetisch praktisch identisch sind und Scheckung als typisches Haustiermerkmal ohnehin nur menschengemachtes Plaisir und jederzeit rekombinierbar ist.

Schweizerkrankheit Heimweh

Zurück zur Bergbevölkerung: Anno 1688 wurde für Heimweh, das als typische Schweizerkrankheit galt, die wissenschaftliche Bezeichnung «Nostalgia» eingeführt. Als Ursache nahm man zuerst eine «unrichtige Einbildungskraft» an, später die dicke Luft im Unterland, die Berglern, wenn sie herabsteigen, die Adern zusammenpresse und das Herz beschwere.

Schweizer Söldner in Frankreich sollen beim Ertönen des Kuhreihens («Ranz des vaches») erkrankt und desertiert sein. Im 18. Jahrhundert sah man dann den Grund für «Nostalgia» im Verlust heimatlicher Gewohnheiten; denn die Älpler waren es gewohnt, die Welt von oben zu betrachten. Der «Alpenstich» wiederum, der auf Brust und Lunge schlug, wurde dem Föhn angelastet.

Obwohl sich dann bald einmal herausstellte, dass nicht nur Schweizer an Heimweh litten, blieb ihnen dieses Etikett noch lange anhaften – mit dem Nebeneffekt der Zementierung eines romantisch-idealistischen Klischees der helvetischen Alpenwelt, was der Fremdenwerbung wohl nicht abträglich war…

Heimweh, Sehnsucht nach Heimat, galt früher als typische Schweizerkrankheit und erhielt im 17. Jahrhundert die wissenschaftliche Bezeichnung «Nostalgia».

Engadin – Nukleus der Alpenmedizin

Nach diesem gesamtschweizerischen Überblick über die Alpenmedizin zurück zur Kernthematik:

Welche Rolle spielten St. Moritz, Samedan und das Engadin in diesem spannenden Kapitel der Kulturgeschichte? Wie wir in den folgenden Kapiteln sehen werden: eine ganz entscheidende!

Paradebeispiel St. Moritz

Wie Untersuchungen am prähistorischen Mauritius-Sauerbrunnen belegen, wurde die kohlensäurehaltige Eisenquelle von St. Moritz schon vor rund 3500 Jahren genutzt, ist also die älteste und höchstgelegene Heilquelle. Die 1853 entdeckte Holzkonstruktion der Quellfassung ist erbaut aus Lärchenstämmen, die 1466 v. Chr. gefällt worden sind. Bereits im 17. Jahrhundert wurde das St. Moritzer Mineralwasser fassweise von Säumern ins Unterland transportiert und sogar nach Italien exportiert. Ab 1800 begannen die Bäderkuren, und 1891 fuhr hier sogar das erste elektrische Tram der Schweiz. Sein heutiges Renommee als weltweit bekannteste Feriendestination verdankt St. Moritz somit seinem Quellwasser *(vgl. die vier nachfolgenden Kapitel)*.

Arzt-Pionier aus Samedan

Die zu Beginn des 20. Jahrhunderts weltweit angewandte Sonnenlichtbehandlung (Heliotherapie) hatte ihren Ursprung im Engadin: Oscar Bernhard, damals Chefarzt am Kreisspital Samedan, liess sich durch die bäuerliche Trockenfleischherstellung zur Behandlung schlecht heilender Wunden mittels Sonnenbestrahlung inspirieren. Es war ein eigentliches Aha-Erlebnis, welches zu dieser neuen Heilmethode führte, mit der Hunderttausende von Patienten mit Gelenks- und Knochentuberkulose gerettet wurden *(vgl. die Bernhard-Kapitel)*.

Engadiner Bestseller-Almanach

Der Engadiner Pionier der Heliotherapie war zudem – als begeisterter Alpinist und Hochgebirgsjäger – auch Promotor der Bergrettung. Sein Büchlein über «Die erste Hilfe bei Unglücksfällen im Hochgebirge» (1913) erreichte mehrere Auflagen, und seine Bildtafeln zu den Transportmöglichkeiten im schwierigen Gelände wurden zum Almanach der Samariterausbildung *(vgl. das erste Bernhard-Kapitel)*.

Ein berühmter Engadiner und grosser Alpenmediziner: Oscar Bernhard.

Der Kreis schliesst sich

Am Ende dieses Einleitungskapitels sei der Ringschluss gemacht zu der eingangs angeführten Gretchen- oder Heidifrage: Liegt das Heil in der Kraftlandschaft Gebirge? Hat Johanna Spyri mit ihrem Welthit «Heidi» doch mehr als eine Idylle beschrieben, ist dieser literarische Gesundheitsmythos mit medizinischem Background mehr als Nimbus, ist er fassbare Realität?

«Die Natur hat den Menschen nicht für die hohen Regionen geschaffen; die Kälte und die dünne Luft halten ihn von dort fern», sagte Horace Bénédict de Saussure – und bewies das Gegenteil: Er bestieg als Forscher den Montblanc und wurde, analog wie Placidus Spescha im Bündnerland, zu einem Promotor der Alpeneroberung…

Realität und Mythos

Fest steht: Die Alpen haben die Medizin nachhaltig inspiriert. So entstand das vermutlich erste Röntgenbild der Schweiz 1896 in Davos, realisiert von Alpinist und Hobbyfotograf Alexander Rzewuski, der als Asthmapatient hier weilte. Auch andere neue Errungenschaften aus den Schweizer Bergen hatten – wie etwa die moderne Davoser Knochenschmiede der Osteosynthese, der AO-Technik – Signalwirkung für ganz Europa.

Kurz: Graubünden ganz allgemein und das Engadin speziell dürfen stolz darauf sein, einen wesentlichen Beitrag an den guten Ruf der Therapielandschaft Alpen geleistet zu haben, begonnen mit der frühen Heilquellennutzung über die Sonnenlichtbehandlung bis hin zur Klimatherapie.

Doch selbst die modernste Forschung aus der jüngsten Zeit konnte die Unwägbarkeiten zwischen Realität und Mythos nicht restlos klären. Somit gilt nach wie vor, was Albrecht von Haller im 18. Jahrhundert in der 37. Strophe seines Gedichtes «Die Alpen» postulierte:

Ihr werdet alles schön,
und doch verschieden finden,
Und den zu reichen Schatz
stets graben, nie ergründen.

Niemand verkörpert den Gesundheitsmythos der Alpen so nachhaltig wie Johanna Spyris «Heidi»-Figur.

DIE ÄLTESTE, HÖCHSTGELEGENE HEILQUELLE

Die älteste Quellfassung

St. Moritz ist heute der renommierteste Wintersportort und ein Paradies für den Sommertourismus, kurz das bekannteste Weltdorf, in dem die Belle Epoque der Grandhotels bis in die Gegenwart verlängert wurde. Hier geben sich die Reichen, Schönen und Berühmten Stelldichein, hier tummeln sich Wintersportler, Sommerfrischler und Naturliebhaber. Doch wie kam es eigentlich dazu? Womit wurde diese Erfolgsgeschichte eingeläutet? Die Antwort ist kurz und banal: mit dem heilenden Quellwasser.

Und das ist lange, sehr lange her: Im Lenz des Jahres 1466 vor der Zeitrechnung, oder anders gesagt, rund 200 Jahre bevor Moses mit seinem Volk aus Ägypten zog und gar mehr als 700 Jahre vor der Gründung Roms wurde da, wo in St. Moritz heute noch auf 1774 m ü.M. die Mauritiusquelle sprudelt, eine Quellfassung eingerichtet. Dabei dachten diese Ur-Engadiner wohl kaum daran, dass dies fast dreieinhalbtausend Jahre später wieder zum Thema werden könnte.

Am Anfang war das Wasser

Rekonstruktionszeichnung (C. Badrutt) der ersten Quellfassung, wie sie 1466 v. Chr. ausgesehen haben könnte.

Erstversuch vor bald 3500 Jahren

Weil ihr Wasser säuerlich und eisenhaltig ist, kamen auch Begriffe wie Eisensäuerling oder Sauerbrunnen auf. Und weil das Eisen nach einer gewissen Aufbewahrungszeit in Form rötlicher Kristalle ausfällt, spricht man auch vom «roten Wasser». Dass aber bereits in solch grauer Vorzeit eine Quellfassung erstellt wurde, lässt vermuten, dass die heilende Kraft des Stahlwassers von St. Moritz sich offenbar schon in der frühen Bronzezeit, wenn nicht gar in der Steinzeit, herumgesprochen hatte.

Untermauert wird diese Hypothese durch andere bronzezeitliche Funde in der Gegend, die darauf hinweisen, dass in der Bronzeperiode offenbar doch nicht, wie lange vermutet, bloss Jäger und durchziehende Kaufleute im Hochtal aufgetaucht sind. Vielmehr musste das Oberengadin bereits damals bewohnt gewesen sein, wenn vielleicht auch nur im Sommer. Diese Ur-Engadiner wussten die Sauerwasser-Mineralquelle scheinbar dermassen zu schätzen, dass sie – womit sich der Erzählring schliesst – 1466 v. Chr. eine Quellfassung bauten, vor beinahe 3500 Jahren!

Doch schön der Reihe nach und vorweg zum besseren Verständnis: Lange Zeit hiess dieser Mineralwasser-Aufstoss im Talboden von St. Moritz ganz einfach die «Quelle von St. Moritz». Ab Ende 19. Jahrhundert, als dann noch weitere Sprudel entdeckt wurden, nannte man sie die «alte Quelle», und seit Beginn des 20. Jahrhunderts segelt sie nun definitiv unter dem Namen «Mauritiusquelle».

Zu diesem Zweck wurde am Ort der Quelle eine Grube ausgehoben und darin ein im Winterhalbjahr 1467/66 v. Chr. gefällter und anschliessend ausgehöhlter Lärchenstamm senkrecht eingegraben. Gemäss dem damals scheinbar auch bereits bekannten Prinzip «Meister, die Arbeit ist fertig, soll ich sie gleich flicken» wurde die ganze Übung bloss ein paar Monate später wiederholt. Offensichtlich war

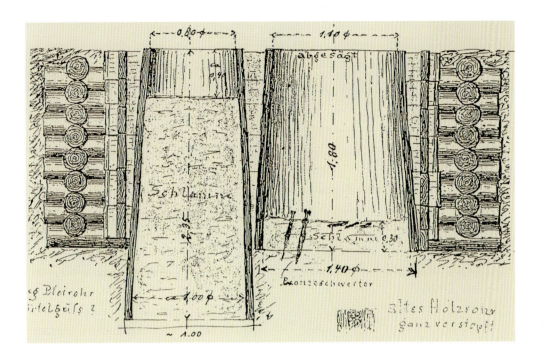

Protokollskizze (von Jakob Heierli) der alten Quellfassung mit den beiden Lärchenstämmen, wie sie bei der Ausgrabung 1907 zum Vorschein kam.

das erste Rohr nicht exakt genug über dem Ausfluss eingepflanzt worden, so dass die Quelle nicht quillte.

Doppelt verröhrt war erfolgreich

Beim zweiten Versuch – dies war im Spätsommer oder Herbst 1466 v. Chr. – wollte man offenbar auf sicher gehen und pflanzte gleich zwei Röhren ein, wiederum gewonnen aus dem Stamm einer mehrhundertjährigen Lärche. Zudem sicherte man deren Positionierung durch einen massiven, doppelten Holzkasten, bei dessen Bearbeitung Bronzeäxte eingesetzt wurden. Die alte, untaugliche Röhre beliess man, verfüllte sie jedoch mit Steinen.

Warum man das alles – nach derart langer Zeit – noch so genau weiss? Ganz einfach: Weil sich spätere Generationen nach rund 3300 Jahren wieder an derselben Quellfassung zu schaffen machten und dabei die Installationen ihrer Vorfahren 1853 und noch gründlicher 1907 ausbuddelten und diese später dann, 1998, mit modernsten Methoden gründlich untersuchten.

Doch darüber später *(vgl. nächstes Kapitel «Aufstieg zum Weltkurort – dank Wasser»);* denn bis dahin dauerte es noch eine Ewigkeit. Zwischenzeitlich zogen nämlich Jahrhunderte ins Land, und Völkerschaften gaben sich die Klinke der Zeitgeschichte in die Hand. Allerdings haben weder die Römer noch spätere Bewohner Rätiens an dieser Quelle Spuren hinterlassen, obschon vielleicht auch sie das Sauerwasser nutzten. Von den Römern allerdings heisst es, dass sie nur an warmen Quellen interessiert waren.

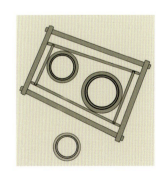

Grundrissplan (M. Marx) der beiden ausgehöhlten Lärchenstämme, umgeben von Bohlen- und Blockbau. Ausserhalb der allererste Lärchenstamm, mit dem die Quellfassung noch nicht funktionierte; die Fotografie zeigt seine Überreste.

Wasserfreundliches Mittelalter

Papst Leo X. kümmerte sich höchstpersönlich um den Mauritiuskult, was ihn de facto sozusagen zum «ersten Kurdirektor» von St. Moritz kürte.

Erst – oder vielmehr ausgerechnet, ist man versucht zu sagen – im Mittelalter wurde das heilende Quellwasser wieder neu entdeckt, ganz im Gegensatz zur heilenden Sonne, die *(wie sich im Kapitel «Der älteste Arzt ist die güldene Sonne» zeigen wird)* exakt dann in Vergessenheit geriet. Das Mittelalter war also bezüglich Sonne ein dunkles, in Bezug aufs Wasser jedoch ein lichtes Zeitalter.

Päpstliche Bulle – erster Werbeflyer?

So verdichten sich denn also die Indizien über eine Quellnutzung ab dem 14. Jahrhundert erneut, und wie! Im Zusammenhang «mit dem Kult um den hl. Mauritius, die ihm geweihte Kirche und das von ihm gesegnete Heilwasser» soll sich St. Moritz bald einmal zu einem wahren Pilgerzentrum entwickelt haben.

Im 15. und beginnenden 16. Jahrhundert nahm dies scheinbar derartige Formen an, dass sich Papst Leo X. im Jahre 1519 veranlasst gesehen haben soll, der Angelegenheit seine Aufmerksamkeit zu widmen. In einer päpstlichen Bulle soll er, so berichten alle alten Quellen übereinstimmend, «einem jeden, der zur Kirche und zur Quelle des hl. Mauritius wallfahre, die völlige Absolution versprochen» haben.

Das lockte die Menschen in Scharen, wie heute ein Sonderverkauf beim Grossverteiler. Nutzte die Kirche den Gesundbrunnen also geschickt für ihre Zwecke? Falls ja, hat das umgekehrt aber auch dem Bekanntheitsgrad der Quelle gefrommt und dadurch den Pilgerstrom nochmals zusätzlich angekurbelt. War also Mediceer-Papst Leo X. – mit Verlaub – de facto so etwas wie ein erster Kurdirektor von St. Moritz, seine Bulle eine Art Vorläufer späterer Werbeprospekte fürs Weltdorf in spe?

Vorsicht bei alten (Schrift-)Quellen

Doch genau hier zeigt sich einmal mehr, wie vorsichtig solche «Fakten» beurteilt werden müssen, selbst wenn sie in verschiedensten Quellen aufscheinen. Papier ist willig und Abschreiben eine alte Untugend… Als sich nämlich der Bündner Staatsarchivar Silvio Margadant, selber St. Moritzer, vor Jahren die Mühe nahm, diese Bulle aus dem apostolischen Archiv in Rom persönlich zu überprüfen, war darin von Ablass keine Rede, sondern von Personalpolitik für die Mauritiuskirche, die damals die wichtigste im Tal war.

Ist also alles falsch, was früher geschrieben wurde? Oder liegt vielleicht die Wahrheit, wie so oft, zwischendrin? Denkbar ist ja, dass eine päpstliche Interessenwahrnehmung trotzdem, aber anderswie erfolgte. Dafür spricht, dass später die Reformationshistoriker Bartholomaeus Anhorn (1689) und Rosius à Porta (1770) übereinstimmend monieren, nicht diese päpstliche Bulle allein sei der Grund dafür gewesen, dass die Reformation in St. Moritz so lange auf Stein gebissen habe, sondern auch die «Wallfahrten und Processionen».

Das bestätigt auch Hans Jacob Leu (1757), dass «Pabst Leo X Anno 1519 eine Wallfahrt angeordnet» habe. Ebenfalls Heinrich Ludwig Lehmann argumentiert in «Die Republik Graubünden» (1797), ohne sich auf die Bulle zu beziehen: «Pabst

Die alte Säge «bey St. Mauritz», gemalt von Johann Kaspar Huber (1805), mit oberschlächtigem Wasserrad, gespiesen via Holzkanal aus dem Sägebach.

Leo X. muss diesem Ort geneigt gewesen seyn; denn zur Aufnahme seines Wassers soll er 1519 eine Wallfahrt hierher zur Kirche des Hl. Moritz verordnet haben». Also war er doch aktiv. Was Wasser nicht alles bewegen kann!

Kontraproduktives Recycling

Andere Zeitdokumente aus dieser Epoche fehlen, «sei es», wie der bekannte und verdienstvolle Lokalhistoriker Jules Robbi 1913 schreibt, «dass solche im Jahr 1499, als das Oberengadin ein Raub der Flammen wurde (ganze elf Dörfer wurden damals in Brand gesteckt), sei es, dass in späteren Zeiten etwaige Urkunden im St. Moritzer Archiv verloren gegangen sind».

Und er begründet weiter: «Ich möchte nur erwähnen, dass in den fünfziger Jahren des vorigen Jahrhunderts ein Gemeindevorsteher, der einen Spezereiladen führte, Gemeindeurkunden zum Einwickeln der Ware benutzte». Conradin v. Flugi, Verfasser der Broschüre «St. Moritz, Einst und Jetzt» moniert sogar, dass sich unter diesen «Einwickelpapieren» auch päpstliche Bullen befunden hätten. Somit bleibt als einzige gesicherte Aussage die Feststellung: Bezüglich Geschichtsschreibung weist St. Moritz hier ein paar schwarze Löcher auf, die sich wohl nie mehr erhellen lassen. Und die Moral von der Geschicht': Recycling lohnt sich in solchen Fällen nicht!

Erstaunliche Tatsache diesbezüglich: Obschon St. Moritz und die Mauritiuskirche bereits seit 1137 verbürgt sind, taucht erst 400 Jahre später eine schriftliche Erwähnung und somit der handfeste Nachweis für die Existenz der Mauritiusquelle in einer Gemeindeurkunde vom 5. Juli 1536 auf, doch auch dies bloss marginal, indem eine Grenzfestsetzung mit «vers l'ova cuotschna» (gegen das rote Wasser hin) kommentiert wird. Dabei war, wie wir gleich sehen werden, die Quelle nachweislich bereits ein Jahr früher vom damals berühmtesten Arzt besucht worden.

Paracelsus und Gessner

Ebenfalls im 16. Jahrhundert tauchen dann die ersten gedruckten Arbeiten über die höchstgelegene Heilquelle auf, insgesamt rund ein Dutzend, deren wichtigste jene des Jahrhundertarztes Paracelsus (1537) und des Naturgelehrten Conrad Gessner (1553) sind.

Wasser und Wein

In der Einleitung zu seinem Werk «De morbis tartareis» («Von den tartarischen oder Stein Krankheiten») berichtet der grosse Medicus namens Philippus Aureolus Theophrastus Bombastus von Hohenheim, genannt Paracelsus (1493-1541), dass ihn eine seiner Reisen von Meran nach Bormio und dann durchs Veltlin ins Engadin geführt habe, wo er 1535 in St. Moritz das «acetosum fontale», den Sauerbrunnen besucht habe. Zwei Jahre später beschrieb und rühmte er diesen in den höchsten Tönen *(vgl. Kastentext)*, in Lateinisch in seinem Hauptwerk, auf Deutsch in seinem Baderbüchlein «Sechs köstliche Tractat, armen und reychen nutzlich und notwendig, von wasserbädern».

Apropos tartarische Krankheiten: Für Paracelsus war der «Tartarus» eine Krankheitsursache, bei der, vergleichbar dem Absetzen des Weinsteins (tartarus), sich feste Teile in den Geweben und Säften des Körpers niederschlagen und dadurch Steifigkeit der Organe und Verdickung der Säfte bewirken, speziell Nieren- und Leberkrankheiten, Gicht, Podagra und Stein. Auch in «De thermis seu balneis naturalibus» lobt er den Eisenquell von St. Moritz über allen Klee und stellt ihn allen anderen weit voran. Käme heute eine Mineralquelle in den Genuss solch vorteilhafter Beurteilung aus berufenem Mund, würde dies sofort marketingmässig genutzt. Nicht so damals.

Obendrein empfiehlt Paracelsus, was ihn uns so sympathisch macht, den Heilquelle-Besuchern auch gleich noch den Veltliner Wein aufs Wärmste als «ein die Kur beförderlich unterstützendes Mittel». Solch verlockender Rat aus dem Mund des berühmtesten Mediziners musste selbst Wasserscheue zu einer Wasserkur animieren! Ob dies – im Anfangsdrittel des 16. Jahrhunderts! – nicht bereits ein erster Ansatz war für einen paradigmatischen Wechsel vom biederen Gesundheitsbaden hin zum lockeren Wellnessen?

Vater der Balneologie

So wie der vermeintliche Inhalt besagter Bulle von Papst Leo X., so war auch das Statement von Paracelsus für die Mau-

---

Im Augusto am säuristen
Paracelsus über die Mauritius-Quelle in «De morbis tartareis», 1537

Ein acetosum fontale, das ich für alle, so in Europa erfahren habe, preise, ist im Engadein zuo Sanct Mauritz: derselbige Brunn laufft im Augusto am säuristen. Der desselbigen Trancks trincket wie einer Artzney gebühret, der kan von Gesundheit sagen und weist von keinem Stein, weist kein Podagra, kein Artherica; dann also wird der Magen dadurch bestärcket, coroboriert, dass er den Tartarum verdäuet, als ein Strauss ein Eysen, als ein Amsel ein Spinnen; und nit allein den Tartarum, sondern auch andere Ding, so Kranckheiten im Menschen machen, deren prima materia in der Speiss und Tranck ligt: dieselbe Kranckheiten zeügende Matery werden alle verzert, sie seyen wie sy wöllend, zu gleicher weis wie alles Holtz, krumbs und schlechts, glats und krospets, im Ofen brennet, also geschicht auch allda in einem solchen Magen.

ritiusquelle und damit für die Zukunft von St. Moritz eine unbezahlbare Promotion von höchster Autorität. Dies war – auch wenn man sich heute dessen kaum mehr bewusst ist – die entscheidende Weichenstellung für die spätere wundersame Metamorphose vom unspektakulären Bauerndörfchen zum mondänsten und weltweit bestbekannten Nobelkurort und Sport-Eldorado. Deshalb ist die naive Frage gestattet: Was wäre wohl aus St. Moritz geworden, wenn diese Quelle nicht gewesen wäre und Paracelsus sie nicht derart promotet hätte?

Der am Pilgerweg über den Etzelpass nach Einsiedeln (direkt bei der die Sihl querenden Teufelsbrücke) geborene Paracelsus gilt denn auch als «Vater der Balneologie», der Heilquellen- und Bäderkunde. Auf seiner ausgedehnten Wanderschaft als Feldarzt durch halb Europa hat er etliche Quellen besucht und beschrieben. Doch wer war dieser kleine Mann von etwas komischer Gestalt mit dem grossen, willensstarken Kopf, dessen Vater, ein zugewanderter Arzt schwäbischer Herkunft, ihn in die Geheimnisse der Natur einführte, im Vorschulalter in Einsiedeln, später im kärntnerischen Villach?

Auf dem Paracelsus-Denkmal in Einsiedeln steht sein Bekenntnis: «Also bin ich gewandelt durch die Länder und ein peregrinus gewest meine zeit – allein und fremd und anders». Er lebte in einer Umbruchzeit zwischen Mittelalter und Neuzeit und galt als «Luther der Medizin», als rebellischer Aussenseiter und Kritiker der universitären Lehre. Doch er war nicht nur Arzt, sondern auch Naturforscher, Mystiker und Philosoph, vor allem aber streitbarer Einzelkämpfer, überzeugt von sich selbst: «Der Geist geistet, wo er will; nicht in allem, nicht in vielen, sondern dort, wo es ihn gelüstet. Viele reden sich ein, sie seien der Geist selber, doch gerade bei ihnen ist er nie gewesen».

Grosser Geist im Widerstreit

«Wer in sich selbst kann bestân, gehöre keinem andern an» war seine Devise. Deshalb stiess er überall auf Opposition. Conrad Gessner qualifizierte «den Theophrastus für ganz und gar unwert, unter anständigen Autoren erwähnt zu werden»; für ihn war er «ein arianischer Ketzer und ein Zauberer, der Umgang mit Dämonen gepflegt». Paracelsus selber musste bekennen: «Sie trieben mich aus Litauen, danach aus Preussen, danach aus Polen, war nicht genug. Ich gefiel den Niederländern auch nicht, den Universitäten nicht, weder Juden noch Mönchen. Ich dank aber Gott, den Kranken gefiel ich!».

Goethe dagegen verehrte Paracelsus sehr und machte seinen Doktor Faustus zum Sprachrohr paracelsischer Weisheiten, wogegen ihn Jeremias Gotthelf in Annebäbi Jowäger zu den «alten Zauberern, einer Art von heidnischen Priestern» zählte. Auch C.F. Meyer legte in «Huttens letzte Tage» seinem tragischen Helden despektierliche Worte über Paracelsus in den Mund: «Ich dachte: Wie zu dir dein Name passt! Bombastus nennst du dich – und sprichst bombast!». Kurz: An Paracelsus schieden sich die Geister.

Erboste Gegner apostrophierten Theophrastus, den göttlich Redenden, als Kakophrastus, den Dreckredner. Er wurde verlästert als Quacksalber und Trunkenbold, armseliger Landfahrer und Marktschreier. Umgekehrt fasste auch er seine Kontrahenten nicht mit Samthandschuhen an, konterte sackgrob und schimpfte sie «Polsterprofessoren», «Requiemsdokto-

Jahrhundertarzt Paracelsus, alias Philippus Aureolus Theophrastus Bombastus von Hohenheim, «Vater der Balneologie» (1493-1541).

«Erfahrung ist unser Leben, von der Jugend bis in das Alter»: «Landfahrer» Paracelsus (Holzschnitt von 1567).

ren» und «Geldpfaffen», oder «Unkraut- und Schaumärzte», «lausige Sophisten» und «Gugelfritzen». Er disqualifizierte sie als Steigbügelhalter einer zerfallenden Medizin, «die in den Büchern der Alten rumpelten wie die Sau im Trog».

Die Liebe lehret die Kunst

Dass grosse Geister auch Widerspruch herausfordern, ist ein altbekanntes Phänomen, das in diesem Buch notabene nicht zum letzten Mal aufscheinen wird. Doch Paracelsus darf für sich in Anspruch nehmen, dass in der Neuzeit wohl kein zweiter Arzt wie er die gesamte Heilkunde derart massgeblich beeinflusste: «Glaubet den Werken, nicht den Worten; Worte sind leerer Schall, die Werke aber zeigen euch den Meister an».

Wie muss man sich das theophrastische Bild des wahren Arztes denn vorstellen, das diesen selbst zur Arznei macht? Lassen wir ihn selber definieren: «Der höchste Grund der Arznei ist die Liebe» und «Die Liebe ist die, welche die Kunst lehret und ausserhalb derselbigen wird kein Arzt geboren». Ergo: «Wo keine Liebe ist, da ist keine Kunst».

In seinen Augen musste der samaritanische Arzt sowohl fachkompetenter Mediziner als auch fürsorglicher Berater des Bruders Patient sein, der die Therapie nicht bloss als Reparatur, sondern im ursprünglichen Wortsinn von «therapeuein» versteht, das heisst dass «Barmherzigkeit der Schulmeister der Artzten ist», oder, wie es Goethe lyrisch subsummiert:

Was auch als Wahrheit oder Fabel
In tausend Büchern dir erscheint,
Das alles ist ein Turm zu Babel,
Wenn es die Liebe nicht vereint.

Auswirkungen bis heute

Interessanterweise tauchen solch paracelsische Überlegungen in der modernen Medizin, und dies beileibe nicht nur im Alternativbereich, auch heute wieder auf, wenn in Fach- und standespolitischen Postillen in Bezug auf das alles beherrschende apparativ-chemotherapeutische Armamentarium von «loss of charity» die Rede ist und wieder mehr «care» als «cure» gefordert wird.

«Die Artzten sollen sich nicht wundern», so Paracelsus auf seiner Suche nach einer ganzheitlichen Medizin, «dass die Natur mehr ist als ihre Kunst. Denn was reicht an die Kräffte der Natur heran? Wer in ihnen nicht bewandert ist, der beherrscht auch nicht die Heilkunst. In einem Kraut ligt mehr Tugend und Krafft als in allen Folianten, die auf den hohen Schulen gelesen werden und denen auch keine lange Lebensdauer beschieden ist».

Aufgrund seiner Theorie, wonach ein dynamisches Prinzip («Archaeus») die gesunden und krankhaften Lebensvorgänge im Körper auf chemischem Weg beeinflusse und weil er chemisch hergestellte Arzneimittel einführte, gilt Paracelsus als Begründer der pharmazeutischen Chemie.

Für den unbequemen Medizin-Erneuerer standen nicht die Lehrbücher im Zentrum, sondern «die Augen, die in der Erfahrenheit ihre Lust haben, dieselbigen seien deine Professoren». Für ihn war die Natur das grosse Lehrbuch, und wer sie erfahren will, der müsse «mit Füssen ihre Bücher treten». Deshalb war Paracelsus – auf der Suche nach Erfahrung, nach «Experienz» – lebenslänglich rastloser Nomade im unergründlichen Lehrbuch der Natur, so auch am Quell des heilenden Wassers.

Mehr Trinken denn Baden

In «De thermis Helvetiae» (Heilquellen Helvetiens) würdigte 1553 auch der Zürcher Arzt und Naturforscher Conrad Gessner den Sauerbrunnen von St. Moritz. Bei der Vorbereitung eines zweiten, umfassenden balneologischen Werkes ersuchte er Friedrich von Salis in Samedan, ihm eine detaillierte Beschreibung zu liefern, die er dort integrieren wollte. Diesem Wunsch kam von Salis nach. Doch leider ist diese erste von einem Engadiner verfasste Dokumentation über das St. Moritzer Sauerwasser – zusammen mit Gessners Manuskripten – verloren gegangen, weil dieser kurz darauf starb.

Aus einer Mitteilung von Gratalorus Guilhelmus an Conrad Gessner lässt sich folgern, dass das St. Moritzer Sauerwasser zu jener Zeit vorwiegend getrunken und nur marginal zum Baden genutzt wurde. «Als von scheinbar roter Färbung, etwas bitterem Geschmack, aber sehr angenehm zu trinken» beschreibt auch Ulrich Campell das Quellwasser zu St. Moritz in «Rhaetiae alpestris topographica descriptio». Das war übrigens zu einer Zeit, als noch Drachensagen herumgeisterten, nicht nur über den Dragun von Macun (der Seenplatte im heutigen Nationalpark), sondern auch über einen solchen bei St. Moritz *(vgl. Kastentext).*

Das vorübergehende Ende

Doch dann kam das grosse Unheil: Sowohl Ulrich Campell als auch Jacob Bifrun, Letzterer in seinen «naturchronistischen Aufzeichnungen», berichten beide über die schrecklichen Überschwemmungen, die 1566 das ganze Engadin heimsuchten, das Tal völlig verwüsteten, zwölf Brücken wegrissen, Wiesen, Felder und Häuser zerstörten – und die Quelle von St. Moritz massiv mit Schutt zudeckten.

Das Erdbeben von 1567 und erneute heftige Unwetter 1570 machten das Desaster noch grösser. Der Sauerbrunnen war nun so gut wie «gestorben» und geriet in Vergessenheit. Kein Wunder, dass ihn Theodorus Tabernaemontanus, eigentlich Jacob Theodor von Bergzabern, der bekannte Arzt des Fürstbischofs von Speyer, in seinem «Thesaurus aquarum» 1584 nur noch vom Namen und seinem früheren Ruf her kennt.

Drachensagen geisterten noch lange – so auch in St. Moritz – durch die Köpfe; in einem Buch von Alpenforscher Johann Jacob Scheuchzer sogar noch 1723.

> ### Der Drache von St. Moritz
> **Conradin v. Mohr zitiert Ulrich Campell aus Historia Raetica, 1572**
>
> Eine halbe Stunde, nachdem der Inn den Silvaplaner See verlassen hat, wird er von einem dritten aufgenommen. Es ist dies der See von St. Moritz, welcher auf der linken Seite an einem Hügel sich hinzieht. Auf halbem Wege von Silvaplana hierher erblickt man in der Mitte zwischen beiden Seen eine Brücke, welche auf das rechte Ufer hinüber führt. Dort in der Ebene, am Saume des Waldes, findet sich die Sauerquelle von St. Moritz.
>
> Der Landstrich, innert welchem die genannten 3 Seen liegen, dehnt sich über eine deutsche Meile aus. Rings herum erhebt sich das Hochgebirge, bis zur halben Höhe mit prächtigen Tannen bewachsen, dann mit Alpweiden, zuletzt mit starren Felsen und Schneefeldern bedeckt. In den Felsschlünden, welche der Inn beim Ausfluss aus dem St. Moritzer See durchbraust, lässt die Sage an einer schauerlichen Stelle einen Drachen oder Lindwurm hausen. Ein sonst glaubwürdiger, vor wenigen Jahren verstorbener Mann, Joh. Malett, soll denselben gesehen haben, davon krank geworden und gestorben sein.

Initialzündung von aussen

Doch Quellen haben ein zähes Leben. Zwar dauerte es lange, bis der Sauerbrunnen wieder von sich reden machte. Erst im 17. Jahrhundert erholte sich St. Moritz langsam von dieser schrecklichen Naturkatastrophe. Doch nun erfolgte, wie seinerzeit beim mittelalterlichen Boom, ein zweites Aufblühen, von dem an die zwanzig Publikationen zeugen.

Revival dank initiativer Kurgäste

Das erste Schriftstück aus diesem Jahrhundert stammt vom Bündner Arzt Zacharias Beeli von Belfort und wurde 1634 verfasst *(vgl. Kastentext)*. Darin beschreibt er, dass ein nicht näher bekannter polnischer Edelmann unter den Kurgästen wieder Leben in die verwaiste Quelle brachte. Aus Dankbarkeit für die erfahrene Heilung liess er über der Quellfassung als Wetterschutz eine einfache Hütte errichten, welche 1614 dank einer Zuwendung von Charles Pascal, dem französischen Gesandten bei den Drei Bünden, noch optimiert wurde.

Das ist wohl erfreulich, zugleich aber auch ein bisschen erstaunlich: Nicht bloss die ersten medizinischen Bewertungen und publizistischen Bekanntmachungen der Quelle – man denke an Paracelsus und Gessner –, sondern auch die ersten flankierenden, baulichen Massnahmen zur Verbesserung der Quellnutzung wurden also nicht von Einheimischen, sondern von Fremden, im letzteren Fall von Kurgästen initiiert.

Ganzheitliche Erfrischung

Medicus Beeli postuliert zudem erste Erklärungen über die Wirkungsweise des Sauerbrunnens, welcher «empfangt seine Säure auss denen Mineralibus, dardurch er laufft, als Vitriol, Kupfer, Eisen und wenig Alaunes, daher dann die vielerley Wirkungen entstehen; sonderlich dienet er dem verschleimerten Magen, denen verschleimerten Nieren und Blateren, nimmt dem Magen, Leber und Nieren ihre unnatürliche Hitzen, öffnet Verstopfungen, reiniget das geblüth, löschet den unnatürlichen Durst, erwecket den Appetit und machet lust zum Essen».

Doch damit ist der Indikations-Lobgesang noch nicht zu Ende. Der Sauerbrun-

---

Die Quelle strudelt rothlicht
Der Bündner Arzt Zacharias Beeli über die Quelle von St. Moritz, 1634

Dieser Sauerbrunnen ligt in einem schönen ebenen Thal und Feld, mit einem angenehmen Fluss, dem Yn und See (so voller Forellen) wie auch mit Wälder wohl gezieret, wiewohl es ein sehr kaltes und wildes Land, nichts desto weniger ist darinne die beste Nahrung von Kalb und Schaaf-Fleisch, Hühner, Wild, Geflügel, Gembsen, Fisch, Wein, Brodt und anderen guoten Stücken genuogsam zu bekommen.

Der Brunn ligt von dem Dorff ein viertheil Stund in ofenem Feld gegen dem Berg, hat eine grosse Quell (daneben auch kleine verspühret werden) in einem viereckichten Stein, langlecht eingehauen, das Wasser strudelt rothlicht herauff, wie ein Wasser, das von feuer in einem grossen hafen siedet, der Kasten dess Brunnens ist ongefehr 3 Werck-Schuh lang und 1½ breit; darüber ist ein Gebäulein wie ein Capell von einem Polagischen Herrn, so zuo diessem Brunnen gereiset, bedeckt und hernach von Carolo Paschalio, einem französischen Ambassadore, verbesseret worden.

Das Wasser von dem Brunnen in einem Glass ist heiter und lauter, als wanns destilliert wäre; im Trinken ist es bey dem Brunnen über alle massen Kalt, räss und scharpf, wie ein saurer win, und wenn es in seiner Perfection ist, weicht der Dampf in die Nass und Kopf wie vom Wein.

Das älteste Kulturdenkmal von St. Moritz aus der Frühgeschichte, der Druidenstein im Kulmpark, eine keltische Weihestätte, analog wie Stonehenge in England oder Alesia in Frankreich. Druiden waren keltische Priester.

nen kann weit mehr, er «mägeret den Leib, vertreibt das Griess und Stein auss den Nieren und Blateren, heilt das dreytägige Fieber und andere hitzige Krankheiten; ist dienlich der Melancholiam, Hypochondriacam, Gelbsucht und Lendenweh zu vertriben». Kurz: Dieser Heilquell «erfrischet den ganzen Leib». Und «wann einer nämlich etwas Hitze in dem Leib verspühren möchte, soll man zuvor auch ein wenig bluoth lassen, darauff 2 oder 3 Tag ruhen und hernach (den Sauerbrunnen) brauchen».

Die erste Trinkanweisung

Beeli gibt zudem erste Trinkanweisungen: «Den I. Tag morgends um 7 Uhr 2 Tischbecher voll und abends 3 Stund vor dem Essen eben so viel. Den II. Tag einen Becher voll mehr, und so fort bis auff den 9ten Tag, an welchem einer und hernach etlich Tag 10 Becher voll trinken mag, und das so lang alss einer lust hat. Hernach muss man wieder absteigen, wie man aufgestiegen». Aber Achtung: Ein Tischbecher fasste rund 5 Deziliter, was das Ganze schon fast zu einer Rosskur machte!

Auch flankierende Massnahmen zur Trinkkur empfiehlt Beeli: «Dass der Magen mit Spissen nicht allzu überflüssig beladen, noch mit Wein überschwemmt werde», womit er die Paracelsische Weinempfehlung zumindest nicht gänzlich aus dem Programm kippt. Oder: «Wann es schön Wetter, soll man allzeit vor und nach dem Trunck ein Stund spaziren, so es aber kalt und Regen-Wetter, im Bett wohl zugedeckt warm ligen».

Dazu passt: «So einer einen kalten und blöden Magen hat, soll er morgens den Sauerbrunnen warm trincken» und «Soll allwegen der gantze Leib mit Kleidung wohl warm gehalten werden». Ein eigentliches Softy-Programm!

Erste Promis tauchen auf

Während sich St. Moritz bis anhin wenig um sein einmaliges Geschenk der Natur, die Heilquelle, gekümmert hatte, kam es nun doch zu einem Umdenken. Denn jetzt – im 17. Jahrhundert – trafen auch bereits die ersten Promis ein, anfänglich solche aus Italien, Gelehrte und Ärzte, reiche Bürger und Adlige, die andere Ansprüche stellten als einfache Kuranden.

Erwachende Eigeninitiative

Wahrscheinlich war es dieser Druck – noblere Kurgäste mit höheren Erwartungen bezüglich Komfort –, der bewirkte, dass sich in der Gemeinde nun doch etwas tat bezüglich selber aktiv werden: Zwischen 1668 und 1670 hat sie die Umgebung der Quelle saniert und den Austritt mit Steinplatten eingefasst. Dass man so lange zugewartet hatte, mag auch mit Aberglauben zu tun gehabt haben, weil man fürchtete, dass jegliches Herumhantieren am Wasseraustritt von den Quellgöttern bestraft würde und ein Versiegen des Sprudels zur Folge hätte.

Zur selbigen Zeit soll Herzog Victor Amadeus von Savoyen St. Moritz anerboten haben, bei der Quelle, die fast eine halbe Wegstunde vom Dorf entfernt war, ein gastliches Kurhaus zu errichten, als Dank für die wiedererlangte Gesundheit. Diese grosszügige Offerte wurde von der Gemeinde jedoch ausgeschlagen, weil die Dorfsatzungen jegliches Errichten von Gebäuden in Quellnähe untersagten, um allfällige Beschädigungen zu verhindern. Vielleicht befürchtete man auch eine Konkurrenz fürs Dorf, oder man wollte sich schlicht nicht von gutbetuchten Fremden in die Angelegenheiten der Gemeinde reinreden lassen. Solches Misstrauen gegenüber verändernden Einflüssen von aussen schimmert in Gemeindebeschlüssen immer wieder durch.

So soll es denn bei einer vom Savoyer Herzog gestifteten schwarzen Marmortafel mit einem Vers in lateinischer Sprache von Pfarrer Peider Büsin aus Silvaplana geblieben sein. Dies ist zugleich die älteste Inschrift der Heilquelle von St. Moritz (Übersetzung: Conradin v. Flugi):

Aspera, quas quaeres lymphas dant saxa salubres,
Grata sub ingratis rupibus unda fluit:
Nunc alii Cereris jactent et munera Bacchi,
Omnis opes Tellus ducit ubique suas.

Rauhem Gestein entsprudelt
der Heilquell, welchen du aufsuchst –
Leblos starrender Fels
nährt den belebenden Born.
Rühmet mir immer der Ceres Geschenk
und die Gaben des Bacchus,
Eigene Schätze verlieh
jeglichem Land die Natur.

Das zweistöckige Brunnenhaus, erbaut um 1770, von welchem Leutpriester J. L. Meyer meinte: «Man erblickt hier nichts als ein Häuschen, das alle Begriffe von Armseligkeit übersteigt».

«Beym Sauerbrunnen in St. Morizen im Obern Engadin»; Aquarell von Hans Conrad Escher von der Linth (1819). Vorne das bescheidene Brunnenhaus von 1770, hinten St. Moritz Dorf.

Widersprüchliche Quellen

Freimütiger Klammervermerk: Diese herzogliche Episode steht so in einigen alten und auch in neuesten Publikationen über St. Moritz, doch die Faktenlage ist nicht klar; denn andere Quellen besagen, der Besuch des Herzogs von Savoyen hätte im gleichen Jahr stattgefunden wie später der erste der Herzogin von Parma, das heisst erst 1697. Dieser Ansicht ist etwa Heinrich Ludwig Lehmann in «Die Republik Graubünden», was dann auch von Lokalhistoriker Jules Robbi übernommen wurde. Auch die Marmortafel soll erst dann gestiftet worden sein.

Irritierend ist, dass Lehmann von einem zweiten Besuch des Herzogs spricht und nur die Marmortafel, nicht aber das Angebot der Kurhaus-Schenkung erwähnt. Wurde Letzteres also doch schon zwischen 1686 und 1670 gemacht? Dagegen wiederum spricht die Tatsache, dass das Gemeindereglement (Bauverbot im Umkreis von mindestens 2000 Doppelschritten zur Quelle), auf das man sich bei der Ablehnung des herzoglichen Angebots berief, erst 1691 in Kraft gesetzt wurde.

Und um das Ganze endgültig verwirrlich zu machen: Wieder andere Quellen monieren, die Marmortafel sei zwar anlässlich der Quellensanierung zwischen 1668 und 1670 angebracht, aber nicht vom Herzog gestiftet worden. Wer also hat recht? Das weiss wohl nur Victor Amadeus von Savoyen selig, der sich jetzt vielleicht zum zweiten Mal ärgert, dass, nachdem schon sein hochherziges Angebot ausgeschlagen wurde, nun auch noch die Fakten vermengt werden…

Ungelöstes Logierproblem

1671 wurde die Gemeinde St. Moritz wieder aktiv: Sie baute für 48 Gulden und 54 Kreuzer am ova cotschna-Sprudel (Rotwasser-Quelle) eine einfache Hütte, die bei Schlechtwetter den Kuranden Schutz bieten sollte und wo man auch die Pferde einstellen konnte. Eine Strasse zur Quelle gab es nicht, bloss ein Saumpfad führte durch den versumpften Talboden.

Das Wasser wurde aus dem Brunnen geschöpft, in Flaschen abgefüllt oder in Fässern auf Pferdes Rücken ins Dorf transportiert, wo es getrunken oder gelegentlich auch zu Badezwecken verwendet wurde.

Für Kurgäste gab es im damaligen Bauerndorf nur zwei kleine Gasthäuser (oberer und unterer Flugi) sowie einige Zimmer in Privathäusern. Deshalb lautete ein Gemeindebeschluss dahingehend, dass der Gemeindeammann die Pflicht habe, den immer zahlreicher eintreffenden Fremden während ihres Aufenthalts in St. Moritz ein Obdach zu beschaffen.

Denn deren Beherbergung war oft mehr als bescheiden, wenn nicht gar abenteuerlich, worüber J. A. Sprecher in seinem historischen Roman «Donna Ottavia» berichtet: «Vor zwanzig Jahren habe auch ich in S. Maurizio den Brunnen getrunken und selbzweit mit einem Zürcher Herrn in einem Bette liegen müssen. Das Essen brachten Sie uns in hölzernen Kacheln und mit blechernen Löffeln auf den Tisch, und ein Jeder mochte die steinharten ‹Plains› und die Brocken alten Specks und dürren Fleisches, oder die köstlichen Fische mit dem eigenen Messer verschneiden und zum Munde führen. Der Hauswirt aber samt Frau und Töchtern und Knaben schlief mit uns in der gleichen Kammer».

Italianità im Engadin

Ganz generell waren es im 17. Jahrhundert vornehmlich Italiener, welche an der St. Moritzer Quelle Heilung suchten und dann in gelehrten Abhandlungen oder auch in Versform den Born ihrer Erlabung lobpreisten.

So etwa der Dottore Malacrida aus Sondrio, der um 1650 seinen freudigen Erfahrungen am Sauerbrunnen gleich in drei Sonetten und zwei Madrigalen Ausdruck verleiht – Lobgesänge auf die Quelle mit schwungvollen Versen in Klanggedichtform. – Eine kleine Kostprobe davon:

Come il fiore rinasce allorche beve
Cosi ancora con questa onda vitale
Ogni languida età rifiorir deve
O maraviglia! Il ferro ch'è fatale
La bolla che ha una vita breve
Qui concorrono a far l'huomo immortale.

Wie Blumen, wenn sie trinken, frisch erstehen,
So muss durch diese Quelle neues Leben
Auch jedes schwache Alter wieder blühen.
Wie wunderbar! Das Eisen, sonst so tödlich,
Das leichte Gas, sonst von so kurzer Dauer,
Hier helfen beide, dass der Mensch nicht sterbe.

Ein Adebarbrunnen?

Malacridas Poesie segelt unter dem euphorischen Titel «Descrittione poetica delle acque di San Mauritio e dei loro effetti maravigliosi», zählt dabei all die Krankheiten auf, die an der Quelle Heilung finden und besingt auch die freudvolle Hoffnung unfruchtbarer Frauen, die dank einer Mauritiuskur ihre Fruchtbarkeit zurück erlangen.

Diese Epistel erschien notabene just zu dem Zeitpunkt, als in St. Moritz die ersten hohen und adligen Gäste auftauchten. Was wäre wohl, wenn diese frohe Kunde, so sie denn modernen Abklärungen standhielte, heute wieder bekannt gemacht würde, wo so viele Anstrengungen getätigt werden, um in Problemfällen einen Kindersegen zu erzwingen? Vielleicht müsste man die Mauritiusquelle dann vorsorglich in Adebarbrunnen umtaufen!

Freiwillige Rosskur

Vierzig Jahre nach Medicus Zaccharias Beeli hat ein gewisser Dottore Antonio Cesati di Vigevano, nachdem er einen Kuraufenthalt in St. Moritz absolviert hatte, in «Historia naturalis Helvetiae curiosa» in einer Abhandlung, betitelt «Discorso succinto sopra le acque di San Maurizio anno 1674», die Mauritiusquelle mineralogisch analysiert und kam zu einem ähnlichen Ergebnis wie damals Beeli: Vitriol, Eisen, Kupfer, etwas Alaun und Schwefel.

Auch er stellt, nachdem er die durch den Eisensäuerling heilbaren Krankheiten aufgelistet hat, eine Trinkkur-Verordnung auf, die schon beim Lesen Schluckbeschwerden macht: Beginnen mit 40 bis 50 Unzen pro Tag (das heisst 1 bis 2 Liter), dies 3 bis 4 Stunden vor der ersten Mahlzeit, dann bis zu 300 und mehr Unzen steigern (also an die 10 Liter täglich). Schliesslich wieder reduzieren auf 40 Unzen. Trinkkur – oder doch eher Rosskur? Cesati vermerkt noch als kleine Trostzugabe: «È libera senza pagamento», was bedeutet, dass es damals noch keine Trinktaxe gab.

Nicht nur eitel Freude

Cesati berichtet zudem, dass gleichzeitig mit ihm auch ein Marchese di Mayno, ein piemontesischer Conte Luigi Molle oder ein Marchese Carlo Antonio Scarampe eine Kur absolviert hätten. Regelmässige Gäste waren auch, gemäss der romanischen Chronik des Joh. Ant. Vulpius, die Vertemati-Franchi von Plurs. Diese unterhielten – ein weiteres Beispiel für Fremdinitiative – einen täglichen Saumzug zwischen Plurs und St. Moritz, um stets über frische Lebensmittel zu verfügen.

Indem sich nun zunehmend illustre Gäste aus anderen Ländern um die Quelle scharten, führte dies, abgesehen von allen positiven Aspekten, auch zu ersten Multi-Kulti-Problemen, so dass man sich in der Landsgemeinde des Oberengadins (Cumün grand) «mit aller Strenge» zu Gegenmassnahmen veranlasst sah *(vgl. Kastentext)*. Überfremdungsängste und Religionsanimositäten – schon damals.

Engadiner Fremdenpolizei
Einblick ins St. Moritzer Kurleben durch ein Decret vom 26.02.1678

Die in Zuoz versammelte Landsgemeinde des Oberengadins (Cumoen grand) beschliesst auf Klage und Anregung des Colloquiums über die im Engadin und ganz besonders in St. Moritz eingerissene Sittenlosigkeit hin, eine ernste Vermahnung ans Volk von den Kanzeln verlesen zu lassen. Gegen die Fremden in St. Moritz, welche uns wegen unserer reformierten Religion verhöhnen und uns Ketzer und Bestien nennen, soll das Kriminalgericht mit aller Strenge einschreiten und sie zu Ordnung und Anstand weisen.

Schlitzohrige Politiker

Auch Promis aus der Eidgenossenschaft gaben sich am Rotwasser-Sprudel zu St. Moritz ein Stelldichein. So weilte beispielsweise der Zürcher Stadtschreiber Johann Heinrich Waser zusammen mit anderen Staatsvertretern zur Kur und nutzte die Mussestunden, gemeinsam mit den politischen Honorationen Graubündens, zu politisieren.

Über einen solchen Besuch des Zürcher Stadtschreibers von 1643 äussert sich Fortunat Sprecher von Berneck in «Geschichte der Kriege und Unruhen» etwas zweideutig, wenn er sagt, dass dieser «unter dem Vorwand, die Eintracht wieder herzustellen, vielfach in die Angelegenheiten des Zehngerichtenbundes sich einmengte, in die Bünde, um mit seiner Gattin das Sauerwasser zu St. Moritz im Oberengadin zu trinken…». Politiker waren wohl zu allen Zeiten schlaue Füchse!

Neufassung und Quellentaxe

Jacob Wagner aus Zürich bestätigt 1680 in seiner Beschreibung der Mauritiusquelle in «Historia naturalis Helvetiae», dass Rätier, andere Helvetier, Italiener und deutsche Gäste den Sauerbrunnen von St. Moritz fleissig frequentieren.

Aus einem ausführlichen Bericht des italienischen Arztes Carlo Campeggio aus Turin geht zudem hervor, dass die Quellfassung 1680 offenbar erneuert worden ist. Nichts Genaueres weiss man aber nicht darüber.

Und ein Berufskollege von ihm, Giovanni Battista de Burgo aus Mailand, stellt 1689 eine eigentliche Indikationsliste für ganze 25 Krankheiten auf, die am Sauerbrunnen zu heilen seien, der etwas Eisen (un poco ferro) enthalte.

Zudem propagiert er eine neue Trinkordnung, wohl etwas dezenter als jene von Antonio Cesati, aber immer noch System Rosskur: 20-tägige Kurzeit, beginnend mit 20 Unzen (rund ½ Liter), dann täglich bis zu 5½ Liter steigern und allmählich wieder auf ½ Liter zurückkehren.

Dass bis anhin keine Quellentaxe erhoben wurde, beruhte wohl ebenfalls auf Aberglauben; man wollte die Quellengeister nicht kränken.

Doch die monetäre Verlockung obsiegte schliesslich über den Aberglauben. Wie heisst es doch?: Was nichts kostet, ist nichts wert.

Deshalb: Ab 1696 wurde die Quelle alljährlich gegen eine Entschädigung von 90 bis 137 Gulden verpachtet, meist an Bürger von St. Moritz mit bekannten Namen wie Flugi, Andreossi, Lium, Gudinchet, Melcher, Cristoffel etc.

Dies war der Startschuss für erste Marketing-Aktivitäten und europaweite Werbung, was St. Moritz Ende 17. Jahrhundert aufblühen liess – dank dem Naturgeschenk in Form von heilendem Quellwasser.

Vielbeschäftigte Hirten und faulenzende Herren
Aus «Die drei Bündner Reisen» von Rodolphe Toepffer

St. Moritz ist nur ein kleiner Flecken, und er besteht aus Viehställen und Billard-Cafés, wo die bärtigen Badegäste ihre Zeit totschlagen; es ist eine jener Gegenden, die dem vorübergehenden Aufenthalt der Schwächlichen ein Scheinleben verdanken, mit einigem Zigarrenrauch und mit der grotesken Mischung von vielbeschäftigten Hirten und faulenzenden Herren. Man bediente uns mit einer Hausmannskost zum Totlachen: ein Riesenbisquit und ein wahrer Garten aus Salat.

Rotes Wasser, blaues Blut

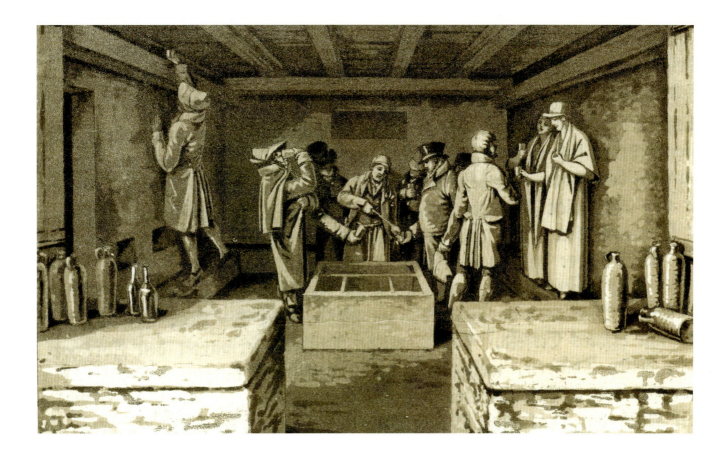

Die noch spartanisch eingerichtete Trinkstube des ersten Brunnenhauses im 18. Jahrhundert. Das Bild wurde erst 1811 gezeichnet und in Kupfer gestochen.

Gegen Ende 17. und anfangs 18. Jahrhundert machten auch Hochadlige und gekrönte Häupter dem St. Moritzer Sauerbrunnen die Aufwartung, was schon damals zu diplomatischer Hektik im Vorfeld führte und heute zur beruhigenden Feststellung Anlass gibt: Alles war schon immer genau gleich, wenn auch vielleicht ein bisschen anders.

In Sänften über den Maloja

Nach dem Herzog von Savoyen war es 1697 die Herzogin von Parma, die als Blaublütige das rote Wasser zu St. Moritz aufsuchte, mit grossem Gefolge im Schlepptau, darunter der venezianische Gesandte Colombo und ein Baron von Haugnitz. In seiner «Geschichte von Graubünden» beschreibt J. A. v. Sprecher, wie die hohen Gäste in Chiavenna von der Gemahlin des Marschalls von Salis in Empfang genommen und über den Malojapass geleitet wurden, die Damen getragen in Sänften, die Herren hoch zu Ross.

Und er blieb ungebrochen, der Zulauf von italienischem Blaublut; 1707 reiste Gräfin Visconti von Mailand mit einem Gefolge von 25 Personen zur Quelle. Da stellt sich aus heutiger Sicht die Frage: Wie konnte sich solch noble Gesellschaft im abgelegenen Hochtal, das nur auf beschwerlichen Passwegen erreichbar war, zurechtfinden, in einer rauen Alpenwelt, die eben noch als von Drachen und Lindwürmern bewohnt, als dämonisch und diabolisch empfunden worden war?

300-Seelen-Bauerndorf

St. Moritz war damals eine kleine Siedlung, die 1699 – gemäss Steuerrodel – bloss etwa 300 Seelen in 70 Haushalten zählte, ein bescheidenes Engadiner Dörfchen mit einfachen Bauernhäusern, von denen sich lediglich die St. Mauritiuskirche mit ihrem (später berühmt gewordenen schiefen) Turm sowie zwei grössere Bürgerhäuser etwas abhoben. Bei den Bauernhäusern lag nach Engadiner Art der Viehstall im Untergeschoss, damit die Wärme in den darüber gelegenen Gemeinschaftsraum aufsteigen konnte, welcher – wenn überhaupt – der einzige mit Feuer beheizte Hausteil war.

Die massiven Wände, aussen gemauert, innen holzverkleidet und die kleinen, schartenartig ins Gemäuer versenkten Fenster dienten der Kältedämmung im Winter und verliehen den Häusern einen burgähnlichen Stil. Die Einheimischen lebten einfach. Zu essen gab es «meistens Mähl-Speisen, wie auch Fleisch und Gersten Suppen, welche sie Juotta nennen. Sie können derselben einen sonderbar angenehmmen Gust machen, dergleichen man sonst keiner andern Orten findet».

Mit anderen Worten: Der St. Moritzer Sauerbrunnen liess zwei Welten sich finden, Einheimische und Fremde, einfache Bauersleute und noble Herrschaften. Aufgrund der einfachen Reise- und Unterkunftsverhältnisse war diese Tuchfühlung besonders eng. Doch wie funktionierte dieses Zusammenspiel zwischen Bodenständigen und Feinbetuchten? Ein ausführlich dokumentierter Adelsbesuch aus eben diesem Jahr 1699 gibt hierüber etwas Aufschluss.

Der Herzog von Parma

Offensichtlich hatte es der Herzogin von Parma am St. Moritzer Quell so gut gefallen, dass sie nun – bloss zwei Jahre später – auch ihren Herrn Gemahl im Schlepptau mitbrachte, Franz Farnese, den regierenden Herzog von Parma. Ihr Bedienstentross zählte an die 100 Leute. Solch hochadliges Gästepaar musste gebührend empfangen werden.

Also beorderte die Republik der Drei Bünde eine Gesandtschaft unter Führung des Commissari Dietrich Jecklin von Hohenrealta, den sie – gemäss dem Grundsatz: Verpflichtung geht vor Vergnügen – mitten aus der Hochzeitsfeier seines Vetters in Chur abkommandierte, um den Herzog von Parma zu St. Mauritz im Namen des Standes gebührend zu «beneventieren».

Scheinbar gurkte das den Commissari zuerst etwas an, das fröhliche Fest zu verlassen. Er versuchte es mit allerlei Ausflüchten wie «Untüchtigkeit und schlechte Equipage», um sich dann schliesslich doch

---

Ein Schreiben – sieben «Durchlaucht»
Ehrerbietiges Creditiv der Drei Bünde an den Herzog von Parma

Durchlauchtigster – Hochgeborener Fürst – Gnädiger Herr! Demnach wir sichere Nachricht erhalten, was gestalten Ew. Durchlaucht zu St. Mauritz zur Pflegung dero hohen Gesundheit eine Wasserkur in unsern rhätischen Landen vorzunehmen, angelangt sey. Also haben wir zu Bezeigung der hohen Estime, so unser Stand gegen Ew. Durchlaucht haben und tragen thut, Ew. Durchlaucht zu beneventieren, zu der Wasserkur zu congratulieren, und aller guten nachbarlichen Correspondenz zu versichern, abgeordnet unsern getreuen Mitrath und Bundesgenossen Herren Land-Amman und Commissari Dietrich Jecklin von Hohenrealta, welchen Ew. Durchlaucht gnädigst Audienz ertheilen und in dessen Vorbringen, Nahmens unseres Standes, völligen Glauben zuzustellen geruhen wollen, in mittelst Ew. Durchlaucht von dem Himmel alle hohe Glückseligkeit von Herzen wünschend verbleiben und gegeben mit Gem. 3 Pünthen Insieglen verschlossen, den 19/29 July 1699. Ew. Durchlaucht dienstwilligste etc. – Die Häupter und etwelche der Räthen der Zeit zu Chur versammt.

der Pflicht zu stellen. Zwei Tage später wurde ihm das Creditiv ausgehändigt, und schon am darauffolgenden Tag machten sie sich zu dritt auf den Weg via Albulatal bis Bergün, wo man nächtigte.

Bereits am nächsten Abend, nachdem sich ihnen noch weitere «Engadiner Herren» von gesellschaftlicher Relevanz angeschlossen hatten, trafen sie, wahrscheinlich via die Abkürzung Crap Alv, in St. Moritz ein. Hier liessen sie sich durch Überreichen des an den «Hochgeborenen Fürst» gerichteten, wohlformulierten Creditiv-Schreibens *(vgl. Kastentext)* sogleich anmelden.

Schön gekleidet und artig

Der Herzog hatte ein offenes Ohr. Von einem Spaziergang zurückkehrend, liess er den Herrn Commissari, der seinerseits von «14 Paar schöngekleideten und artigen bündnerischen Edelleuten» begleitet war, durch seinen Mayor Domus abholen. Von einem Geschenk der Republik der Drei Bünde an den hohen Gast ist nirgends die Rede. Wozu auch jemanden beschenken, der ohnehin schon alles hat? Oder wollte man nicht den Eindruck der Einflussnahme erwecken? Commissarius Jecklin jedenfalls schien die ungewohnte Rolle auf dem glatten Parkett der hohen Politik souverän zu meistern.

An der Tür zum herzoglichen Vorzimmer nahm sich der Cammerier-Mayor seiner an und geleitete ihn durch das Spalier der Hofleute ins Gemach des Herzogs. Dieser «empfing ihn stehend und mit entblösstem Haupte, er bedeckte sich aber, als der Herr Commissarius delegatus seine Peroration begann». Dieser, «der einen Souverainen Stand repräsentierte, bedeckte sich gleichfalls während der Rede, entblösste aber sein Haupt, so oft er den Namen des Herzogs nannte».

Als sprachgewandter Bündner hatte Jecklin den Herzog vorher wissen lassen, seine Durchlaucht möge befehlen, «ob er die Rede in lateinischer, französischer, italiänischer, deutscher oder romanischer Sprach halten solle». Der Herzog erbat seine Muttersprache und hielt auch seine Danksagung auf Italienisch, «worauf der Herr Commissarius sich bedankte und beurlaubte». Ein Conte begleitete ihn bis zur Treppe, herzogliche Bedienstete mit Laternen bis zu seinem Quartier, «welche Ehre er hoch und theuer bezahlte». Also kein Schmeichelgeschenk gegen oben, dafür ein fürstliches Trinkgeld gegen unten – eigentlich sympathisch!

Reiche Bescherung

Es dauerte nicht lange, liess auch die Herzogin, die offensichtlich mehr als bloss adrette Staffage des Herzogs war, zur Audienz bitten. Erneut erschien Jecklin nicht allein, sondern von «einem noch ansehlicheren Gefolge von Bündtnern und anderen Cavallieren» begleitet, und wiederum wurde er von einem Edelmann abgeholt, an der Treppe von einem Conte empfangen und ins Gemach der Herzogin geleitet. Doch diesmal hielt der Commissari seine Rede auf Deutsch; denn die Frau Herzogin war ja eine Tochter des Kurfürsten von der Pfalz. Die Zeremonie war dieselbe wie beim Herzog, ebenso das Geleit nach Hause.

Und siehe, diese Begegnung war beim herzoglichen Paar offensichtlich gut angekommen. Denn am folgenden Morgen um neun Uhr kam des Herzogs Mayor Domus in Begleitung einiger Bediensteter zu Jecklins Quartier und überbrachte ihm «ein offenes Danksagungsschreiben des Herzogs an Gem. 3. Bünde und zugleich das mit 67 Diamanten besetzte Porträt des Herzogs».

Doch nicht genug: Gegen zwölf Uhr traf auch noch ein Edelmann der Herzogin mit fünf Hofbedienten ein: «Der erste trug 6 Flaschen Wein, der zweite eine grosse silberne Platte mit gekochter Speise, die unvergleichlich zubereitet war, der dritte eine silberne Platte mit Limonen, der 4te eine silberne Platte mit Bologneser Würsten, der 5te eine Platte mit Candit und Früchten als ein Geschenk der Herzogin» – ein wahres Schlaraffia im Vergleich zu den uniformen Mehlspeisen der Einheimischen…

Netzwerken schon damals

Die Herzogin hatte zudem die Gnade, den Commissari zu versichern, «sie werde diese ihr angethane Ehre und Freundlichkeit seines Standes ihren Schwestern, der Kaiserin und der Königin von Spanien und Portugal überschreiben». Zum besseren Verständnis ein kleiner Exkurs in blaublütige Genealogie: Die Herzogin Dorothea Sophia von Parma, eine gebürtige Prinzessin von Pfalz-Neuburg, hatte 16 Geschwister, von denen Eleonora Magdalena Theresia die Gemahlin von Kaiser Leopold I. war, Maria Sophia die Gemahlin von Petrus, König von Portugal, und Maria Anna die Gemahlin Carls II., König von Spanien.

Dieses Zusammentreffen von Berglern und Blaublütigen nach dem Motto «les extrèmes se touchent» zeigt, wie schon damals der Grundstein gelegt wurde für den späteren Nobelkurort St. Moritz. Und es zeigt überdies, wie in einem kleinen Bauerndorf eines abgelegenen Hochtals sich ein touristisches Netzwerk der Upperclass zu entwickeln begann – und das schon 1699, dank einem Gesundbrunnen!

Man staunt, wie weitreichend und nachhaltig solch diplomatische Aussenbeziehungen zu jener Zeit schon sein konnten! Scheinbar hatten die Einheimischen das richtige Gespür im Umgang mit den Adligen: respektvolles, aber natürliches und freimütiges Auftreten. Das kam bei jenen an, die sonst immer devot hofiert werden. Ein Modell, das sich in St. Moritz im Umgang mit ranghohen Persönlichkeiten unter den Gästen bis heute bewährt hat.

Alle 100 Jahre sey genug…

Commissari Jecklin verreiste noch am selbigen Tag und traf, nach Übernachtung in Bergün, bereits am Abend des Nachtages zu Hause ein, wo er von vielen beneidet wurde; denn man schätzte das mit Diamanten besetzte, herzogliche Porträt auf 100 Dukaten, oder, wie Jecklin selber meinte, «E più e meno».

Der Herzog selber mitsamt seinem Gefolge wurde auf seiner Rückreise nach Italien in Soglio von den Herren Salis bewirtet. Sie zeigten ihm anhand eines alten Schriftstückes, dass einer seiner Vorfahren vor 100 Jahren ebenfalls hier bei ihren Altvordern zu Gast gewesen sei, worauf der Herzog geantwortet habe: «Dieses sey ein Land, wo es genug sey, alle 100 Jahre einmal herzukommen»…

Man geht wohl richtig in der Annahme, seine Durchlaucht habe geruht zu scherzen. Denn sonst hätte der Herzog ja seine bessere Hälfte desavouiert; hat doch seine Gemahlin das pure Gegenteil vorgelebt und dem Sauerbrunnen zu St. Moritz die Aufwartung gleich zweimal innert zwei Jahren gemacht!

Ein erster Reiseboom

Aus dem 18. Jahrhundert sind rund dreissig Arbeiten über den Sauerbrunnen zu St. Moritz überliefert, meistens Reisebeschreibungen. Das zeigt, dass die Heilquelle inzwischen weit herum zum Begriff geworden ist und dass nun ein eigentlicher Reiseboom ins Bündnerland «zur Erforschung dieses gänzlich unbekannten Alpenlandes» einsetzte, wie sich Gottlieb Sigmund Gruner in «Reisen durch die merkwürdigsten Gegenden der Schweiz» 1776 ausdrückt.

Johann Jacob Scheuchzer

Unter den nun ebenfalls vermehrt auftauchenden wissenschaftlichen Abhandlungen über die Heilquelle aus jener Zeit sticht die des Zürcher Arztes und Naturforschers Johann Jacob Scheuchzer (1672-1733) besonders hervor. Er besuchte St. Moritz auf seiner zweiten «Reise in die Rhätischen Alpen» im Jahr 1703. Hören wir, was er zu berichten weiss:

«Als wir den ersten Anfängen des Inn nachgingen, kamen wir in dreyen Stunden zu dem St. Mauritzer Saurbrunnen, welcher von Pündtnern, Schweitzern, Deutschen und Italienern stark besucht wird.

Er quillet aus der Erde hervor an dem Fuss eines Berges, in einem Winkel einer sumpfichten Wiese, ungefehr eine Viertel Meile vom Dorff, die Quelle ist in einem allweg 1½ Schuhigen Behältnis eingeschlossen, und wird durch ein kleines Hüttchen, so einer Kapelle gleichet, vor dem Regen und von allem was ihm von aussen her begegnen konnte, beschützt».

Seine Wasseranalyse

Die zentrale Publikation Scheuchzers über St. Moritz (1717) findet sich jedoch in «Hydrographia helvetica» *(vgl. Kastentext folgende Seite)*. Hier zitiert er neben früheren Autoren wie Cesati und Malacrida auch einen lateinischen Text des Pontresiner Pfarrers Ulrich Stupan sowie verschiedene Epigramme in lateinischer Sprache, so beispielsweise:

Vis sanus fieri?
Prompta est medicina, Liquores
Hos bibe!
Longaevo tempore sanus eris.

Willst Du gesund werden?
Das Heilmittel ist bereit.
Trinke dieses Wasser und
Du wirst lange Zeit gesund sein.

Auch in «Naturgeschichte des Schweizerlandes» (1746) kommt Scheuchzer auf die Mauritiusquelle und deren Wasseranalyse zu sprechen, sich zum Teil wiederholend: «Als ich dieses Wasser auf der Waag untersucht, so befanden wir, dass es sehr starck, und fast von dem Geschmack der Dinte, und das schwerste gewesen von allen welche wir auf der gantzen Reise angetroffen haben. Es hatte nemlich 2 Unzen, 6 Drachmen, 37 Grän, also dass ein Apotheker-Pfund 1 Unze, 26 Graen von vitriolisch salmischen und Indischmartialischen Theilen in sich haltet. Der Mauritianische Sauerbrunn hat seinen Ursprung von den Vitriolisch-martialischen Adern, welche in den herum liegenden Bergen und zwischenliegenden Thälern sich häuffig befinden».

Neue Quellfassung 1740

Erstmals seit 1680 hat sich St. Moritz 1740 wieder aufgerafft, am Quellenaustritt eine Verbesserung vorzunehmen durch Anbringen von vier Granitplatten. Doch weil dies zur Behauptung führte, die Qualität des Wassers sei dadurch beeinträchtigt worden, hat man dann gleich ein volles Jahrhundert lang nie mehr Hand anzulegen gewagt.

Trotzdem kamen sie weiterhin, die «Cavalliére, Grafen, Markgrafen und auch Fürsten», und der Gesundbrunnen blieb Thema für Ärzte und Analytiker.

Geschmack fast wie Dinten
Johann Jacob Scheuchzer über den Saurbrunn zu Sant Mauritzen, 1717

Dieses berühmte Sauerwasser / welches weit in andere Länder verführt wird / lieget bey St. Mauritz im Oberen Engadein / im Gottshauss-Pundt / und wird starck besucht von Pündtneren / Italiänern / Schweitzeren / und Teutschen. Entspringt aussert dem Dorff bey einer Sumpfichten Wiesen an dem Fuss eines Bergs / und quillet gleichsam mit vielen Lufftblasen auf / wird aber in einem anderhalb schühigen Kasten eingefasset / und vor dem Regen zu desto / besserer Kommlichkeit der Trinck-Gästen durch ein Tach verwahret.

Es ist dieses Wasser von sehr starkem anzeuhendem Geschmack / fasst wie Dinten. Ao. 1703 habe ich durchreisen folgende Proben in Eil gemachet: Der Spiritus Salis Armoniaci vinosus machet keine Änderung / von dem Urinoso aber wird es weiss / und setzet sich eine weisse Materi zu Boden. Von dem Oleo Tartari wird es Milch-Weiss und von der Gallapfel-Tinctur schwarz-roth. Es ist zu wissen / dass in dieser Gegend die Berge und Thäler hin und wieder viel Eisen-Erz haben / so dass diese Wasser ganz offenbar ihre Wirkungen herholen von einem Vitriolo Martis.

Es ist auch in dieser Gegend eine schwarze Erde / aus welcher der Salpeter gesotten wird. Von denen Vitriolischen und Martialischen Eisen-Theilchen / mit welchen diss Wasser beschwängeret ist / sind herzuleiten die Kräffte / welche es hat in Auflösung allerhand innerlichen Verstopfungen / in Heilung der Blut-speyenden und Schwindsüchtigen / in Vertreibung des Steins / in Stärkung der Lungen / des Magens / und anderer inneren Theilen / in Heilung der Nieren Geschwären.

So äussern sich nach dem Zürcher Stadtmedicus Scheuchzer 1747 auch drei «Hochgelehrte Herren Artzney Doctoren» aus dem Bündnerland, Johann Bavier, Joh. Anton Grassi und Meinrad Schwarz, in einem ellenlangen Traktat über die St. Moritzer Heilquelle. In einem ersten Teil «Von denen heylsammen Würkungs-Kräfften des Saur-Brunnen Wassers zu St. Mauritz» beschreiben sie 17 Krankheitskomplexe und deren Heilung mit Sauerwasser, und in einem zweiten Teil «Weiss und Mass dieses Wasser recht zu brauchen» erteilen sie Ratschläge für eine erfolgreiche Kur.

Dabei decken sie sich in ihrer Auffassung mit den Aussagen früherer Gelehrter: «Erweiset dieses Wasser vortreffliche Kräfften in Heylung der Nieren-Geschwären; in Auflösung allerhand innerlichen Verstopffungen; in Heylung der Bluthspeyenden; in vertreibung des Sands und Steins aus der Vesica oder Blase, in Stärkung der Lungen, dess Magens und anderen inneren Theilen des menschlichen Leibs». Nur in einem Punkt weichen sie ab: Die rosskurmässig grosse Trinkmenge wird reduziert auf «vormittags nie mehr als 2½ Liter».

Heilen und vorbeugen

Zusätzlich erwähnen sie aber noch den Gebrauch des Sauerbrunnens als Gurgelwasser gegen «Mund Fäule oder Scharbock»: Dafür solle man «mit dem Saur-Wasser öffters gurgelnde das Maul wohl ausspühlen». Und sie betonen ferner, dass dieses vortreffliche Sauerbrunnen-Wasser nicht nur im Krankheitsfall «bey Jungen und Alten, Manns und Weibs-Personen würcket», sondern auch «als ein vortreffliches Praeservativum oder Wehr-Mittel bey nicht würcklich Krancken Leuthen» hilft. Vorbeugendes Wellnessen also schon damals!

Das erste (alte) Kurhaus, 1832 errichtet von Baumeister Johannes Badrutt aus Samedan, gezeichnet von Landschaftsmaler J. J. Meyer und gestochen von F. Hegi.

Dazu passt auch ihre Wiederholung der ach so sympathischen «Meynung Paracelsi» bezüglich Weingenuss, «damit ein gesundheit-begiriger Leser und Curant zu seinem Trost wisse, wie wohl befügt es seye hoffen zu können, dass ihme der (wegen seiner Annehmlichkeit und guten Kräfften beliebe) hier und durchgehents in unserem gefreyten Rhätien getrunckene Veldliner-Wein zu seiner Sanct-Mauritzer Saur-Brunnen-Cur und auch sonsten zu erhaltung der Gesundheit gedeylich taugen werde». So mag denn schon zu jenen Zeiten manch einer von Wasser geredet und Wein getrunken haben…

Analytischer Irrtum

Im Rahmen einer gesamtschweizerischen Untersuchung hat der Berner Apotheker J. J. Morell 1788 eine chemische Analyse auch des St. Moritzer Quellwassers vorgenommen, allerdings nicht vor Ort. Er erhielt «von einem Frauenzimmer hiesiger Hauptstadt, so eine Cur mit demselben anstellte, nur einen Krug dieses Wassers», der zudem «mit einem schlechten Zapfen versehen, der schon oft mag gedient haben, derselbe ware etwas verpicht, auf diesen folgte eine Schweinsblase, und über dieser ware noch etwas Pech hineingeschmieret».

Sein Urteil nach dem sehr detaillierten Untersuch: «Dieses Mineralwasser verdienet, seiner flüchtigen luftsauren Bestandteile wegen, die Aufmerksamkeit aller Ärzte». Gemäss seiner Analyse enthalten 12 Unzen Wasser: 1⅓ Gran Kochsalz, 2¾ Gran Glaubersalz, ¾ Gran Bittererde, 3 Gran Kalkerde und 37½ Kubikzoll Luftsäure (Kohlensäure).

Obschon Cesati und Scheuchzer schon lange vor Morell das Vitriolum Martis als wichtigsten Bestandteil des Wassers hervorgehoben hatten, postulierte er nun fälschlicherweise «es mangelt ihm aber das Eisen», was ihm von Zeitgenossen klar widerlegt wurde und wohl mit seiner abgestandenen Probe zu tun hatte.

Hier zeigt sich einmal mehr, dass auch ein wissenschaftliches Ergebnis nicht immer unbedingt der Weisheit letzter Schluss sein muss.

Eine Zinober-rothe Tinctur
Nikolaus Sererhard über das Sauerwasser in «Einfalte Delineation», 1742

St. Moriz ist ein mittelmässiges wohl erbautes Dorf, berühmt von dem herrlichen Sauer-Wasser, welches zwischen Sur und St. Mont in der Ebene an einem Morast an der Landstrass entspringet. Bey der Quelle stehen keine Häuser, sie ist mit Mauern umfangen, die mit einem Obdach versehen. Da findet man ein kupfernes Wassergeschirr an einer Kette befestiget, mit welchem man das Wasser aus der Tiefe schöpfen kan.

Das Wasser wallet sehr artig aus der Tiefe herauf, und macht eine beynachem Zinober-rothe Tinctur. Bey der Quelle hat das Wasser sonderlich wann es schön Wetter ist, so scharf penetrante Geister als keine «spiritus vini rectificatus», die dem Trinkenden gleichsam durch das Gehirn fahren «ad admirationem». Man haltet ihn nicht unbillich für den edelsten Saur-Brunnen in Europa.

Schwangere Weibs-Personen aber dürfen nicht davon trinken, dann dies Wasser wird sie bald abortieren machen. Nur zwei Büchsenschuss under diesem Brunnen siehet man den schönen runden, mittelmässig grossen See von St. Moriz, und links davon St. Moriz, welches auf einer lustigen Anhöche des Bergs ligt.

Geschmack ist Ansichtssache

Unter den rein geografischen Abhandlungen sticht jene von Nikolaus Sererhard hervor, publiziert 1742 in «Einfalte Delineation aller Gemeinden gem. dreyen Bündten» *(vgl. Kastentext)*. Interessant ist, wie die verschiedenen Autoren den Geschmack des Wassers beschreiben, mal sauer, dann bitter, mal vitriolisch, dann erfrischend, oder gar wie Tinte. J. F. Heigelin meint 1793 diesbezüglich in «Briefe über Graubünden»: «Gleich dem schärfsten Essig zieht es Lippen und Zunge zusammen, steigt in den Kopf, wirkt durch die Nase wie Champagner».

Auch Gabriel Walser schwärmt in «Schweitzer Geographie – sammt den Merkwürdigkeiten in den Alpen und hohen Bergen» anno 1770: «Ich habe das Wasser neun Mal bey der Quelle selbst getrunken, und sowohl an mir, als an viel 100 Andern herrliche Wirkung gespüret, so dass ich ihn mit Paracelso allen andern Sauerbrunnen, auch den besten in Teutschland vorziehe». Interessante Marginalie: 1794 weilte ein Monsieur Chabot zur Kur in St. Moritz; er war Lehrer am Institut Reichenau – und später König Louis Philipp von Frankreich…

Auch in Nachschlagewerken fehlt der Hinweis auf das St. Moritzer Sauerwasser nicht. So beschreibt es Johann Jacob Leu in «Allgemeines Helvetisches, Eydgenössisches oder Schweitzerisches Lexicon» (1747-1765) wie folgt: «Selbiges wird Latein Aquae acidulae S. Mauritii, und Italienisch Aqua forte dell' Agnadina genent und ist von einem sehr starken anziehenden Geschmack». Selbst im «Grossen Universal-Lexikon aller Wissenschaften und Künste», das 1739 in Halle und Leipzig erschien, reichte es für einen Eintrag.

Würde bringt Bürde

Die nun etwas geräumigere Trinkstube im ersten (alten) Kurhaus, wo sich die Kuranden jeden Morgen von 6 bis 10 Uhr vom Brunnenwart ihre Becher füllen liessen.

Ruhm und Ruhe sind Dinge, die nicht zusammen wohnen können, sagt ein Bonmot. Mehr Besucher bedeuteten denn auch vermehrten organisatorischen Aufwand, was aus verschiedensten Gemeindestatuten über das Sauerwasser hervorgeht. Der grosse Reiseboom im 18. Jahrhundert forderte die Gemeinde.

Mehr Leute – mehr Regeln

Hauseigentümer, welche Fremde beherbergten, wurden angehalten, diese auf den sorgsamen Umgang mit Feuer aufmerksam zu machen und ihnen bei einer Busse von 12 kr. (kr. = Kreuzer à 3 Cts.) das Betreten von Wiesen und Äckern zu untersagen. Als Minimaltaxe für die Beherbergung von Kuranden wurde die Summe von 12 kr. (36 Cts. pro Person und Tag) festgesetzt. Kamen während der Kurzeit fremde Gewerbetreibende, um eine Bäckerei oder ein Gasthaus zu betreiben, waren diese steuerpflichtig und hatten 9 Philippi pro Saison zu entrichten.

Auch Vorsichtsmassnahmen drängten sich auf. So wurde in der Forstordnung ausdrücklich verboten, im Wald oberhalb der Quelle Holz zu sammeln, damit nicht Rutsche oder Lawinen den Sauerbrunnen gefährdeten. Und um ihn vor Verunreinigung zu schützen, war es «strengstens untersagt, die Quelle weder mit Unrat, noch durch Entfernung von Steinen an derselben, noch durch Ausgraben von Rasen zu trüben». Auch durfte im Umkreis nicht gebaut werden.

Weidetaxe für Pferde

Weil damals viel Sauerwasser exportiert wurde an verschiedenste Bestimmungsorte «in Richtung Chiavenna, Veltlin und Bormio, Tirol (Vnuost), Eidgenossenschaft, Chur und III Bünde», waren stets viele Rösser auf Platz. Deshalb wurde in der Weideordnung eine Weidetaxe für Pferde festgelegt, die das Heilwasser von der Quelle wegtransportierten: 5 kr. (15 Cts.) pro Pferd und Tag, vom Brunnenwart einzuziehen und Ende Saison mit der Gemeinde abzurechnen.

Aufgrund eingegangener Klagen von Kurgästen betreffend Trübung des Wassers durch Säumer und Fuhrleute wurde 1711 beschlossen, während zweieinhalb Sommermonaten kein Exportwasser dem Quellkasten zu entnehmen, es sei denn «für Bundsleute, Verbündete oder für solche, die mit einem Schutzbrief irgend eines gekrönten Hauptes versehen» seien. Alle sind vor dem Gesetze gleich, einige gleicher... Für die übrigen wurde eine Abzugsleitung erstellt, von welcher das Wasser gegen eine Taxe bezogen werden konnte.

Von geringer Herkunft

Wo viele Leute zusammenkommen, mischen sich auch bunte Vögel darunter. Deshalb steht in einer Gemeindeverordnung von 1711: «Unter Berücksichtigung des Umstandes, dass mit der Zahl der Kurgäste jeweilen auch Leute von geringer Herkunft und Benehmen sich einstellen (glieud da pocha buna stima), wie Bettelvolk u. dgl. wird beschlossen, dass diejenigen Bewohner, welche solche Personen beherbergen, der Gemeinde für öffentliches Ärgernis, das dadurch entstehen könnte, eine Bürgschaftssumme hinterlegen müssen, und zwar nach jeweiliger Festsetzung durch den Ortsvorstand. Die Busse im Unterlassungsfall beträgt 1 Krone pro Tag und Person».

Dass dieses Problem virulent blieb und man dadurch nicht den guten Ruf des Kurortes beeinträchtigt sehen wollte, belegt die Tatsache, dass ebendieses Gesetz 67 Jahre später dahingehend verschärft wurde, «dass berüchtigte Personen überhaupt nicht länger als eine Nacht dürfen beherbergt werden, bei einer Busse von 1 Gulden und falls durch eine solche Person irgend welcher Schaden, sei dieser an öffentlichem oder privatem Gut begangen, soll der betreffende Gastwirt für den Ersatz haftpflichtig sein».

Brunnenhaus mit Trinkstube

Auch wenn nun auf unterer Stufe – notgedrungen – sich organisatorisch etwas tat, der strategische Weitblick punkto sinnvolle und zweckmässige Nutzung des Naturgeschenks Heilquelle liess weiter auf sich warten. Das grosse Interesse von Naturforschern und Ärzten am St. Moritzer Sauerbrunnen und ihre vorteilhaften Forschungsergebnisse standen in krassem Gegensatz zum Desinteresse seitens der Gemeindebehörden.

Erst 1770 raffte man sich, wie indirekt an den Taxerhöhungen abzulesen ist, zum

Bau eines einfachen Brunnenhauses auf mit zwei Räumlichkeiten im Parterre, einer Trinkstube und einem Aufstallraum für Reitpferde. Das obere Stockwerk diente als Promenoir. Natürlich war das nur ein fahler Abglanz dessen, was der Herzog von Savoyen den St. Moritzern bereits ein Jahrhundert früher hatte schenken wollen, nämlich ein gastliches Kurhaus.

Vergleicht man, wie zur gleichen Zeit an anderen Heilquellen in ganz Europa Prunkbäder errichtet wurden, so war die Situation in St. Moritz weiterhin eine recht provinzielle. Kein Wunder, dass sich allenthalben Stimmen erhoben, die scharfe Kritik übten, aber auch konstruktive Vorschläge machten.

Durch fremde Augen

Eine alte Binsenweisheit: Kurgäste machen sich vom Gastland ein Bild. Dabei muss nicht immer jedes Urteil zutreffen, doch aus dem Grundtenor vieler Stimmen lässt sich einiges herauslesen. In «Reisen durch die merkwürdigsten Gegenden Helvetiens» fängt Gottlieb Sigmund Gruner 1778 zuerst positiv an. Er bezeichnet die Leute als «sehr gastfrey; man wird bey ihnen mit Café bis zur Tyranney übersäuft». Dann aber meint er: «Sonst sind die Einwohner dieser Gegenden träge, und lassen die wenige Feldarbeit durch andere bestellen».

William Coxe beschreibt 1792 unter dem anspruchsvollen Titel «Briefe über den natürlichen, bürgerlichen und politischen Zustand der Schweiz» auch ganz Banales: «Die Kleidung der Weibspersonen in dieser Gegend ist sonderbar, aber nicht übel stehend. Sie besteht aus einer schwarzen oder blauen Jacke, mit rothen Ärmeln, blau und weiss gestreifften Röcken, einer kleinen schwarzen Sammethaube, mit Gold- oder Silberborten besetzt; am Rande ist ein weisser oder schwarzer Spitz, der vornen über den Kopf herabhängt».

Kritische Stimmen

Schon etwas kritischer wird J. F. Heigelin in «Briefe über Graubünden» 1793: «Hat man gleich die Quelle selbst mit einem kleinen Hause versehen, und dadurch unter Dach gebracht, so fanden wir doch alles baufällig und schlecht, nicht die geringste Bequemlichkeit für Kur-Gäste, und ausser dem schmalen und sumpfigen Inn-Thal, dem fischreichen See, der schönen Landstrasse nach Samada und Zutz nichts, das den Fremden auf eine angenehme Art unterhalten und zerstreuen könnte».

Noch deutlicher wird Heinrich Ludwig Lehmann 1797 in «Die Republik Graubünden» bezüglich baufälliges Brunnenhaus: «Eigennutz und übelverstandene Politik haben das Anerbieten des Herzogs Victor Amadeus von Savoyen und anderer grosser Herren, bey der Quelle ein geräumiges Wirthshaus zur Bequemlichkeit der Trinkgäste zu erbauen und der Gemeinde zu überlassen, bisher vereitelt».

Und er wettert gleich weiter: «Alle Gäste müssen in dem Dorfe St. Mauritz by Particularen logieren und sich rupfen lassen, und mancher liesse sich das noch gern gefallen, wenn er nur nicht zum grössten Nachtheil seiner Gesundheit in einem so kalten Lande des Morgens frühe, öfters unter Schnee und Regen zur Quelle reiten und dort 3 bis 4 Stunden der Kälte ausgesetzt seyn müsste. Den weichlichen Italienern ist dies ungemein beschwerlich, besonders den Damen, daher auch dieser Ort lange nicht mehr so häufig als ehedem besucht wird».

Ernsthafter Appell

Grobes Geschütz führt ein engagierter Zeitgenosse in einem ausführlichen «Offenen Brief an die Ehrsame Gemeinde St. Mauritz im Thal Ober-Engadin» auf, den er 1797 im «Helvetischen Volksfreund» veröffentlichte (und der rund 100 Jahre später vom «Allgemeinen Fremdenblatt, St. Moritz» in den Ausgaben 3 bis 6 vom Juni/Juli 1896 nochmals in voller Länge publiziert wurde).

Beim Verfasser dieser «Aufmunterung» soll es sich um einen Hauptmann Heinrich Bansi aus Champfèr handeln, also einen Einheimischen. Schonungslos zeigt er die Versäumnisse auf und legt den Finger auf die wunden Punkte im Umgang mit der Heilquelle, St. Moritzens Geschenk der Natur *(vgl. Kastentext)*.

Er lässt es aber nicht nur bei Kritik bewenden, sondern macht auch konkrete Vorschläge für Verbesserungen: So zum Beispiel Schutz des Sauerwassers vor Süsswasserbeimengungen aus Gletscherbächen beziehungsweise durch den Inn (der damals noch dem alten Lauf folgte), rationellere Quellfassung, Erstellen eines Kur-Etablissements mit Betten, Bädern (!) und Restauration, Bau einer Zufahrtsstrasse mit Lohnkutscherei oder Omnibusdienst, Zerstreuungsangebot für die Kurgäste (Waldpromenaden, venezianische Gondeln auf dem See, Restaurant mit Billardtisch und Zeitungen, Tanzsaal, Konzertorgel). Zur Finanzierung dieser Aufwendungen empfiehlt er eine Kurtaxe von 3 bis 4 Gulden pro Gast.

Seine Vorschläge für Verbesserungen waren durchdacht und hätten wohl eine reelle Chance gehabt, umgesetzt zu werden. Allerdings brach dann zwei Jahre später im Engadin der Krieg zwischen Österreichern und Franzosen aus, wodurch St. Moritz mit dem in der Gemeinde errichteten Kriegslazarett zur Genüge beschäftigt war. Später jedoch sollten Heinrich Bansis Ideen dann tatsächlich realisiert werden. Insofern ist sein Aufschrei nicht umsonst gewesen.

Ihr Männer von St. Mauritz!
Ein wohlmeinender Mann (Hauptmann Heinrich Bansi) wendet sich an die Ehrsame Gemeinde, «Helvetischer Volksfreund», 1797

Ich habe kürzlich Euer Thal und Euer Sauerbrunnen besucht. Ich finde es auch bei Euch bestätiget, dass die Vorsehung jedem Land hinlängliche Nahrung giebt, und das, was ihm an Feldfrüchten abgeht, durch seltenere Gaben ersezt. Eure Gemeinde scheint in lauter Felsen vergraben. Euch mangelt jenes fruchtbarere Feld von Celerina, Samaden, Bevers, und der Kornwuchs zu Zutz. Dafür schenkte Euch aber der Schöpfer eine Quelle, die Euch mehr, als jenen Dörfern ihre Flur, eintragen sollte.

Aber auch hier finde ich die richtige Bemerkung aller reisenden Beobachter bestätiget, dass jede Nazion diejenigen Gaben der Natur am meisten vernachlässiget, welche ihr am nächsten, und mit der wenigsten Mühe vor ihr liegen. So Ihr, mit Eurer herrlichen Quelle, die ein grosser Schaz für Euch seyn sollte; trägt sie Euch doch nicht einmal den vierten Theil ein, was sie Euch eintragen könnte, wenn Ihr einige Hand zu ihrer bessern Benuzzung anlegen wolltet!

Dieser auffallende Anblick, und der Wunsch, dass Ihr diese vortreffliche Quelle zu Eurem grössern Nuzzen und zum bessern Vortheil der leidenden Menschheit anwenden möchtet, legte mir die Pflicht auf, Euch meine wohlgemeinte Bemerkungen darüber öffentlich vorzulegen.

Eure Quelle ist vielleicht der herrlichste und wirksamste Sauerbrunnen in Europa; aber ihr macht ihn zum unbrauchbarsten. Soll er genissbar seyn, so muss der Kranke, der die Wiederherstellung seine Gesundheit von ihm erwartet, auch alle die äussern Heilmittel, welche eine seiner Gesundheit zuträgliche Kur erfordert, möglichst antreffen – und er muss ihn in seiner natürlichen Stärke, ohne Besorgnisse für seine Gesundheit, ja mit der möglichsten Bequemlichkeit, und zum Baden wie zum Trinken, genissen können.

Der Schwächliche muss seinen Gebrauch, als Vorbauungsmittel, bequem und angenehm finden. Und den Gesunden muss der Aufenthalt so reizend werden können, dass die Annehmlichkeiten desselben einen Beweggrund für ihn abgeben, um eine Erfrischung während der schwülen Sommerhizze, vielmehr in dieser kühlen Bergluft, und bei diesem erfrischenden Wasser, als irgend anderwo zu suchen.

Steter Tropfen zeitigt Erfolg

Netzfischer auf dem St. Moritzersee, Bauern bei der Arbeit und Kurgäste beim Spazieren, im Hintergrund St. Moritz Dorf (J. J. Meyer, 1836).

Das 19. Jahrhundert begann für das Image der St. Moritzer Heilquelle auch nicht rühmlich, wobei zu berücksichtigen ist, dass die Wirren der Napoleonischen Kriege (1807-1812) das Ihre dazu beitrugen, dass sich eine zunehmende Vernachlässigung der Quelle bemerkbar machte mit negativer Auswirkung auf den Kurbetrieb. Kein Wunder, dass vor allem erneut negative Berichte auftauchten. Doch diese Dauerkritik blieb nicht ohne Folgen.

Missgunst und Habsucht

Der gelähmte Geschichtsforscher und Schriftsteller Johann Ulrich von Salis, der jüngere Bruder des Dichters Johann Gaudenz von Salis-Seewis, sprach in seinem Beschrieb eines Quellenbesuchs im Sommer 1803 Klartext. Hören wir ihm auszugsweise zu: «Was man hier für die Brunnengäste erbaut hat, besteht in einem langen Haus, wo ein enger Saal ohne Fenster und zwey rauchende Kamine den Trinkenden weder Schutz vor der Kälte noch Platz zum Spazieren gewähren; im untern Stock kann man die Pferde unter Dach stellen, und daneben ist die Brunnenstube, wo ein viereckiger steinerner Kasten das aufquellende Wasser einfasst».

Und er fährt noch deutlicher fort: «Das ganze Haus droht dem Einsturz (vielleicht verbot man deswegen den jungen Engadinern daselbst zu tanzen). Es ist ein alter Wunsch, dass hier ein Haus zur Beherbergung der Gäste möchte gebaut werden, und er wäre schon längst durch die Grossmuth italiänischer Grossen – z.B. des Marchese Visconti Mari – erfüllt, ohne die schmutzige Habsucht der Einwohner des Dorfs, welche nicht ertragen möchten, dass ein Wirth an der Quelle alle Gäste ausschliesslich besitze».

Ja, es kommt noch deftiger: «Denn weit entfernt für die Gesundheit und Bequemlichkeit der Gäste zu sorgen, scheinen sie (die Vorstehern des Dorfes) beflissen alles zu thun, was ihnen unangenehm sein kann – so konnte man nicht einmal gegen Bezahlung ein Brett zu einer Bank bey der Quelle erhalten. Das Volk setzt sogar eine Art Stolz in seine übelverstandene Indolenz und äussert sich: es stehe ja bey den Fremden, zu kommen oder wegzubleiben! Letzteres könnte – ihnen zur wohlverdienten Strafe – mit der Zeit im Ernst geschehn». Kleiner Trost für St. Moritz: Im appenzellischen Molkendorf Gais spielte sich zur selben Zeit Gleiches ab *(vgl. Einleitungskapitel).*

Schleppende Metamorphose

Auch der St. Galler Apotheker Daniel Meyer ereifert sich in seinem «Tagebuch einer Reise durch einen Theil von Bündten» anno 1806: «Ewig schade, dass nicht mehr Sorgfalt auf diesen Kurort verwendet wird. Was liessen sich nicht mit geringen Kosten für schöne Anlagen auf dem herrlichen Plätzchen unmittelbar vor der Quelle anbringen; aber von allem dem ist gar nicht die Rede, kaum dass noch die Quelle gedeckt ist. In solchem Zustande ist das gehaltreichste Mineralwasser der Schweiz, während so viele andere, die kaum mehr als ordinäres gutes Brunnenwasser sind, mit Sorgfalt gefasst und vielfach ausposaunt werden».

Und Carl Ulysses von Salis-Marschlins poltert in «Bemerkungen auf einer Reise durch Graubünden» im Jahre 1808, nachdem er aufgezeigt hat, dass man im Vergleich zu anderen Heilquellen «so wenig Vortheil daraus zieht»: «Die Natur biethet uns grossmüthig die kostbarsten Wohltaten an, und wir benutzen sie so schlecht». Aus all diesen Statements wird Kritik laut «an der Tendenz der Bergbevölkerung zu bequemer, selbstgefälliger Überheblichkeit». Da solche Abqualifikation meist von Aussenstehenden und Fremden stammte, bewirkte sie anfänglich noch mehr Verstocktheit.

Das ist ein Stück weit verständlich, weil auch Ängste mit im Spiel waren. Und dennoch entsprach die damalige Denkart im Umgang mit dem eigenen, unvergleichlichen Naturgeschenk nicht jenem Weitblick, der für einen angehenden Weltkurort Voraussetzung ist und der St. Moritz später dann auch gross machte. Es war ein langsamer Lernprozess, eine harzige Metamorphose, die sich zuerst verklemmter Bremsklötze entledigen musste. Doch der stete Tropfen kritischer Stimmen tat nun langsam aber sicher seine Wirkung.

Ein kleiner Lichtblick

Kam dazu, dass das Quellwasser des Sauerbrunnens nicht mehr von gleicher Qualität gewesen sein soll. So stand im «Neuen Sammler» 1806 zu lesen: «Bei jährlicher Versammlung der Brunnengäste zu St. Moriz im Ober-Engadin, wurde die Sage wie baare Münze in Umlauf gebracht: als hätte das Sauerwasser an Stärke abgenommen. Das Volk in hiesiger Gegend sprach auch davon, und schrieb es der, seit 1740 erneuerten Steinfassung der Quelle zu, wahrscheinlich aus Vorurtheil, wie gewöhnlich, für alles Alte und wider jede verbessernde Neuerung».

Und weiter hiess es: «Mehrere durchreisende Naturforscher vermuteten: der gehemmte Bergschweiss, südwest-wärts der Brunnenhütte, möchte bis zur nahen und tiefer liegenden Mineralquelle dringen, und riethen, die alten zugewachsenen Abflusskanäle des gemeinen Wassers wieder zu öffnen». Da jedoch weder die in St. Moritz profitierenden Wirte noch die Gemeinde selber Anstalten machten, etwas zu unternehmen, hat Amtmann Zacharias Pol die Entwässerungsgräben für den die Quelle belastenden Bergschweiss aus dem eigenen Sack bezahlt und damit Unternehmergeist bewiesen – ein erster Lichtblick.

Nur eine elende Hütte

Doch die Gemeinde blieb weiter passiv, und neue Wortmeldungen erinnern an schon gehörte. So schrieb 1811 der Zürcher Leutpriester Johann Ludwig Meyer im Neujahrsblatt der Gesellschaft zum Schwarzen Garten (Zürcher Chirurgenvereinigung) über den Sauerbrunnen zu St. Moritz: «Die Celebrität, die dies heilsame Wasser hat, könnte den, der sich noch nie an der Stelle befand, leicht vermuten lassen, da wo es der Erde entquillt, eine Menge schöner und geräumiger Wohnhäuser zu finden».

Und weiter: «Aber wie sehr würde er sich in seinen Erwartungen getäuscht sehen, wenn er dorthin versetzt, statt der gehofften bequemen Gebäude, in dem kleinen Tale nichts als ein Häuschen erblickte, dessen Aussenseite und innere Einrichtung alle Begriffe von Armseligkeiten übersteigt.

Und doch verhält sich die Sache nicht anders. Gerade da, wo zum Behufe der Kurgäste gut eingerichtete Absteigquartire stehen sollten, finden sie nichts als jene elende Hütte, nach der sie, so lange die Kurzeit dauert, täglich bei jeder Witterung zu wandeln gezwungen sind».

Bezüglich Unterkunft stellt er fest: «Zur Beherbergung der Brunnengäste gibt es in St. Moritz keine eigentlichen Gasthöfe. Es befindet sich dort nur ein einziges Tavernenwirtshaus, das jenen, die gern wohlfeilere Kost haben, zur Herberge dient. Die beiden Junker Flugi, wie man sie nennt, der obere und der untere, sind Privatleute des Ortes, die sich nur während der Curzeit mit der Bewirthung der Gäste abgeben.

Die Brunnengäste, welche in ihren ziemlich beschränkten Wohnhäusern keinen Platz finden, müssen es sich gefallen lassen, in Partikularhäusern kümmerlich genug zu wohnen». In dieser Schrift wird auch die Benützung des Säuerlings zu Badezwecken erstmals beschrieben *(vgl. Kastentext)*.

Jetzt auch Sauerwasser-Bäder
Aus dem «Neujahrsblatt der Gesellschaft zum Schwarzen Garten», 1811

Auch als Bad gebraucht, leistet dieses Sauerwasser vortreffliche Dienste. Ehedem bediente man sich dessen gar nicht zu diesem Zwecke, wahrscheinlich weil die ausserordentliche Kälte des Wassers schreckte, und die Vermischung mit warmem niemanden zu Sinne kam. Auch jetzt ist in dieser Hinsicht noch keine allgemeine Einrichtung getroffen.

Seit ein paar Jahren geben sich freylich mehrere Weiber mit der Zubereitung solcher Bäder ab; in kleinen Fässchen, die man Legeln heisst, führen sie das Sauerwasser nach dem Dorfe, und in Wannen, die bis an den Leib mit Deckeln zugemacht werden können, wird das Bad zu einem Viertel mit gewärmtem, zu drey Vierteln mit kaltem Sauerwasser zugerichtet. Der Dampf eines solchen Bades hat einen säuerlichen, unangenehmen Geruch.

Die Bequemlichkeit, in einem Zimmer das Bad zu geniessen, die Reinlichkeit, mit der man besonders bei der sogenannten Holländerinn bedient ist, und die Stärkung, die man nach dem Bade empfindet, lassen bedauern, dass diese Einrichtung nicht allgemeiner und in mehreren Rücksichten zweckmässiger getroffen wird.

Der Viehmarkt-Trick

Wichtig wäre jetzt gewesen, die dringend notwendigen Verbesserungen direkt an der Quelle zu tätigen, das heisst den Inn, der in unmittelbarer Nähe vorbeifloss und den zu jener Zeit entdeckten zweiten Sauerbrunnen (die spätere Paracelsusquelle) teilweise überflutete, umzuleiten und auch die Strasse zum Dorf hin zu sanieren. Man erinnert sich in diesem Zusammenhang an die weitsichtigen Verbesserungsvorschläge im «Helvetischen Volksfreund» von 1797. Jetzt, 1815, sollte ein weiterer davon in Erfüllung gehen, und zwar dank einem veritablen Husarenstück. Das besorgte – mittels genialem Schachzug – die jüngere Generation, angeführt von Conradin v. Flugi und seinen Brüdern.

Oscar Bernhard, der berühmte Arzt und spätere Ehrenbürger von St. Moritz, schilderte dies an einem Vortrag wie folgt: «Die konservativen Alten von St. Moritz wollten, gestützt auf alle möglichen Befürchtungen, von Neuerungen nichts wissen. Die vorwärtsstrebende Jugend wartete darum in Stille die Tage ab, wo jene Herren auf dem Viehmarkt in Tirano abwesend waren. Rasch wurde zur Gemeindeversammlung geschritten, eine Innkorrektion und eine gute Verbindungsstrasse mit dem Dorfe begonnen. Wie die Alten zurückkehrten, durften sie wohl murren, doch der Staatsstreich war gemacht. Flugi, der Anführer der Jungmannschaft, meinte dazu: Il y a des gens auxquels il faut faire du bien malgré eux».

Erste chemische Analysen

Doch bei den St. Moritzern verflachte der Enthusiasmus wieder. Dafür wurden – wie schon wiederholt in der Vergangenheit – Forscher und Ärzte erneut aktiv mit Publikationen; sie waren und blieben die treibende Kraft. Wichtige Anregungen gaben die Mediziner J. G. Ebel 1810 in «Anleitung auf nützlichste und genussvollste Art die Schweitz zu bereisen», A. Aepli 1814 in «Untersuchung des St. Moritzer Sauerwassers» und J. U. Wettstein 1819 in «Anleitung zu einer ordentlichen Brunnen-Cur» sowie Karl Kasthofer 1825 in «Bemerkungen auf einer Alpenreise».

Die wissenschaftlichen Untersuchungen wurden immer fundierter: 1824 erschien – auf Veranlassung von Bernhard Heinz in Samedan – eine Publikation mit chemischer Analyse über die St. Moritzer Mineralquelle von Chemiker Balard in Montpellier, dem Entdecker des Broms, und 1826 eine solche von Apotheker G. W. Capeller von Chur und Bäderarzt J. A. Kaiser von Pfäfers. Kurz: Die jungen Rebellen im Dorf und die gestandenen Mediziner und Wissenschafter haben, die einen mit der erzwungenen Innkorrektion und die anderen mit ihren Forschungsresultaten, bewirkt, dass sich St. Moritz Bad fortan entwickeln konnte, was sich auch auf die Entfaltung von St. Moritz Dorf positiv auswirkte.

Endlich ein neues Kurhaus

Allerdings liest sich die Geschichte der St. Moritzer Heilquelle wie ein Albtraum, indem sich nach jedem kurzen Lichtblick wieder ein schwarzes Loch auftut, und man erinnert sich an die bitterbösen Vorwürfe eines Hauptmann Heinrich Bansi oder eines Johann Ulrich von Salis. Auch jetzt verstummte die Kritik nicht *(vgl. Kastentext).*

Denn es dauerte erneut eine ganze Weile, bis sich endlich wieder Initiative entwickelte, diesmal von einigen im Ausland vermögend und weitsichtig gewordenen St. Moritzern aus den Familien Flugi und Andreoscha und Männern wie Gian Andrea Lorsa, der in Frankreich zum «roi des cafétiers» avanciert war. Zwar stiessen auch sie bei ihrem ersten Versuch 1829 zur Errichtung einer Gaststätte bei der Quelle auf Widerstand, waren dann aber bei einem zweiten Anlauf erfolgreich.

Auf Initiative von Johann v. Flugi, Conradins Bruder, entstand 1831 die erste Aktiengesellschaft in St. Moritz und im Engadin überhaupt. In einem auf 20 Jahre befristeten Kontrakt übertrug die Gemeinde die Quelle der «Heilquellen-Gesellschaft» zu einem jährlichen Pachtzins von 300 Gulden. Diese liess durch Baumeister Johannes Badrutt aus Samedan ein komfortableres Kurhaus erstellen mit Trinksaal, sechs getäferten Badekabinen, einem heizbaren Liegeraum und im Obergeschoss mit Wandelhallen sowie einem Raum für Verwalter und Badearzt, das 1832 betriebsbereit war und 1833 von Arzt Wettstein ausführlich beschrieben wurde.

Eine tragische Geschichte

Jedoch: Eine Klausel im Vertrag verhinderte auch jetzt wieder Logiereinrichtungen für Fremde in Quellennähe und erlaubte nur minimale Abgabe von Erfrischungen. Deshalb verstummte die Kritik, auch in den Medien, nicht. So sah sich die Gemeinde 1840 veranlasst, in einer öffentlichen Ausschreibung verlauten zu lassen, sie stelle jedem Unternehmer frei, ein Wirtschaftsgebäude an der Quelle zu erstellen und zu betreiben und es solle ihm der Boden kostenlos und das Bauholz zu ermässigtem Preis überlassen werden. Dass diese generöse Offerte erfolglos blieb, zeigt, wie wenig man damals noch auf die Zukunft des Kurortes St. Moritz setzte.

Im Grunde genommen tragisch: Die Natur hat St. Moritz mit dieser Heilquelle ein goldenes Schiffchen in den Webstuhl gelegt; doch man bediente sich seiner nicht. In unzähligen Schriften der letzten Jahrhunderte ertönten, wie gesehen, über den Oberengadiner Badeort immer wieder die gleichen Klagen über den jämmerlichen Zustand der Trink- und Badeeinrichtungen. Die sporadisch gemachten, kleinen Verbesserungen wurden zum grösseren Teil von aussen initiiert oder finanziert.

Kapuzinerpredigt an die Magnaten von St. Moritz
Aus einer Engadin-Publikation der Herder'schen Buchhandlung, 1830

Für's Vergnügen und eine angenehme Zerstreuung der Brunnengäste in freier Natur, haben die Ortsvorsteher und Gastgeber in St. Moritz eigentlich gar nicht gesorgt. Oder sollte ihnen nicht daran gelegen seyn, zu ihrer segensreichen Quelle recht viele Gäste zu ziehen? Um einige Anlagen in's Leben zu rufen, was auf dem Gemeindeboden bei oder neben der Quelle und in dem herrlichen Arven- und Lerchenwäldchen sehr leicht geschehen könnte, oder um nur wenigstens für den ermüdeten Curanten ein Ruhebänkchen an dem Wege anzubringen, das fiel bis jetzt noch niemandem ein. Selbst die Strasse zum Brunnenhause wurde nicht einmal sorgfältig unterhalten!

Solche engherzige, kalte Seelen, die weder zur Erquickung noch zum Vergnügen ihrer kränklichen Mitbürger etwas thun, und keinen Fuss bewegen, insoferne nicht der Vortheil in klingender Münze auf ihren Händen liegt, sollten zuweilen auswärtige Brunnenanstalten besuchen, um zu sehen, was Landesherren, Ortsobrigkeiten, ja selbst Privatunternehmer in Böhmen Teutschland und der Schweiz in dieser Hinsicht thaten, und welche Anstrengungen sie sichs kosten liessen, um den leidenden Mitbruder an den Ort, der seine Gesundheit stärkt, zu fesseln, ihm noch für die Zukunft ein dankbares Andenken einzuflössen und zu erhalten.

Ich rede nicht von den grossen Anlagen in Karlsbad und Töpliz, noch von Baden-Baden und andern teutschen Bädern; aber wie viel lassen es sich alljährlich die Mönche zu Pfäffers, die Ortsobrigkeit und Gastgeber zu Baden im Kanton Aargau kosten, um das Vergnügen und die Zerstreuung der Curanten zu erhöhen? Mit welchen Anstrengungen erheben nicht die Privatunternehmer in Schinznach und in Heinrichsbad ihre Anstalten durch alljährlich angebrachte Verschönerungen, so dass selbst Könige gern einige Tage bei ihnen verweilen!?

Und ihr Magnaten von St. Moritz, was thatet ihr seit Jahrhunderten an euerer Quelle der leidenden Menschheit zu Liebe?

St. Moritz Dorf 1854; links die Pension Faller, das ehemalige «Obere Flugihaus», rechts die St. Mauritiuskirche, von der heute nur noch der Schiefe Turm steht.

Erster Kur- und Badearzt

«So folgten denn», wie August Husemann 1874 in seinem Buch «Der Kurort St. Moritz und seine Eisensäuerlinge» monierte, «auf Zeiten einer gewissen Blüte immer wieder solche der Vernachlässigung und des Zerfalls, und sie dauerten – bei der damaligen verkehrstechnischen Abgeschiedenheit und der allen Neuerungen abgeneigten Gesinnung seiner Bürger – hier länger als anderswo». Kein Wunder, dass die Gästezahl seit 1790 um mehr als einen Viertel rückläufig war; denn um die Quelle herrschten ärmliche Verhältnisse, während gleichzeitig andere berühmte Badeorte wie Baden-Baden oder Marienbad als kulturelle und gesellschaftliche Zentren Glanzzeiten erlebten und selbst Gais im Appenzellerland dank seiner geschickt vermarkteten Molkenkuren zum bekanntesten Dorf der Schweiz geworden ist.

Leider sollte es auch diesmal Ende der 1840er-Jahre werden, bis endlich eine frische Brise spürbar wurde. Und wieder war der Promotor ein Mediziner: Georg Brügger kam 1847 als erster Kur- und Badearzt von Chur nach St. Moritz. Seine klare Zielsetzung war, «dem bisher arg vernachlässigten Kurort einen, seiner Quelle entsprechenden Ruf zu verschaffen». Sein älterer Kollege J. A. Kaiser, der selber an einer der ersten chemischen Analysen des Sauerbrunnens beteiligt gewesen war, hatte ihm dazu geraten. Brüggers initiatives Naturell erkannte die Schwachstellen sofort: unzweckmässige Quellfassung, mangelhafte Badevorrichtungen, zerfallene Zufahrtswege und fehlende Logiermöglichkeiten vor Ort. Doch auch er biss sich an der Gemeinde zuerst die Zähne aus. Was blieb ihm anderes übrig, als den Ablauf des Pachtvertrags abzuwarten und inzwischen Gleichgesinnte zu mobilisieren.

Der grosse Befreiungsschlag

Als der Pachtvertrag mit der Aktiengesellschaft auslief, war die Stunde null gekommen: Die Gemeinde sprang 1853 über ihren Schatten und fasste – dank dem unermüdlichen Rotieren des ersten Badearztes im Hintergrund – die «neue» (schon 1815 entdeckte) Quelle und getraute sich dann, als dies gelungen war, «unter Jammern und Wehklagen der Alten» auch Hand an die erste Quelle, inzwischen die «alte» genannt, zu legen.

Langatmiger Aberglaube

Mit dem «Fassungsversuch der neuen Quelle im alten Innbette», die bloss 200 Schritte vom bisher benutzten Sauerbrunnen entfernt lag, beauftragte die hiefür bestimmte Kommission, bestehend aus dem Triumvirat Brügger, v. Flugi und Lorsa, den «ihr von mehreren Seiten anberühmten Brunnenmeister Hefel aus Chur». Georg Brügger berichtet hierüber: «Nach mehrtägigem Graben fand man in einer Tiefe von eineinhalb Klafter die neue Quelle, klar und rein und ziemlich reichhaltig, an Güte und Kraft ausgezeichnet, durch mehrere Risse aus einem feinkörnigen Granitfelsen hervorsprudelnd». Dank diesem zusätzlichen Wasser konnten die Badezellen von sechs auf acht erhöht werden.

Und wegen dieser erfreulichen Tatsache gelang es nun endlich, den hartnäckigen Bann an der alten Quelle zu brechen. Wir erinnern uns: Kurz vor 1670 und dann wieder 1680 wurde der Sauerbrunnen – aufgrund externer Kritik – ein wenig saniert. Nachher dauerte es bis 1740, bis sich die St. Moritzer erneut dazu durchringen konnten, die Quellfassung zu verbessern. Und jetzt waren wiederum ganze 113 Jahre verstrichen, bis man diesen aktuellen, vierten Versuch wagte. Schuld war wohl die nach der Sanierung von 1740 aufgestellte Behauptung, durch die baulichen Manipulationen sei die Qualität des Wassers beeinträchtigt worden.

Der tiefere Grund für diese dauernden Zögerlichkeiten dürfte jedoch eine alte, unausrottbare Volkssage gewesen sein. Sie besagt, die Quelle sei früher unter einem alten Baumstrunk hevorgestrudelt, den man sträflicherweise ausgerissen und dadurch die Quellengeister verärgert habe. Daraufhin sei ein Teil des Sauerwassers versickert und das verbliebene habe sich mit Grundwasser vermischt. Auf die Idee, diesen Mystizismus zu hinterfragen, kam keiner.

Die grosse Entdeckung

Die Arbeiten an der alten Quelle gestalteten sich mühsam: Nach Entfernung der bei einer früheren Sanierung angebrachten Granitplatten musste zuerst eine Lehmschicht abgetragen werden, die durchsetzt war – schon damals! – von Zivilisationsüberresten in Form von Scherben und Münzen. Dann war – im Kampf gegen eindringendes Süsswasser und aufsteigende Gase – eine zwei Fuss dicke Schicht aus Kies, Sand, Lehm und Steinbrocken zu entfernen.

Der geneigte Leser darf zweimal raten, was jetzt zum Vorschein kam: Richtig, der obere Rand von zwei ausgehöhlten Lärchenstämmen, exakt jene, welche die Ur-Engadiner, wie wir eingangs dieses Kapitels gesehen haben, 1466 vor der Zeitrechnung eingebuddelt hatten, umgeben von einem massiven Bohlenkasten. Von deren Existenz hatte niemand mehr eine Ahnung gehabt. Da besonders aus dem grösseren Stamm nun ein gutes Mineralwasser in grösserer Menge als bisher sprudelte, verzichtete man, noch tiefer zu graben und begnügte sich mit der Reinigung der beiden Fässer, das heisst der ausgehöhlten Baumstämme.

Die grosse Wassermenge und die extrem starke Kohlensäure-Entwicklung hatten zur Folge, dass kein Arbeiter länger als paar wenige Minuten am Fassgrund verweilen konnte. Auch hier machte man Funde: Ein ledernes Tragfläschchen mit eingepressten Verzierungen und ein Hirtenstab mit der Jahrzahl 1040 kamen zum Vorschein. Daneben paar gewöhnliche Holzstöcke, die vielleicht von Neugierigen zur Ergründung der Fasstiefe hineingestossen wurden oder unabsichtlich reingefallen sind.

Phönix aus der Asche

Die nunmehr gesäuberte Quellfassung wurde ohne Veränderung belassen. Lediglich die bestehende Einfriedung hat man durch Lärchenholzwandungen rund 1½ Fuss über den Boden erhöht, um die Quelle vor Einflüssen von aussen zu schützen. Und siehe da: Der Aufwand hat sich gelohnt! «Jetzt sprudelt», schreibt Bäderarzt Brügger voller Freude, «die Quelle frei von jedem fremden Wasser so schön, gut und reichhaltig, wie niemals zuvor».

Und er jubiliert weiter: «Alle, die jetzt davon trinken, sagen einstimmig, dass ihnen das St. Moritzerwasser nie so gut und stark vorgekommen sei wie jetzt». Doch der frohen Botschaft gab es noch mehr; denn nicht nur die Qualität, sondern auch die Quantität überraschte. Die Schüttung der Quelle stieg von bisher rund 3 Litern pro Minute auf 22 Minutenliter, was durch Abpumpen sogar auf 60 Liter pro Minute gesteigert werden konnte.

Gleich einem Phönix war die alte Quelle aus Schutt und Asche wie neu auferstanden. Nun konnte man wieder mit geschwellter Brust Paracelsus zitieren, der schon im 16. Jahrhundert den St. Moritzer Sauerbrunnen als den besten Europas belobigt hatte. Doch die unbeantwortete Frage bleibt im Raum: Warum um Himmels Willen hatte es wiederum derart lange gedauert, bis man sich zum Handeln aufgerafft hat?

Auch die Neue überzeugt!

Übrigens: Auch die neue Quelle gab Anlass zur Freude! Eine erste Analyse von Chemiker Adolf von Planta-Reichenau tönte gut: Das Wasser ist «klar, stark perlend, ohne Geruch; sein Geschmack stark prickelnd, angenehm säuerlich und kühlend, viel freie Kohlensäure enthaltend, und soviel Eisen, dass dasselbe im Wasser direkt, sowohl mit Gerbsäure als auch mit Blutlaugensalz nachweisbar ist». Die Gesamtmenge der fixen Bestandteile, so ergab diese erste Analyse, soll bei der neuen Quelle fast um ein Drittel reicher sein als bei der alten.

«Dem Geschmacke nach», so schreibt Badearzt Brügger, «ist es nämlich, nach dem Urtheile Aller, die davon tranken, milder, eher gesalzener, zum trinken einladender und besser». Und er argumentiert, dass beide Quellen, da sie unterschiedliche Zusammensetzung aufweisen, das medizinische Anwendungsspektrum vergrössern könnten, was St. Moritz ungeahnte Möglichkeiten eröffnen würde, zumal sich jetzt auch bei der Infrastruktur Neuerungen abzeichnen. Dieses Statement schliesst er mit einem flammenden Credo *(vgl. Kastentext)*.

Die Fesseln gesprengt

Diese positive Entwicklung bewirkte, dass die Pächter wieder Interesse zeigten, ihren abgelaufenen Vertrag zu erneuern. Doch schon tauchten neue Probleme auf: Brügger erhielt Wind, dass ein Pachtvertrag mit einem für die Prosperität des Kurortes wohl wenig geeigneten Pächter abgeschlossen werden soll. Um dies zu verhindern, bat er den einflussreichen Conradin v. Flugi, der in jungen Jahren in neapolitanischen Militärdiensten gestanden hatte und jetzt als Kurortsförderer, Tourismuspionier und romanischer Dichter aktiv war, «mit auswärts wohnenden, weitsichtigen und patriotisch gesinnten Bürgern von St. Moritz» Gegensteuer zu geben. Und es funktionierte, diesmal nicht mit einem Viehmarkt-Trick, sondern mit einem politischen Schachzug.

Dank Brüggers Bemühen stellte Conradin v. Flugi, zusammen mit Nationalrat J. B. Bavier in Chur und Nationalratspräsident A. R. von Planta in Samedan, 1853 eine zweite Aktiengesellschaft mit grösserem Kapital auf die Beine, der auch Brügger, Joh. L'Orsa und Hans Joos angehörten. Ihr wurden die Pachtrechte für die nächsten 50 Jahre überschrieben. Dies beinhaltete die vorhandenen sowie künftig auf Gemeindeboden gefundenen Quellen. Die Gemeinde überliess dieser «Heilquellen-Gesellschaft» die bestehenden Gebäude bei der Quelle, zudem stellte sie ihr unentgeltlich Baumaterial für weitere Bauten zur Verfügung und befreite die Gesellschaft und deren Angestellten von der Steuerpflicht. Das subsummierte sich, wie sich später herausstellen sollte, auf einen Jahresdurchschnitt von (satten) 20 000 Franken.

Umgekehrt hatte die Gesellschaft einen jährlichen Pachtzins von (lediglich) 1700 Franken zu entrichten und das Quellwasser den Einwohnern von St. Moritz zur halben Taxe abzutreten, was wohl ebenfalls keine schmerzhafte Klausel war. Dieser Vertrag kam also einer Flucht nach vorne gleich und dokumentiert den grundlegenden Gesinnungswandel der St. Moritzer bezüglich ihrer Quelle.

Hatte früher das Desinteresse dominiert und war jegliche Bautätigkeit in Sprudelnähe tabu gewesen, war man jetzt bereit, viel (zu viel?) aus den Händen zu geben – ohne grosse Gegenleistung. Immerhin: Eine (allerdings nicht klar formulierte) Vertragsklausel regelte, dass alle bestehenden und noch zu errichtenden Gebäude nach Vertragsablauf der Gemeinde zufallen.

Wenn auch dieser Vertrag genau deshalb später zu Problemen führen sollte: Für den Moment waren die jahrhundertealten Fesseln gesprengt; der Badekurort St. Moritz durfte einer neuen, hoffnungsfrohen Zukunft entgegensehen.

Deutliche Worte des ersten Badearztes
Notizen über die Sauerquellen zu St. Moritz von Georg Brügger, 1853

Im Besitze dieser beiden Quellen, die sich möglicherweise in ihrer Zusammensetzung für die medizinischen Zwecke gegenseitig ergänzen und es zu einer umso grösseren Anwendung gelangen kann, darf die Gemeinde St. Moritz einer schönen Zukunft entgegensehen. Dies umso mehr, als in neuester Zeit alle Aussichten zu einer gänzlichen Umgestaltung und Verbesserung der Trink- und Badeeinrichtung angebahnt worden sind.

Mögen die Bestrebungen in diesem Sinne nachhaltig sein, dann wird auch der gute Einsatz nicht ausbleiben und in reichlicher Weise sich bezahlt machen, was für die Behaglichkeit der Gäste die Gemeinde geopfert hat.

St. Moritz wird zu dem werden, was es schon früher hätte sein sollen!

Die Bäderanlage von St. Moritz um 1856

Das neue Kurhaus mit 50 Betten steht noch allein auf weiter Flur

AUFSTIEG ZUM WELTKURORT DANK WASSER

Skyline St. Moritz

Wasser ist nicht alles, aber ohne Wasser ist alles nichts.
«Das Prinzip aller Dinge ist das Wasser» sinnierte Thales von Milet,
und Wolfgang Goethe replizierte: «Alles ist aus dem Wasser entsprungen!
Alles wird aus dem Wasser erhalten!». Das Sprichwort «Das Wasser kann
ohne Fische auskommen, aber kein Fisch ohne Wasser» lässt sich somit
auch auf den Menschen übertragen. Und wenn Kaiser Wilhelm II.
noch gemeint hat «Unsere Zukunft liegt auf dem Wasser»,
so heisst es heute, weil immer mehr durstige Seelen die Erde bevölkern:
Unsere Zukunft ist das Wasser!

So besehen kommt einer Quelle, zumal einer solchen mit Heilwasser,
ungeahnte Bedeutung zu. Sie kann für die, auf deren Territorium die Natur sie
entspringen liess, zum Goldsprudel werden. Doch dies bedingt Eigeninitiative.
An solcher fehlte es in St. Moritz über Jahrhunderte. Ja es schien, als lebe man dem
Prinzip «Wer den Flüssen (im übertragenen Sinn: den Touristenströmen) wehren
will, muss die Quellen verstopfen». Doch mit dem Befreiungsschlag von 1853
änderte sich dies. St. Moritz erkannte nun endlich den Wert seiner Heilquelle –
und wurde zum Weltkurort!

Mauritius- und Paracelsusquelle

Nur ein Jahr später, 1854, begann der Bau eines neuen Kurhauses mit Verbindungspassage im ersten Stock zum alten Mauritius-Gebäude, und bereits 1855 war der gesamte neue Bädertrakt vollendet. Dieses Konstrukt sollte während ganzen 120 Jahren – bis 1975 – in Betrieb bleiben. Doch weil es dem jetzt einsetzenden Andrang von Badegästen schon nach kurzer Zeit nicht mehr genügte, folgte Neubau um Neubau. Bereits Mitte der 1860er-Jahre präsentierte sich die Gesamtanlage so, wie sie dann jahrzehntelang dem Kurbetrieb dienen und dem Weltkurort zur Ehre gereichen sollte. Und welch ein Wunder: der Quellen wurden immer mehr!

Das Quellen-Inventar

Weil neben den zwei bisherigen Quellen, der «alten» und der «neuen», noch weitere Sprudel entdeckt wurden, drängte sich allmählich eine Namengebung auf, um sie auseinanderhalten zu können. Wann genau dies geschah, weiss man nicht mehr, wahrscheinlich gegen Ende des 19. Jahrhunderts. Um uns Übersicht zu verschaffen, wollen wir sie hier alle der Reihe nach auflisten, mit den Daten ihrer Entdeckung und Fassung, wobei wir nur auf jene näher eingehen, die tatsächlich gefasst wurden.

Den stolzen Reigen der Sauerbrunnen führt die «alte», bereits 1466 v. Chr. von den Ur-Engadinern gefasste Quelle an, die man jetzt *Mauritiusquelle* taufte (und die vielleicht auch schon früher, zu Zeiten des Mauritiuskults, so bezeichnet worden ist). Die zweite im Bund ist die 1815 entdeckte und 1853 anlässlich der Umleitung des Inn gefasste «neue» Quelle, jetzt *Paracelsusquelle* genannt. Beide liegen bloss 200 Schritt auseinander. Eine weitere Quelle hinter dem Gebäude wurde nicht gefasst und blieb deshalb namenlos.

Nicht alle waren nutzbar

1856 fand man erneut einen Sprudel, die *Maria-Huotter-Quelle*, deren Fassung sich aber als mühsam erwies, weil man ihr nur bis ins Geschiebe folgen konnte und somit der Fernhaltung des Grundwassers nicht Herr wurde. Deshalb blieb sie, trotz mehrmaligen Grabversuchen, so zuletzt 1864, ebenfalls ungefasst, gleich wie zwei weitere, die eine nicht weit entfernt davon im See, die andere im Hofraum des alten Badegebäudes, die folgedessen auch nicht getauft wurden.

Ende 19. Jahrhundert kamen nochmals neue Quellen zum Vorschein: Ein Christian Rungger legte in einer Torfwiese in Mauntschas einen Sprudel frei, nach ihm *Rungger-Quelle* benannt, die sich aber nicht für kommerzielle Zwecke eignete. Und im Sumpf bei Surlej verlochte ein Herr Heinz aus Silvaplana vergeblich ein Vermögen in eine Schürfung. Auch ein kleiner Ausstoss im Lawinenhang des Hahnensees erwies sich als reiner Gasaustritt.

Aus Wasser wird Geld

1886 wurde dann aber, nur etwa 400 Meter von der Mauritiusquelle entfernt, bei Drainagearbeiten auf dem Privatgrund von Kreispräsident Bartholome Gartmann in Tegiatscha, auf einer Wiese am Fusse des Piz Rosatsch, ein roter Fleck im grünen Gras bemerkt. Der beigezogene bekannte

Geologieprofessor Albert Heim aus Zürich bestätigte das Vorhandensein eines weiteren, ergiebigen Sauerbrunnens, der so viel eisenhaltiges Mineralwasser lieferte, dass an eine wirtschaftliche Nutzung zu denken war. Sofort kaufte Gartmann ringsherum möglichst viel Land dazu.

Wie sehr sich die Zeiten geändert haben, zeigt dieser Vergleich: Wir erinnern uns, wie zu Beginn des 19. Jahrhunderts, als sich St. Moritz um die Quelle futierte, Amtmann Zacharias Pol in unternehmerischer Weitsicht und mit Sinn fürs Gemeindewohl die notwendigen Entwässerungsgräben für den die Quelle belastenden Bergschweiss aus dem eigenen Sack bezahlt hatte. Jetzt aber verkaufte der Hans-im-Glück-Quellenbesitzer den neuen, auf seinem Grundstück gefundenen Sprudel für 300 000 Franken an eine Zürcher Gesellschaft. Water is money!

Getrickste Reklame

Es formierte sich eine neue Aktiengesellschaft, welche diese *Surpuntquelle* unter Heims Leitung fassen liess und gleich daneben das Luxushotel Neues Stahlbad errichtete, welches Trink- und Badekuren anbot. (Randvermerk: Professor Heim war auch einer jener Wissenschaftler mit breitem Horizont; wohl war er hauptberuflich Geologe, aber, was man weniger weiss, nebenberuflich engagierter Kynologe, dem die Schweiz die Rettung ihrer wunderprächtigen Sennenhunde-Rassen, eines lebenden helvetischen Kulturgutes, verdankt.)

Auf die offenbar etwas marktschreierische Anpreisung der angeblichen Vorzüge des Surpunt-Wassers konterte der frischgebackene Bäderarzt Peter Robert Berry jun. in einer Publikation über die St. Moritzer Eisensäuerlinge 1892: «Wenn die Tit. Direction des ‹neuen Stahlbades› in ihren Notizen an die Herren Aerzte anführt, dass ‹die leichtere Verdaulichkeit der Quelle Surpunt von zahlreichen Kurgästen erprobt worden ist›, so dürfte dies nicht bei allen zutreffen. Der einzige Kurgast, der bisher unter aerztlicher Aufsicht das Wasser der Quelle Surpunt mehrere Monate lang getrunken hat, hat sich zu wiederholten Malen geäussert, dass er das Wasser der Paracelsusquelle viel besser vertrage».

Chemischer Quellenvergleich

Auch die Wasseranalysen der beiden bekannten Sauerbrunnen, der alten Mauritius- und der neuen Paracelsusquelle, gingen weiter. Nach vollendeter Bauarbeit an beiden Sprudeln erfolgte eine vergleichende chemische Untersuchung, wiederum ausgeführt, wie schon 1853, von Chemiker Adolf von Planta-Reichenau, diesmal jedoch zusammen mit dem Bonner Chemieprofessor A. Kekulé. Diese 1854 publizierten Ergebnisse, die nun schon erheblich fundierter waren als jene des Apothekers Morell von 1788, blieben lange massgebend. Das Fazit im Vergleich zu Mineralquellen ähnlichen Charakters im Ausland: «Ein so günstiges Verhältnis zwischen auflösenden Salzen und dem Eisenoxydul lässt sich nur bei sehr wenigen nachweisen. Im Kohlensäuregehalt und demjenigen alcalischer Salze bleiben sogar Schwalbach und Pyrmont zurück».

Die analytische Chemie machte jedoch rasche Fortschritte, so dass bereits zwanzig Jahre später, 1874, eine alle bisherigen Untersuchungen in den Schatten stellende neue Analyse vorlag. August Husemann, Chemieprofessor an der Kantonsschule Chur, hatte sie im Auftrag der Heilquellen-Gesellschaft gemacht und publizierte sie in seinem äusserst kompetent verfassten

Mauritius versus Paracelsus
Die erste fundierte chemische Wasseranalyse von August Husemann, 1874

Die Carbonate als Monocarbonate berechnet:

Bestandteile	Enthaltene Gramme in 10 000 Gramm Wasser	
	Alte Quelle	Neue Quelle
	Mauritius	Paracelsus
Chlorlithium	0,000848	0,000885
Chlornatrium	0,043764	0,034683
Bromnatrium	0,000536	0,000099
Jodnatrium	0,000013	0,0000024
Fluornatrium	0,000630	0,001740
Salpetersaures Natron	0,000333	0,000721
Borsaures Natron	0,003614	0,005228
Schwefelsaures Natron	0,307415	0,321101
Schwefelsaures Kali	0,014382	0,014800
Einfach kohlensaures Natron	0,192465	0,128273
Einfach kohlensaures Ammoniumoxyd	0,002008	0,001750
Einfach kohlensaurer Kalk	0,852025	0,904132
Einfach kohlensaures Strontian	0,000088	0,000092
Einfach kohlensaures Magnesia	0,129345	0,132686
Einfach kohlensaures Manganoxydul	0,003829	0,004043
Einfach kohlensaures Eisenoxydul	0,023996	0,028020
Eisenoxydhydrat	---	0,006108
Kieselsäure	0,040169	0,053445
Phosphorsäure	0,000156	0,000144
Thonerde	0,000050	0,000030
Baryt, Cäsion, Arsen, Kupfer und Organische Materien	Spuren	Spuren
Summe der festen Bestandtheile	1,615666	1,637982
Direkt bestimmt	1,576600	1,614200
Halbgebundene u. freie Kohlensäure:	Cub.-C	Cub.-C
- bei 0° und 0,76 Met. B.	1500,906	1553,160
- bei Quellentemperatur u. 0,615 Met. B.	1891,606	1956,505
Freie Kohlensäure:		
- bei 0° und 0,76 Met. B.	1230,010	1282,810
- bei Quellentemperatur u. 0,615 Met. B.	1550,190	1615,630

Die Carbonate als Bicarbonate berechnet:

Zweifach kohlensaures Natron	0,272356	0,181518
Zweifach kohlensaures Ammoniumoxyd	0,002928	0,002552
Zweifach kohlensaurer Kalk	1,226916	1,301950
Zweifach kohlensaures Strontian	0,000114	0,000119
Zweifach kohlensaures Magnesia	0,197097	0,202188
Zweifach kohlensaures Manganoxydul	0,005292	0,005588
Zweifach kohlensaures Eisenoxydul	0,033098	0,038648

Standardwerk «Der Kurort St. Moritz und seine Eisensäuerlinge» *(vgl. Kastentext)*. Vergleicht man seine Ergebnisse mit jenen des Teams von Planta/Kekulé vor zwanzig Jahren, so stellt man – unter Berücksichtigung der unterschiedlichen Nachweisgenauigkeit – fest, dass die beiden Quellen gehaltmässig in etwa gleich geblieben sind.

Allerdings hat die moderne Analytik neue, früher übersehene Stoffe aufgespürt, so Bor- und Salpetersäure, Ammoniak, Lithium, Strontium, Baryt und Caesium. Jedoch: Die Auffassung, beide Quellen würden sich bezüglich feste Bestandteile stark unterscheiden, die neue sei im Gehalt stärker und enthalte zudem mehr Kohlensäure, bestätigte sich nicht. Lediglich zwei Unterschiede waren markant: Die neue Quelle punktete mit mehr Eisen, die alte mit etwas mehr kohlensaurem Natron. Doch weil der Fortschritt der analytischen Chemie ungebrochen anhielt, wurde 1892, also wiederum fast zwanzig Jahre später, eine weitere Analyse beider Sauerbrunnen durchgeführt, diesmal von E. Bosshard, Professor am Technikum in Winterthur *(vgl. Kastentext)*. Und siehe, sie bestätigte die Ergebnisse von Husemann, was dessen seriöse Arbeit erneut unterstreicht.

Die Funtauna Surpunt

Die Surpuntquelle, die im Gegensatz zur nicht fassbaren Fontana della Maria Huotter aus Spalten des Granits hervortritt, weshalb das Wasser beider wohl identisch ist, wurde in einem sechs Meter tiefen Zementschacht gefasst, «hat eine Temperatur von 7° C, ist vollkommen klar und geruchlos, perlt lebhaft im Glase und hat einen angenehm prickelnden Geschmack». Die Analyse dieser Quelle wurde 1892 von F. P. Treadwell, Professor am Eidg. Polytechnikum in Zürich gemacht *(vgl. Kastentext)*.

Die drei Quellen im Vergleich
Chemische Zusammensetzung: Analyse der Gewichtzahlen der löslichen Salze der alten und neuen Quelle (Bosshard, 1892) und der Funtauna Surpunt (Treadwell, 1887)

Bestandteile: Gramme in 10 000 Gramm Wasser	Alte Quelle Mauritius	Neue Quelle Paracelsus	Funtauna Surpunt
Kaliumsulfat	*0,19651*	*0,21172*	*0,03455*
Natriumsulfat	*2,67182*	*3,16012*	*2,48539*
Magnesiumsulfat	---	---	0,80357
Lithiumchlorid	0,00891	0,00927	0,00630
Natriumchlorid	*0,39682*	*0,42848*	---
Ammoniumchlorid	0,02021	0,01885	0,01810
Magnesiumchlorid	---	---	0,13744
Magnesiumbromid	0,00377	0,00132	0,00120
Magnesiumjodid	0,00010	0,000033	---
Calciumfluorid	0,00492	0,01691	0,00180
Natriumnitrat	0,00206	0,00370	---
Magnesiumborat	0,02558	0,03670	0,02023
Calciumcarbonat	7,74700	8,75714	8,98697
Calciumphosphat	0,00288	0,00290	0,00151
Strontiumcarbonat	0,00061	0,00073	0,00500
Ferrocarbonat	*0,24499*	*0,29160*	*0,36654*
Mangancarbonat	0,03581	0,04004	0,02673
Natriumcarbonat	*2,12001*	*2,23417*	---
Magnesiumcarbonat	1,30094	1,31924	0,71696
Aluminiumoxyd	0,00057	0,00040	0,00635
Kieselsäureanhydrit	0,37150	0,59132	0,62127
Eisenoxydhydrat (suspendiert)	---	0,05016	---
Barium-, Cäsium-, Arsen-, Kupferverbindungen und Organische Stoffe	Spuren	Spuren	0,01498
Summe der festen Stoffe	15,15501	17,17480	12,23039
Direkt bestimmt	14,91450	17,16050	12,18050
Freies und gebundenes Kohlendioxyd (Kohlensäure)	ccm	ccm	ccm
bei 0° und 760 mm	*16 190,7*	*16 550,7*	*14 481,4*
bei Quellentemperatur und 615 mm	*20 403,9*	*20 857,6*	*18 350,2*
Freies Kohlendioxyd (Kohlensäure)			
bei 0° und 760 mm	*13 607,0*	*13 652,0*	*12 655,9*
bei Quellentemperatur und 615 mm	*17 147,9*	*17 170,6*	*16 003,8*
Die kohlensauren Salze als sogenannte «wasserfreie Bicarbonate» berechnet:			
Calciumbicarbonat	11,15568	12,61028	10,06124
Magnesiumbicarbonat	1,98271	2,01060	1,09252
Strontiumbicarbonat	0,00079	0,00095	0,00065
Eisenbicarbonat	*0,33787*	*0,40217*	*0,67107*
Manganbicarbonat	0,04952	0,05537	0,03696
Natriumbicarbonat	*2,99921*	*3,16073*	---

Die Mineralquellen von St. Moritz und ihre bauliche Beschaffenheit seit deren Gebrauch.

Primitiver Zustand zur Zeit
des Besuchs von Paracelsus 1539.

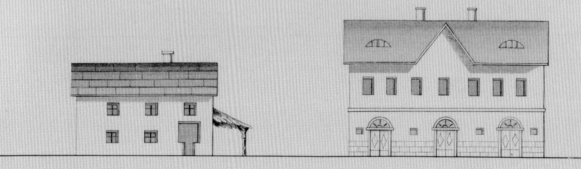

Erster durch die Gemeinde aufgeführter
gemauerter Bau, welcher bestanden hat bis 1832.

Bau der ersten Actien-Gesellschaft &
Zustand von 1832 bis 1852.

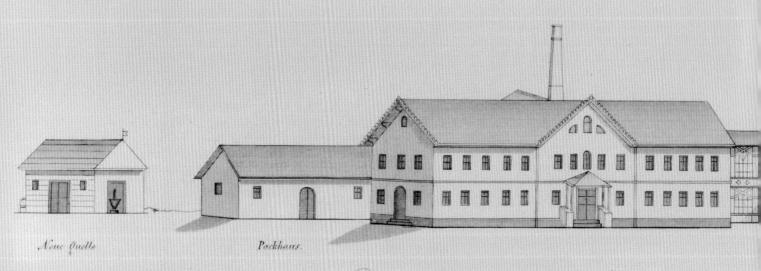

Neue Quelle.   Packhaus.

Bau der zweiten Actien-Gesellschaft, begonnen im

Die Quellengeschichte von St. Moritz in Bildern

Vom bescheidenen Brunnenhäuschen zum Versailles der Alpen

Oeconomie Gebäude

1854 und also vollendet im Jahr 1859 mit Pachtvertrag bis zum Jahr 1904

An zwei Brunnenröhren in der Trinkhalle konnten die Kuranden zwischen kaltem und erwärmtem Sprudelwasser wählen. Zudem standen ihnen zwei geräumige Wandelhallen zur Verfügung, eine halboffene und eine geschlossene, im Winter temperierbare. Die Kohlensäurebäder waren in einem separaten Gebäude hinter dem Hotel Stahlbad untergebracht, die Badezimmer auf zwei Stockwerke verteilt – oben die Damen, unten die Herren – und mit 60 eleganten Kupferwannen bestückt. Kupfer deshalb, weil dieses als guter Wärmeleiter die Temperatur des Badewassers sofort annimmt. Die Wasserführung von der Quelle zu den Bädern wurde so konstruiert, dass möglichst wenig Kohlensäureverlust entsteht.

Kein Wasser von Lourdes

Was nun aber – zumal bei den Kuranden – neben der rein geologisch-technischen Problematik der Quellfassungen und den analytisch-chemischen Untersuchungen der Mineralwasserqualität besonders interessierte, war der medizinisch-balneologische Aspekt der Heilwirkung der St. Moritzer Sauerbrunnen. Wie, beziehungsweise gegen oder für was, konnten sie hilfreich sein? Die Antworten hiezu waren insofern schwierig, weil Medizin, im Gegensatz etwa zu Physik und Chemie, keine exakte Wissenschaft ist, sondern zum Teil auf Erfahrung basiert – damals noch viel mehr wie heute *(vgl. Kastentext)*.

Der einheimische Kurarzt (und spätere Bäderarzt) C. Veraguth hat sich 1887 in seiner «Klimato-balneologischen Studie über Bad St. Moritz» um eine objektive Betrachtung bemüht, wenn er einleitend festhält, dass die Wahrheit wohl in der Mitte zweier Extreme liege: «Manche halten St. Moritz für eine Panacee gegen alle möglichen und unmöglichen Leiden, oder als ultimum refugium, das erst dann zur Anwendung kommen soll, wenn der ganze Munitionsvorrath der übrigen Heilverfahren verschossen ist. Aus unseren Quellen fliesst kein Wasser von Lourdes. Andere hinwiederum legen der St. Moritzer Kur keine grössere Bedeutung bei, als einem gewöhnlichen Landaufenthalt und einer verschriebenen Eisenpille».

Auf seiner kurärztlichen Tätigkeit basierend, gibt er dann einen umfassenden Überblick über «specielle Indicationen», die sowohl allgemeine Störungen (wie «Chlorose und Anaemie, Tuberculose und Scrophulose, Rheumatismus und Gicht, Albuminurie und Diabetes, Siphilis, Malaria») als auch Organerkrankungen (wie «Circulationsstörungen und Probleme des Respirationsapparates, Digestionstractus, Nervensystems, Urogenitalapparates, der Haut und der Sinnesorgane») umfassen. Dabei unterscheidet er zwischen «wohlthätiger» und «eklatanter» Wirkung, zählt aber auch Beispiele auf, «bei denen ich einen Erfolg nie gesehen habe». Die Positivmeldungen überwiegen jedoch deutlich und werden dadurch glaubhafter.

Vom hohen Wert der Erfahrung
Kurarzt C. Veraguth in seiner «Klimato-balneologischen Studie», 1887

Auch der Verfasser ist nicht über die Zweifel erhaben und erfährt an sich so gut wie ein Anderer die Wahrheit des Littré'schen Wortes: «Plus vieillit le savant, plus il doit se courber en point d'interrogation».

In Fragen, welche die practische Medizin betreffen, wird die Empirie noch lange ihren Platz behaupten. Bei allen Fortschritten unserer Wissenschaft sind wir noch weit davon entfernt, auf alle Erscheinungen, welche wir am Krankenbett sehen, einen befriedigenden physiologischen Vers zu machen.

Nicht nur in der Balneotherapie, sondern in der practischen Heilkunde überhaupt müssen wir, wenn wir aufrichtig sind, der Empirie immer noch grössere Errungenschaften zuerkennen als der physiologischen Deduction und der experimentellen Forschung.

An der Surpuntquelle beim Hotel Neues Stahlbad in St. Moritz: Frühkonzert im Garten vor der Wandel- und Trinkhalle.

Individuelle Vorgaben

«Die Mauritiusquelle», schreibt Veraguth, «versieht hauptsächlich die Speisung der Bäder, während die Paracelsusquelle mehr zur Trinkkur und für den Wasserexport verwendet wird». Wie überall im Leben, schien auch hier das Prinzip des neuen Besens zu wirken, indem die «neue» mit einem prächtigen Gebäude überdacht wurde, dieweil die «alte» aufs Facelifting warten musste.

Bezüglich Wasservergleich meint er: «Die Temperatur beider Quellen ist ziemlich konstant mit 5½° Celsius. Das Wasser der alten Quelle ist vollkommen klar, das der neuen enthält eine nicht unbeträchtliche Menge von äusserst fein suspendirtem Eisenoxydhydrat, das sich beim Stehenlassen in zarten röthlichen Flöckchen zu Boden setzt. Beide perlen lebhaft im Glase, selbst nach längerem Stehen entwickeln sich noch zahlreiche Gasbläschen, da die halbgebundene Kohlensäure erst allmählich frei wird. Das Wasser ist vollkommen geruchlos, schmeckt sehr angenehm und erfrischend, der adstringirende Geschmack des Eisens wird durch das Prickeln der Kohlensäure beinahe verdeckt».

Auch zum Trinkprozedere macht er Angaben, aus denen hervorgeht, dass die Rosskur-Trinkmengen von früher stark reduziert wurden: «Der Brunnen wird zu den verschiedensten Stunden des Tages getrunken: Morgens nüchtern, Vormittags, Abends und zu den Mahlzeiten. Die meisten Gäste stellen sich von 10–12 Uhr Vormittags bei der Quelle ein. Das durchschnittliche Maximum pro Tag beträgt vier Becher à 180 Gramm. Ob das Wasser erwärmt werden soll, wann und wie viel getrunken werden soll, ob mit Zusatz von Milch, Molke oder andern Ingredienzien – dies zu entscheiden ist in jedem einzelnen Falle Sache des berathenden Arztes. Allgemeine Regeln lassen sich darüber nicht aufstellen».

Den Turnaround geschafft

Die Kuranden nannten die Badewannen aus Arvenholz spasseshalber «Särge»; sie blieben bis 1910 in Betrieb.

Nach diesem bautechnisch-chemisch-medizinischen Quellenexkurs zurück zum neuen Bädertrakt: Jetzt war es nicht mehr, wie 1703 zu Johann Jacob Scheuchzers Zeiten, bloss «ein kleines Hüttchen, so einer Kapelle gleichet», jetzt baute St. Moritz das, was ihm Herzog Victor Amadeus von Savoyen eigentlich schon 1670 hatte schenken wollen: ein richtiges Bäderkurhaus, direkt an der Quelle! Gerade rechtzeitig auf die günstige Konjunkturlage der Gründerzeit hin hatte St. Moritz die Handbremse gelöst und schaffte so den Turnaround!

Der Bädertrakt von 1855

In Auftrag gegeben von der Heilquellen-Gesellschaft, geplant vom St. Galler Architekten Felix Wilhelm Kubly und ausgeführt von Ingenieur Ulysses von Gugelberg aus Maienfeld, war das Bäderkurhaus ausgelegt für 50 Gäste. Im Erdgeschoss reihten sich nicht weniger als 30 Badekabinen aneinander, mit Holzzwischenwänden bis zu Dreiviertel der Raumhöhe, damit man sich unterhalten, nicht aber beäugen konnte.

Die Badewannen waren aus Holz, im De-Luxe-Abteil aus Kupfer. Das Wasser wurde schon damals mit Dampf aufgeheizt. Weil Kohlensäure zu jener Zeit noch als schädlich galt, wurden, um das Einatmen derselben zu verhindern, die Wannen während des Badens mit Holzdeckeln verschlossen, aus denen nur der Kopf herausschaute. Die Kuranden bezeichneten sie scherzend als «Särge».

Im ersten und zweiten Stock befanden sich schmucke, Belle-Epoque-mässig dekorierte und im Biedermeier-Stil möblierte

Die Paracelsus-Wandelhalle in St. Moritz Bad um 1880 mit den exquisiten Verkaufsständen.

Der Herzog von Baden mit Gefolge vor dem Paracelsus-Gebäude; dahinter die 1877 errichtete Französische Kirche. Badekuren hatten auch Netzwerke zur Folge: Für Grossherzogin Luise von Baden durfte Heliotherapeut Oscar Bernhard später (1915) eine Sonnenklinik im Schwarzwald errichten.

Gästezimmer mit Balkonen auf die Kurgartenseite hinaus. Den Kuranden standen zwei Foyers, ein Aufenthaltsraum, zwei getäferte Speisesäle, Damen- und Lesesalons, Kaffee- und Billardzimmer sowie Wirtschaftsräume und Stallungen zur Verfügung. Mit anderen Worten: Hier wurde nicht nur gebadet, hier wurde auch gesellschaftliches Leben zelebriert und somit für Leib *und* Seele gesorgt.

Die Paracelsus-Trinkhalle

Nach dem Heiligen Mauritius kam jetzt auch Jahrhundertarzt Paracelsus zu Ehren. Wir erinnern uns: Er war es gewesen, der als «Vater der Balneologie», der Heilquellen- und Bäderkunde, im 16. Jahrhundert den ersten Sauerbrunnen, die Mauritiusquelle, besucht und dann weltbekannt gemacht und dadurch den Grundstein für die goldene Zukunft von St. Moritz gelegt hatte. Nun wurde für die nach ihm benannte neue Quelle als Trinkhalle das schmucke Paracelsus-Gebäude erstellt, welches, wenn auch inzwischen höchst renovationsbedürftig, heute noch existiert, direkt vor dem Heilbad.

«Eine gusseiserne Pumpvorrichtung», so schreibt Kurarzt Veraguth 1887, «spendet das Wasser der Paracelsusquelle in der eigens dazu gebauten Trinkhalle, an welche sich eine geräumige Wandelbahn schliesst. Die alte Quelle, in ihrer äussern Ausstattung bis dato etwas stiefmütterlich behandelt, soll im nächsten Jahre ebenfalls in ein eleganteres Gewand gekleidet werden».

Diese Paracelsus-Trinkhalle, vor der Berühmtheiten wie der Grossherzog von Baden posiert haben, war also mit dem Bädertrakt durch eine Wandelhalle mit Boutiquen verbunden, in denen textiles Feinwerk wie Stickereien und Spitzen, Schmucksteine, Perlen und Pailletten, Souvenirs aus Korallen, Schildpatt und Elfenbein sowie Kostbarkeiten aus Silber und Porzellan feilgeboten wurden. Bei unfreundlichem Wetter fanden in dieser Wandelhalle die Kurkonzerte statt, die

Kurgäste in der Paracelsus-Trinkhalle. In der Mitte hinten der Trinkbrunnen.

sonst im offenen Rundpavillon im Zentrum des Kurparks zelebriert wurden.

Ein moralisches Muss

Welch ein Zufall: Über die Zukunft der heute baufälligen Paracelsus-Trinkhalle, in der sich, wenn auch zugeschüttet, noch der Quellenschacht befindet, wird in St. Moritz just zur Zeit der Entstehung dieses Buches diskutiert. Die Streitfrage lautet: Erhalten oder abbrechen? Um das Projekt vor den Gemeinderat und dann zur Volksabstimmung zu bringen, wurde das Architekturbüro Ruch & Partner mit einer Studie beauftragt. Die Idee wäre, das Paracelsus-Gebäude zu renovieren und für touristische Zwecke nutzbar zu machen.

Aber man staunt: Obschon diese Paracelsus-Trinkhalle noch ein letztes kulturhistorisches Originalrelikt aus der balneologischen Blütezeit von St. Moritz darstellt, deren Erhaltung einem moralischen Muss gleichkommt, ist heute – trotz intensivsten Recherchen in allen Archiven – nicht mehr ausfindig zu machen, wann genau und von wem sie gebaut wurde.

Die eine Vermutung lautet auf 1854 (durch Architekt Felix Wilhelm Kubli),

eine andere auf 1866 (erbaut von Ingenieur Ulysses von Gugelberg, *vermutlich* nach Plänen von Architekt Kubli). Nichts Sicheres weiss man nicht – ein weiteres Indiz dafür, wie gross das Desinteresse für die tatsächlichen Wurzeln des St. Moritzer Welterfolges bisher gewesen ist.

Das Paracelsus-Gebäude (hier auf einem Bild aus besseren Tagen) ist heute der letzte Zeitzeuge der grossen Bädervergangenheit von St. Moritz. Momentan wird erwogen, das baufällige Quellenhaus zu retten und in eine Touristenattraktion zu verwandeln.

Die Ladenstrasse in St. Moritz Bad Ende 19. Jahrhundert, mit den Verkaufslokalen und Cafés im Western Saloon-Stil.

Dem Paracelsus-Gebäude ist zu wünschen, dass ihm dieselbe Reverenz erwiesen wird wie dem von der Mauritiuskirche übriggebliebenen Schiefen Turm, dessen Abbruch die Bevölkerung «aus Ehrfurcht» stets ablehnte.

Mahnmal Schiefer Turm

Dabei liesse sich hier eine touristische Attraktion erster Güte realisieren: Im renovierten Gebäude könnte ab einer schmucken Brunnenvase Mineralwasser der neu reaktivierten Paracelsusquelle getrunken werden, und zwar – gemäss Ansicht der heute verantwortlichen Geologen – ohne Gefährdung der Mauritiusquelle, weil ein solcher Trinksprudel nur wenig Schüttung erfordern täte *(vgl. Kapitel «Das ständige Sorgenkind Quellfassung»).*

Gleichzeitig zum Trinkgenuss könnten die Gäste und Touristen in einer attraktiven Multimedia-Show die Erfolgsgeschichte von St. Moritz, die einem Heilsprudel zu verdanken ist, nachvollziehen und zusätzlich in einer Glasvitrine die fast 3500-jährige, allererste hölzerne Heilquellen-Fassung bestaunen, die hier einen würdigeren Standort hätte als in einem finsteren Museumskeller wie bis dato.

Kleiner Randvermerk: Die St. Moritzer Innenarchitektur-Studentin Manuela Biffi hatte bereits 1997 in einer Diplomarbeit eine Vision in dieser Richtung entworfen («Wahrnehmung des Wassers durch die fünf Sinne»), die seither unbeachtet in der Dokumentationsbibliothek ihren Dornröschenschlaf schlummerte. Eigentlich toll, dass junge Menschen solche Ideen entwickeln. Nur sollte man ihnen auch zuhören.

Bei einer allfälligen Abstimmung über den Erhalt der Paracelsus-Trinkhalle müsste man sich dann vielleicht auch noch an jene analoge Episode mit dem wohl ältesten Kulturdenkmal von St. Moritz erinnern: Den Abbruch des Schiefen Turms der ehemaligen Mauritiuskirche haben, wie dort auf der Info-Tafel mit grossem Stolz vermerkt steht, die Stimmbürger «aus Ehrfurcht vor einem letzten alten Zeugen» immer abgelehnt. Möge dieser Geist auch der Paracelsus-Trinkhalle frommen!

Einsetzender Bauboom

Zurück zum Turnaround: All dieser Aufwand an Bäderkurhaus und Paracelsus-Halle sollte sich bezahlt machen. Der Kurandenzustrom stieg rasant, die Bettenkapazität musste dringend erhöht werden. Deshalb liess die Heilquellen-Gesellschaft, keine zehn Jahre nach dem ersten, das noch grössere und schönere «Neue Kurhaus» bauen, wiederum durch das bewährte Team Kubly und Gugelberg.

Der neue Wurf imponierte durch den quer zur Talachse ausgerichteten Bautrakt, war 1864 betriebsbereit und wies neben rund 130 Gästezimmern einen Speisesaal für 300 Personen, Musik- und Konversationssaal, Fumoir und Billardhalle auf. Auch verschiedene ärztliche Praxisräume und eine Apotheke waren integriert.

Angegliedert waren Ökonomiegebäude und Stallungen für die hoteleigenen sowie die Reit- und Reisekutschenpferde der Kuranden. Das Kurhaus wurde mit Gaslicht vom betriebseigenen Gaswerk erhellt und verfügte über ein eigenes Telegrafenbüro. Die grosszügig gestaltete Gartenanlage wurde dominiert von einem dreistöckigen, dekorativen Springbrunnen aus Eisenguss, der eine hohe Wasserfontäne ausspie. (Dieser Brunnen wurde dann während des Krieges der Buntmetallspende geopfert.)

In der obersten Liga

In einer getäferten Molkenstube (der Erfolg des Molkenkurortes Heiden im Appenzellerland hatte sich bis ins Engadin herumgesprochen) wurde Buttermilch zusammen mit Eisenwasser ausgeschenkt in der Absicht, das Eisen in leicht resorbierbarer Form als Ferro-Albuminat darzubieten. Diese Trinkkuren – zumal das Eisenwasser in Kombination mit dem Höhenklima – zeigten bei Blutarmut eklatante Erfolge. Dafür spricht auch der Jahresumsatz von rund 60 000 Flaschen Mineralwasser allein im Kurhaus.

Und kaum zu glauben: Kein Jahr dauerte es, und schon platzte wieder alles aus den Nähten. 1865 wurde nochmals ein neuer Bädertrakt eröffnet mit erneut über 20 Kurandenzimmern und mehr als 40

St. Moritz Bad um 1885, ein Hauch von grosser weiter Welt: Bädergebäude und neues Kurhaus, davor grosszügige Parkanlage mit Springbrunnen.

Die Promenade (Via Rosatsch) mit Innbrücke, Läden, Tramgeleise und Pferdekutsche um 1910.

Bädern, so dass der Gesamtkomplex der Heilquellen-Gesellschaft, das heisst Kurhaus und Grand Hôtel des Bains, jetzt rund 230 Gästezimmer und über 80 Bäder umfasste. Das war ein grosses Angebot für die damalige Zeit. Das Kurzentrum an der Mauritius- und Paracelsusquelle spielte nun fortan in der gleichen Liga wie die berühmtesten Badeorte Europas, und St. Moritz fing an zu begreifen, welch grosses Geschenk die Natur ihm mit seinen Sauerbrunnen beschert hatte!

Die Reise mit der Pferdepost von Chur über den Julier bis nach St. Moritz dauerte gut zwölf holprige Stunden.

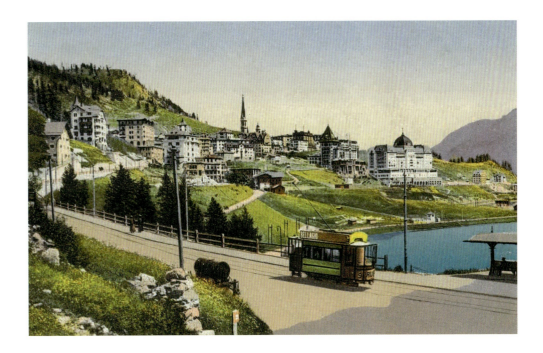

Ab Sommer 1896 fuhr zwischen St. Moritz Bad und Dorf die erste elektrische Strassenbahn der Alpenregion; 1933 wurde auf Busbetrieb umgestellt.

Die goldene Gründerzeit

Natürlich stimulierten auch äussere Umstände diesen Höhenflug. Die angebrochene Gründerzeit mit ihrem Konjunkturaufschwung und die parallel verlaufende technische Revolution schufen ein begütertes Grossbürgertum, das sich, analog zum blaublütigen Hochadel, lange Kuraufenthalte in den Bergen leisten konnte. Zudem gab sich Ende 19. Jahrhundert nicht nur mondänes Kurpublikum ein Stelldichein in

Wenn begüterte Kuranden zur Sommersaison anreisten, führten sie im wahrsten Sinne des Wortes Wagenladungen voll Gepäck mit.

St. Moritz, sondern auch Künstler, Schriftsteller, Forscher und Ärzte. Und wieder dominierten die Gäste aus Italien, bis hin zur Königsfamilie, die im «Königinnen-Haus» im Kulm Hotel residierte.

Auch die Russen waren gut vertreten. Ihre Ankunft mit dem Gefolge im Schlepptau und den eigenen Reisewagen samt Kavallerie-Eskorte war in jeder Sommersaison ein optisches Highlight. Zu den russischen VIPs zählten die Gräfinnen Dolgoruka und Schuwalow, Prinz Jusuppow (dessen Sohn Rasputin ermordete), Marschall Umiakovsky und Gräfin Orlow, Besitzerin des berühmten gleichnamigen Gestüts (die notabene um 1900 den Bau der Reithalle in St. Moritz initiierte).

Das gesellschaftliche Leben pulsierte im Badquartier und in den darum herum wie Pilze aus dem Boden schiessenden Hotels und Villen in vollen Zügen. Manche Gäste, so vor allem die Russen oder auch der Grossherzog von Baden, zogen es vor, in einer Privatvilla zu residieren. Bälle und Konzerte wetteiferten um die Gunst des Publikums. Im Anschluss an die Innbrücke entstanden die Galerien mit ihren Geschäften, und dahinter befanden sich die Stallungen einer Lohnkutscherei für 200 Pferde. Diese Ladenstrasse zwischen Bäderareal und Galerien war der «Flaniercorso der Eleganz aus der grossen, weiten Welt» *(vgl. Kastentexte)*.

Beginn Bäderarzt-Dynastie Berry

Zurück zur Medizin: Der erste Badearzt von St. Moritz, wie man ihn damals noch nannte, Georg Brügger, war bekannt als guter Diagnostiker sowie Spezialist für Trink- und Badekuren. Durch seine ärztlichen, aber auch menschlichen Qualitäten gewann er das Vertrauen sowohl der internationalen Kurandenklientel als auch der einheimischen Bevölkerung. Dadurch legte er den soliden Grundstein für ein gutes Renommee des Heilbades. Und er stand zugleich am Anfang einer langen Reihe bekannter Arztpersönlichkeiten, die nach ihm kamen und dann vom Badearzt zum Bäderarzt arrivierten.

Ethnologischer Multikult
«Allgemeines Fremdenblatt, St. Moritz», Nr. 24 vom 11.09.1895

Alle Rassen, alle Völker, alle Stämme sind hier vertreten: eine erstaunliche ethnographische Musterkarte. Durcheinander sieht man Schwarze, Weisse, Gelbe. Bankiers aus Chicago drängen sich an gestürzten Präsidenten südamerikanischer Republiken vorbei. Frankfurt und Odessa belegen an der Gasttafel ihre Plätze nebeneinander. Ja, neulich konnte man – fast ein Symbol nicht zu einander passender Erscheinungen – einen kleinen, beiläufig zwölfjährigen Neger in Matrosentracht, bewehrt mit einem Alpenstock und begleitet von einer deutschen, grüngekleideten Gouvernante, sehen.

Diese bunte Menge bietet ein hübsches Schauspiel, wenn sie den hergebrachten Ritus des Badelebens vollzieht. Man muss sie vor den Schaufenstern der kleinen Buden bummeln sehen, wo mit dem herkömmlichen Krimskrams der Badeorte all die Elfenbein-, Korallen- und Schildpatt-Nippes aufgeschichtet sind, die alljährlich von San Remo nach dem Engadin hin und dann wieder aus St. Moritz an die Riviera zurückwandern. Noch besser aber ist die Beobachtungswarte in der Wandelbahn vom Kurhaus oder vom Stahlbad während der Stunden, in denen man unter Musikbegleitung «trinken» muss.

Da kann man sich schöne italienische Markgräflein mit purpurfarbenen Cravatten besehen, bulgarische Würdenträger mit ungeheuren Nelken im Knopfloch, anglikanische Pastoren, die, den Alpenstock in der Linken, ihren Becher mit der Rechten zum Munde führen, alte, nur der Jezabel vergleichbare Frankfurterinnen, müde Welt-Piraten, denen die Erinnerung an ihre Raubzüge weder Freude, noch Stolz, noch Reue weckt, und auch die kleinen Korsaren zweiten Ranges, in wenig gebeugter Haltung, unsicheren Blickes, insgesamt aber überreich mit der Ehrenlegion geschmückt.

Hier macht sich die entsetzlichste Geschmacklosigkeit massloser Verschwendung breit, über die uns selten die flüchtige Vision einer jungen, in ihrem weissen Mousselinkleid von Leben und Schönheit strahlenden Engländerin oder die feine Silhouette einer von ihrem unscheinbaren und doch mit feinster Kunst gebauten Tuchkleid engumschlossenen Pariserin tröstet.

Auf ihn folgte die Berry-Dynastie. Sie begann mit Peter Robert Berry (1828-1892), der auf Anraten seines Schwagers Johannes Badrutt-Berry nach St. Moritz kam. Das Netzwerk der Tüchtigen begann zu spielen! Hotelpionier Johannes Badrutt hatte aus der kleinen Pension Faller das grosse Kulm Hotel erbaut, wo er 1879 das erste elektrische Licht der Schweiz entzündete. Dank seiner ominösen Wette war er 1864 Initiant des Wintertourismus geworden. Und er war es auch, der vorausahnte, welche Perspektiven sich für St. Moritz durch das Heilbad eröffneten.

Peter Robert Berry hatte nach seiner Assistentenzeit am Inselspital in Bern als Kriegschirurg im 1. Regiment der British Swiss Legion im Krimkrieg gedient und dann in London als Arzt gearbeitet, unter anderem zusammen mit dem bekannten Chirurgen und Begründer der Antisepsis, Lord Lister. Da er während der langen Wintermonate in St. Moritz nicht genügend Arbeit fand und sich eben frisch mit Cäcilia Stoppani, der Tochter des St. Moritzer Bürgermeisters, verheiratet hatte, musste er zur Überbrückung bis 1861 die Stelle des Bezirksarztes in Splügen annehmen. Doch dann kehrte er nach St. Moritz zurück, wo er dem neuen Heilbad zu rascher Expansion verhalf.

Vom Vater zum Sohn

Bis 1892 wirkte Peter Robert Berry als Kurarzt. Neben seiner Tätigkeit im Heilbad arbeitete er auch als Allgemeinpraktiker, was damals (vor der Gründung des Spitals in Samedan 1895) noch bedeutete, dass Operationen in den Wohnhäusern der Patienten durchgeführt wurden; seine älteste Tochter machte die Narkose, sein im Arztstudium stehender Sohn assistierte ihm. Der zusammenklappbare Operationstisch wurde auf der Kutsche oder dem Schlitten mitgeführt, das Instrumentarium in Karbollösung und die Tücher im Blechkoffer, so wie er es im Krimkrieg und in London bei Lord Lister gelernt hatte. 1879 erschien aus seiner Feder eine aufschlussreiche Dokumentation

Karawanenbilder seltenster Art
Aus «Streifzüge im Engadin» von Jakob Christoph Heer, 1898

Ende Juni, anfangs Juli vermögen die Pferdeposten kaum die Scharen der Hotelangestellten zu fassen, die mit wenig Geld aber viel Hoffnungen über Julier, Albula und Maloja ins Thal gefahren kommen. Bald folgen die ersten Schwärme der Fremden; der Hauptzuzug beginnt erst am 10. Juli; am 15. aber sollen von Gott und Rechtswegen, so meinen die Engadiner, ihre Gasthöfe bis unters Dach mit Gästen gefüllt sein. Am 12. hat das Kurhaus z. B. vielleicht erst hundert Gäste, am 15. mittags hat es dreihundert, am Abend hat es die vierhundert, die es überhaupt fasst.

Karawanenbilder seltenster Art beleben um diese Zeit die Pässe und Strassen. Mit den Pferdeposten, die Dutzende von Beiwagen führen, wetteifern die Familienreisewagen von Chur und Chiavenna oder noch weiter her, gewaltige Ungetüme wie Möbelfourgons mit babylonischen Türmen von Kisten und Koffern.

Die Reisenden rechnen bestimmt auf ihre Zimmer, die Hoteliers bestimmt auf die Ankunft ihrer Gäste, denn alles ist seit Wochen und Monaten, oft schon mit den Neujahrswunschkarten brieflich geordnet worden und viele Stammgastfamilien haben mit ihren Hotels einen fortlaufenden ungeschriebenen Vertrag, dass sie jedes Jahr mit dem und dem Tag eintreffen und die gleichen Zimmer wieder bewohnen wie vor einem, wie vor zehn oder zwanzig Jahren und die Söhne die nämlichen wie einst die Väter.

So wickelt sich die Ankunft der Sommerfrischler in guter Ordnung ab und wenn die Engadiner nun 52 Tage lang volle Häuser besitzen – mit anderen rechnen sie nicht – so haben sie eine gute Saison. 52 Tage blüht St. Moritz-Bad, 313 Tage ist die Wunderblume fröhlich-feinen Lebens tot. St. Moritz-Dorf ist besser dran; zweimal im Jahr widerhallt es von aufjauchzendem Leben, im Hochsommer und im strengsten Winter.

Mancher Kurort würde sich zu Grunde richten, wenn er wie St. Moritz ernsthaft nur mit den Bedürfnissen der allervornehmsten und allerreichsten Besucher rechnen wollte. Allein St. Moritz hat das merkwürdige Glück, dass sich die teuersten, unnützesten Verfeinerungen seiner Hotellerie mit Zins und Zinseszinsen lohnen, dass jene Welt, die nicht weiss wohin mit ihrem Geld, ihm wie einer Künstlerin zujubelt, die bei jeder Vorstellung mit neuen Trics der Toiletten und Attitüden überrascht.

Bei schönem Wetter fanden die Kurkonzerte (hier um 1930) in der «Muschel», dem offenen Rundpavillon, im Zentrum des Kurparks statt.

über die von ihm beobachteten Krankheitsfälle in St. Moritz.

Als er dann 1892 erkrankte, wählte die Heilquellen-Gesellschaft seinen gleichnamigen Sohn Peter Robert Berry jun. zum Nachfolger. Er hatte im Jahr zuvor sein Staatsexamen absolviert und seine Dissertation dem Thema «Eisenresorption des St. Moritzer Mineralwassers» gewidmet. In den Wintermonaten bildete er sich in Paris, Berlin und Wien weiter und trug sich mit dem Gedanken, nach Übersee auszuwandern. Deshalb kündigte er seine Stelle als Bäderarzt. Sein Nachfolger wurde Professor C. Veraguth, den wir bereits durch seine klimato-balneologische Studie von 1887 kennengelernt haben. Ihn wiederum löste 1905 Professor A. Nolda ab. Dieser blieb bis 1910, erfreute sich grosser Beliebtheit und verfasste ebenfalls mehrere massgebliche Arbeiten.

Doch zurück zu Berry: Weil sich dessen Amerika-Pläne zerschlugen, eröffnete er eine Sommerpraxis, in der er bis zum Kriegsausbruch als privater Bäderarzt tätig war, während er sich im Winter der Malerei widmete. In zwei engagierten Publikationen «Über die Zukunft von St. Moritz» zeigte er die problematische Gratwanderung zwischen Kurort und Sport-Eldorado auf und plädierte energisch für ein neues Leitbild für das Heilbad und propagierte, nicht nur wie bisher im Sommer, sondern auch im Winter Badekuren anzubieten,

> **Das Kurleben der feinen Welt**
> **Aus dem «Allgemeinen Fremdenblatt, St. Moritz», Nr. 8 vom 14.07.1897**
>
> Das Badequartier zeigt von Jahr zu Jahr ein freundlicheres Aussehen. Die vielen Lotterbuden, genannt Verkaufsläden, von anno dazumalen sind bis auf einige wenige verschwunden. An ihrer Stelle stehen jetzt schöne, einfache, zum Teil recht elegante Gebäulichkeiten mit glänzenden, feinen Verkaufsräumen der mannigfachsten Branchen.
>
> Das Kurleben entwickelt sich, die feine Welt promeniert in den Morgenstunden wieder in den weiten Anlagen des Kurhauses. Ein buntes Durcheinander erquickt sich bald an der Quelle des Paracelsus, bald an den Künstlergaben des Mailänder Kurorchesters, das Herr Capelli so meisterhaft zu dirigieren weiss. Nach 11½ Uhr leert sich der Kurplatz allmählig, aber drüben in der grossen Trinkhalle des Stahlbades wird's um diese Zeit erst recht lebhaft.

analog wie sich der Sport seit Johannes Badrutts Wette erfolgreich in beiden Jahreszeiten etabliert hatte. Berry war – mit der als Arzt krass formulierten Einschränkung: keine Lungensanatorien! – ein Verfechter für eine erfolgreiche Zukunft von St. Moritz als Kurort, das heisst als das, wodurch es gross geworden war *(vgl. Kastentext).*

Noblesse oblige

Die steigenden Ansprüche der zahlungskräftigen Kurandenklientel hatte ständige Optimierungen der technischen Einrichtungen zur Folge. So genügten die in den Badekabinen installierten Duschvorrichtungen der Nachfrage «nach etwas energischeren hydropathischen Prozeduren» nicht mehr. Deshalb liess die Kurverwaltung 1884 hinter den Bädern, aber mit gedeckter Verbindung zum Kurhaus, einen grossen Duschensaal errichten, der «in Bezug auf Eleganz und Zweckmässigkeit nichts zu wünschen übrig liess». Neben «kalten, warmen, schottischen und Circular-Douchen» standen auch Wellensitzbäder, Partialduschen und Dampfbäder zur Verfügung.

1891 wurde ein Teil der alten Bäder durch grosse, moderne Kachelwannen ersetzt. Da aber die alten, als «Särge» apostrophierten Holzwannen immer noch Liebhaber hatten – so eine kaiserliche Hoheit, die seit über 35 Jahren nach St. Moritz zur Kur kam und stets dieselbe Holzwanne zu benützen geruhte –, musste extra eine solch «hölzerne Badeabteilung» erhalten bleiben. Wer hat da gemunkelt, gekrönte Häupter würden nur dem Luxus frönen und sich ausschliesslich mit Edelmetall umgeben? Offensichtlich hatte auch diese kaiserliche Hoheit schon begriffen, dass Holz heimelig ist… Erst 1910 sollten dann die Wannen und der Bäderinnenausbau aus Arvenholz, dem im Laufe der Zeit der Wurm und die Fäulnis zugesetzt hatten, endgültig das Zeitliche segnen.

Weltbadeort für Sommer *und* Winter!
«Über die Zukunft des Kurortes St. Moritz», von Peter R. Berry jun., 1898

Lungenschwindsucht (Tuberkulose) ist eine Ansteckungskrankheit. Ein Winterkurort für Lungenkranke ist mit einer Sommersaison, wie wir sie haben und brauchen, unvereinbar. Eine Station für Phthisiker (Schwindsüchtige) würde all jene Patienten und Sommerfrischler, welche bisher unsere Hotels bevölkerten und auf die wir absolut angewiesen sind, vom Besuch des Dorfes und zum Teil auch des Bades ausschliessen. Denn Blutarme, Reconvalescente, Nervöse, schwächliche Personen im allgemeinen – kurz unsere bisherigen Kurgäste – laufen am meisten Gefahr, die Lungenschwindsucht zu acquirieren.

Der vielbeneidete Eigenwert des Weltbades St. Moritz ginge daher proportional mit der scheinbaren Prosperität des Phthisiker-Winterkurortes allmählich verloren. Aus unserem schönen Kurort würde eine Stätte des Siechtums, wofür uns spätere Generationen kaum grossen Dank wüssten! Es ist von ärztlicher Seite nachdrücklich darauf hingewiesen worden, dass die Entdeckung eines spezifischen Mittels gegen Tuberkulose nur eine Frage der Zeit ist. Was man dann mit einer hochalpinen Austernbank anfangen sollte – darauf bleiben uns die betreffenden kurzfristigen Spekulanten die Antwort schuldig!

Für *diese* Kurgäste, welche mit den Sommerfrischlern unseren Kurort gemacht und unsere grössten Etablissements bisher alimentiert haben, für Sportsleute und das fashionable Reisepublikum sollen wir unsern Weltkurort im Sommer *und* Winter reservieren, das verlangt naturgemäss die Eigenart von St. Moritz von uns!

Wir müssen diesem namenlosen Kinde, als welches man den hiesigen Winterkurort z.Z. ansehen muss, den Namen geben, den die Natur für dasselbe bestimmt hat, und dieser Name heisst *«Bad St. Moritz»*. Wir brauchen einen *Weltbadeort für Sommer und Winter*, mit all den Einrichtungen für Kurgebrauch, Sport und Unterhaltung, welche den Weltruf eines solchen für Kurbedürftige und Gesunde begründen, ein Weltbad, welches bekanntermassen eine allgemeine Anziehungskraft ausübt, die einem gewöhnlichen Kurort für Lungenkranke schlechterdings abgeht.

Warum sollte man in St. Moritz, mit seinem trockenen Klima, nicht auch im Winter baden und die Eisensäuerlinge trinken können, wenn man für die Winterkur zweckentsprechende Anstalten errichten würde? St. Moritz kann, dank der Duplicität seiner Heilmittel, Quellen und Höhenklima und all seiner sonstigen Vorzüge zu einem Weltbad *auch* für den Winter gemacht werden, und in dieser, seiner *naturgemässen* Bestimmung liegt sein *wahrer* Wert, sein *Monopol*!

Die grosse Rochade

Der imposante, dreistöckige Kurpark-Springbrunnen aus Eisenguss; er endete während des Krieges in der Buntmetallspende.

1904 kam es nun zum Auslaufen des am Schluss des vorangehenden Kapitels beschriebenen und auf 50 Jahre befristeten Vertrages zwischen Gemeinde und Heilquellen-Gesellschaft, die sich mittlerweile «AG Kurhaus und Grand Hôtel des Bains» nannte.

Weil beide Parteien die 1853 unter dem Druck der Situation formulierten Vertragsbestimmungen unterschiedlich auslegten, kam es nun zu einem langwierigen Prozess, was zur Folge hatte, dass der inzwischen dringend notwendig gewordene Bäderneubau eine höchst unliebsame Verzögerung erlitt.

Rote Flocken – roter Faden

So wie beim Stehenlassen des Sauerbrunnen-Wassers das ausgefällte Eisen in Form roter Flöckchen sichtbar wird, so zieht sich auch das tragikomische Geschehen rund um dieses Geschenk der Natur wie ein roter Faden in Zickzackform durch die Quellengeschichte von St. Moritz: Ein stetes Auf und Ab von Engagement und Desinteresse, Erfolg und Misserfolg, verpassten Chancen und Rettung in letzter Minute. Das einzig Konstante: das Sprudeln der Quelle.

Jetzt war es wieder einmal so weit: Weil St. Moritz vor einem halben Jahrhundert seine Quelle vernachlässigt hatte, musste es, wie wir gesehen hatten, beim damaligen Vertragsabschluss mit dem schlussendlich gefundenen Retter (zu) grosse Konzessionen machen und durfte dann zusehen, wie andere kassierten. Umgekehrt waren diese Pächter, je näher das Vertragsende nun rückte, nicht mehr bereit, weitere teure Investitionen zu tätigen, da ja der Vertrag eine Heimfallklausel für alle Gebäulichkeiten enthielt, wenn auch nicht klar formuliert.

Offenbar hatte die Gemeinde – deshalb die ungleichen Leistungen der Vertragsparteien – das Unternehmen als ein gemeinnütziges eingeschätzt, das sie fördern, aber später wieder an sich ziehen wollte. Doch dabei hatte sie die Rechnung ohne den neuen Quellengeist gemacht, der seinerseits knallhart kalkulierte und wohl auch spekulierte.

Also kam es, wie es kommen musste – zu einem langwierigen Feilschen, das zur Folge hatte, dass einmal mehr die Quelle die Leidtragende war, da der dringend anstehende Bäderneubau dadurch erneut hinausgezögert wurde.

Hotelier mit Weitblick

Und siehe da, die Geschichte wiederholt sich: Immer wieder waren es einzelne Persönlichkeiten (wie beim Befreiungsschlag von 1853 der Tourismuspionier und romanische Dichter Conradin v. Flugi), die in ihrem eigenen Tätigkeitsgebiet erfolgreich waren und wohl gerade deshalb den Weitblick hatten zu erkennen, wie wichtig die Quellen für St. Moritz sind – und sich deshalb dafür stark machten.

So nun auch Caspar Badrutt, der sich 1896 mit dem Bau des Palace Hotels seinen Traum vom «exklusivsten und elegantesten Hotel der Alpenregion» erfüllt hatte. Er setzte sich dafür ein, St. Moritz

die Heilbäder zu erhalten und führte damit sozusagen eine Familientradition fort; denn schon sein Grossvater, Baumeister Johannes Badrutt-Donatsch, hatte sich 1832, das heisst vor über 70 Jahren, beim Bau des ersten Kurhauses und der Erneuerung der Bäderanlagen engagiert.

Die Meinungen in der St. Moritzer Bevölkerung waren geteilt; die einen wollten den Vertrag mit einer neuen, nur zum Teil aus Engadinern bestehenden Finanzgesellschaft auf weitere 50 Jahre verlängern.

Die anderen waren der Auffassung, dass die Gemeinde das weitere Geschehen an der Quelle selbst an die Hand nehmen sollte. Ihr Sprachrohr war Hotelier Caspar Badrutt; er vertrat in den äusserst langwierigen Prozessverhandlungen die Gemeinde.

Das Urteil des Schiedsgerichts fiel für diese dann insofern positiv aus, als der Grossteil der Gesamtanlage ihr zufiel, das heisst, sie war wieder im Besitz der Quellen, zudem der Bädergebäude und des alten Kurhauses.

Das grosse neue Kurhaus dagegen, der Kurpark und ein weiterer Umschwung gingen an die Aktiengesellschaft. Die Kosten wurden der Gemeinde zu zwei Dritteln, der Gesellschaft zu einem Drittel auferlegt. Somit standen nun also die Heilbäder wieder unter der Obhut von St. Moritz.

Caspar Badrutt konnte sich über diesen Erfolg leider nicht lange freuen. Im Anschluss an die nervenaufreibenden Verhandlungen erlitt er eine Herzattacke – und starb.

Die Bäderanlage um 1890, von links Paracelsus-Trinkhalle, Bädergebäude, altes Kurhaus mit Mauritiusquelle, neues Kurhaus und Grand Hôtel des Bains, ferner Französische Kirche (hinten), Kurpark mit Springbrunnen (Mitte) und Villa Inn (vorne).

Balneologische Sensation

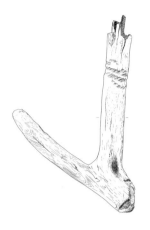

Ein Haken zum Wasserschöpfen an der Quelle, mit Reibespuren einer Schnur.

Als vordringlichstes Unterfangen stand nun im Winter 1906/07 die grundlegende Neufassung der Mauritiusquelle an, notabene unter Oberleitung des ersten Geologen der Schweiz, Professor Albert Heim, dem wir ja bereits bei der Surpuntquelle begegnet sind. Was sich dabei ereignete, kommt einer archäologischen und vor allem einer heilquellenkundlichen Weltsensation gleich!

Die Ausgrabung von 1907

Weil infolge der explodierenden Zahl der Badegäste die drei in Gebrauch stehenden Sauerbrunnen – Mauritius-, Paracelsus- und Surpuntquelle – in den letzten Jahren übernutzt worden waren, hatte sich deren Wasserqualität spürbar verschlechtert, was sich auch in Reklamationen der Kurgäste äusserte. Es war Handlungsbedarf angesagt.

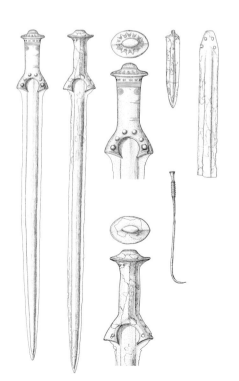

Bronzegegenstände, die in einem der Lärchenstämme der Quellfassung gefunden wurden: drei Schwerter, ein Dolch und eine Nadel. Waren es Opfergaben oder sind sie nur in den Brunnen gefallen? Ihre Herkunft aus dem nördlichen Alpenvorland (bayerischer Raum) lässt darauf schliessen, dass die Menschen im Engadin schon in der Bronzezeit Beziehungen in Richtung Norden pflegten.

Wir erinnern uns *(vgl. vorangehendes Kapitel)*, dass bereits 1853, anlässlich der Neufassung der Mauritiusquelle, die zwei ausgehöhlten Lärchenstämme zum Vorschein gekommen waren. Damals hatte man sich mit der Reinigung dieser «Fässer» begnügt, die wohl bei den Unwetterkatastrophen von 1566 und 1570 verschüttet worden waren; denn man fürchtete sich, sie gänzlich auszugraben, weil man die Quellengeister nicht verärgern wollte. Jetzt aber, 1907, entschloss man sich für eine komplette Erneuerung der Quellfassung.

In der Baugrube stiessen die Arbeiter bis auf den anstehenden Fels vor und legten dabei im Decklehm drei ineinander gestellte Holzkonstruktionen frei: Im Zentrum die beiden ausgehöhlten, mit Schlamm gefüllten Lärchenstämme. In einen kamen zwei Schwerter, ein Dolch, eine Nadel sowie ein Teilstück eines weiteren Bronzeschwertes zum Vorschein – allenfalls Weihegaben; oder waren sie ganz profan ins Wasser gefallen? Umgeben waren die beiden «Fässer» von zwei rechteckigen, hölzernen Kasten, einem inneren Bohlenbau und einem äusseren Blockbau. Ausserhalb dieser Umfriedung fand man noch ein weiteres «Fass», gefüllt mit Steinen und enthaltend vier hakenförmige Astgabeln, die als Hebehilfen beim Wasserschöpfen gedient haben.

Dendrochronologie-Versuch

Zum Glück waren bei diesen Grabarbeiten historisch interessierte Personen anwesend, unter denen sich ein als Kurgast in St. Moritz weilender deutscher Archäologe befand. Per Telegramm wurde

So präsentierte sich die Quellfassung bei ihrer Freilegung im Jahre 1907. Die zwei Mitarbeiter hinten und Bauleiter Gartmann vorne (in einem der ausgehöhlten Lärchenstämme) zeigen den Grössenvergleich.

eiligst Jakob Heierli aufgeboten, der Sekretär der Schweizerischen Gesellschaft für Ur- und Frühgeschichte. Doch da bei seinem Eintreffen die Holzkonstruktionen bereits ausgebaut waren, musste er sich auf die Angaben und Skizzen der Ausgraber abstützen, die nicht in allem übereinstimmten.

Trotzdem hat er die Holzkonstruktion richtigerweise der Bronzezeit zugewiesen, und zwar in Anlehnung an die Bearbeitungsspuren am Holz, die er mit Bronzeäxten in Verbindung brachte. Seither ist noch eine ganze Reihe von Publikationen erschienen, die jedoch gegenüber dem Erstbefund von Heierli keine neuen Erkenntnisse brachten. Auch wurden die Originalfunde, die sich im Engadiner Museum in St. Moritz befinden (kleinere Modelle kamen zudem in verschiedenste Museen im In- und Ausland) nie mehr genauer untersucht.

Erst 1995 veranlasste Jürg Rageth vom Archäologischen Dienst Graubünden eine systematische dendrochronologische Abklärung (mit Hilfe der Jahrringe). Auf eine C14-Datierung (mit radioaktiven Isotopen) verzichtete er, da gemäss Heierlis Bericht bereits bei der Bergung der alten Quellfassung eine Konservierung erfolgt sein soll. Aber auch die Jahrring-Datierung war nicht genau möglich, weil für Nadelholz und speziell für Lärche ein derart weit zurückreichender Jahrring-Kalender fürs Alpengebiet fehlte.

Erfolg mit C14-Methode

Weil also die Resultate der Dendrochronologie nicht zum Ziel geführt hatten, machte Mathias Seifert vom Archäologischen Dienst Graubünden 1998 nochmals einen Datierungsversuch an sämtlichen Bauteilen der ausgegrabenen Quellfassung, diesmal mit der C14-Methode, worüber er

Sozusagen das Herzstück von St. Moritz: Die originale, 1907 ausgegrabene, fast 3500 Jahre alte Quellfassung, die seither im Keller des Engadiner Museums ein verstecktes Dasein fristet und nun, falls es zur Renovation des Paracelsus-Gebäudes kommt, dort einen würdigen Standort erhalten soll.

im Jahr 2000 in «archäologie der schweiz» ausführlich berichtete. Diesmal klappte die Datierung – und erst noch mit sensationellem Ergebnis!

Die Lärche für die dritte, ausserhalb des Blockbaus gefundene «Röhre» war im Winterhalbjahr 1467/66 v. Chr. gefällt und ausgehöhlt und im Frühjahr 1466 vor der Zeitrechnung bei der Quelle eingegraben worden. Weil sie offenbar nicht richtig über dem Quellaustritt platziert worden war *(und damit schliesst sich der Ring der Erzählung: vgl. den Anfang des vorangehenden Kapitels)*, musste einige Monate später ein zweiter Versuch gestartet werden, wobei nun sicherheitshalber gleich zwei «Fässer» eingegraben wurden. Der Baumstamm für diese wurde, wie die C14-Methode ergab, im Spätsommer oder Herbst 1466 v. Chr. gefällt.

Einzigartiges Baudenkmal

Mit anderen Worten: Bei dieser vor fast 3500 Jahren von Ur-Engadinern erbauten Quellfassung handelt es sich um ein ganz besonderes Baudenkmal, nämlich um das gesamteuropäisch älteste und zugleich besterhaltene prähistorische Bauwerk aus Holz, mit dem zur Zeit der Löbben-Kaltphase die ältestbekannte, höchstgelegene Heilquelle gefasst worden ist, dank der St. Moritz zu dem geworden ist, was es heute ist. Ob man sich dessen wohl richtig bewusst ist? Eine aktuelle Umfrage bei Einheimischen lässt Zweifel aufkommen.

Symptomatisch war auch, als man für die C14-Bestimmung damals alle Bauteile aufzutreiben versuchte, dass die Überreste der älteren «Röhre», die nicht mehr ganz existiert, erst nach intensiven Nachforschungen im Schweizerischen Landesmuseum, im Rätischen Museum, im Botanischen Institut der Universität Zürich und bei der Schweizerischen Gesellschaft für Ur- und Frühgeschichte gefunden wurden – und zwar in der hintersten Ecke auf dem Dachboden des Engadiner Museums in St. Moritz...

Dort ist heute dieses geschichtsträchtige, kulturprähistorische Bauwerk als Ganzes zu besichtigen, wenn auch etwas verschupft bloss im Keller. Wer weiss, vielleicht findet es, falls die Paracelsus-Trinkhalle doch noch gerettet und dadurch das Heilbad als symbolischer Nukleus der St. Moritzer Traumgeschichte aufgewertet wird, dort einen würdigeren Standort, direkt bei der Quelle. Denn wenn sich beim Betrachten dieses fast 3500 Jahre alten, ersten und zugleich entscheidenden Promotors des heutigen Weltdorfes St. Moritz gleichzeitig ein kräftiger Schluck aus dem Sauerbrunnen geniessen liesse, wäre wohl konkreter zu begreifen, warum die Ur-Engadiner in der Bronzezeit diesen Effort gemacht haben.

Kleiner Quellenmix

Mit der Sichtung der prähistorischen Funde war die Arbeit an der Quelle natürlich nicht getan. Das zähe Ringen mit den Tücken der Natur begann jetzt erst. Dieses hat Gottfried Grieshaber, der langjährige Gemeinde-Geometer und Betreuer der Mauritiusquelle nachgezeichnet – nach mündlicher Überlieferung durch seinen Vorgänger, Gemeindetechniker Christian Gartmann, der bei diesen Arbeiten dabei war (und auch die Modelle der prähistorischen Quellfassung angefertigt hat). Der Schacht wurde bis auf sieben Meter Tiefe ausgehoben. Doch je tiefer man grub, desto schwieriger wurde es, dem hereinbrechenden Grundwasser Herr zu werden.

Deshalb entschloss sich Professor Heim, die Baugrube auszubetonieren, wobei er die Mineralquelle durch eine Öffnung in der Nordwestwand in den Schacht fliessen liess. Der Zweck der Neufassung der Mauritiusquelle, mehr Mineralwasser zu erhalten, war scheinbar erreicht. Die Quelle lieferte – bei gefülltem Schacht – nach wie vor 22 Minutenliter.

Doch bei der hohen Zahl der Bäder, die täglich abgegeben wurden, sank der Gehalt an Mineralien bis zu einem Drittel. Dasselbe Phänomen zeigte sich bei der Kohlensäure, was jedoch die Kuranden beim Baden kaum, wohl aber bei der Trinkkur realisierten.

Natürlich konnten sie auf die Paracelsusquelle ausweichen. Doch weil diese nie ganz klar gefasst werden konnte und rasch den roten Niederschlag ansetzte, wurde zirka 1909 der Trinkbrunnen der Paracelsusquelle an die Mauritiusquelle angeschlossen – und somit jahrzehntelang am Paracelsusbrunnen Mauritiuswasser abgegeben. Konsumententäuschung? Na ja, das dürfte zumindest Philippus Aureolus Theophrastus Bombastus von Hohenheim postum kaum gross enerviert haben, war er es doch gewesen, der 1537 als Medizinalkapazität Paracelsus die Mauritiusquelle als die beste von allen belobigt hatte...

Deutlich erkennbar in einer Eckverbindung des Blockbaus sind die halbrunden Hiebmarken bronzezeitlicher Beile (oben) sowie jene, die an einer Bohle des inneren Kastens mit einem Hohlbeitel gemacht wurden (unten).

Eines der von Bauleiter Gartmann 1907 angefertigten Modelle der bronzezeitlichen Quellfassung, wie sie an verschiedene Museen weitergereicht wurden.

Gesamtrenovation unter Zugzwang

Der Prozessausgang hatte St. Moritz in doppelten Zugzwang gebracht. Nach der Erneuerung der Mauritius-Quellfassung war nun 1907/08 auch die Gesamtrenovation des Heilbades angesagt. Diese wurde derart gut konzipiert und ausgeführt, dass ihr Resultat bis 1975 in Betrieb bleiben sollte. Seriöse und grosszügige Planung machte sich bezahlt!

Heilbad in neuem Glanz

Massgebend beteiligt daran war Gemeindepräsident Christian Gartmann, fachlich beraten von den Medizinern Professor A. Nolda und Peter Robert Berry. Vorgängig hatten sie die neusten deutschen Bäder mit gleichartigen Quellen besucht, so etwa Pyrmont, Nauheim und Schwalbach, um dann zusammen mit einer spezialisierten deutschen Firma die Bäderstation von St. Moritz nach dem neusten Standard auszurüsten. So wurden den eigentlichen Mineralbädern Einrichtungen für Lichtbäder, Dampfbäder, Vichy-Duschen, Spritzgüsse und Dampfduschen angegliedert sowie im Bädertrakt ein Inhalatorium installiert.

Waren die alten Badekabinen durch Holzwände getrennt gewesen, so wirkten die neuen, geräumigen Kabinen viel heller; sie waren weiss gekachelt. Zudem verfügten sie über eine Deckenentlüftung. Bestückt waren sie grösstenteils mit Fayence-Badewannen, vereinzelt auch noch mit hölzernen. Die Aufwärmung des Badewassers erfolgte mit einem neuen Heizschlangensystem. Pro Kabine gab es ein Ruhebett, einen Stuhl mit Schemel, einen Ablagetisch mit Marmorplatte, ferner ein Lavabo mit Spiegel sowie eine elektrische Uhr.

Noch kein Winter-Badebetrieb

Nebst der Gesamterneuerung und zugleich zahlenmässigen Aufstockung der Badezellen, dem Einbau einer leistungsfähigeren Heizanlage und der Errichtung einer therapeutischen Abteilung wurden auch die Aussenfassaden der Bädergebäude sowie die Trinkhalle renoviert. Zudem wurde ein Hochreservoir für das Mineralwasser erstellt; denn damit hoffte man, die Erhaltung der Kohlensäure im Wasser zu fördern.

Kurhaus und Grand Hôtel des Bains, Halle und Speisesaal, um 1910.

Kurhaus und Grand Hôtel des Bains, mit Park und Springbrunnen, um 1910.

Doch aus Spargründen entschloss sich die Gemeinde, nicht das von der Kommission vorgeschlagene, etwas teurere, aber zweckmässigere Projekt zu realisieren, sondern eine billigere, ungeeignetere Lösung – die dann zu guter Letzt doch teurer zu stehen kam. Der Berry'sche Vorschlag, die Bäder auch für den Winterbetrieb einzurichten, wurde – ebenfalls aus Spargründen – vorerst weiterhin auf Eis gelegt. Dass dies damals ein richtiger Entscheid war, zeigte sich erst viel später.

Nach Abschluss dieser Gesamtrenovation erfolgte 1913 erneut eine eingehende chemische Analyse beider Sauerbrunnen, der Mauritius- und der Paracelsusquelle, diesmal durch Professor G. Nussberger aus Chur, von der die wichtigsten Parameter mit der Husemann'schen Analyse von 1874 verglichen seien *(vgl. Kastentext)*. Die Alkalinität (Laugengehalt) wurde durch Titration mittels Methylorange und Salzsäure N/10 bestimmt, so wie das dann auch später gehandhabt wurde. Die freie Kohlensäure entspricht dem Quantum Gas pro Liter Wasser.

Erneut Mauritius versus Paracelsus
Analyse von G. Nussberger von 1913 im Vergleich zu jener von 1874

	1874 Husemann	1913 Nussberger
Mauritiusquelle		
Wassertemperatur	---	6,0° Cels.
Alkalinität	16,156	15,2
Freie Kohlensäure	1550 cm³/lt.	1113 cm³/lt.
Paracelsusquelle		
Wassertemperatur	---	5,75° Cels.
Alkalinität	16,379	16,8
Freie Kohlensäure	1616 cm³/lt.	915 cm³/lt.

Highlife im Weltbadekurort

Jetzt war die hohe Zeit von St. Moritz angebrochen, dem zum weltbekannten Badekurort aufgestiegenen ehemaligen Bauerndorf. Diese glückliche Zeitspanne sollte von der Jahrhundertwende bis zum Ersten Weltkrieg andauern.

Adel und Grossbürgertum

Sowohl das Hotel Kurhaus als auch all die vielen anderen, zwischenzeitlich wie Pilze aus dem Boden geschossenen Hotels und Pensionen verzeichneten einen glänzenden Geschäftsgang.

Denn wer sich zur obersten Gesellschaftsklasse zählte, sei er adlig oder neureich, für den war ein jährlicher Kuraufenthalt in der Bädermetropole im Gebirge ein Muss.

Alles, was die Sinne besticht
Aus «Streifzüge im Engadin» von Jakob Christoph Heer, 1898

Am Ende der Kurpromenade gegen den See hin liegen die Bazars von St. Moritz, Budenreihen, die an einen Markt oder eine Ausstellung erinnern. Das ist die kurzweiligste Gegend des Ortes. Alles, was die Sinne besticht, kann man in diesen Bazars kaufen, den ganzen Nippsachenkram des Hochgebirges, Photographien und Gemälde, Kristalle und Herbarien, Bergstöcke und Touristenkleider.

Keine Frau geht ohne einen Kauf oder einen Seufzer an diesen Sächelchen vorbei; oft sind auch Kauf und Seufzer beisammen, denn die Händler von St. Moritz sind keine Billigkrämer. Die Wagenburgen der Kutscher, das Gemenge der Eselführer mit ihren Reittieren, die Gruppen der Bergführer, die mit den Touristen unterhandeln, vervollständigen das lebensvolle Bild.

Engadiner und Italiener teilen sich in diese Berufe; doch gefielen mir jene viel besser als diese, denn sie warten in stolzer Reserve, bis sie von den Fremden engagiert werden, während diese, obgleich es ihnen durch die Konzession verboten ist, ein lebhaftes Anwerbesystem treiben, bis irgend ein angesehener St. Moritzer mit seinem Donnerwetter zwischen sie fährt.

Das Kurleben war beschaulich. Man ruhte sich aus, genoss Gebirgssonne und Höhenklima, lauschte der klassischen Musik des Kurorchesters, schlenderte durch die nach Western Saloon-Manier von Läden und Cafés gesäumte Bäderstrasse *(vgl. Kastentext)*, an der renommierte Etablissements selbst von Nizza und Monte Carlo Filialen unterhielten, oder man wanderte auf dem ausgedehnten Netz von Spazierwegen in bezaubernder Landschaft oder liess sich von einem Lohnkutscher mit seinen Hafermotoren herumchauffieren. Vor allem aber nahm man sich für eine seriöse Trink- und Badekur sehr viel Zeit.

Waren es im 19. Jahrhundert noch mehrheitlich Italiener gewesen, die den Sauerbrunnen von St. Moritz frequentiert hatten, so waren es um die Jahrhundertwende zuerst Deutsche, dann aber zunehmend Gäste aus den verschiedensten Nationen, womit der gute Ruf des Heilbades in alle Welt hinausgetragen wurde. Der Beginn des 20. Jahrhunderts wurde zu einem Höhepunkt in der St. Moritzer Quellen- und Bädergeschichte. Adel und Grossbürgertum stahlen sich gegenseitig die Show. Und wer das Bedürfnis hatte, für einmal ein gekröntes Haupt aus der Nähe zu sehen, der kam nach St. Moritz *(vgl. Kastentext)*.

Goldgräberstimmung

Am Übergang vom 19. ins 20. Jahrhundert herrschte in St. Moritz Goldgräberstimmung. Aus dem Bergdorf wurde ein Gebirgsstädtchen, das mit der Nase im Wind bezüglich Neuheiten immer einen Schritt voraus war. Bereits 1879 hatte hier –

Blick auf St. Moritz Dorf mit Piz Albana und Piz Julier im Hintergrund.

Einem echten König nahe
Aus einer Reiseberichterstattung zu Beginn des 20. Jahrhunderts

An einem wunderschönen Tage des Herbstes stand ich auf dem Balkon eines wohlbekannten Gasthofes, ganz in der Nähe der Heilquellen von St. Moritz. Eine kleine Gesellschaft von Damen und Herren trat aus der Türe des Hotels und stieg den Hügel hinab zum Ufer des Sees und sofort wurde ich mir bewusst – ich weiss nicht ob deshalb, weil man mir es erzählt hatte oder ob aus einem angeborenen Sinn für Ehrfurcht – dass ich mich zum ersten Mal in meinem Leben in der Nähe eines echten Königs befand.

Einen Kaiser hatte ich früher schon gesehen, Könige aber sind heute selten. Umsomehr war ich entzückt, mich heute einem solchen gegenüber zu sehen und in eigener Person den Hofberichterstatter zu spielen und ich kann melden, dass Seine Majestät nebst Höchstdero Gattin, sowie das ganze Gefolge der Hofherren und Hofdamen am Nachmittag einen Spaziergang zu machen geruhten am Ufer des Sees von St. Moritz.

Blick auf St. Moritz Dorf und Bad, im Hintergrund die Rosatschgruppe, davor der Quellenberg (Piz da l'Ova Cotschna), rechts davon der Piz Corvatsch.

nenterrasse Muottas Muragl. Eine wahre Bergbahneuphorie brach jetzt aus, wobei es damals noch nicht darum ging, die Skifahrer hochzukarren, sondern den Touristen die Aussichtsgipfel und Panoramastrecken zu erschliessen. Dies kam ganz besonders bei der Berninabahn zum Tragen, die ab 1910 zwischen St. Moritz und Tirano verkehrte. «Die Bündner ernähren sich von Touristen», schrieb einmal ein Schüler im Aufsatz – und hatte damit gar nicht so unrecht.

Eigentlich entstand die Berninabahn aus einer Not heraus. Die Pferdepost-Fahrzeit zwischen Samedan und Tirano betrug holprige neun Stunden. Ende 19. Jahrhundert riefen deshalb die regen Beziehungen zwischen Graubünden und dem Veltlin nach einem moderneren, schnelleren Verkehrsmittel über den Berninapass. Dieser Umstand sowie der technische Fortschritt in der Anwendung der elektrischen Traktionsenergie waren die Promotoren des verrückten Vorhabens, die Berninastrecke mit einer Adhäsionsbahn – der höchsten Europas – zu bezwingen.

Welt-Kulturerbe

Dieser Weitsicht der damaligen Bahnpioniere ist es zu verdanken, dass mit dem Bau der Berninabahn nicht nur eine Verbindung des Puschlavs und des Veltlins mit dem Engadin und mit Nordbünden angestrebt, sondern zugleich bereits der touristische Aspekt miteinbezogen wurde. Denn es war Aufgabe des Projektes, «ein billiges und dennoch sicheres Tracé zu suchen, das den Charakter der Touristenbahn dadurch festhält, dass es die mannigfaltigen Schönheiten der Gegend in möglichst günstiger Weise von der Bahn aus sichtbar macht». In moderne Marketingsprache übersetzt: nachhaltige USP-Vision!

dank Johannes Badrutt – schweizweit zum ersten Mal elektrisches Licht gebrannt, und ab 1892 verkehrte zwischen St. Moritz Bad und Dorf die erste elektrische Strassenbahn der Schweiz. Für Aufschwung sorgte dann auch die Anbindung an die Rhätische Bahn, die 1903 von Chur bis Celerina und ein Jahr später bis St. Moritz in Betrieb genommen wurde.

Es folgte die erste Drahtseilbahn im Engadin von Punt Muragl auf die Son-

Nicht umsonst zählt das «National Geographic Magazine» die Berninalinie weltweit zu den zehn schönsten Bahnstrecken, und nicht von ungefähr fand die Bernina- zusammen mit der Albulalinie 2008 Aufnahme in die Unesco-Welterbeliste. Während die 1904 fertiggestellte Albulastrecke als klassische Gebirgsbahn für Dampfbetrieb gebaut wurde, war die 1910 fertiggestellte Berninastrecke von Beginn an eine innovative Adaptation der elektrischen Überlandbahn mit gekonnter Trassierung im Hochgebirge.

Staunende Fahrgäste aus aller Welt genossen und geniessen dank dieser weitsichtigen Pioniertat dieses handwerklich exzellent erstellte Bauwerk grossartiger Bahnarchitektur, dessen Meisterstücke die Überwindung des Berninapasses auf 2253 m ü.M. und der kornkreisartig in die Gebirgslandschaft gezauberte Kreisviadukt von Brusio sind. Dazu kommen unzählige Naturwunder in wildromantischer Abfolge, was die Reise von den Gletschern zu den Palmen zum unvergesslichen Erlebnis macht.

Belle-Epoque-Hotelboom

Und immer wieder muss man sich bewusst sein: Am Anfang dieser grandiosen Entwicklung stand die Heilquelle. Begonnen hat alles mit dem Wasser. Der St. Moritzer Sauerbrunnen brachte die Kurtouristen, und diese die Noblesse und den Sport. Der Weltbadekurort machte das ehemalige Bauerndorf zur exklusivsten Feriendestination weltweit. Diese Goldgräberstimmung wirkte sich auch auf die verkehrstechnische Erschliessung und den Hotelboom aus.

Wie Pilze nach einem warmen Regen schossen sie zu Hauf aus dem immer teurer werdenden Boden, die Belle-Epoque-Hotelpaläste mit ihrer kunstvollen Ausstattung nach den ästhetischen Bedürfnissen einer vermögenden, reiselustigen Multikulti-Klientel. Dieser Zustrom von Menschen aus der ganzen Welt ins höchstgelegene, ganzjährig bewohnte Gebirgstal hat nicht nur den Bau der Engadiner Hotels initiiert, sondern hat sich auch auf ihre kunstvolle Ausstattung ausgewirkt, und darin unterscheiden sie sich von jenen anderer Tourismusregionen.

St. Moritz Bad und Dorf vom Quellenberg aus gegen die Crasta Mora.

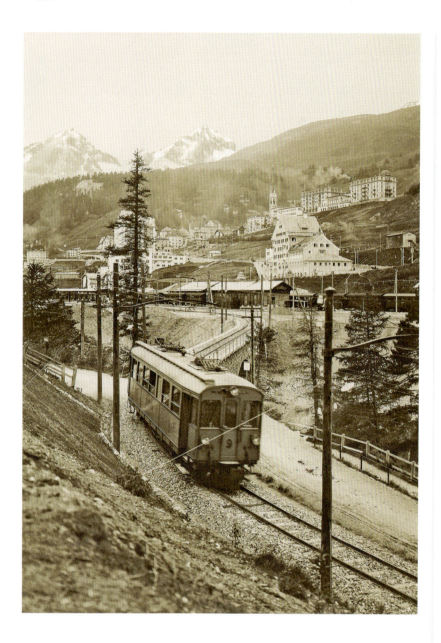

1904 kam die Rhätische Bahn bis St. Moritz, und 1910 nahm die Berninabahn ihren Betrieb auf.

Die Engadiner Hotels der Belle Epoque stehen wie kaum ihresgleichen anderswo in einem Spannungsfeld zwischen einheimischer Tradition und Einflüssen aus ganz Europa, von Italien, Österreich und Deutschland über Frankreich, Belgien und England bis Marokko und Fernost. Abseits der grossen Zentren und oft in Familientradition geführt, haben viele Engadiner Hotels ihr höchst persönliches Ambiente entwickelt. Die Malereien, Stuckaturen, Boiserien, Eisen- und Steinmetzarbeiten verleihen jedem Hotel seinen eigenen Charme.

Mut, Tatkraft, Pioniergeist

Ganz speziell St. Moritz wurde gleichbedeutend mit einem Eldorado exklusivster Etablissements. In der zweiten Hälfte des 19. Jahrhunderts und im 20. Jahrhundert bis vor dem Ausbruch des Ersten Weltkrieges schossen sie wie Pilze aus dem Boden. Sie alle aufzuzählen, würde jedoch zu weit führen.

Deshalb beschränken wir uns hier auf die beispielhafte Entstehungsgeschichte zweier Paradebeispiele unter den Nobelhotels aus der Belle-Epoque-Zeit – Kulm und Palace.

Aber auch nach der Jahrhundertwende entstanden noch Exklusivitäten mit klingenden Namen wie etwa das Suvretta House oder das monumentalste von allen, das 1905 als grösstes Gebäude der Schweiz eröffnete Grand-Hotel, das allerdings 1944 durch Brand und Abbruch wieder verschwand.

Heute werden Nobelhotels mit Investoren und Finanzgesellschaften aus dem Boden gestampft und von ausgebildeten und erfahrenen Führungskräften gemanagt.

Doch den Grundstein für die alpine Schweizer Luxushotellerie legten mutige Pioniere mit grossen Visionen und zähem Durchsetzungsvermögen, das ihnen ihre Lebensumstände diktiert hatten.

Der Hunger hat im 19. Jahrhundert viele Menschen zum Verlassen ihrer Heimaterde gezwungen, weil diese sie nicht mehr ernähren konnte.

Sie mussten in fremder Umgebung von vorne anfangen, sich durchkämpfen. Das machte sie willensstark und erfinderisch.

Zwei Nobelhotel-Paradepferde

Für solch ein Beispiel einer Selfmade-Erfolgsstory steht der Familienname Badrutt, welcher in St. Moritz Hotelgeschichte von Weltruf schrieb. Und er steht stellvertretend für alle anderen, die auf ihre Art auch Grosses leisteten und entscheidend zum märchenhaften Erfolg von St. Moritz beitrugen. Diese Geschichte belegt zudem, dass die Idee für eine Wintersaison ironischerweise einem Kranken zu verdanken ist, der als erster Winterkurgast bei Johannes Badrutt privat logierte und diesen zur Erkenntnis brachte, dass das, was einem Kranken frommt, eigentlich auch für Gesunde förderlich sein könnte.

Die kinderreiche Familie von Johannes Badrutt, dem «Erfinder» der Wintersaison, abgelichtet 1863.

Vom Handwerker zum Gastwirt

Am Anfang dieser Dynastie stand Johannes Badrutt-Donatsch (1791-1855), den eine Hungersnot zum Auswandern zwang. 1815 musste der gottesfürchtige Mann sein Heimatdorf Pagig im Schanfigg, dem Tal, das von Chur nach Arosa führt, verlassen. Er zog ins Engadin, wo er sich in Samedan niederliess. Hier arbeitete er als Schreiner, Maler und Maurer, um seine Familie zu ernähren, die er 1816 hatte nachkommen lassen. Seine Tüchtigkeit machte ihn rasch zum gefragten Handwerker und begabten Baumeister.

Zu seinen Auftraggebern zählten Familien, die früher ausgewandert und im Ausland wohlhabend geworden waren. So entstanden beachtliche Bauwerke wie etwa 1829 der Palazzo Josty in Madulain für einen gutsituierten Berliner Bierbrauer aus Sils, das vielleicht schönste Bauwerk des Johannes Badrutt, oder 1845 die Chesa Frizzoni in Celerina für einen erfolgreichen Konditor in Turin, in welchem Haus später eine Zeitlang der Physiker Albert Einstein wohnte.

Das heutige Vegl Bernina in Samedan, das Badrutt für seine Zwecke als Werk- und Handelshaus für Bauwesen – Vorläufer heutiger Baumärkte – eingerichtet hatte, war das erste Industriegebäude im damaligen Bauerndorf. Vis-à-vis im Wohnhaus Regia baute er Gästezimmer ein und eröffnete, erstmalig fürs Engadin, einen Tanzsaal für Gäste und Einheimische – und war somit vom Handwerker zum Gastwirt geworden.

Ein «Fehltritt» führte ins Kulm

Sein Sohn Johannes Badrutt (1819-1889) – wir sind ihm bereits früher begegnet – kam in Samedan zur Welt und erlernte in Chiavenna den Warenhandel. Danach wurde Johannes jun. Handwerker und Schlosser und arbeitete an der Seite sei-

Vorplatz des Kulm Hotels mit Kandelaber; hier brannte 1879 schweizweit erstmals elektrisches Licht.

nes Vaters. 1843 heiratete er Maria Berry, die Schwester des späteren Bäderarztes Peter Robert Berry. Sie war für ihn eine grosse Stütze und tüchtige Mitstreiterin. Nach der Heirat übernahmen sie das väterliche «A la vue du Bernina» in Samedan, das ehemalige Geschäftshaus. Marias Vater, Stadtrat und Bäckermeister Johannes Berry in Chur, unterstützte sie finanziell.

Manchmal spielte auch das Schicksal noch ein bisschen mit: Als das tüchtige Ehepaar die Pension Faller in St. Moritz – das frühere obere Flugihaus – besichtigte, machte Maria auf der Treppe einen Misstritt und stürzte. Darauf soll Johannes zu ihr gesagt haben: «Wo du dich hinsetzest, da lass' uns bleiben!». Und tatsächlich, er mietete 1855 das Haus mit den zwölf Gästebetten zum Jahreszins von 2000 Franken und benannte es um in «Zum Engadiner Kulm». Der Begriff «Kulm» (Romanisch: Cuolm) leitet sich von «Kulmination» ab und bezeichnet den höchsten und aussichtsreichsten Punkt. Badrutt hatte Vorteil und Nutzen solch prachtvoller Aussicht richtig erkannt.

Erster Wintergast in St. Moritz

Der Tatendrang von Badrutt war damit aber noch nicht am Ende: Nur drei Jahre später ersteigerte er, trotz hohem finanziellem Risiko, das Engadiner Kulm für den stolzen Kaufpreis von 28 500 Franken. Jetzt gaben die beiden alles, um ihr Kulm zum Erfolg zu führen. Bereits 1860 stockten sie das ehemalige Wohnhaus Faller um zwei Geschosse auf und verpassten ihm ein Satteldach. Mit Zinnen und Türmchen kam ein Schuss Burgromantik dazu.

Das weitsichtige Handeln eines Pioniers zeigt sich auch darin, dass Johannes Badrutt 1863 das Gasthaus in Samedan, in welchem er aufgewachsen war, verkaufte, um mit diesem Geld – bei damals noch sehr moderaten Bodenpreisen – Grundstück um Grundstück an vorzüglichen Lagen zu kaufen und sich so weitere Handlungsfreiheit zu sichern. So gehörten ihm denn schliesslich Landparzellen von Celerina bis nach Sils. Allein der Kulm-Park umfasste 400 000 m².

Und noch eine gute Spürnase hatte Badrutt: Wieso eigentlich sollten die Kurgäste, wie es damals üblich war, nur zur Sommerzeit kommen, wo doch der Winter ebenso viel zu bieten hatte! So verbrachte denn auf Empfehlung eines Bekannten aus London erstmals ein kränkelnder englischer Pastorensohn den Winter 1866/67 zwecks Genesung in St. Moritz, und zwar in den Privaträumen der Familie Badrutt, da das Hotel in der kalten Jahreszeit ja geschlossen war. Logische Überlegung Badrutts: Was für Kranke gut ist, kann auch Gesunden nicht schaden.

Wetten, dass – schon damals!

Auch hier blieb es nicht beim Gedankenblitz. Als sich – so will es die schillernde Legende – die nächste Sommersaison zu Ende neigte, die meisten Gäste schon abgereist waren und nur noch eine Gruppe Engländer an einem trüben Spätherbstabend in der heimeligen Engadinerstube des Kulm Hotels sassen und den letzten Ferientag feierten, dieweil die Whiskyflasche zunehmend trockener wurde, war der Moment gekommen. Dabei soll es sich so (oder ähnlich) zugetragen haben:

Vom Kulm Hotel führten die Schlittelbahnen des Lake Run bis hinab auf den zugefrorenen See.

Wintersport in allen Facetten: Die einen geniessen das Schlittschuhlaufen im englischen statt im kontinentalen Stil, die anderen wagen eine Mutprobe beim Skispringen.

«Well», unterbrach der bärtige Hotelier Johannes Badrutt die fröhliche Runde der britischen Gentlemen, «Ihr kehrt jetzt in den nebliggrauen, nieselnassen englischen Winteralltag zurück». Dann strich er sich den Bart und meinte etwas verschmitzt: «Seid Ihr Euch bewusst, dass man bei uns im Winter zu den Sonnenstunden ohne Hut und Mantel, ja sogar ohne Kittel flanieren kann, und dies, im Gegensatz zu England, ganz ohne Gefahr, sich einen Bronchialkatarrh oder gar eine Lungenentzündung zu holen. Im Gegenteil, frische Alpenluft, Pulverschnee und Wintersonne pur sind eine Wohltat für Geist und Körper!»

Hotelier Badrutt hielt kurz inne, als ob er etwas aushecken würde. Mit einem kurzen Blitzen in den Augen fuhr er fort: «Macht doch die Probe aufs Exempel und überzeugt Euch selbst. Ihr seid im Winter meine Gäste; wetten, dass Ihr's nicht bereuen werdet!» Und er gab noch gleich eins obendrauf: «Trifft mein Versprechen nicht zu, vergüte ich Euch die Reisespesen; im andern Fall seid Ihr Freigäste in meinem Haus.» Wettfreudig, wie die Engländer nun einmal sind, schlugen sie ohne zu zögern zu. Die Würfel waren gefallen.

Geburtsstunde des Wintersports

Noch ahnte man nicht, dass dieser Abschiedstrunk zu einem ganz besonderen werden würde, mit gewaltigen Nachwirkungen bis in die heutige Zeit, eine Sternstunde für St. Moritz, ein Markstein in der Geschichte des Engadins und der ganzen Alpenwelt! Das kurze Ende dieser bereits Routine gewordenen Sommerferien sollte zum langen Anfang einer ganz neuen, dynamischen Dimension werden – zum Beginn des Wintertourismus.

Tatsächlich: Kurz vor Weihnachten reisten die vier Gentlemen, begleitet von Familienmitgliedern, wieder nach St. Moritz; denn Kneifen bei Wetten gibt's bei den Briten nicht. Aber sie genossen heimlich die Vor- und Schadenfreude, den guten Badrutt reinzulegen. In Chur mieteten

sie einen Pferdeschlitten und überqueren den tiefverschneiten Julierpass in gleissendem Sonnenlicht. Doch statt der dicken Mäntel hätten sie wohl besser Sonnenbrillen mitgenommen; denn sie erreichten St. Moritz schwitzend und beinahe schneeblind...

Wettkönig auf Lebzeiten

So hatten sie sich den Bergwinter nicht vorgestellt, sondern nebligkalt und finstergrau. Nun aber schien die Sonne heller als im Sommer, und der Schnee glänzte wie ein Glitzerteppich. Badrutt, der die verdutzten Gäste hemdsärmelig empfing, hatte die Wette klar gewonnen! Er löste sein Versprechen ein und gewährte den vier Gentlemen Gastfreundschaft bis Ostern. Sein Entgegenkommen sollte sich bezahlt machen: Diese Engländer kamen von nun an jeden Winter, begleitet von Dutzenden von Verwandten und Bekannten.

So ist denn – gemäss Legende – der November 1869 zur eigentlichen Geburtsstunde des Wintertourismus geworden. Jahr für Jahr kamen mehr Briten in den sonnigen Engadiner Winter, und es sollte nicht lange dauern, bis der Umfang der Wintersaison jenen der Sommersaison weit überflügelte. Die legendäre Wette, als kleiner Scherz unter Freunden gedacht, hatte eine Lawine ausgelöst, die den Tourismus grundlegend wandeln und dynamisieren sollte und Johannes Badrutt zum Wettkönig auf Lebzeiten machte. Kleine Marginalie: Sollte es sich nicht ganz so abgespielt haben, dann bestimmt ähnlich; denn meistens entwickeln sich solche Gloriageschichten ja aus einem wahren Kern heraus.

Das Kulm als Sporthotel

Sommersport war bei den Gästen schon immer beliebt gewesen: Spazieren, Bergsteigen, Radfahren und Reiten, Golfen, Kricket und Tennis, Segeln, Rudern und Fischen. Nun kam noch der Wintersport dazu: Schlitteln auf dem Lake Run, das heisst vom Hotel bis hinunter auf den zugefrorenen See, Eislaufen und Curling

Jeder erfreut sich nach seiner Façon: Entweder beim exquisiten Vergnügen des Skikjörings oder beim Ausüben des guten alten Telemark-Schwungs.

Promotor, Entertainer und Tobogganing-Clubseele Gunter Sachs im Freundeskreis.

(St. Moritz wurde zur Wiege des Curlingsports auf dem Kontinent) und schliesslich die tollkühnen Fahrten auf Cresta und Bob Run *(vgl. Kastentexte)*.

Johannes Badrutt war auch der Kultur sehr zugetan. So liess er beispielsweise das Orchester der Scala Mailand aufspielen, bot Theater- und Variété-Vorstellungen sowie Maskenbälle. Auch Laterna Magica und Cinématograph traten in Aktion, während Billard und Bridge für «distraction» sorgten. Auch eine umfassende Bibliothek sowie Tageszeitungen verschiedener Länder fehlten nicht, inklusive die lokale «Alpine Post» in englischer Sprache mit den aktuellen Gästelisten.

Das erste elektrische Licht

1878 besuchte Johannes Badrutt mit seinem Sohn Caspar die Weltausstellung in Paris, wo er das von Graham Bell eben erfundene Telefon sah. Seine unternehmerische Antwort auf dieses Aha-Erlebnis: 1879 besass er eine erste Telefonverbindung zwischen dem Kulm und der Arztpraxis seines Schwagers – was seine Gäste zu schätzen wussten. Noch etwas hatte ihn in der Seinestadt beeindruckt: eine Beleuchtungsneuheit. Zu Hause angekommen, liess er sofort ein kleines Wasserkraftwerk errichten, so dass bereits am 15. Juli 1879 in seinem Hotel – und zugleich erstmals in der Schweiz! – elektrisches Licht brannte.

Sechs Bogenlampen mit isolierten Kohlenstäben (Glühbirnen gab es noch nicht), die höchstens 90 Minuten brannten, erleuchteten den Konversationssaal, den grossen Speisesaal und die geräumige Küche. Auf dem Hotelvorplatz spendete ein Kandelaber das elektrische Licht. Menschen aus dem ganzen Engadin strömten zusammen, um diese Errungenschaft zu bestaunen... Ganze 18 000 Franken hatte ihn diese Installation gekostet (zum Vergleich: ein Pensionstag im Hotel betrug damals 3.50 Franken).

Ich wagte – und es gelang

Als Johannes Badrutt 1880 Rückschau hielt auf sein Lebenswerk, stellte er nüchtern das fest, was die engagierte Badrutt-

---

Cresta-Sentenzen

Skeleton ist ein einmaliger Sport; das Fahrgefühl ist vergleichbar dem Erlebnis auf der Achterbahn. *Rolf Sachs*
Man braucht das richtige Gespür. Und man braucht Erfahrung im Lesen von Eis. *Nino Bibbia*
The Cresta is like a woman with this cynical difference – to love her once is to love her always! *Lord Brabazon*
Riders only, ladies not admitted! *Beschriftung der Clubtüre*

Chronistin Diane Conrad-Daubrah als Untertitel für ihre fundierte Badrutt-Genealogie wählte: «Ich habe den schlauen Moment benutzt; ich wagte, und es gelang». Der Begründer des Wintertourismus hat massgebend mitgeholfen, dass St. Moritz vom Bauerndorf zum Touristenort von Weltruf wurde. Seine Frau Maria war dabei die starke Stütze und gute Seele im Hintergrund, weshalb auf ihrem Grabstein steht «die Mutter des Kulm».

Gemäss den Recherchen von Diane Conrad-Daubrah dürfte bezüglich Ankurbelung des Wintertourismus auch Badrutts treuer Freund Reverend Alfred B. Strettell von Bedeutung gewesen sein, dessen an Tuberkulose erkrankter Sohn jener bereits erwähnte allererste Wintergast in St. Moritz gewesen ist. Weil der Reverend offenbar dann noch weitere Wintergäste für St. Moritz begeisterte und sich im Dorf vielseitig engagierte, hat ihm Badrutt Land zur Verfügung gestellt für den Bau der anglikanischen Kirche an der Via dal Bagn. Weltlich-geistliches Win-win!

Nach dem grossen Pionier waren noch zwei Badrutt in der Hotelleitung tätig, zuerst Sohn Peter Robert Badrutt, der in der Belle Epoque den zweiten grossen Erweiterungsbau realisierte; dieser Ostflügel, Neukulm genannt, eröffnete 1912. Nach dem Ersten Weltkrieg und den Olympischen Spielen von 1928 folgte ab 1935 dessen Sohn Anton Robert Badrutt, der schon viel Erfahrung aus internationaler Hotellerie mitbrachte. In seine Zeit fiel der Zweite Weltkrieg. Erst die Olympischen Spiele von 1948 brachten wieder Aufschwung. 1967 verstarb dieser letzte Familienspross mit Direktionsfunktion. Heute gehört das Kulm Hotel einer Finanzgesellschaft unter der Ägide der Familie Niarchos.

Die zweitgrösste Eisskulptur der Welt
Cresta Run und Tobogganing Club St. Moritz – ein Kurzporträt

Skeleton und St. Moritz sind untrennbar; denn diese einzigartige und temporeiche Sportdisziplin hat ihren Ursprung hier. «Skeleton Riding down the Cresta Run» war die erste durchreglementierte alpine Wintersportart überhaupt.

Biedere Kutschen- und Schlittenfahrten konnten in den frühen 1880er-Jahren für die erwachende Wintersport-Fangemeinde der letzte Kick nicht sein. Skilaufen steckte noch in Kinderschuhen (das erste Skirennen sollte erst 1893 stattfinden). Also mussten neue Attraktionen her: Die Hoteliers präparierten Eisbahnen, die Schotten brachten ihre Curling-Steine und die Briten flitzten mit ihren Schlitten über die Dorfstrassen. Die Idee des Skeletonsports war geboren.

Im Winter 1884/85 wurde erstmals der Cresta Run gebaut und war fortan, neben dem benachbarten Olympia Bob Run, die «zweitgrösste Eisskulptur der Welt». Im gleichen Winter hob man auch den entsprechenden Sportclub aus der Taufe, der jedoch nicht simpel den Begriff Skeleton im Namen führt, sondern sich bewusst exklusiv St. Moritz Tobogganing Club nennt (Toboggan = indianischer Transportschlitten).

Cresta Riding war dann – man staune! – während Jahrzehnten nicht nur die spektakulärste, sondern auch die schnellste Art menschlicher Fortbewegung. Traditionell wird der Run bei jedem Winterbeginn mit den Ingredienzien Schnee, Wasser und Kälte neu gebaut. Da diese Sportart immer nur auf diesem einen Run ausgetragen wurde, kamen die Schlüsselrennen einer Art Weltmeisterschaft gleich. 1928 und 1948 kam Cresta-Skeleton sogar erstmals zu Olympia-Ehren.

Während anfänglich in sitzender Position gefahren wurde, wagte bereits 1887 der erste Athlet die Fahrt liegend und kopfvoran, was fortan die einzigartige Fahrweise im Skeleton blieb. Gestartet wird im Stehen, dann nach kurzem Anlauf auf den Schlitten gehechtet – und schon geht's bäuchlings (im Gegensatz zur Rückenlage beim Rodeln) in wilder Fahrt dem Ziel entgegen.

Karneval auf Eis – ein gesellschaftliches Highlight
Blaublütige und Prominente, Player und Hasardeure, Orchidee und Femme fatale

Badrutt's Palace Hotel entstand 1896 – mitten in der Goldgräberstimmung der Jahrhundertwende.

Exklusivstes Hotel der Alpen

Im Zuge der Erbstreitigkeiten, die auch der Familie Badrutt nicht erspart blieben, trat Sohn Caspar (1848-1904) aus dem Familienverband aus. Zuerst gründete er das Hotel Caspar Badrutt, um sich dann mit Badrutt'schem Pioniergeist seinen Traum vom exklusivsten und elegantesten Hotel der Alpen zu erfüllen – mit dem Bau des Palace Hotels 1896.

Damit traf er mitten in die Goldgräberstimmung, die um die vorletzte Jahrhundertwende das Engadin erfasste. Hotel-Traumwelten im Heimat- und Jugendstil überboten sich gegenseitig. Sie waren so etwas wie die Zweitwohnungen des internationalen Jetset. Highlight und erste Adresse unter diesen Nobeletablissements mit einer geradezu magischen Aura war aber Badrutt's Palace Hotel.

Nach seinem frühen Tod, den er, wie wir gesehen haben, beim engagierten und enervierenden Einsatz zur Rettung des Heilbades erlitt, übernahm sein Sohn Hans Badrutt (1876-1953) die Leitung des Hauses und machte es während 55 Jahren zum gesellschaftlichen Zentrum der internationalen Hautevolée.

Im gleichen Sinn führte dessen Sohn Hansjürg Badrutt (geboren 1930) das Unternehmen – jahrzehntelang zusammen mit seinem Bruder Andrea – weiter und machte es flott für die neue Zeit mit anderen Ansprüchen, bevor er 2004 die Verantwortung an Hans Wiedemann übergab, welcher ebenfalls im Badrutt'schen Sinn weiter operiert und im November 2009 in New York als «Hotelier of the World» ausgezeichnet wurde. Doch werfen wir noch einmal einen Blick zurück auf dieses legendäre Hotelmärchen!

Blaublütige und Prominente

So wie in den letzten zwei Jahrhunderten an der Rocklänge der Frau die jeweilige Konjunkturlage abgelesen werden konnte (gute Zeiten = frivol-kurze Röcke, schlechte Zeiten = züchtig-lange Röcke), so widerspiegelte die Herkunft des St. Moritzer Jetset über all die Jahre die aktuelle Wirtschaftslage der verschiedenen Nationen und Metropolen.

Reiche, schöne und interessante Menschen aus aller Herren Ländern gaben sich im Palace ein Stelldichein. Weltklasse St. Moritz: Draussen märchenhafte Landschaften und zauberhafte Stimmungen, drinnen rauschende Bälle und wallende Seide, funkelnde Diamanten und kollernde Perlen, edle Pelze, High Heels und tiefe Decolletés, Contenance und Ausgelassenheit, Orchidee neben Femme fatale. Hier wurde gefeiert, getanzt und gelacht – und dabei Society-Geschichte geschrieben. Hier trafen sich gekrönte Häupter, Blaublütige und Prominente, Grössen aus Showbiz und Film, Politik und Geschäftswelt, Kultur und Sport, aber auch Player und Hasardeure.

Hitparade klingender Namen

Und sie kamen und kommen vor allem von daher, wo gerade Hausse herrscht. Waren es früher die Engländer, sind es heute die Russen und morgen die Chinesen. Aber es kommen immer welche. Die Liste der berühmten Gäste von Badrutt's Palace Hotel ist lang, beeindruckend und schillernd zugleich: Da tauchen klingende Namen holder Weiblichkeit auf wie jene von Marlene Dietrich, Rita Hayworth, Ella Fitzgerald, Elizabeth Taylor, Audrey Hepburn, Sophia Loren, Prinzessin

Skikjöring auf dem zugefrorenen St. Moritzersee vor Zuschauerkulisse und Hotelskyline.

Soraya, Elsa Maxwell, Joan Collins oder Brigitte Bardot.

Aber auch die maskuline Hitparade weiss zu trumpfen: Prinz Alfonso von Hohenlohe, Herzog von Alba, Baron Thyssen, Aga Khan, Douglas Fairbanks, Charlie Chaplin, Mel Ferrer, Richard Burton, Gregory Peck, James Mason, Herzog von Windsor, Schah von Persien, König Hussein von Jordanien, Henry Ford, Alfred Hitchcock, Gunter Sachs, John Lennon, Stavros Niarchos oder Gianni Agnelli, um bunt gemischt nur einige zu erwähnen.

Glanz, Glamour und Gloria

Realo-Legenden über diese international zusammengewürfelte Palace-Family lesen sich wie ein Märchen aus Tausendundeiner Nacht. In all diesen Episteln stehen die Reichen, die Schönen und die Berühmten im Rampenlicht, wird geschwärmt von Glanz, Glamour und Gloria, wird palavert über Chic, Charme und Champagner, aber umgekehrt auch räsoniert über Tradition, Tatendrang und Tüchtigkeit seitens der Gastgeber. Die Frage drängt sich auf: Welches sind denn eigentlich die Gründe, dass St. Moritz im Allgemeinen und dass Badrutt's Palace Hotel im Speziellen zu solchem Renommee fand?

Es gibt ja auch andere Nobelkurorte im Land, wie Arosa, Davos oder Klosters, wie Gstaad oder Montreux, Montana oder Verbier. Aber irgendwie kommen sie auch mit ihren besten Häusern nicht an den Glanz und das gewisse Etwas von St. Moritz heran. Zwar hat es auch hier und dort hervorragende Etablissements, steigen da und dort gekrönte oder sonst prominente Häupter ab, aber wohl nirgends in solch konstant hoher Zahl wie in St. Moritz. Und man kann's drehen wie man will: Selbst ein Quellenhof in Bad Ragaz etwa, vor Ort zwar erste Adresse, ist wahrscheinlich doch eine andere Liga als Badrutt's Palace.

Stimmiges Umfeld

Zum Erfolg einer Hotellegende trägt auch das Umfeld bei, das Klima, die Sonne (322 Sonnentage im Jahr!) und die Berge,

Illustre Gäste in Badrutt's Palace Hotel: Rita Hayworth, Charlie Chaplin und Douglas Fairbanks (im Schlittenzug).

das unverwechselbare Lichtspiel, das nicht nur Giovanni Segantini inspirierte, kurz die herrliche Oberengadiner Seenlandschaft. Und natürlich die Menschen, die hier leben, ihren Flecken Erde lieben und dennoch die Fremden akzeptieren und respektieren und sich der Wichtigkeit des Tourismus bewusst sind. Und umgekehrt ist ein Hotel, das seinen Gästen ein Wohlgefühl vermitteln will, auf den Goodwill der Einheimischen auf Gedeih und Verderb angewiesen.

Diese Identifizierung der St. Moritzer Bevölkerung mit ihrem Palace Hotel zeigte sich auf eindrückliche Weise, als 1967 der legendäre Turm brannte, weil er während eines Umbaus bei Schweissarbeiten Feuer gefangen hatte. Bis tief in die Nacht kämpfte die Feuerwehr, unterstützt von der ganzen Dorfschaft, gegen den Brand und konnte mit Erfolg ein Übergreifen des Feuers aufs Hauptgebäude verhindern.

Was damals die Badrutts am meisten beeindruckte, waren die spontane Hilfsbereitschaft und das Mitfühlen der Bevölkerung. Das Palace Hotel steht somit nicht nur mitten im Dorf und prägt dessen Silhouette; es gehört dazu, wie der Jet d'eau zu Genf.

Mit Blaublütigen aufgewachsen

Aber noch ein Faktor ist wichtig für den Erfolg: Es braucht Promotoren! So haben der Wagemut und die Initiative der Badrutt-Dynastie mitgeholfen, das Oberengadiner Bauerndorf zur weltbekannten Luxus-Tourismusdestination zu machen. Tourismus und Wirtschaft im alpinen Hochtal blühten auf. Nur während der beiden Weltkriege herrschte auch hier tote Hose. Doch nachher ging es wieder bergauf, und heute gilt St. Moritz im Spitzensegment wieder als Top of the World. Trotzdem blieben die Badrutts immer mit der Dorfbevölkerung in engem Kontakt; sie lebten sozusagen in zwei Welten.

So lernte Hansjürg Badrutt, schon als Dreikäsehoch, prominenten Gästen die Hand zu reichen und statt mit seinesgleichen mit Prinzchen und Prinzesschen zu

VIP-Parade in Badrutt's Palace Hotel: Ella Fitzgerald, Henry Ford mit Gattin und Gregory Peck am Start des Cresta Run.

Vom Aerodrom zum Hippodrom
St. Moritz schrieb ein spezielles Kapitel Fliegergeschichte

Der gefrorene St. Moritzersee, heute bekannt als Hippodrom des White Turf, hatte schon immer grosse Faszination ausgeübt und diente damals auch als exklusives Aerodrom. Im Februar 1909 versuchte Baron Auff'm Ordt mit seiner Eindecker-Eigenkonstruktion erste Lufthüpfer. 1910 gelang Korvettenkapitän Paul Engelhard ein erster richtiger Flug mit dem Wright-Flyer der Flugpioniere Gebrüder Wright, die 1903 in Kitty Hawk den allerersten Motorflug realisiert hatten. Er betrieb dann auch die Wright-Pilotenschule in St. Moritz.

Später tauchten noch viele «tollkühne Männer mit ihren fliegenden Kisten» auf dem hochgelegenen, eisigen Flugfeld auf. So Hauptmann August Jucker mit dem «Jaboulin Farman»-Doppeldecker oder Graham White mit der «Wake up England», dann Alfred Comte, Walter Mittelholzer, Kunstfliegerass Ernst Udet oder Gletscherpilot-Pionier Fredy Wissel.

Oft herrschte auf dem St. Moritzersee mehr Flugbetrieb als an manch einer Luftfahrtschau, zum Beispiel wenn ganze Staffeln der Schweizer Fliegertruppen oder schwere Brocken wie die Fokker oder DC-2 der Swissair landeten. Der Bau des Flugplatzes Samedan hatte dann zur Folge, dass das Aerodrom St. Moritzersee endgültig zum Hippodrom mutierte.

---

spielen. Den Umgang mit der Crème de la Crème erfuhr er somit auf ganz alltägliche Weise, was ihn später befähigte, solchen VIPs natürlich-unverkrampft und dadurch gewinnend entgegenzutreten. An seinem Geburtstag durfte er stets seine Mitschüler ins Hotel einladen, was diese genossen, speziell das feine Essen, welches den Bauernkindern wie aus dem Schlaraffenland vorgekommen sein dürfte. Doch während seine Gespanen beim Heuen und Viehhüten zupacken mussten, half klein Hansjürg der Mutter im Büro. So wurde ihm das Handwerk des Hoteldirektors sozusagen eingeimpft.

Graue Eminenz als Mäzen

Etwas hat sich allerdings geändert zwischen dem Gestern und Heute, zwischen alt- und neureicher Society, früheren Unternehmenspatrons und jetzigen Topmanagern, damaliger Hautvolée und modernem Jetset: Als St. Moritz noch gute zwölf Kutschenstunden von Chur entfernt war, kamen die Gäste für einige bis mehrere Wochen und brachten sogar ihre Kindermädchen, Privatlehrer und Bediensteten mit. Viele der ganz Prominenten pflegten unauffällig und anonym im Haus zu verkehren, so etwa die Reederkönige Niarchos und Onassis. Heute, da alles schneller geht und die Distanzen keine Rolle mehr spielen, ist auch die durchschnittliche Aufenthaltsdauer kürzer und die Fluktuation unter den Hotelgästen grösser geworden.

Natürlich waren es speziell die Berühmtheiten unter den Gästen, die zum Nimbus von Badrutt's Palace beigetragen haben. Doch nicht nur das Hotel selber hat von dieser Aura profitiert, sondern auch St. Moritz und das Engadin, nicht zuletzt in pecuniärer Hinsicht. So gab sich Reeder Niarchos, die graue Eminenz in Person, als spendabler Mäzen, welcher – obschon der Bevölkerung kaum bekannt – viel zur Entwicklung von St. Moritz beitrug, indem er Spitäler finanziell unterstützte, die Piz-Nair-Bahn mitfinanzierte und die Corvatsch-Bahn gründete. Stilles und nobles Mäzenatentum alter Schule!

Extravagante Ansprüche

Doch berühmte Leute können auch recht anspruchsvoll sein, wie das Beispiel einer Kundschaft aus dem Nahen Osten belegt, die samt Bodyguards und einem Gefolge von weit über hundert Personen anreiste, und für die von Fernverbindungen in die ganze Welt bis zu einem Ausflug an den Autosalon in Genf in zwei Spezialzügen mit Salonwagen plus adäquater Hotelunterkunft in der Calvinstadt alles organisiert werden musste – eine wahre Generalstabsübung. Dass selbst solche Extravaganzen mit grösster Selbstverständlichkeit und zudem in stoischer Ruhe gemeistert werden, ist mit ein Schlüssel zum Erfolg eines Hauses für höchste Ansprüche.

Auch Diskretion und noble Zurückhaltung sind Grundvoraussetzung, um das Vertrauen von prominenten Persönlichkeiten zu gewinnen, die sonst ständig die Gejagten sind. Deshalb hat sich die Hotelierfamilie Badrutt bei Festivitäten und Partys immer etwas im Hintergrund gehalten, wohl dort ihre Aufwartung gemacht, wo es galt, präsent zu sein, sich aber nie ins Highlife gestürzt, sondern eher das gediegene Beisammensein im kleinen Kreis gesucht. Dies hat ihr denn auch Freundschaften mit internationalen Persönlichkeiten und Weltstars auf Lebenszeit gebracht.

Kaiser, Könige und Künstler

Berühmte Gäste hinterlassen auch bleibende Erinnerungen. Zum Beispiel Filmproduzenten-Legende Alfred Hitchcock, Stammgast im Palace mit seiner Familie

Gegenüberliegende Seite: August Jucker auf der «Jaboulin Farman» (1912) und eine «Fokker F VII A» auf dem zugefrorenen See (1928).

Bei der überhängenden Horse Shoe-Kurve der Bobbahn von St. Moritz: Erzherzog Franz Ferdinand von Österreich mit Familie beim Spaziergang (1909).

über Jahrzehnte. Obschon eher zurückhaltend, wusste er mit seinen gruseligen Geschichten – ganz in der Manier seiner Filme – zu fesseln.

Oder Weltstar Marlene Dietrich, die Mitte der 1960er-Jahre im Palace ein Konzert gab und dabei den gesamten Corviglia-Club mitsamt aller Prominenz zu Standing ovations und wahren Begeisterungsstürmen hinriss, so dass die Blumenarrangements der Tischdekoration reihenweise auf die Bühne flogen. Legendär sind auch die Partys von Gunter Sachs, dem Playboy der Sechzigerjahre, welcher die Turm-Suite bewohnte.

Ganz stolz ist man im Palace Hotel zudem darauf, dass neben kaiserlichen und königlichen Hoheiten, Vertretern des Hochadels und Mitgliedern regierender Königshäuser, neben Präsidenten und Spitzenpolitikern, Wirtschaftsmagnaten und Grössen der Wissenschaft auch Künstler verkehren, ja hier sogar grosse Werke realisierten.

So hat Richard Strauss eine seiner bekanntesten Partituren in Badrutt's Palace Hotel geschrieben, und Arturo Toscanini spielte – vor seiner grossen Karriere als Dirigent – als Cellist im Palace-Unterhaltungsorchester. Aber auch Erich Kästner, Erich Maria Remarque, Thornton Wilder, Herbert von Karajan und Max Frisch zählten zu den Hotelgästen, und Yehudi Menuhin hat des öfteren im Palace Hotel Konzerte gegeben.

Das Erfolgsgeheimnis

Ein weiterer Schlüssel zum Erfolg ist die Liebe zum Detail. Der ganze Hotelkomplex ist geprägt von derselben Handschrift – bis hinein ins letzte Detail. Bei Aus- und Umbauten, aber auch bei der Inneneinrichtung hat sich die Familie Badrutt immer an die gleich hochgestellten Stilansprüche gehalten und dabei Tradition und Moderne geschickt zu verschmelzen verstanden. Deshalb ist das Palace Hotel homogen gewachsen, und daher ist und bleibt es das vertraute Etablissement, dem die Stammkundschaft gerne die Treue hält.

Allerdings sind heutige Prominente anspruchsvoller geworden, haben weniger Zeit und Geduld und wollen neben Nostalgie auch alle Annehmlichkeiten des modernen Lifestyle geniessen.

So besteht denn die Kunst des Hotelmanagements darin, das Haus zwar mit neuster Technik, Elektronik und Logistik auszurüsten, jedoch gleichzeitig dessen nostalgischen Charme zu bewahren. Ein solch avantgardistisches Highlight ist die ökoverträgliche Wärmegewinnung aus dem St. Moritzersee (Clean Energy).

Das gilt aber nicht nur bezüglich Bausubstanz und Inneneinrichtung, sondern auch – und eigentlich noch viel mehr – für die zwischenmenschliche Atmosphäre. Denn auch moderne, gestresste Prominente schätzen eine persönliche und herzliche Betreuung.

Darin liegt vielleicht sogar das Hauptgeheimnis des nachhaltigen Erfolgs, der gewährleistet, dass die Special Guests immer wieder ins Palace kommen werden – «wie die Lachse an den Ort ihrer Zeugung».

Doch nach diesem Exkurs in die Hotel-Belle-Epoque, die ihre Blüte ursächlich der Heilquelle und dem Bädertourismus verdankt, zurück zum Thema Badekurort, wo sich nun eine dramatische und tragische Wende abzeichnete.

Gegenüberliegende Seite: Bereits 1881 wurde St. Moritz zur Wiege des Curlings auf dem Kontinent. Diese Sportart wirkte auch als Bindeglied zwischen Gästen und Einheimischen.

Das abrupte Ende

Szenenwechsel bei Kriegsausbruch: Soldaten statt Touristen in St. Moritz.

Wie in Zürich, Schaffhausen und Riggisberg BE kam es auch im Engadin zu einem irrtümlichen Bombenabwurf aus einer amerikanischen «Fliegenden Festung»: Bombenkrater vor Plantahaus in Samedan, 1. Oktober 1943.

Als die bedrohlichen Gewitterwolken des Ersten Weltkrieges über Europa aufzogen, fiel – nach der Hochperiode zu Beginn des Jahrhunderts – das Highlife im Weltbadekurort St. Moritz wie ein Kartenhaus in sich zusammen. Auch in den Nachkriegsjahren herrschte grosse Flaute. Die Heilquelle plätscherte still und leise vor sich hin.

Grosse Leere – bange Frage

Die langjährigen treuen Gäste, zumal jene aus den einstigen Herrscher- und Fürstengeschlechtern, blieben aus. Kaiser, Könige und Prinzessinnen, eben noch reale Erscheinungen in der Multikulti-Gästegalerie, wurden wieder zu abstrakten Märchenfiguren. Entweder existierten sie nicht mehr, oder die Inflation hatte ihnen die Flügel gestutzt, so dass für sie Badeferien im Nobelkurort in gewohnter Manier kein Thema mehr waren. Der Bäderbetrieb in St. Moritz lief während des Krieges und in den Jahren danach nur noch auf Sparflamme.

Zwar bewiesen etliche Hoteliers Durchhaltewillen; doch von Fremdenverkehr und einem nur annähernd befriedigenden Geschäftsgang konnte nicht mehr die Rede sein. Die angehäufte Substanz zerrann wie Sand zwischen den Fingern, ganze Familienbesitze lösten sich im Nichts auf. Es gab keine Investitionen mehr, keine Unterhaltsarbeiten, die einst strahlenden Etablissements verloren an Glanz, und mit ihnen der ganze Kurort.

Es gähnte eine grosse Leere im Weltdorf. Was blieb, war die bange Frage, wohin das führen soll.

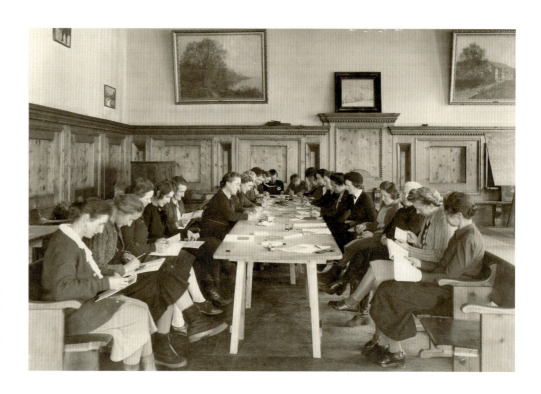

Die schweren Zeiten brachten die Menschen näher zusammen: Frauen beim Bearbeiten von Suchmeldungen des Roten Kreuzes.

Die kleine, stille Gegenwelt

Zum Glück gibt es in jeder dunklen Phase des Lebens auch Lichtblicke. Mit einem solchen wollen wir dieses Kapitel beschliessen. Gemeint ist die Kunstmalerin Mili Weber, die mitten im Ersten Weltkrieg von Biel nach St. Moritz kam und an die heute noch ihr «Kunsthaus im Wald» an der Via Dimlej oberhalb des St. Moritzersees erinnert. Sie repräsentierte die stille Gegenwelt im mondänen Jetset-Kurort. Menschlichen Wunschfantasien folgend beseelte sie in ihren Bildern – ähnlich den Blumenmärchen des Thurgauer Malers und Kinderbuchillustrators Ernst Kreidolf – Blumen und Pilze mit Kindergesichtern. Unschuldige Traumwelten, die den Betrachter in kindliches Staunen zurückholen.

Ihr Gesamtkunstwerk ist gemalte Andacht vor der Schöpfung. Was der Urwalddoktor Albert Schweitzer in Lambarene vorlebte (Ehrfurcht vor dem Leben), projizierte die Künstlerin Mili Weber in ihre Bilder (Liebe zur Kreatur). Die Kraft für ihr Schaffen holte sie sich in der Natur, mit der sie eng verbunden war. Das belegt auch ihr intimer Zugang zu ihren besten Freunden, den Tieren des Waldes. Diese stille Gegenwelt beeindruckte selbst grosse Namen unter der St. Moritzer Nobelhotel-Klientel, und manche unter ihnen beehrten Mili Weber mit ihrem Besuch, von Farah Diba über den Scheich von Kuweit bis zu Charlie Chaplin.

Alles, was diese eigen- und einzigartige Künstlerin erschaffen hat, seien es ihre tiefsinnigen Bildergeschichten oder ihr innen total ausgemaltes Haus, ein psychedelisches Gesamtkunstwerk in sich, ist durchströmt von ihrer ureigenen naturverbundenen Weltanschauung, die in den Polaritäten des Lebens immer vom Bösen zum Guten und vom Schatten ins Licht führt. Eine Botschaft, die in der damaligen schwierigen Zeit hilfreich war – und es noch heute ist.

Das märchenhafte «Kunsthaus im Wald» von Mili Weber, deren Freunde die freilebenden Tiere waren.

Typische Mili-Weber-Traumwelt: Pilzkreis mit Kindergesichtern. Menschlichen Wunschfantasien folgend hat sie in ihren Bildern die Natur beseelt.

DAS STÄNDIGE SORGENKIND QUELLFASSUNG

Mauritiusquelle

Die Wunden des Ersten Weltkrieges und deren Folgen für den Bädertourismus lasteten schwer auf dem erfolgverwöhnten Kurort St. Moritz. Selbst in den ersten Nachkriegsjahren herrschte im Bäderbetrieb grosse Flaute. Paracelsus hätte sich wohl im Grabe gedreht, wenn er gesehen hätte, wie das Quellwasser jenes Sauerbrunnens, den er einst als den besten Europas belobigt hatte, ungenutzt dahinplätscherte.

Dieser Zustand sollte lange, sehr lange andauern; erst gegen das Ende der Zwanzigerjahre begann man sich wieder der Bäder zu erinnern, und es schien nun, als ob es zu einem neuen Aufschwung kommen könnte. Also galt es, für ein allfälliges Wiederaufblühen gewappnet zu sein. Trotz unsicheren Zeiten war es jetzt erfreulicherweise die Gemeinde selber, die sich der Verantwortung für das kostbare Naturgeschenk bewusst wurde. Die Quellen – man erinnert sich an die alten Klagen über die gesunkene Mineralwasserqualität – bedurften einer Sanierung und die Gebäulichkeiten einer Renovierung.

Tragikomödie in zehn Akten

Für die Erneuerung und Erweiterung der Bädergebäude wurde 1927 ein Wettbewerb ausgeschrieben. Alle prämierten Entwürfe sahen auch grosszügigere Kurpark-Anlagen vor. Doch dann wurde realisiert, dass man im Begriff war, das Pferd beim Schwanz aufzuzäumen. Weil im langsam sich erholenden Bäderbetrieb die Klagen bezüglich schlechter Mineralwasser-Qualität wieder lauter wurden, fand man es angezeigter, sich zuerst dem Sorgenkind Quellensanierung anzunehmen. Was jetzt folgt, kommt einer Tragikomödie in zehn Akten gleich und wäre tauglicher Stoff für eine Seifenoper mit hoher Einschaltquote.

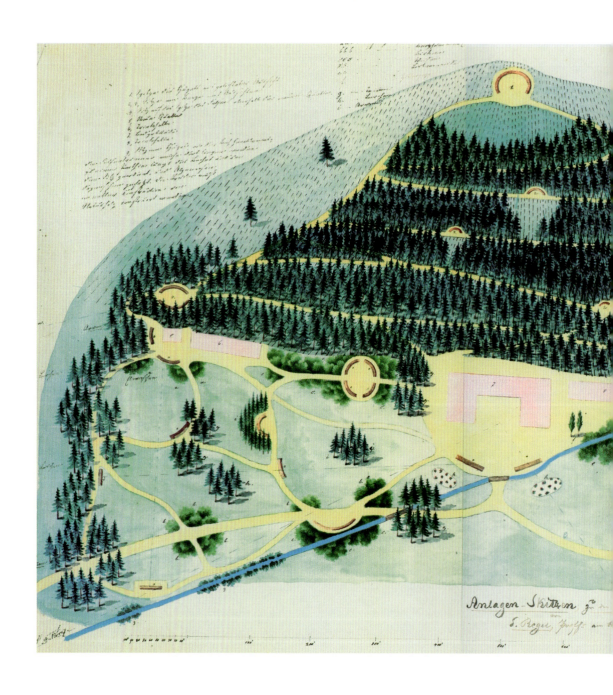

Zuerst zwei Professoren …

Die Aufzeichnungen des früheren Gemeindegeometers und Brunnenmeisters Gottfried Grieshaber, die er 1965 zur 100-Jahr-Feier des Kurhauses St. Moritz verfasst hat, und bei denen man spürt, dass er ein Praktiker und kein Theoretiker war, lesen sich zwischen den Zeilen wie ein quellensanitarischer Kriminalroman. Die eine Episode erwähnt er allerdings nicht: Für die anstehende Expertise wollte man neben Professor Hartmann auch den Doyen der Geologen, Professor Albert Heim, wieder verpflichten. Dieser musste aber altershalber auf eine aktive Teilnahme verzichten, sagte jedoch beratende Unterstützung zu und empfahl Hartmann, an seiner Stelle den Kollegen Staub anzufragen, «aber ums Himmelswillen nicht den XY!». Expertengerangel – schon damals…

Im Jahre 1930 beauftragte die Gemeinde dann tatsächlich die Professoren

Nicht datierte Anlagenskizze aus dem 19. Jahrhundert (um 1870) des Kurparks und seiner Umgebung, gezeichnet von einem Professor des Botanischen Gartens Zürich. Gut ersichtlich ist das ausgedehnte Wegnetz für kombinierte Bade- und Terrainkuren.

Hartmann in Aarau und Staub in Zürich mit einer Expertise über den Quellenzustand. Aufgrund grosser Schwankungen im Erguss, in der Temperatur und der chemischen Zusammensetzung des Mineralwassers folgerten die Experten, das Gas der Quelle sei vulkanischer Natur, das Wasser jedoch Grundwasser des Quellenberges oder des Talbodens. Untersuchungen am Grundwasser in der Umgebung der Mauritiusquelle schienen dies zu bestätigen.

Sie führten aber auch zu einem erstaunlichen Zufallsbefund: An einer bestimmten Stelle, rund 250 Meter nördlich der Mauritiusquelle, zwischen der Via San Gian und dem Inn, war das Grundwasser bis zu 5° Celsius wärmer. Die Professoren vermuteten eine Therme auf dem Talgrund und schlugen vor – allerdings noch ohne präzise Angaben zu machen –, Tiefbohrungen durchzuführen.

… dann zwei Rutengänger …

Eine warme Quelle, eine Therme in St. Moritz – solch frohe Aussicht beflügelte und weckte Hoffnungen auf eine Wiederbelebung des serbelnden Badebetriebes. Denn genau deshalb waren doch seinerzeit die Römer hochnäsig und achtlos am St. Moritzer Sauerbrunnen vorbeigegangen, weil er bloss kaltes Mineralwasser führte. Nun war die Gemeindebehörde zu allem entschlossen. Wie ein verzweifelter Patient, der sich vom Arzt ab- und dem Naturheiler zuwendet, verpflichtete sie den damals weltbekannten Rutengänger Ing. Carl Beichl, Oberst d.R. aus Wien.

Ingenieur und Reserveoberst Beichl liess – ohne die Lage der Mauritiusquelle und die Fundstelle des warmen Grundwassers zu kennen – seine Metallrute über den Talboden tanzen. Und siehe, auch er wurde fündig mit einer unterirdischen Therme mit zwei Strängen, der eine in Richtung Mauritiusquelle, der andere zu jener Stelle mit dem warmen Grundwasser führend. Er schlug eine Tiefbohrung vor, nämlich in Islas, bei der Gabelung der beiden Stränge. Hier ortete er eine Mineralquelle von 24 Grad Temperatur und einem Erguss von 1260 Minutenlitern *(vgl. Kastentext).*

Nun war es wie bei den Goldgräbern, wenn sich eine Trouvaille herumspricht. Ein zweiter Rutengänger, ein Pater Randolt aus Solothurn, kam aus eigenem Antrieb. Auch er bestimmte – ob mit dem Segen von oben, ist nicht überliefert – den

---

Thermalwasser: Wunschtraum und Realität
Rutengänger bejaht, Professor verneint – und hatte später recht damit

Der Wiener Rutengänger Beichl schreibt im Brustton der Überzeugung (1930): Es ist anzunehmen, dass die Mauritiusquelle zur Römerzeit noch ein thermaler Aufstoss war, der über Tag sprang. Erst viel später mag dann die Verwässerung und Abkühlung eingetreten sein. *(Die Frage sei erlaubt: Warum sind denn die Römer damals so achtlos daran vorbeigegangen?)*

Nach der geschilderten Sachlage ist es ohne weiteres möglich, das Wasser der Mauritiusquelle (und zugleich auch der Paracelsusquelle) mit weitaus höherer Temperatur und grösserer Anreicherung an Mineralsalzen und Kohlensäure mehr talauswärts aufzuschliessen und dem Kurhaus mit einer gut isolierten Rohrleitung zuzuführen.

Die Schlussfolgerungen von Professor Oulianoff – wesentlich nüchterner (1937): Was die Thermale anbetrifft, soll man nicht denken, die Wasser über 20 Grad zu finden. Um diese angenommen warmen Wasser zu erreichen, muss man sie durch Sondierungen in Tiefen, im Minimum von 300 m unter der Ebene suchen.

Diese Wasser zirkulieren in den kohlenstoffhaltigen Felsen, durch ein kommunizierendes Netz mit Rissen; eventuell können die Bohrungen neben den interessanten Wasseradern vorbeigehen. Die Möglichkeiten, einer reichen Thermale zu begegnen sind also äusserst unsicher, wenn nicht zweifelhaft. *(Diese Annahme sollte sich später – bei der Geothermiebohrung von 1991 – als richtig erweisen.)*

unterirdischen Zulauf zur Mauritiusquelle, und seine Angaben deckten sich auffallend mit jenen des profanen Rutengängers aus Wien. Damit stand es schon mal 2:1 für die Rutengänger.

... und noch ein Pendler ...

Nach den beiden Rutengängern reiste auch noch ein Pendler aus Paris an, notabene auch ein Oberst, namens Moreaux. Sein Resultat wich komplett von dem des Ingenieurs und des Paters ab. Wo sucht ein Oberst den Ausgangspunkt für den Angriff? Auf dem Feldherrenhügel! Also postulierte er den Ursprung aller drei Quellen – Mauritius, Paracelsus und Surpunt – am Rosatschmassiv.

Gemäss Order von Herrn Oberst wurde auf dem Kulminationspunkt des Quellenbergs ein Schacht abgeteuft, wo man gemäss seiner generalstäblichen Pendler-Prognose in 7 Metern Tiefe auf die Mauritiusquelle stossen sollte. Doch auch bei 10 Metern zeigte sich nichts ausser Fels. Die Übung ging in die Hosen. Herr Oberst befahl Halt, Ruhn und Retablieren! Inzwischen hatten auch die Professoren Hartmann und Staub, in Zusammenarbeit mit dem Geologen Hug aus Zürich, einen konkreten Vorschlag für die Tiefbohrung im Zentrum des erwärmten Grundwassers unterbreitet.

Wem sollte man nun glauben, dem Arzt oder dem Heiler? Die Gemeinde entschloss sich für eine Bohrung in Islas – gemäss dem Vorschlag des Wiener Rutengängers. «Neben dem falschen Glauben an die Rutengänger», so schrieb Fachmann Hartmann später, «war für den Gemeinderat noch entscheidend, dass der westliche Punkt auf Gemeindegebiet lag, die Stelle aber mit dem warmen Wasser dem Kurhaus gehörte, das an eine Bohrung nichts leisten konnte, aber bei einem Erfolg doch die Therme beansprucht hätte»... Auch eine Art Bohrtaktik!

... dann Übungsabbruch

Eine Zürcher Firma setzte den Tiefbohrer an jener Stelle an, wo sie gemäss Pendler Beichl in 77 Metern Tiefe auf die Therme stossen sollte. Doch bereits nach 47 Metern gab sie auf, weil angeblich der Fels zu hart war und sich die offerierten Preise nicht mehr rechneten. Anders interpretierte dies die Gemeinde, nämlich als Unfähigkeit der Bohrfirma. Folge: ein jahrelanger Prozess.

Inzwischen veranlasste St. Moritz weitere Sondierbohrungen durch andere Firmen, eine nächste im Waldzipfel südlich des Kurhauses, hinunter bis auf eine Tiefe von 47 Metern. Und es wurde noch bunter: Im hängigen Prozessverfahren verfügte das Gericht – als Beweismittel –, dicht neben der abverheiten sei eine neue Bohrung durchzuführen. Unter Aufsicht eines vom Gericht bestellten Experten wurde diese – wieder von einer anderen Bohrfirma – bis auf 107 Meter abgeteuft.

Resultat dieses kunterbunten Maulwurf-Festivals: Man stiess auf kein Mineralwasser, geschweige denn auf eine Therme; lediglich starke Gasauftriebe wurden festgestellt. Nach einem weiteren Gutachten durch den Geologen der zweiten Bohrfirma, Professor N. Oulianoff, in welchem das Vorhandensein von Thermen im Oberengadin gänzlich in Frage gestellt wurde *(vgl. Kastentext)*, war definitiver Übungsabbruch. Nichts gewesen – ausser Spesen und stumpfen Bohrern. Zurück blieb die Irritation, dass, wie Professor Hartmann später lakonisch vermerkte, trotz all der grossen Aufwendungen just an der Stelle des warmen Grundwassers keine Bohrung ausgeführt wurde. Die Schildbürger lassen grüssen!

Mauritius-Neufassung

Nach dieser Leerlaufübung machte man sich im Herbst 1937 wieder ans Konkrete, nämlich die dringend notwendige Neufassung der Mauritiusquelle. Dies geschah unter den Auspizien eines damals renommierten Balneologen, Ingenieur E. Maurer aus Baden-Baden *(vgl. Kastentexte)*. Er liess, wie seinerzeit schon Professor Heim (1907) und Professor Hartmann (1930), den Quellenschacht vollständig auspumpen.

Am Sonntag, dem 21. Oktober 1937, war der Schacht so weit leergepumpt, dass man einsteigen konnte. Die Zuläufe an Mineral- und Süsswasser erwiesen sich etwa so, wie schon im Gutachten von Professor Hartmann (1930) beschrieben, mit dem Unterschied, dass die starke Mineralquelle an der Nordwand, die nunmehr direkt über dem Fels auslief, viel stärker konzentriert war als im September 1930. Jetzt ergaben die Messungen eine «sehr gute Mineralquelle» *(vgl. im vorangehenden Kapitel den Abschnitt über die «Gesamtrenovation von 1907/1908»)*:

Wassertemperatur	*5,0° Cels.*
Alkalinität	*22,5*
Freie Kohlensäure	*1720 cm³/lt.*

Mit den Grabarbeiten wurde unverzüglich begonnen. Ausgeführt wurden sie von der Baufirma Niklaus Hartmann & Co. in St. Moritz; die Bauleitung unterstand dem Bauamt der Gemeinde. Nordwestlich des alten, aus dem Jahr 1908 stammenden Quellenschachtes wurde ein neuer ausgehoben.

Eine neue Überraschung

In einer Tiefe von 4,5 Metern stiess man auf eine Lehmschicht. Oberhalb dieser floss nur Süsswasser in den Schacht, Kohlensäure nur in geringen Mengen. Doch nach Durchstossen dieser rund 2 Meter mächtigen Lehmschicht erfolgte ein starker Zustrom von Kohlensäure. Ständig waren Ventilatoren und Grundwasserpumpen im Einsatz.

Aus dem Schachtboden quirlten jetzt grössere und kleinere Zuflüsse von Mineralwasser. Unter der Lehmschicht kam sandig-kiesiges Material, vermischt mit kantigen Felsbrocken, zum Vorschein. In 9,3 Metern Tiefe stiess man auf Fels, und hier vereinigten sich die verschiedenen Mineralwasserstränge zu einem einzigen, starken Zufluss, der aus der nördlichen Ecke des Schachtes hervorstrudelte.

Kohlensäure aus dem Magma
Balneolog E. Maurer zur Entstehung der Mauritiusquelle, 1937

Es handelt sich hier nicht um theoretische Erörterungen über die Provenienz von Gas und Wasser. Es interessiert uns in diesem Falle auch nicht, ob Gas und Wasser juvenilen oder plutonischen Ursprungs seien.

Ich bin zwar niemals im Zweifel darüber gewesen, dass die Kohlensäure in St. Moritz und in Tarasp vom gleichen ehemals vulkanischen Herd aus dem Magma kommt und das Wasser, nachdem es als Regen oder Kondensation in die Tiefe der Erde eingedrungen ist, sich mit der aufsteigenden Kohlensäure unter hohem Druck stark imprägniert, dadurch zum Sauerwasser wird und im Wiederaufstieg in der Lage ist, in den Gesteinen, die es durchfliesst, Mineralien aufzulösen, die dann seine Bestandteile bilden.

Meine Vorschläge sind nur praktischer Art und schliessen jede Theorie aus. Es handelt sich darum, die über tausendjährige Mauritiusquelle wieder in den früheren Stand zu bringen, und ich bin mir gewiss, dass dies bei kluger Berücksichtigung der Grundregeln der modernen Quellenkunde zu bewerkstelligen ist.

Nach dem Entfernen grosser Steine über dem Quellenaustritt kam eine kanalförmige Höhle zum Vorschein. Aus dieser leitungsähnlichen Vertiefung floss das Mineralwasser. Ingenieur Maurer schenkte diesem Kanal offensichtlich keine grosse Beachtung und liess ihn sofort entfernen, nachdem er ihn in einer flüchtigen Skizze in seinem Tagebuch festgehalten hatte. Das vermerkt Chronist Gottfried Grieshaber mit einem zwischen den Zeilen spürbaren Ärger – und wir werden gleich sehen, warum.

War es eine Jahrhundertsünde?

Die Praktiker am Ort des Geschehens, der Bauführer der Bauunternehmung und der Bauleiter des Gemeindebauamtes «haben sich damals des Eindrucks nicht erwehren können, dass dieser Kanal kaum von der Natur geschaffen worden ist». Angenommen, dieser ominöse Kanal wäre tatsächlich das Werk von Menschenhand, dann wäre er wohl lange vor jener hölzernen, bronzezeitlichen Quellfassung erstellt worden, die 1907 ausgegraben und später dann dendrochronologisch auf das Jahr 1466 vor der Zeitrechnung datiert wurde. Und das wiederum würde bedeuten, dass die allerallererste Quellfassung bereits in der Steinzeit bestanden hätte!

Diese Frage, die nicht von geringer kulturhistorischer Bedeutung ist, steht heute unbeantwortet im Raum: Hat man da allenfalls voreilig gehandelt und eine – nach derjenigen von 1907 – zweite archäokulturelle Sensation verbuddelt? Ging so vielleicht der allerälteste Kulturnachweis von St. Moritz für alle Zeiten verloren?

Wollte allenfalls der Ingenieur aus Baden-Baden den St. Moritzern – und Quellenbesitzer sind ja in gewissem Sinn auch Konkurrenten – diesen Triumph nicht gönnen? Vielleicht ist das nun eine unangebrachte Unterstellung unsererseits. Aber warum, wenn er das Faktum für unwichtig hielt, hat er es trotzdem skizziert? Und warum lässt ein Ingenieur einen derart brisanten Fund nicht von Fachleuten der Archäologie beurteilen? Die Wahrheit bleibt das Geheimnis der Mauritiusquelle.

Ein hartes Stück Arbeit

Vielleicht, das sei entlastend für Ingenieur Maurer gesagt, war es auch bloss der Zeitdruck (er arbeitete auf Basis Erfolgshonorar), der ihn bewog, ohne Rücksicht auf Verluste durch diesen rätselhaften Stollen hindurch dem eigentlichen Wasseraustritt nachzugraben. Nach 2,3 Metern stiess man an der Stollendecke auf die Lehmschicht, und an der Stollenbrust verhinderte ein grosser Felsbrocken das Wei-

---

Die Crux des Grundwassers
Balneolog E. Maurer zu den Fassungsarten der Mauritiusquelle, 1937

Sind es mehrere Spalten, aus denen Mineralwasser austritt, so werden dieselben, sofern es sich um gleichartiges Mineralwasser handelt, zusammengefasst. Dann wird die Quelle durch ein Metallrohr hochgeführt. Hängt sie mit dem Grundwasser zusammen, so bildet das letztere den hydrostatischen Stau für das Mineralwasser.

Es ist eine Erfahrungssache, dass eine Mischung von Mineralwasser und Grundwasser unter normalen Verhältnissen nicht eintritt, weil die physikalischen und chemischen Bedingungen dies verhindern. Nur dann, wenn eine Mineralquelle zu stark abgepumpt, oder deren Auslauf zu tief gesetzt wird, überflutet sie das Grundwasser, so dass eine Vermischung erfolgt.

Ein Zusammenhang der Mauritiusquelle mit dem Grundwasser ist wohl wahrscheinlich, weil kaum anzunehmen ist, dass die Quelle nur einen Austritt besitzt. Dann kann die Einspiegelung nur wenig über dem Grundwasserspiegel erfolgen.

Sollte aber der Zusammenhang zwischen Mineral- und Grundwasser nicht direkt sein oder gar nicht bestehen, dann würden die Verhältnisse insofern viel günstiger sein, weil die Mineralquelle dann viel höher zu bringen wäre.

Kur- und Hotelkomplex mit Heilbad vorne, dahinter Mauritius-Gebäude und rechts davon Grand Hôtel des Bains, um 1965.

tergraben. Doch ausgerechnet unter diesem trat die Mineralquelle mit einer Schüttung von rund 150 Minutenlitern zutage.

Bis zu diesem Zeitpunkt war unter der Lehmschicht kein Grundwasser angetroffen worden. Als nun aber Ingenieur Maurer diesen Felsbrocken entfernen liess, was ein tagelanges, hartes Stück Arbeit bedeutete, erfolgte flugs ein grosser Einbruch von lehmigem und kiesigem Material aus der Stollendecke, gefolgt von einem mässigen Grundwasserzustrom von 400 Litern pro Minute. Stollen und Schacht waren sofort überflutet, und eine Trennung von Grundwasser und Mineralwasser war nicht mehr möglich.

Ein erster Versuch, die durchbrochene Lehmschicht mittels Zementmilch-Injektionen wieder abzudichten, war erfolglos. Schliesslich gelang es dann doch, den Stollen mit Beton zu festigen. Damit war die Quellfassung vorerst gesichert, und aktuell wurden folgende Gehaltswerte gemessen:

Alkalinität 19,2
Kohlensäure 1570 cm^3/lt.

«Erfolgreiche Verschlechterung»

Anschliessend wurden Stollen und Schacht ausbetoniert, die Quelle nach dem Schacht geleitet und durch eine periskopartige Steigleitung in die Höhe gezogen, immer ein wenig über dem Grundwasserspiegel.

Im Mai 1938 beendete Ingenieur Maurer seine Mission, kassierte sein Erfolgshonorar und sagte St. Moritz tschüss, nicht ohne in seinem Schlussbericht seine Arbeit als «erfolgreich» zu taxieren und die «scheinbare» Verschlechterung des Gehalts der Quelle beschwichtigend als nur eine vorübergehende Erscheinung zu bezeichnen:

Grundwasserstand $-1,62$ m
Höhe des Quellüberlaufs $-1,56$ m
Schüttung 28,3 Min.-Lt.
Temperatur 5,5° Cels.
Alkalinität 17,2
Kohlensäure 1540 cm^3/lt.

Parallel zur Sanierung der Mauritiusquelle hatte Maurer übrigens auch die Paracelsusquelle nochmals überprüft. Doch wie schon seinerzeit beim Versuch von Professor Hartmann, so gelang es auch ihm nicht, das Mineralwasser vom mächtig zufliessenden Grundwasser zu trennen.

Also konnte der Paracelsus-Sauerbrunnen auch weiterhin nicht genutzt werden. Die Betreuung der Mauritiusquelle lag nun aber fortan im Aufgabenbereich des Gemeindebauamtes.

Erboste Brunnengeister?

Ein Nachtrag bleibt noch – Akt zehn der Tragikomödie: Fast schien es, als würden sich die Quellengeister wieder melden, die man früher so sehr gefürchtet hatte.

Denn während diesen Arbeiten unter Leitung von Ingenieur Maurer – sie wurden rund um die Uhr in drei Schichten ausgeführt – drohte plötzlich mitten in einer Nacht unter Ächzen und Krachen das Quellengebäude einzustürzen.

Die Decke fiel herunter, die Wände bröckelten und senkten sich, so dass der eine Türpfosten der Eingangspforte fast einen halben Meter tiefer lag als der andere. Die Lage schien bedrohlich; die Arbeiter flohen und waren nicht mehr zur Rückkehr zu bewegen.

Was war geschehen, fragte man sich besorgt. Durch das extreme Abpumpen des Grundwassers bis auf 10 Meter Tiefe war das Terrain im Umfeld der Quelle derart entwässert und die Grundmauern des Quellengebäudes unterspült worden, dass sie absackten.

Nur durch das Unterbetonieren der Hauswände und den Einbau von Eisenträgern im Gebäude konnte die Einsturzgefahr gebannt werden.

Nun, wahrscheinlich war auch das Gebäude an sich nicht mehr in bestem Zustand gewesen. Das wäre nichts Neues in der Tragikomödien-Geschichte des Sorgenkindes Sauerbrunnen.

Hatte es doch bezüglich Bauzustand der Quellenhäuser früher schon wiederholt geheissen: «So fanden wir doch alles baufällig und schlecht» (Heinrich Ludwig Lehmann, 1797), «Das ganze Haus droht dem Einsturz» (Johann Ulrich von Salis, 1803) oder «Nichts als jene elende Hütte» (Johann Ludwig Meyer, 1811).

Kleine randvermerkte Vorschau: Dies war der Probleme letztes nicht!

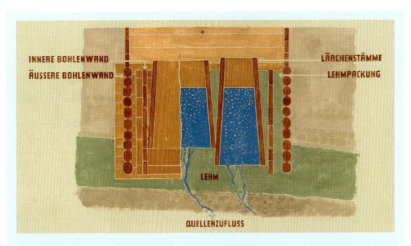

Mauritius-Sauerbrunnen – die Erste
Die bronzezeitliche Quellenfassung bis 1907

Das Mineralwasser dringt durch eine fast horizontale Lehmschicht via verschiedene Ausflüsse nach oben in zwei auf die Lehmschicht aufgesetzte, ausgehöhlte Lärchenstämme. Um diese herum ist zuerst ein Kasten aus Lärchenbrettern, dann ein zweiter Kasten aus Lärchen-Rundhölzern platziert. Die Hohlräume zwischen den ausgehöhlten Stämmen und dem inneren und äusseren Kasten sind mit Lehm ausgefüllt. Das Trinkwasser wurde mittels Schöpfer aus den Lärchenstämmen heraufbefördert.

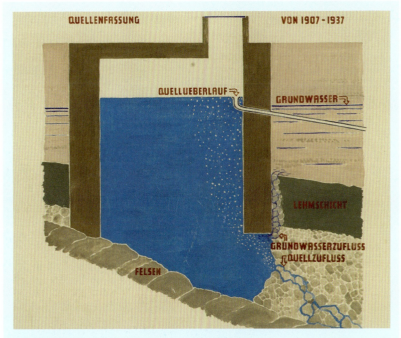

Mauritius-Sauerbrunnen – die Zweite
Die Quellenfassung von 1907 bis 1937

Anstelle der alten bronzezeitlichen Quellenfassung mit den Lärchenstämmen wurde ein Quellenschacht aus Betonmauerwerk durch die Lehmschicht hindurch bis auf den darunter liegenden Felsen erstellt. Zwischen Fels- und Lehmschicht befindet sich sandiges und steiniges Material, aus welchem die Quelle in verschiedenen Adern durch eine Öffnung in der Schachtwand in den Quellenschacht fliesst. Aus diesem wird das Mineralwasser hochgepumpt.

Regen ertränkt Sauerbrunnen

Wenn man als Laie das Wort Quelle hört, so denkt man: Das läuft und läuft und läuft. Falsch gedacht! Ein Sauerbrunnen ist wie eine zuckersüsse Finöggeli-Freundin: anspruchsvoll, eigenwillig, wetterfühlig und darauf bedacht, ständig umsorgt zu werden. Das bekamen jetzt auch die Verantwortlichen des Bauamtes zu spüren – und legten erstaunliches Gespür an den Tag im Umgang mit der holden Quellendiva. Denn sie standen, kaum hatten sie die Verantwortung übernommen, gleich wieder vor einem neuen Problem.

Probieren geht über Studieren

Im Juni 1938 setzten grosse Regenfälle ein. Dadurch stieg das Grundwasser, was eine Verschlechterung des Mineralwassers nach sich zog. Man gab Gegensteuer durch Höherstellen des Quellenüberlaufs, um die Verdünnung des Mineralwassers durch das Grundwasser zu minimieren. Das funktionierte eine gewisse Zeit, hatte aber eine kleinere Schüttung zur Folge. Doch dann stieg – ausgerechnet kurz vor Saisoneröffnung – der Grundwasserspiegel derart stark, dass ihm mit dem Quellenüberlauf nicht mehr gefolgt werden konnte, da sonst der Sauerbrunnen komplett versiegt wäre.

Jetzt waren Notmassnahmen angesagt! Doch man befand sich in einer Zwickmühle: Liess man die Quelle tiefer auslaufen, hatte man wohl noch eine gewisse Schüttung, jedoch derart verdünnt, dass dies den Kuranden nicht zuzumuten war. Und umgekehrt starb der Sprudel. Sollte man die Saison abblasen? Doch wer würde solches begreifen: Wegen Regen kein Quellwasser... Gemeindepräsident Nater entschied mutig für Eröffnung; er hatte Vertrauen in seine Crew und liess die Praktiker die Knacknuss lösen.

Vom Bau her stand neben der Quellfassung noch ein Pumpschacht offen; diesen benutzte man, um das Grundwasser dosiert abzupumpen, so dass nicht wie-

---

Spielregeln für den Quellenbetrieb
Bericht des Bauamtes an den Gemeindevorstand, Bädersaison 1938

Der Grundwasserspiegel im Talboden von St. Moritz-Bad schwankt, entsprechend den Witterungsverhältnissen, ständig zwischen −2,5 und −1,0 m.

Der Ertrag der Quelle am Grunde der Fassung in einer Tiefe von 10 m beträgt, bei abgepumptem Grundwasser, 156 Min.-Lt.

Die Quelle vermag 80 cm über die Fassungssohle aufzusteigen, ohne an Ertrag und Gehalt zu verlieren.

Bei steigendem Grundwasser vermag die Quelle höher aufzusteigen, immer ein gewisses Mass über den Grundwasserspiegel.

Je höher der Grundwasserspiegel steigt, umso weniger hoch darf die Quelle über demselben auslaufen, um nicht an Ertrag zu verlieren.

Bei einem Grundwasserstand von −1,0 m vermag die Quelle nicht mehr höher zu steigen und versiegt.

Je höher die Quelle auslaufen muss, desto kleiner wird ihr Ertrag.

Solang die Quelle um das gewisse Mass (= Quellenspannung) über dem Grundwasserspiegel ausläuft, behält sie den für sie maximalen Mineralgehalt.

Wird der Quellenauslauf tiefer, sogar unter den Grundwasserspiegel eingestellt, wird die Quelle verdünnt, umso mehr, je tiefer sie ausläuft.

Für jeden Grundwasserstand gibt es eine bestimmte Höhe des Quellenüberlaufs, bei der die Quelle das ihr eigene Maximum an Gehalt und Ertrag liefert.

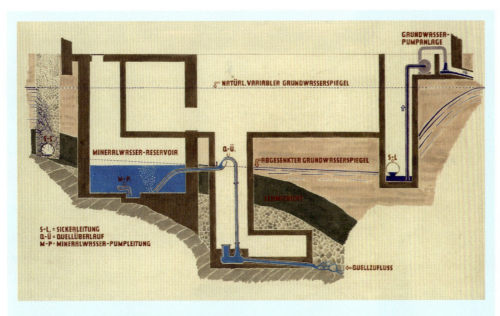

Mauritius-Sauerbrunnen – die Dritte
Quellenfassung von 1938 (mit Ergänzung von 1943)

Neben dem Quellenschacht von 1907, der fortan als Mineralwasser-Reservoir diente, wurde eine neue Fassung erstellt, bestehend aus einem Schacht bis auf den anstehenden Felsen und einem Stollen direkt über dem Felsen. Das Mineralwasser tritt in einem einzelnen Strang direkt über dem Felsen aus dem brockigen Steinmaterial zutage, von wo es mittels einer teleskopartigen Steigleitung über den jeweiligen Grundwasserspiegel hochgezogen und ins Mineralwasser-Reservoir geleitet wird.
Aus diesem gelangt das Wasser mittels Kolbenpumpe nach einem Hochreservoir, von wo es durch natürliches Gefälle zu den Bädern und der Trinkhalle fliesst. Für die Regulierung des Grundwasserspiegels über dem Quellenbereich wurde eine Sickerleitung rund um die Quelle gelegt, welche das zufliessende Grundwasser nach einem Schacht leitet, wo es ständig ausgepumpt wird.

der Einsturzgefahr bestand, wohl aber der Quellenüberlauf auf –1,65 Meter eingestellt werden konnte. Der Effekt war eine Schüttung von immerhin 29 Min.-Lt. bei einer Alkalinität von 17,6 und einem Kohlensäuregehalt von 1240 cm³/lt. Kein fürstliches Resultat, aber zufriedenstellend. Die Badesaison war gerettet. Doch eines war klar: So konnte es nicht weitergehen! Das kam auch in einem Bericht des Bauamtes an den Gemeindevorstand deutlich zum Ausdruck *(vgl. Kastentext)*.

Problem Grundwasserspiegel

Die gemachten Beobachtungen und festgelegten Spielregeln deckten sich mit den Erfahrungen anderer Betreiber kohlensäurehaltiger Mineralquellen. Allerdings wurde überall – gemäss dem Prinzip des geringsten Arbeitsaufwandes – versucht, den Quellenüberlauf trotz schwankendem Grundwasserspiegel auf eine dauerhafte mittlere Höhe einzupendeln.

Das konnte in St. Moritz deshalb nicht funktionieren – und war auch die Fehlüberlegung von Ingenieur Maurer gewesen –, weil die Grundwasserspiegel-Schwankungen hier sehr gross sind. Hätte man einen fest eingestellten Quellenüberlauf, würde der Sauerbrunnen bei hohem Grundwasserspiegel überflutet, wie das im Juni 1938 der Fall gewesen war, während er bei niedrigem Grundwasserspiegel im Ertrag zurückgehen oder ganz versiegen täte.

Analyse des Mauritius-Eisensäuerlings
Quellendaten, erhoben von Professor Högl, Betriebsjahr 1939/40

Kationen		mg/l	N/100	N/1000%
Ammonium	NH_4^+	0,350	0,0194	0,09
Lithium	Li^+	3,92	0,5648	2,51
Natrium	Na^+	146,04	6,3504	28,25
Kalium	K^+	4,028	0,1030	0,46
Magnesium	Mg^{+2}	35,92	2,9540	13,14
Calcium	Ca^{+2}	241,6	12,0560	53,63
Strintium	Sr^{+2}	4,52	0,1032	0,46
Barium	Ba^{+2}	Spuren		
Eisen	Fe^{+2}	7,707	0,2760	1,23
Mangan	Mn^{+2}	1,30	0,0474	0,21
Aluminium	Al^{+3}	0,042	0,0046	0,02
Kupfer	Cu^{+2}	0,005	0,0002	
Kadmium	Cd^{+2}	0,001	0,00002	
Summe Kationen		445,433	22,4790	100,00

Anionen				
Chlorid	Cl^-	14,11	0,3979	1,77
Bromid	Br^-	0,312	0,0039	0,02
Jodid	J^-	0,038	0,0003	
Fluorid	F^-	1,11	0,0584	0,26
Sulfat	SO_4^{-2}	197,5	4,1120	18,29
Hydroarseniat	$HAsO_4^{-2}$	0,093	0,0013	0,01
Hydrophosphat	HPO_4^{-2}	0,065	0,0014	0,01
Nitrat	NO_3^-	0,230	0,0037	0,01
Hydrogenkarbonat	HCO_3^-	1092,25	17,9004	79,63
Summe Anionen		1305,708	22,4793	100,00

m-Kieselsäure	H_2SiO_3	40,82	
m-Borsäure	HBO_2	1,095	
m-Titansäure	H_2TiO_3	Spuren	
Total		1793,056 mg/l	

Klassifikation
Chemisch: Vorwiegend Calcium, Natrium, Magnesium, Eisen; Hydrocarbonat, Sulfat.
Physikalisch: Kalt, hypotonisch.
Allgemein: Alkalisch-erdiger, daneben salinischer Eisensäuerling.

Ergo müsste man den Quellenüberlauf mittels teleskopartiger Steigleitung ständig dem Grundwasserspiegel anpassen. Dies jedoch würde – abgesehen vom Arbeitsaufwand – bedeuten, dass die Schüttung mal grösser, mal kleiner wäre und dass nach längeren Regenperioden das Quellwasser an Gehalt verlöre.

Scheinbare Problemlösung

Deshalb galt es, eine spezielle, den Eigenheiten der Mauritiusquelle angepasste Lösung zu finden. Sie bestand im Versuch, den Grundwasserspiegel über der Quelle zu stabilisieren, und dies mittels einer ringförmigen Drainageleitung mit einem Schacht, aus dem das Grundwasser ständig abgepumpt wurde.

So gelang es, den Grundwasserspiegel auf einer Tiefe von 2,9 Metern zu stabilisieren, womit man auch den Quellenüberlauf tiefer setzen und ständig auf gleicher Höhe belassen konnte. Positiver Effekt: Während des ganzen Sommers 1939 blieb der Quellenertrag bei 35 Min.-Lt., die Alkalinität betrug ständig 20 bis 21 und die Kohlensäure sank nie unter 1500 cm³/lt.

Und es kam noch erfreulicher: Dieser Zustand blieb auch in den kommenden Jahren stabil. Sogar der sonst sehr dezent rapportierende Chronist Gottfried Grieshaber äussert sich nun euphorisch: «Es darf ohne Übertreibung gesagt werden, dass noch in keiner Badesaison zuvor die Gäste mit so gleichbleibend gutem Mineralwasser bedient wurden wie in den Jahren 1939 bis 1942». Auch Kantonschemiker Högl befand, «dass die Quelle heute, nach der Neufassung und nach den sichernden Massnahmen, eine sehr gute Konstanz der Mineralstoffe aufweist» *(vgl. Kastentext)*.

Der Vollständigkeit halber: Auch diese Quellensanierung war – das Drama von 1938 lässt grüssen! – mit massiven Schwierigkeiten verbunden, angefangen mit grossen Wassereinbrüchen über Probleme bei der Grabenspriessung im beweglichen Schwimmsand bis hin zum Einsturz der Südwand des Quellengebäudes.

Darf es ein bisschen mehr sein?

Ertragssteigerung ist ein urmenschliches Bedürfnis – und äusserte sich auch hier bei der Quelle. Wohl war sie jetzt qualitativ gut, doch ihr Ertrag reichte nicht aus für die grosse Zahl vorhandener Badezellen. Also erwog man, die Drainageleitung tiefer zu legen, um – gemäss dem oben erklärten Prinzip – die Schüttung zu steigern. Ja man wollte sogar einen Mauerring mit Lehmabdichtung erstellen, innerhalb welchem ein attraktiver Quellenraum hätte ausgebaut werden können.

Weil aber technische Schwierigkeiten auftauchten (stark abfallende Lehmschicht) und gleichzeitig die kostspielige Modernisierung der Bäder und die zusätzliche Einrichtung von Moorbädern anstanden, musste man sich auf die Minimallösung der Tieferlegung des Drainagegrabens mit Pumpanlage zur Förderung des Grund-

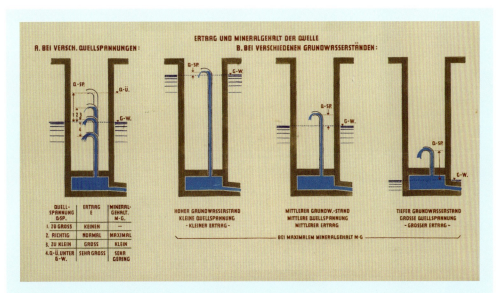

Ertrag und Mineralgehalt der Mauritiusquelle bei verschiedenen Quellenspannungen und Grundwasserständen

Darstellung der Einwirkung des Grundwasserspiegels und der Überlaufhöhe der Quelle:

Bild A links: Überläuft die Quelle unter dem Grundwasserspiegel, ist der Ertrag sehr gross, das Mineralwasser aber mit Grundwasser vermischt. Je höher der Quellenüberlauf gelegt wird, umso mehr steigt der Mineralgehalt des Quellenwassers bei gleichzeitiger Abnahme des Ertrages. Bei Stellung 2 erreicht der Mineralgehalt sein Maximum; bei Höherlegung des Überlaufes vermag er nicht mehr zu steigen. In dieser Stellung besitzt die Quelle die günstigste sogenannte «Quellenspannung». Sie ist die Differenz zwischen der Höhe des Quellenüberlaufs und der Höhe des Grundwasserspiegels. Wird die Quellenspannung vergrössert (Stellung 1), versiegt die Quelle.

3 Bilder B rechts: Sie zeigen die Abhängigkeit des Quellenertrages vom Grundwasserstand bei richtiger Quellenspannung. Bei hohem Grundwasserstand ergibt sich ein kleiner, bei niedrigem Grundwasserstand ein hoher Quellenertrag. Bei hohem Grundwasserstand ist die Quellenspannung klein, bei niedrigem Grundwasserstand gross.

wassers beschränken. Dies bedeutete, die Hoffnung begraben zu müssen, die Quelle für immer gänzlich vom Grundwasser befreien zu können.

Um die Gefahr einer nochmaligen Überflutung der Quelle wie 1938 auf ein äusserstes Minimum zu beschränken, wurden drei Pumpen installiert, eine grosse für den Sommer, eine kleinere für den Winter sowie eine Ersatzpumpe, die bei einer Panne automatisch einsetzen würde.

Zudem wurde die Anlage sicherheitshalber mit Strom aus zwei verschiedenen Netzen ausgerüstet. Im Mai 1943 waren die Arbeiten beendet. Die Werte waren jetzt gut, und bei einer Grundwasserabsenkung auf −5,48 Meter über der Quelle betrug die Schüttung nunmehr 96 Minutenliter.

Manchmal ist weniger mehr!
Die kluge Einsicht von Brunnenmeister Gottfried Grieshaber, 1948

Ich kam zur Überzeugung, dass wir durch die Absenkungen des Grundwassers und die damit erzielte, jahrelange vermehrte Entnahme von Mineralwasser die Durchflussgeschwindigkeit des Wassers durch das Gestein, in welchem es sich mineralisiert, verkürzt haben. Wird nun zeitweise der Abfluss aus diesem natürlichen unterirdischen Speicher künstlich grösser gemacht, als dessen Zufluss, so wird der aufgespeicherte Vorrat langsam aufgebraucht. Der Abfluss wird geringer und erreicht den Betrag des Zuflusses.

Dadurch wird die Zeit des Durchflusses des Wassers durch das Erdreich so stark verkleinert, dass sich die Mineralisation des Wassers ebenfalls verringert. Eine Verbesserung des Mineralwassers kann deshalb nur dadurch erreicht werden, indem man die Entnahme aus dem «Speicher» kleiner macht oder ganz einstellt, so dass sich das unterirdische Reservoir wieder auffüllen kann, damit die Durchflusszeit wieder vergrössert wird.

Die gleiche Überlegung gilt bezüglich Gehalt an Kohlensäure. Der Umstand, dass auch dieser zurückgegangen ist, lässt vermuten, dass das Wasser im angenommenen unterirdischen Speicherraum mit dem aus dem Erdinnern zuströmenden Gas zusammentrifft und deshalb bei der grösseren Durchflussgeschwindigkeit weniger Kohlensäure aufzunehmen vermag als bei langsamem Durchfliessen.

Kein Ruhmesblatt

Die Fassung des Sauerbrunnens, dies bestätigte auch Professor Hartmann 1944, war jetzt gut: «Nachdem durch die Fassungsarbeiten der Jahre 1937/38 die Lehmschicht verletzt und die Mineralquelle gefährdet war, ist durch die Arbeiten der Jahre 1942/43 der Schaden behoben und die Quelle gesichert worden».

Doch das Quellengebäude bot einen traurigen Anblick. Wohl war die eingebrochene Südwand neu aufgeführt worden, doch das Innere, an dem seit dem Beinaheeinsturz von 1938 keine Hand angelegt worden war, befand sich «in einem Zustand, der des kostbaren Naturgutes, das wir dort ausnützen, unwürdig ist». Man nimmt es schon beinahe stoisch zur Kenntnis: Solchen Feststellungen sind wir in der ganzen Quellengeschichte fast notorisch begegnet – kein Ruhmesblatt für einen Kurort, der seine ganze Erfolgsgeschichte dieser Quelle verdankt!

Fast schien es, als würde die Quelle sich rächen. Denn nachdem man geglaubt hatte, sie nun gemäss neuem Regime im Griff zu haben, trat 1945 erneut eine Verschlechterung ein. Man vermutete abgesetzten Ocker in Quellfassung und Steigleitung (das ausgefällte Eisen bildet einen roten Schlick). Doch die Generalreinigung von 1946 brachte keine Besserung.

Man war so klug als wie zuvor! Kam dazu, dass ausgerechnet jetzt Professor Ad. Hartmann im Auftrag des Schweizerischen Bäderverbandes eine Kontrolle durchführte und in einem alarmierenden Bericht an die Schweizerische Bäderkommission Sofortmassnahmen forderte und erneut Tiefbohrungen ins Spiel brachte. Damit war St. Moritz nicht einverstanden.

Es soll ein bisschen weniger sein!

Die Gretchenfrage war nach wie vor dieselbe: Warum verschlechtert sich der Sauerbrunnen trotz Senkung des Grundwasserspiegels und Höherstellung des Quellenüberlaufs?

Wen wunderts: Es war schliesslich der «Vater der Quelle», Gottfried Grieshaber, der zur richtigen Einsicht fand. Aber es war eine bittere Pille; denn man musste erkennen, dass man die Quelle schlicht und ergriffen überfordert hatte *(vgl. Kastentext)*.

Was also war zu tun? Wollte man die Quelle erhalten, so musste man das während der Sommersaison für die Abgabe an die Bäder zu viel entnommene Mineralwasser durch Drosselung des Quellenausflusses im Winter wieder kompensieren. Nicht ein bisschen mehr, sondern ein bisschen weniger Profitdenken war gefragt! Dieses Vorgehen wurde von den Gemeindebehörden gebilligt.

Auf die Vorschläge für weitere Tiefbohrungen von Professor Hartmann wurde dagegen definitiv verzichtet. Denn weil ja der Verlauf der Quelle vor ihrer Fassung nie genau abgeklärt werden konnte, müssten gleich mehrere Sondierbohrungen auf gut Glück durchgeführt werden mit der Gefahr der Beeinträchtigung der Surpuntquelle, die sich nicht im Besitz der Gemeinde befindet.

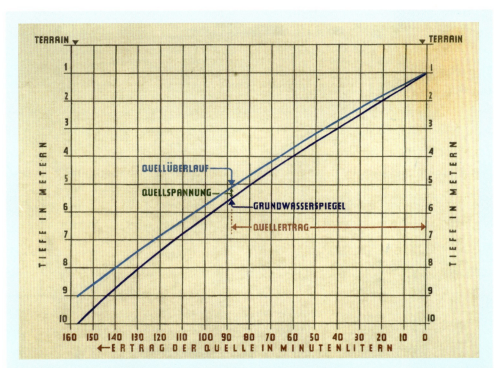

Grundwasserspiegel und Ertrag der Mauritiusquelle
Das Phänomen der sogenannten Quellenspannung

Dieses Diagramm zeigt die gleichen Verhältnisse zwischen Quellenertrag und Grundwasserspiegel, Quellenspannung und Quellenüberlauf wie die vorangehende Tabelle «Ertrag und Mineralgehalt der Quelle». Je niedriger der Grundwasserstand, desto grösser werden die Quellenspannung und der Quellenertrag. Bei einem Grundwasserstand von 1 Meter unter Terrain versiegt die Mineralquelle.

Zauberlehrling Mensch

Die ganze lange Geschichte der Quellfassung mit all den unzähligen Expertisen und praktischen Versuchen war ein stetes Ringen um Erkenntnis. Doch der Quellengeist liess den Zauberlehrling Mensch nie ganz in die innersten Geheimnisse vordringen. Immer wieder, wenn man glaubte, das Ei des Kolumbus gefunden zu haben, gab es eine neue Überraschung. So auch jetzt wieder, obschon es eben noch so gut ausgesehen hatte.

Fehlendes Ambiente

Im August 1949 tagte in St. Moritz die Schweizerische Bäderkommission und beriet die Finanzierung einer Erweiterung der Kuranlagen und eines Neubaus einer Trink- und Konzerthalle. Doch vorher wollte man Gewissheit haben, dass das Herzstück des gesamten Kurbetriebes, die Quelle, nun in Ordnung sei.

Zu diesem Zweck wurde Professor J. Cadisch, Geologe aus Bern, mit einer Expertise beauftragt – einer weiteren von unzähligen, die im Laufe der Zeit schon gemacht worden sind… Sein Fazit: «Wir halten die vom Bauamt St. Moritz ergriffenen Massnahmen der Schüttungsverminderung für richtig».

Doch obschon nun also die Quellfassung funktionierte und sowohl technisch wie hygienisch einwandfrei war, bezeichneten die Behörden – wohl zu Recht – die Gesamtanlage als Provisorium, weil es an einem «angenehmen Milieu» für die Badegäste fehlte. Darunter verstünde sich etwa eine kunstvolle Brunnenvase oder ein ebensolcher Überlaufturm sowie eine mit dem Kurhaus baulich verbundene, geräumige Trinkhalle. Für einmal hiess es also: innen fix, aussen nix!

Definitiv kein Winterbadebetrieb!

Immerhin: Die momentane Fitness der Mauritiusquelle war ja Voraussetzung für die Erteilung der Ausbaukredite. Dabei galt es als selbstverständlich, auch die Neufassung der Paracelsusquelle ins Bauprogramm zu integrieren, «da damit ein weiterer kostbarer Wasservorrat wieder erschlossen werden könnte». Ein entsprechender Bericht an Professor O. Högl, Präsident der Arbeitsgemeinschaft für die wissenschaftliche Überprüfung der schweizerischen Heilquellen, hatte zur Folge, dass die Schweizerische Bäderkommission 1949 der Gemeinde grünes Licht gab für die geplante Bädererneuerung.

Was die Mauritiusquelle anbetraf, war jetzt klar, dass man sie während Jahren durch zu grosse Wasserentnahmen überstrapaziert hatte, weshalb in Zukunft eher

---

Bekenntnis eines Praktikers
Das Credo des erfahrenen Brunnenmeisters Gottfried Grieshaber, 1965

Wir betrachten den Brunnengeist als unseren Verbündeten. Er spendet uns den kostbaren Heilbronn zur Genesung unserer Kranken und zur Erhaltung von Lebensfrische und Erholung für die Gesunden. Unsere Aufgabe ist es, alles zu unternehmen, was diesem Zwecke dient.

Der Brunnengeist, der Hüter der Quelle, wird alle unsere Bemühungen wohlwollend dulden, so lange wir mit Überlegung und Ausnützung der Erfahrungen den Heilbronn umhegen, dann aber sich bitter rächen, wenn wir aus Unbedachtsamkeit die Grundgesetze der Quelle stören und aus übertriebener Gewinnsucht Raubbau an unserem Naturgeschenk treiben wollen.

noch eine zusätzliche Drosselung angezeigt wäre. Die Konsequenz hieraus: Die Idee, die schon Ende 19. Jahrhundert von Bäderarzt Peter Robert Berry jun. propagiert worden war *(vgl. Kapitel «Aufstieg zum Weltkurort – dank Wasser»)*, auch einen Winterbadebetrieb einzuführen, stand damit nicht mehr zur Diskussion, es sei denn höchstens für zwei bis drei Dutzend Bäder pro Tag, was eine Quellenschüttung von 10 Minutenlitern erfordern würde.

Neufassung der Surpuntquelle

Mitte 20. Jahrhundert wollte die Graubündner Kantonalbank das inzwischen ihr gehörende Hotel Stahlbad samt der Surpuntquelle verkaufen, nachdem die Gemeinde den ihr gemachten Vorschlag, Hotel und Quelle samt Umschwung zu kaufen, abgelehnt hatte. In letzter Minute regte sich dann aber Widerstand und es gelang, die Bank zu überzeugen, nur das Hotel ohne die Quelle zu veräussern.

Eine Analyse der Quellenqualität ergab, dass sie weitgehend jener der Mauritiusquelle entsprach, worauf sich die Bank zu einer Neufassung entschloss, die im Frühling 1964 abgeschlossen war. Doch noch während diesen Arbeiten am Surpuntbrunnen verschlechterte sich plötzlich – dreimal darf man raten, warum – die Mauritiusquelle sowohl in der Schüttung als auch in der Qualität. Immer mehr erhärtete sich der Verdacht, dass die Quellen an ihrem Ursprung zusammenhängen und somit wie kommunizierende Gefässe reagieren, wenn am einen Ort zu viel abgeschöpft wird.

Allerdings hegte man immer noch die Hoffnung, in Zukunft in der Trinkhalle den Gästen zwei verschiedene Sauerbrunnen offerieren zu können. Offenbar hatte man vergessen, dass man ja bereits früher – aufgrund gleicher Probleme – die Paracelsusquelle hatte aufgeben müssen. Eines aber hat Gottfried Grieshaber am Schluss seiner Betrachtungen richtig erkannt, dass auch in Zukunft neue Probleme auftauchen würden und dass bei deren Lösung Gewinnsucht kein Ratgeber sein dürfe *(vgl. Kastentext)*.

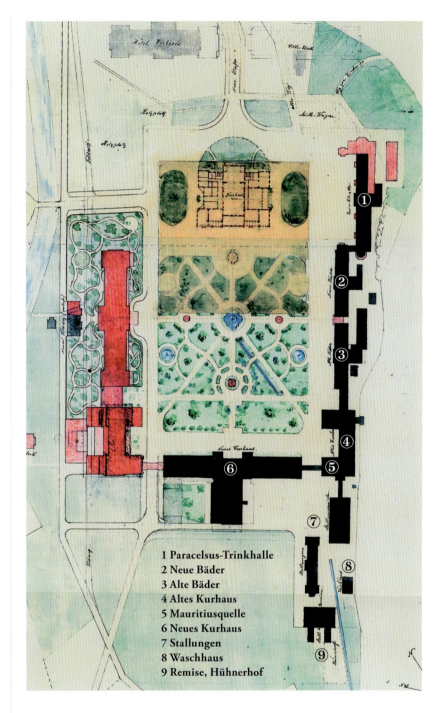

1 Paracelsus-Trinkhalle
2 Neue Bäder
3 Alte Bäder
4 Altes Kurhaus
5 Mauritiusquelle
6 Neues Kurhaus
7 Stallungen
8 Waschhaus
9 Remise, Hühnerhof

Situationsplan von St. Moritz Bad aus dem Jahre 1871, erstellt von Ingenieur Ulysses von Gugelberg aus Maienfeld. 1902 diente dieser Plan (nachgeführt von Geometer P. Bonorand) als Beilage zum Grenzbereinigungsvertrag.

Versuch einer Erklärung

Fasst man alle bisherigen Erkenntnisse zusammen, kann man sich weitgehend auf die von Professor Ad. Hartmann schon 1944 gemachten Feststellungen stützen: Die drei je genutzten Quellen Mauritius, Paracelsus und Surpunt treten am Fusse des Rosatschhangs und am Südostrand der Talebene auf. Da sie keinen freien Auslauf besitzen und die Schüttung künstlich beeinflusst wird (durch Regulierung des Grundwasserspiegels und des Quellüberlaufs), gibt es keine genauen Angaben über die natürlichen Wasservorräte und deren Ausflüsse. Weil aber die chemische Zusammensetzung und das Quellenverhalten aller drei sehr ähnlich sind, müssen sie den gleichen Ursprung haben.

Zwei Wasservorkommen

Geologisch erklärte dies Professor Hartmann so: Die primären, kristallinen Gesteine des Quellenberges und des felsigen Untergrundes des Inntales bilden eine undurchlässige Unterlage für sich sammelndes Wasser. Die darüber liegende Schuttschicht ist der Träger des Mineralwassers. Über dieser Schuttschicht befindet sich erneut eine undurchlässige Lehmschicht aus Seesediment, die beim Fassen aller drei Quellen angetroffen und beim Versuch von Ingenieur Maurer 1937 unglücklicherweise verletzt wurde. Darüber liegt wiederum Schutt einer jüngeren Seeauffüllung. In dieser oberen Schuttschicht befindet sich das Grundwasser des Tals.

Das heisst, es gibt also zwei Wasservorkommen, das tiefere zwischen Felsuntergrund und Lehmschicht, das zu Mineralwasser wurde, das andere über der Lehmschicht. Beide werden von Niederschlägen gespiesen, das obere durch Meteorwasser, das untere durch Sickerwasser vom Hang, das sich auf seinem Weg durch die Felsklüfte des Quellenberges

Der älteste heute noch existierende Zeitzeuge der grossen Bädertradition von St. Moritz, das dem Zerfall nahe Paracelsus-Gebäude, in dessen Untergrund die zugedeckte Paracelsusquelle ihrer Erlösung harrt, dies im Rahmen der geplanten Touristenattraktion.

mineralisiert. (Hier weicht Hartmann von Grieshaber ab, der noch glaubte, dass das Mineralwasser, gleich wie die Kohlensäure, aus dem Erdinnern stamme, was schon anhand der niedrigen Temperatur nicht stimmen kann.)

Das obere Grundwasser ist von gewöhnlicher Zusammensetzung, arm an Mineralstoffen und in der Temperatur schwankend, weist aber ebenfalls Trinkwasserqualität auf. Das untere ist mit Kohlensäure übersättigt, reich an Mineralstoffen und in der Temperatur annähernd konstant.

Vulkanische Kohlensäure

Was vor allem interessiert, ist die Frage, wie das untere Wasser zum Mineralwasser wurde. Aus dem Chemismus folgert der Fachmann, dass Kohlendioxid die Hefe im Teig ist. Es löst sich im Wasser auf, macht dieses zur Säure, die aus dem Gestein Metall herauslöst, Eisen zum Beispiel, so dass ein Eisensäuerling entsteht. Anschlussfrage: Woher kommt die Kohlensäure?

Darüber stritten sich die Fachleute anfänglich. Zuerst dachte man an eine Folge von Pyritverwitterung. Später war man sich dann jedoch einig (und darin stimmt Hartmann nun auch mit Grieshaber überein), dass es sich tatsächlich um vulkanische Kohlensäure handelt, die den Säuerling erzeugt.

Diese Sachlage liess Professor Hartmann zur Konklusion kommen: «Wenn diese Theorie richtig ist, so sollte die Möglichkeit bestehen, im Talboden von St. Moritz noch weitere Säuerlinge zu erschliessen».

Im Zusammenhang mit den aktuellen Überlegungen zur Rettung des Paracelsus-Gebäudes, dem letzten Zeitzeugen der grossen Bäderzeit, dürfte auch ganz speziell die folgende Hartmann'sche Aussage aufhorchen lassen: «Wollte man die alte Paracelsus oder eine noch grössere Tochter wiedergewinnen, so müsste eine grössere Grabung ausgeführt werden». Diejenige von 1930 war ja bekanntlich zu wenig abgeteuft worden.

Auch die aktuell für die Quelle verantwortlichen Geologen teilen diese Ansicht und sind der Auffassung, dass es möglich sein sollte, zusätzliche Mineralwasservorkommen zu erbohren, ohne die schützende Lehmschicht grossflächig zu verletzen und die aktive Mauritiusquelle zu gefährden; denn der Verbrauch bei Letzterer für die Bäder ist heute ja wesentlich kleiner als in früheren Zeiten.

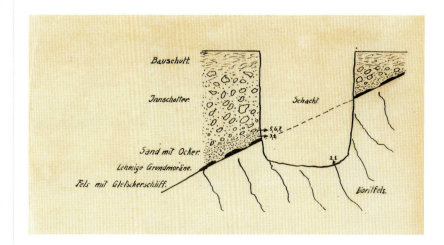

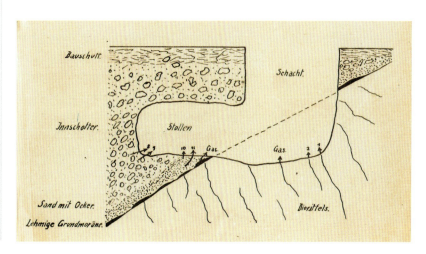

Skizzen von 1930 der Fassung des heute im Untergrund des Paracelsus-Gebäudes (vgl. Bild auf gegenüberliegender Seite) stillgelegten Sauerbrunnens: Zuerst wurde ein Schacht ausgehoben, dann ein Stollen vorgetrieben, bis die Quelle aus dem Innschotter zutage trat.

Tragikomödie – die Zweite

Die Heilquelle war für St. Moritz der grosse Glücksbringer und hat den Aufstieg zum Weltdorf begründet. Sie war und blieb aber auch das Sorgenkind, mal gehätschelt, dann wieder vernachlässigt. Jetzt stand erneut eine Zeit der Aktivitis an, mit Expertisen, Analysen und Probebohrungen.

Definitiv doch Winterbadebetrieb!

Die Taktik der Quellenbewirtschaftung änderte oft schneller als die Farbe beim Chamäleon. Wir erinnern uns, dass bereits 1898 Bäderarzt Peter Robert Berry jun. für «einen Weltbadeort für Sommer *und* Winter» plädierte, weil sich der Sport seit Johannes Badrutt ja auch erfolgreich beide Saisons angelacht hatte *(vgl. Kapitel «Aufstieg zum Weltkurort – dank Wasser»)*. Sein Vorschlag blieb damals ungehört. Und wir haben eben erfahren, dass 1949 anlässlich der Planung der Bädererneuerung die Frage eines Winterbadebetriebes definitiv verneint worden ist, weil man die Mauritiusquelle nicht noch einmal «überfordern» wollte.

Doch es passt zur wechselvollen Geschichte der St. Moritzer Heilquelle, dass 1976 dann plötzlich alles wieder ganz anders war. Weil das neue Heilbadzentrum bereits in seiner ersten Sommersaison grossen Erfolg hatte, wurde auf Empfehlung von Bäderarzt Robert Eberhard beschlossen, das Heilbad ab sofort ganzjährig offen zu halten. Der Entscheid erwies sich als goldrichtig; denn seither funktioniert im Heilbad – ganz im Sinne seiner Rentabilitätsbestrebungen – der Ganzjahresbetrieb.

Allerdings stiess darob, was aufgrund früherer Erfahrung eigentlich zu erwarten war, die Quellenschöpfung bereits im ersten Winter an die Grenze ihrer Kapazität. Dies wiederum aktivierte ein altbekanntes Prozedere von neuem – die Probebohrungen. Die Tragikomödie, von der eingangs dieses Kapitels die Schreibe war, wiederholte sich nun in reziprokem Sinn.

Hatte man damals im Widerstreit zwischen den Professoren und den Pendlern auf Letztere gehört, war es diesmal umgekehrt, allerdings ebenfalls mit negativem Ausgang, was zumindest die Wünschelrutengänger und die Professoren versöhnen dürfte...

Professor ortet «neurotische Dame»

Diesmal war es Professor K. Fricke aus Bad Driburg, welcher die Ehre hatte, die lange Gutachterliste um eine Position zu verlängern. Frohgemut schrieb er an Kurdirektor Kasper, nachdem er eine erste Sichtung der Sachlage vorgenommen hatte: «Ehrfurcht vor so viel erlauchten Namen, die sich schon um Eure Quelle gekümmert haben».

Und bezüglich Quelle meinte er lakonisch: «Es handelt sich zweifellos um eine sehr empfindsame und neurotische Dame», schloss dann aber mit der zuversichtlichen Inaussichtstellung, «alles in den Griff zu bekommen, um für die Zukunft gesichert zu sein».

Professor Fricke ging von den Fragestellungen aus «Wo und wie kann für St. Moritz mehr Heilwasser gewonnen werden?»

und «Gibt es Thermalwasser?». Zuerst wurden, zwecks Suche von Säuerlingen, Kohlensäure-Bodenluftmessungen durchgeführt, die ausser Kosten nicht viel brachten. Trotzdem wurden Probebohrungen talabwärts empfohlen, um die aktive Mauritiusquelle nicht zu beeinträchtigen (diese schmerzliche Erfahrung hatte man früher ja bereits gemacht).

Thermalwasser-Euphorie

Auch den Thermalwasser-Floh setzte er den St. Moritzern wieder ins Ohr – und danach lechzten ja alle; denn das wäre *die* Problemlösung, weil die Kurgäste in St. Moritz nur das *eine* vermissen, ein Thermalbad, und weil ein solchiges St. Moritz zum attraktivsten Badekurort der Schweiz hochkatapultieren könnte.

Also empfahl Herr Professor eine Tiefbohrung von 500 bis 700 Meter Abteufung in der Wiese zwischen Paracelsus-Gebäude und Hallenbad. Daran hatte wiederum Quellenkenner Gottfried Grieshaber keine Freude, weil er aufgrund früherer Erfahrungen an sich nicht an einen Erfolg glaubte und zudem eine erneute Störung der aktiven Quelle befürchtete.

Ein weiterer professoraler Gutachter, Oberbergrath W. Gümbel aus München, schlug bezüglich zusätzlichem Mineralwasser «der verehrlichen Gesellschaft» mit Vorbehalt einen Fassungsversuch im Torfmoor sowie mit Nachdruck einen solchen im See vor, weil es ihm «rätlich erscheine, dem im See durch Gasexhalation angedeuteten Vorkommen von Mineralwasser eine grössere Aufmerksamkeit zuzuwenden» und weil hier durch die grössere Distanz weniger Gefahr bestünde für eine Beeinträchtigung des Mauritius-Sauerbrunnens.

Und wieder die Wünschelruten …

Wie schon zu Beginn dieses Kapitels, so geschah es auch jetzt: Wo Wasser gesucht wird, stellen sich «Wasserschmecker» von selbst ein wie die Nacktschnecken bei aufkommender Feuchtigkeit.

Ein Einheimischer aus Scuol empfahl einen Pater aus Bern (man erinnert sich, dass es früher mal ein solcher aus Solothurn war…), Buchautor und erfolgreicher Pendler und Rutengänger in der Schweiz und der Sahelzone, bei dem er eben einen Kurs absolviert habe und von dem er denke, dass «dieser sicher fähig wäre, dank einer Fernnutzung festzustellen, ob eine Chance besteht und in welcher Tiefe», und dass er dafür «gegebenenfalls eine Luftaufnahme und/oder Landkarte der Zone» haben müsste.

Dann meldete sich auch noch ein Rutengänger aus Singen/Hohentwiel zur Erschliessung von Mineral- oder Thermalwasser auf Erfolgsbasis, das heisst im Negativfall gratis, umgekehrt recht happig. Das erfuhr via Buschtelefon ein promovierter Geologe und Wünschelrutengänger aus dem Luzernischen und äusserte sich als rutenfähiger Hydrogeologe «erstaunt, dass man einen ausländischen Experten zuzieht, da doch schweizerische Fachleute mit grosser Erfahrung zur Verfügung ständen».

… und auch ein bisschen Alchemie

Er deklarierte gleich Klartext: «Auf Grund meiner internationalen Erfahrungen – ich wurde als Experte auch nach Frankreich und Oesterreich berufen – kann ich Ihnen versichern, dass ich unterirdische Thermalwasserführungen genau bestimmen kann».

Da bleibt dem Rutenlaien nur noch die Frage: Was haben denn wohl die rutenfähigen Kollegen in Frankreich und Österreich gedacht, als man dort einen ausländischen Experten beizog?

Schliesslich meldete sich ein Medicus aus Konstanz, der nicht nur zeigen wollte, wo zu bohren sei, sondern auch noch vorschlug, aus dem Mauritiuswasser gemäss paracelsischen «Essentia» ein 10-fach wirksameres Extrakt zu gewinnen…

Und das Ende von der Geschicht': Sowohl gependelt wie gebohrt wurde nicht. Zwar hörte man diesmal nicht auf die Rutengänger, sondern auf die Professoren. Doch auch für diese blieb es bei der Expertise. Ausser Spesen nichts gewesen…

Das Grande Finale

Eine Thermalquelle St. Moritz, ein Thermalbad im Weltkurort – dieser Wunschtraum war nach wie vor virulent. Und weil jetzt der inzwischen zum finanziellen Sorgenkind gewordene Bäderkomplex vor einem Grundsatzentscheid stand *(vgl. Kapitel «Heilbad-Revival: Totgesagte leben länger»)*, kam es zu einem letzten verzweifelten und wohl auch etwas schlitzohrigen Versuch, das Glück aus der Tiefe des Bodens zu holen.

Am 5. Mai 1991 wurde mit der grossen Kelle ein Kredit von 3,2 Millionen Franken gesprochen zur Durchführung einer Tiefbohrung. Die Hoffnung dabei war, auf Thermalwasser für ein modernes Heil- und Erlebnisbad zu stossen.

Der bauernschlaue Trick dabei: Die Tiefbohrung im Sommer 1991 wurde im Rahmen eines Energiesparprojektes durchgeführt, weil für solche Geothermie-Unterfangen eine Risikodeckung bei Misserfolg bis zu 60 % durch den Bund und bis zu 20 % durch den Kanton bestand. Es handelte sich um die erste Geothermie-Tiefbohrung im Alpenraum. Die Bohrstelle lag 500 Meter südwestlich vom Kurzentrum (Gebiet Pro San Gian).

Abgeteuft wurde bis auf 1600 Meter, wobei man in einer Tiefe von 650 Metern Mineralwasser mit einem sehr hohen Salzgehalt von 14 Gramm pro Liter fand, was fast den Quellen «Luzius» und «Emerita» in Tarasp entspricht.

Allerdings wies das zutagegetretene Wasser lediglich eine Temperatur von 7,6 °C auf. (In der Schweiz gilt eine Quelle dann als «Therme», wenn die Wassertemperatur am Quellenaustritt dauernd 20 °C oder mehr beträgt.)

Gemäss einem Gutachten von Professor Jürgen Kleinschmidt in München hätte sich das Wasser zum Trinken in kleinen Mengen (da sehr salzig) an sich geeignet.

Doch leider war die Ergiebigkeit im Pumpversuch mit nur 0,77 Minutenlitern zu gering für eine Nutzung. So erklärte man denn im Juni 1993 das Projekt als gescheitert und begrub damit die hoffnungsvollen Pläne für den Bau eines Schwimmbeckens mit Thermal-Mineralwasser.

Der Traum vom Weltthermalbad war ausgeträumt und wird es wohl bleiben; denn auch die heute für die Quelle verantwortlichen Geologen halten das Auffinden von Thermalwasser im Oberengadin für unwahrscheinlich.

Die alten Römer, so sie noch lebten, würden also weiterhin achtlos an St. Moritz vorbeimarschieren…

Die aktuelle Situation

Fakt ist: Trotz all den unzähligen Expertisen und Analysen, Wünschelruten- und Pendelversuchen sowie Probe- und Tiefbohrungen, deren Gesamtkostensumme, wie böse Zungen behaupten, gereicht hätte, ein neues Heilbad zu bauen, ist auch heute noch der genaue Ursprung und unterirdische Verlauf des St. Moritzer Sauerbrunnens bis zu seiner Fassung nicht restlos geklärt. Dieses bisschen Geheimnis hat sich der Quellengeist zu bewahren gewusst. Man geht aber nun definitiv davon aus, dass sowohl die noch aktive Mauritiusquelle als auch die früher genutzten Quellen Paracelsus und Surpunt den gleichen Ursprung haben.

Anstehende Probleme

Die Mineralquellen, so macht es jedoch den Anschein, sind ob der Thermalwasser-Euphorie in den letzten Jahren etwas ins Hintertreffen geraten. Sie verdienten daher wieder vermehrte Zuwendung. Denn vordringlicher als eine weitere wohl vergebliche Suche nach Thermalwasser wäre jetzt, wie schon in einem Vorgehenskonzept von 2001 festgehalten wurde, die Sanierung oder der Ersatz der 1943/44 um die Fassungsanlage der Mauritiusquelle erstellten Ringleitung. Sie ist die wichtigste Massnahme zur Abwehr des Grundwassers und wurde deshalb notwendig, weil Ingenieur Maurer 1937 die natürlicherweise abdichtende Lehmschicht unbedacht verletzt hatte.

Nun aber ist sie, wie in diesem – vor zehn Jahren abgefassten! – Bericht ersichtlich, «in einem technisch bedenklichen Zustand» und «muss deshalb umgehend saniert oder ersetzt werden». Vielleicht sollte man bei dieser Gelegenheit dann auch gleich darüber nachdenken, wie man die Mauritiusquelle, zu der über Jahrtausende Menschen gepilgert sind, dem Publikum wieder auf attraktive Art zugänglich machen könnte; denn schliesslich ist sie ja das Herzstück von St. Moritz.

So gut wie es die behäbigen Berner nach langem Zögern endlich zustande brachten, ihr Heiligtum, die Mutzen im Bärengraben, aus dem alten Zwingkäfig zu befreien, sollten doch die viel agileren St. Moritzer imstande sein, ihre berühmte Heilquelle in einer touristisch-visionären Aktion aus dem finstern Verlies zu befreien, wo sie keiner sehen kann.

Fortsetzung folgt?

Und Hand aufs Herz: Das wäre doch die gute Gelegenheit, sich in einer koordinierten und fundierten, zukunftsweisenden und touristisch attraktiven Gesamtrevision gleich aller drei Sprudel anzunehmen, der Mauritiusquelle, weil sie es dringend nötig hat und das Heilbad auf Gedeih und Verderb auf sie angewiesen ist, der momentan versiegten Paracelsusquelle, damit man dort, falls das Gebäude restauriert und zur Sightseeing-Attraktion wird, auch einen Sauerbrunnen hat, und vielleicht auch der ebenfalls stillgelegten Surpuntquelle, um durch sie im neuen Hallenbad einen Trinkbrunnen einrichten zu können.

Ein analoger Versuch an der Surpuntquelle war ja bereits 1963/64 durch die Kantonalbank und 1979 durch Karl

Aktuelle Wasseranalyse der Mauritiusquelle

Charakteristik des Quellwassers:
Calcium-Natrium-Hydrogencarbonat-Säuerling, eisenhaltig

In 1 Kilogramm des Wassers sind enthalten

Kationen		mg/l	mval/l	mval%
Ammonium	NH_4^+	<0,03	0,00	0,00
Lithium	Li^+	0,19	0,03	0,10
Natrium	Na^+	147,0	6,39	24,59
Kalium	K^+	3,5	0,09	0,35
Magnesium	Mg^{2+}	36,4	3,00	11,52
Calcium	Ca^{2+}	317,0	15,82	60,83
Strontium	Sr^{2+}	2,5	0,06	0,22
Barium	Ba^{2+}	0,01	0,00	0,00
Aluminium	Al^{3+}	20 µg/l	0,00	0,00
Cadmium	Cd^{2+}	<0,2 µg/l	0,00	0,00
Eisen	Fe^{2+}	15,8	0,57	2,18
Kupfer	Cu^{2+}	0,01	0,00	0,00
Mangan	Mn^{2+}	1,6	0,06	0,22
			26,01	100,00

Anionen		mg/l	mval/l	mval%
Fluorid	F^-	0,60	0,03	0,13
Chlorid	Cl^-	20,0	0,58	2,26
Bromid	Br^-	0,13	0,00	0,01
Iodid	I^-	<0,01	0,00	0,00
Nitrat	NO_3^-	<0,1	0,00	0,00
Nitrit	NO_2^-	0,01	0,00	0,00
Hydrogencarbonat	HCO_3^-	1235	20,24	80,95
Sulfat	SO_4^{-2}	200,0	4,16	16,65
Hydrogenphosphat	HPO_4^{2-}	<0,03	0,00	0,00
Hydrogenarsenat	$HAsO_4^{2-}$	<1 µg/l	0,00	0,00
			25,00	100,00

Undissoziierte Stoffe

Metakieselsäure	H_2SiO_3	44,5 mg/l

Gasförmige Stoffe als gelöstes Gas

Freies Kohlendioxid	CO_2	2500 mg/l
Schwefelwasserstoff	H_2S	<0,1 mg/l

Strasser vom Bauamt St. Moritz unternommen worden. Seine Schlussfolgerung damals bestätigte die bisherige Vermutung: «Ein direkter Zusammenhang zwischen Surpunt- und Mauritiusquelle ist erwiesen. Eine Nutzung der Surpuntquelle ist in bescheidenem Rahmen (ca. 20-30 Min.-Lt.) ohne Beeinträchtigung der Mauritiusquelle möglich». Das sehen die Geologie-Fachleute heute auch so: Weil es für solche Trinksprudel keiner grossen Schüttung bedarf, würde dadurch die Mauritiusquelle, die natürlich erste Priorität hat, kaum gefährdet.

In diesem Zusammenhang gäbe es der guten Ideen noch mehr, und sie wurden zum Teil schon früher postuliert, wie etwa von Professor Ad. Hartmann 1930, als er die Neuerschliessung der noch nie gefassten Huotter-Quelle *(vgl. Kapitel «Aufstieg zum Weltkurort – dank Wasser»)* sowie die Errichtung eines Mofettenhäuschens empfahl *(vgl. Kastentext)*.

Wer weiss, vielleicht ist das letzte Kapitel der Quellengeschichte von St. Moritz doch noch nicht geschrieben. Es wäre deshalb zu wünschen – zumal im Hinblick auf die dringend notwendige Sanierung der Mauritiusquelle und die allfällige Restaurierung des Paracelsus-Gebäudes –, dass dieses Buchkapitel mit «Fortsetzung folgt» enden dürfte! Doch vorerst noch der Rest des bereits Geschehenen.

Eine 24-Stunden-Verantwortung

Nachdem nun so viel von dieser Quelle die Rede war, wollen wir uns der eigentlichen Betreuung des Mauritius-Sauerbrunnens zuwenden. Was man nicht ausser acht lassen darf: Auch eine Quelle ist eine Art Lebewesen, das auf Reize der Natur reagiert und durch Eingriffe des Menschen geschädigt werden kann. Bei ihrem Unterhalt sind Kenntnisse und Erfahrung notwendig, aber auch persönliches Engagement. So wie der Umgang des Bauern mit dem Vieh oder jener des Försters mit den Bäumen Respekt voraussetzt, so verhält es sich auch mit der Wartung einer Heilquelle.

Der aktuelle Betreuer der Mauritiusquelle und zugleich Betriebstechniker der St. Moritz Bäder AG sieht seine Arbeit als technischer Fachmann zwar nicht durch die romantische Brille, aber er weiss um die Wichtigkeit seiner Arbeit, die Fingerspitzengefühl und Zuverlässigkeit voraussetzt. Auf ihm lastet eine 24-Stunden-Verantwortung und er weiss, dass ihn ein Pannenalarm auch nachts oder am Wochenende in Trab setzen kann, wenn zum Beispiel eine Pumpe versagen oder, entgegen der Wetterprognose, doch ein grosser Regen einsetzen sollte. Dann muss er ad hoc auf Deck.

Er arbeitet eng zusammen mit dem Brunnenmeister des Bauamtes St. Moritz und mit den für die Quelle verantwortlichen Geologen. Sie sind die Garanten dafür, dass das Heilbad immer über optimales Mineralwasser verfügt. Dies ist denn auch seit vielen Jahren der Fall, nachdem es gelungen war, mit einem neuen Pumpregime das Niveau des Grundwasserspiegels gleichbleibend zu halten.

Dieser liegt jetzt konstant 4,19 Meter tiefer als die Meereshöhe des Quellengebäudes (1774 m ü. M.), während er früher stark variierte zwischen −6,16 Meter im Sommer und −4,11 Meter im Winter. Heute ist die Quellennutzung viel schonungsvoller, das heisst etwas weniger Ertrag, dafür bessere Qualität *(vgl. Kastentext)*. Zudem erleichtern automatische Steuerungen und Warnsysteme die Arbeit.

Unter Dauerkontrolle

Der Grundwasserspiegel wird dauernd überwacht. Ebenso wichtig ist die tägliche Pumpenkontrolle. Drei Tauchpumpen, die über einen Frequenzumformer gesteuert werden, also automatisch auf eine Veränderung des Grundwasserspiegels reagieren, fördern das Grundwasser aus dem Pumpenschacht, an den die Ringleitung angeschlossen ist. In einem separaten Schacht sind zwei weitere Pumpen zu kontrollieren, die aus einem Zwischentank die Bäder beziehungsweise die Trinkbrunnen mit Mineralwasser speisen.

Plädoyer für ein Mofettenhäuschen
Idee für eine touristische Attraktion von Professor Ad. Hartmann, 1930

Im Jahre 1905 wurde oben am Hang nach einer Steffani-Quelle gegraben. Heute ist der Stollen eingefallen. Ich halte es für sehr wahrscheinlich, dass man hier eine früher beobachtete Mofette (Kohlensäure-Ausströmung) erschliessen kann. Den Gasaustritten folgend, wäre ein Stollen zu treiben, bis man das Gas gut fassen kann.

Das Gas im Mauritiusschacht enthält 92,1 % CO_2. Ein solches Gas ist eine Seltenheit in der Natur und kann zu einem Anziehungsgegenstand für Fremde gemacht werden.

Man sollte auf alle Fälle die Mofette oben am Hang der Beobachtung zugänglich machen, dort oben ein Mofettenhäuschen erstellen, in dem man das Gas zeigt an den Blasen, die durch das Wasser aufsteigen, sowie am Auslöschen von Kerzen in einem Glaszylinder, die von unten nach oben auslöschen, wenn man das schwere Mofettengas in den Zylinder einleitet.

Zweimal die Woche wird eine Wasseranalyse durchgeführt: Zuerst wird die Alkalinität (= Menge der Alkalimetalle Na, Ka, etc.) durch Titration mittels Salzsäure N/10 und Methylorange bestimmt (roter Farbumschlag), dann werden die Leitfähigkeit und das pH gemessen. Schliesslich erfolgen eine Volumenbestimmung der freien Kohlensäure (Schütteltest), die Messung der Wassertemperatur sowie die Bestimmung des Ertrags der Schüttung in Minutenlitern. Am bedeckten 12. April 2011, als der Schreiberling dieses Buches dem Geschehen beiwohnen durfte, lagen die Werte alle im grünen Bereich, auch jener des Grundwasserspiegels – also alles paletti.

Nicht ungefährlich

Doch der Aufgaben sind noch mehr: Zweimal pro Jahr erfolgt eine Generalreinigung, das heisst Tank, Tiefenreservoir und alle Leitungen werden durchgespült, Letztere gegen die Flussrichtung, damit sich die Ablagerungsschuppen besser lösen. Das ist deshalb notwendig, weil aus dem eisenhaltigen Quellwasser ausgefällte Eisenflocken sich im Tiefenreservoir in einer 3 bis 5 cm dicken Schicht ablagern. So ist denn pro Halbjahr rund ¼ m^3 roter Eisenschlick zu entfernen.

Klammervermerk: Als einmal eine Kunstmalerin an einer Führung teilnahm und hörte, dass diese rote Farbe kaum mehr aus den Kleidern zu entfernen sei, erbat sie sich solches Material, trocknete und pulverisierte es und malte damit in ihren Bilder dauerhafte Ockertöne. Hätte sich das früher schon herumgesprochen, wäre vielleicht damals auch Leonardo da Vinci angereist, um sich ein nachhaltiges Wangenrot für seine Mona Lisa zu beschaffen...

Und wieder seriös: Speziell diese Reinigungsarbeit ist nicht ungefährlich. Die Quelle enthält Kohlensäure, so dass sich bei einer Entlüftungspanne im entleerten Tank oder Tiefenreservoir giftiges Kohlenmonoxid ansammeln kann, das, weil es schwerer als Luft ist, den Sauerstoff verdrängt und sich am Grund zu einem unsichtbaren See ansammelt.

Das kann rasch tödlich wirken, wie man das – ein im Zusammenhang mit der Heilquelle vielleicht etwas unappetitlicher, aber treffender Vergleich – von analogen Unfällen auf Bauernhöfen kennt, wenn dort einer ohne Kerzenkontrolle unvorsichtigerweise ins entleerte Güllenloch hinabsteigt.

Auch die Mauritiusquelle hat schon ein Todesopfer gefordert; es betraf vor Jahren den Mitarbeiter einer Firma, die eine Revision durchführte.

Der Mauritius-Trinkbrunnen im Medizinischen Therapiezentrum Heilbad.

Zwiegespräch mit dem Quellengeist

Als der Brunnenwart anlässlich unseres Schnupperbesuchs den Überlaufbogen beim Quellenaustritt entfernte, so dass kein Gegendruck mehr vorhanden war, begann es kurz darauf zu brodeln, der Sprudel schoss zischend als Fontäne in die Höhe und verfärbte sich Sekunden später, weil er jetzt Eisenschlick mitriss, blutrot. Ein eindrückliches Spektakel, als wollte der Quellengeist zeigen, welche Kraft noch in ihm steckt!

Mauerblümchendasein

Eigentlich, so fuhr es mir durch den Kopf, ist das doch eine traurige, ja geradezu verrückte Sache: Da gibt es andere berühmte Brunnen auf dieser Welt, die jedes Kind kennt, auch wenn sie ganz profan und ohne Heilkraft sind, wie etwa der Manneken-Piss in Brüssel oder der Trevibrunnen in Rom, dem die Touristen sogar noch Geld nachschmeissen. Den Mauritius-Sauerbrunnen in St. Moritz dagegen, die älteste, höchstgelegene Heilquelle mit ihrer sagenhaften Geschichte über fast dreieinhalb Jahrtausende, kennt kaum jemand aus eigener Anschauung, selbst unter den Einheimischen nur die wenigsten, obschon er ihr St. Moritz zu dem machte, was es heute ist.

Kein Wunder, sie können ihn ja auch nicht mehr sehen, weil er ein abgeschottetes, weggesperrtes, verschupftes Mauerblümchendasein fristet. Und dann passiert es eben: Aus den Augen, aus dem Sinn. Zudem kann keiner mehr das Mineralwasser direkt ab Quelle trinken, ausser der Brunnenwart bei den Probeentnahmen. Dabei bietet dieses Mineralwasser hier, weil noch kohlensäuregesättigt, einen umwerfend intensiveren Trinkgenuss als am Brunnen im Heilbad oder bei der offiziellen Abgabestelle daselbst, wo die St. Moritzer ihr Heilwasser gratis beziehen können, was sie auch nicht mehr sehr rege benutzen. Im Grossverteiler gibt es ja hergekarrtes Mineralwasser zur Genüge, was soll's.

Verriegelte Brunnenkrypta

Auch ich war bas erstaunt, wie extrem intensiver der Sauerbrunnen direkt ab Quelle schmeckt. Erst seit diesem Moment habe ich richtig begriffen, warum – wie in diesem Buch beschrieben – dieser Sprudel über Jahrtausende derart zu begeistern vermochte. Noch trauriger ist, dass dieser Sauerbrunnen, zu dem selbst gekrönte Häupter aus dem Ausland hergepilgert sind, heute in einem verriegelten, unterirdischen Verlies wie ein entführtes Kind verborgen gehalten wird, in einer Art Quellenkrypta, «so einer Kapelle gleichet» könnte man sagen, wie anno 1703 Johann Jacob Scheuchzer selig.

Die heutige Brunnenstube im rechten Flügel des einstigen Mauritius-Gebäudes besteht aus einem tief in den Boden hinabreichenden Schacht, einem betonierten Mausoleum, zu dem nur die für den Unterhalt Verantwortlichen Zutritt haben. Nur hin und wieder fällt es zumindest einer Volksschullehrerin ein, für ihre Sprösslinge beim Brunnenwart eine Führung zu beantragen. Und wie die Buben und Mädchen dann staunen, gleich wie einst der Herzog von Savoyen! Sonst sieht dieses Heiligtum niemand. Dieses Quellengefängnis schreit förmlich nach Öffnung!

Die Quellfassung von 1976, durch Glaskuppel geschützt.

Personifizierter Quellengeist

Auf der einen Schmalseite dieses nüchternen Quellenschachtes hängt, so quasi als personifizierter Quellengeist, ein übergrosses Konterfei des Begründers der Balneologie, des Jahrhundertarztes Philippus Aureolus Theophrastus Bombastus von Hohenheim, genannt Paracelsus.

Auf der Gegenseite ein Auszug seiner These, mit der er 1537 der ganzen Welt lobpreisend verkündete, dass dies der beste Sauerbrunnen Europas sei: «Ein acetosum fontale, das ich für alle, so in Europa erfahren habe, preise».

Als ich für einen Augenblick allein in diesem Schachte stand, da schien es mir, als hörte ich Paracelsus plötzlich sagen: «Schreib' es, sag' es ihnen, klar und deutlich, wie ich mich auch immer ausgedrückt habe: St. Moritzer, Ihr habt das göttliche Geschenk, mit dem Euch die Natur bevorzugte, schon früher immer sträflich vernachlässigt, und heute versteckt Ihr es gar, so dass es kaum einer mehr kennt. Das ist, als wenn ein Kind seine Eltern verleugnet!»

Und er gab noch eins obendrauf: «Eigentlich müsste diese Geburtsstätte des Welterfolges von St. Moritz, statt hier ein derartiges Dornröschendasein fristen zu müssen, die Sightseeing-Attraktion Nr. 1 der Gemeinde sein, öffentlich zugänglich, in einer lichten Halle statt in einem düsteren unterirdischen Mausoleum. Die Kurgäste und Touristen müssten wieder mit vollem Genuss direkt ab der Quelle trinken können und dabei auf Grossleinwand die 3500-jährige Quellengeschichte Revue passieren sehen».

Letzte Chance fünf vor zwölf

Bombastus ergelsterte sich: «Das Tüpfchen auf dem i wäre, wenn die Besucher beim Geniessen des Sauerbrunnens auch gleich noch das älteste bekannte Holzbauwerk, die Quellfassung von 1466 vor der Zeitrechnung, in einer mächtigen Glasvitrine da bestaunen könnten, wo es eigentlich hingehört, statt lieblos in einem Museumskeller darben zu müssen. Die Gelegenheit wäre jetzt gegeben, da man sich Gedanken macht, ‹mein› Paracelsus-Gebäude, den letzten Zeitzeugen der grossen balneologischen Vergangenheit von St. Moritz, fünf vor zwölf vielleicht doch noch zu retten».

Mit bebender Stimme fuhr er fort: «Die Frage wird die sein, ob es nochmals solch weitsichtige Bürger gibt, die die Zeichen an der Wand erkennen und jener Naturgabe, der St. Moritz alles verdankt, den nötigen

Entfernt man die Glaskuppel, wird der Überlaufbogen freigelegt. Wird auch dieser entfernt, sprudelt die Quelle – jetzt ohne Gegendruck – wie ein kleiner Springbrunnen (vgl. Bild Seite 153). Sekunden später verfärbt sich das Wasser knallrot, weil jetzt Eisenschlick mitgerissen wird.

Respekt erweisen. Denn sie wissen ja nicht, ob diese Quelle nicht wieder einmal zum Rettungsanker werden könnte. Die Gesellschaftsstruktur ändert sich, die Menschen werden älter, das Wellnessbedürfnis steigt, und vielleicht, so sich die Erde tatsächlich erwärmen sollte, könnte plötzlich auch bezüglich Sport eine neue Situation eintreten, und dann wäre man vielleicht um Alternativen froh».

Und er polterte weiter drauflos: «Aber begreifen müssen sie es – und realisieren! Wie habe ich doch früher schon immer gesagt: Der Geist geistet, wo er will; nicht in allem, nicht in vielen, sondern dort, wo es ihn gelüstet. Viele reden sich ein, sie seien der Geist selber, doch gerade bei ihnen ist er nie gewesen». Gleich wollte Paracelsus noch energischer vom Leder ziehn – als unverhofft der Brunnenwart wieder eintrat…

Das kahle, düstere Verlies, in welchem das Herzstück von St. Moritz, die Mauritiusquelle, ein abgeschottetes, trauriges Dasein fristet, sie, zu der früher gekrönte Häupter pilgerten und die das Weltdorf zu dem machte, was es heute ist. Man hört sie förmlich schreien: Lasst mich da raus!

HEILBAD-REVIVAL: TOTGESAGTE LEBEN LÄNGER

Heilbad St. Moritz

Nach dem etwas technischen Quellenexkurs nun aber zurück zum Leben im Kurort. Erst Jahre nach dem Ersten Weltkrieg kam neue Hoffnung auf. Und tatsächlich, was niemand zu träumen gewagt hatte: Eine neue hohe Zeit brach an, der alte Pioniergeist lebte wieder auf, genau wie früher, und doch ganz anders; denn jetzt lief der Winter dem Sommer punkto Hauptsaison den Rang ab.

Auch bezüglich der Gästestruktur vollzog sich eine Metamorphose: Neben den altbekannten adligen und anderen wohlhabenden Geschlechtern waren es jetzt vor allem Stars aus dem Showbusiness, Modezare und Künstler, Automobil- und Flugzeugpioniere, Wirtschaftsbosse und Banker, Kriegsgewinnler und Neureiche. Dadurch wurde das Leben in St. Moritz wieder bunt und es floss erneut Geld ins Tal, das allen Verdienst brachte. Verliererin jedoch war die Bäderkultur. Angesagt waren jetzt Sport, Feste und Partys gemäss dem Motto sehen und gesehen werden. Der Champagner im Glas verdrängte das Heilwasser im Bad.

Kurze goldene Zwanzigerjahre

Hafermotoren ziehen Benzinkiste durch St. Moritz (um 1920) – ein vertrautes Bild, da bis 1925 im Kanton Graubünden ein Autofahrverbot bestand.

Selbst die tageszeitlichen Aktivitäten der Hotelklientel verschoben sich. War früher von den Kurgästen bereits am Morgen vom Sauerbrunnen getrunken worden, traf die jetzige Spassgesellschaft nach durchfeierten Nächten frühestens zum Afternoon-Tea, wenn nicht gar erst zur Cocktail-Party vor dem Abendessen wieder ein. Aber man genoss das Leben in vollen Zügen. Für Badrutt's Palace Hotel – als stellvertretendes Beispiel – waren 1928/29 Rekordjahre.

Automobile mit Hafermotor

Was dabei kaum vorstellbar ist: Ausgerechnet im Weltkurort St. Moritz gab es keine Automobile, weil das Autofahren in ganz Graubünden noch verboten war. Ganze zehn Volksabstimmungen brauchte es, um dies 1925 zu ändern. Zwar war das erste Automobil schon 1907 in St. Moritz aufgetaucht. Ein Italiener wollte auf dem kürzesten Weg via Bergell und Engadin ins Tiroler Inntal gelangen, wurde aber an der Grenze aufgehalten. Schliesslich durfte er passieren – mit abgestelltem «Stinkmotor» und vier vorgespannten Pferden, gestellt vom St. Moritzer Schmied Christian Mathis. So kamen die St. Moritzer zur allerersten bescheidenen Autoparade.

Als die Autos Ski fahren lernten: Dank solcher Skimobile mit Raupenantrieb gestaltete sich die Anreise über den winterlichen Julierpass um einiges leichter.

Solch groteske Bilder gab es dann immer wieder: So durfte zum Beispiel ein Graf aus Carrara, Besitzer der Marmorbrüche, mit seiner Nobelkarosse nur bis Castasegna. Ab hier zogen die Pferde das Auto herauf. Auch Karl August Lingner, der Odolkönig und Retter von Schloss Tarasp, musste, um sein Auto im Schlosspark spazierenfahren zu können, dieses per Pferdezug von der Landesgrenze heraufbefördern.

Als dann aber die Autos im Bündnerland zugelassen wurden, lernten sie auch gleich Ski fahren. Eine ganz besondere Konstruktion tauchte vor den Nobelhotels auf: wintertaugliche Stahlrosse mit Raupenantrieb hinten und Skiern unter den Vorderrädern. Automobilfabrikant André Citroën führte die ersten Prototypen höchst persönlich in St. Moritz vor. Mit solchen Skimobilen wurde nun auch die Anreise über den verschneiten Julierpass einfacher.

Winterolympiade – die Erste

Gross war der Jubel, als das olympische Komitee die Winterspiele 1928 nach St. Moritz vergab. Das war das Highlight dieses bloss wenige Jahre dauernden touristischen Höhenflugs. Leider gefiel sich Petrus als Spielverderber, zuerst mit Föhneinbruch, dann mit Schneesturm, Regen und Kälte. Doch die St. Moritzer zeigten, was in ihnen steckt, wenn es darauf ankommt, und liessen sich nicht kleinkriegen. Ganze Heerscharen von Einheimischen und Gästen aus dem ganzen Tal halfen nächtelang mit, auf dass sämtliche Wettkämpfe regelkonform über die Bühne gingen, und zum Schluss hatte selbst Petrus ein Einsehen mit den 492 Athleten aus 25 Nationen.

Schon damals wurde die anfängliche Euphorie etwas gedämpft, als man realisierte, welch grosse Investitionen solche Spiele bedingen. Zwar beschränkten sich die Skiwettbewerbe noch auf die nordischen Disziplinen, das heisst Langlauf, Dauerlauf (heutiger 50-km-Lauf), Staffellauf, Skispringen und militärischer Patrouillenlauf. Doch weil die 1904 erbaute Julierschanze nicht genügte, musste eine neue gebaut werden, und ebenso ein Eisstadion. Selbst die Bobbahn musste optimiert werden. Die St. Moritzer Sportspezialität Skeleton auf dem Cresta Run war lediglich als Demonstrations-Wettbewerb zugelassen.

Erste Olympische Winterspiele in St. Moritz 1928: Die Fuhrhalter-Schlittenpferde waren beinahe so zahlreich vertreten wie die Zuschauer…

Die grosse Ernüchterung

Auf die goldenen Zwanziger folgten die depressiven Dreissiger. So wie es mit der Mauritiusquelle ein ewiges Auf und Ab war, so verhielt es sich auch mit dem Tourismus.

Im Grunde genommen kein Wunder; denn alles im Leben richtet sich nach zwei grundlegenden Naturgesetzen, die eigentlich das Gleiche besagen, nämlich die Schwingungsgleichung und das Pendelgesetz. Alles bewegt sich ständig von einem Extrem ins andere, und pendelt dann wieder zurück. Das Problem: Der Mensch hat Mühe, rasch genug zu reagieren oder ist auch schlicht überfordert und hilflos.

Schwarze Schatten

Fanal einer neuen Depression war der Börsencrash an der Wallstreet vom Oktober 1929, gefolgt von einer Weltwirtschaftskrise, die den Tourismus lähmte. Dunkle Wolken zogen über der Welt auf, braune über Deutschland. Bereits 1931 erwägte die damals noch eigenständige Berninabahn, den Winterbetrieb einzustellen. Hoteliers und Pensionsinhaber lockten mit Dumpingpreisen. Aus Geldknappheit traten viele Hoteliers und Geschäftsinhaber aus dem Kurverein aus. Die Ferienleute wurden immer spärlicher.

Zwar tauchten unter den Gästen der Nobelhotels anfangs der Dreissigerjahre noch klingende Namen auf wie Coco Chanel, Mitbegründerin – zusammen mit Fiat-Erbe Eduardo Agnelli und anderen – des Corviglia-Clubs, der wohl weltweit exklusivsten Wintersportvereinigung. Auch Film-Legende Charlie Chaplin war, wie damals die Lokalzeitung «Engadine Express & Alpine Post» vermeldete, sowohl 1931 als auch 1933 Gast im Palace Hotel.

Überhaupt schien die legendäre Palace-Bar noch eine letzte glückliche Insel inmitten des aufziehenden Unwetters der Weltgeschichte zu sein, wo sich illustre Berühmtheiten trafen, von Marlene Dietrich bis Enrico Caruso. Der Barkeeper soll jeweils am Abend vor dem Eintrudeln der Gäste 100 Champagnerflaschen geöffnet und ebenso viele kalt gestellt haben.

Ungleiches Perlen

Umgekehrt, der groteske Vergleich sei gestattet, steht aus jener Zeit über die St. Moritzer Heilquelle zu lesen: «Wohl besann man sich immer wieder auf die Quelle, man hoffte auf die Hilfe der Quellengeister, aber man tat nichts, aber auch gar nichts dafür, und es fehlten auch die Mittel». Der Champagner perlte länger als der Sauerbrunnen. Doch bald schon legte der Zweite Weltkrieg beide fast vollständig trocken. Jetzt wurde die Lage in St. Moritz ernst. Fast wöchentlich gab es Selbstmorde Verzweifelter.

Auch die Werbung machte Gratwanderungen, wie einem Protokoll von 1933 zu entnehmen ist. Auf die Anregung hin, Promotion für die Badekuren bei jüdischen Ärzten in Amerika und England zu machen, gab ein Kurvereinsmitglied zu bedenken, dass dies «ein zweischneidiges Schwert» sei und einen Boykott von Deutschland zur Folge haben könnte.

Neues Leben erwacht

Nach dem Ende des Zweiten Weltkrieges kamen viele Flüchtlinge ins Engadin, in ein Auffanglager in Samedan, ausgemergelte ehemalige Insassen des Konzentrationslagers Mauthausen. Ein krasser Gegensatz zum Highlife von früher! Erste Urlauber waren dann amerikanische Soldaten, von denen bis 1946 wöchentlich rund 500 kamen. Sie blieben nicht wochen- und monatelang wie die Kuranden früherer Jahrzehnte, sondern erholten sich bloss während zehn Tagen von den Kriegsstrapazen.

Winterolympiade – die Zweite

Unter den allmählich sich wieder einstellenden Kurgästen dominierten jetzt die Schweizer, und erst allmählich kamen auch wieder Engländer und Amerikaner, Deutsche erst ab 1946, da sie, wie die Österreicher, vorher nicht reisen durften. Das Wiederankurbeln des Kurortsbetriebes gestaltete sich mühsam und dauerte lange. Hilfreich war das nunmehr etablierte St. Moritzer Erscheinungsbild im Sinne der Corporate Identity.

Und noch etwas wirkte wie ein Nachbrenner: Nach einer kriegsbedingten Pause von zwölf Jahren standen die Olympischen Winterspiele von 1948 an, und erneut fiel die Wahl auf St. Moritz, weil sonst niemand in der Welt in der Lage war, kriegsgeschwächt diesen Grossanlass auf die Beine zu stellen. Solche Mammutveranstaltungen haben, das hatte man schon 1928 realisiert, Vor- und Nachteile. Doch im Moment überwogen die Vorteile und waren dazu angetan, den darbenden Kurort wieder weltweit in Erinnerung zu rufen.

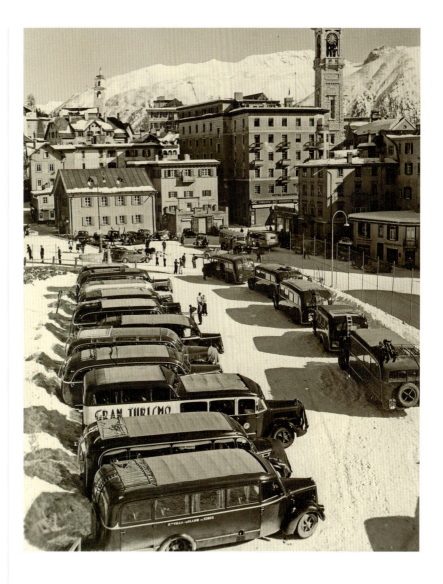

Auch diesmal setzte sich Petrus in Szene – mit Föhn, Schnee und Regen. Aber immerhin, bei der Eröffnungs- und Schlusszeremonie lachte die Sonne über den Sportlern aus 28 Nationen. Die beiden Kriegsverlierer Deutschland und Japan fehlten; Russland und Österreich nahmen nur als Beobachter teil. Finanziell konnte die Gemeinde den Kopf mit einem blauen Auge aus der Schlinge ziehen, und schlussendlich fiel die Kritik sogar positiv aus. Die beiden Winterolympiaden waren und bleiben stolze Werbeträger für St. Moritz!

Während früher die Pferdefuhrwerke das Ortsbild prägten, waren es jetzt die Blechkarossen.

Verkannte gute Geister

So präsentierte sich St. Moritz Bad um 1900: v.l.n.r. Paracelsus-Gebäude mit Trink- und Wandelhalle, dahinter Französische Kirche, rechts davon Kurhaus und Grand Hôtel des Bains, vorne links elektrisches Tram und Pferdekutschen, in der Mitte der Springbrunnen.

Doch jetzt wieder zurück zum Herzstück der St. Moritzer Erfolgsgeschichte – dem Sauerbrunnen und dem daraus hervorgegangenen Heilbad. Dieses war nach beiden Weltkriegen, als man jeweilen vor dem Nichts stand, plötzlich wieder ein Thema. Und es war, wie schon früher, immer wieder nur eine kleine Gruppe weitsichtiger Einheimischer, die sich dafür engagierte.

Nicht genügend gewürdigt
Klare Worte des Bäderarztes Stephan Hediger, 1923

St. Moritz bedeutet vielen Besuchern des Engadins nur die berühmte Sports-Zentrale, die moderne Stätte des High-Life und der unvergleichlichen Hotels, mit der Besonderheit, dass man hier auf 1800 m, mitten in der Hochgebirgswelt, kaum etwas von dem vermissen muss, was die Grossstadt an Comfort und Unterhaltung bietet.

Man vergisst darüber, dass die Kurmittel von St. Moritz es waren, welchen der Kurort seinen Weltruf zu verdanken hat; vor allem den natürlichen Kohlensäure-Quellen, zu denen tausende aus allen Ländern die seinerzeit beschwerliche Wallfahrt unternommen haben.

Aber auch die Eigenschaften seines Klimas weisen St. Moritz im ganzen Gebiet der Alpenregionen eine Vorzugsstellung zu, auf Grund deren die glänzende Entwicklung des Wintersportes erst möglich wurde. Das Oberengadin stellt eine klimatische Oase dar, deren einzigartige Vorzüge in Vereinigung mit ihren Naturschönheiten wohl kein zweiter Kurort zu bieten vermag, deren Eignung zur Krankenbehandlung aber noch immer nicht genügend gewürdigt wird.

Bäderärzte mit Verve

Als die Nachwehen des Ersten Weltkrieges etwas verflogen waren und die Sommersaison sich wieder zu erholen begann, wurde 1924 – wir erinnern uns noch an die beiden Peter Robert Berry sen. und jun. vor dem Krieg – erneut ein Bäderarzt gewählt, Stephan Hediger aus Zürich, Arzt und Naturwissenschafter.

Er war gewillt, wie schon verschiedenste Ärzte vor ihm, das Heilbad St. Moritz wieder auf Vordermann zu bringen *(vgl. Kastentext)*. Für seine Forschungsarbeiten richtete er im alten Mauritius-Gebäude ein kleines Laboratorium ein.

Bereits 1926 publizierte er eine fundierte Arbeit über die Wirkung der Kohlensäurebäder auf Herz und Kreislauf in Verbindung mit den klimatischen Einwirkungen, und 1927 folgte eine solche über die in St. Moritz neu propagierten Moorbäder.

Als er dann 1930 das Heilbad verliess, verzichtete man vorerst auf die Wahl eines Nachfolgers. Die St. Moritzer Ärzte übernahmen diese Aufgabe im Wochenturnus. Doch die Einsicht, dass für eine wieder in Fahrt zu bringende Institution solch führungsloser Zustand kein förderlicher sein kann, liess nicht lange auf sich warten…

Deshalb wurde erneut ein Zugpferd eingesetzt: 1932/33 war dies Bäderarzt Paul Gut. Auch er setzte sich, unterstützt von seiner Schwester Hanni Gut, mit Elan und Begeisterung für das Heilbad ein. Seine Beliebtheit bei den Kurgästen war gross. Auch er publizierte, zuerst eine Arbeit über physikalische und biologische Klimatologie, später ein Memorandum zu Handen der Gemeinde mit Visionen für die Zukunft des Kur- und Badeortes St. Moritz.

Doch dann lockte Paul Gut eine neue Aufgabe: Er gründete in St. Moritz Dorf eine Unfallklinik, die sich ebenfalls einen hervorragenden Ruf schuf und heute noch existiert.

Rufer in der Wüste

1934 wurde als sein Nachfolger Professor Emil Bürgi, Mediziner und Pharmakologe aus Bern, zum Bäderarzt berufen. Er war kein Unbekannter, hatte er doch schon vorher unter dem Titel «St. Moritz-Bad» eine Arbeit über die Wirkung des Höhenklimas auf den Organismus, speziell auf Blutbildung und Zirkulation, verfasst.

Als Bäderarzt publizierte er dann zum Thema «Blutbildende Eigenschaften der Eisenquellen im Höhenklima». Dabei postulierte er die Potenzierung der verschiedenen Heilfaktoren des Höhenkurortes im Sinne des therapeutischen Effekts – nach dem altbekannten Prinzip der positiven Antwort auf vorteilhafte Reizsetzung.

Bäderarzt Bürgi blieb bis zum Ausbruch des Zweiten Weltkrieges. Sein Nachfolger war 1940 Arzt Theodor Oettli, der sich ebenfalls als wertvolle Stütze des Heilbades erwies, indem er trotz Kriegsjahren dessen Weiterexistenz sicherte, zusammen mit Anton R. Badrutt, der zu dieser Zeit im Sommer das Kurhaus führte.

Oettlis Standardarbeit «Sommerkuren in St. Moritz» *(vgl. Kastentext)* kommt ei-

---

Sommerkuren in St. Moritz
Geistreiche Gedankengänge von Bäderarzt Theodor Oettli, nach 1940

Erholung bedeutet Rückkehr zur biologischen Norm; allen, welche der Erholung bedürfen, wird diese Rückkehr erleichtert durch die kombinierte klimatische und Badekur in St. Moritz. Das Klima reizt die Erschlafften, die Bäder dämpfen die Erregten, und diese beiden natürlichen Heilmittel im Verein bewirken das, was die älteren Aerzte eine Tonisierung des Körpers nannten.

Der Erholung bedarf, wem der natürliche Tonus abhanden gekommen ist, die geschmeidige Spannkraft, die alles harmonische Lebendige kennzeichnet, die den Bewegungen wohl geratener Lebewesen Sicherheit und Anmut verleiht.

Was wir Klima nennen, das ist nicht eine Summe von meteorologischen Daten, es ist vielmehr eine natürliche, im Gange der ehrwürdigen Geschichte dieser unserer Erde natürlich gewachsene Einheit, ein Ganzes, das in sich ruhend beharrt, gemessen an dem kurzen Masstabe des Menschenlebens.

Das Klima von St. Moritz ist in Wahrheit der Inbegriff alles dessen, was den Bewohner des Tieflandes so unmittelbar beglückt, wenn er, an einem klaren Frühsommermorgen, die Landschaft des Oberengadins vor sich hingebreitet sieht, wenn er die reine, kühle, dünne Luft dieses Tales etwas ausgiebiger als gewöhnlich einzieht, um seinem leicht gepressten Herzen Luft zu machen, um zugleich mit diesem tiefen Atemzuge symbolisch von dem Schönen Besitz zu ergreifen, das sich hier ihm darbietet.

Und was die St. Moritzer Quellen in Wirklichkeit sind, das lässt sich mit der Wage und den Reagentien des chemischen Laboratoriums nicht einfangen, denn das natürlich gewordene Ganze ist etwas anderes, ist weit mehr als die Summe seiner Teile.

Wer nach St. Moritz kommt, um hier eine Kur zu machen, der muss es verstehen, und wenn er es nicht versteht, so muss er es lernen, Klima und Quellen, diese Gaben einer gütigen, in ihrer Stetigkeit gegenüber dem unsteten Menschenwesen unendlich geduldigen Natur recht anzunehmen, behutsam mit ihnen umzugehen, stille zu halten, auf dass es ihrer harmonisch vereinten Wirkung gelinge, den Verirrten zur Gesundheit, zur Norm, zur Harmonie mit der Natur zurückzuführen – wer dies versteht, der macht eine gute, eine gesegnete Kur.

Während jahraus jahrein in imposanten Instituten ein kleines Heer von Forschern sich bemüht, mit dem ganzen gewichtigen Rüstzeuge der modernen Naturwissenschaft diese oder jene Wirkung dieses oder jenes Klimas oder Heilbrunnens exakt zu erfassen, geht draussen die Sonne auf und unter und scheint wie zuvor über Gerechte und Ungerechte; die Quellen sprudeln wie vor Jahrtausenden, und den bresthaften Menschen steht es einstweilen immer frei, die heilenden Gaben unmittelbar aus den Händen der gütigen Natur zu empfangen, ohne das Mittlertum der Wissenschaft.

Blick in eine alte Badestube mit Holzwanne, um 1900.

nem Credo für das Heilbad gleich; doch leider haben es offenbar die Verantwortlichen nie gelesen. Auch in seinem Essay «Ferien von der Medizin» sinniert er geistreich über die Belange der Genesung von Erholungsuchenden.

Man spürt: ein Arzt, bei dem der Mensch im Zentrum stand. Doch wie sehr es auch immer die Mediziner waren, die das Heilbad durch alle Fährnisse der Zeit retteten und ihm durch ihr Engagement ein gutes Image verpassten, so hatten sie doch wenig Unterstützung von offizieller Seite.

Oettli versuchte als Kliniker zu arbeiten, konnte jedoch lediglich auf einem Provi-durium basieren: Sprechzimmer, Laboratorium und Röntgenraum waren je in einer ausgeräumten Badezelle platziert...

Moorbäder und Kurorchester

In dieser Zeit entstand – in Zusammenarbeit mit dem tüchtigen Brunnenmeister Gottfried Grieshaber – die neue Moorbäderabteilung mit Moorküche, Moorbadkabinen und einem Lift für den Liegendtransport der Patienten von den Moorbadkabinen im Erdgeschoss zu den Ruhekabinen im ersten Stock.

Dieses zusätzliche Kurangebot konnte Bäderarzt Oettli in eine spürbare Frequenzsteigerung umsetzen. Er verstand es ausgezeichnet, vielleicht nicht zuletzt auch deshalb, weil seine Frau Konzertpianistin war, die Kurmedizin mit der Kultur zu vermaschen.

Die Konzerte des Kurorchesters unter der Leitung von Maestro Goffredo Sajani, Mitglied der Mailänder Scala, waren schon seit den Zwanzigerjahren und dann vor Kriegsausbruch mit einer Orchester-

Das Moorbad besteht aus dickflüssigem Brei, auf dessen Oberfläche Fingereindrücke lange Zeit erkennbar bleiben.

besetzung von 42 Mann legendär, ob im Kurgarten, in der Trinkhalle oder im Konzertsaal des Kurhauses mit seiner phänomenalen Akustik.

Der in St. Moritz wohnhafte Dirigent Wilhelm Furtwängler war von Sajanis Symphoniekonzerten derart begeistert, dass er ihn als zweiten Dirigenten für das Gewandhausorchester in Leipzig verpflichtete.

Und immer wieder zeigte sich das gleiche Phänomen, nämlich dass einzelne Weitsichtige sich des bewährten Schrittmachers von St. Moritz erinnerten: Die wenigen Hotels, deren mutige Patrons auch während des Krieges ihre Häuser offen behielten, arbeiteten eng mit dem Heilbad zusammen.

Hans Badrutt, der besonnene Palace-Steuermann während den Kriegsjahren, machte allen vor, was eine echte Win-win-Werbeaktion ist: Er schickte an seine Stammgäste und an weitere potenzielle Kunden im Frühjahr 1941 als Sommerferien-Reminder je eine Flasche Mauritius-Mineralwasser und Veltlinerwein – mit Erfolg!

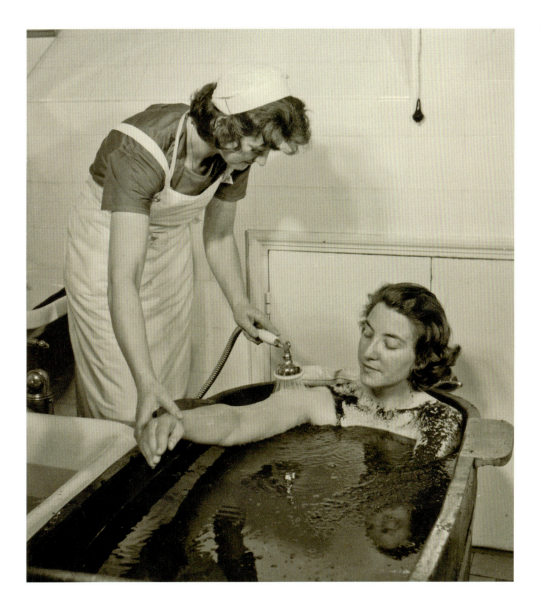

Der klassische Kurmittelhit war die Kombination von Moorbad zuerst und Kohlensäure-Mineralbad danach.

Mutiger Schritt nach vorn

Hemdsärmelige Qualitätskontrolle in der Moorküche: Kurdirektor Peter Kasper, ein initiativer und engagierter Frontmann, dem das Heilbad viel verdankt.

Nicht die Kriegsjahre allein machten dem Heilbad zu schaffen. Dasselbe, was gleichzeitig der Sonnenlichttherapie widerfuhr *(vgl. das Kapitel über die Heliotherapie)*, zeigte sich jetzt auch bezüglich Balneologie. Die rasante Entwicklung der Chemotherapie liess in der klinischen Medizin die Trink- und Badekuren in Vergessenheit geraten. Für die jungen Ärzte waren die natürlichen Reize zur Steigerung des körpereigenen Abwehrsystems kein Thema mehr. Heilbäder waren für sie Heilkunde von gestern. Selbst die Medizin kennt also Modetrends, wohl wissend, dass sich diese wieder ändern können.

Ça fait plus docteur!

Solche Modeströmungen sind notabene keine Seltenheit in der Medizin. Das zeigte sich zum Beispiel auch im Bereich der Geburtshilfe, als die Kunst des Kaiserschnitts aufkam. Die Zahl der operativ unterstützten Geburten nahm anfänglich ganz rapide zu, um sich dann bei einem vernünftigen Mass einzupendeln. Dasselbe war übrigens auch in der Veterinärmedizin der Fall; denn bei der braven Liese im Stall eine sectio caesarea durchzuführen statt einer schweren Zangengeburt – ça fait plus docteur!

Wollte man also, um zur Balneologie zurückzukehren, den Beitrag der Natur im Kurwesen nicht gänzlich verkommen lassen, war Aufklärungsarbeit angesagt, angefangen bei den massgebenden Dozenten an den medizinischen Fakultäten bis hin zu den für die Badeorte zuständigen Kurärzten. Der Informationsaufwand war gross, um den Ruf der Heilbäder wieder ins richtige Licht zu rücken. Es waren Leitfiguren gefragt. Eine solche war Nationalrat August Schirmer, Vorgänger des St. Moritzer Kurdirektors Peter Kasper im Präsidium des Verbandes Schweizer Badekurorte, dann langjähriger Präsident sowohl des Schweizerischen als auch des Internationalen Bäderverbandes.

Pflichtfach der Medizin

Schirmer setzte sich vehement und mit Erfolg für sämtliche Badekurorte ein. Wo die notwendige Geldmittelbeschaffung glückte (ausländischen Badezentren fiel dies etwas leichter, da ihnen die Spielcasinos als Milchkuh zur Verfügung standen), machte man sich daran, die verschütteten Goldminen wieder flott zu kriegen, das heisst, die darbenden Heilquellenzentren zu erneuern.

Und siehe da, auch an den Universitäten kam es zur Götterdämmerung: Institute für physikalische Therapie wurden, zusammen mit den klinischen Abteilungen für Rheumatologie, ausgebaut und modernisiert. Mehr noch: Waren früher physikalische Therapie, Balneologie und Rheumatologie fakultative Mauerblümchen der ärztlichen Ausbildung gewesen, wurden sie jetzt zum Pflicht- und Prüfungsfach des Medizinstudiums hochkatapultiert.

Nun wandelte sich plötzlich das mitleidige Belächeln der Arbeit der Kur- und Bäderärzte in respektvolle Beachtung. Die Kliniker begannen sich wieder für die Behandlungsmethoden an den Heilbädern zu interessieren. So schnell ändern sich Pendelausschläge aktueller Auffassung und Lehrmeinung – selbst in der Medizin.

Auf zu neuen Ufern!

Auch Bäderarzt Theodor Oettli forcierte diese neuen Impulse, indem er schon während der Kriegsjahre und auch danach mit den Leitern des Institutes für physikalische Therapie, Balneologie und Klimatologie der Universität Zürich intensive Kontakte pflegte. 1949 trat er zurück. Auf ihn folgte – in Fortsetzung der bereits bekannten Berry-Dynastie – Peter Robert Berry III., wie er sich nannte, der schon vorher als Vertreter des Gemeinderates der Bäderkommission angehört hatte.

Auch er war ein Dynamiker fürs Heilbad. Schon seitdem er 1939 bei Kriegsbeginn in St. Moritz seine Praxis eröffnet hatte, begann er sich, in enger Zusammenarbeit mit Vorgänger Oettli und basierend auf den Erfahrungen seines Vaters, fürs Heilbad zu interessieren und schickte Sommer für Sommer eine stattliche Anzahl Patienten zur Badekur. Und wie so oft im Leben, spielt manchmal der Zufall Schicksal: Als im Winter 1947/48 Gemeindepräsident Emil Spiess zu seinen Patienten zählte, ergab sich manch eine Gelegenheit, die Heilbadprobleme anzusprechen... Denn die Renovation der Bäder und ihre Anpassung an den neuen Standard waren überfällig.

Architekt Hermann Roth entwarf in kurzer Zeit Pläne, die allgemein Anklang fanden. Doch die simple Frage lautete: Wer soll das bezahlen? Einmal mehr fehlte das Geld. Aber man bemühte sich: Gemeindepräsident Spiess, Kurdirektor Kasper und

So machen's alle Heilbäder; sie zeigen in der Werbung junge hübsche statt in die Jahre gekommene Kurandinnen: Eine Moornixe (mit Natur-Bodypainting) entsteigt der schwarzen Brühe des Alpenmoors und wechselt ins prickelnde Kohlensäure-Mineralbad.

Bäderarzt Berry gelangten an die Eidgenössische Bäderkommission. Eine Delegation sprach bei O. Michel, Präsident der Schweizerischen Hoteltreuhandgesellschaft vor, in der Hoffnung, dass er bei der Realisierung der Finanzierung, die mit rund 600 000 Franken veranschlagt war, dienlich sein könnte. Doch er lachte die St. Moritzer – freundlich, aber deutlich – aus *(vgl. Kastentext)*.

Vom Saulus zum Paulus

Die St. Moritzer als Bergler aus dem Steinbockland liessen sich von solch schroffen Äusserungen des Herrn Präsidenten im komfortablen Bürostuhl nicht ins Boxhorn jagen; denn sie wussten, dass auch Tiere mit grossen Hörnern in Wirklichkeit nicht so gefürchig sind. Deshalb drehten sie den Spiess um und beschlossen trotzig: «Das ist der Mann, den wir für uns gewinnen müssen». Bereits am Tag danach sprach man in Bern bei Bundesrat Kobelt vor, der «reges Interesse zeigte und seine volle Unterstützung zusicherte». Inzwischen versuchte man, sich fachtechnisch à jour zu bringen. Eine Delegation besuchte Heilbäder in der Schweiz, in Italien, Frankreich und Deutschland, die alle vor dem gleichen Problem der Erneuerung standen.

Im Unterschied zur Sahara
Vom wundersamen Sinneswandel des höheren Funktionärs Michel, 1948

Seine saloppe Aussage im Büro in Bern, die Zigarre im Mundwinkel:

Euer altes Bad renovieren, Unsinn, zündet es lieber an. Euer Bad ist eine Sahara – der einzige Unterschied ist, dass es eine Quelle hat und die Sahara keine.

Sein erstauntes und beeindrucktes Statement nach erfolgter Besichtigung in St. Moritz:

Für dieses Bad muss etwas getan werden!

Dann kam der wortgewaltige Präsident Michel wieder ins Spiel. Weil er auch Präsident der Generalversammlung der Aktionäre des Kulm Hotels war, musste er in die Höhle des Löwen reisen. Hier packte man die Gelegenheit beim Schopf und führte ihn durchs Heilbad. Und siehe, es geschehen noch Wunder: Keine Rede mehr von Sahara-Vergleich, im Gegenteil, Herr Präsident war bass erstaunt ob dem «sauberen, einladenden Bäderetablissement», erkannte sofort die dringend notwendigen Optimierungen sowie das Entwicklungspotenzial. Damit war der Startschuss für die Bädererneuerung 1949/50 erfolgt. Augenscheine wirken manchmal mehr als Schreibtischpalaver.

Jetzt ging alles ganz schnell: Bereits einen Monat später reisten Präsident Michel und Nationalrat Schirmer nach St. Moritz zu einer Dringlichkeitssitzung mit der Bäderkommission. Anschliessend fand ein Gang durchs Heilbad unter Führung von Bäderarzt Berry, Kurdirektor Kasper und Architekt Roth statt. Das Fazit: Die Planung war gutgeheissen und ein Kredit von 600 000 Franken des Eidgenössischen Bäderfonds und der Hoteltreuhandgesellschaft war Tatsache. Die Rückzahlung stellte der Kurverein durch Abzweigung eines Kurtaxenanteils sicher. Moral von der Geschicht': Das Prinzip, den Stier bei den Hörnern zu packen, hatte sich bewährt, der Saulus war zum Paulus geworden, weitsichtige Männer hatten sich gefunden – und Geburtstagskind war das Heilbad.

Aus Alt mach Neu

Nun hiess es: An die Arbeit! Nicht alles musste umgekrempelt werden. Bade- und Ruhekabinen sowie Wasser- und Mooraufbereitung präsentierten sich noch tadellos. Was fehlte, waren Räumlichkeiten für Spezialbehandlungen, physikalische Therapie und Unterwassermassage, ein Inhalatorium und ganz besonders eine medizinische Abteilung mit Sprechzimmer, Untersuchungs- und Behandlungsräumen inklusive Laboratorium, ganz abgesehen von einer modernen Küche, Personalräumen und schliesslich Sanierung der sanitären Anlagen.

Das erste Stockwerk des Bädergebäudes, wo seit seiner Erstellung im Jahre 1908 nichts renoviert worden war, wurde zwecks Unterbringung der neuen zusätzlichen Räumlichkeiten für die medizinische Abteilung und für eine eigene Forschungsstation mit zwei Laboratorien *(vgl. Kastentext und Klimakapitel)* entsprechend umgebaut. Im Westflügel des gleichen Stockwerks wurden die Raumbedürfnisse für Massagen, Duschen, Güsse sowie Ruhekabinen abgedeckt. Im zweiten Stockwerk, das sich noch in besserem baulichem Zustand befand, fanden Personalräume und Küche eine Bleibe. Der Neubau, bislang der physikalischen Therapie vorbehalten, wurde in Wäscherei und Lingerieraum umfunktioniert. Man stelle sich das vor: Bis anhin war der gesamte Wäscheberg der Bäderabteilung in einem grossen Kessel von Hand gewaschen worden!

Und was wäre ein erholsames Kurbad ohne einladende Gartenanlage (man erinnere sich an den früheren, prachtvollen Kurpark zu Goldgräberzeiten!). Der staubige Vorplatz verwandelte sich in eine Grünzone. Die alte Wandelhalle zwischen Bäderhaus und Paracelsus-Trinkhalle musste einem Parkplatz weichen, aber dank einem Zusatzkredit von 380 000 Franken konnte sogar eine neue Trinkhalle mit Konzertsaal und geschützter Verbindung zum Bäderhaus realisiert werden.

Im Sommer 1952 war das Werk der Renovation des Heilbades vollbracht. Bäderarzt Berry und sein enger ärztliche Mitarbeiter Rudolf von Planta konnten in der Heilbadgeschichte ein neues Kapitel aufschlagen. Gemeindepräsident Emil Spiess, der sich zusammen mit Kurdirektor Kasper enorm für das Heilbad eingesetzt hatte, erlebte die Eröffnung nicht mehr; er verstarb im Jahr davor.

Balneologie und Bioklimatologie

Jetzt war es – dank eigener Forschungsstation – möglich, den Patienten nach fundierter medizinischer Abklärung massgeschneiderte, balneologisch sowie höhen- und bioklimatisch abgestimmte Kurprogramme zu verordnen. Solch verbessertes Angebot zog eine deutliche Frequenzsteigerung nach sich. Ärzte des In- und Auslandes, ja selbst solche aus Übersee, schickten Patienten zur Badekur nach St. Moritz. Auch Sommergäste und selbst Einheimische suchten das Heilbad wieder auf.

> **Eigene Forschungsstation**
> **Das geistige Erbe eines weitsichtigen Oscar Bernhard**
>
> Anlässlich der Renovation des alten Heilbades war, um die Therapien auf konkrete Fakten stützen zu können, eine Forschungsstation eingerichtet worden, die 1951 ihren Betrieb aufnahm.
>
> Deren Leiter war Professor Fritz Verzàr, Vorsteher des Physiologischen Institutes der Universität Basel. Er war befreundet mit Bäderarzt Theodor Oettli und hatte bereits seit 1945 an der noch von Heliotherapeut Oscar Bernhard ins Leben gerufenen Klimaphysiologischen Station in St. Moritz Dorf gearbeitet *(vgl. Klimakapitel)*.
>
> Mehrere Bände zeugen von der fruchtbaren Forschungstätigkeit Verzàrs im Verbund mit Wissenschaftlern des In- und Auslandes im Bereich Höhenphysiologie und Gebirgsklima. Dies ermöglichte den Bäderärzten, die natürlichen Kurmittel – Höhenklima, Mineralwasser und Moorpackungen – gezielter und damit optimaler verordnen zu können. Ab 1970 ging die Leitung der Forschungsstation an Professor H. W. Georgii.

Der verdiente Bäderarzt Peter Robert Berry (Mitte), zusammen mit seinem Team und mit Gemeindepräsident Hans Flisch (vorne rechts), der sich ebenfalls sehr für das Heilbad eingesetzt hat.

Der Effort hatte sich einmal mehr gelohnt! Langsam aber sicher müssten sich nun eigentlich die St. Moritzer bewusst geworden sein, welch grosses Potenzial in ihrem Heilbad steckt, sofern man es den neuen Gegebenheiten anpasst. Und noch etwas offenbarte sich erneut in aller Deutlichkeit, nämlich die Vorzugsstellung von St. Moritz: Kein anderes Heilbad eignet sich besser für solch kombinierte Bade- und Terrainkuren mit allen Variationen der körperlichen Belastung auf einem abwechslungsreichen Wegnetz mit Sonne und Schatten in den ausgedehnten Waldungen bis auf eine Höhenlage von 3000 Metern.

Die Stimme der grauen Eminenz
Aus einem Vortrag von Oscar Bernhard vor Balneologen, 1910

Leider blieb St. Moritz-Bad als eigentlicher Kurort für Trink- und Badekuren bald nicht auf der Höhe, wie es verdiente. Hoffentlich ist dies nur eine vorübergehende Erscheinung, und tritt der Wert der Quellen und Bäder bald wieder mehr in den Vordergrund und zu seinem Rechte. Es geht eben in der Medizin wie mit vielen anderen Dingen im Leben. Die Mode führt auch hier ihr Regiment.

Falsch wäre es auch, wenn St. Moritz nur den Wintersport im Auge behalten würde. Auch der Sport ist der Mode unterworfen und kann ferner noch an vielen anderen Orten ausgeübt werden.

Auch hier wird als solide Basis für St. Moritz immer gelten, dass es ein *Kurort* sei.

Schon Oscar Bernhard mahnte

Grundvoraussetzung für den Erfolg einer Institution Heilbad war und ist also, sich ständig den neusten Gegebenheiten anzupassen. Das erfordert grosses Engagement von Seiten der Bäderärzte. Daran hat es eigentlich nie gefehlt, im Gegenteil, die Impulse kamen meistens von ärztlicher Seite. Gefragt war aber ebenso sehr die Unterstützung durch Gemeinde und Bürgerschaft. Doch hier war es, wie sowohl die Geschichte des Sauerbrunnens als auch jene des Heilbades zeigt, nicht immer zum Besten bestellt.

Vielleicht sollte man sich in diesem Zusammenhang an die Worte des wohl berühmtesten Mediziners, den das Engadin hervorgebracht hat, erinnern, an Oscar Bernhard *(vgl. die drei Kapitel über ihn)*. Der Begründer der Heliotherapie und zugleich überzeugte Verfechter des Badekurortes, sprach schon 1910 in einem Vortrag vor der Schweizerischen Balneologischen Gesellschaft deutliche Worte *(vgl. Kastentext)*. Deshalb hat dann Bäderarzt Berry 1976 – eine noble Geste! – seine Abschiedspublikation «St. Moritz, Kurort und Heilbad» unter anderem «dem Begründer der Heliotherapie und verdienten Förderer des Kurortes St. Moritz» gewidmet, den viele andere bereits vergessen hatten.

Das neue Heilbadzentrum

Das neue Heilbadzentrum nach seiner Eröffnung im Sommer 1976.

Die Zeit verging, das Heilbad kam in die Jahre. Und weil auch medizinische Institutionen allmählich Alterserscheinungen zeigen und umgekehrt die Forschung laufend Fortschritte macht, kam man in St. Moritz bereits 1968 überein, die gesamte Bäderthematik neu zu überdenken; denn wieder warnten «weitsichtige Männer» davor, nicht zu vergessen, weshalb St. Moritz gross und erfolgreich geworden ist, nämlich einzig und allein dank dem Sauerbrunnen und den damit verbundenen Trink- und Badekuren. Alles andere waren Folgeerscheinungen, die von diesem Schrittmacher profitierten. Das verpflichtet, und deshalb war jetzt ein *neues* Heilbad angesagt!

Quadratur des Zirkels

Nach dreijährigen Vorarbeiten konnte im Sommer 1971 der Projektauftrag an das Architekturbüro Schoch & Möller erteilt werden, das nun in enger Zusammenarbeit mit der Gemeinde als Besitzerin der Bäderanlage und mit der Graubündner Kantonalbank als Inhaberin des Parkhotels Kurhaus das Konzept für ein neues, auf moderne Ansprüche ausgerichtetes Heilbadzentrum erarbeitete. Auf einer Besichtigungstour durch verschiedene moderne Bäderanlagen im süddeutschen Raum und auch am Ursprungsort der Kneipp-Therapie in Wörishofen, informierte man sich über die neuesten Entwicklungen.

St. Moritz Bad im Schnee; rechts der Kurbereich mit (von unten) Hotel, Heilbad und Hallenbad, also jene Trinität, die es zu erhalten gegolten hätte. Bereits im ersten Winter 1976/77 blieb das Heilbad infolge grosser Nachfrage offen.

Dann aber tauchten etliche zu überwindende Probleme auf: Allein schon die Standortwahl war nicht einfach. Ideal wäre gewesen, das Gebäude direkt über dem Mauritius-Sauerbrunnen zu errichten, was aber aus Gründen des Quellenschutzes ausser Betracht fiel.

Und weil der Mineralwassertransport ohne Qualitätsverlust nur über kurze Distanzen möglich ist, der Kurpark nicht angetastet werden durfte und der Bäderbetrieb auch während der Bauphase dauernd aufrecht erhalten werden musste, ergab sich nur gerade die eine Quadratur des Zirkels, die allen Vorgaben gerecht wurde.

Die Lösung war: Das viergeschossige Hauptgebäude mit Verwaltung, medizinischer Abteilung, physikalischer Therapie, Bädern und technischen Räumen wurde so positioniert, dass es mit Trinkhalle und Konzertsaal in Verbindung stand. Forschungsabteilung und Personalräumlichkeiten wurden in das alte, im Laufe der Zeit

Weitsicht der Stimmbürger
Festansprache von Gemeindepräsident Corrado Giovanoli, 4. Juli 1976

Auf keine bessere Weise hätte von den Stimmbürgern der Glaube an die Zukunft von St. Moritz dokumentiert werden können als durch die weitsichtige Zustimmung zum grossen Kredit für den Bäderneubau. Dieses Werk wird ohne Zweifel der Sommersaison neue Impulse verleihen – die guten Resultate des ersten Betriebsmonats bestätigen es bereits.

mehrmals umgebaute Mauritius-Gebäude verlegt, das auch die Quellfassung beherbergte und als Zeuge der Bädergeschichte erhalten bleiben sollte.

Es bildete einen harmonischen Übergang zum dominierenden Baukörper des Parkhotels Kurhaus. Ein eingeschossiger Verbindungstrakt, in der Mitte erweitert durch einen zweigeschossigen Kneipp-Pavillon, begrenzte den Kurpark gegen die hangseitigen Felswände hin.

Funktionell und ästhetisch

Der Startschuss fiel im Juli 1973, als die St. Moritzer Bevölkerung dem Baukredit zustimmte, was ohne die Überzeugungskraft des Trios Kurdirektor Peter Kasper, Bäderarzt Peter Robert Berry und Gemeindepräsident Hans Flisch wohl kaum der Fall gewesen wäre. Trotz den erwähnten planerischen Auflagen, die drei Bauetappen bedingten, und trotz komplexen technischen Einrichtungen schritten die im Sommer 1974 begonnenen Bauarbeiten rasch voran und waren bereits zwei Jahre später abgeschlossen.

Am 1. Juni 1976 konnte das für über 20 Mio. Franken erbaute neue Heilbadzentrum termingerecht in Betrieb genommen werden, was St. Moritz unter grosser Anteilnahme der Bevölkerung mit einem denkwürdigen Fest und einem historischen Umzug feierte *(vgl. Kastentext)*.

Das Endresultat überzeugte: Der gesamte Gebäudekomplex war geschickt in die delikate landschaftliche Situation eingebettet, vom Dorf her gesehen durch eine Baumgruppe kaschiert, und umgekehrt schirmte er den Kurpark gegen Störungen von aussen ab. Hauptgebäude, Kneipp-Pavillon, Quellenräume, Personalhaus und Parkhotel Kurhaus wurden durch eine verglaste, gegen den Kurpark orientierte, ebenerdige Wandelhalle zusammengehalten, hinter der sich die technischen Anlagen versteckten, verbunden durch eine rückwärtige Bedienungsstrasse. Denn wegen dem stark variierenden Grundwasserspiegel konnte die Technik nicht ususgemäss in ein Kellergeschoss versenkt werden.

Es versteht sich von selbst, dass ein Heilbadzentrum so konzipiert sein muss, dass sich Patienten und Kurgäste darin wohl fühlen, Ruhe und Ausgeglichenheit finden, ohne dass Langeweile aufkommt. Dazu trugen die rhythmische Gliederung vertikaler und horizontaler Bauelemente bei, ebenso grossflächige Verglasungen, warme Farbtöne und heimelige Materialien anstelle klinisch-kalter Innenarchitektur. Was rein repräsentative Bauten meist vermissen lassen, war dem projektleitenden Architekten Guido Kueng hier gelungen: dem Gast ein Behaglichkeitsgefühl zu vermitteln.

Individualität und Gemeinschaft

Weitere wichtige Grundbedürfnisse für einen erfolgreichen Kuraufenthalt sind Rückzugs- und Kommunikationsmöglichkeiten. Die einen Gäste ziehen die Individualität der Gemeinschaft vor. So wurde, im Gegensatz zu klinischen Heilstätten, von Grosstherapieräumen und Ruhesälen abgesehen. Im Heilbadzentrum fand der Gast für alle Therapieanwendungen einen eigenen Raum mit wohnlicher Atmosphäre.

Umgekehrt konnte er in diversen Foyerecken oder in der gegen den Kurpark hin sich öffnenden Halle im Erdgeschoss mit Trinkbrunnen und Cafébar den Gruppen-

Ein sonniges Logo für das neue Heilbadzentrum.

kontakt und das Gespräch suchen, desgleichen im Kurpark mit seinen Haupt- und Nebenwegen, offenen und versteckten Plätzen mit freier Möblierung.

Rohstoff der Sommersaison
Kurdirektor Peter Kaspers weitsichtige Heilbadzentrum-Analyse, 1976

Der Trend der Zeit ruft nach aktiven Ferien. Er ruft nach Gesunderhaltung von Körper und Geist. Der Strom der Zeit erfordert Prävention, Rehabilitation und Erholung. Sie lassen sich nicht streng voneinander trennen, deshalb muss das Angebot des Bades allen dienen, der Prävention, der Gesundung, der Rehabilitation und der Erholung. Da ein Heilbad ohne medizinische Einrichtungen nicht mehr als vollwertig angeschaut werden kann, sind diese Einrichtungen fachlich begründet worden.

Die meisten Behandlungsverfahren, die in St. Moritz in Frage kommen, können ambulant vorgenommen werden, denn St. Moritz ist unter den Heilbädern ein Sonderfall. Nur gerade das Parkhotel Kurhaus ist direkt mit dem Bädergebäude verbunden, und es ist deshalb klar gewesen, dass es auch nach der neuen Konzeption verbunden bleiben müsse. Daraus geht hervor, dass der Grossteil der Badegäste aus Ambulanten zusammengesetzt ist.

St. Moritz-Bad wird auch nie das Heilbad der Schwerkranken sein. Das ist auch der Grund, warum wir in unserem Bad auf eine klinische Abteilung mit einer Bettenstation verzichten. Das Ziel der allgemeinen Therapie in St. Moritz ist eine Umstimmung und Reaktivierung der Ordnungs- und Selbstheilungskräfte im Menschen, nach einem individuellen Behandlungsplan.

Unser Heilbad gehört seit Jahrhunderten zu den Rohstoffen der Sommersaison. Die Stärke von St. Moritz liegt in der Kombination von Klima und Heilbad. Erst in dieser Kombination kommt es richtig zur Geltung. Die Schwäche von St. Moritz als Badeort liegt darin, dass die Einheimischen selbst zu wenig daran glauben. Sie glauben nicht daran, weil sie es nicht kennen. Das zu ändern, ist die Aufgabe der Bäderkommission.

Kurz: Ein rundum gelungener Wurf, der die Peinlichkeiten früherer Jahrhunderte etwas vergessen liess, als es von den damaligen Gebäulichkeiten an der berühmten Quelle hiess: «Alles baufällig und schlecht, das ganze Haus droht dem Einsturz, nichts als eine elende Hütte»…

Kommt es zu einem Umdenken?

Ein positiver Nebeneffekt der ganzen Heilbaderneuerung war übrigens der, dass dadurch verschiedenste Teile der St. Moritzer Bevölkerung sich wieder einmal bewusst wurden, dass sie in einem Kurort leben, der seinen ganzen Erfolg in den Bereichen Hotellerie, Tourismus und Sport einer Quelle mit Heilwasser verdankt. Das ist ja leider immer und immer wieder vergessen gegangen *(vgl. Kastentexte)*.

Deshalb war nun die Hoffnung gross, dass dieser Neustart mit einem modernen Heilbadzentrum, das in verschiedener Hinsicht mit Einrichtungen aufwartete, die für schweizerische, ja sogar europäische Verhältnisse erst- und einmalig waren, nun auch in den Köpfen der St. Moritzer einen Schub der Freude und Solidarität, vielleicht sogar gepaart mit etwas Stolz, auslösen würde.

Ob dies dann tatsächlich nachhaltig geschehen ist? Fortsetzung folgt!

Ein unverhohlener Weckruf!
Retrospektives Statement, Festschrift zum neuen Heilbadzentrum, 1976

Das Desinteresse vieler Kreise am Orte für unser Heilbad war seit jeher notorisch, wie schon aus Dokumenten aus den letzten Jahrhunderten und aus allen nachfolgenden Publikationen für die Reorganisation des Kurortes St. Moritz, vor allem aus der Feder der Ärzte, die am Bade tätig waren, eindeutig hervorgeht.

Aus unbegreiflichen Gründen wurde am Orte selber das Heilbad teilweise wissentlich ignoriert, belächelt oder sogar als unseriöse Angelegenheit abgetan. Heute muss sich dies ändern. Das Kurortsbewusstsein muss in der Bevölkerung wieder geweckt werden!

Auf wissenschaftlicher Basis

Wenn wir nun einen Blick in das taufrische, neue Heilbadzentrum werfen, fällt auf, dass hier alles daran gesetzt wurde, die Institution für die Zukunft fit zu machen, mit einer medizinischen Abteilung, bestehend aus zwei modernst eingerichteten Arztpraxen und ergänzt durch eine hauseigene Forschungsstation. Das war nicht zuletzt deshalb von grösster Bedeutung, weil es auch darum ging, die Skeptiker unter den Medizinern von den tatsächlichen Erfolgen der balneologisch-höhenmedizinischen Kuren anhand von hieb- und stichfesten wissenschaftlichen Fakten zu überzeugen.

Neues Haus, neuer Chef, neue Ideen

Der verdiente Bäderarzt Peter Robert Berry übergab nun nach 25 Jahren die Verantwortung. Der Gemeinderat folgte dem Antrag der medizinischen Fachkommission und wählte am 22. August 1975 den Arzt und ausgewiesenen Fachmann Robert Eberhard aus Kloten. Das war, wie sich später weisen sollte, ein glücklicher Entscheid. Denn der Neugewählte engagierte sich mit aller Energie für die Institution Heilbad, indem er seinen Beruf zur Berufung machte. Schon vor seinem Stellenantritt absolvierte er aus eigenem Antrieb Studienaufenthalte in diversen Heilbädern sowie in Bad Wörishofen, der Hochburg der Kneipp-Therapie, da diese im neuen Heilbadzentrum ein wichtiges Zusatzangebot darstellen sollte.

Weil dem Gemeinderat und der Bäderkommission sehr daran gelegen war, dem neuen Heilbadzentrum eine Brücke zur Universität zu schlagen, um so das Ansehen zu stärken, wurde ein medizinischer Fachausschuss gewählt, der sich zusammensetzte aus den Professoren Walter Siegenthaler und Duri Gross aus Zürich, den beiden Chefärzten des Kreisspitals Samedan, Ernst Minder und Andri Fenner, sowie dem frischgewählten Leitenden Arzt des Heilbades St. Moritz, Robert Eberhard.

Letzterem oblag es nun, der Balneologie und damit den Wurzeln des St. Moritzer Welterfolges wieder neues und dauerhaftes Leben einzuhauchen. Dass er dies mit Herzblut tat und tut, beweist die Tatsache, dass er sich zur Zeit der Entstehung dieses Buches, mehr als 35 Jahre nach seinem Amtsantritt, immer noch mit der gleichen Hingabe und mit unvermindertem Elan für seine Lebensaufgabe einsetzt. Eine seiner ersten, wegweisenden Entscheidungen nach Amtsantritt 1976 war es, die – früher immer wieder verworfene – Winterbadesaison einzuführen, das heisst die ganzjährige Offenhaltung des Heilbades, was sich bis heute bewährte *(vgl. Kapitel «Das ständige Sorgenkind Quellfassung»).*

Sein Engagement für die Sache und seine Hingezogenheit zu den Gaben der Natur sind bei ihm wohl auch deshalb so ausgeprägt, weil er kein indoktrinierter Scheuklappenspezialist, sondern ein allen Facetten der Medizin gegenüber offener Mensch ist. Das hängt vielleicht nicht zuletzt damit zusammen, dass er vor seinem Medizinstudium vier Jahre auf dem elterlichen Bauernhof arbeitete und eine landwirtschaftliche Ausbildung absolvierte. Was einmal mehr beweist: Breiter Horizont und Erdverbundenheit zahlen sich in allen Lebenslagen aus!

Schlüsselübergabe des scheidenden Bäderarztes Peter Robert Berry an seinen Nachfolger Robert Eberhard.

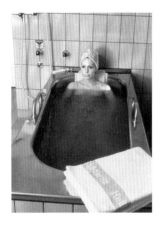

Das älteste Kurmittel, das Kohlensäure-Mineralbad, hat überlebt. Die Kombination von Moorbad und Kohlensäure-Mineralbad in der Doppelbadewanne dagegen hatte dann ausgedient, als die Moorbeschaffung problematisch wurde.

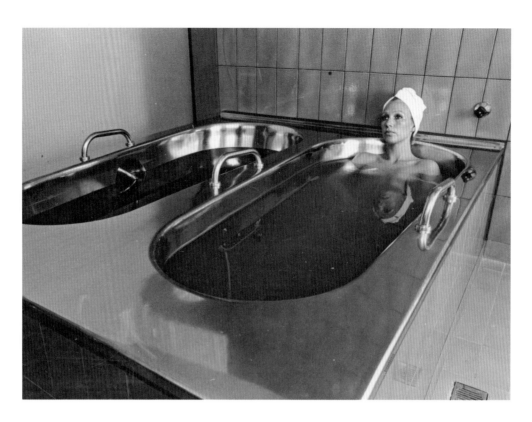

Eine europäische Pilotanlage

Doch zurück zum Rundgang durch das neue Heilbadzentrum. Im Mittelpunkt des Angebotes standen nach wie vor die beiden St. Moritzer Kurmittel-Spezialitäten, das kohlensäurehaltige Mineralwasser der Mauritiusquelle und die Alpenmoor-Behandlungen. Für die Kohlensäure-Mineralbäder wurde das Quellwasser aus dem Hauptreservoir über eine Druckerhöhungsanlage direkt auf die den Badewannen vorgeschalteten Durchlauferhitzer geführt. Via Knopfdruck konnte die Badefrau eine Wanne dank elektropneumatischen Ventilen innert zwei Minuten füllen. Dies ermöglichte – einzigartig in Europa – bei minimalem Personalaufwand bis zu 300 Mineralbäder pro Tag abzugeben.

Besonders wohltuend war die (damals noch übliche) Kombination beider Bäder, zuerst das aufwärmende Moorbad, dann das erfrischende Kohlensäure-Mineralbad, das heisst «von der warmen, schwarzen Brühe in den kühlen, prickelnden Schaumwein» – Wellness in Variationen… Doch wie sagten die Badeärzte schon früher: Keine gute Kur ohne Krise. Der Körper reagiert auf die Behandlungsreize, so dass nach einer Woche Therapie die Gelenke zuerst vermehrt schmerzen; doch das klingt bald ab, und nach zwei bis drei Wochen tritt die heilsame, langdauernde Wirkung ein. Deshalb muss man sich für diese Art Kur Zeit lassen, wie das die Kuranden in früheren Jahrhunderten auch schon getan haben.

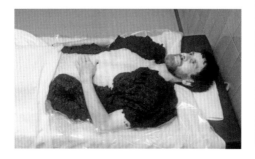

Die Moorpackung, damals und heute aktuell, wird schweizweit nur in St. Moritz angeboten.

Das «Champagner»-Bad

Zuerst zum Heilwasser: Der Mauritius-Sauerbrunnen in St. Moritz ist die am stärksten kohlensäurehaltige Mineralquelle Europas (1 ½ Liter Kohlensäure in 1 Liter Wasser). War das mineralreiche, durch die natürliche Kohlensäure sehr schmackhafte Wasser in früheren Zeiten wegen seines Eisengehaltes vor allem bei Blutarmut in grossen Mengen getrunken worden, so stand jetzt die Anwendung für Badezwecke im Vordergrund.

Seine Wirkungsweise: Im Bad wird die Kohlensäure durch die Haut aufgenommen und bewirkt eine starke Gefässerweiterung mit intensiver Durchblutungssteigerung und Senkung eines erhöhten Blutdrucks ohne Mehrbelastung des Herzens. Kohlensäure-Mineralbäder sind deshalb angezeigt bei Störungen der arteriellen und venösen Durchblutung oder der Blutdruckregulation sowie nach Herzinfarkt und bei nervösen Herzbeschwerden. Sie wirken beruhigend auf das gesamte Nervensystem, der Puls wird verlangsamt, die Atmung vertieft.

Die Badedauer beträgt 10 bis 20 Minuten. Die optimale Temperatur des Bades liegt bei 32 bis 35 Grad Celsius. Die in die Haut eindringende Kohlensäure bewirkt – und dies ist die Besonderheit dieser Bäder – eine Herabsetzung der Empfindlichkeit der Kälterezeptoren und eine Reizung der Wärmerezeptoren sowie dank der den Körper umgebenden Kohlensäure-Gasperlenschicht eine Veränderung der Wärmewahrnehmung. Dies erlaubt, und das ist speziell bei Herz- und Kreislaufpatienten wichtig, die Bäder in einer kühlen und somit kreislaufschonenden, vom Patienten jedoch als angenehm warm empfundenen Temperatur abzugeben. Wegen ihrer belebenden, erfrischenden und anregenden Wirkung nennt der Volksmund die Kohlensäurebäder auch «Champagner»-Bäder.

Naturmoor – eine Exklusivität

Und nun zum Alpenmoor: Das Heilbad St. Moritz verfügt – was aber erstaunlicherweise wenig bekannt ist – mit seinen Moortherapien über ein ganz speziell wertvolles Kurmittel und war und ist sogar schweizweit der einzige Anbieter dieser balneologischen Spezialität. «Das Moor ist», so Bäderarzt Eberhard, «während Jahrtausenden aus im Wasser versunkenen Alpenpflanzen durch Vertorfung entstanden. Analog den Alpenkräutern ist es durch seine Heilkraft berühmt und eignet sich hervorragend zur Behandlung chronisch-degenerativer und entzündlicher Erkrankungen des rheumatischen Formenkreises, chronischer Unterleibsentzündungen bei Mann und Frau sowie Sterilität, Menstruationsstörungen und klimakterischer Beschwerden der Frau».

Bei der Moorbehandlung mit Bädern oder mittels Packungen kommt es durch langsame Wärmeabgabe zu einer tiefgreifenden Überwärmung des Körpers mit

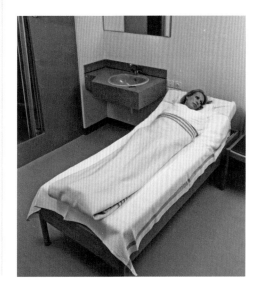

In warme Decken gehüllt: Ruhezeit nach den Kuranwendungen.

Die Moorlandschaft im Gebiet Mauntschas im Süden des St. Moritzersees, wo im Verlauf von Jahrtausenden durch Vertorfung aus Alpenkräutern Moor entsteht.

Von «Moorleichen» und «Moorbabys»
Eine nicht ganz ernst zu nehmende Schwarze-Magie-Analogie

Moorleichen, man entschuldige den etwas drastischen Vergleich, werden bekanntlich derart gut konserviert (dank der antibakteriellen Wirkung des Moors), dass sie selbst nach Jahrhunderten wie in der Blüte ihres Lebens erscheinen. Das mag diesem Peloid zu seinem guten Ruf verholfen haben.

Das griechische Wort «Pelos» bedeutet Schlamm, und als Peloide werden natürliche Stoffe bezeichnet, die als dickflüssige Bäder oder Packungen zur Anwendung kommen. Um die Begriffe gleich definitiv zu klären: Moor ist ein pflanzliches, Fango ein mineralisches Peloid. Solche Schlamme kamen schon seit dem Altertum für Heilzwecke zur Anwendung. Im Naturmoor finden sich unter anderem Pektine, Gerbstoffe, Zellulose, Huminsäuren und Bitumen.

Weil das Hochmoorsubstrat auch noch östrogenartige Substanzen enthält, sprachen vor der Zeit der nunmehr fast jeden Wunsch erfüllenden Fortpflanzungsmedizin speziell auch viele junge Frauen im Heilbad St. Moritz vor. Im ersten Jahr kamen sie zum Moorbaden, im zweiten Jahr, um dem Doktor stolz ihr Baby zu zeigen… Das erinnert an die Sonette des Dottore Malacrida von 1650 über die hormonanregende Wirkung des Mauritiuswassers, in denen er «die freudvolle Hoffnung unfruchtbarer Frauen» besingt, «die dank einer Trinkkur ihre Fruchtbarkeit zurück erlangen». Oder an den Spruch aus jener Zeit: «Das Wasser ist gesund, schwanger wurden Frau, Magd und Hund»…

starker Durchblutungssteigerung, was anregend auf den ganzen Stoffwechsel, insbesondere auch auf die Nebennieren- und Ovarialtätigkeit wirkt. Zudem enthält Moor östrogenartige Substanzen, die bei verschiedenen gynäkologischen Problemen in schonender Weise wirksam werden. Moorbäder wurden daher immer schon speziell als Frauenbäder benannt *(vgl. Kastentext)*.

Über die Haut erfolgt ein Austausch von Substanzen zwischen Moor und Körper. Die im Moor enthaltenen Stoffe wirken entzündungshemmend. Dies bringt, zusammen mit der Wärmewirkung, die guten Resultate bei chronisch entzündeten Gelenken, Arthrosen und Muskelverspannungen, aber auch bei den zunehmend verbreiteten Rückenleiden.

Die Moorbäder waren damals im neuen Heilbadzentrum *der* Renner unter den Kurmitteln. Leider mussten sie dann spä-

Das grosse Moorlager *ausserhalb* des Naturschutzgebietes, wo das verwendete Material rezykliert wird, damit es nach etwa zehn Jahren wieder verwendbar ist.

ter, und folgedessen auch die kombinierten Moor- und Kohlensäurebäder, aus Kostengründen und wegen Moorgewinnungsproblemen aufgegeben werden. Glücklicherweise geblieben sind die ebenso wirksamen, jedoch weniger aufwendigen Moorpackungen, die gewöhnlich ebenfalls mit den Kohlensäurebädern kombiniert werden. Sie stellen nach wie vor *die* Spezialität unter den St. Moritzer Kurmitteln dar, welche schweizweit ausschliesslich hier angeboten wird.

Naturschutz versus Medizin

Vor «Rothenthurm» (Moorschutzinitiative, 1983) war es so: Das Moor wurde in St. Moritz abgebaut, im Gebiet von Mauntschas am Fusse des Piz Rosatsch im Süden des St. Moritzersees, mit Containerlastwagen zur Aufbereitungsanlage gefahren und in einem Beschickerbehälter deponiert. Per Förderband und via Grobzerhacker gelangte es zur Mühle, die es auf die gewünschte Feinheit zerkleinerte. Von hier ging es weiter in zwei Rührwerke von je 7,5 m³ Inhalt für die Moorbäder beziehungsweise in zwei kleinere Rührwerke von je 250 Liter Inhalt für die Moorpackungen. Das Bademoor wurde in den Hauptrührwerken mit Wasser gemischt und auf 42 °C erwärmt, das Packungsmoor analog, aber in verschiedenen Konsistenzen und Temperaturen.

Moorbreie besitzen viel geringere Wärmekapazität und Wärmeleitung als Wasser, weshalb im Moorbad auch hohe Temperaturen gut ertragen werden. Wie beim Mineralwasser, so konnte auch beim Moorbad die Wanne auf Knopfdruck in zwei Minuten gefüllt werden. Die gesamte Mooraufbereitungsanlage, wie es sie nur einmal in der Schweiz gab, konnte von einer Person bedient werden und war über die sechs Moor-Mineral-Doppelwannen in der Lage, rund 70 Moorbäder täglich aufzubereiten. Da das verwendete Moor nicht der Kanalisation zugeführt werden darf, wurde es, zusammen mit dem gebrauchten Packungsmoor, in einen Auffangbehälter gepumpt und dann mit Containerwagen in die Nähe der Abbaustelle zurückgebracht.

Umfassendes Schutzdenken

Wie war es nun *nach* «Rothenthurm», jetzt, da Hochmoore nicht mehr angetastet werden durften?: «Im Moment», so meinte damals Bäderarzt Eberhard (und das gilt auch jetzt noch), «ist dies nicht allzu tragisch. Das Moor wird nur noch in Form von Packungen und nicht mehr als Moorbad angewendet, wodurch der Bedarf viel geringer geworden ist. Zudem verfügen wir noch über grosse Vorräte, die bereits vor Jahren angelegt worden sind und für mehrere Jahrzehnte ausreichen. Auch wird das gebrauchte Moor gesammelt und gelagert, so dass es, vermischt mit frischem Torf, nach frühestens zehn Jahren ohne Qualitätseinbusse wieder verwendet werden kann».

Heute darauf angesprochen, präzisiert er zusätzlich: «Wünschenswert wäre, dass auch spätere Generationen von dieser herrlichen Gabe der Natur profitieren können. Dies bedingt jedoch, dass man auch die Linderung menschlicher Leiden in ein umfassendes Naturschutzdenken integriert. Ein künftiger Moorabbau wäre übrigens, weil nur noch Packungen statt Bäder angeboten werden, nur in viel geringerem Masse notwendig, ganz abgesehen davon, dass die Moorreserven in St. Moritz gross sind und durch das gehandhabte Rezykliersystem nur minim tangiert würden. Es ist zu hoffen, dass die Verantwortlichen des Naturschutzes zu gegebener Zeit zu einer der Natur *und* dem Menschen dienlichen Lösung bereit sein werden.

Erste alpine Kneipp-Station

Doch wieder zurück zum Rundgang durch das neue Heilbadzentrum. Eine ideale Ergänzung zu den naturgegebenen Kurmitteln Kohlensäure-Mineralbäder und Mooranwendungen bot die Kneipp-Therapie; denn diese diente der allgemeinen Abhärtung und Leistungssteigerung, zur Behandlung nervöser und psychosomatischer Versagenszustände, zur Prävention und Behandlung von Herz- und Gefässerkrankungen sowie bei funktionellen Störungen der Verdauungsorgane, alles gesundheitliche Imponderabilien, wie sie für die moderne Gesellschaft typisch sind.

Im Kneipp-Pavillon des neuen Heilbadzentrums wurden sämtliche für die Behandlungen nach Kneipp notwendigen Einrichtungen realisiert. Im Erdgeschoss Tretbecken und Armbad, im Obergeschoss in identischer Damen- und Herrenausführung Wechselfuss- und Wechselarmbäder, Wannen- und Wechselsitzbäder samt Weichgussanlage sowie ein Mehrzweck-Giessraum für Wechselgüsse, Blitz- und Dampfdusche, ferner eine separate Wickelabteilung und ein Ruheraum.

So konnte die ganze Bandbreite der über 100 Wasseranwendungen von kleinsten

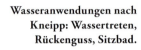

Wasseranwendungen nach Kneipp: Wassertreten, Rückenguss, Sitzbad.

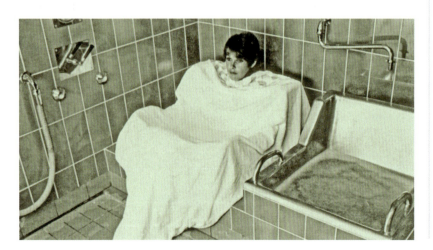

Therapiereizen wie einfache Waschungen bis hin zu starken Anwendungen wie Blitzguss-Massagebad gezielt eingesetzt werden. Die Kneipp'sche Methode geht von der Überlegung aus, dass alles Lebendige nur durch Training und Abhärtung erstarkt. Daher werden durch wiederholte, naturgegebene Reize im Körper Reaktionen ausgelöst, um so die Abwehrkräfte zu stärken. Oder im Kneipp'schen Originalton: «Den Abgehärteten greift nichts an, den Verweichlichten bringt jedes Blatt Papier in Aufregung».

Reize richtig dosieren

Um die Theorie von Pfarrer und Hydrotherapeut Sebastian Kneipp *(vgl. Kastentext)* zu verstehen, ist ein kurzer Blick in sein Leben hilfreich: 1821 als Sohn eines Webers geboren, wuchs er in einfachen Verhältnissen auf. Schon als Bub musste er zum Familienunterhalt beitragen mit Weben und Viehhüten. Die in der Kindheit erfahrene Not öffnete sein Herz für die Mitmenschen, weshalb er Pfarrer wurde. Als er dann, von den Ärzten bereits aufgegeben, mit 28 Jahren an einer Lungentuberkulose zu erliegen drohte, erinnerte er sich an das 1737 von Arzt Johann Siegmund Hahn erschienene Büchlein «Ueber die wunderbare Heilkraft des frischen Wassers bei dessen innerlichem und äusserlichem Gebrauch auf die Leiber der Menschen».

1849 nahm er sein erstes kaltes Bad in der Donau, und in einem Gartenteich übte er zusammen mit ebenfalls lungenkranken Freunden Bäder und Güsse. Als alle wieder gesund wurden, beschloss er, in Wörishofen die Wasserheilkunde aufzubauen. Nur aus dem Bestreben, anderen helfen zu wollen, wurde er wider seinen Willen und anfänglich gegen den Widerstand von Kirche und Ärzteschaft zum Behandler.

Pfarrer Sebastian Kneipp im Porträt und bei einem Vortrag 1894.

Kneipp'sche Gedankensplitter
Das Credo von Pfarrer und Hydrotherapeut Sebastian Kneipp, 1821-1897

Die Mittel, welche das natürliche Heilverfahren beansprucht, beruhen in Licht, Luft, Wasser, Diät, Ruhe und Bewegung in ihren verschiedenen Anwendungsformen, Dinge, wenn sie normal vorhanden, den gesunden Organismus gesund erhalten und wieder gesund machen können, wenn er erkrankt ist.

Gesund bleiben und lang leben will jedermann, aber die wenigsten tun etwas dafür. Wenn die Menschen nur halb soviel Sorgfalt darauf verwenden würden, gesund zu bleiben und verständig zu leben, wie sie heute darauf verwenden, um krank zu werden, die Hälfte ihrer Krankheiten bliebe ihnen erspart.

Kaum irgend ein Umstand kann schädlicher auf die Gesundheit wirken als die Lebensweise unserer Tage *(1889 verfasst!)*: ein fieberhaftes Hasten und Drängen aller im Kampfe um Erwerb und sichere Existenz. Es ist kein Wunder, wenn Krankheiten so viele Opfer fordern, denn die Menschheit ist weit von der früheren, einfachen, natürlichen Lebensweise abgewichen.

Nicht etwa, dass die Errungenschaften unserer Zeit wieder geopfert werden müssen, aber es muss ein Ausgleich gefunden werden, um die überanstrengten Nerven zu stärken, ihre Kraft zu erhalten; es muss das Gleichgewicht hergestellt werden zwischen der Arbeits- und Lebensweise – und dem Verbrauch der Nervenkraft.

Ärzte, nehmt euch meiner Sache an, denn wohin sollte mein System kommen, wenn Laien es in die Hand nehmen, dann wird's nichts weiter als einfache Kurpfuscherei.

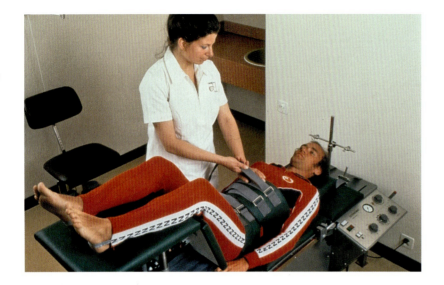

In der Physiotherapie: Streckbehandlung (Extension) bei Bandscheibenvorfall und Vier-Zellen-Elektrobad bei Schmerzzuständen.

Aber er war, entgegen weit verbreiteter Meinung, keineswegs nur der Wasserdoktor, sondern legte auch Wert auf gesunde Ernährung, regelmässige Bewegung, nutzte die Heilpflanzen und riet zu sinnvoller Lebensführung. Schon damals erkannte er scharfsinnig die Zusammenhänge zwischen Lebensweise und Gesundheit der Menschen. Seine zwei bekanntesten Bücher wurden Bestseller; allein «Meine Wasserkur» hat innert wenigen Jahren 63 Auflagen erlebt. Kneipps Botschaft lautete, kurz zusammengefasst: Die Kunst des Heilens liegt in der richtigen Dosierung der Reize.

Diktat des Zeitgeistes

Doch in der Medizin verhält es sich nicht anders als in den übrigen Lebensbereichen. Da sich die Angewohnheiten und Ansprüche der Menschen im Laufe der Zeit ändern und damit auch ihre Bereitschaft bezüglich persönlichem Aufwand zum Genuss von Heilmethoden, musste dann später im Heilbadzentrum St. Moritz das Kneipp-Angebot leider wieder gestrichen werden, obschon dieses gut ins Konzept gepasst hätte.

Weil es sich dabei um kurze, nur wenige Minuten dauernde Therapien handelt, wofür die Kurgäste, zumal in einem Touristikzentrum mit vielen anderen Möglichkeiten, nicht mehr bereit waren, den Weg unter die Füsse zu nehmen, sondern ein solches Angebot vielmehr im Hotel erwarteten, wo sie logierten und somit unkompliziert im Bademantel antreten konnten, musste man im Heilbad mangels genügender Nachfrage leider darauf verzichten.

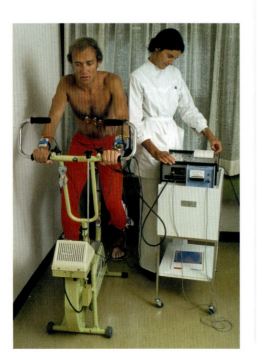

Herzbelastungstest (Ergometrie) in der Arztpraxis.

Physikalische Therapie

Neben der Nutzung der Gaben der Natur – Kohlensäure-Mineralbäder und Moorpackungen – kam im neuen Heilbadzentrum der physikalischen Therapie zentrale Bedeutung zu. In der hiefür bestausgestatteten Abteilung wurden von qualifiziertem Fachpersonal Heilgymnastik, Wassergymnastik, Bewegungstherapien, Massagen, Unterwasserstrahlmassagen, Elektrotherapien, Extensionen der Wirbelsäule und Inhalationen durchgeführt. Die Anwendungsbereiche betrafen vorwiegend entzündliche und degenerative rheumatische Leiden, Bewegungsstörungen nach Unfällen oder nach orthopädischen Eingriffen sowie Restlähmungen des zentralen und peripheren Nervensystems.

Last but not least: Obschon sie, und das ist gerade das Sympathische und Überzeugende an diesem Heilbad, immer zuletzt erwähnt wird, so war sie doch die Schaltstelle und der Gradmesser für die Seriosität des Unternehmens – die medizinische Abteilung. Im neuen Heilbadzentrum war die Praxis vorerst für zwei Ärzte ausgelegt, ausgestattet mit allem notwendigen Instrumentarium von Röntgenanlage bis Labor auf neuestem Stand. Leitidee war: Eine eingehende medizinische Untersuchung, damit dem Patienten eine dem Krankheitsbild entsprechende, optimale Kur verordnet werden konnte.

Therapie, Prävention, Rehabilitation

Oder wie es Bäderarzt Eberhard formulierte: «Das Heilbadzentrum bringt gewissermassen die harmonische Vereinigung zwischen altbewährten Naturheilverfahren und modernen, medizinisch-therapeutischen und diagnostischen Erkenntnissen. Dieser Geist soll dem Menschen wieder den Weg zum natürlichen, glücklichen Leben und zur Gesundheit weisen, ohne dass er auf die unbestreitbaren Fortschritte der Technik und der modernen Medizin verzichten muss» *(vgl. Kastentext).*

Das neue Heilbadzentrum eignete sich jedoch nicht nur für Therapie und Prävention, sondern auch für Rehabilitation nach der Entlassung aus Spitälern und Kliniken, das heisst wenn der Patient nicht mehr krank, aber noch nicht arbeitsfähig ist. Dadurch wurde das Nachfragepotenzial nochmals erhöht. Trotzdem konnte ein seriöses Heilbad kaum je zur Goldgrube werden, sondern bestenfalls selbsttragend. Jedoch: Es brachte mit seinem speziellen Angebot neue Gäste, die sonst nicht nach St. Moritz gekommen wären, die aber die Hotels, die Geschäfte, die Bergbahnen und den gesamten Fremdenverkehr befruchteten. Summa summarum: St. Moritz hatte – einmal mehr dank «einigen Weitsichtigen» – mit diesem neuen Heilbadzentrum einen mutigen Schritt in die richtige Richtung getan.

Physiotherapie im Bewegungsbad unter Ausnutzung der Schwerelosigkeit.

Indikationen für eine klassische Badekur in St. Moritz
Wofür sich die örtlichen Kurmittel besonders eignen

Erkrankungen des Stütz- und Bewegungsapparates
Rheumatischer Formenkreis: Gelenks- und Wirbelsäulenerkrankungen, Weichteilrheumatismus, Osteoporose.
Bewegungsstörungen nach Unfällen und Operationen, bei zentralen und peripheren Lähmungen, bei Neuropathien oder vegetativen Störungen.

Erkrankungen von Herz und Kreislauforganen
Koronarinsuffizienz, Zustand nach Herzinfarkt, Störungen der Blutdruckregulation, arterielle und venöse Zirkulationsstörungen, neurovegetative Herz- und Kreislaufbeschwerden.

Frauenerkrankungen
Zyklusstörungen, klimakterische und postoperative Beschwerden, Sterilität, chronische Entzündungen.

Stoffwechselerkrankungen
Übergewicht, verschiedene Stoffwechselstörungen.

Stillstand wäre der Untergang

Bäderarzt Eberhard blieb aber nicht der Routine verhaftet. Ihm war klar, dass Selbstgefälligkeit und Stillstand auch für eine medizinische Institution den Untergang bedeuten. Deshalb entwickelte er Visionen, um die grosse Bädertradition von St. Moritz in eine sichere Zukunft führen zu können.

Doch das war nicht immer einfach, da umgekehrt in der Volksseele, vor allem aber bei Politikern und Gemeindeverantwortlichen allmählich das wieder eintrat, was schon über Jahrhunderte in der St. Moritzer Quellen- und Bädergeschichte nachgerade ein chronisch-zyklischer Dauerzustand war: Gleichgültigkeit und Desinteresse dem gegenüber, was St. Moritz gross gemacht hat.

Verloren gegangenes Wissen

Natürlich war der Wintersport, zumal seit den beiden Olympischen Winterspielen, längst zur tragenden Säule des Tourismus und damit zum Eckpfeiler der Existenzgrundlage von St. Moritz geworden. Doch inzwischen waren die Wintersportorte mit vergleichbarem Angebot Legion, und es zeichnete sich eine Sättigung mit rückläufigen Frequenzen ab. Anders bei den Badekurorten. Zwar war nach der grossen Blütezeit der Balneologie ob dem ungebremsten Siegeszug der Chemotherapie das Wissen um die Wirkung von Heilbädern und Höhenklima in Vergessenheit geraten.

Interessanterweise hat dann aber ausgerechnet das teilweise Überborden der chemischen Therapie, die bei unkontrollierter Anwendung zu bedenklichen Nebenwirkungen führen kann, den Anstoss dazu gegeben, dass das Wissen um die schonenden Therapiemöglichkeiten, wie sie die Bäder- und die Klimakuren darstellen, wieder zum therapeutischen Rüstzeug der Ärzteschaft wurde.

Das Revival vieler Kur- und Badeorte im Ausland bewies deren Gefragtheit und folgedessen deren Existenzberechtigung. Auch der Boom all der unzähligen Kongresse und Tagungen, Symposien und Seminarien sowie das immense Kursangebot in den Bereichen Balneologie, Bioklimatologie, Höhen-, Sport- und Präventivmedizin sowie physikalische Therapie und Rehabilitationsmedizin belegten das steigende Interesse an diesen Spezialgebieten. St. Moritz als Tagungsort für solche Themenbereiche hatte noch grosses Entwicklungspotenzial!

Aufrüsten der Schweizer Heilbäder

Tatsache war: Die Bevölkerungsstruktur und mit ihr das Spektrum der Krankheitsprobleme veränderten sich stetig. An die Stelle der mehr oder weniger überwundenen, akuten Krankheiten traten die multifaktoriellen Zivilisationskrankheiten, die auf falschen Lebens- und Verhaltensweisen beruhen oder – aufgrund der längeren Lebenserwartung – auf natürlichem Alterungsprozess.

Hier stiess die rein medikamentöse und chirurgische Behandlung an Grenzen. Hilfreicher waren vielseitig vorbeugende Massnahmen und Therapien. Und genau dies war die grosse Chance der Kurorte.

Kur- und Hotelanlage an der Mauritiusquelle in St. Moritz Bad; kolorierter Stich von R. Dickenmann, 1870. Rauchende Kamine waren damals noch kein Störfaktor.

In der Mitte der Neunzigerjahre erkannten viele Heilbäder diese Zeichen der Zeit und passten sich den neuen Bedürfnissen an. So beliefen sich innerhalb von drei Jahren die Investitionen der grossen Schweizer Heilbäder – Leukerbad, Bad Ragaz, Rheinfelden, Baden, Vals, Scuol, Schinznach, Lenk und Yverdon-les-Bains – auf über 700 Millionen Franken. Bäderarzt Eberhard, der den St. Moritzern die Felle wegschwimmen sah, warnte: «Diese investierenden Kurbetriebe schöpfen die neuen Handlungsmöglichkeiten aus und wirken damit gestaltend auf die Wettbewerbskräfte. St. Moritz droht dieser Zug abzufahren, wenn es nicht handelt!».

Anpassungsdruck in St. Moritz

Das neue, aber inzwischen auch in die Jahre gekommene Heilbadzentrum war noch ganz auf die traditionellen Bedürfnisse früherer Kurgäste ausgerichtet und bot in schön eingerichteten Einzelzimmern eine grosse Palette überwiegend passiver, personalintensiver Therapien für Patienten, die mit ihrem Leiden möglichst allein und ungesehen bleiben wollten. Das war nach wie vor alles optimal, deckte jedoch nur noch einen kleinen Teil der aktuellen Interessen der Kur- und Feriengäste ab.

Ohne Erneuerungen, das stand fest, würden die Frequenzen bald sinken und

Das Kurhaus und Grand Hôtel des Bains im Winterschlaf (um 1920).

die Defizite steigen. Und das Heilbad einfach dicht machen, wie gewisse Kreise monierten? Das käme wohl einem Verrat an der eigenen Vergangenheit gleich! Das hingegen, so hatte man den Eindruck, würde die St. Moritzer Volksseele dann doch nicht zulassen.

Das änderte aber nichts an der Tatsache, dass das Heilbad (wie auch das damalige Hallenbad) für die meisten Gäste definitiv nicht mehr attraktiv genug war. Zwar zeigte 1986 eine Studie der Hochschule St. Gallen, dass das Vertrauen der Menschen in die Wirksamkeit der Heilbäder ungebrochen war; doch diese mussten vom Image loskommen, nur für Kranke und Gebrechliche gut zu sein. Wessen es bedurfte, war ein attraktives Angebot, das alle anzieht, von Kindern bis zu Erholung suchenden älteren Menschen, von Geselligkeit und Wasserspass Erwartenden bis hin zu Sportlern.

Gutes Image, fehlende Vermarktung

Die Studie ergab zudem, dass 45 % der Kurgäste nur den Badeplausch wünschen ohne zusätzliche Therapieangebote. Das aktuelle Heilbad (und Hallenbad) müsste also durch ein Erlebnisbad inklusive Mineral- und Thermalbecken erweitert werden (dass Letzteres nicht möglich ist, wusste man damals noch nicht).

Nur so liesse sich das penible Umfrageresultat bezüglich Bekanntheitsgrad wieder korrigieren, wonach gut 70 % der Schweizer Bevölkerung Leukerbad als Badekurort kannten, St. Moritz dagegen nur knappe 5 %, obschon es über die älteste, höchstgelegene Heilquelle verfügt, die den Weg nach Top of the World überhaupt ermöglichte!

Diese Studie beinhaltete aber auch eine Trumpfkarte, die man hätte aufnehmen und ausspielen können und müssen: Die Zufriedenheit der Kurgäste bezüglich Behandlungen und Therapieerfolge in St. Moritz war mit 82 % die höchste sämtlicher Schweizer Heilbäder.

Das spricht für die hohe Qualität des Heilbades St. Moritz und für die offensichtlich ausgezeichnete Wirkung seiner Kurmittel. Oder von der Hochschul- in die Alltagssprache übersetzt: Das Heilbad als solches war top, seine Vermarktung leider flop; zudem fehlte ein ergänzendes Erlebnisbad.

Das schlechte Abschneiden beim Bekanntheitsgrad musste zwingend korrigiert werden. Bäderarzt Eberhard wurde nun selber aktiv, informierte sich in den bekanntesten Heilbädern der umliegenden Länder, betätigte sich als Wanderprediger, auch in der Gemeinde und im Kurverein, um die Bevölkerung wachzurütteln und auf die grossen Zukunftschancen aufmerksam zu machen, die sich St. Moritz und dem Heilbad bieten, *sofern* man auf den Anpassungsdruck reagiert.

Tolle Ziele – unglückliche Umsetzung

Nun war es erfreulicherweise wieder einmal so weit, dass «weitsichtige Männer» den Ernst der Lage begriffen. Sie hatten Grosses vor, das, wenn es geglückt wäre, wohl die Lösung aller Probleme hätte sein können. Doch leider verlief dann die Umsetzung nicht nur nicht wunschgemäss, sondern so ziemlich anders als gedacht. Paracelsus hätte sich wohl im Grabe gedreht, wenn er gesehen hätte, dass das Heilbad und damit die St. Moritzer Quellen- und Bädertradition dadurch beinahe untergegangen wären. Doch der Reihe nach.

Es begann mit klugem Entscheid

Freude herrschte, als 1982 die Gemeinde St. Moritz einen Kredit von fast 19 Millionen Franken für den Kauf des Parkhotels Kurhaus samt Umschwung von 13,5 Hektaren von der Graubündner Kantonalbank genehmigte. Die Absicht war goldrichtig: Man wollte die vorbestandene Einheit von Heilbad und Kurhaus wieder herstellen und das geschichtsträchtige Hotel erhalten, damit es nicht in Spekulantenhände gerate, die daraus Zweitwohnungen machen und auf den freien Bauparzellen Spekulationsbauten errichten könnten. Das Hotel sollte nicht durch die Gemeinde, sondern durch einen ausgewiesenen Fachmann oder eine seriöse Organisation geführt werden, in traditioneller Art, mit individueller Gästebetreuung und guter Betriebskoordination mit dem Heilbad.

Man war überzeugt, dass ein enger baulicher und betrieblicher Zusammenschluss zwischen Parkhotel Kurhaus, Heilbad und Hallenbad die ideale Basis für die Entwicklung eines wegweisenden, beliebten Kur- und Ferienzentrums wäre. Die Voraussetzungen dazu waren gegeben: Zwischen Parkhotel Kurhaus und Heilbad funktionierte die Kooperation damals sehr gut. Besonders im Sommer kamen bis zu 40 % aller Kurgäste des Heilbades vom Parkhotel Kurhaus.

Es waren treue, dankbare Gäste, die alle Jahre wieder bis zu drei Wochen buchten, die vertraute Atmosphäre von Heilbad und Hotel genossen und im Bademantel auf dem Weg zu den Behandlungen durch den Verbindungskorridor mit Bildergalerie flanierten. Sie verliessen St. Moritz erst, wenn sie die Zimmer und die Behandlungen für das kommende Jahr reserviert hatten. Ein kulinarischer und geselliger Höhepunkt für sie im Sommer war immer das wunderbare Mittagessen im Kurpark, und ebenso erfreuten sie sich an den beliebten Konzerten des Kurorchesters.

Ausgeträumter Wunschtraum

Dann aber tauchten Probleme auf: In den folgenden Jahren wurde der finanzielle Spielraum von St. Moritz durch zahlreiche Aufgaben immer enger. Beim älter werdenden Parkhotel Kurhaus sah sich die Gemeinde mit aus dem Ruder laufenden Renovations- und Sanierungskosten konfrontiert, welche die Einnahmen bei weitem überstiegen. Man beauftragte deshalb 1990 den Beratungsdienst des Schweizerischen Hoteliervereins mit einer Analyse zur Frage, ob es klüger wäre, das Hotel zu verkaufen. Gemäss den Empfehlungen beschloss der Gemeinderat, trotz den zu erwartenden weiteren Sanierungskosten im Umfang von 12,7 Mio. Franken, dass das

Parkhotel Kurhaus in Gemeindebesitz bleiben soll. Man wollte erneut Gebäude und Umschwung vor Spekulanten schützen.

Die politischen Behörden blieben auch nicht untätig auf der Suche nach Lösungen für das finanzielle Sorgenkind Bäderkomplex, bestehend aus Parkhotel Kurhaus, Heilbad und Hallenbad. Randvermerk: Von allen drei Betrieben fuhr das Heilbad damals weitaus das kleinste Defizit ein. Um hier einen tüchtigen Schritt nach vorne zu tun, fokussierte man sich gänzlich auf den Wunschtraum, Thermalwasser zu finden, um damit ein attraktives Heil- und Erlebnisbad zu realisieren. Mit einem 3,2-Millionen-Kredit wurde 1991 eine Tiefbohrung angesetzt, die erfolglos verlief, wie, bei realistischer Abwägung aller früheren Expertisen von Wünschelrutengängern auf der einen und Fachleuten der Geologie auf der anderen Seite, eigentlich zu erwarten gewesen war *(vgl. Kapitel «Das ständige Sorgenkind Quellfassung»)*. Die hoffnungsvollen Träume waren damit ausgeträumt.

Gutgläubiger Volksentscheid

Um die wachsenden Defizite des Bäderkomplexes und die zu erwartenden hohen Investitionskosten in den Griff zu bekommen, setzte der Gemeindevorstand 1993 ein Projektteam ein, bestehend aus drei Arbeitsgruppen mit Gemeindevertretern und verschiedenen Fachexperten. Nach zahlreichen Kommissionssitzungen und Studien wurde schlussendlich ein Konzept zur Teilprivatisierung von Parkhotel Kurhaus, Heilbad und Hallenbad vorgeschlagen.

Beabsichtigt war, diese Betriebe zu erhalten, gleichzeitig aber einen grosszügigen Ausbau und eine Erweiterung des Angebotes des Kur- und Sportortes St. Moritz zu ermöglichen, eingeschlossen ein Erlebnisbad. Die dafür notwendigen Investitionen im Umfang von etwa 45 Mio. Franken sollten durch die Beteiligung privater Investoren, miteingeschlossen die Bevölkerung von St. Moritz, aufgebracht werden, ohne dass die Gemeinde als bisherige Eigentümerin der Liegenschaften ihren Einfluss auf die zukünftige Ausgestaltung und Nutzung vollständig verlieren würde. Zwecks Vorbereitung für den Einstieg privater Investoren wurde für den Bäderkomplex (bestehend aus Heilbad, Hotel und Hallenbad) als Dachorganisation die St. Moritz Bäder AG gegründet, und es war ein Baurechtsvertrag von 70 Jahren Laufzeit vorgesehen. Das St. Moritzer Stimmvolk vertraute der mutigen Vorwärtsstrategie: Die Vorlage zur Ermöglichung einer Teilprivatisierung wurde in der Volksabstimmung von 1995 mit 860 zu 202 Stimmen mit grossem Mehr angenommen.

Reicher Onkel aus Amerika …

Jetzt wurde eine Dokumentation über den zukünftigen Bäderkomplex ausgearbeitet, um das Projekt mit allen Superlativen möglichen Partnern schmackhaft zu machen. Ein Masterplan sah vor, den Bäderkomplex in eine Ruhe- und eine Aktivzone zu unterteilen, getrennt durch den Kurpark. Zur Ruhezone gehörten Parkhotel und Heilbad, allenfalls eine die Synergien nutzende Rehabilitationsklinik, ferner ein Tagungszentrum mit Konzertsaal. Auch stellte man sich ergänzend Beautyfarmen, Meditationsräume und andere trendige Angebote vor. Die Aktivzone war für ein sportliches Publikum gedacht. Dort sollte ein Wellnessresort mit modernem Erlebnisbad, Fitnesscenter, Gymnastikräumen, Sportmassagen, Sauna und Solarium entstehen, ergänzt durch Outdoor-Sportarten wie Snowboard, Ski, Langlauf, Joggen, Biken, Tennis, Golf und Reiten.

Doch die Suche nach möglichen Investoren gestaltete sich in der Folge schwieriger als erwartet. Von 35 Kandidaten fiel 1997 die Wahl auf ein internationales Planungs- und Generalunternehmen aus Atlanta, welches dort für die Realisierung eines grossen Bäderprojektes verantwortlich war. Man hoffte wohl auf den reichen Onkel aus Amerika, der fast alles gratis bringen würde. Bei der Präsentation wurde von grossartigen, wegweisenden Projekten gesprochen, die für internationale Ausstrahlung und Berühmtheit sorgen sollten. Die Kosten, so schätzte man, würden 50 Millionen Franken übersteigen und allein über dieses Unternehmen finanziert werden.

Zuerst wurden umfassende Konzepte ausgearbeitet, der Baubeginn war auf Sommer 1999 vorgesehen. Doch trotz grossen Hoffnungen, umfangreichen Studien und vielversprechenden Absichtserklärungen kam es nicht zum Vertragsabschluss. Der Onkel aus Amerika kriegte kalte Füsse. Für die Firma aus Atlanta rechnete sich das Projekt wegen den hohen Auflagen durch die Gemeinde nicht. Der Gesamtaufwand für ein Erlebnisbad und das Heilbad waren zu hoch, um eine Rendite erwirtschaften zu können. Die schlussendlich gemachten Vorschläge überzeugten auch die Gemeinde nicht. Der reiche Onkel aus Amerika zog sich nach Atlanta zurück.

... und fescher Wiener Schmäh

Die Hoffnung stirbt zuletzt, sagten sich die St. Moritzer – und suchten weiter nach einem zahlungskräftigen Investor, der folgende Wunschliste erfüllen sollte: Ausbau des Parkhotels Kurhaus in ein modernes Prachthotel, Ausbau des Heilbades in ein Gesundheitszentrum unter Einbezug der Kurmittel sowie Ausbau des Hallenbades in ein modernes Erlebnisbad, inklusive Bewirtschaftung dieser Betriebe. Zudem sollte deren Einheit zum allseitigen Nutzen erhalten bleiben. Summa summarum: Man hoffte, gratis, ohne eigene Investitionen, den modernsten Bäderkomplex zu erhalten samt attraktiven touristischen Angeboten – und zudem noch einen regelmässigen Baurechtszins. Betriebsdefizite und Erstellungskosten wären für die Gemeinde so vom Tisch gewesen.

Die Ideen und Wünsche waren schön und verständlich, aber nicht erfüllbar, da auch private Investoren knallhart rechnen. So war denn das Projekt ganz offensichtlich, was rückblickend auch bestätigt wird, überladen und trug die Gefahr des Scheiterns in sich. Dennoch ging die Suche nach einem Partner weiter – und tatsächlich war im Jahre 2000 plötzlich ein Fisch an der Angel, eine Beteiligungsfirma aus Wien. Man traf sich mit dem möglichen Investor aus Österreich und räumte ihm ein befristetes Exklusivrecht für den Vertragsabschluss ein.

Als trotz feschem Wiener Schmäh Zweifel über einen positiven Ausgang der Verhandlungen aufkamen, erteilte man – einmal mehr – einen Studienauftrag über den Bäderkomplex, diesmal an eine Firma aus Deutschland. Schliesslich kam es dann doch zum Kooperationsvertrag mit der österreichischen Beteiligungsfirma, die ihrerseits einen Hotelbetreiber aus Genf verpflichtete. 2001 wurde der Vertrag unterzeichnet zwischen der Gemeinde St. Moritz, der St. Moritz Bäder AG, der Beteiligungsfirma und der Hotel-Holding.

Diktat der Wirtschaftlichkeit

Damit wurde die erste Phase der Teilprivatisierung der bis anhin noch ganz im Besitze der Gemeinde liegenden St. Moritz

Bäder AG abgeschlossen. Die Investoren waren für die Finanzierung der Erneuerung des Hotels, des Bäderzentrums und des Hallenbades verantwortlich und erhielten dafür 66,63 % der Stimmrechte und 90,9 % des Kapitals der St. Moritz Bäder AG. Mit der Kempinski Hotels SA wurde ein Pachtvertrag über 20 Jahre mit einer Option für weitere 10 Jahre abgeschlossen. Im Zuge der Verhandlungen mit allen Interessenten sahen sich der Gemeindevorstand und der Verwaltungsrat der Bäder AG mit den harten Spielregeln des Marktes konfrontiert.

Die Entscheide konnten nicht primär nach politischen Gesichtspunkten gefällt werden, sondern hatten sich nach den Kriterien der Wirtschaftlichkeit zu richten. Da es sich zudem um eine ungewohnte Materie handelte, musste der Gemeindevorstand in verschiedenen Fragen von seinem Ermessensspielraum Gebrauch machen. Die wichtigsten Zielsetzungen und Verpflichtungen gemäss Vertrag mit dem Investor wurden vielversprechend in einem Mitteilungsblatt der Gemeinde publiziert *(vgl. Kastentext)*.

Leider wurden die Erwartungen der Gemeinde in vielen Teilen nicht erfüllt, weshalb sie sich schlussendlich gezwungen sah, im Oktober 2007 durch eine Volksabstimmung Hallenbad und Paracelsus-Gebäude aus dem Vertrag zurückzunehmen. Eines der Hauptziele, die Investitionskosten für den Bau des Erlebnisbades und die vorprogrammierten Betriebsdefizite loszuwerden, wurde somit verfehlt. Über diesen Ausgang dürfte die St. Moritz Bäder AG nicht unglücklich gewesen sein; sie war diese Belastungen los. Auch das Heilbad mit seiner traditionsreichen Bäderkultur sollte – wie wir gleich sehen werden – dramatische Zeiten durchmachen.

Versprochenes Gesamtkonzept
Ein offizielles Mitteilungsblatt der Gemeinde hielt fest:

Das Heilbadzentrum wird in verschiedenen Etappen in ein modernes, medizinisch betreutes Ärzte-, Gesundheits- und Bäderzentrum umgewandelt. Der Jahrtausende alten Tradition der Heilquellen von St. Moritz entsprechend werden hier medizinische und therapeutische Programme angeboten, die darauf ausgerichtet sind, das Wohlbefinden und die Gesundheit der Kundinnen und Kunden zu erhalten und zu verbessern. Nebst dem traditionellen, auf den Heilquellen von St. Moritz basierenden Bäderangebot, werden auch neue Therapieformen angeboten. Kempinski wird im neuen Bäderzentrum eine eigene Etage übernehmen und darin ein auf die speziellen Bedürfnisse seiner Gäste ausgerichtetes Health & Beauty Center einrichten. Dieses wird auch den übrigen Gästen von St. Moritz und den Einheimischen offen stehen.

Das Hallenbad wird saniert und durch einen modernen Wellness- und Fitnessbereich erweitert. Dieser Bereich wird Gästen und Einheimischen zugänglich sein. Mit dessen Umbau kann erst nach der Ski-WM, also frühestens im Frühjahr 2003 begonnen werden.

Das Paracelsus-Gebäude wird restauriert und einer kulturellen Nutzung (Museum und Ausstellungsraum) zugeführt.

Das Hotel wurde für eine feste Dauer von 20 Jahren, mit einer Option für weitere 10 Jahre, an die Kempinski Hotels SA verpachtet. Darin werden ca. 200 Doppelzimmer im 5-Sterne-Standard ausgebaut. Um diesem Standard zu entsprechen, muss das Hotel mit einem eigenen Wellnessbereich ergänzt werden. Das renovierte Kempinski Grand Hôtel des Bains soll im Dezember 2002 eröffnet werden.

Die Hotel-Residenzen: Auf der Südseite des Hotels werden in verschiedenen Bauetappen über die nächsten Jahre maximal 130 Hotel-Residenzen in unterschiedlichen Grössen erstellt. Diese Residenzen werden direkt mit dem Hotel verbunden und von Kempinski bewirtschaftet, eingeschlossen voller Hotelservice. Mit diesen Residenzen werden zwei Ziele verfolgt: Einerseits soll durch deren langfristige Vermietung oder Verkauf die Finanzierung der Erneuerung des Hotels, des Bäderzentrums und des Hallenbades ermöglicht werden; der gesamte Erlös aus der Verwertung der Residenzen muss in den übrigen Bäderkomplex investiert werden. Andererseits soll durch die ganzjährig bewirtschafteten Residenzen die Auslastung des Bäderzentrums, des Casinos und der Restaurants während der Zwischensaison verbessert werden.

Das Langlaufzentrum: Die Bäder AG wird für das Langlaufzentrum ein neues Gebäude in unmittelbarer Nähe der Marathonloipe erstellen. Das neue Langlaufzentrum wird an die heutige Betreiberin vermietet werden.

In Wirklichkeit blieb dann von diesem Gesamtkonzept reichlich wenig übrig (vgl. Textteil).

Totgesagt – und auferstanden!

Doch leider kam es anders, als erhofft. Die Weiterexistenz des Heilbades war plötzlich ernsthaft in Frage gestellt, so dass sich Bäderarzt Robert Eberhard zur Flucht nach vorne veranlasst sah. Doch auch hier der Reihe nach.

Trau, schau, wem!

Die Hotelgesellschaft übertrug Planung, Einrichtung und Betrieb ihrer Wellnessabteilung einer Schweizer Fitness-Consultingfirma, von der ein Mitarbeiter mit der Verwaltung des Heilbades beauftragt wurde. Zuerst schien es, als ob man sich für den Fortbestand des traditionellen Heilbadbetriebes einsetzen würde.

Doch bald schon hiess es, dass dies wegen fehlender Rentabilität bei den Kurmittelanwendungen im Krankenkassenbereich nicht möglich sei. Man stellte sich modernste Wellness- und Fitnessanlagen der höchsten Luxusklasse vor, die man auch gleich selber einzurichten gedachte. Und man rechnete mit illusorischen Besucherzahlen, wie sie bestenfalls in städtischen Verhältnissen erreicht werden. Dank einem selbstsicheren Auftreten konnten anfänglich die Investoren dennoch überzeugt werden.

Bald aber wurde offenkundig: Im Masterplan war der Heilbadgedanke ein Fremdkörper. Kranke würden das Bild stören; also beabsichtigte man, diesen Bereich zu schliessen. *(Das weckt Erinnerungen an analoge Erfahrungen von Heliotherapeut Oscar Bernhard selig.)* Diese Pläne widersprachen früheren Verträgen und Absichtserklärungen, welche die Investoren mit der Gemeinde St. Moritz vereinbart hatten. Dennoch war man dort anfänglich bereit, sich diesem wirtschaftlichen Druck zu beugen, wie sich ein Entscheidungsträger dem Bäderarzt gegenüber unmissverständlich äusserte. Retrospektiv betrachtet: Man war wohl allzu nachgiebig.

Diese Bilder aus Physiotherapie und Fitnesstraining sind fast sinnbildlich für die Institution Heilbad, die sich selber zum Stehaufmännchen trimmte.

Das Heilbad-Powerteam: Bäderarzt Robert Eberhard und Physiotherapeutin Britta Ahlden.

Mit harten Bandagen

Bäderarzt Eberhard setzte sich deshalb mit all seinen Mitteln und Kräften zur Wehr und kämpfte für das Überleben des Heilbades, was ihm – dem Quellengeist sei's geklagt! – später sogar die Kündigung seiner Praxisräume im Heilbad durch die Bäder AG eintrug. Aber er gab nicht klein bei; sein Anliegen war es, die jahrtausendealte, wertvolle Bädertradition von St. Moritz zu erhalten.

Er mobilisierte viele Freunde des Heilbades, sowohl traditionsbewusste Einheimische als auch dankbare Kurgäste, was die Bäder AG schliesslich zum Einlenken bewog. Ob dies aus Einsicht und echter Sorge um die langjährige Bädertradition geschah oder wegen der Befürchtung, durch Nichteinhalten der Verträge in Schwierigkeiten zu geraten, sei dahingestellt. Man verlangte jedoch von Bäderarzt Eberhard, dass er selber den Heilbadbereich übernehme und führe. Ob man, wie er vermutete, dabei mit seinem baldigen Scheitern rechnete, um dann die alten Ziele weiter zu verfolgen, das wissen nur die Götter.

Rettungsteam mit treuen Helfern

Im Alleingang wäre ein solch privatwirtschaftliches Abenteuer wohl auch sehr riskant gewesen. Doch manchmal ergeben sich glückliche Zufälle im Leben. Eine bestens qualifizierte Mitarbeiterin, die erfahrene Physiotherapeutin Britta Ahlden aus Norddeutschland, die seit 1991 im Heilbad tätig war, erklärte sich bereit, mit ihrem Chef zusammen den mutigen Schritt zu wagen. Seither führen sie mit grossem Einsatz und Erfolg gemeinsam den Betrieb mit bis zu 30 Angestellten in der Hochsaison.

Doch die von der Bäder AG anfänglich gestellten Übernahmebedingungen waren lange Zeit unrealistisch hart, und dies trotz des Wissens, dass sie selber den Heilbadbetrieb nicht rentabel führen konnte. Der geforderte Mietzins liess sich nach sorgfältiger Budgetierung auch bei optimaler Betriebsführung nicht erwirtschaften. Erst nach zähen Verhandlungen, die wiederholt dem Scheitern nahe waren, konnte eine Einigung erzielt werden.

Und wieder waren treue Helfer da, denen der Erhalt der Bädertradition ebenfalls ein Anliegen war. Unterstützend und beratend bei den Verhandlungen wirkten vor allem die beiden Unternehmer Renato Testa aus St. Moritz und Hanspeter Zweidler aus Zürich. Nun waren die Würfel gefallen: Zur kurzfristigen Rettung des Heilbadbetriebes übernahmen Bäderarzt Robert Eberhard und seine Mitstreiterin Britta Ahlden im Juni 2002 den Betrieb als GmbH unter der Bezeichnung MTZ Medizinisches Therapiezentrum Heilbad St. Moritz.

Hindernisreicher Start

Ihr Ziel war es, die traditionsreichen Kurbehandlungen sowie die übrigen Therapien weiterhin für alle, auch im Kassenbereich, offen zu halten und neue Behandlungsformen und Wege zu suchen, um die Badekuren wieder attraktiv und zur Quelle von Gesundheit, Lebensfreude und Wohlbefinden zu machen.

Zur Meisterung der schwierigen Situation gründeten sie die Paracelsusstiftung St. Moritz, an der sich zahlreiche dankbare, mit dem Heilbad verbundene Freunde und Patienten beteiligten. Mit ihnen und dank idealistischem Einsatz gelang es, das MTZ erfolgreich zu führen.

Die Unterstützung durch die Gemeinde kam zögerlich. Mündlich wurden Eberhard und Ahlden wohl zur Vertragsunterzeichnung mit der Bäder AG ermuntert durch die Inaussichtstellung eines grösseren Beitrages. Doch dieser wurde erst genehmigt, nachdem eine weitere Studie, eine sogenannte Planerfolgsrechnung in Auftrag gegeben war. Diese brachte für den schon laufenden MTZ-Betrieb keine Neuigkeiten, ausser dass die Kosten dafür schlussendlich vom versprochenen Beitrag abgezogen wurden…

Gravierender waren die Hemmnisse durch die von der Bäder AG eingesetzte Verwaltung. So verbot sie beispielsweise unter Prozessandrohung die Verwendung des langjährigen, von der Gemeinde ausgearbeiteten Heilbadsignets zu Werbezwecken und wollte Wellnessbehandlungen, welche für das Überleben des Badebetriebes entscheidend waren, mit einer Konkurrenzklausel im Vertrag weitgehend verhindern.

Medizinisches Kompetenzzentrum

Zur langfristigen Zukunftssicherung und um den Betrieb umfassend renovieren zu können, wurde die GmbH im Oktober 2003 in eine AG überführt, an der sich, wie schon bei der Paracelsusstiftung, zahlreiche Einheimische und Kurgäste beteiligten.

Bereits im Dezember 2003 konnte das völlig erneuerte MTZ eingeweiht werden. Es bietet neben den bisherigen Kurbehandlungen alle modernen Rehabilitations- und Behandlungsmethoden und dazu zahlreiche Spezial- und Wellnessbehandlungen an.

Mit der Restrukturierung des Heilbades wurden zahlreiche Räume frei. Dies brachte die einmalige Gelegenheit, ein medizinisches Kompetenzzentrum zu bilden, in welchem neben dem traditionellen Heilbadbetrieb noch verschiedene Allgemein- und Spezialarztpraxen und ergänzende Angebote aus der Erfahrungsmedizin integriert sind.

Der Leitgedanke war, dass jeder Besucher in einem solchen Zentrum seinen persönlichen Wünschen entsprechend, durch hochqualifiziertes Fachpersonal individuell und umfassend abgeklärt, behandelt und betreut werden kann.

Lange Verhandlungen waren dazu erforderlich. Zuerst träumte die Bäder AG davon, dass bekannte Ärzte aus dem In- und Ausland ob dieser einmaligen Möglichkeit Schlange stehen würden. Sie übertrug die Vermarktung einem Headhunter, der sol-

---

Einer von vielen Getreuen
Industriellenlegende aus Paris – dem Heilbad zugetan

Er war, wie viele andere, ein treuer Heilbadgast, der 1905 geborene Daniel Carasso, Ehrenpräsident eines grossen französischen Nahrungsmittelmultis. Seit Jahrzehnten kam er Sommer für Sommer zur Kurbehandlung, also schon im alten Heilbad unter Bäderarzt Berry. Er logierte mit seiner Frau und manchmal auch mit seinen Kindern und Nachkommen im Suvretta House in St. Moritz.

Und er war begeistert von den Kurbehandlungen, den Moorpackungen, Kohlensäure-Mineralbädern, Massagen und Physiotherapien. Auch war er überzeugt, dass dieser Jungbrunnen viel zu seiner ausgezeichneten Gesundheit und seinem langen Leben beigetragen hat.

Als er vom Überlebenskampf des klassischen Heilbadbetriebes hörte, kam er zu Bäderarzt Eberhard in die Sprechstunde und sagte ihm, dass er helfen möchte.

Dabei zog er ein stattliches Bündel grosser Banknoten aus der Tasche und überreichte es ihm zu Handen der Paracelsusstiftung für die Rettung des Heilbadbetriebes.

Der edle Spender starb 2009 im Alter von 104 Jahren, nachdem er noch im Jahr davor zur Kur geweilt und bereits wieder gebucht hatte…

Inhalation bei Atemwegserkrankungen.

che Fantasien noch beflügelte. Doch auch hier war die Realität eine andere. Erst als diese Pläne scheiterten, war man bereit, mit interessierten lokalen und auswärtigen Ärzten Verträge zu ortsüblichen Bedingungen abzuschliessen. Anfang 2005 konnte das jetzige, gut funktionierende Ärztezentrum eröffnet werden.

Kooperation mit Klinik Gut

Bereits im Dezember 2005 gab es eine zusätzliche Neuerung: Die Physiotherapien des Heilbades und der in St. Moritz ebenfalls renommierten Klinik Gut schlossen sich – um für den Kurort ein Kompetenzzentrum zu schaffen – zusammen und eröffneten dazu eine Abteilung im dritten Stock des Heilbades als MTZ Gut. Ziel war es, qualitativ hochstehende Behandlungsmöglichkeiten in verschiedensten fachlichen Ausrichtungen anbieten zu können und Synergien zu nutzen.

Traditionsgemäss lagen die Schwerpunkte des Heilbades in den Bereichen Balneologie, Rheumatologie, Rehabilitation sowie Behandlung chronischer Schmerzpatienten, jene der Klinik Gut mehr im Bereich der Unfallchirurgie, Orthopädie und Handchirurgie sowie in der Sportmedizin.

Schon wiederholt wurde in früheren Studien die Möglichkeit eines Klinikbaus oder einer Rehabilitationsabteilung zur stationären Behandlung von Patienten in Betracht gezogen.

Als die Klinik Gut 2006 in St. Moritz einen geeigneten Standort für einen Neubau suchte, wandte sie sich deshalb an die St. Moritz Bäder AG, erhielt jedoch abschlägige Antwort mit der Begründung, das Hotel wünsche keinen Klinikbau auf dem Areal aus Befürchtung, sein jüngeres Publikum könnte durch die Nähe der Patienten, den Anflug von Helikoptern und die Zufahrt von Ambulanzen gestört werden. *(Und wieder fühlt man sich an die analogen Schwierigkeiten von Oscar Bernhard selig erinnert.)*

Auch die Gemeinde bot für dieses Anliegen kaum Unterstützung. So wurde vielleicht die Gelegenheit zur Nutzung sinnvoller Synergien verpasst. Mehr noch: Ohne gegenseitige Absprache wurde im Juli 2007 im Hotel mit grossem Aufwand ein «Diagnostic and Prevention Center DaP» eingerichtet und feierlich eingeweiht.

Man wollte lukrative, zweitägige Medical Check-Ups gemäss dem «Standard renommierter Universitätskliniken Europas und der USA» für zahlungskräftige Gäste und Privatpatienten anbieten. Aber die Basis fehlte und die erhofften Gäste blieben bald aus; der Betrieb wurde wieder eingestellt…

Dem modernen Zeitgeist folgend

Allen Widerwärtigkeiten zum Trotz konnte sich das Heilbad dank idealistischem Engagement und gutem Teamgeist behaupten. Das hiess aber nicht, dass man jetzt die ruhige Kugel schieben konnte. Denn so, wie sich die Lebensgrundhaltung der Menschen im Laufe der Zeit hin zur Konsum- und Spassgesellschaft gewandelt hat, so veränderten sich auch ihre Ansprüche und Erwartungen an ein Heilbad. Dieser Herausforderung musste sich auch das Medizinische Therapiezentrum Heilbad St. Moritz stellen.

Adaptiertes Angebot

Weniger «Medical Care» und dafür mehr «Medical Wellness» war gefragt. Auf diesen Trend musste man reagieren, wollte man attraktiv bleiben. Dies hatte ganz konkrete Auswirkungen auf die Kurmittelpalette, die nun in Richtung Wohlfühlangebote für Körper und Seele erweitert wurde *(vgl. Kastentext)*.

Bisher hatten die klassischen, überwiegend passiven Therapiemethoden in Form von Einzelbehandlungen überwogen, was personal- und kostenintensiv war und von den Versicherungen nur sehr restriktiv abgedeckt wurde. Jetzt waren, zumal bei selbstzahlenden Gästen, Wohlfühlangebote in den Bereichen Gesundheit-Schönheit-Antiaging gefragt. Lebensfreude und -qualität geniessen, sich verwöhnen lassen und sich bis ins hohe Alter jung fühlen können waren angesagt.

Baden durfte nicht mehr nur Therapie, sondern musste auch spassiges Vergnügen sein, so wie es dies früher auch gewesen ist,

---

Wohltaten für Körper und Seele
Wie das Medizinische Therapiezentrum Heilbad dem Zeitgeist entspricht

Natürlich stehen die ortsspezifischen Kurmittel Moorpackungen und Kohlensäure-Mineralbäder immer noch an erster Stelle. Doch heute werden sie durch eine grosse und variantenreiche Palette von Wohlfühlangeboten ergänzt.

Bäder und Packungen

Das klassische Kohlensäure-Mineralbad, kombiniert mit ätherischen Ölen wird zum erfrischenden Rosmarin-Morgenbad, Sojaöl-Hautbad, Pinimenthol-Erkältungsbad, entschlackenden Rosskastanien-Bad, durchblutungsfördernden Engadiner Heublumenbad, muskellockernden Wacholderöl-Bad, Fichtennadel-Erfrischungsbad, entspannenden Lavendelbad, beruhigenden Melissen-Abendbad oder wohltuenden Hopfen-Ölbad. Wem das nicht reicht, kann sich im Sprudelbad in der Caracalla-Wanne samt Farblichttherapie und automatischer Druckstrahlmassage entspannen.

Bei den diversen Softpack-Anwendungen ist man geneigt, von «gediegenem Schmieren und Salben» zu reden; denn da kommen Spezialitäten zur Anwendung vom Mineralöl-Soleschlick für Ganz- und Teilkörperpackung über Nachtkerzenöl-Cremepackung, Meersalz-Ganzkörperpackung, Alpenkräuteremulsion und Algen-Entschlackungspackung bis hin zu Cleopatra-Ziegenbutter-Packung, notabene mit dem beruhigenden Vermerk «geruchlos». Wer hat denn da gesagt, dass Ziegen stinken; tun sie nämlich von Natur aus überhaupt nicht, so man sie sauber hält!

Physiotherapie und Massage

In der klassischen Physiotherapie wird je nach Art des Problems eine Beweglichkeitsverbesserung, Kräftigung, Entspannung oder Durchblutungssteigerung angestrebt, unterstützt von thermischen Reizen, Elektrotherapie oder Ultraschall. Ferner werden Spezialbehandlungen angeboten wie Atemtherapie, Inhalation, Craniosacrale Therapie, Bewegungsbad, Medizinische Trainingstherapie (Aufbau muskulärer Defizite) und Sportphysiotherapie (Rehabilitation und Reintegration).

Neben der klassischen Teil- und Ganzkörpermassage stehen Lymphdrainage, La Stone Therapie (zu Deutsch: «sanfte Steinigung»…), ferner Kräuterstempel-, Unterwasser-, Migräne-, Bindegewebs-, Aroma-, Gesichts-, Kopf- und Sportmassagen. Ziel all dieser Anwendungen: die körpereigenen Energiequellen wieder zu ermuntern.

wie schon weiland Freiherr von Goethe vermeldet *(vgl. Kastentext)*.

Starre Kassentarife

Erschwerend wirkte sich aus, dass mit dem neuen Krankenversicherungsgesetz von 1996 den Heilbädern die Behandlungspreise undifferenziert vorgeschrieben wurden, ohne jegliche Rücksicht auf ortsgebundene, aufwendige Kurmittel. Früher konnten kostendeckende Preise verrechnet werden, jetzt erhielt das Heilbad beispielsweise für eine kostenintensive, aber hochwirksame Moorpackung denselben Tarif wie ein physikalisches Therapie-Institut für einen wiederholt verwendbaren, vorfabrizierten Wärmeträger (sprich: Bettflasche). Äpfel und Birnen lassen grüssen!

Und obschon die klassische Kurbehandlung in St. Moritz in einer Dreierkombination von Moorpackung, Kohlensäure-Mineralbad und Massage besteht, zahlen die meisten Versicherungen nur noch *eine* Anwendung pro Tag. Laut Gesetz wären die Kassen bezüglich Kurmittel-Anwendungen eigentlich zu einer Tarifvereinbarung verpflichtet, die aber bis heute nicht zustande gekommen ist.

Solcher Tarifzwang hatte zur Folge, dass die ortsgebundenen, heilkräftigen Kurmittel nicht mehr kostendeckend abgegeben werden können. Was bei einer Privatisierung des Heilbades mit dem dadurch entstehenden Kosten- und Preisdruck passieren würde, war klar: Die traditionelle Badekur von St. Moritz überlebt im Kassenbereich nur, wenn das Defizit durch höhere Einnahmen bei anderen Behandlungen kompensiert werden kann.

Ausgangslage vielversprechend

Abgesehen davon, dass man eine fast 3500 Jahre alte Tradition nicht achtlos über Bord werfen sollte, wäre zu bedenken, dass sich die Rahmenbedingungen, auch in Sport und Tourismus, rasch ändern können, und dass man dann vielleicht um ein weiteres Standbein froh wäre. Auch haben in den letzten Jahren innovative Badekurorte im In- und Ausland den Beweis erbracht, dass sich die Anpassung an neue Gegebenheiten auszahlt.

«Zudem würde», so versuchte Bäderarzt Robert Eberhard die Bevölkerung und die Behörden immer und immer wieder zu überzeugen, «ausgerechnet St. Moritz wie kaum ein anderer Kurort über die notwendigen Voraussetzungen verfügen, um zu einem wegweisenden Zentrum für Gesundheit und Lebensqualität zu werden. Dies dank einem innovativen Heilbad mit vielseitigen Angeboten und dank einer umfassenden Sportpalette in einem gesunden alpinen Reizklima».

Eine Kur, die sei nicht stur!
Wie ein grosser Geist den Badekuren das Wort redete

Kein Geringerer als Geheimrat und Dichterfürst Johann Wolfgang Goethe war ein eifriger Geniesser von Badekuren. In seiner Weimarer Zeit (letztes Viertel 18. und erstes Viertel 19. Jahrhundert) unternahm er nicht weniger als 38 Reisen, davon 23 in Heilbäder, wo er sage und schreibe 1114 Tage seines Lebens verbrachte, die, wer weiss, vielleicht mit dazu beitrugen, dass er das für die damalige Zeit hohe Alter von fast 83 Jahren erreichte.

Bei den Badekuren fand er nicht nur Erholung und Entspannung, sondern auch schöpferische Impulse für dichterische Höhenflüge (Westöstlicher Divan, Marienbader Elegie). Durch seine Affinität zum Badewesen hat er auch massgeblich den Adel und das Grossbürgertum zu seiner Zeit für Kuraufenthalte im Sinne von gesundheitsfördernden Zäsuren im strengen Alltag begeistert. – Sein Bademotto lautete:

> *Beim Baden sei es erste Pflicht,*
> *dass man sich nicht den Kopf zerbricht,*
> *und dass man immer nur studiere,*
> *wie man ein lustiges Leben führe.*

Wo steht das Heilbad heute?

Eines ist klar und hat sich in unseren Gesprächen immer wieder bestätigt: Verantwortungsbewusste St. Moritzer stehen dazu und haben dies auch wiederholt geäussert oder publiziert, dass man nicht nur in der Vergangenheit wiederholt Chancen verpasste, sondern sich auch in jüngerer Zeit «zu wenig um den Ursprung unseres Erfolges, die Quelle und das Heilbad, gekümmert hat». Man scheint sich auch bewusst zu sein, wem man zu verdanken hat, dass es überhaupt noch ein Heilbad gibt. Denn auffallend oft fiel in diesen Gesprächen der Ausspruch: «Ohne den Eberhard hätten wir längst kein Heilbad mehr!».

Dem neutralen Beobachter fällt dazu ein: Es sind im Verlauf der Jahrhunderte immer wieder «einzelne weitsichtige Männer» gewesen, die dafür gesorgt haben, dass St. Moritz seiner Nabelschnur nicht verlustig ging, dem Ursprung seines Ruhmes: Sauerbrunnen und Heilbad. So ist denn St. Moritz und seiner Bevölkerung zu wünschen, dass auch heute wieder die Weitsicht obsiegt *(vgl. Kastentext)*. Denn ohne Quelle und Heilbad wäre St. Moritz wie ein Torso, bar seiner berühmten Vergangenheit. Das kann und darf man sich Top of the World nicht leisten! Das Erfreuliche: Man spürt, dass diese Botschaft bei den heute Verantwortlichen verinnerlicht ist. Möge ihnen dieser Turnaround gelingen!

Eigentlich könnte doch die aktuelle Diskussion um die allfällige Renovation des letzten Zeitzeugen der grossen Bädervergangenheit, der vom Zerfall bedrohten Paracelsus-Halle, Anlass für ein grundsätzliches Überdenken und eine mutige Vorwärtsstrategie sein *(vgl. vorangehendes Kapitel und Epilog)*. Vielleicht erinnert man sich dabei dann auch wieder an den grossen Sohn des Engadins, an Heliotherapeut Oscar Bernhard, der die visionären Worte sagte: «Ich wünsche unserem Orte durch seine Luft, seine Sonne und seine Quelle für sich und die leidende Menschheit ein blühendes Gedeihen».

Meine Zukunftsvision und Hoffnung
Was Bäderarzt Robert Eberhard heute den St. Moritzern für morgen rät

Kaum ein Ort kann auf eine so lange und spannende Geschichte seiner Heilquellen und seines Heilbades zurückblicken wie St. Moritz. Sie wurzelt tief und fest in der Vergangenheit und im Quellengrund; dies verleiht zähen Halt und Überlebenskraft auch in schweren Zeiten.

Den Heilquellen verdankt St. Moritz den Ursprung seines Erfolges und seines Ruhmes. Sie sind ein wunderbares Geschenk der Natur und ein kostbarer Schatz, der gepflegt und gehegt werden muss. Dafür sind alle in der Gemeinde St. Moritz mitverantwortlich.

Was kann, was muss St. Moritz tun, damit seine Heilquellen, die wunderbare Kraft seiner Kurmittel und Behandlungen wieder in vollem Glanz erstrahlen und zum Anziehungspunkt und touristischen Magnet werden?

Wie die Vergangenheit zeigt, braucht es immer wieder Ärzte und Therapeuten, aber auch weitsichtige Politiker und Manager, die sich mit voller Kraft, Hingabe und Geschick, in idealistischer, uneigennütziger Weise dafür einsetzen. Solche Führungskräfte wünsche ich dem Heilbad von ganzem Herzen für die Zukunft.

Das Heilbad selber muss eine grosse Anpassungsfähigkeit bei seinem Angebot, seinen Behandlungsmethoden und Einrichtungen beweisen und sich stets den wandelnden Bedürfnissen seiner Gäste und Patienten anpassen, um attraktiv zu bleiben. Sehr wichtig ist eine gute Zusammenarbeit unter den Betrieben Heilbad, Hallenbad und Hotel.

Kur- und Feriengäste glauben ganz besonders an die Heilkraft der Kurmittel und lassen sich von bewährten Traditionen und einer spannenden Geschichte anziehen und überzeugen. Sie bleiben lange und kommen gerne immer wieder.

Das Heilbad muss für alle Menschen, Einheimische wie Touristen, Kassen- wie Privatpatienten offen und zugänglich bleiben. Sie alle sollen die wunderbaren Heilkräfte der Natur für ihre Gesundheit und ihr Wohlbefinden in Anspruch nehmen können.

Damit dies möglich bleibt, sind ideale Rahmenbedingungen und, wenn nötig, auch die Hilfe und Unterstützung durch die öffentliche Hand Voraussetzung. So hoffe ich, dass St. Moritz sich immer für sein Heilbad und seine Quellen einsetzen wird. Sie sind seine Geschichte, seine Vergangenheit und seine Zukunft.

PROMOTOR OSCAR BERNHARD (1861-1939)

Oscar Bernhard

Nicht allein das heilende Quellwasser sollte St. Moritz berühmt machen. Hier wurde noch ein ganz anderes Kapitel der Medizingeschichte geschrieben, und zwar durch einen charismatischen Einzelkämpfer: Der am 24. Mai 1861 – vor 150 Jahren – in Samedan geborene und später in St. Moritz lebende Oscar Bernhard sollte als Begründer der Sonnenlichtbehandlung (Heliotherapie) zu einem der ganz grossen Promotoren der Alpenmedizin werden und internationalen Ruf erlangen.

Daneben schuf er sich in verschiedenen anderen medizinischen, aber auch in nichtmedizinischen Fachbereichen einen Namen – als Bergführer und Bergretter, Naturschützer und Jäger, Kunstmäzen und Numismatiker. Er war in seiner Vielseitigkeit eine Art Abbild früherer Naturgelehrter, mit breitem Horizont, grenzenloser Neugier und umfassendem Wissen, das er zudem – und das war seine ganz grosse Stärke – in die Praxis umzusetzen verstand.

Es begann in Samedan

Samedan um 1840 (nach einem Stahlstich von G. M. Kurz). Von hier aus startete die Bernhard'sche Familiengeschichte.

In der Bernhard-Genealogie tauchen mehrere Wappen auf. Das oberste erachtete Oscar Bernhard als das Seine.

Nur eines ist rätselhaft und dürfte sein Geheimnis bleiben, nämlich die Antwort auf die Frage, wie er all das – neben der aufopfernden Tätigkeit als Arzt, Forscher und Familienvater mit sieben Kindern – unter einen Hut brachte. Aber offenbar lag der Drang nach Überdurchschnittlichem schon in den Genen.

Der Vater war Apotheker

Seine Eltern – sie hatten am 16. November 1856 geheiratet – waren der Apotheker Samuel Bernhard (1824-1891) in Samedan und dessen Frau Christina, geborene Bühler (1830-1899). Samuel Bernhards Vater (mit gleichem Vornamen) aus Untervaz hatte 1820 das Bürgerrecht von Chur erhalten. Schaut man in der Genealogie etwas weiter zurück, so wird das alte Bündner Geschlecht Bernhard erstmals 1448 in Untervaz erwähnt.

Das ist notabene kein unübliches Phänomen im Bündnerland, dass – durch Auswandern auf der Suche nach Broterwerb – Familiennamen plötzlich in ganz anderen Regionen auftauchen. Ein analoges Beispiel ist der Stammvater der Badrutt-Dynastie, der wegen einer Hungersnot sein Heimatdorf Pagig im Schanfigg hatte verlassen müssen und ins Engadin gezogen war, wo diese Familie dann in St. Moritz eine andere berühmte Geschichte im Hotelbereich schrieb.

Bernhard'sches Brot

Wie hart die Zeiten damals auf dem kargen Bündner Boden waren, geht aus einem Rezept hervor, das Oscar Bernhard in seinem Lebenslauf von einem Vorfahren zitiert, der Arzt in Chur war. Dieser empfahl im Hungerjahr 1817, als Streckmittel für Mehl «junge Tannenrinden zu zerhacken,

Oscar Bernhards Eltern, Apotheker Samuel Bernhard (1824-1891) und dessen Frau Christina, geborene Bühler (1830-1899).

auszulaugen, zu trocknen und 1 Drittel davon mit 2 Drittel Korn mahlen zu lassen», woraus dann das «Bernhard'sche Brot» resultierte. Also etwas Analoges wie die damals üblichen Kaffee-Ersatzstoffe (Surrogate) aus Wurzelgewächsen und Getreide, getrockneten Früchten und Nüssen, Samen, Kernen und Hülsenfrüchten.

Herkunft und Abstammung der Bernhards lässt sich nicht mehr lückenlos rekonstruieren. Der Name «Bernhard» soll abgeleitet sein vom althochdeutschen «Bera», was Bär bedeutet und vermutlich alemannischen Ursprungs ist. Schon im Mittelalter war «Bernhard» sowohl als Vorname wie als Familienname weit verbreitet und wurde auch als «Bernhart», «Bernhardt», «Bernhardty», «Bernhartz», «Bernard», «Debernardi», «Bernat», «Bernath», «Bernet» oder «Bärnet» geschrieben. Heute sind die Bernhards in Graubünden vor allem heimatberechtigt in Chur, Untervaz, S-chanf, Davos, Wiesen, Pagig, Mastrils und Maienfeld.

Was Oscar Bernhards Vorfahren anbetrifft, so ergaben genealogische Studien von heutigen Interessierten, dass wohl mehrere Bernhard-Linien existieren, so etwa die eine in Wiesen, woraus sich unter anderem bekannte Zuckerbäcker im russischen Reich rekrutierten, beispielsweise mit einem Café-Restaurant «Berngardovska» östlich von Petersburg. Aber auch eine im benachbarten Alvaneu, aus der sich die für Oscar Bernhard wohl massgebliche Untervazer-Linie und allenfalls daraus wiederum eine Maienfelder-Linie ergab. Von Untervaz taucht ein Bernhard sogar in fremden Diensten auf, nämlich in der Mannschaftsliste von 1645 des Generals Jakob von Salis-Celerina.

Inschrift des immer noch existierenden Grabmals der Eltern Oscar Bernhards auf dem Friedhof der Kirche San Peter in Samedan.

Erster Bündner Chocolatier

Kein Wunder bei solcher Mehrspurigkeit, dass auch unterschiedliche Familienwappen zirkulieren.

Das eine (der Untervazer-Linie) mit einem aufrecht stehenden Löwen stammt, so wird vermutet, von einem im 17. Jahrhundert aus dem Albulatal ausgewanderten Bauhandwerker, der Schüler eines württembergischen Baumeisters in Würzburg wurde, dann selber zum Baumeister arrivierte und 1680 alldort einen Wappenbrief zuerkannt erhielt, was bedeutet, dass er die Ehren- und Vorzugsrechte des Adels in Anspruch nehmen durfte, ohne selber in den Adelsstand erhoben zu werden. Doch wie dieses Emblem schliesslich zu den Bernhards kam, bleibt ein Rätsel.

Oscar Bernhard hat auf seinem Siegelring allerdings ein leicht abgewandeltes Wappen (ohne Löwen) als das Seine verehrt, und schliesslich existieren auch noch eine dritte und vierte Version. Allen gemeinsam sind goldene Sterne auf blauem Untergrund und ein schräg oder waagrecht verlaufender, rot-weiss schraffierter Balken. Mit anderen Worten: Nichts Genaueres über die Bernhard'sche Heraldik weiss man nicht… Sicher dagegen ist, dass sich unter den Vorfahren und Verwandten des Oscar Bernhard etliche Theologen, Juristen, Ärzte und Apotheker finden. Der Bruder seines Vaters, Georg Orion Bernhard, war von 1862 bis 1864 Bürgermeister von Chur.

Dessen Sohn Carl Georg Bernhard, der als Chemiker bei Lindt & Sprüngli und später in Malmö die Schokoladefabrikation studiert hatte, gründete 1893 zusammen mit dem Fabrikanten Charles Müller-Hähl, der sich in Sumatra auf Kakao spezialisiert hatte, in Chur in einer stillgelegten Färberei die erste und bisher einzige Schokoladefabrik Graubündens, die zuerst Müller & Bernhard hiess, später Chocolat Grison AG und dann 1961 von Lindt & Sprüngli übernommen und 1991 endgültig geschlossen wurde.

Neben Schokolade interessierte ihn aber auch die Natur, weshalb er sich etwa für die Wiederansiedlung des Bündner Wappentiers, des Steinbocks, stark machte. Mit anderen Worten: eine illustre Sippschaft!

Der Bruder von Oscar Bernhards Vater war Bürgermeister von Chur, dessen Sohn Mitbegründer der ersten und einzigen Bündner Schokoladefabrik (Müller & Bernhard, später Chocolat Grison AG), die schon die Bildchenwerbung kannte.

Die Moschus-Schafgarbe

Doch zurück zu Oscar Bernhards Vater Samuel, dem Apotheker: Er war, wie es hiess, ein rühriger Mann. Nachdem er 1854 in Samedan mit der Apotheke begonnen hatte, eröffnete er in dem von ihm erworbenen Jenatsch-Haus noch ein Gasthaus (Hotel Piz Ot). Und er war so etwas wie der Pfarrer Künzle des Engadins, ein grosser Kenner der Heilkräuter und bekannt durch seinen bitter-aromatischen Kräuterlikör Iva, den er – basierend auf alter Tradition, aber eigener Rezeptur – durch Mazeration und Extraktion der getrockneten Blätter und Blüten der Iva-Pflanze herstellte, bekannt als Moschus- oder Bisam-Schafgarbe (Achillea moschata, nach heutiger Nomenklatur Achillea erba-rotta subsp. moschata). Im Aussehen gleicht sie der gewöhnlichen Schafgarbe, hat sich aber durch Verkleinerung der Alpenflora angepasst *(vgl. Kastentexte, auch auf folgender Seite)*.

Diese aromatisch riechende Pflanze ist vor allem in den Ostalpen verbreitet. Sie kommt in Steinschuttfluren und lückigen Rasen in kalkarmer, alpiner Stufe bis über 3000 m ü.M. vor. Die Bitterstoffe und die Wirkstoffe im ätherischen Öl galten schon seit Jahrhunderten als heilsam bei Appetitlosigkeit und Magen-Darm-Störungen. Aus dem zur Blütezeit im Hochsommer gesammelten und getrockneten Kraut wurde

> **Reicher an Tugend als an Glanz**
> **Aus einem alten, nicht mehr datierbaren Zeitungsartikel**
>
> In den rätischen Alpen kommt seit urdenklichen Zeiten massenhaft das Wildfräulein-Kraut vor. Sein Name ist auch Iva. Das Kleid dieses Wildfräuleins ist mehr als bescheiden, aber so sauber und adrett, wie es einem Bündner Kinde wohl ansteht. Darum ist es auch reicher an Tugend als an Glanz und hoch geehrt von allen, die es kennen.
>
> Aber man trifft die Iva erst hoch droben, wo der schäumende Gletscherbach aus dunklem Eistore hervorstürzt und im ersten Freudengenusse des rosigen Himmelslichtes mit blitzendem Silberschaum die sterilen Moränen begrüsst. Die Iva steht in immerwährendem Kampfe mit dem Gletscher, selbst hoch über dem ewigen Schnee, wo auf aperem, sonnigem Felsenland sich noch genügend Erde befindet, grünt sie frisch und kräftig.

Die aromatisch riechende Iva-Pflanze oder Moschus-Schafgarbe kommt in den Ostalpen bis über 3000 m ü.M. vor. Sie gleicht der gewöhnlichen Schafgarbe, ist jedoch kleiner, weil alpin, und blüht im Hochsommer.

ein Hausmittel zubereitet, das innerlich als Tonikum, äusserlich als Wundmittel bei Mensch und Nutztier Verwendung fand.

Im Bündnerland werden die Blätter als Wildfräuli-Chrut («wilde Fräulein» = Berggeister), die Blüten als Wildmännli-Chrut bezeichnet. Rätoromanisch heisst die Pflanze iva, flur d'iva oder (im Oberengadin) plaunta d'iva. Im Tirol hört sie auf den Namen Almkamille oder Jochgramille, wohl wegen ihrer Ähnlichkeit mit der Kamille bezüglich Geruch und Verwendung.

Heilmittel mit Tradition

Bereits der Zürcher Naturforscher und Arzt Conrad Gessner erwähnte im 16. Jahrhundert die Art «Iva moschata Rhaetis» in seinem «Hortus Germaniae», nachdem ihn sein Engadiner Freund Huldreich Campell darauf aufmerksam gemacht hatte. Auch der Berner Naturgelehrte Albrecht von Haller berichtete 1768 über die medizinische Anwendung der Iva-Pflanze: «Die Bergbewohner bereiten aus der Iva einen Tee, um den Schweiss zu treiben. Dagegen wird die Essenz bei Blödigkeit, Unverdaulichkeit, Schwäche des Magens, Blähungen und Grimmen mit Nutzen gebraucht».

Die Verwendung der Iva-Pflanze zu Heilzwecken datiert also wesentlich weiter zurück als das daraus gewonnene alkoholische Getränk. Doch schon 1782 berichtete Pfarrer Gujan in der «Gemeinnützigen Wochenzeitschrift für Graubünden», dass «im Engadin seit vielen Jahren ein geistiger, angenehmer Liqueur aus dieser Pflanze zubereitet wird». Die Engadiner Zuckerbäcker haben dann in ihren über ganz Europa und darüber hinaus verbreiteten Kaffeehäusern und Konditoreien durch ihre Liqueuristen den Iva-Likör weiterum bekannt gemacht.

Prämiert an Weltausstellungen

Vater Bernhard hauchte dieser alten Tradition wieder Leben ein und machte aus dem Iva-Likör einen Renner. Gemäss Dicziunari Rumantsch Grischun soll er um 1860 begonnen haben, diesen Kräuterlikör herzustellen, wahrscheinlich anfänglich in seiner Apotheke, später in einem extra dafür errichteten Fabrikationsbetrieb.

Seine Flaschenetikette und die Zeitungsinserate zierte ein holdes Mädchen mit Blumen im Haar, die in hehrer Alpenwelt die Iva-Pflanze pflückt. Wer konnte da noch widerstehen? So war denn dieser «Bernhard-Gesundheits-Dessertliqueur ersten Ranges mit chemisch-ärztlichen Gutachten, empfohlen von Autoritäten der Wissenschaften, prämiert an Welt- und Landesausstellungen und zu haben in Apotheken, Delicatesshandlungen und Restaurants» (man stelle sich solche Werbung heute vor!), weit über die Landesgrenzen hinaus bekannt und beliebt.

An der landwirtschaftlich orientierten Landesausstellung von 1887 in Zü-

---

Von gewürzhaft bitterem Geschmack
Aus einem Dokument der Iva-Fabrik

Achillea moschata, Moschus-Schafgarbe oder echte Iva: Kraut und Blüte haben einen starken aromatischen Geruch und einen gewürzhaft bitteren Geschmack, dem des Wermuths ähnlich, aber feiner, ohne unangenehmen Beigeschmack, ohne unangenehme Bitterkeit. Die Iva-Pflanze enthält viel ätherisches Öl.

Das Fabrikat des Herrn S. Bernhard zeichnet sich als spezifisch inländisches Produkt bei gänzlicher Abwesenheit jedes fremdartigen Zusatzes infolge seiner vervollkommneten Darstellung durch sein kräftiges Aroma und rein bittern Geschmack aus und darf daher überhaupt als diätetisches Mittel bestens empfohlen werden.

rich wurde dem Iva-Getränk eine grosse Zukunft vorausgesagt: «Ausser dem Wermuth, den wir gleichsam als den Stifter der Liqueurfabrikation in Europa zu betrachten haben, gedeiht aber auf unseren Bergen noch ein anderes feines Kräutlein, lange verborgen, unbeachtet, trotzdem auch es edle Eigenschaften besitzt, würdig ihm einen Weltruf zu verschaffen».

Und weiter steht im Ausstellungsbericht: «Das Vorzüglichste waren die Fabrikate von S. Bernhard in Samedan; sie gehörten überhaupt zu einer der besten und hervorragendsten Leistungen im Gebiete der schweizerischen Liqueurindustrie, wie sie sich auf der Landesausstellung präsentierte».

Crême und Fleur d'Iva

Iva gab es in vier verschiedenen Konfigurationen, nämlich einen Bitter und einen Wein als «Heilmittel» sowie zwei delikate Liköre. Das geht aus alten Zeitungsinseraten und dem «Archiv der Pharmacie» von 1880 hervor: «Die von Apotheker Bernhard in Samedan im Grossen dargestellten Ivapräparate sind: 1) Ivabitter, weingeistige Tinctur der Pflanze, 2) Ivawein, Auszug der Pflanze durch kräftigen Weisswein, 3) Crême d'Iva und 4) Fleur d'Iva. Letztere beide sind feine Liqueure, mehr dem Geschmacke huldigend und namentlich im Crême von eigenthümlichem, sehr stark aromatischen Geruch und Geschmack. Die ersteren – Ivabitter und Ivawein – sind dagegen thatsächliche Heilmittel, sowohl als Verdauungsbeförderer zu empfehlen, wie als nervenstärkend und fieberwidrig».

Zeitungsannoncen lobten den Iva-Bitter mit «äusserst günstigen Wirkungen auf den Magen und, verdünnt, als anregendes und erfrischendes Getränk bei Bergtouren», während sie den Iva-Wein als «Frühgetränk an Stelle des Marsala oder Wermuth» empfahlen, so ganz nach dem Motto: Guten Morgen – und Prost! In einem in der Verwandtschaft überlieferten schwarzen

Die ältesten Iva-Rezepte von Samuel Bernhard (sie wurden später immer wieder modifiziert) samt Destillationsapparatur.

Carnet sind handschriftlich feinsäuberlich die ganzen Fabrikationsschritte samt Preisberechnungen und Skizzen der Destillationsapparatur festgehalten, ebenso die Rezepturen mit allen im Laufe der Zeit vorgenommenen Veränderungen und Verbesserungen.

Auch das Sortiment wurde laufend erweitert, so etwa mit Bernina-Likör, Parfum de la Maloja oder Chartreuse-Imitation, aber auch mit Kaffee-, Cacao-, Vanille-, Pomeranzen(Bitterorangen)-, Anisetta- und Kümmel-Likör. Dazu kamen Spezialitäten wie Bernhard-Bitter, Wermuthwein (Vinum absinthii), Eisen-China-Wein und Vino di Torino, ferner Brause-Limonaden, Sirop d'Oranges und Punsch-Essenzen. Vater Bernhard muss ein tüchtiger Geschäftsmann gewesen sein.

Bernhards vielfach prämierten Kräuter-Likör gab es als Crème d'Iva und Fleur d'Iva. Ein holdes Mädchen, das in hehrer Alpenwelt die Iva-Pflanze pflückt, warb auf den Flaschenetiketten und in den Inseraten für die Iva-Produkte.

In beiden Bildern im Vordergrund rechts: Die Iva-Fabrik, einer der ersten industriellen Kleinbetriebe Samedans, vis-à-vis vom ehemaligen Kurhaus (heute: Academia Engiadina).

Die Iva-Fabrik in Samedan

Das besagte schwarze Carnet stellt offensichtlich eine Abschrift und Zusammenstellung bestehender Einzeldokumente dar mit interessanten Hinweisen wie: «Vatis Handschrift» oder «Geschrieben, den 19. April 1880, sign. S. Bernhard. PS: Die Recepte wurden von meinem Sohne Oscar eingeschrieben». Die Fleissarbeit könnte von der nicht verheirateten Tochter Anna stammen, die im Familienbetrieb mitarbeitete, wie verschiedene an sie adressierte Postkarten belegen mit der Anschrift «Mademoiselle Anna Bernhard, Iva-Fabrik, Vorstadt (heute: Quadratscha), Samedan, Haut-Engadine, Suisse».

Samuel Bernhards 1878 in Samedan erbaute und 1880 eröffnete Iva-Fabrik war einer der ersten industriellen Kleinbetriebe im Dorf. Sie stand vis-à-vis vom Kurhaus (heute: Academia Engiadina). Diese Standortwahl direkt beim 1870 neu eröffneten Luxushotel war wohl Strategie; denn auch in anderen Alpenkurorten verschiedener Länder vertrieben findige Apotheker ihre Likörspezialitäten, deren Abnehmer vor allem die Kurgäste waren.

Konkurs und Neustart

Später muss – aus nicht mehr eruierbaren Gründen – die Iva-Fabrik Konkurs gegangen sein, wie dem Protokoll 684 vom 30. Juni 1888 zu entnehmen ist. Die Konkursmasse umfasste Fabrikgebäude samt Umschwung, einen Dampfapparat und vier Eichenfässer à rund 1000 Liter. Unklar ist, ob damals noch Vater Samuel oder bereits sein ebenfalls Apotheker gewordene Sohn Alfred, der jüngere Bruder von Oscar, die Verantwortung innehatte. Letzteres scheint wahrscheinlicher, weil dieser, wie aus einem Schreiben eines Advokaten an seinen Bruder Oscar hervorgeht, auch noch andere Probleme hatte.

Doch das weitere Schicksal der Iva-Fabrik bleibt nebulös. Auf undatiertem

Apotheker Samuel Bernhard, sozusagen der «Pfarrer Künzle des Engadins», wurde bekannt durch seinen Iva-Likör.

Geschäftspapier taucht im Briefkopf als Geschäftsinhaber in Samedan ein neuer Name auf. Und zehn Jahre nach dem Konkurs kam es, gemäss einem «Vertrag mit S. Bernhards Erben vom 15. Mai 1898», offenbar zu einem Neustart, unterstützt mit einem Darlehen von Oscar Bernhard an seinen jüngeren Bruder Alfred, der nun wieder den Betrieb leitete.

Das dauerte aber scheinbar nur gerade zehn Jahre; denn in einer Abschrift eines «Rezeptes zu den Bernina-Liqueuren von A. Bernhard» findet sich folgender Hinweis: «Diese wurden seinerzeit (1908) zufolge meiner Trennung von der Firma Engad. Ivaliqueure fabriziert und kurze Zeit später in den Handel gebracht. Bei dem später zustande gekommenen Vergleich musste mir die Gesellschaft die Fabrikationseinrichtung samt Recept abkaufen».

Kurzes Gedächtnis

Wie auch immer, das (baulich inzwischen veränderte) Gebäude der Iva-Fabrik im Samedner Ortsteil Quadratscha existiert heute noch, erkennbar an der auf den Ecksteinen markant angebrachten, überlagerten Buchstabenkombination IVA. Auch das Grab von Samuel und Christina Bernhard bei der Kirche San Peter oberhalb Samedan ist immer noch vorhanden.

Dagegen konnte, trotz enormen, zeitaufwendigen Recherchen auf Gemeinde-, Kreis- und Kantonsebene sowie bei betagten Einwohnern und bei Bernhard-Nachkommen, nicht mehr ausfindig gemacht werden, wo in Samedan sich die Bernhard'sche Apotheke befunden hat. Mehrere, oft sehr überzeugend vorgetragene Vermutungen erwiesen sich nach vertieften Abklärungen als falsch. Offensichtlich ist das kollektive Gedächtnis nach 150 Jahren in solchen Dingen überfordert.

Hochtrabende Pläne

Wie es nachher weiterlief, ist ebenfalls nicht mehr genau zu eruieren. Interessant ist jedoch eine (sich bei einem Nachkommen befindende) handschriftliche Kopie eines «Gutachtens über die Gründung einer schweizerischen Gesellschaft zur Herstellung von Iva-Likören», das 1913 in Zürich erstellt wurde, den Namen Bernhard nur einmal ganz marginal aufführt, sich wie ein Strategiepapier für eine unfreundliche Übernahme liest und von grosstrabenden Plänen überquillt. Da wird ventiliert, wie die Konkurrenzfabrikate (Chartreuse und Benediktiner, Letzterer mit geschätztem Jahresverbrauch von 30 Millionen Flaschen) zu übertrumpfen wären.

Das Dokument enthält Rentabilitätsberechnungen und Absatzvisionen für die Schweiz, Italien, Spanien und Portugal, ja sogar für Südamerika. Zudem Marketingstrategien, die ebenso gut von einem modernen Grossverteiler stammen könnten: «Die finanzielle Interessierung des den Detailhandel resp. Ausschank beeinflussenden Hotel-, Kafé- & Restaurantpersonals durch Verabreichung von Bouchongeldern ist von grösster Wichtigkeit & sind hiefür bei der Kalkulation besonders hohe Posten einzusetzen».

Oder: «Für die Propaganda, die allgemeiner & persönlicher Natur sein & von oben & unten durchgeführt werden muss, sind reichliche finanzielle Mittel vorzusehen». Na ja, das blieben offenbar Luftschlösser, zeigt aber, dass da, wo einer eine gute Idee hatte, sich bald die Geier an den gedeckten Tisch zu setzen versuchten.

Ausschnitte aus einem Gutachten zur Gründung einer schweizerischen Gesellschaft für die Herstellung und den Vertrieb von Iva-Likören; doch diese ambitiösen Pläne wurden nie Wirklichkeit.

In der Werbung wurde auf die Auszeichnungen an Landes- und Weltausstellungen hingewiesen.

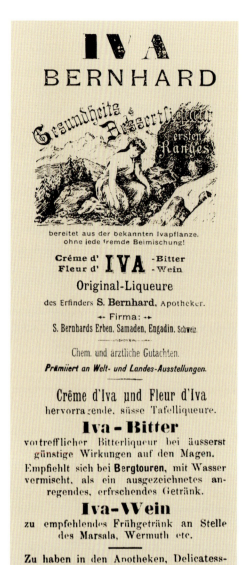

Die (baulich veränderte) ehemalige Iva-Fabrik im Samedner Ortsteil Quadratscha; auf den Ecksteinen des Gebäudes ist das Iva-Signet (analog der damaligen Werbung) immer noch sichtbar.

Fabrikations-Odyssee

Gemäss Kaufprotokollen ging später die Iva-Fabrikation (als eingetragener Markenname) erneut in andere Hände über und wechselte an die Storchengasse nach Chur.

Wiederum später zog sie von hier nach Davos in einen Familienbetrieb, wo der Name Bernhard immer noch getreulich auf den Flaschenetiketten beibehalten wurde, bis dann in den 1990er-Jahren die Originalessenz zu Ende ging und die Lebensmittelverordnung solchen Historismus ohne genauen Herkunftsnachweis ohnehin nicht mehr zugelassen hätte.

Zwar wird hier (beziehungsweise schon bald einmal in Schiers – im Gegensatz zur standorttreuen Iva-Pflanze scheint der Flaschen-Iva wanderlustig zu sein...) auch heute noch Iva-Likör produziert, doch die Erinnerung an Samuel Bernhard auf den Flaschenetiketten ist nun definitiv verschwunden.

Aktuell gibt es im Engadin immer noch etliche Tüftler, die den Iva für den Eigengebrauch herstellen, praktisch jeder nach eigenem Rezept. Einer von ihnen, der 83-jährige Guido Huder in Scuol, besitzt sogar noch Originalflaschen (samt Inhalt!) von Oscar Bernhards Vater.

Wer weiss, vielleicht greift ein cleverer Unternehmer diese Idee doch wieder einmal auf; denn einheimische Naturprodukte aus den Bergen feiern heute ja Urständ, und vielleicht fände es die mondäne St. Moritzer High Society ganz apart, statt eines obligaten Champagner-Cüpli mal einen geschichtsträchtigen Iva zu genehmigen…

Kein ewiger Student

Ein grosses Leben nimmt seinen Anfang: Der junge Oscar Bernhard als Dreikäsehoch und im Studentenalter.

Doch nun zu der Figur, die uns in dieser schillernden Genealogie ganz besonders interessiert: Am 24. Mai 1861 kam klein Oscar Bernhard in Samedan zur Welt. Die Jugendjahre verbrachte der aufgeweckte, naturverbundene, berg- und jagdbegeisterte Bub Oscar in seinem Geburtsort, wo er sechs Jahre die dortige Dorfschule besuchte *(vgl. Kastentext)*.

Alles Leben ist Kampf

Ab Herbst 1874 absolvierte er das Gymnasium an der Kantonsschule in Chur, der traditionsreichen Nicolaischule. Das Abiturientenexamen bestand er im Frühjahr 1880. Diese klassische Grundausbildung sollte ihm später bei historischen und numismatischen Studien zustatten kommen. Dass er schon mit 18 Jahren das Bergführerpatent erwarb, zeigt, dass er ein Mensch war, der sein Leben mit Hirn und Hand gestalten wollte. Diese Liebe zu den Bergen hatte offenbar auch schon sein Vater vorgelebt, wie ein Eintrag desselben im Gipfelbuch des Piz Ot vom 5. November 1860 belegt.

Geprägt von Natur und Bergwelt
Wie Oscar Bernhard seine Jugendjahre beschreibt

In den langen Schulferien führte ich ein freies Naturleben. In den Seitenbächen des Inn wurde mit den Händen gefischt, früh ging es auch in die Berge und auf die Jagd. Mit 16 Jahren schoss ich die erste Gemse. Später habe ich auch manchen Steinadler aus den Horsten geholt. Diesem starken Verbundensein mit der unberührten Natur, wie das Oberengadin damals noch war, verdanke ich eine Schärfung der Sinne, was mir später in meinem Berufsleben sehr zugute gekommen ist.

Im Herbst 1874 kam ich als Gymnasiast auf die Kantonsschule in Chur. Tüchtige Lehrer, namentlich Philologen und Historiker, der damals noch in streng humanistischem Sinne geführten Gymnasialabteilung, erweckten in mir die Liebe zu den alten Sprachen und hauptsächlich zur Geschichte, deren Studium mir als eine scientia amabilis in meinem langen, angestrengten Berufsleben ein treuer Begleiter geblieben ist.

Der um acht Jahre jüngere Bruder Alfred, der später die Apotheke des Vaters weiterführte, beim gleichen Fototermin wie sein Bruder.

Als ob er es vorausgeahnt hätte: In einem Aufsatzheft des jungen Oscar, fein säuberlich in altdeutscher Schrift verfasst, werden Themen abgehandelt, die später zu seinen Lebensinhalten wurden: «Keine Reise ohne Lernen» *(Man vergleiche seine späteren Reiseberichte, die jeden Baedeker in den Schatten stellen!)*, «Welche Mittel wendet Schiller an, um seinen Tell nicht als Meuchelmörder erscheinen zu lassen?» *(Hier sei verwiesen auf seine Gedanken über den Krieg in den aufrüttelnden Berichten aus Kriegslazaretten)*, «Von den Annehmlichkeiten und dem Nutzen der Gebirge» oder «Die Elemente hassen das Gebilde von Menschenhand» *(Da meldet sich der junge Bergführer und eifriger Hochgebirgsjäger zu Wort)*.

Dann folgen noch Themen, die geradezu symbolische Bedeutung für sein Lebenswerk haben: «Ein Ding der Zukunft ist der Mensch, und streben muss er unaufhörlich» *(Auch sein Leben bestand aus fortwährendem Streben und Suchen)* oder, noch deutlicher, «Alles Leben ist Kampf». Dieser Aufsatz endet mit «Quidquid agis, prudenter agas et recipe finem!» (Was du auch immer tust, tue es mit Bedacht und bedenke die Folgen.) Unter diesen Aufsatz hat der Lehrer gross, rot und mit Ausrufezeichen «Gut!» geschrieben. Und tatsächlich, sein Leben war, wie sich zeigen wird, ein ständiger Kampf.

Mentor Theodor Kocher

Bereits als 19-Jähriger verliess er 1880 seine Bergheimat und begann in Zürich das Medizinstudium, das er in Heidelberg, einer damals renommierten Medizinhochburg, und dann in Bern fortsetzte.

Zu seinen ihn prägenden und von ihm verehrten Lehrern zählten Kapazitäten wie der Anatom Karl Gegenbauer (1826-1903) in Heidelberg, der Physiologe Ludimar Hermann (1838-1914) in Zürich sowie der Chirurg Theodor Kocher (1841-1917) und der Kliniker Ludwig Lichtheim (1845-1928) in Bern, mit denen er bis zu deren Tod freundschaftlich verbunden blieb.

Schon damals zeigte sich, dass der begabte und strebsame Student Oscar Bernhard Dampf auf dem Kessel hatte. Noch während des Studiums wurde er 1885 im Verlauf einer Pockenepidemie für vier Monate als Arzt ins Absonderungshaus nach Chur berufen.

Und es kam wohl auch nicht von ganz ungefähr, dass der berühmte Berner Chirurg und Nobelpreisträger Theodor Kocher ausgerechnet ihn, und zudem noch vor dem Staatsexamen, zum Assistenten ernannte. So erstaunt es denn auch nicht, dass der medizinische Übervater Kocher als Förderer und Vorbild einen bedeutenden Einfluss auf Bernhards späteres Wirken ausüben sollte.

Im Schnellzugstempo absolvierte Oscar Bernhard 1886 in Bern das medizinische Staatsexamen und gleich anschliessend in Basel auch noch die Sanitäts-Offiziersschule. Und weil es den praktisch veranlagten Jungmediziner zu Taten drängte, eröffnete er noch in diesem gleichen Jahr 1886 – also kurz nach dem absolvierten Staatsexamen und ohne jegliche weiterführende Ausbildung – in Samedan seine Praxis.

Die Doktorarbeit («Ein Beitrag zur Lehre von der Unterbrechung der Schwangerschaft» – eine für sein späteres Wirkungsfeld eher atypische Thematik…) wurde 1888 gutgeheissen.

Schon früh lockten die Berge und die Jagd; mit sechzehn Jahren bereits erlegte Oscar Bernhard seine erste Gemse.

Volksnaher Praktiker

Il Bernard als junger Praktiker.

Eine Gebirgs-Landpraxis zur damaligen Zeit, das war kein Zuckerschlecken und erforderte eine robuste Konstitution, zumal für die neben dem Praxisbetrieb anfallenden Krankenbesuche, die bei Tag und Nacht, bei Wind und Wetter, im Sommer und im Winter zu absolvieren waren, im mit Hafermotor getriebenen Gefährt oder gar zu Fuss, über stotzige, manchmal tief verschneite Wege.

Bekannt als Il Bernard

Nicht nur im Engadin, auch im Bergell, im Puschlav und im Münstertal war Il Bernard, wie ihn die Einheimischen liebe- und respektvoll nannten, bald ein angesehener Arzt und Chirurg. Im Sommer führte er parallel zur Praxis in Samedan noch eine kleine Satellitenpraxis im Bergsteiger-Eldorado Pontresina, wo der aufblühende Gebirgssport für Chirurgenarbeit sorgte. Verglichen mit heute war die Medizin damals im Bündnerland noch rudimentär.

In ganz Graubünden mit seinen vielen Tälern und abgelegenen Bergsiedlungen existierten nur zwei kleine Spitäler in Chur, das eine davon das Kreuzspital, das seit 1853 von Ingenbohl-Schwestern geführt wurde. Umgekehrt gab es in vielen Gemeinden noch ein Siechenhaus zur Absonderung von Infektionskranken. Ein altes Haus, das heute noch in Samedan als «ospidel vegl» bezeichnet wird, war ein solches «Sterbehospiz». Der Begriff «ospidel» war wohl eher eine «Beschönigung», da es hier keine ärztliche Behandlung gab.

Weil das Engadin von dieser einzigen Spitalbasis in der Kantonshauptstadt Chur, die zugleich Endstation der Eisenbahn war, durch eine beschwerliche, gut 12-stündige Pferdepost-Reise getrennt war, verglich Bernhard in seinen «Chirurgischen Mitteilungen aus der Praxis» sein Operationshandwerk im Engadin mit der Kriegschirurgie. Die Ausrüstung entsprach denn auch jener eines Militärarztes. Herzstück war ein zusammenklappbarer Operationstisch nach dem Modell der Ambulanzen. Damit wurden grosse und lebensrettende chirurgische Eingriffe auch unter Feldverhältnissen möglich.

Bei Notfällen musste Il Bernard oft sogar im Haus des Patienten operieren, in einer niedrigen Engadinerstube oder auf einem Küchentisch, beim Schein einer Petroleumlampe, assistiert von einer Krankenschwester oder Hebamme oder überhaupt nicht. Dass er auch betagte Menschen operierte, erregte anfänglich Argwohn. Wenn er diese nicht in Ruhe sterben lasse, so sei dies, meinte etwa ein älterer Kollege, «eine vorwitzige Störung der Weltordnung»…

Doch der Respekt vor seinem Erfolg und die allgemeine Sympathie für diesen engagierten Medicus, der zudem einer von ihnen war, liess solche Unkenrufe im Engadin bald verstummen.

Arzt und Menschenfreund

Eine für Il Bernard typische Begebenheit schildert die Engadiner Schriftstellerin Marcella Maier in ihrer erfolgreichen Familiensaga «Das grüne Seidentuch» im Kapitel über Maria in Silvaplana, deren Mann hatte fliehen müssen und die eine solch schwere Geburt hatte, dass sie beinahe gestorben wäre. Weil es damals keine Hebammen gab, rief man Il Bernard, der ihre Blutung stillte und die zerrissenen Geburtswege nähte und sie dann täglich, bis sie über den Berg war, per Pferdekutsche zur Nachkontrolle aufsuchte, obschon er genau wusste, dass sie keine Arztrechnung würde zahlen können.

Weil er um die schwierige Situation dieser an sich sehr tüchtigen, intelligenten und zuverlässigen jungen Frau wusste, sorgte er dafür, dass sie – ohne finanzielle Belastung – in Chur eine Ausbildung zur Hebamme absolvieren konnte. So wurde sie zur ersten Geburtshelferin des Tals und zugleich zur tüchtigen Stütze des Landarztes Bernhard. Als dieser den plötzlich zurückgekehrten, schwer malariakranken Mann von Maria dann auch noch kurieren konnte, war ihr Familienglück wieder intakt. Diese Geschichte zeigt, wie umsichtig und weitblickend der Arzt und Menschenfreund Bernhard die Talbewohner betreute.

Auch der Bildhauer und Sgraffitokünstler Giuliano Pedretti erinnert sich aus seiner Bubenzeit noch an Il Bernard. Dieser sci einmal in Celerina, dort, wo heute noch eine Rekonstruktion der alten Waschanlage (Bauncha) am Inn steht, zu drei älteren, als etwas schrullig bekannten Jungfern gerufen worden. Beim Weggehen habe er ihnen, da sie ebenfalls mausarm waren, gesagt, dass er auf Rechnungsstellung verzichte und dafür eine der Stabellen an Zahlung nehme. Wahrscheinlich war das nicht das einzige Arzthonorar in Naturalien… Ein Scraffito von Giuliano Pedretti an der Wand des jetzt dort stehenden Hotels erinnert noch an diese Szene. Man sieht die drei schrulligen Jungfern, wobei Il Bernard die eine davon mit dem Hörrohr untersucht.

Das Bergsteigerdorf Pontresina in den 1880er-Jahren (nach einem alten Holzstich). Hier betrieb Il Bernard, neben seiner Hauptpraxis in Samedan, im Sommer noch eine Satellitenpraxis.

In Celerina, wo heute noch die alte Waschanlage (Bauncha) am Inn steht, hat der Sgraffitokünstler Giuliano Pedretti am dortigen Hotel Il Bernard mit Höhrrohr in Aktion dargestellt.

Dirigierender Spitalarzt

Oscar Bernhard als dirigierender Spitalarzt in Samedan.

Weil Il Bernard ein Macher war, verwundert es nicht, dass er – zusammen mit Gleichgesinnten – dafür verantwortlich zeichnete, dass nun auch das Engadin ein Hospital erhielt: Am 12. Mai 1895 konnte das Kreisspital Samedan mit 35 Krankenbetten eröffnet werden, dessen erster «dirigierender Arzt», was dem heutigen Chefarzt entspricht, – wen wundert's! – der damals erst 34-jährige Il Bernard wurde und blieb bis 1907.

Internationaler Zufluchtsort

In diesem Dutzend Jahre behandelte er 3774 Patienten und führte 2444 Operationen durch. Hier nahm auch die später zu beschreibende Sonnenlichtbehandlung (Heliotherapie) ihren Anfang. Sein Jahressalär betrug 10 000 Franken. Gesonderte Einnahmen für Operationen flossen in die Spitalkasse.

Bereits nach dem ersten Betriebsjahr liessen sich die Spitalverantwortlichen dezent-euphorisch verlauten: «In Herrn Dr. O. B. hat die Spitalcommission als Spitalarzt eine tüchtige Kraft gewonnen. Mit Kenntnis und Umsicht, aber auch mit Freude und Hingebung, ist Dr. O. B. seiner Aufgabe vorgestanden. Ihm haben wir es hauptsächlich zu verdanken, dass das Spital in Samedan schon im ersten Jahr seines Bestehens nicht nur im Kreise selbst, sondern auch ausserhalb desselben, sich eines guten Rufes erfreut».

Davon zeugt auch eine Notiz in der Nr. 19 des «Allgemeinen Fremdenblattes, St. Moritz» vom 19. August 1896: «Das Oberengadiner Kreisspital scheint immer mehr ein *internationaler* Zufluchtsort für Kranke zu werden. Dafür legt die Thatsache Zeugnis ab, dass neulich die Insassen *eines* Krankenzimmers fünf verschiedenen Sprachgebieten angehörten. Es waren da ein Romane, ein Italiener, ein Deutscher, ein Franzose und ein Engländer».

Gian lässt grüssen, Andri auch…

Die Spitaltaxen waren zu Bernhards Zeiten noch ein bisschen moderater: Ein Krankentag in der 1. Klasse kostete 10 bis 20 Franken, in der 3. Klasse zwischen Franken 1.50 und 2.50. Doch der ärztliche Arbeitstag war auch schon zur damaligen Zeit reich befrachtet. So eilte Il Bernard in einem seiner vollgestopften Tagespensen nach der Entbindung einer jungen Frau und nachdem er sich vergewissert hatte, dass es dem jungen Erdenbürger gut ging, bereits zum nächsten Patienten.

Als er sich am folgenden Tag nach dem Befinden von klein Gian erkundigte, meinte die junge Mutter: «Dem Gian geht es sehr gut, Herr Doktor – dem Andri übrigens auch!». Dieser Zwillingsbruder war noch zur Welt gekommen, als der Doktor schon weggeeilt war. Fortan erhielt er immer zum Geburtstag der Zwillinge einen Kartengruss der Mutter mit dem Vermerk, der Gian lasse grüssen – und der Andri auch…

Einweihungsfeier 1895 des von Oscar Bernhard mitbegründeten Kreisspitals Samedan, in dem er bis 1907 dirigierender Arzt war.

Bergführer und Samariter

Mitte 19. Jahrhundert wurden Angst und Ehrfurcht vor der Alpenwelt abgelöst von Forscherdrang und Bergsteigerlust. An die Seite des klassischen Kurtourismus gesellte sich der Alpinismus. Und schon bald wurde der Bergsport, von Engländern initiiert, zum Volkssport. Das führte notgedrungen zu Bergunfällen und Abstürzen, aber auch zu Höhenproblemen wie Bergkrankheit und Schneeblindheit. Das Rettungswesen im Hochgebirge steckte noch in den Kinderschuhen.

Einfach, aber zweckmässig

Als praktisch veranlagter Arzt und Chirurg, passionierter Hochgebirgsjäger, bereits seit dem 18. Altersjahr patentierter Bergführer und Präsident der Sektion Bernina des Schweizerischen Alpen-Clubs (1894-1904) sah Oscar Bernhard hier Handlungsbedarf. Doch wie es einem Pioniergeist entspricht, erkannte er nicht bloss die Notwendigkeit einer Bergrettung, sondern setzte sie auch gleich in die Tat um.

Heute operieren ab Rega-Basis Samedan mit jährlich rund 500 Einsätzen modernste, Hightech-bestückte, zehn Millionen Franken teure Helikopter mit 90-Meter-Seilwinde, die für eine Flughöhe von ungefähr 20 000 Fuss oder 6000 Meter zugelassen sind. Das war zur Zeit von Oscar Bernhard ein bisschen anders. Da waren sowohl Kameradenhilfe als auch professionelle Bergrettung noch per pedes, mit einfachsten Methoden und Hilfsmitteln angesagt.

Weil es damals keine elektronischen Kommunikationsmittel gab, waren Vorträge und bildliche Darstellungen die angesagten didaktischen Vehikel. So organisierte Bernhard im Winter 1891 in Samedan im Schosse der Sektion Bernina des Schweizer Alpen-Clubs einen mehrtägigen Samariterkurs für Bergführer, Klubmitglieder und andere Interessierte über «Erste Hilfeleistungen bei Verletzungen und plötzlichen Krankheitserscheinungen im Gebirge».

Dazu fertigte er seine später berühmt gewordenen 55 Tafeln mit 173 Zeichnungen zu sieben Themen an; einfache, präzise, praxisnahe Anleitungen für den Samariterdienst im Gebirge, sowohl für die erste Hilfe bei Bergunfällen als auch für Transportarten in schwierigem Gelände. Die Ernsthaftigkeit des Anliegens widerspiegelt sich auch – heute vielleicht etwas belächelt – in der oberkorrekten Kleidung der Retter, mit weissem Hemd, Gilet, Hut und Halsbinde…

Iva und Hoffmannstropfen

Diese Lehrtafeln machten Furore: Sie erhielten an der Gewerbeschau in Zürich ein Diplom erster Klasse sowie eine Goldmedaille, ein Jahr später an der Hygieneausstellung in München die höchste Auszeichnung und ebenfalls eine Goldmedaille. Selbst der Oberfeldarzt der Schweizer Armee, damals noch standesgemäss blaue Uniform tragend, bezeichnete sie militärisch-nüchtern als «sehr schön und verdienstlich». Verdienstvoll, Herr Oberst!

Solch grosse Resonanz veranlasste Oscar Bernhard, 1896 einen Leitfaden in Wort

So präsentierten sich Bernhards Lehrtafeln: Dreimann-Transport im Steilhang (Tragbahre, Hornschlitten).

und Bild herauszugeben unter dem Titel «Samariterdienst, mit besonderer Berücksichtigung der Verhältnisse im Hochgebirge». Das «Allgemeine Fremdenblatt, St. Moritz» schrieb dazu in der Ausgabe vom 15. Juli: «Das Samariterbüchlein, man kann es bequem in der Tasche mit sich tragen, ist jedermann, vor allem aber den eigentlichen Bergmännern, Touristen und Führern, lebhaft zu empfehlen».

Und es zitierte daraus einen längeren Abschnitt über Ohnmachten, worin unter anderem Vater Bernhards Allzweck-Remedium Erwähnung findet: «Kann der Ohnmächtige schlucken, so flösse man ihm etwas Wein, Cognac, Kirsch, Iva-Bitter oder Kaffee ein, oder gebe ihm 20-30 Hoffmannstropfen». Da kann der Schreiberling dieses Buches nur schmunzelnd beipflichten: sic!

Als der Bergsport zum Volkssport mutierte und die Unfälle sich häuften, erkannte Oscar Bernhard als Gebirgspraktiker, Bergführer und Hochgebirgsjäger die Notwendigkeit einer fachmännischen Bergrettung, die er mit Vorträgen und mit seinen berühmt gewordenen Bildtafeln bekannt machte und später auch in Buchform herausbrachte. Seine Samariter-Breviere in Taschenformat wurden zu Best- und Longsellern, standen im Einsatz in Alpenklubs, beim Roten Kreuz und in der Armee und wurden in verschiedene Spra-

Bergrettung – einfach, aber zweckmässig

Oscar Bernhards berühmt gewordene Bildtafeln

chen übersetzt Il Bernard wurde dadurch zu einem Vorreiter der Sportmedizin. Diese 55 Lehrtafeln mit 173 Zeichnungen zu sieben Themen über den «Samariterdienst, mit spezieller Berücksichtigung der Verhältnisse im Hochgebirge» informieren über Anatomie und Physiologie, Wiederbelebung, Blutstillung und Wundbehandlung sowie das Anlegen von Verbänden. Wir beschränken uns hier auf eine Auswahl, welche die fürs Gebirge geeigneten Transportmaterialien und Transportarten behandelt.

Grosse Gebirgsschleife für den Transport durch ein Zugtier.

Bestseller und Longseller

Dieser erste ärztliche Almanach für Bergführer und Alpinisten hatte – ähnlich wie kurz darauf der Bestseller «Chrut und Uchrut» von Kräuterpfarrer Johann Künzle – solch durchschlagenden Erfolg, dass sich der Schweizer Alpen-Club, der Deutsch-Österreichische Alpenverein, der Samariterverein und das Rote Kreuz veranlasst sahen, die Herausgabe einer Neuauflage zu pushen. Und dies in der goldrichtigen Zeit, da Bergsteigen zum Sport mutierte und sich – wie Bernhard selber formulierte – «jetzt jährlich Hunderttausende ins Alpengebiet ergiessen, um die schöne Natur zu geniessen».

Dieses neue Taschenbuch für Bergführer und Touristen unter dem Titel «Die erste Hilfe bei Unglücksfällen im Hochgebirge» erschien 1913 bereits in fünfter Auflage und war ins Italienische, Französische und Englische übersetzt worden. Hier wurde, wie Bernhard im Vorwort schreibt, zudem «auch dem Alpinismus im Winter, der sich seit der Einführung des Skifahrens so sehr entwickelt hat, Rechnung getragen». Oscar Bernhard war somit ein eigentlicher Pionier der Unfallmedizin im Sport.

Gefürchtete Bergkrankheit

Es war die Zeit, als sich die Medizin auch mit den physiologischen Phänomenen des Bergsteigens zu befassen begann *(vgl. die Klimakapitel)*. So berichtete das «Allgemeine Fremdenblatt, St. Moritz» in seiner Ausgabe vom 26. Juni 1897 über den italienischen Physiologen Angelo Mosso, der sich «einen ganzen Monat auf dem Gipfel des Monte Rosa (4638 m ü.M.) mit wissenschaftlichen Vorrichtungen aufgehalten hat, um die Einwirkung der atmosphärischen Verhältnisse in dieser Höhe auf die menschliche Atmung zu untersuchen». Eine Parforceleistung, die keine grossen Schlagzeilen machte, wohl aber anstrengender war als heute ein einmonatiger Aufenthalt in einer Raumkapsel.

Oscar Bernhard äussert sich zur Bergkrankheit, aus damaliger Sicht zur «Einwirkung der verdünnten Luft, verbunden mit einer grossen Anstrengung», wie folgt: «Bei der geringsten Stufe der Bergkrankheit, der Mutlosigkeit, genügt mitunter eine stramme moralische Einwirkung, ein energischer Appell mit einigen Kraftausdrücken ans Ehrgefühl, um das Selbstvertrauen wieder zu wecken. Dann soll der Patient noch einen kräftigen Bissen und einen Schluck Wein zu sich nehmen, und lachend über seine gehabte Zaghaftigkeit setzt er seine Bergbesteigung fort».

Wenn jedoch die Bergkranken beim besten Willen ihrer Schwäche nicht Herr zu werden vermögen, dann rät Bernhard: «Da nützt es nichts, sie zwingen zu wollen, weiterzugehen, der Zustand würde dadurch nur schlimmer werden, und es könnten sich die bedrohlichsten Anfälle einstellen. Das einzig wirksame Mittel heisst hier: ruhen und dann absteigen. Man versuche zur Vorbeugung oder Bekämpfung der

Bergkrankheit ja keine Medikamente, wie Antipyrin, Phenazetin, Kokain. Sie nützen nichts und können nur schaden».

Improvisierte Verletztentransporte

Bezüglich der Transportarten im Hochgebirge schreibt Bernhard: «Das sehr zerschnittene Terrain mit seinen reissenden Wasserläufen, wilden Tobeln, tiefen Schluchten, dichten, meist weglosen Waldungen, abschüssigen Halden, Felsgebirgen und Einöden von Eis und Schnee, erschwert den Transport sehr und bedingt eigenartige Transportarten und eigenartiges Transportmaterial».

Und er fährt fort: «Im Gebirge verwendet man zum Transport hauptsächlich Packsättel für die Saumtiere, Schleifen und Schlitten zum Ziehen durch Menschen oder Tiere, dann Tragstühle vom Typus des Reffes oder der Gebirgskraxe der nördlichen und des Tragkorbes (Gerlo) der südlichen Alpen, die von einem einzelnen Mann getragen werden. Gerade der Alpen-

bewohner hat sich an diese Tragart sehr gewöhnt und ein kräftiger Mann kann damit stundenlang einen Verwundeten oder Maroden transportieren *(vgl. Kastentext auf der folgenden Seite)*. Besser ist es allerdings, wenn mehrere Träger zu haben sind, die sich von Zeit zu Zeit ablösen können».

Pferdetransport mit gepolstertem Schlitten und Helfer.

Stangenbahre mit Seilgeflecht für Pferde-Tandemtransport.

Ganz knapp am Tod vorbei!
Den Bergunfall kannte Oscar Bernhard aus eigener Erfahrung

Vor einer Anzahl Jahre bin ich auf der Gemsjagd, früh morgens eines Septembertages, beim Traversieren einer gefrorenen Halde am nördlichen Abhang des Piz Corvatsch ausgeglitscht. Von sich halten war keine Rede und in Blitzeseile fuhr ich einem Felsabsturze zu.

Beiläufig gesagt, sind mir in dieser kurzen Zeitspanne allerdings eine Fülle von Gedanken durch den Kopf gegangen; die Empfindungen bis zum Augenblicke, wo der wuchtige Anprall an die Felsen allem Denken ein Ende machte, waren aber nicht so herrlich angenehm, wie es Professor Heim in seinem phantasievollen Aufsatze «Der Tod durch den Absturz» beinahe verführerisch schildert. Die Mittagssonne weckte mich aus meiner durch Blutverlust und Erschütterung veranlassten langen Ohnmacht.

Ich lag mit dem Hinterkopfe am Rande eines Bergbaches, der meine Haare bespülte. Beim Sturze hatte ich mir einen offenen Knochenbruch der linken Mittelhand, tiefe Wunden am Hinterkopfe und bedeutende Quetschungen zugezogen. Die Wunden am Kopfe bluteten nicht mehr, während die an der Hand wieder stark zu bluten anfing. Ich tauchte mein Taschentuch in das klare, kalte Bergwasser, legte es um die verletzte Hand an und knüpfte es mit den Zähnen und der rechten Hand, so fest es nur ging, zu.

Dann löschte ich, noch einfacher als Diogenes, indem ich direkt aus dem Bache Wasser schlürfte, meinen beinahe unlöschbaren Durst, wonach ich mich wieder etwas gekräftigt fühlte. Da ich nicht imstande war, zu gehen, schleppte ich mich mit Aufwand aller meiner Kräfte auf allen vieren nach einer ungefähr eine Stunde entfernten Schäferhütte, wo ich erst am Abend anlangte und erschöpft aufs Lager sank.

Bald nachher kam ein anderer Jäger in die Hütte. Derselbe bedeckte mich mit seinem Rocke, machte ein Feuer an, stärkte mich mit heisser Schokolade und trug mich am nächsten Morgen auf seinem Rücken ins Fextal hinunter. Hätte ich an Ort und Stelle liegen bleiben müssen, wäre mir die kalte Herbstnacht auf diesen Höhen wohl recht gefährlich geworden.

Vor allem nicht schaden!

Bernhards Anweisungen sind immer kurz und präzis, vor allem aber robust und praxisbezogen. Auch im Schlusswort seiner Erste-Hilfe-Anleitung kommt seine ruhige und überlegene Art zum Ausdruck: «Stehen Sie einem plötzlichen, schweren Unglücksfalle gegenüber, so handeln Sie ruhig, besonnen und zielbewusst! Sind Sie das eine oder andere Mal sich nicht ganz klar und wissen Sie nicht sicher, wie Sie handeln sollen, so tun Sie lieber zu wenig als zu viel, und dann vielleicht Verkehrtes! Eine Unterlassungssünde wird immer und auch mit Recht eher verziehen, als ein sinnloses Vorgehen, wobei jemand durch falsche Behandlung geschädigt wird».

Und er wird noch deutlicher: «Wie im Leben überhaupt, so auch namentlich, wenn es sich um medizinische Hilfeleistungen handelt, sind die borniert Gescheiten gefährlich, die sogenannten Allwisser, von denen Billroth sagt, ihr Gehirn sei wie ein Bücherkasten beschaffen, aus welchem sie im gegebenen Falle nur ein falsches Buch aus einem falschen Fache zu nehmen brauchen, um grosses Unheil anzurichten! Solche Leute sind so recht dazu angetan, das Samariterwesen in Misskredit zu bringen».

Deshalb sein väterlicher Ratschlag, der wohl auch heute noch Gültigkeit hat: «Also seien Sie bei medizinischen Hilfeleistungen stets sehr vorsichtig, eingedenk des Wahlspruches, den der Vater der Medizin, der Grieche Hippokrates, aufgestellt hat: Vor allem nicht schaden! Haben Sie bei einem Unglück gescheit und richtig gehandelt, so krönt Sie der schönste Lohn, das Gefühl, Gutes getan zu haben».

Der abschliessende Satz beinhaltet sozusagen sein Lebenscredo: «Schön ist es, einem leidenden Menschen seine Schmerzen zu stillen; herrlich, ihn vor Krankheit und Siechtum zu bewahren; das Höchste aber, was ein Menschenherz erleben kann, ist das Bewusstsein, einem Menschen das Leben gerettet zu haben». So spricht ein Arzt und Menschenfreund, für den Beruf Berufung ist und der zudem aus eigener Erfahrung weiss, von was er spricht *(vgl. Kastentext)*!

Naturfreund und Jäger

Die Natur seines Heimattales bedeutete für Oscar Bernhard nicht nur Erholung, sondern auch Verpflichtung. So setzte er sich in der Öffentlichkeit vehement für die Erhaltung des Silsersees ein.

Ausgleich vom reich befrachteten Arbeitspensum suchte Il Bernard in der Natur, für die er sich vehement engagierte. Dabei scheute er sich nicht, ohne Rücksicht auf Konsequenzen, auch öffentlich Stellung zu beziehen, wie beispielsweise, als es später, 1919, um die Erhaltung des Silsersees, das heisst um die Verhinderung der Erteilung einer Wasserrechtskonzession ging. Seinem Postulat, den Schutz der landschaftlichen Schönheit seines Heimattales als heilige Pflicht zu verstehen, wäre auch heute noch nachhaltige Befolgung zu wünschen *(vgl. Kastentext)*.

Aber rassig, Heiri!

Il Bernard war aber auch ein passionierter Hochgebirgsjäger, wobei er sich, als Arzt und Forscher, sogar hier für allfällige Krankheiten beim erlegten Wild interessierte, was zwei Publikationen dokumentieren, die eine über eine tuberkulöse Gemse, die andere über ein grosses Cornu cutaneum (Keratom) am Hinterfuss einer solchen.

Über bekannte Persönlichkeiten zirkulieren Anekdoten, so auch über Il Bernard. Der St. Moritzer Unternehmer und Jagdkenner Renato Testa weiss von zwei solchen, die notabene kein Jägerlatein sind, sondern wahre Begebenheiten beschreiben: Weil Bernhard einmal wegen einer Notoperation auf die Jagd verzichten musste, holte er, vom Jagdfieber getrieben, das Verpasste am nächsten Tag nach, als die Hochjagd bereits geschlossen war – und schoss einen kapitalen Gemsbock. Er meldete dies dem Kreispräsidenten,

Ma bella val, mi'Engiadina!
Aus einer Protestschrift des Oscar Bernhard zur Silsersee-Frage

Sollten wir aber, noch schlimmer als die Söhne Jakobs, die ihren Bruder verschachert haben, die Anmut und Gesundheit unserer Mutter, unseres lieben, herrlichen Heimattales, schnödem Gelde opfern, so müssten wir uns in tiefster Seele schämen, auch nur ein einziges Mal noch unser schönes Heimatlied anzustimmen und zu singen: «Ma bella val, mi'Engiadina meis cour nun ama cu a tai», und wir müssten uns sagen, dass wir nicht mehr würdig seien unserer Vorfahren, die unserem Lande eine andere Liebe entgegengebracht haben!

der ihm – wohl wegen seiner Berühmtheit – verzieh.

Ein anderes Mal liess er sich bei Jagdbeginn von Lohnkutscher Heinrich De Giacomi ins Rosegtal fahren. Resolut, wie er war, ermunterte er diesen mit einem «Aber rassig, Heiri!». Als kurz vor der Alp Prüma ein Gemsbock den Weg kreuzte, befahl Il Bernard dem Kutscher barsch, sofort anzuhalten. Noch auf dem Gefährt legte er die Büchse an, der Schuss krachte, das Pferd, der Traber Bartunek, setzte zum Galopp an, Kutscher und Schütze fielen vom Wagen und landeten – zum Glück unversehrt – im Strassengraben, dieweil der Bock unbehelligt das Weite suchte und keuchend «Weidmannsheil!» näselte…

In der Val Roseg, bekannt als das Tal der Gamstiere und Grünröcke, wo eine Jagdhütte nach dem Idol der Bündner Jäger, Gian Marchet Colani, benannt ist, führen Spuren sogar heute noch zum leidenschaftlichen Weidmann Oscar Bernhard. Auf dem tonnenschweren Stammtisch aus Granit ist, zusammen mit jenen anderer verstorbener Jagdkameraden, sein Name eingraviert, und an der Wand hängt die Trophäe eines kapitalen Gemsbockes, den Il Bernard erlegt hatte.

Tu den Adler in den Sack!

Was jetzt kommt, mag viele schockieren und könnte dazu angetan sein, das Bild des weidmännischen Jägers und engagierten Naturschützers Bernhard vom Sockel zu stürzen. Doch es wäre zu billig, unbesehen Schwarzpeter nach rückwärts zu verteilen. Es waren damals andere Zeiten mit anderen Umständen und anderen Sichtweisen *(vgl. Kastentext)*.

So war zum Beispiel auch das Verhältnis der Menschen gegenüber den Beute-

Da Beutegreifer damals noch als schädliche Räuber galten und daher bekämpft wurden, war es vom Staat mit Prämien bedachter Usus, Jungadler auszuhorsten. Bernhard hat an etlichen dieser gefahrvollen Aktionen teilgenommen oder sie sogar selber geleitet. Später allerdings hat er seine Ansicht geändert und trat für den Schutz der Adler ein.

Das Bild zeigt Teilnehmer einer solchen Aushorstungsaktion mit zwei Jungadlern. Zweiter von links ist Oscar Bernhard, neben ihm J. C. Heer, Autor von «König der Bernina».

greifern noch ein anderes (was zum Teil ja bis heute nachwirkt…). Selbst Steinadler, heute streng geschützt, galten als schädliche Tiere, deren Abschuss prämiert wurde. Doch einfacher als das Erlegen der Altvögel war das Aushorsten der Jungtiere.

So steht denn im «Allgemeinen Fremdenblatt, St. Moritz» vom 22. Juni 1895 zu lesen: «Letzter Tage wurde an der rechten Seite des Morteratschthales unweit Pontresina von den Herren Wildhüter Danuser, Dr. O. Bernhard, Schlosser Gredig und dem jungen Führer Andrea Rauch, welchen sich noch Fabrikant C. Weber-Sulzer aus Winterthur angeschlossen hatte, aus einer hohen Felswand ein Adlernest ausgehoben und 2 wohlgenährte junge Steinadler entnommen und unter grossem Hallo in einen Sack gesteckt».

Immerhin heisst es dann noch: «Wenn wir nun auch diesen vielbesungenen Vogel nicht gern ganz ausgerottet sehen möchten, so sprechen wir uns doch stets für das Ausheben der Nester aus. Eine gänzliche Ausrottung des Steinadlers ist eigentlich auch nicht zu befürchten, weil er oft genug in Wänden nistet, wo eine Aushebung des Nestes ein Ding der Unmöglichkeit ist».

Grausame Gebirgsromantik

Just ein Jahr später steht am 25. Juni 1896 in der «Engadiner Post» und am 27. Juni gleichlautend im «Allgemeinen Fremdenblatt» zu lesen: «Letzte Woche nahmen die Herren Wildhüter Danuser, Dr. O. Bernhard und Landjäger Putscher an den Abhängen des Piz Chalchagn einen Adlerhorst aus. Ein kräftiger Jungvogel war die Beute. Die Adlermutter kreiste mit wildgesträubten Nackenfedern ob den Jägern in den Lüften». Ebenfalls hier wird wenigstens noch angefügt: «Auch diesmal wurde von einem Versuche, die Alten abzuschiessen, abgesehen, denn es wäre doch schade, wenn dieser majestätische Vogel, der mit dem Bären so viel zu einer zwar grausamen Romantik unserer Gebirge beiträgt, ausgerottet würde».

Sinneswandel im Alter
Aus einer Publikation, verfasst drei Jahre vor dem Tod

Geboren und aufgewachsen zu einer Zeit, da das Engadin noch nicht der Tummelplatz eines internationalen Reisepublikums war, verkehrte ich schon früh mit Bauern, Hirten und Jägern, welche den Adler als Räuber des Kleinviehes und des Wildes hassten und lebhaft bekämpften. Für die Erlegung von Adlern waren damals Schuss- und Fangprämien ausgesetzt.

Als junger Hochgebirgsjäger hatte auch ich dem wilden und grausamen Vogel Feindschaft geschworen, ihn, wenn sich dazu Gelegenheit bot, gejagt und öfters auch seine Horste ausgenommen. Zu diesen Jagdtouren hatte mich auch die damit verbundene Romantik, d.h. die Ueberwindung der oft grossen Schwierigkeiten und der Gefahren gereizt.

Auf meinen Jagden habe ich öfters beobachten können, wie ein Adler auf ein weidendes Murmeltier, einen flüchtigen Schneehasen stiess oder ein aufgescheuchtes Schneehuhn im Fluge erhaschte. Die erbeuteten Tiere trug er dann auf einen nahen Felsblock oder Baumstumpf. Mit ein paar Schnabelhieben riss er ihnen den Bauch auf und zerrte den noch lebenden Opfern die Gedärme, seine Lieblingsspeise, gemächlich heraus. Dabei stiess er mitunter ein schrilles Siegesgeschrei in die Lüfte, das mit den Angst- und Schmerzensschreien des Opfers in den Felsen widerhallte und so in der sonst stillen Alpenwelt ein wildes Bild der Grausamkeit der Natur bot.

Wenn grössere Tiere am Rande eines Abgrundes weiden oder sich in ein schmales Felsband verstiegen haben, versucht das Adlerpaar durch lange und heftige Angriffe die Opfer zu ermüden, um sie in einem günstigen Momente mit kräftigen Flügelschlägen in die Tiefe zu werfen. So erinnere ich mich, wie einmal im Fextal im Winter ein ausgewachsener Gemsbock, der auf einem schmalen Felsband eine hohe, senkrechte Wand traversieren wollte, von zwei Adlern überrascht und durch Flügelschläge über die Felsen hinunter geworfen wurde.

Unten blieb er im tiefen Schnee stecken und wurde von den beiden Raubvögeln zerfleischt. Bauern, welche die Sache beobachtet hatten, legten im Schnee, in der Nähe der toten Gemse, eine Falle, worin einer der Adler, der wieder zu seiner Beute zurückkehrte, sich verfing und von den Jägern erschlagen wurde. Der Räuber und sein Opfer zieren heute als eine vorzüglich ausgestopfte Gruppe die Halle eines Engadiner-Hotels.

War ich früher ein eifriger Adlerjäger, so möchte ich als Naturfreund doch die Poesie des Adlers in unseren Bergen nicht ganz missen, und ich stehe heute für den Schutz des stolzen Vogels ein.

Auch Giovanni Segantini, der geniale Maler der Berge, war an einer Aushorstung beteiligt und liess sich stolz mit dem «König der Lüfte» ablichten.

Und wiederum ein Jahr später, am 7. Juli 1897, schreibt das «Allgemeine Fremdenblatt»: «In der letztvergangenen Woche ist ein Adlernest im Camogaskerthal unter der Leitung des Herrn Dr. Bernhard, Samedan, ausgenommen worden. Eine grössere Anzahl von Kurgästen aus St. Moritz wohnte der interessanten Expedition bei. Ein junger Adler, beinahe flugbereit, war das Resultat des halsbrecherischen Unterfangens (am 70 m langen Seil)».

Und was geschah dann eigentlich mit diesen Jungadlern? Die ersten beiden von 1895 wurden vom Industriellen aus Winterthur erworben und später (vielleicht hatte seine Frau Gemahlin entschieden, entweder diese Vögel oder ich…) in einen Wildpark abgegeben. Derjenige von 1816 gelangte ins Hotel Steinbock in Pontresina und wurde daselbst als Maskottchen im Garten gehalten, auf einer Stange, wie früher die Papageien in den Menagerien. Von demjenigen von 1897 schliesslich steht geschrieben: «Der junge Adler befindet sich frisch und wohlgemut in der Villa des Hrn. Dr. Bernhard in Samedan».

Jägerfreunde des Bergmalers und Vogelliebhabers Giovanni Segantini, darunter sein Arzt, Freund und Mäzen Oscar Bernhard, schenkten ihm zwei ausgehorstete Jungadler. Er soll sie, wie man sich in der Familie Segantini noch erinnert, in einem Gehege beim Hotel Palace Maloja gepflegt und später freigelassen haben.

Dass die Überlebenschance solcher Handaufzuchten in der «goldenen Freiheit» sehr gering ist, konnte man damals noch nicht wissen. Segantini hatte aber bestimmt seinen Seelenfrieden.

Freundschaft mit Segantini

Der Mediziner Bernhard, und das passt ins Bild seiner humanistischen Vielseitigkeit, hatte auch eine Leidenschaft und ein Gespür für gute Kunst, und wohl auch ein Herz für Künstler. Kunst und Arzneikunst waren sich, zumal damals, noch recht nahe. Im Nachwort zu seinem Standardwerk postulierte er denn auch die Wichtigkeit der Beobachtungsgabe im Arztberuf, wodurch dieser «nicht nur reine Wissenschaft, sondern auch Kunst» sei.

Freund schöner Künste

Mit dem Malergenie Giovanni Segantini (1858-1899) ging Il Bernard ab 1894 bergsteigen und jagen und wurde dessen grosser Freund und Bewunderer. Kurz nachdem Segantini von Savognin nach Maloja umgezogen war, besuchte ihn Il Bernard. Beim Abschied schenkte ihm Segantini eine seiner schönsten Zeichnungen. Auf den Einwand seiner Frau Bice Bugatti, er kenne ja den Doktor gar nicht, antwortete er, Dr. Bernhard sei sein bester Freund. Jedenfalls wurde Il Bernard sein Hausarzt und einer seiner treusten Kunden. In der Villa Bernhard hingen nicht nur die erste Version des «Ave Maria», sondern auch «Die Segnung der Schafe», «Zur Frühmesse», «Kartoffelschälerin», «Totes Reh» und weitere Preziosen, insgesamt deren neunzehn.

Giovanni Segantini, um 1897.

Symbolhaftes Gemälde des Bergmalers: «Rückkehr vom Wald», 1890.

Am Sterbebett Segantinis
Aus einem Brief Oscar Bernhards an Herrn von Eisner in Wien, 31.12.1899

Mit dem armen Segantini habe ich schwere, sehr schwere und trübe Zeiten verlebt. Wie Sie gesehen haben werden, ist er Ende September mit seinem grossen Bilde «Tramonto nell' alta Engadina» auf den oberen Schafberg bei Pontresina (2739 m. über Meer) gezogen, um es dort Angesichts der Gletscherwelt zu vollenden.

Dort erkrankte er Donnerstag, den 21. IX. an heftigen Leibschmerzen. Erst Samstag Abend entschloss er sich den Arzt zu rufen. Abends 9 Uhr wurde mir von Pontresina aus telefoniert und im heftigen Schneegestöber erklomm ich den Berg und langte Sonntag Morgens 9 Uhr in der Hütte an. Ich fand den guten Freund an Perforationsperitonitis, ausgegangen vom Blinddarme, todtkrank. An einen Transport in's Thal hinunter war nicht zu denken, der Kranke wäre uns wahrscheinlich auf dem Wege gestorben, ebensowenig durfte unter den schwierigen Verhältnissen eine Operation (Laparotomie) unternommen werden, da keine Möglichkeit war die Hütte so zu heizen, um auf die für einen solchen Eingriff nothwendige Temperatur nur einigermassen zu kommen.

Uebrigens hatte ich den Eindruck, dass selbst unter günstigen Verhältnissen (Spital) in diesem verzweifelten Falle eine Operation recht aussichtslos gewesen wäre. So musst ich unter der Wucht der Verhältnisse die Waffen strecken und mich auf eine rein symptomatische Behandlung beschränken. Dem Patienten seine Schmerzen zu lindern und ihn über die Schwere seiner Krankheit hinwegzutäuschen, das war leider das Einzige, was ich noch leisten konnte. Das aber ist mir gelungen. Fünf Tage und sechs Nächte bin ich beständig oben in der winddurchsausten Berghütte am Sterbebette des grossen Künstlers gewesen und nie aus den Kleidern gekommen. Wie gerne aber hätte ich noch lange, lange alle diese Strapazen und Aufregungen mitgemacht, wäre Segantini seiner Kunst und seiner Familie zu erhalten gewesen!

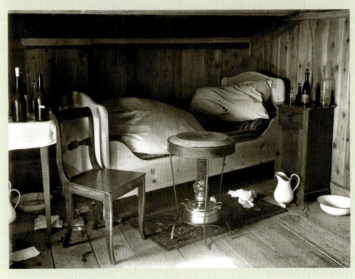

Wir hatten während diesen Tagen eigentlich beständig schlechtes Wetter, auch die Natur schien zu grollen. Nur am Dienstag Abend verklärte ein wunderbarer Sonnenuntergang Thäler, Felsen, Gletscher und Firne. Da liess der Kranke noch sein Bett an's Lückenfenster stossen und schöpfte zum letzten Male mit seinem grossen, schönen Künstlerauge Licht und Glanz von seinen heissgeliebten Bergen. Ich sah es ihm an, es war nicht etwa ein Abschiednehmen, sondern er studirte, um das Gesehene auf seine Leinwand zu übertragen. Wie weh war's mir um's Herz, denken zu müssen, dass das herrliche Auge bald erlöschen, die gottbegnadete Hand, die einzig die grosse Alpenwelt in ihrer Wahrheit auf die Leinwand fixiren konnte, für immer sinken werde. In der Donnerstag Nacht hauchte unter den Schmerzensträhnen seiner Familie und seines Freundes und Arztes, der edle Künstler seine grosse Seele aus – ahnungslos.

Er kaufte aber auch, um nur die Bekanntesten zu nennen, drei Werke von Ferdinand Hodler, als dieser im Engadin weilte, so eines vom Silsersee, das später von Sotheby's in Zürich auf stolze 4,2 Millionen Franken «vergoldet» wurde. Ebenfalls von Giovanni Giacometti hingen Gemälde bei Bernhard sowie ein Porträtbild seines Sohnes Friederich von Ernst Kreidolf. Offenbar haben verschiedene Künstlerpatienten ihre Arztrechnung in Naturalien beglichen, womit bestimmt beiden gedient war... Die engste und tiefste Freundschaft jedoch verband Oscar Bernhard mit Giovanni Segantini.

Die wohl längste Arztvisite

Doch dann der grosse Schock: Am 23. September 1899, abends um neun Uhr, steigt Il Bernard, begleitet von zwei deutschen Kollegen, im Schneegestöber mit seinem ganzen Instrumentarium auf den Schafberg, um Segantini zu operieren, der seit zwei Tagen an einer perforierten Blinddarmentzündung litt. Doch der Patient befand sich bereits in sehr schlechtem Allgemeinzustand. Zudem waren die Verhältnisse in der Schafberghütte – bei Temperaturen knapp über dem Gefrierpunkt – so prekär, dass an einen Eingriff nicht zu denken war. Auch ein Transport ins Tal war völlig ausgeschlossen.

Trotz dieser ausweglosen Situation blieb der Arzt und Freund Oscar Bernhard ganze fünf Tage und Nächte (man stelle sich das heute vor!) an Segantinis Seite, um ihm wenigstens etwas Schmerzlinderung zu verschaffen, bis dieser am 28. September um 40 Minuten vor Mitternacht, erst 41 Jahre alt, die Augen für immer schloss.

Il Bernards ergreifendes Tagebuch über diesen «langen Hausbesuch» ist erhalten geblieben *(vgl. Kastentext)*. Die Verehrung für seinen Freund hielt über dessen Tod hinaus an: Im Gedenken an den am 15. Januar 1858 in Arco am nördlichen Ende des Gardasees geborenen Giovanni Segantini, der ein Vertreter des realistischen Symbolismus und zugleich ein Meister der Hochgebirgslandschaft war, gründete Oscar Bernhard 1908 in St. Moritz das Segantini Museum.

Der Sohn des verstorbenen Künstlers, Gottardo Segantini, brachte es im Nekrolog auf den Punkt: «Spätere Generationen werden die Früchte einer grossen Freundschaft noch lange geniessen und die Stunde preisen, in der Oscar Bernhard und Giovanni Segantini zusammentrafen».

Gegenüberliegende Seite: Die Schafberghütte ob Pontresina, wo Il Bernard bei seinem todkranken Freund Giovanni Segantini mehrere Tage und Nächte ausharrte.

Auf schmalem, steilem Bergpfad wird der tote Segantini hinunter nach Pontresina getragen.

Eine briefliche Nachricht von Il Bernard an Herrn Bavier sowie die offizielle ärztliche Bestätigung über den Tod von Giovanni Segantini.

Das Triptychon «Werden – Sein – Vergehen» im Kuppelsaal des Segantini Museums, 1896-1899.

Das Segantini Museum an der Via Somplaz in St. Moritz, mit Blick auf den See und hinüber zum Schafberg.

Die im Treppenaufgang zum Kuppelsaal angebrachte bronzene Gedenktafel für Oscar Bernhard, Gründer und Förderer des Segantini Museums.

Wechsel nach St. Moritz

Seine Frau Lili Bernhard (verw. Weber, geb. Imhoof) hat durch Mitgift und Mithilfe den fulminanten Start in St. Moritz mitermöglicht.

Ein tragischer Bergunfall am 1. August 1891, dem 600. Geburtstag der Schweiz, sollte das Leben des herbeigerufenen Il Bernard grundlegend verändern.

Nach dem Abstieg vom Piz Bernina in die Bovalhütte wollte der Winterthurer Baumwollfabrikant und erfahrene Bergsteiger Johann Jakob Weber, trotz aufkommendem Schneesturm und hereinbrechender Nacht, seine in Samedan weilende Familie nicht im Ungewissen lassen und wagte den Abstieg ins Tal.

Dabei stürzte er so unglücklich, dass er sich ein Schädelhirntrauma zuzog, das tödlich endete. Der herbeigerufene Il Bernard konnte nicht mehr helfen. Auf halbem Weg zwischen Bovalhütte und Hotel Morteratsch erinnert heute noch eine kleine Gedenktafel an dieses traurige Ereignis.

Die «Villa Bernhard»

Oscar Bernhard war von der Witwe des Verstorbenen, Lili Weber-Imhoof, die aus einer Burgdorfer Familie stammte, so angetan, dass sich, weil auf Gegenseitigkeit beruhend, eine tiefe Freundschaft entwickelte. Zwei Jahre später, am 4. September 1893, heirateten sie in Winterthur. Sie war eine hübsche und kultivierte Frau (man sprach von der «schöngeistigen, redegewandten Gattin»), die, als sie zu ihm nach Samedan zog, nicht nur ihre drei Töchter aus erster Ehe, sondern auch ein bedeutendes Vermögen mit in den Ehestand brachte.

Dieses mag mit ein Grund dafür gewesen sein, dass er, wie aus Kaufprotokollen der Gemeinde Samedan auf dem Grundbuchamt St. Moritz hervorgeht, zwischen 1892 und 1903 wiederholt Wiesen- und Waldparzellen kaufte beziehungsweise bei einer Gant (wohl zu günstigen Bedingungen) steigerte, um sie dann später zum

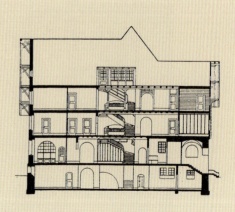

Teil (wahrscheinlich wohlfeiler) wieder zu verkaufen, was auf seinen Geschäftssinn schliessen lässt.

Die stolze Mitgift aus Winterthur ermöglichte ihm zudem 1904/05, das heisst noch während seiner Tätigkeit am Spital Samedan, im aufstrebenden Kurort St. Moritz, wo seine Patientenkundschaft immer grösser wurde, an traumhafter Hanglage mit Sicht auf Dorf, See und Berge seine grosszügig konzipierte, vom Zürcher Architekten Eugen Probst entworfene «Villa Bernhard» zu bauen. Sie diente ihm während einigen Jahren auch als kleines chirurgisches Privatspital mit sechs Betten. Das abschüssige, von Wasseradern durchzogene Baugelände mit seinem schiefrigen Gestein bedingte die Errichtung starker Stützmauern, die jedoch gleichzeitig für den Bau der Zufahrtsstrasse genutzt werden konnten.

Ein Gebirgs-Landhaus

Während das gediegene Bauwerk – ein Engadinerhaus mit Konzession an moderne Ansprüche – bei seiner Errichtung in den Lokalmedien nur marginaler Notiz würdig war und selbst heute weder im Bauinventar noch im Katasterplan unter den bemerkenswerten Bauten aufscheint, brachte damals die «Baugewerks-Zeitung» in Berlin eine über zwei Nummern laufende Baureportage und schwärmte in den höchsten Tönen: «Unterzieht man die Grundrissgestaltung der Gebäudemassen einer eingehenden Prüfung, so gelangt man bald zu der Überzeugung, dass hier ein Eigenheim für einen Arzt geschaffen ist, wie es bei pompöser und doch gediegener Ausführung nicht wünschenswerter gedacht werden kann».

Die Praxisräume im Erdgeschoss, ein Konsultations- und ein Wartezimmer, waren – mit gesondertem Eingang für die Patienten – von der Arztwohnung vollkommen getrennt. Diese umfasste nebst Küche, Office, Speisekammer und Bedienstetenzimmer ein prächtiges, mit Jagdtrophäen dekoriertes Esszimmer mit vorgelagerter, geschlossener Veranda und offener Terrasse, anschliessend einen stilvollen, mit Segantini-Bildern geschmückten Salon, der an ein damals übliches Rauchzimmer grenzte. Dieses, eine reich getäferte Stube aus dem 17. Jahrhundert,

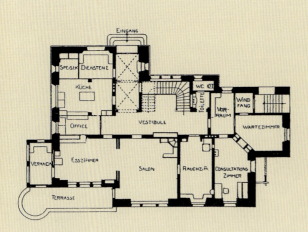

Die Villa Bernhard, die als Wohnhaus und erstes kleines Klinikum diente: Hauptfassade gegen die Strasse, Ostfassade mit separatem Patienteneingang, Längsschnitt und Plan Erdgeschoss sowie das Gebäude von der Hangseite.

Ess- und Rauchzimmer mit Jagdtrophäen sowie Salon mit Segantini-Gemälden in der Villa Bernhard.

stammte aus dem Oswald'schen Haus in Ilanz. Esszimmer und Salon liessen sich bei offener Schiebetüre für festliche Anlässe in einen respektablen Repräsentationsraum vereinen.

«Das Äussere des Gebäudes», so schrieb die «Baugewerks-Zeitung» in Berlin, «ist bescheiden, und bei solider Ausführung passt es sich ohne Aufdringlichkeit seiner Umgebung recht gefällig an». Doch etwas erschien dem königlichen Baurat in Berlin offenbar ungewohnt: «Eigenartig ist die Eindeckungsweise des Schieferdaches, dessen Schiefer in bunter Zusammenstellung von grossen und kleinen den Charakter des Landhauses nach aussen hin als Gebirgs-Landhaus zu erkennen geben».

Resistentes Afrika-Virus

Aber auch innenarchitektonisch kamen bündnerische Werkstoffe zum Zug: Die Stuben in einheimischer Arve und Lärche getäfert oder tapeziert, nur das Esszimmer etwas spezieller, mit Tisch, geschnitzten Stühlen und Buffet aus Nussbaumholz, die Türen mit gotischen Beschlägen. Die geräumigen Hausgänge und das Treppenhaus weisen glatte, weiss getünchte Wände auf, die mit dem braun gebeizten und bunt bemalten Holz der Türen und Decken sowie dem roten Fussboden trefflich harmonierten.

Das ebenfalls zur Arztwohnung gehörende Obergeschoss umfasste sechs geräumige Schlafzimmer, ein grosses Kinderspielzimmer mit eingebautem Podium, so dass es auch als Schulzimmer dienen konnte, ferner Bad, Toiletten und Kastenzimmer. Im ausgebauten Dachgeschoss schliesslich waren die Fremden- und Bedienstetenzimmer untergebracht. Herzstück dieser Arztvilla und zugleich Sinnbild für den grossen Geist, der in ihr wohnte, war, nebst den Gemälden Segantinis, Hodlers, Giacomettis und Kreidolfs, eine immense Bibliothek mit vielen Kostbarkeiten wie einer Diepold-Schilling-Ausgabe und – man staunt – einer extrem umfangreichen Büchersammlung über den schwarzen Kontinent.

Diese Affinität zu Afrika scheint sich in der Familie und im Haus wie ein gutartiges Virus eingenistet zu haben. Der einzige Sohn Bernhards, Friederich, wurde Farmer in Süd-Rhodesien, und ein Sohn der heutigen Villabesitzerin Marcesa Mariella Medici hat 2002 unter dem Titel «Creature habits» einen Bildband mit excellenten Tierfotos aus dem Busch Botswanas herausgegeben. Oscar Bernhards Afrika-Bibliothek schliesslich hat – zusammen mit Gemälden und Möbelstücken – auf dem Umweg über Rhodesien bei seinem Grosssohn Micheal am Genfersee eine Bleibe gefunden, beim «letzten Bernhard», wie er sich nennt, da nach ihm dieser Name in direkter Linie erlöschen wird…

Am Eingangstor der Villa erinnern Schnitzereien an den Jägersmann Bernhard.

Die Villa Bernhard, wie sie heute ausschaut.

100 Jahre «Bernhard-Klinik»

Der stolze Klinikbesitzer Bernhard.

Nachdem Oscar Bernhard 1907 das Spital Samedan verlassen hatte, setzte er die Messlatte noch höher und baute 1911/12 – vor 100 Jahren – direkt oberhalb seiner Villa, die wegen der steigenden Patientenzahlen aus allen Nähten zu platzen drohte, eine massgeschneiderte «Privatklinik Dr. Bernhard».

Ein Belle-Epoque-Hospital

Man staunt, wie rasch damals Amtsentscheide gefällt wurden: Am 12. April 1911 reichte er das Baugesuch ein, und bereits am 9. Mai lag die Baubewilligung vor. Die St. Moritzer Architekten Valentin Koch & Ernst Seiler kreierten einen voluminösen, aber formschönen Bau im Bündner Stil, mit plastisch gestalteter Talfassade mit Erkern, Loggien und Balkonen sowie einem markanten Giebeldreieck im rechten Gebäudeteil.

Diese einzige Privatklinik für Sonnentherapie in St. Moritz und im Engadin aus der Zeit der Belle-Epoque sollte im Zusammenhang mit der von Bernhard begründenen Heliotherapie internationalen Ruf erlangen und weltbekannt werden. Es waren also nicht nur die Belle-Epoque-Hotels, die den Ruf von St. Moritz in die Welt hinaus trugen, sondern auch eine Belle-Epoque-Klinik, die ganz entscheidend mitgeholfen hat, den Bekanntheitsgrad von St. Moritz zu steigern und die Engadiner Sonne global zum Begriff zu machen.

Einigermassen erstaunlich daher, dass es heute weder auf dem Grundbuchamt noch auf dem Bauamt noch anderswo möglich war, den exakten Eröffnungstermin einer solch renommierten Klinik ausfindig zu machen. Erst die Recherche in den Archiven der Lokalblätter liess fündig werden. Allerdings waren es nur marginale Miniberichtchen: «Engadine Express & Alpine Post» meldete am 5. Juli mit zweieinhalb, die «Engadiner Post» am 3. Juli mit zehneinhalb Zeilen, dass die «Privatklinik Dr. Bernhard» am 1. Juli 1912 dem Betrieb übergeben worden sei.

Sonne, Licht und Luft

Ein Klinikprospekt aus jener Zeit rühmt die Vorzüge: Auf 1860 m ü.M. gelegen, ganzjährig offen und spezialisiert auf die Behandlung mit Sonnenlicht. In schönster, ruhiger und staubfreier Lage am Abhange oberhalb des Dorfes St. Moritz, an den Gemeindewald angrenzend, mit prachtvoller, unbeschränkter Aussicht auf See und Gebirge. Die Hauptfront des Gebäudes ist nach Süden gerichtet und hat sechs grosse Terrassen für Sonnen- und Freiluft-Liegekuren.

Das Haus ist nach den modernsten hygienischen Prinzipien gebaut und eingerichtet. Es enthält 24 Fremdenzimmer mit 30 Betten. Für Patienten mit Familienangehörigen oder Begleitpersonen stehen zwei Appartements von 3 bis 5 Betten mit eigenem Bad zur Verfügung. Ferner beherbergt es einen aseptischen und einen gewöhnlichen Operationssaal, ein Röntgen- und Gipskabinett, Einrichtungen für Hydrotherapie, Behand-

Die Privatklinik Bernhard – das einzige Belle-Epoque-Hospital des Engadins.

lung mit künstlichen Lichtquellen und Elektrizität.

Aufgenommen wurden ausser operativen Fällen speziell Kranke, für welche eine Behandlung mit Sonnenlicht im Hochgebirge angezeigt war, also solche mit schwer heilenden Wunden, mit Knochen-, Gelenk- und Drüsenleiden, Residuen von Pleuritis, chronischer Peritonitis, Morbus Basedow, Leukämie und Pseudoleukämie; ferner an schweren Anaemien leidende oder infolge durchgemachter Krankheiten geschwächte Personen (Rekonvaleszente) und Fälle von traumatischen Neurosen. Jedoch: Lungen- und Geisteskranke, schwerst Nervöse sowie Patienten mit ansteckenden Krankheiten wurden nicht aufgenommen.

Kein hygienisches Zuchthaus

Die Krankenpflege war einer Oberschwester mit einem Stab von geschultem Pflegepersonal übertragen. Die wirtschaftliche Leitung lag in den Händen einer Direktrice. Für die erste Konsultation wurden Fr. 10.– bis 20.– in Ansatz gebracht. Die weitere Behandlung berechnete sich je nach Inanspruchnahme. Auch die Preise für Krankenbedienung, Bäderbehandlung, Pension und Verpflegung (gemäss ärztlicher Vorschrift) werden im Prospekt fein säuberlich aufgelistet.

So betrug der Pensionspreis je nach Zimmer Fr. 15.– bis 35.– täglich. Sympathischer Zusatzvermerk: Für wenig Bemittelte kann eine Ermässigung gemacht werden. Dafür erfolgte die Berechnung

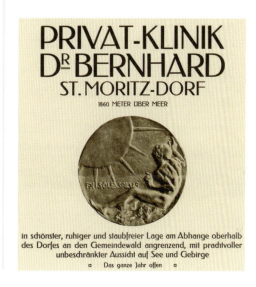

Titelblatt eines mehrseitigen Klinikprospektes.

der Appartements für VIP-Patienten gemäss Abmachung. Das heisst: Man nahm's von den Begüterten und gab's den Armen – ganz nach dem Gusto von Arzt und Menschenfreund Bernhard.

Und schliesslich die Mahlzeiten: Die Bernhard-Klinik war kein «hygienisches Zuchthaus», wie Yehudi Menuhin die Bircher-Benner-Klinik am Zürichberg apostrophiert hat, wo er sich als «Gras essender Nebukadnezar» fühlte. Ganz anders in St. Moritz: Sonne und frische Luft erzeugen Hunger. Deshalb gab Bernhard seinen Patienten abwechslungsreiches, kräftiges und fettreiches Essen – nicht zuletzt Bündner Spezialitäten, und wohl auch mal Wildbret von der Bündner Jagd.

Interessante Freundschaften

Es mag wohl zutreffen, dass die pekuniäre Mitgift seiner Frau entscheidend dazu beigetragen hat, dass Oscar Bernhard seine Klinikträume – mit einer Villa und einem Privatspital – verwirklichen konnte. Doch nicht das Geld allein führte zum Erfolg, sondern auch und vor allem seine totale Hingabe zum Beruf, seine Visionen, sein heiliges Feuer und sein grenzenloses Engagement.

So ging es finanziell denn immer mehr bergauf, obschon er bei Minderbemittelten oft beide Augen zudrückte. Das konnte er bei den Rechnungen für die Patienten aus dem Segment der gut betuchten Luxushotel-Gäste mehr als wettmachen. Mit ihnen verdiente er ein Vermögen, und es heisst, dass seine Kinder nach der Erbteilung ausgesorgt hatten.

Doch die Kontakte zu den Berühmten, Reichen und Schönen aus dem Patientengut der Nobelhotel-Gäste waren nicht nur medizinischer Natur. Zu vielen interessanten Persönlichkeiten ergaben sich, dank seiner gewinnenden und offenen Art, persönliche, ja freundschaftliche Beziehungen. Manche VIPs lud er bei sich zum Essen ein, so den König von Griechenland, den Prinzgemahl von Holland,

Ausschnitt aus einem Brief des Polarforschers Fridtjof Nansen mit dem tollen Kompliment an St. Moritz.

Die Privatklinik Bernhard an steiler Hanglage, was den Einfallswinkel der Sonne optimiert.

Prinz Heinrich, den Bruder des deutschen Kaisers, den norwegischen Polarforscher Fridtjof Nansen, den russischen «Gott des Tanzes» Nijinsky, den er jahrelang betreute und viele andere mehr.

Ein umfangreicher Briefwechsel ist Zeugnis von all diesen lebenslänglichen Freundschaften mit zum Teil erstaunlichen Komplimenten, so etwa, wenn der Polarforscher Nansen *(vgl. Kastentext)*, der sich sonst in der gesunden Luft des hohen Nordens aufhält, sich herzlich für die grosse Gastfreundschaft und die unvergesslichen Tage im schönen St. Moritz bedankt und bezüglich Berge, Licht und Luft von einer neuen Entdeckung spricht und gesteht «Ich fühle mich um Jahre jünger». Ein kompetenteres Gesundheitsmythos-Kompliment an St. Moritz kann man sich wohl gar nicht ausdenken!

Doluors versus Dollars

Zu seinen guten Bekannten, mit denen er fleissig korrespondierte, gehörten, neben vielen medizinischen Koryphäen in aller Welt, bekannten Künstlern wie Giovanni

Tolles Kompliment an St. Moritz
Aus einem Brief des Polarforschers Fridtjof Nansen, 16.02.1923

I must use this first opportunity I have of writing quietly, and send you a few lines to thank you with all my heart for the lovely, never to be forgotten days I spent in your charming house in beautiful St. Moritz.

I cannot possibly tell you in words how wonderful it was to me, and how much I enjoyed it from the first moment till the last. The beauty, the white mountains, the light, the air, was a new revelation to me, and I feel years younger.

The only sad part of it was to go away. I cannot thank you enough for it all, and for your charming kindness, which made me feel at home from the moment I entered your hospitable door.

Ein indirektes Stimmungsbild

Aus einem Gästebuch der Bernhard-Klinik 1931-1934 («Gäste» = Patienten)

Es ist hier so schön gewesen,
dass uns das Scheiden schwer fällt;
besonders der kleinen «Susi»,
weil der «liebe, gute Onkel Doktor Bernhard»
hier bleiben muss.
          Louise Braun und ihre kleine «Susi»

Sind's die Drüsen, ist's die Kehle,
Sind's die Knochen, ist's das Herz,
Eile schnell zu Dr. Bernhard,
Der kuriert's, es ist kein Scherz.
Drum wagt' ich's und tu's nun kund:
Ich bin die erste nicht, noch letzte,
Denn alle wurden sie gesund,
Die man hier an die Sonne setzte.
          Luisa Luvin, Madrid

Ob noch so hell die Sonne glänzt,
Ob noch so grün die Höh' umkränzt,
Ob sich im Schnee die Gipfel breiten,
Sie können Heilung nur bereiten,
Wenn auch dazu ein Heim gefunden,
Wo frisch und frei zu allen Stunden
Der schwersten Leiden man vergisst
Und fühlt, dass man zu Hause ist. –
In treuem Gedenken an die gute Pflege
und Aufnahme in der Klinik Dr. Bernhard.
          Alexander Hepner

Paar Worte nur:
Ich machte hier 'ne gute Kur.
          Meddle Giller, Dresden

Herzlichen Dank für die Sonne innerhalb der Klinik,
sie hat die grosse Schwester noch bei weitem in den Schatten gestellt,
das will im Engadin etwas bedeuten!
Hans-Joachim Grauert, Hamburg

Immer fröhlich, immer heiter,
Immer lustig und so weiter
War meines Lebens Motto hier.
Braun gebrannt vom Sonnen,
7½ Pfund zugenommen,
Verwöhnt vom Hegen und Pflegen,
Die Klinik Bernhard soll leben!
      Ein heiteres Westfalenkind

Es ist nicht richtig, dass allein die Sonne
des Weltenmeeres heilende Kraft besitzt;
Die Sonne, wie hier, aus der Brust
wohlmeinend-hilfswilliger und
gastfreundlicher Menschen flammt,
übertrifft sie oft sogar an Genesungswirkung.
      Reinhold Kühn, Berlin

Great is the strength of the sun,
It can thousands of diseases heal.
Sun and moon go round like a wheel,
Without them the world would be a slum.
In leaving this clinic I carry with me
a happy memory of the delightful time
I spent here and the beneficial result of the cure.
      Alice J. Ward, Schanghai China

Bei Euch, Herr Doktor, fällt es leicht,
ein bisschen krank im Bett zu liegen.
Was da nicht alles wird erreicht,
um «den Bazillus» zu besiegen!
Ich würd Euch danken wie nach Noten,
wär mir das Danken nicht verboten!
      Trudy Burgheer, Rothrist

*St. Moritz – Sonnenhitz – Schnee und Eis – dabei heiss –
Liegekur – Wandertour – schöne Wege – gute Pflege –
Sonnenland – braungebrannt – nicht mehr krank – Bernhard Dank!*
      Anne Sternberg, Köln

Die ehemalige Bernhard-Klinik, wie sie sich heute als Wohnhaus präsentiert.

Giacometti und Ferdinand Hodler (mit seinem besten Freund Giovanni Segantini verkehrte er mündlich) oder Abenteurern wie Aeronautenkapitän Edouard Spelterini vor allem auch Blaublütige, so etwa der Erzherzog Franz Ferdinand, La Princesse de Metternich, El Duque de Berwick y de Alba, die Grossherzogin Luise von Baden, Marguerita Fürstin von Bismarck, Prinz Adalbert von Preussen, Prinzessin Marie von Liechtenstein, Alessandro del Torso aus Udine, der Fürst von Lonyay, Hans Larisch aus Wien, ein Bekannter aus Jugendjahren sowie Irene, Prinzessin Heinrich von Preussen.

Besonders viel hochrangige Klientel brachte ihm Badrutt's Palace Hotel. Dort wurde er eines Nachts zu einer Patientin gerufen, bei der es sich um die begüterte Gattin des Herzogs von Alba gehandelt haben soll. Er diagnostizierte eine akute Blinddarmentzündung, die sofort operiert werden musste.

Als die Herzogin auf dem Operationstisch lag, wollte er wissen, wie stark die Schmerzen seien. Neben seiner Muttersprache Romanisch beherrschte er fliessend Italienisch und Deutsch, leidlich Französisch, jedoch nur radebrecherisch Englisch. Da ihm das englische Wort für Schmerzen nicht gerade in den Sinn kam, behalf er sich mit dem romanischen und fragte: «Do you have many doluors?» Die Patientin verstand «dollars» und antwortete etwas indigniert: «Yes». Er hakte nach: «Where?»… Immerhin: Die Operation verlief komplikationslos.

Blick von der ehemaligen Villa (wo ein Sgraffito den einstigen Patienteneingang kaschiert) hinauf zur ehemaligen Klinik Bernhard.

Tragik des Tüchtigen

So ganz harmonisch ist Oscar Bernhards Wechsel von Samedan nach St. Moritz übrigens nicht verlaufen, ganz im Gegenteil! In Samedan wurde er, als «Dank» für die geleisteten Dienste, aus dem Spital wegkomplimentiert – und in St. Moritz war er, der spätere Ehrenbürger, zuerst nicht willkommen.

Unermüdliche Kämpfernatur

Wie so oft im Leben, rufen Tüchtige auch Neider auf den Plan. Zudem entsprach es Bernhards Naturell, geradeheraus das zu sagen, was er dachte, ohne Rücksicht auf persönliche Nachteile. So setzte er sich beispielsweise vehement dafür ein, dass an klinischen Lehrstühlen wenn immer möglich schweizerische Kräfte bevorzugt werden sollen.

«Wir brauchen für unsere Kliniken weniger sprühende, temperamentvolle und hinreissende Redner – denn solche Eigenschaften gehen uns Schweizern gewöhnlich ab –, als ruhigen und klaren Unterricht, der speziell auch unserem Volkstum und unserer Volksseele besser entspricht. Der klinische Lehrer, welcher als dirigierender Spitalarzt es nicht nur mit seinen Studenten, sondern auch mit seinen Patienten zu tun hat, kann, wenn er aus unserem Volke herausgegangen ist, entschieden besser wirken als ein Fremder».

In Samedan weggemobbt

Leute mit klaren Meinungen sind nicht überall beliebt. So wurden denn auch im Spital Samedan der Reibereien immer mehr – bis bei Bernhard der Geduldsfaden riss. Als einst hochgelobter Spitalgründer schrieb er am 10. September 1906 «an das tit. Kreisamt Oberengadin, pro Spitalcommission»: «Gestützt auf Verschiedenes, was ihm über die letzte Spitalsitzung zu Ohren gekommen ist, übermittelt Unterzeichneter Ihnen heute seine Demission als Spitalarzt. Sollte sich bewahrheiten, dass in dieser Sitzung von gewisser Seite verläumderische Aussagen, es seien Patienten im Spitale vernachlässigt worden, stattgefunden haben, so verlangt er genaue gerichtliche Untersuchung, damit er gegen die Verläumder gesetzlich vorgehen könne».

Die mutze Grussfloskel «Achtungsvoll» war dabei wohl Ausdruck seiner Aufgebrachtheit. Die postwendende Beteuerung des Kreisamtes Oberengadin vom 13. September 1906, «dass an der Sitzung der Spitalcommission kein einziges Wort gesprochen wurde, das für Sie in irgend einer Weise könnte beleidigend gewesen sein», vermochte ihn nicht umzustimmen.

Im Gegenteil, am 18. September 1906 doppelte er nach: «Bei auch nur einigermassen gutem Willen von Seiten der Spitalbehörden hätte man meine fernere Mitwirkung am Spitale in irgend einer Form doch möglich machen können. Statt dessen haben Sie es zugelassen, dass es einer mir feindlich gesinnten Gruppe, wo Hass und Neid die Hauptrolle spielen, gelungen ist, mich gänzlich von dem Spitale, dem ich nun bald 12 Jahre mein Bestes gewidmet habe, zu entfernen. Dass persönliche Rancüne schon seit mehr als einem Jahre systematisch gegen mich wühlte, haben Sie, Ihr Herren vom Kreisgerichte, mir selber wiederholt persönlich mitgetheilt».

Hinaus mit Dir!

Und weiter argumentierte er: «Als ich Ihrer tit. Behörde von meiner Absicht, nach St. Moritz zu übersiedeln, rechtzeitig und geziemend offizielle Mitteilung gemacht habe, schrieben Sie mir, Sie hoffen, dass das kein Grund sein werde, dass meine Person nicht auch fernerhin mit dem Spitale verbunden sein sollte». Doch dann wurden just zu dieser Zeit die Statuten so abgeändert, «dass es nichts anderes hiess als: Hinaus mit Dir! Das glaubt ein Mann, der nicht nur als Arzt, sondern auch in vieler anderer Beziehung während der Gründung und des Bestandes des Spitales stets mit ganzer Liebe für dasselbe gewirkt hat, nicht verdient zu haben».

Und er blieb konsequent: «Ich beharre also auf meiner Demission, aber das Engadinervolk und das der Nachbartäler, aus denen auch so viele Kranke in unser Spital gekommen sind, soll wissen, dass ich auch fernerhin ihm gedient hätte. Finanziell stehe ich ja besser, und habe weniger Mühe, wenn ich mir in St. Moritz eine Privatklinik baue, denn meine Privatclientel wird sich nach wie vor an mich wenden, und 4/5 von allen Patienten I. und 2. Classe des Spitales – und diese sind es, an denen das Spital etwas verdiente – haben sich aus *meiner* Clientel rekrutirt, und nur zum geringeren Teile aus dem meiner Collegen». Sein Schreiben «an die tit. Behörde» schliesst mit der verbitterten Feststellung: «Dass ich aber solchen Undank habe erleben müssen, bemüht mich und viele Rechtgesinnte mit mir».

Der verlorene Sohn

Als dann im Blätterwald noch eine Debatte mit falschen Argumenten über die Arzthonorare losgetreten wurde, entgegnete er auch hier energisch: «Was die Operationen anbelangt, so wurden solche für Einheimische stets nach bestehenden kantonalen Taxen billigst berechnet, und viele, sehr viele auch gratis ausgeführt. Das jährliche Einkommen dadurch war kein so grosses. Wenn Fremde von mir operirt sein wollten, und durch mich ins Spital gekommen sind, so hat das Spital nur jedes Mal direkten, oft auch schönen indirekten Nutzen davon gehabt. Ich hätte dieselben auch anderswo operiren können, wie die Zukunft zeigen wird». Sagte es – und verabschiedete sich definitiv nach St. Moritz.

Ob das Problem – dies sei objektivitätshalber angefügt – ausschliesslich bei der Gegenpartei lag, bleibt unbeantwortet. Fakt ist: Samedan hatte seinen Sohn, der später berühmt werden sollte, verloren. Und heute weiss kaum einer mehr, dass die Wiege seiner grossen «Erfindung», der Heliotherapie *(vgl. das betreffende Kapitel)*, mit welcher dann weltweit Hunderttausende von Menschen gerettet wurden, in seiner Heimatgemeinde steht. Symptomatisch ist es daher, dass es trotz monatelangen Bemühungen nicht möglich war, das Haus in Samedan, wo er geboren wurde und wo er seine Praxis hatte, ausfindig zu machen.

Alle geäusserten Vermutungen erwiesen sich bei gründlicher Recherche als falsch. Weder auf der Gemeinde, dem Bau- und dem Grundbuchamt, dem Kulturarchiv, dem Pfarramt, dem Kreisamt und bei Lokalhistorikern, noch bei Umfragen betagter Samedner wurde man fündig. Sogar die Befragung der ältesten Einwohnerin im Altersheim verlief erfolglos: Die 104-jährige, sehr rüstige Katherina Rutschmann-Kienast erinnerte sich zwar sofort an den Gutmenschen Il Bernard und seine Klinik in St. Moritz; doch wo er in Samedan gewohnt und praktiziert hat, konnte auch sie nicht mehr sagen. Die Spuren des berühmten Sohnes bleiben wohl für immer verwischt… Auch die Pläne (von Architekt Karl Coelestin Moser) für eine neue Villa Bernhard in Samedan blieben Makulatur.

Kühler Empfang in St. Moritz

Doch auch im benachbarten St. Moritz war Oscar Bernhard, wie ein Schreiben eines ihm Wohlgesinnten aus Ragaz vom 22. Oktober 1902 belegt, nicht auf Anhieb willkommen: «Es ist wirklich traurig, mit welchen Schwierigkeiten Sie zu kämpfen haben bis es ihnen gelingt, ein Heim in St. Moritz, im Orte, der Ihnen so sehr zu Danke verpflichtet, aufzuschlagen».

In diesem Brief wird auch argumentiert, dass St. Moritz eigentlich froh sein müsste, an einem der schönsten Plätze eine Villa zu wissen statt eines offenbar in Evaluation stehenden Comestibles-Geschäftes «mit seinen übel riechenden Fischen». Und noch deutlicher: «Der Grossteil des Dorfes würde darunter leiden & würde den Ruf erhalten, es stinke in St. Moritz». Ein Fischhändler mag das anders sehen; aber eine gewisse Ironie liegt in dieser Aussage: Schliesslich hat nämlich die Villa gegenüber dem Fischladen obsiegt, später aber hat man den Villenbesitzer daran gehindert *(vgl. nächstes Kapitel)*, eine Grossklinik zu bauen, weil man St. Moritz nicht mit Sanatoriums-Beigeschmack belasten wollte. Stinkende Fische und morbide Menschen waren unerwünscht.

Streit mit dem Architekten

Als die Villa dann gebaut war, kam der nächste Ärger – der grosse Krach mit dem Architekten. Auch hier flogen die Fetzen gar unzimperlich, selbst kurz vor Weihnachten. Bernhard war mit der Abrechnung nicht einverstanden und warf dem Architekten in einem Schreiben vom 23. Dezember 1905 «unverantwortliches Geschäftsgebaren» vor und dass er «die ganze Angelegenheit einem juridischen Vertrauensmann übergeben werde». Seinem Anwalt, einem Bündner Ständerat, schrieb er von «gemeiner Lüge» des Architekten, der ihn dermassen hereingelegt habe, «dass an mich die ernste Frage tritt, ob ich, wenn auch die Pendenzen verhältnismässig günstig noch gelöst werden, mein Haus überhaupt weiter bewohnen kann».

Und er fuhr erzürnt fort: «Ich habe ausgerechnet, dass wenn ich mit meiner Familie in eine schweizerische oder italienische Stadt ziehen würde, dort eine ganz angenehme Wohnung mieten und privatisieren würde, ich mich besser stellen würde, als wenn ich mich hier Tag und Nacht abquäle und die ungeheure Hauslast und alles, was drum und dran hängt, auf mir habe; aber ohne zu arbeiten, könnte ich nicht leben». In diesem letzten Nebensatz blitzt notabene sein Lebenscredo auf, das schliesslich all seine Entscheidungen beherrschte. Ein privatisierender Bernhard – das wäre ja gelacht!

Der angeschossene Architekt konterte am 27. Dezember: «In Ihrem und meinem Interesse hoffe ich sehr, dass Sie es nicht zum Äussersten treiben, und ich gebe Ihnen den wohlgemeinten Rat zu überlegen, ob Sie nicht besser fahren, wenn Sie mit mir auf gütlichem Wege auskommen». Und weiter: «Eine mündliche gegenseitige Aussprache hätte jedenfalls der Sache weit besser gedient, und eine gütliche Abmachung eher ermöglicht, als die fortgesetzten heftigen Briefe». Finalissima: Der Architekt macht Konzessionen, man einigt sich, der unwettererprobte Hochgebirgsjäger gewinnt – und bleibt als Arzt in St. Moritz.

Verhinderter Nobelpreis?

Doch Bernhard wäre nicht Bernhard gewesen, hätte er – nach Villa und Privatklinik – nicht noch kühnere Träume geträumt; denn er war vom bahnbrechenden Erfolg seiner Klima- und Sonnenlichttherapie felsenfest überzeugt.

Vision Gross-Sonnenklinik

Ihm schwebte, noch höher am Hang, eine monumental dimensionierte Gross-Sonnenklinik vor, für die bereits Planskizzen des bekannten Hotelarchitekten Karl Koller aus Ragaz existierten, der schon beim Bau des Grand Hotels in St. Moritz, des damals grössten Gebäudes der Schweiz (das 1944 dann ein Raub der Flammen wurde), gekonnten Monumentalismus demonstriert hatte.

Bernhard besass klare Vorstellungen, wie eine solche Sonnenklinik zu konzipieren wäre: Front gegen Süden, an windgeschützter, ruhiger und staubarmer Lage. Die Platzierung an einem Abhang böte zudem zwei Vorteile: wirksamerer Einfallswinkel der Sonnenstrahlen und bessere Voraussetzung für Terrassierung der Liegehallen und Balkone. Das riesige Flachdach der geplanten Gross-Sonnenklinik hätte Platz geboten für ein Mega-Solarium. St. Moritz hätte eine Pionier- und Vorzeige-Institution erhalten, die weltweit zum Massstab moderner Heliotherapie geworden wäre.

Das Veto von St. Moritz

Doch Bernhards Mammutprojekt scheiterte, und zwar an massiver Ablehnung seitens der Gemeindebehörden, aber auch am Widerstand aus der Bevölkerung. Man wollte dem aufstrebenden Weltkurort St. Moritz nicht ein Sanatoriums-Image verpassen, sondern den Glamour eines Höhensport-Eldorados und eines High-Society-Kurortes bewahren. Dem Begründer der Heliotherapie blieben die Hände gebunden, während andernorts und im Ausland die Sonnenkliniken wie Pilze aus dem Boden schossen. Prophet im eigenen Vaterland?

Aus der Sicht von Tourismus und Hotellerie ist diese ablehnende Haltung auf den ersten Blick nachvollziehbar. Doch bei einer Gesamtbeurteilung im Rückspiegel der Geschichte der Heliotherapie *(vgl. das diesbezügliche, ausführliche Kapitel)* muss sich St. Moritz wohl zumindest fragen, ob hier nicht eine grosse Chance verpasst worden ist und man vielleicht sogar einen potenziellen Anwärter auf den Nobelpreis für Medizin gegroundet hat *(vgl. Kastentext)*.

Die kurze, aber positive Notiz, die im Sommer 1912 bei der Eröffnung seiner (kleineren) Privatklinik in der «Engadiner Post» erschienen war, liest sich im Nachhinein fast etwas sarkastisch, vor allem auch bezüglich erster Patient: «Es ist das

Eine Patientenrechnung aus der Klinik Bernhard.

für St. Moritz ein Ereignis erster Ordnung» und «wird nicht nur für die Fremdenwelt, sondern auch für die Einheimischen zum reichen Segen werden. Als gutes Omen für die neue Klinik sehen wir es an, dass am Morgen des Eröffnungstages die Dienste des Krankenhauses und des Arztes zuerst gerade einem Hotelangestellten zuteil wurden. Glückauf!» Wie schnell sich doch die Sichtweise ändern kann...

Pfarrer und Arzt im Clinch

Im Vorwort zum Buch über die Engadiner Belle-Epoque-Hotels der Kulturhistorikerin Dora Lardelli schreibt der frühere St. Moritzer Kurdirektor Hanspeter Danuser (heute einer der Bewohner der ehemaligen Bernhard-Klinik) im Zusammenhang mit Bernhards geplanter Superklinik über Camill Hoffmann, den Dorfpfarrer und hochverdienten Promotor der aufstrebenden Feriendestination: «Er war ein grosser Kommunikator, initiierte und förderte neue Events und Trägerschaften und verhinderte den Bau grosser Heilstätten und Kliniken (wie in Davos oder Arosa)».

Ausgerechnet der Pfarrer, ist man geneigt zu denken, der doch ein Herz gehabt haben müsste für die an der damaligen Volksgeissel Nummer eins Erkrankten. Denn schliesslich war ja seinerzeit Johannes Badrutt ausgerechnet durch die Begegnung mit einem Tuberkulosepatienten auf die gloriose «Erfindung» der Wintersaison gekommen. Denn auf ärztliche Empfehlung seines Schwagers verbrachte erstmals ein kränkelnder englischer Pastorensohn den Winter zwecks Genesung in St. Moritz, und zwar in den Privaträumen der Familie Badrutt, da das Hotel im Winter geschlossen war. Die logische Schlussfolgerung Badrutts: Was für Kranke gut ist, kann auch Gesunden frommen. Und siehe: es funktionierte! Auf die Umkehrlogik kam der Pfarrer nicht.

Er und der Doktor schienen das Heu ohnehin nicht auf der gleichen Bühne zu haben. In einem Brief von 1909 in anderer Angelegenheit wettert Il Bernard über den Pfarrherrn und Präsidenten des Sommerkurvereins und bezichtigt ihn einer der «Unverschämtheiten, die man von diesem Herrn gewöhnt ist. Er möchte eben immer bei allem dabei sein, verkegelt aber meistens alles, und wenn etwas geschieht ohne ihn, so spielt er den Beleidigten und intrigiert». Gerechterweise müsste man den Pfarrer hier ebenfalls zu Wort kommen lassen, wobei es dann wahrscheinlich ähnlich unfreundlich tönen täte und vielleicht von Sturheit die Rede wäre. Ob dies ein erstes Rivalisieren zwischen patronhaftem Macher und proaktivem Manager war?

> **Bedeutung nicht voll erfasst**
> **Aus einem Brief von Prof. Walther Hausmann aus Wien, 24.03.1922**
>
> Ich will Ihnen noch ganz offen schreiben, dass ich mich herzlich darüber gefreut habe, von Ihnen, als dem unbestrittenen Begründer der modernen Heliotherapie, einen Brief bekommen zu haben. Ich glaube nicht, dass in der Frage Ihres Prioritätsverhältnisses zu Rollier irgend ein Zweifel bestehen kann.
>
> Doch bin ich der Ansicht, dass ganz abgesehen hievon trotz aller grosser Anerkennung, die Sie finden, die Bedeutung Ihrer Beobachtung in Samedan vom Februar 1902, noch immer nicht voll erfasst wird.
>
> Meiner Ansicht nach ist das eine Tat gewesen, die für die Menschheit von ebensolcher Bedeutung ist als andere Entdeckungen, für die der Nobelpreis verliehen worden ist. Wenn Sie nichts dagegen hätten, so würde ich das kurzer Hand dem Nobel-Kuratorium schreiben.
>
> **Aus einem Brief von Prof. M. Roch, Universitätsklinik Genf, 09.12.1931**
>
> Ayant reçu de Stockholm une invitation à présenter des candidats aux prix Nobel de médecine, je vous informe que j'ai l'intention de vous présenter aussi que le Dr. Rollier. Veuillez me faire savoir si vous êtes d'accord.
>
> *(Anmerkung: Ob diese Nominierungs-Vorschläge eingereicht wurden, ist nicht bekannt.)*

Der geplatzte Traum einer monumentalen Sonnenklinik

Sie hätte oberhalb der Bernhard-Klinik (rechts im Bild) auf 1880 m ü. M. entstehen sollen.

Salomonische Lösung verpasst

Doch aus den Niederungen zänkischer Auseinandersetzung zurück zur zukunftsweisenden, strategischen Entscheidung, die im aufblühenden Kurort zu fällen war. Offensichtlich hatte damals in St. Moritz noch niemand erkannt, dass der Arzt Oscar Bernhard auf dem besten Weg war, dank seiner Heliotherapie weltweit Hunderttausende vor Verkrüppelung oder Tod zu retten, weshalb gegen ihn entschieden wurde. Die Interessen für blaues Blut obsiegten über jene für rotes Blut.

Nun, von aussen betrachtet – aber nachher sind ja immer alle viel schlauer – hätte es vielleicht noch eine andere, salomonische Problemlösung gegeben, analog jener von Montreux und Leysin: Dort blieben die Schönen und Reichen im Nobelkurort Montreux unter sich und vom Sanatoriumsimage verschont, die Kranken (inklusive die kranken Schönen, Reichen und Berühmten – bis hin zu einem Mahatma Ghandi) waren abgesondert im abgelegenen «Ghetto».

Deshalb die ketzerische Frage, die sich im Nachhinein leicht stellen lässt: Hätten der Pfarrer und der Doktor vielleicht einen Kompromiss suchen sollen, das heisst die Gross-Sonnenklinik entstehen lassen, aber nicht im Kurortzentrum, sondern an einem abgelegenen Ort? Wäre die Akzeptanz dann grösser gewesen? Ja, könnte sich St. Moritz heute sogar eines Nobelpreisträgers rühmen? Dass Bernhard diese hohe Ehrung verdient hätte, steht aus heutiger Sicht ausser Zweifel.

Grosser Traum – ausgeträumt

Aber vielleicht wollte er das eben gerade nicht, die unglücklichen Kranken von den glücklichen Gesunden separieren, weil für ihn als einem natur- und volksverbundenen Arzt klar war, dass es einem Naturgesetz entspricht, dass Aufblühen und Verblühen, will heissen Leben, Krankheit und Tod zusammengehören, egal ob arm oder reich, und dass man nicht die einen vor den anderen ghettoisieren sollte, wie das in der heutigen Zeit in unserer Verdrängungsgesellschaft gang und gäbe geworden ist. Vielleicht hatte er dabei an Segantinis Triptychon «Werden – Sein – Vergehen» gedacht.

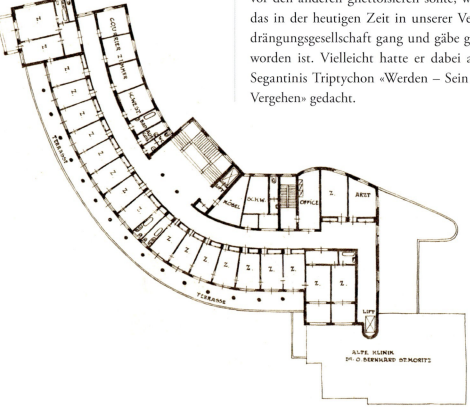

Vorangehende Doppelseite: So hätte Bernhards Gross-Sonnenklinik nach den Plänen des bekannten Architekten Karl Koller ausgesehen. Doch infolge Widerstands bei den Behörden und in der Bevölkerung konnte sie nicht realisiert werden.

Auf dem riesigen Flachdach hätte ein Mega-Solarium entstehen sollen.

Wie auch immer, der grosse Traum von Bernhard war gestorben und er musste zusehen, wie andere, so beispielsweise sein Berufskollege Rollier in Leysin *(vgl. dazu das Kapitel über Heliotherapie)*, seine Idee übernahmen und dank kräftiger Unterstützung gleich reihenweise Kliniken bauen durften. Kleiner Trost für ihn: Im Ausland waren seine Kenntnisse für den Bau von Sonnenkliniken sehr gefragt, und im Schwarzwald durfte er im Auftrag der Grossherzogin Luise von Baden sogar selber eine solche einrichten.

Trostpflaster-Ehrungen

Zwar erhielt Bernhard dann noch reihenweise Auszeichnungen, mehrheitlich aus dem Ausland und immerhin auch die Ehrenbürgerschaft von St. Moritz. Aber das waren für einen verhinderten Macher lediglich Trostpflaster. Es kam, wie es kommen musste: Im eigenen Land verblassten sein Name und sein Palmarès zunehmend, weil man seiner Entfaltung Grenzen gesetzt hatte. Und erneut zeugt es von seiner Grösse, dass er sich darüber gegen aussen nie beklagte und seine Nutzniesser sogar noch beglückwünschte. Das beweist, dass es ihm um die Sache und nicht um das eigene Ego ging.

Traurig für ihn und schade für St. Moritz und das Engadin, muss man sagen. Jene, die es richtig finden, wie es damals gelaufen ist, können allenfalls ins Feld führen, dass St. Moritz dadurch vielleicht eine Bauruine erspart blieb; denn nach dem Aufkommen der Tuberkulostatika war ja die Heliotherapie samt ihren Einrichtungen überflüssig geworden. Es sei denn, man hätte die Gross-Sonnenklinik – wie man dies mit analogen Gebäuden in Leysin mehrfach erfolgreich getan hat – in ein Höhensportzentrum umfunktioniert, was dann wieder zum Image gepasst hätte… Immerhin, erfreulich ist, dass jetzt wenigstens postum nochmals des Oscar Bernhard gedacht wird und sein Lebenswerk ins richtige Licht gerückt werden kann.

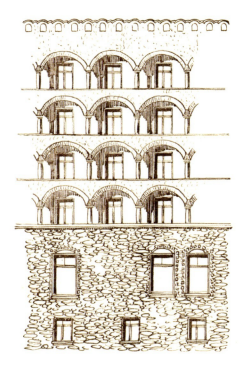
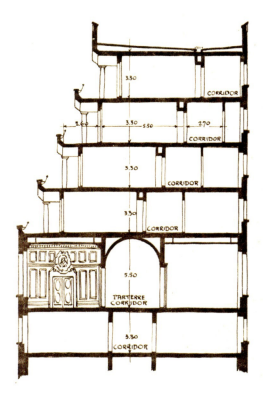

Frontansicht und Gliederung der Terrassen der Gross-Sonnenklinik.

Numismatiker und Historiker

Pflanzenbilder auf griechischen und römischen Münzen.

Rechte Seite:
Antike Münzbilder mit Bezug ganz allgemein zur Medizin, aber auch speziell zur Balneologie.

Bevor wir uns dem eigentlichen Lebensthema Oscar Bernhards – der Sonnenlichtbehandlung (Heliotherapie) – zuwenden, wollen wir den vielseitigen Menschen Bernhard noch aus anderen Blickwinkeln kennenlernen.

Vernetztes Denken – schon damals

Wie breit gefächert Oscar Bernhards Interessen waren, zeigt auch seine in reiferen Jahren entwickelte Liebe zu antiken Münzen. Das kam allerdings nicht ganz von ungefähr. Sein Schwiegervater in Winterthur, Friedrich Imhoof-Blumer (1838-1920), hatte als Numismatiker einen herausragenden Namen und besass – neben einer grossen Gipsabguss-Sammlung, die er seiner Vaterstadt schenkte – zwei wertvolle Münzsammlungen, deren ältere 1900 nach Berlin ging, während die jüngere 1920, nach seinem Tod, zum Mann seiner Tochter kam, zu Oscar Bernhard.

Dass solch kostbare Erbschaft im Haus einer universal interessierten Forschernatur nicht lange in Vitrinen und Schatullen ein Dornröschendasein führen würde, war abzusehen. Das Numismatiker-Virus befiel auch den Arzt Bernhard.

Dabei begeisterte ihn nicht nur die Prägekunst, das heisst mit welch bewundernswert exakter Naturbeobachtung die Stempelschneider des klassischen Altertums die Münzen mit Tier- und Pflanzenbildern geschmückt haben. Ihn faszinierte vor allem, und dies entsprechend seiner Veranlagung als medizinischer und naturwissenschaftlicher Generalist, die fächerverbindende Betrachtung biologischer Phänomene.

Damit wollte er zeigen, «wie man zwischen scheinbar heterogenen Wissenschaften», in diesem Fall Numismatik, Medizin und Naturgeschichte, «Brücken schlagen kann und auch beweisen, dass erst ein verständiges Zusammenarbeiten in manchen strittigen Fällen den Weg zur wahren Erkenntnis bahnt». Da kann man nur anfügen: Und sprach ein grosses Wort gelassen aus, das in Wissenschaft, Forschung und Medizin heute noch Gültigkeit hat.

Balneologie, Sonnengott und Adler

So entstanden zwischen 1923 und 1936 eine ganze Reihe zum Teil reich illustrierter numismatischer Publikationen. Was Oscar Bernhard an den Prägungen auf griechischen und römischen Münzen besonders interessierte, waren Natur- und Medizinmotive: Pflanzen und Tiere, Malariabekämpfung im klassischen Altertum, Medizinalpflanzen und Heilgötter, aber auch das Bäderwesen, die Balneologie samt Hygiene, Körperpflege und Leibesübungen im Gymnasion.

Besonders reich bebildert sind die drei Bücher «Pflanzenbilder auf griechischen und römischen Münzen», «Griechische und römische Münzbilder in ihrer Beziehung zur Geschichte der Medizin» und «Der Adler auf griechischen und römischen Münzen».

Naheliegend waren zudem für den Begründer der Heliotherapie das Thema «Sonnengötter», für den Besitzer einer im-

283

mensen Bibliothek über den schwarzen Kontinent die Thematik «Tiere Afrikas» sowie für den Hochgebirgsjäger das Symboltier «Adler».

Der König der Lüfte – der zu den drei Göttervögeln gehörte: Adler (Jupiter), Eule (Minerva) und Pfau (Juno) – hatte es dem Numismatiker Bernhard als einstigem Adlerjäger besonders angetan. Schon im frühen Altertum zählte der Aar zu den heiligen Tieren, war Begleiter des Hauptgottes und wohnte bei diesem im Olymp. Später wurde er zum Insigne der Könige und Kaiser oder verkörperte in den Republiken die Macht des Staates. Und er galt als Sinnbild des Sieges, weshalb ihn die Feldherren zum Wahrzeichen der Legionen machten.

Crux extremen Spezialistentums

Doch Oscar Bernhard bearbeitete die ererbte Münzsammlung nicht nur, er baute sie auch weiter aus, forschte und publizierte, was ihm später auch Ehrungen eintrug. So erhielt er 1931 für seine numismatisch-historisch-naturwissenschaftlichen Studien den Ehrendoktor-Titel der Universität Bern. Das hatte zur Folge, dass auch Sammler und Händler bei ihm auftauchten. So kam eines Tages auch ein Professor aus Deutschland, um sich eine spezielle griechische Münze, ein Unikat, anschauen zu dürfen.

Er betrachtete sie von vorne und hinten, ging ans Fenster, um sie noch besser zu sehen, legte sie dann wieder ins Etui und wollte sich verabschieden. Da soll Bernhard leise, aber bestimmt gesagt haben: «Herr Professor, legen Sie bitte vorher noch das Original wieder ins Etui; die Kopie dürfen Sie ruhig mitnehmen». Und wie bei all diesen Anekdoten: Se non é vero, é ben trovato…

Eines aber steht fest: Die numismatischen Publikationen belegen, dass Oscar Bernhard Altgriechisch offensichtlich fliessend lesen und schreiben konnte. So begegnete er denn bei seinen Recherchen vielen interessanten Äusserungen, wie beispielsweise jener zur Spezialisierung der Ärzte im alten Ägypten und Rom: «In Rom trat im 2. Jh. n. Chr. ein auf die Spitze getriebenes Spezialistentum auf. Darunter leidet der engere Kontakt zwischen Arzt und Patient, und Letzterer flüchtet sich zur Gesundbeterei oder zum Kurpfuschertum». Damals so aktuell wie heute!

Rechte Seite:
Originaltafel aus der Sammlung antiker Münzen mit Adlerdarstellungen.

> **Begeistert wie weiland Goethe**
> **Aus einer Publikation des Numismatikers Oscar Bernhard**
>
> Während unsere modernen Münzen nur Geld bedeuten und meistens gemäss strenger Gesetze fabrikmässig mit schablonenhaft vernüchterten Bildern versehen sind, waren die antiken Münzen Geld- und Denkmünzen zugleich und sind dadurch unentbehrlich geworden für Geschichte und Kulturgeschichte.
>
> Manche von ihnen sind auch wahre Prunkstücke plastischer Kleinkunst; ich möchte nur die herrlichen Gepräge sizilianischer Münzen erwähnen, über die Goethe die viel zitierten Worte schrieb: «Aus diesen köstlichen Münzen lacht uns ein unendlicher Frühling von Blüten und Früchten der Kunst entgegen».
>
> Sie erzählen uns vom ganzen Leben des alten Hellas und Rom, d.h. seit der Zeit der Einführung der griechischen Münzprägung im frühen 7. Jhdt. v. Chr. bis zum letzten weströmischen Kaiser, dem jungen Romulus mit dem Übernamen «Augustulus» (bis 476 n. Chr.).

Der Mensch Bernhard

Die junge Familie Bernhard. Trotz immensem Arbeitspensum war der Doktor auch ein fürsorglicher Familienvater.

Wie schon eingangs erwähnt: Man staunt, was Oscar Bernhard in seinem Leben alles geleistet und erreicht hat, beruflich und nebenberuflich. Dabei darf man nicht vergessen (obschon dies früher als selbstverständlich hingenommen wurde), dass hinter diesem berühmt gewordenen Mann eine starke Frau gestanden hat, die gegen aussen kaum in Erscheinung trat, ihm jedoch durch ihre aufopfernde Unterstützung den Rücken frei hielt und ohne die er sein Gewaltspensum wohl kaum geschafft hätte.

Starke Frau im Hintergrund

Deshalb sei auch ihr ein Kränzchen gewunden; denn die grossen Leistungen und die damit verbundenen Opfer solch starker Frauen hinter berühmten Männern hinterlassen in der Geschichtsschreibung ja leider generell keine grossen Schlagzeilen. Das sei hier mit dem gebührenden Respekt nachgeholt.

Seine Frau Lili, die er nach dem tragischen Bergunfall ihres ersten Gatten kennengelernt und 1893 geheiratet hatte, brachte aus der Winterthurer Industriellen-Familie eine stolze Mitgift mit in die Ehe. Wer weiss, ohne diese Starthilfe hätte Oscar Bernhard vielleicht nicht diese steile Karriere machen können und wäre allenfalls Landarzt in Samedan geblieben. Und auch später, als er häufig auf Reisen und in Auslandeinsätzen weilte, schaute sie zu Hause und im Klinikbetrieb zum Rechten.

Sie war, wie ältere Zeitzeugen berichten, eine engagierte, freundliche Frau, die auf der Strasse selbst die Kinder herzlich grüsste. Daran kann sich zum Beispiel die St. Moritzer Schriftstellerin Marcella Maier gut erinnern. Und sie weiss auch noch, dass jeweilen am Chalandamarz (dem uralten Frühlingsbrauch am 1. März), wenn in St. Moritz die vier Kindergruppen zum Gabensammeln je einen Dorfteil zugeteilt erhalten hatten, am Schluss alle noch bei den Bernhards vorbeischauten, «weil's dort von der Doktorsfrau am meisten gegeben habe»…

Ein inniges Verhältnis

Oscar Bernhard wusste offensichtlich, was er an seiner Frau hatte. Das beweisen die unzähligen, vielseitigen, eng beschriebenen, liebevollen Briefe, die er ihr von den vielen Auslandreisen und Einsätzen als Kriegschirurg geschrieben hat, meist von Hand, mit Feder oder Bleistift, manchmal mit Maschine, auf irgendwelchem Hotel- oder Schiffspapier, aus halb Europa, aber auch von den Kanaren oder aus Nordafrika.

Sie fangen immer an mit «Meine liebste Lili» oder «Lieber Schatz» und enden zum Beispiel mit «Nun gute Nacht, sei mit allen Kindern in Liebe geküsst von Deinem Oscar» oder «Grüsse mir alle Lieben recht herzlich und sei in Liebe umarmt von Deinem Oscar». Wahrscheinlich wurden sie meist nach langem Tagewerk in stillen Nachtstunden geschrieben. Ähnlich wie das ein anderer grosser Arzt und Menschenfreund tat, Albert Schweitzer in Lambarene, der all seine vielen Briefe nach getaner Arbeit im Spital am Ogowe bei flackernder Lichtquelle von Hand schrieb.

Ein Quentchen Heimweh

Da sich Oscar Bernhard offensichtlich auch nach Antwort sehnte, gab er jeweilen an, wohin und bis wann man ihm postlagernd zurückschreiben könne. Und immer wieder steht in einem Randvermerk

Das Verhältnis von Oscar Bernhard zu seiner Frau Lili war ein inniges, wie den vielen an sie gerichteten Briefen zu entnehmen ist.

am Schluss: «Diesen Brief bitte aufbewahren, ich möchte ihn als Reiseerinnerung behalten» (Brindisi, 1907) oder «Da ich ja nie ein Tagebuch führe, bitte den Brief aufheben» (Kopenhagen, 1923). Und tatsächlich: Alle seine Briefe sind punkto Schreibstil und Erzählkunst kleine Kunstwerke, ähnlich wie jene vom Urwalddoktor, in denen oft philosophische Gedanken anklingen und die eigentlich mal richtig gesichtet und gewürdigt werden müssten *(vgl. Kastentext)*.

Dass seine Gedanken auch auf Reisen oft in der Heimat und bei der Familie waren, zeigt sich etwa, wenn er von der englischen

---

Der verkannte Literat
Professor Ludwig Lichtheim aus Berlin an Bernhards Frau, 06.01.1915

Wir, d.h. ausser mir meine Frau und meine Töchter danken Ihnen ganz besonders für die Mitteilung der Briefe Ihres Mannes. Die Lektüre der Briefe ist ein Genuss, weil sie so wundervoll geschrieben sind. Ihr Mann ist ja ein grosses literarisches Talent. Ich habe schon manche Briefe aus den Lazaretten gelesen, aber noch keinen, der so plastisch zu schildern und der Empfindung einen so warmen Ausdruck zu geben verstand, wie diese.

Beispiel eines kurzen Briefes aus dem Ausland an seine Frau; die meisten sind viele Seiten lang.

Gastfreundschaft schwärmt, um dann sogleich anzufügen «und doch habe ich schon recht Heimweh nach Dir und den Kindern» (England, 1907), oder wenn er vom 2200 m ü.M. gelegenen «Plateau Cañadas auf der grössten Insel der Canarien» in Anbetracht des schneebedeckten, über 3700 Meter hohen Pico de Teide schwärmt «Die Luft erinnert mich an Muottas Muragl, der wolkenlose Himmel in seiner Bläue an das Engadin» (Teneriffa, 1937).

Grosse Herzen gefragt

Von seinen kriegschirurgischen Einsätzen schreibt er am 12. Dezember 1914: «Hoffentlich dauert dieser schreckliche Krieg doch nicht so lange wie man annimmt und ist bis zum Frühling oder nächsten Sommer eine Entscheidung gefallen. Es freut mich, dass Dr. Stähelin die Klinik so gut besorgt, was mir meine Abwesenheit doch sehr erleichtert. Natürlich habe ich stets grosse Sehnsucht nach Dir und den Kindern, aber in so schweren Zeiten braucht es, wie Körner in einem Briefe an seinen Vater so schön sagt, *grosse Herzen* und ich weiss, dass Du mit mir einiggehst, dass wir beide für eine gute Sache gerne das Opfer einer langen Trennung tragen.

Durch die Mobilisation in unserem eigenen Vaterlande sind ja viele in derselben Lage wie wir. Ich wäre mir aber, da die Mobilisation mich nur berühren würde, wenn, was Gott verhüten möge, auch unser liebes Schweizerland in diesen Weltbrand mit hineingerissen würde, bei der durch die Lage sehr reduzierten Tätigkeit auf die Dauer recht unnützlich vorgekommen. Ich weiss, dass Du mir dieses Gefühl schon bald nach dem Ausbruch des Krieges angemerkt hast und ich danke Dir, dass Du mit meinen Entschlüssen so einiggehst».

Absolut keine Misstöne

Nie, aber auch gar nie findet sich in den unzähligen Briefen auch nur ein Anzeichen eines Zerwürfnisses. Oscar Bernhard und seine Lili waren Menschen, die sich ganz in den Dienst der grossen Herausforderung stellten, und da haben kleinliche Diskussionen keinen Platz. Nur eines schimmert gelegentlich durch – symptomatisch für die damalige Zeit –, dass er trotz aller Güte der Patriarch war, der die letzten Entscheidungen traf. So bedankte er sich einmal in einem Brief an seine Frau dafür, dass sie für eine neue Küchengouvernante gesorgt habe, bat sie jedoch, mit der definitiven Anstellung bis zu seiner Rückkehr zuzuwarten. Der Doktor hatte auch die Küchen-Oberaufsicht…

So sehr Il Bernard ein Mann des Volkes war und dies trotz Erfolg im Beruf geblieben ist, so sehr liebte er, weil er vielseitig interessiert und allem gegenüber offen war, auch den Umgang mit Blaublütigen, Reichen und Berühmten. Das hatte den nützlichen Nebeneffekt, dass ihm dies manche Türe, speziell im Ausland, geöffnet und wohl auch die eine oder andere Auszeichnung begünstigt hat, wie beispielsweise jene aus Griechenland, bei welcher seine Freundschaft mit dem Königshaus förderlich war.

So schreibt ihm denn der Mittelsmann aus Kephissia am 13. März 1939: «Ich freue mich, Ihnen den kleinen Dienst habe erweisen können. Ich habe die schönen Stunden noch in lebhafter Erinnerung, die wir in St. Moritz vor langen Jahren mit König Constantin verlebt haben und Ihre schöne Wohnung ist mir in angenehmstem Andenken». Mag sein, dass solch schmeichelhafte Bekanntschaften ihn auch ein bisschen darüber hinweggetröstet haben, dass man ihm in St. Moritz heliomedizinisch die Flügel gestutzt hatte.

Das Ehepaar Bernhard als stolze Grosseltern.

Vertrauensperson der VIPs

Wie heiss das Eisen der Heile-Gesundheitswelt-Thematik damals in St. Moritz war, zeigt ein Brief Bernhards an das «tit. Secretariat seiner kais. und könig. Hoheit, des durchlauchtigsten Herrn Erzherzogs Franz Ferdinand» vom 4. Januar 1909, in welchem er sich beeilt, auf Anfrage hin «Mittheilungen über die Gesundheitsverhältnisse in St. Moritz zu erstatten». Er zählt dann einen einzelnen eingeschleppten Fall von Masern ohne Folgen auf und weist darauf hin, dass die vorjährige Scharlach-Epidemie durch allseitige Desinfektion gebannt sei, um dann zu schliessen: «So glaube ich, dass Seine Kaiserliche und Königliche Hoheit und Ihre Durchlaucht mit Höchstihrer Familie ruhig um Mitte Januar nach St. Moritz kommen können. Sollte vorher irgend etwas auftreten, das mich zum Warnen veranlassen sollte, würde ich dies telegraphisch thun».

Um ihre Gesundheit besorgte, hochrangige Hotelgäste erkundigten sich also bei ihm und nicht beim Kurverein. Ja, für Ihre Königliche Hoheit, die Prinzessin Heinrich von Preussen, reservierte er sogar in Absprache mit dem Königlichen Hofmarschallamt höchst persönlich den Salonwagen bei der Rhätischen Bahn, für den Zug 9.49 ab Chur nach St. Moritz zur Taxe von Fr. 418.50. Mit anderen Worten: heliomedizinischer Allround-Service!

Bernhard scheute keinen Aufwand. Als ihn an einem Kongress in Zürich ein blaublütiger telefonischer Notruf erreichte, dass Ihre Königliche Hoheit, die Prinzessin Adalbert von Preussen in Zuoz schwer erkrankt sei, nahm er gleich noch den bekannten Berner Chirurgen Professor de Quervain mit nach Zuoz, überführte die Patientin nach erfolgter Diagnosestellung «mechanischer Darmverschluss» sofort in seine Klinik nach St. Moritz, wo sie noch in der gleichen Nacht gemeinsam und erfolgreich operiert wurde.

Verkannter Botschafter

Diese VIPs wussten offenbar auch besser Bescheid darüber, dass Bernhard in seiner Privatklinik ja eben gerade keine «gefährlich Erkrankten» beherbergte (also keine Lungentuberkulöse, sondern solche, die an kaum ansteckender «chirurgischer» Tuberkulose litten) und daher liebend gern in seine Villa kamen, wie aus einem Brief der Marguerita Fürstin von Bismarck vom 3. Juli 1911 aus Friedrichsruh hervorgeht. Sie bittet ihn, ihr ein stilles Hotel nicht in der Nähe der Strassenbahn, ohne windigen Balkon und nicht an staubig-steiler Strasse zu organisieren, falls er sie (obschon nicht eigentlich krank) im Sanatorium nicht aufnehmen könne, um dann zu schliessen: «Am liebsten wäre mir, wie gesagt, wenn Sie mich gastlich aufnehmen wollten».

Bernhard hat also sehr wohl, wenn auch nur hinter den Kulissen, dazu beigetragen, dass sich die erlauchten Gäste in St. Moritz auch von der medizinischen Seite her, die ihnen enorm wichtig war, sicher fühlten. Ausgerechnet er, von dem man befürchtete, er könnte mit seiner Heilmethode dem Kurortimage schaden, war durch seine Kompetenz und Beliebtheit vielleicht einer der besten Botschafter des Weltdorfes. Merkwürdig, über all diese Hintergründe liest man in allen bisherigen Publikationen zu und über Oscar Bernhard schlicht nichts; das findet man nur in seinen und seiner Freunde persönlichen Briefen, die fein säuberlich geordnet im Staatsarchiv Chur lagern.

Das Ehepaar Bernhard (in der Bildmitte) mit Verwandten, Töchtern und Schwiegersöhnen vor der Villa in St. Moritz.

Rechts: Mitglieder der Familie Bernhard motorisiert unterwegs in Winterthur. (Im Bündnerland existierte bis 1925 ein Autofahrverbot.)

Inneres Ringen

Dass er sich damals, bei den vielen Schwierigkeiten beim Wechsel von Samedan nach St. Moritz ernsthaft mit dem Gedanken trug, das Engadin zu verlassen, belegt ein Brief, den er am 28. April 1905 seiner Frau aus der Oase Biskra in Algerien geschickt hat: «Aus Rom will ich Dir dann schreiben, ob ich finde, es wäre doch etwas für mich; für Breslau habe ich mich ja noch nicht gebunden. Irgend eine Aenderung muss aber geschehen, das bin ich mir, Dir und den Kindern schuldig».

Und er doppelt nach: «Mehr als einmal habe ich es letzten Winter gespürt, dass ich eines schönen Tages plötzlich zusammenklappen werde, wenn es so weiter geht, und wohlwollende und vernünftige Freunde, welche einen richtigen Einblick in meine Arbeit haben, profezeiten es mir schon vor Jahren. Auch der Stärkste ist schliesslich doch nur Fleisch, Nerv und Blut und kein Eisen. Ich hoffe, ein gütiges Geschick lasse mich den richtigen Weg gehen. Suchen und finden will ich ihn diesmal allein; es wäre vielleicht besser gewesen, ich hätte es schon früher so gethan». Nun, schliesslich hat dann doch die Liebe zum Engadin obsiegt, was erneut für Bernhard spricht.

Alte Liebe rostet nicht

Gemeint ist dabei nicht eine Frau, sondern das, was ihm seit Bubenzeiten im Blut war: die Liebe zu den Bergen und die Leidenschaft für die Jagd. Dabei erinnern Bernhards Schilderungen von Jagderlebnissen in den Briefen an seine Frau sehr an das Credo des Dichterpfarrers Jeremias Gotthelf alias Albert Bitzius, der auch von Kindsbeinen an gejagt hat und später bekannte: «Das Leben im Freien war mein Glück und Jagen meine Liebhaberei». Das galt auch für Bernhard, und das wussten auch seine Freunde, weshalb das Thema Jagen im Briefwechsel immer wieder auftaucht.

So schreibt ihm sein guter Bekannter aus Jugendjahren, Hans Larisch von Schloss Solza in Karwin, dass er ihn auf der Niederjagd vermisst habe. Und um ihn «gluschtig» zu machen: «Neulich hatte ich eine hübsche Jagd und erlegte selbst in drei Stunden 228 Stück Hasen und Fasanen. Es war dies physich eine gute Leistung, da ich mit drei englischen 12er Gewehren dies bestreiten musste, was doch recht anstrengend war», um dann noch anzufügen: «Bezüglich des Trinkgeldes an den Jäger, der Sie in der Palfau angeführt

Links: Verwandte von Frau Lili Bernhard – zu Besuch in St. Moritz.

Oscar Bernhard (3. stehend von links) inmitten der Verwandtschaft seiner Frau Lili (4. stehend von links).

hatte, ist dies alles in Ordnung, da für solche Fälle immer vorgesorgt ist und sind Sie mir selbstverständlich dafür gar nichts schuldig».

Fürs Naturalienkabinett

Er selber berichtet seiner Frau aus Nordafrika: «Mit zwei Arabern ritt ich auf Mauleseln morgens 4 Uhr hinaus auf die Gazellenjagd. Es war ein furchtbar heisser Tag. Gazellen habe ich viele gesehen, doch die beiden Treiber vermochten mir keine in Schussnähe zu bringen. Schön war es aber, die niedlichen leichtfüssigen Thiere wie ein Pfeil abblitzen zu sehen». Weidmannsfreude auch ohne Jagdstrecke!

Ein andermal, so schreibt er, «gingen wir auf Mouflons nach den Bergen. Auch da war das Jagdglück nicht gross. Erst abends bekamen wir einige dieser wilden Mähnenschafe zu Sicht und es gelang mir, eines zu schiessen».

Und wieder an anderer Stelle schwärmt er über die Schönheit der Wüste, die nicht bloss eine Sandfläche sei, sondern voller Leben, wo es «wimmelt von eigenartigen Eidechsen, Molchen und Schlangen. Ich habe einige gefangen und in Spiritus gethan, um sie dem Naturalienkabinett in Chur zu bringen».

Familien- und Gutmensch

Trotz seinem randvollen Pensum als Arzt, Forscher und Kriegschirurg, als Numismatiker, Jäger und Naturschützer, und trotz seinen vielen Verpflichtungen und internationalen Kontakten war Oscar Bernhard ein Familienmensch. Das begann schon nach der Heirat, als er die von seiner Frau in die Ehe gebrachten und seine eigenen Kinder absolut gleichwertig liebte und förderte. Zu seiner Frau, der er – wegen der grossen Mitgift und der aufopfernden Unterstützung – viel verdankte, hatte er zeitlebens ein grundgutes Verhältnis. Deshalb standen ihm auch die Verwandten von beiden Seiten gleich nahe.

Auch seinem jüngeren Bruder Alfred, der die Iva-Fabrik von Vater Samuel Bernhard weiterführte, half er 1898 bei einem Neustart mit einem Darlehen, und viel später, 1928, setzte er sich wiederum für ihn ein und half ihm aus einer Patsche. Dass er hilfsbereit war, sprach sich auch ausserhalb der Familie herum. Nicht nur waren ihm viele arme Leute im Tal dankbar dafür, dass er des öftern auf ein Arzthonorar verzichtete, sondern es kamen auch Anliegen für Hilfestellungen sogar aus dem Ausland *(vgl. Kastentext)*.

Hilferuf aus Wien
Stellvertretendes Bittschreiben der Prinzessin Marie von und zu Liechtenstein aus Wien

In der Zeit der grössten Not, welche nach dem Zusammenbruche über Oesterreich und speziell über Wien hereingebrochen ist, hat sich die Schweiz in hochherziger Weise der Wiener Kinder angenommen und nicht nur durch Spenden für Ausspeisung und Bekleidung dieser Kinder, sondern auch durch Uebernahme derselben in Schweizer Pflege eine grosszügige Hilfe eingeleitet, welche Wien ihnen nie vergessen wird.

Inzwischen hat sich durch die fortschreitende Teuerung und Entwertung der Krone ein neuer Kreis von Notleidenden in Wien gebildet. Es sind dies die alten Leute des gebildeten Wiener Mittelstandes, die mit dem tausendsten Teil der Einkünfte, welche sie früher besassen, ihr Auskommen finden müssen. Von diesem unsagbaren Elend, das nicht an die Oeffentlichkeit hervortritt, weiss man im Auslande nichts.

Mit einem Kreise von Freunden bemühe ich mich, mit den bescheidenen Mitteln, die zur Verfügung stehen, in einigen krassen Fällen zu helfen. Deshalb wende ich mich auch an Sie, sehr geehrter Herr Doktor, mit der Bitte, in Ihrem Kreise für diese Aktion zu werben und mir die etwa gesammelten Spenden zukommen zu lassen.

Ein grosses Leben endet

Lesen und Schreiben waren für Oscar Bernhard Ausgleich zu seiner Arbeit als Arzt und Forscher.

Auch Ärzte bleiben nicht vor Krankheit verschont. Mit zunehmendem Alter machten sich gesundheitliche Probleme auch im Doktorhaus zu St. Moritz bemerkbar.

Wehmut und Krankheit

Dass Bernhard und seine Freunde älter wurden, geht zuerst aus wehmütigen Briefpassagen hervor, etwa wenn Professor Moritz Borchardt aus Berlin sinniert: «Ich erinnere mich gerne der schönen Zeiten, die wir vor dem Kriege im schönen Engadin verlebt haben», oder wenn Geheimrat Professor Paul Strassmann aus Berlin reflektiert: «Wir denken noch oft an Ihr Heim. Es hat die schönste Aussicht von allen Aerztehäusern, die ich betreten habe. Ich danke Ihnen und Ihrer Frau Gemahlin, dass Sie uns den Einblick in Ihre Kunstschätze gewährten».

Doch schon 1922 steht in einem Brief des Berliner Professors Lichtheim aus Bern, dass er durch den Maler Kreidolf vernommen habe, «dass Sie eine schwere Krankheit durchgemacht haben, die nach der Schilderung wohl eine akute Polyneuritis gewesen ist. Zu meiner Freude sagte er mir, dass es Ihnen bereits wieder besser ginge, und dass Sie Ihre Tätigkeit wieder aufgenommen haben».

Fast rührend ist, wie sich die alternden Medizinkoryphäen in Briefen gegenseitig ihre Beschwerden kundtun und gute Ratschläge erteilen. Im November 1934 erhält Oscar Bernhard von Professor Hausmann aus Wien die Mitteilung, dass er an einem Herpes zoster (Gürtelrose) leide, deswegen in der Klinik Hirslanden in Zürich zur Kurzwellen-Therapie gewesen sei und seine Frau wegen Depressionen in einem Sanatorium in Meilen am Zürichsee. Ausgerechnet dasselbe Schicksal sollte das Ehepaar Bernhard bald auch ereilen.

Schicksalsschlag

Einen Monat später, im Dezember 1934, erhält Oscar Bernhard von Professor Strassmann aus Berlin einen Brief, adressiert an die Klinik Hirslanden in Zürich: «Wie sehr bedaure ich, dass sie sich mit den Schmerzen einer Gürtelrose zu quälen haben». Und er empfiehlt ihm gleich sein diesbezügliches Rezept. Auch Professor Freiherr von Eiselsberg aus Wien tröstet ihn mit der Mitteilung, dass auch er an einem heftigen Ischias gelitten habe und rät ihm, da er selber damit Erfolg gehabt habe, «den gewiss harmlosen Versuch mit dem Tragen eines Katzenfells zu machen»...

Im Januar 1935 meldet sich Universitäts-Professor Weygandt aus Hamburg brieflich zu Wort: «Es ist geradezu tragisch, dass Sie, während Ihnen Altersbeschwerden nichts anhaben konnten, eine so üble exogene Störung wie Herpes zoster erdulden müssen». Und er fährt fort: «Ebenso bedauerlich ist sicher auch das Leiden Ihrer Frau Gemahlin, wenn schon die Depressionen in den vorrückenden Jahren meist wieder überwunden werden. In der Schweiz haben Sie ja sehr gute Privatsanatorien dafür». Und er schliesst: «Ich wünsche Ihnen von Herzen, dass Ihre jugendlich kraftvolle Konstitution die

---

Geheimrat Ferdinand Sauerbruchs Beileid an die Witwe
Des Professors briefliche Reaktion auf die Todesnachricht, 27.11.1939

Meine hochverehrte Frau Doktor! Mit einer Verspätung erhalte ich heute die Todesnachricht von Ihrem Manne. Damit tauchen Erinnerungen an den ausgezeichneten Arzt, Forscher und Chirurgen auf, die mich mit meiner zweiten Heimat, der Schweiz verbinden. Es ist mir ein herzliches Bedürfnis, Ihnen, wenn auch nicht handschriftlich, dazu ist die Arbeitsbelastung in der jetzigen Zeit zu gross, mein Beileid auszusprechen.

Soweit man bei einem solchen Verlust der Frau überhaupt etwas Tröstendes sagen kann, so darf man hervorheben, dass er ein volles, schönes und grosses Leben gehabt hat und dass er in seinem Beruf durch Leistung und Arbeit letzte Befriedigung fand und dass ihn ein gütiges Geschick bis über die Altersgrenze hinaus noch schaffen liess.

Seine grösste wissenschaftliche Leistung, die Wiederentdeckung der Sonnenbestrahlung, hat ihn für alle Zeiten in die vorderste Linie der schöpferischen Chirurgen gestellt. Seine Kollegen in der ganzen Welt werden sich dieser Tat dankbar erinnern und Sie selbst, verehrte Frau Doktor, werden in dieser Anerkennung auch Trost und Ruhe finden.

In Verehrung Ihr Sauerbruch.

Beschwerden bald gründlich überwinden wird und dass auch Ihre Frau Gemahlin recht gute Erholung findet».

Im März desselben Jahres berichtet ihm Geheimrat Professor Abderhalden aus Halle von einer neuartigen Operationsmethode am Rückenmark, um die Zosterschmerzen zu eliminieren, während ihm Professor Jadassohn aus Zürich im Oktober Bestrahlungen vorschlägt und für einen offenbar geplanten Aufenthalt in Locarno wissenschaftliches Arbeiten und spannende Romane zur Ablenkung von den Schmerzen empfiehlt…

Der letzte Kampf

Es war ein stetes Auf und Ab mit diesem Leiden, gegen das der am Berg gestählte Bernhard verbissen ankämpfte. Jedenfalls ging er wieder auf Reisen, wobei es in einem Brief aus dem marokkanischen Casablanca, den er am 10. März 1937 an seine Frau schrieb, dann heisst: «Meine Neuralgien sind leider immer noch gleichartig da und lassen mich die Reise nicht ungetrübt geniessen». Aber er gab nicht auf. Wie hatte er doch einst in einem Schulaufsatz geschrieben?: «Alles Leben ist Kampf!».

Während seine Frau die Depressionen offenbar überwand, verdüsterten sich seine letzten Jahre zunehmend durch die starken neuralgischen Schmerzen. Seine Tätigkeit als Arzt musste er immer mehr an seinen Schwiegersohn abtreten. Schliesslich verlor er diesen letzten Kampf. Am 14. November 1939 starb der 78-jährige Sonnentherapeut Oscar Bernhard, wer weiss, vielleicht in einem schattigen Spitalzimmer, an einer Lungenentzündung. Er wurde auf dem Friedhof von St. Moritz zur letzten Ruhe gebettet *(vgl. Kastentexte)*.

Postmortale Lorbeeren

Das mediale Echo bei seinem Tod war gross: In der «Frankfurter Zeitung» wies Professor Linke respektvoll auf sein internationales Ansehen hin, betonte jedoch «uns Deutschen stand er besonders nahe» und erinnerte daran, dass er sich bei Ausbruch des Ersten Weltkrieges der deutschen Heeresverwaltung als Lazarettchirurg zur Verfügung gestellt hatte. Aus lauter Begeisterung hat er ihm bei der Auflistung seiner Meriten gar einen Ehrendoktor-Titel zu viel zuerkannt…

In den «Basler Nachrichten» schloss der Nachruf über Oscar Bernhard mit der Feststellung, dass er trotz seiner Bekanntheit im Ausland «der bodenständige Arzt seines heimatlichen Tales» geblieben sei, «dessen Bevölkerung ihm als Mensch und Wohltäter ein dauerndes und dankbares Andenken bewahren wird». Und am Ende des Nekrologs in der «Neuen Zürcher Zeitung» stand: «Im Andenken des Engadins lebt er weiter als ein treuer und erfolgreicher Sohn seiner Heimat und als ein hervorragender Arzt und Wohltäter».

Das Grab Oscar Bernhards auf dem Friedhof von St. Moritz; eine aufgehende Sonne erinnert an den «Sonnendoktor».

Abschiedsworte aus dem Freundeskreis
Gottardo Segantini über den Freund seines Vaters Giovanni Segantini

Der Name Oscar Bernhard ist für alle Zeiten mit dem Engadin verbunden, er hat dieses Land demutsvoll und andächtig geliebt, wie man das vertraute Antlitz der Mutter liebt. Alle seine Handlungen als unermüdlicher und hilfsbereiter Arzt, all sein Denken und Experimentieren als erfolgreicher Wissenschafter, seine mutigen und zielbewussten operativen Eingriffe und alle seine Empfindungen sind aus dieser grossen Liebe hervorgegangen.

Der Sohn des Engadins hat für sein Tal gelebt und gestritten und der Ruf seiner Taten und seiner Erfolge ist zum Ruhmesblatt seines Landes geworden. Die Zeit, die stets verklärend wirkt, wird seinen Namen immer tiefer in die Geschichte dieser Talschaft, des Kantons Graubünden und der Schweiz mit leuchtenden Lettern eingraben.

DER ÄLTESTE ARZT
IST DIE GÜLDENE SONNE

Universalarznei Sonne

Wenn Oscar Bernhard mit seiner Heliotherapie die Sonne zum Arzt machte, so hat er damit einer uralten Erkenntnis wieder zum Durchbruch verholfen. Dank ihm feierte die Sonnenlichttherapie weltweit Triumphe, bis dass sie (nach seiner Zeit), als Chemotherapeutika ihr den Rang abliefen, erneut in Vergessenheit geriet.

Heute allerdings scheint sich bezüglich Sonnen- und Lichttherapie wieder ein Revival einzustellen. Um dies zu verstehen, ist ein Blick in den Rückspiegel der Geschichte angesagt. Dort zeigt sich, dass die Sonne in der Medizin schon immer und – mit Unterbrüchen – stets von neuem eine grosse Rolle gespielt hat, ganz im Sinne von August von Kotzebue:
«Die Sonne ist die Universalarzenei aus der Himmelsapotheke».

Alle Wesen leben vom Licht

So wie sich die Pflanzen dem Licht zuwenden, so haben auch prähistorische Menschen ihre Behausungen stets nach Süden oder Osten gerichtet, der Sonne entgegen. «Die wohltätigen Eigenschaften des Sonnenlichtes», schreibt Oscar Bernhard in seinem Standardwerk über die Heliotherapie, «die durch dasselbe hervorgerufene Förderung des Stoffwechsels, der belebende Einfluss auf Körper und Psyche, sind den Bewohnern unserer Erde seit den ältesten Zeiten instinktiv bekannt gewesen».

Sonnengötter en masse

Ohne Sonne kein Leben. Und dieses wird von ihr orchestriert, mit dem Tag- und Nacht-Rhythmus, dem Perpetuum mobile des Wasserkreislaufs von Verdunsten und Abregnen und mit der Photosynthese, dank welcher Pflanzen, Tiere und Menschen überhaupt existieren können. Irdisches Leben und Sonne sind Unzertrennliche. Würde die Sonne erlöschen, stürbe alles Leben auf der Erde, und sie selber täte zur Eiskugel erstarren.

Dank ihrer magischen Kraft weckte die Sonne zu allen Zeiten auch religiöse Empfindungen, ja der Sonnenkult war wohl die erste aller Religionen. Sonnengötter feierten Urständ *(vgl. Kastentext)*.

Im alten Ägypten, zur Zeit Echnatons, erlangte der Sonnenkult seine höchste Blüte. Der Sonnengott war Aton, die Sonnenscheibe. Bei den Griechen hiess der Sonnengott Helios, zu dessen Verehrung auf Rhodos eine kolossale Statue erschaffen wurde, das sechste der sieben Weltwunder.

Als griechische Philosophen rational über das Sonnengestirn nachzudenken begannen, wurde prompt einer von ihnen, Anaxagoras, verhaftet und angeklagt. «Sol invictus», die «unbesiegbare Sonne», hiess der Sonnengott der Römer, dem man Opfer darbrachte. Auch die alten Germanen mit ihrem Lichtgott Baidr hatten eigene Sonnenkultorte und verehrten als Heilgott Wodan-Odin. Naturvölker kennen sogar heute noch Lichtkulte.

Erster Heliotherapeut – die Natur

Nicht anders verhält es sich mit der Sonnenlichtbehandlung. Auch sie ist so alt wie die Menschheit. Oscar Bernhard

---

Zwei bekannte Sonnengesänge
Verschiedene Welten, andere Zeiten, derselbe Respekt

Herrlich erhebst du dich am himmlischen Lichtberg
Ewige Sonne, Ursprung des Lebens!
Deine Strahlen umarmen all Deine Schöpfung
Siegreich bist du, du nimmst uns alle gefangen,
Bindest du alle mit deiner Liebe.
Hell wird die Welt, wenn dein Antlitz emporsteigt.
Festlich erglühn die Länder der Erde,
Heben die Arme und beten dich an.

König Echnaton, um 1360 v. Chr. (Auszug)

Sei gelobt, mein Herr,
mit allen Deinen Werken,
vornehmlich mit der hohen Herrin Sonne.
Sie ruft den Tag herauf und schenkt uns Licht.
Ganz schön ist sie und mächtig strahlt ihr Glanz.
Dein Gleichnis ist sie, Allerhöchster!

Franz von Assisi, 13. Jh. n. Chr. (Auszug)

Die magische Kraft der Engadiner Sonne, beinahe psychedelisch eingefangen von Giovanni Giacometti.

hat wohl Recht, wenn er sagt: «Die ersten Heilversuche werden demselben Instinkte entsprossen sein, welcher das Tier treibt, die Fieberhitze im kalten Wasser zu löschen und die froststeifen Glieder an der Sonne zu wärmen». Somit war die Natur der erste Heliotherapeut, oder anders gesagt: Es gibt nichts Neues unter der Sonne!

Die ersten schriftlichen Hinweise über die therapeutische Anwendung von Sonnenstrahlen finden sich bei Herodot, dem «Vater der Geschichte». Auf seinen Reisen fiel ihm auf, dass die Ägypter Fische und Vögel an der Sonne trockneten und für sich selber Sonnenterrassen besassen. Auch die alten Germanen richteten sich auf sonnigen Höhen Genesungsstätten ein, die sie Odinsacker oder Heilberge nannten.

Als erster Mediziner sprach Hippokrates (geb. 460 v. Chr.) von dem günstigen Einfluss des Sonnenlichtes auf die Gesundheit und der wohltuenden, schmerzstillenden Wirkung der Sonnenwärme auf Wunden aller Art. Für die Sonnenlichtbehandlung propagierte er eine schonende Form, weshalb man später die Verfechter einer konservativen Kurmethode Hippokratiker nannte.

Engadiner Sonnenimpression von Giovanni Giacometti, «Lavoratori del ghiaccio» (Eisbrecher).

Tb-Besonnung schon damals?

Zur römischen Kaiserzeit hatte Sonnenlichtbehandlung Hochkonjunktur. So empfahl der medizinische Lexikograf Celsius zur Zeit des Tiberius Sonnenlicht speziell für Geschwächte und Fettsüchtige. Auch Herodot, angesehener griechischer Arzt unter Kaiser Hadrian (nicht zu verwechseln, wie dies Rollier in seinen Publikationen unterlaufen ist, mit dem obgenannten «Vater der Geschichte»), hat sich mit Lichttherapie befasst. Seine berühmten Werke gingen zwar verloren, sind aber sinngemäss überliefert.

So soll in seinen Bädervorschriften gestanden haben: «Das Sonnen ist hauptsächlich für diejenigen notwendig, die einer Wiederherstellung und Zunahme der Muskulatur bedürfen». Doch er schränkte ein: «Man muss im Winter, Frühling und Herbst das Sonnen als unzeitig vermeiden. Im Sommer müssen aber wegen der allzu grossen Hitze schwächliche Individuen sich in Obacht nehmen».

Präzisierend fügte er noch an: «Der Sonne wie dem Feuer soll man ausser allem übrigen den Rücken nahe bringen; denn in diesem sind die Willensnerven vorzugsweise gelegen. Wenn diese nämlich heiss sind, wird der ganze Körper kräftiger gestaltet. Der Kopf aber muss durch eine Bedeckung geschützt werden».

Diesen Passus kommentierte Oscar Bernhard mit der rhetorischen Frage: «Liegt einem da nicht der Gedanke nahe, dass man schon damals die Spondylitis tuberculosa besonnt hat, wenn man auch liest, dass die Besonnung für Lähmungen empfohlen wird!». Einmal mehr: Nichts Neues unter der Sonne?

Wo viel Sonne, da kein Arzt

Der neben Hippokrates herausragendste Arzt des Altertums, Galenus aus Pergamon (Mitte 2. Jh.), dessen Lehre bis zu Paracelsus Gültigkeit hatte, kannte die Sonnentherapie durch Celsus und Herodot, den er sehr schätzte, liess aber in seinem eigenen Werk nicht erkennen, ob er selber die Sonne als Heilmittel eingesetzt hat.

Geh' mir aus der Sonne!

Gegen Ende der römischen Kaiserzeit sollen bereits Patienten zur Sonnenkur an klimabegünstigte Orte geschickt worden sein, so etwa die Frau von Kaiser Gallenius nach Nikaia, dem heutigen Nizza. Um 300 n. Chr. schrieb der griechische Chirurg Antyllus, «der Sonnenbrand ohne Salbung, mässig angewandt, steigert die innere Transpiration, ruft Schweiss hervor, hemmt die Zunahme des Leibes, kräftigt das Fleisch, macht das Fett schwinden und schlaffe Geschwülste, besonders die der Wassersüchtigen, kleiner». Das Sonnenbad mit Salbung empfiehlt er für Lähmungen, Ischias, Nierenkrankheiten und chronische Blasenerkrankungen, Gebärmutterleiden, Elephantiasis und Wassersucht.

«Geh' mir aus der Sonne!», sagte Diogenes zu Alexander dem Grossen; denn der Lichtgenuss war ihm wichtiger als das Prestige. Dies widerspiegelt, von welcher Wichtigkeit das Sonnenlicht für die klassischen Völker der Gesundheitspflege war, das heisst für die alten Griechen und Römer. Luft, Licht und gymnastische Übungen hiessen die Ingredienzien für psychisches und physisches Wohlbefinden. Sonnengebräunte Gesichter waren für die Männer Griechenlands und Roms Gesellschaftsstatus. Weisse Hautfarbe stand für «Verweichlichung und weibische Zurückgezogenheit». Bleichgesichtige Männer wurden – analog zum heutigen «Stubenhocker» – als «Schattenpfleglinge» gehänselt.

Pflichtbesonnung für Athleten

So wie heute eine Dusche zum Alltag gehört, war es bei Griechen und Römern das Sonnenbad. Direkt oder gesalbt setzten sie sich in eigentlichen Solarien auf den Dächern ihrer Häuser den Sonnenstrahlen aus. Auch von den Athleten in Olympia wurde verlangt, Sonnenbäder zu nehmen. Meist wurde das Sonnen- mit dem Wasserbad kombiniert, und umgekehrt wiesen die römischen Thermen auch überall Einrichtungen für Sonnenbäder auf.

Auch auf den Werbeplakaten von St. Moritz ist die Sonne ein integraler Bestandteil.

Für Plinius den Älteren war die Sonne schlechthin das grösste Heilmittel (Sol remediorum maximum), wobei er das Sichsonnen nach der Mahlzeit empfahl. Dieser Sitte wurde später in italienischen Alpentälern und im Tessin nachgelebt, gemäss dem Grundsatz: «Dov'entra il sole, non entra il dottore».

War das Mittelalter doch «dunkel»?

Zwar hat die moderne Geschichtsschreibung das Mittelalter erhellt; doch in einer Beziehung war es tatsächlich «dunkel»; denn die therapeutische Bedeutung des Sonnenlichtes verblasste, ja ging gänzlich vergessen, weil auch Hygiene und Medizin nicht mehr den gleichen Stellenwert hatten.

Immerhin erwähnte ein arabischer Arzt namens Avicenna um das Jahr 1000 n.Chr. in seinem Werk, das einen ähnlich hohen Stellenwert hatte wie früher jenes von Galen, dass Menschen, die sich in der frischen Luft bewegen und den Sonnenstrahlen aussetzen, besser vor Krankheit geschützt seien.

Und während den grossen Pestepidemien Ende 14. Jahrhundert kam das Sonnenlicht im Mittelmeerraum zumindest in hygienischer Hinsicht nochmals zu Ehren, indem Menschen, Kleider und Waren verpesteter Schiffe der Sonne ausgesetzt wurden.

Damit hatte man wohl mehr Effekt als mit Ausräuchern, da starke Besonnung die Flöhe und damit die Pestüberträger abtötete. Doch bezüglich therapeutischer Anwendung des Sonnenlichtes blieb es im Mittelalter tatsächlich «dunkel», und dies während fast eineinhalb Jahrtausenden, nämlich von Galens Zeiten bis zum Ende des 18. Jahrhunderts.

Strahlende Sonne über dem Engadin, die «Universalarzenei aus der Himmelsapotheke».

Sogar in der Architektur wurde der Sonne Aufmerksamkeit gezollt. So rät Architekt und Schriftsteller Vitruvius in seinem Werk «De achitectura», den Lichteinfall in die Badezimmer so zu regeln, dass die Sonnenstrahlen guten Zugang haben.

Als das Licht wieder ans Licht kam

Es war in Frankreich, wo das Licht nach langer Finsternis endlich wieder ins rechte Licht gerückt wurde: 1774 empfahl Jean-Louis Faure in seiner Publikation «L'usage de la chaleur actuelle dans le traitement des ulcères», offene Beingeschwüre dem Sonnenlicht auszusetzen.

Licht- und Chromotherapie

In den darauffolgenden Jahren erschienen gleich mehrere Publikationen über Sonnenlichtwirkung – in Frankreich und Deutschland. 1815 folgten die ersten grösseren Arbeiten über Sonnentherapie, die eine von Loebel, die andere von Cauvins, die allerdings nur die empirische Seite beleuchteten.

Erst die Arbeit des Jenaer Chemieprofessors Doebereiner im Jahre 1816 erklärte die Lichtbäder von der wissenschaftlich-physikalischen Seite und wurde damit zum Grundstein der modernen Lichttherapie. Sie unterschied zwischen der Wirkung von Licht und Wärme einerseits und jener der einzelnen Farben andererseits, also zwischen Licht- und Chromotherapie, Erstere für den Organismus, Letztere für das Gemüt – wobei mit Fakten aus Goethes Farbenlehre argumentiert wurde.

Wieder schossen die Publikationen wie Pilze aus dem Boden, von Rosenbaum (1835), Bonnet in Lyon (1845), dann von dessen Nachfolgern Ollier und Poncet und einem Schüler des Letzteren, Millioz, die bereits tuberkulöse Arthritiden der Sonnenlichtbehandlung aussetzten. In der Dissertation von Millioz waren es allerdings nur gerade vier Einzelfälle.

Sonnentherapie – erste Ansätze

Unterstützung erhielt Bonnet 1849 auch vom Internisten Lebert in Paris in dessen Werk «Traité pratique des maladies scrofuleuses et tuberculeuses», worin er die Verbringung skrofulöser Kinder (solche mit Haut- und Lymphknotenerkrankung, die eine Tuberkulose begünstigen kann) aufs Land und speziell ins Gebirge empfiehlt. Auch Luzius Rüedi (1804-1869), Landarzt im Davosertal, errichtete eine Anstalt zur Pflege solcher Kinder; denn er hatte beobachtet, dass einheimische Kinder, die das Tal nie verlassen hatten, auch nie an Scrofulose erkrankten.

Schliesslich war es der Schweizer Naturheilarzt Arnold Rikli, der die Sonnenlichttherapie energisch propagierte, und zwar als «atmosphärische Cur» mit Luft- und Wasserbädern, frei nach dem Slogan «wenn's Wasser und Lehm nicht schaffen, schafft's die Sonne». Deshalb errichtete er 1885 in Veldes in der Oberkrain (wo er als Jugendlicher von einer Rippenfellentzündung geheilt worden war) eine eigentliche Anstalt für Sonnenbäder. Sein Handicap: die fehlende wissenschaftliche Grundlage.

Auch Schreber (1858) und später Uffelmann, Winternitz und Vanzetti propagierten das Sonnenlicht, und zwar in der Kinderheilkunde, bei allgemeinen Schwächezuständen und besonders bei der Scrofulose. Kurz: Die Luft- und Sonnenlichtbäder dienten also hauptsächlich der allgemeinen Therapie und günstigen Beeinflussung des Organismus, ohne dass man den Wirkungsmechanismus wissenschaftlich exakt belegen konnte.

Therapeutischer Quantensprung

Doch dann kam die entscheidende Wende: Dank neuer Erkenntnisse basierte die Lichttherapie fortan auf der dritten Komponente des Lichts, der physikalisch wirksamen Strahlung. Auslöser war die Entdeckung, dass das Licht bakterizide Wirkung hat. Dieser Quantensprung der Medizin ruft berühmte Namen in Erinnerung.

Pasteur, Lister, Koch und Finsen

Das naturwissenschaftliche Universalgenie Louis Pasteur (1822-1895), nicht Arzt, sondern Chemiker von Beruf, entdeckte, dass es in der Umwelt von mikroskopisch kleinen Lebewesen wimmelt, den Bakterien, die auch Krankheitsüberträger sein können. Und er fand heraus, dass sich diese Mikroorganismen durch Hitze (Pasteurisierung) bekämpfen lassen. Pasteurs Erkenntnisse schufen dann auch die Grundlage für einen zweiten Meilenstein des Fortschritts in der Chirurgie, den Joseph Baron Lister (1827-1912) setzte, und zwar mit der Einführung der Antisepsis, das heisst der Vernichtung der Infektionserreger in der Wunde mit chemischen Mitteln, damals noch mit Carbolsäure.

1877 erbrachten dann Arthur Downes und P. Blunt den epochalen Nachweis, dass speziell die kurzwelligen Strahlen des Lichtspektrums bakterientötende Wirkung haben, was später von Adolf Dieudonné, Robert Koch und Erwin v. Esmarch bestätigt wurde. Auf diesen Erkenntnissen baute Niels Ryberg Finsen (1860-1904) seine Methode der lokalen Lichttherapie auf, wobei er sich auf die ultravioletten Strahlen beschränkte und die Wärmestrahlen vernachlässigte. Weil aber in Dänemark die Sonne nicht so intensiv schien wie in den Alpen, wechselte er zum elektrischen Bogenlicht, womit er jedoch zu wenig Tiefenwirkung erzielte. Immerhin, seine Erfolge bei Hauttuberkulose (Lupus vulgaris) trugen ihm Weltruhm und 1903 sogar den Nobelpreis für Medizin ein.

Ehrlich und korrekt

Diese ganze Entwicklung der Sonnenbehandlung, welche die Menschheit zu allen Zeiten beschäftigte, war Oscar Bernhard – als Mediziner und Hobbyhistoriker – bestens bekannt, und er beschreibt sie auch detailliert in seinem Standardwerk, wobei er im Vorwort sehr korrekt vermerkt, er sei bestrebt, «allen denjenigen, die vor und nach mir auf gleichen Pfaden gewandert sind, gerecht zu werden». Das war typisch für seine Geradlinigkeit: Selber Grosses tun, aber auch die Leistung anderer respektieren.

Jetzt schlug tatsächlich seine Stunde. Unabhängig von den Franzosen und noch ohne besagte Lyoner Dissertation von Millioz gekannt zu haben (solche Parallelentwicklungen passieren in der Forschung immer wieder), wohl aber angeregt durch die Arbeiten und Erfolge Finsens, fand Bernhard zur Sonnenlichtbehandlung. Und dies auf anderem, nämlich praxisbezogenem und somit für ihn typischem Weg, und dennoch «so gut wie möglich auf wissenschaftlicher Grundlage» basierend. Solchermassen machte er die Heliotherapie auf breiter Basis zum weltweit angewandten System, weshalb ihr ein eigenes Kapitel gewidmet wird *(vgl. dort).*

Moderne Sonnenforschung
Das strahlende Gestirn wurde enträtselt, aber nicht entzaubert

Obschon sie rund 150 Millionen Kilometer entfernt ist, ermöglicht sie das Leben auf der Erde. Dessen war man sich schon immer bewusst. Doch seit Kopernikus, Kepler und Galileo hat sich einiges geändert. Strahlungstheorie, Thermodynamik und Kernphysik zeichneten ein neues Bild des seit viereinhalb Milliarden Jahren wärmespendenden Himmelskörpers.

Ein heisser «Ofen»

So wie die Planeten um die Sonne laufen, so dreht sich diese um die eigene Achse, wofür sie ungefähr einen Monat braucht. Weiter lehrt die Wissenschaft, dass die Sonne als riesiger Gasball zu verstehen ist, rund hundert Mal grösser als die Erde, und dass sie aus uns bekannten Elementen besteht. Oberflächlich strahlt sie mit einer Temperatur von 5800 Grad Celsius; doch im Kern ist sie rund 15 Millionen Grad heiss. Hier erzeugt sie die an der Oberfläche abstrahlende Energie durch Kernfusion von Wasserstoff und Helium.

Über der sichtbaren Oberfläche der Sonne breitet sich eine aktive Gashülle aus, die bei einer Sonnenfinsternis offenbar wird: die Korona. In ihr herrschen Temperaturen von über einer Million Grad, und aus dieser Korona schiesst der Sonnenwind mit bis zu 500 Kilometern pro Sekunde in den interplanetaren Raum, vorbei auch an der Erde.

Hier wird er durch das Erdmagnetfeld zu den Polen abgelenkt, wo beim Zusammenstoss mit den Molekülen der Erdatmosphäre diese zum Leuchten angeregt werden, was die Nordlichter erzeugt. Wenn starke Magnetfelder das Aufsteigen heisser Gase aus der Tiefe verhindern, entstehen Sonnenflecken mit einer Lebensdauer von einigen Tagen bis zu mehreren Monaten. Ihre Häufigkeit pulsiert in einem elfjährigen Rhythmus.

Sonnenflecken sind Boten schlummernder Sonnengewalt in Regionen starker Magnetfelder und hoher Plasmadichte. Kleinste Störungen lösen hier gewaltige Eruptionen aus, die sich, gemäss neuster Forschung, in Form einer Kettenreaktion über eine ganze Hemisphäre der Sonne vernetzt ausbreiten können. Diese Erkenntnis ermöglichte die neuste Generation solarer Weltraumsonden mit ihrem fast vollständigen Überblick über die Sonnenoberfläche.

Revival der Lichttherapie

Kurz: Die Forschung hat die Sonne enträtselt, dadurch aber eine neue, faszinierende Dimension der Sonnenbetrachtung eröffnet und ermöglicht zudem immer wieder neue Nutzungsmöglichkeiten. Auf die Heliotherapie folgte die Solartechnik. Mit Photovoltaik wird Strom aus der Sonne produziert und neuerdings sogar Treibstoff aus Sonnenenergie hergestellt. Der Sonnenzauber geht also weiter. Wer weiss, vielleicht kommt auch die Medizin eines Tages wieder vermehrt auf die Sonne zurück.

Denn das Wechselspiel von Tag und Nacht ist so einschneidend für alle Lebewesen, dass es seine Spuren sogar in den Genen eingraviert hat, als «innere Uhr», welche unseren «circadianen» 24-Stunden-Rhythmus steuert. Im Zusammenhang mit diesem komplexen Phänomen hat auch die Lichttherapie wieder an Bedeutung gewonnen, besonders bei depressiven Menschen; denn Licht erhöht den Spiegel des Glückshormons Serotonin im Gehirn, bis hinein ins Zentrum der «inneren Uhr».

Fast wie wenn sie an sich erinnern wollte, hat die Sonne das Jubiläumsjahr zum 150. Geburtstag des Begründers der Heliotherapie mit einer partiellen Sonnenfinsternis eingeläutet. Nur noch als schmale Sichel schielte sie hinter dem Mond hervor, als ob sie zeigen wollte, wie es würde, wenn sie nicht mehr wäre.

St. Moritzer Sonnenwonne

Seit Kurdirektor Walter Amstutz das Sonnenemblem als Markenzeichen von St. Moritz eingeführt hat, wurde das strahlende Label auch durch seine Nachfolger Peter Kasper und Hanspeter Danuser beibehalten, wenn auch laufend modifiziert.

Aber es gibt noch einen ganz anderen Aspekt der Sonnennutzung: die gekonnte Sonnenwerbung. Die erste Adresse im Engadin hat diese in aller Konsequenz durchexerziert. Deshalb drängt sich heute die Frage auf: Was wäre St. Moritz ohne Sonne? Sie gehören beide unzertrennlich zueinander. Dass dem so ist, dafür sorgte Mutter Natur, und damit dies alle wissen, dafür zeichnen moderne «Sonnengötter» verantwortlich, die dieses Gestirn zum Label machten, die einen durch Eigenleistung, die andern als Werbestrategen.

Eine Sonne – sieben Promotoren

Bisher war in Sanctus Mauritius immer die Rede von sechs Sonnenpromotoren. Den siebenten und vielleicht wichtigsten hat man grosszügig vergessen – oder vielleicht bewusst übergangen. Lassen wir sie daher nochmals kurz Revue passieren – diesmal alle sieben.

Der erste Impulsgeber kam von weither: St. Moritz war einst ein kleines, abgelegenes, verträumtes Nest in den Bergen. Zu seinem Namensgeber wurde nolens volens ein thebäischer Legionär namens Mauritius. Er lebte im dritten Jahrhundert nach Christus, starb gemäss Legende im Rhonetal aus Glaubensgründen den Heldentod und wurde heilig gesprochen.

Dies führte zu einem eigentlichen Mauritiuskult, der bis ins Engadin vordrang. Hier wurde dem heiligen Mauritius eine Kirche geweiht, von der heute nur noch der Schiefe Turm steht, als sakrales Gegenstück zu den profanen Hotelbauten und zugleich als Wahrzeichen von St. Moritz, das in einem Kaufvertrag des Bischofs von Chur 1139 erstmals namentlich aufscheint.

Erste «künstliche Sonne»

Der Zweite im Bund der St. Moritzer Sonnenpromotoren war der Hotel- und Tourismuspionier Johannes Badrutt. Er soll, sagt die Legende, am Ende der Sommersaison 1869 während der Abschiedsparty mit seinen englischen Kurgästen im Kulm Hotel eine Wette abgeschlossen haben. Er empfahl ihnen, die warme Engadiner Wintersonne mal auszuprobieren, wobei er ihnen offerierte, dass er, sofern sie nicht begeistert sein würden, die Reisekosten übernehmen täte. Aber sie waren begeistert – und wie! Fortan kamen sie jeden Winter in Scharen, brachten zudem das Know-how in verschiedenen Wintersportarten mit, sodass die Wintersaison bald jene des Sommers überflügelte. Wette gewonnen; Johannes Badrutt war zum «Erfinder der sonnigen Wintersaison» geworden.

Er hat aber auch als Erster die «künstliche Sonne» nach St. Moritz gebracht. An der Weltausstellung von 1878 in Paris entdeckte er diese Neuheit, und schon im

Jahr darauf, nachdem er eine Turbine installiert hatte, brannten im Speisesaal und auf dem Vorplatz des Kulm Hotels die ersten Bogenlampen – das allererste elektrische Licht der Schweiz! Am 2. April 2008, seinem 189. Geburtstag, wurde auf dem Mauritiusplatz zu seinen (ebenfalls späten) Ehren eine Bronzebüste enthüllt, und er erhielt postum die Ehrenbürgerschaft von St. Moritz verliehen.

Magie des Sonnenemblems

Beim dritten Promotor war es wohl mehr Zufall. Camill Hoffmann kam, erst 25-jährig, von Zürich als Dorfpfarrer nach St. Moritz, entpuppte sich als gewiefter Kommunikator und wurde 1888 erster Präsident des neugegründeten Winterkurvereins. Er profilierte sich als «Erfinder» der Feriendestination.

Dann begann die Ära dreier tüchtiger Kurdirektoren: Walter Amstutz (Kommunikations- und Branding-Genie, «Erfinder» des Sonnenemblems), Peter Kasper (der die Grösse hatte, die bewährte Marke zu übernehmen und zudem den Turnaround nach dem Krieg schaffte) und schliesslich – als letzter klassischer Kurdirektor – Hanspeter Danuser. Er hat die Arbeit seiner beiden Vorgänger mit den Mitteln modernen Marketings fortgesetzt und zeichnet verantwortlich für die Entdeckung und Optimierung der Marke im Destinationstourismus.

Ihr gemeinsamer Werbeslogan «Die Sonne von St. Moritz» erhielt so etwas wie Kultstatus, und das Sonnensymbol überdauerte – mit geringfügigen Retouchen – Generationen, analog wie das Vogelnest des Weltkonzerns Nestlé, was mit ein Grund seines Erfolgs ist. Denn nichts anderes verkörpert die Magie dieses vom Bauerndorf zur weltweit bekanntesten Feriendestination arrivierten Kurortes besser als das strahlende Gestirn, das St. Moritz einen Spitzenwert von 322 Sonnentagen beschert und ein wohltuendes Klima, das die Werber unter den Pionieren als «Champagnerklima» verkaufen.

Einer ging vergessen

Von diesen sechs Pionieren des Sonnendorfes St. Moritz war also bis anhin stets die Rede oder Schreibe: ein Heiliger, ein Hotelier, ein Pfarrer und drei Kurdirektoren. Doch den siebenten und vielleicht gewichtigsten hat man stets unterschlagen, wohl deshalb, weil sein Lebenswerk nicht ganz ins Glamour-Image des Weltkurortes passte; denn es diente nicht den Schönen und Reichen, sondern den Kranken. Wie alias Johannes Badrutt musste auch Oscar Bernhard «zu Hause» recht lange warten, bis seiner nun wieder gedacht wird.

Gemeint ist der Arzt und Heliotherapeut Oscar Bernhard, der die Sonne nicht marketingmässig, sondern für medizinische Zwecke nutzte und damit unzählige Kranke heilte. Und weil diese Sonnenlichttherapie dann weltweit Schule machte und dadurch rund um den Globus Heerscharen von Menschen geholfen wurde, ist er wohl einer der verdienstvollsten Sonnenbotschafter von St. Moritz, weshalb wir uns ihm und seiner Heliotherapie *(vgl. nachfolgendes Kapitel)* nun speziell zuwenden wollen.

Auch das aktuelle St. Moritz-Logo Top of the World erfuhr kürzlich ein Facelifting; unterstreichen ist «out», und die Sonne erhielt einen dezenteren Lidschatten aufgetragen…

OSCAR BERNHARD – BEGRÜNDER DER HELIOTHERAPIE

Liebe Sonne – hilf mir!

Mit seinem Lebenswerk, der Sonnenlichtbehandlung oder Heliotherapie, womit er anfänglich in Fachkreisen aneckte, sollte Oscar Bernhard später Weltruhm erlangen. Das Tragische an dieser Geschichte ist, dass der Begründer dieser segensreichen Heilmethode umständehalber Prophet im eignen Vaterland wurde und nach seinem Tod in Vergessenheit geriet, während andere sich in seiner «Erfindung» sonnen konnten.

Doch um zu verstehen, wie es dazu kam, bedarf es des Verständnisses der damaligen Situation. Deshalb zuerst ein kleiner Exkurs zurück in jene Zeit, als die Menschen unter der schlimmen Geissel der «weissen Spinne» litten.

Gespenst «weisse Spinne»

Grosse Herausforderungen wecken schöpferische Kräfte. Das Prinzip von Actio und Reactio, das heisst von Reiz oder Auslöser auf der einen und von Wirkung oder Antwort auf der anderen Seite zieht sich wie ein roter Faden durch alles, was sich in der Natur abspielt oder was der Mensch tut. Dies gilt auch für medizinische Fortschritte, initiiert durch massive Krankheitsgeschehen.

Intuition und Weitsicht

Manch berühmt gewordener Forscher hat deshalb seinen Erfolg nicht nur seiner eigenen Tatkraft zu verdanken, sondern auch dem Umstand, dass ein gravierendes Geschehen ihn dazu anspornte. Das gilt auch für bekannte Mediziner. Hätte es zu seiner Zeit nicht derart viele Kröpfe gegeben, hätte Theodor Kocher keine 6000 Operationen durchführen und auch nicht jene Schilddrüsenforschung betreiben können, die ihm den Nobelpreis eintrug. Und wäre die Tuberkulose damals nicht zu einer seuchenhaften Massenerkrankung ausgeartet, hätte Oscar Bernhard die Heliotherapie wohl kaum zu einer weltweit ausgeübten Methode pushen können.

Doch das schmälert den Ruf solcher Schrittmacher der Medizin in keiner Weise. Es zeigt vielmehr, dass sie auf die Zeichen an der Wand aktiv und gezielt reagierten, indem sie Problemlösung anstelle von -bekämpfung betrieben, mit mutigen, weil Neuland beackernden Taten. Damit bestätigt sich die alte Weisheit: Fleiss allein reicht für bahnbrechende Neuerungen nicht aus, dazu braucht es auch Intuition und Weitsicht.

Damoklesschwert «weisse Pest»

Im Gegensatz zur eigentlichen, der «schwarzen Pest», die weltweit grassierte und im 15. Jahrhundert auch die Schweiz heimsuchte, nannte man die Tuberkulose «weisse Pest», als sie Mitte 19. Jahrhundert als Folge des Industriezeitalters zur Pandemie, zur Volksseuche explodierte. Sie war ein rätselhaftes Phänomen, und sie befiel alle, Alt und Jung, und machte auch keinen Unterschied zwischen Arm und Reich. Man ist sich heute nicht mehr bewusst, welch grosses Leid dieser unbarmherzige Würgengel Tuberkulose zu jener Zeit über die Menschen brachte.

Anders als die «schwarze Pest» («schwarz» deshalb, weil eine die Lunge zerfressende Krankheitsform die Patienten blauschwarz verfärbte) liess die «weisse Pest», die Tuberkulose, ihre ausgezehrten Opfer blassweiss erscheinen. Zehntausende Tote und Hunderttausende Erkrankte waren es um die Wende vom 19. zum 20. Jahrhundert allein in der Schweiz. Ein ganzes Drittel aller Todesfälle ging auf ihr Konto. Die Tuberkulose war für die Menschen sowohl körperliche als auch seelische Geissel.

Entscheidende Stationen

Einen zentralen Meilenstein in der Bekämpfung der Tuberkulose setzte Robert Koch (1843-1910) mit seiner 1882 publizierten Entdeckung des Tuberkelbazillus. Bisher hatte man diese Geissel der Menschheit als Schicksal oder Strafe hingenommen und wusste nicht, ob sie ansteckend oder vererbt sei. Nun aber war die «weisse Spinne» als Bakterium enttarnt und die

Übertragung der Krankheit von Mensch zu Mensch oder von Tier zu Mensch (und umgekehrt) Gewissheit.

Ein junger Arzt in Schlesien, Hermann Brehmer (1826-1899), hat eine zweite entscheidende und von seinem Schüler Dettweiler weiterentwickelte Strategie der Tuberkulose-Bekämpfung ins Leben (zurück) gerufen: die Frischluft-Liegekur in speziell hiefür konzipierten Heilstätten, den Tuberkulose-Sanatorien. Für die Lungentuberkulose sollte das während neun Jahrzehnten weltweit die erfolgreiche Methode der Wahl bleiben.

Einen weiteren Eckpfeiler des Fortschritts setzte auf diagnostischem Gebiet einer, der innigen Bezug zum Engadin hatte und hier mehr als vierzig Jahre lang ununterbrochen seine Sommerferien verbrachte, nämlich W. C. Röntgen (1845-1923), und dies 1895 durch die nach ihm benannten Strahlen. Sie ermöglichten erstmals, ohne chirurgischen Eingriff und somit unblutig, Einblick ins Innenleben des Körpers zu gewinnen.

Die grosse Wende

Im prophylaktischen Bereich erwirkte Albert Calmette (1863-1933) gemeinsam mit seinem Mitarbeiter Guérin dank der BCG-Impfung eine entscheidende Wende. Dieser Impfstoff basierte auf einem abgeschwächten Erreger der Rindertuberkulose.

Den siegreichen Schlusspunkt in der Tuberkulose-Bekämpfung setzte dann die Entwicklung in der Chemotherapie mit den Tuberkulostatika kurz nach Ende des Zweiten Weltkrieges. Damit hatte die Höhenluft- und Sonnenlicht-Behandlung der Tuberkulose ausgedient; denn die Therapie konnte jetzt in jedem beliebigen Spital oder gar ambulant durchgeführt werden.

Doch noch sind wir im Zeitablauf unserer Retrospektive nicht so weit; deshalb zurück zu Oscar Bernhard, der im Reigen der berühmt gewordenen Bekämpfer der Volksgeissel Tuberkulose eine entscheidende und ganz spezielle Rolle spielen sollte.

Unnötige Verkrüppelung?

Als Chirurg interessierten Il Bernard vor allem die Fälle sogenannter «chirurgischer» Tuberkulose, die – im Gegensatz zur Lungentuberkulose – Knochen und Gelenke (sowie die Peritoneal- und Genitaltuberkulose der Frau) betraf und gemäss universitärer Lehrmeinung im In- und Ausland rein chirurgisch behandelt wurde. Doch Bernhard als Frontpraktiker und unabhängiger «Freigeist aus den Bergen» hinterfragte diese sakrosankte Doktrin und vertraute seinem Bauchgefühl.

Schon als Student hatte er nämlich beobachtet, dass trotz der grossartigen Operationstechnik seines Ziehvaters Theodor Kocher der Erfolg nicht immer der gewünschte war und Komplikationen häufig auftraten. «Daneben», so fügte er lakonisch an, «lehrte uns der Sektionstisch (Leichenschau) täglich, dass die Tuberkulose auch eine spontan heilbare Krankheit ist».

Als kritischem Geist blieb ihm auch nicht verborgen, dass nach der Einführung der Antisepsis (Verhinderung der Wundinfektion durch Vernichtung von Krankheitskeimen mit chemischen Mitteln), die dem Operateur plötzlich ungeahnte Sicherheit bot, die Operationsfreudigkeit zunahm. Wie bei bösartigen Tumoren, so wurde bei der chirurgischen Tuberkulose das kranke Gewebe bis weit ins gesunde herausgeschnitten: Arthrotomien, Exartikulationen, Exstirpationen, Resektionen und Amputationen feierten Urständ. Resultat: Tausende von jugendlichen Patienten verliessen jährlich mit steifen und verkürzten Gliedmassen, mehr oder weniger als Krüppel, die Spitäler.

Umgekehrt wurden Tausende an der damals noch nicht operablen Lungentuberkulose leidende Patienten durch hygienisch-diätetische Therapie im Hochgebirge gesund. 1857 hatte Hermann Brehmer seine berühmt gewordene Heilanstalt für Lungenkranke in Göbersdorf eröffnet, und 1865 begann der Boom in Davos unter Landschaftsarzt Alexander Spengler, wobei es Jahre gab, da über 6000 Wintergäste hier Heilung suchten. Davos folgten als Lungenkurorte Arosa, Leysin und Montana.

Legion sind die Patienten, die dank Oscar Bernhard wieder gesund wurden. Doch ausgerechnet seiner Enkelin Sylvie Herold aus Paris konnte er nicht helfen. Sie erkrankte als Fünfjährige und starb 1946 mit 25 Jahren an Tuberkulose. Ihre 96-jährige, in der Seinestadt lebende Schwester erinnert sich: Das Kätzchen Mizi, das ihr der Onkel Doktor am Krankenbett gestattete, war ihr kleiner Sonnenschein.

Samedan – Wiege der Heliotherapie

So richtig bekannt geworden ist Heliotherapeut Bernhard erst in St. Moritz. Doch begründet hat er die Methode im Spital Samedan, das somit die Wiege der Sonnenlichtbehandlung ist und bleibt.

Der entscheidende Schritt

«Bei der chirurgischen Tuberkulose», so kritisierte Bernhard, «wurde viel zu lange nur das lokale Leiden berücksichtigt und dabei vergessen, dass die allgemeine Behandlung solcher Krankheiten zum mindesten ebenso wichtig sei». Deshalb begann er 1896, kurz nachdem er dirigierender Arzt des Kreisspitals Samedan geworden war, mit der klimatisch-diätetischen Behandlung der chirurgischen Tuberkulose, das heisst mit energischer Freiluft- und Höhenkur. Das war rund zwanzig Jahre nach der Einführung der Behandlung der Lungentuberkulose im Hochgebirge.

Seine Begründung: «Der an chirurgischer Tuberkulose Leidende ist ein tuberkulöses Individuum wie der Lungentuberkulöse; er darf von der bei der Lungentuberkulose schon lange bewährten Therapie dieselben Erfolge erwarten wie letzterer, denn schliesslich handelt es sich hier nur um verschiedene Lokalisationen derselben Krankheit. Spricht man von einer chirurgischen Tuberkulose gegenüber der Lungentuberkulose, so bedeutet das Beiwort chirurgisch nur operationsfähiger».

Gegen den Mainstream

Bernhard packte den Stier bei den Hörnern und widersetzte sich der Lehrmeinung ex cathedra. Die chirurgischen Eingriffe ersetzte er durch hygienisch-diätetisch-klimatische Allgemeinbehandlung; waren sie seltenerweise trotzdem mal notwendig, wurden sie so besser ertragen. Erste Resultate hierüber finden sich in einer Dissertation mit dem Titel «Die Beeinflussung der chirurgischen Tuberkulose durch das Hochgebirge», mit der er 1899 Ernst Wöllflin, einen Mitarbeiter aus Basel, beauftragte (welcher dann 1923 – inzwischen selber Professor – an Bernhards Standardwerk mitgearbeitet hat).

Bei den damals beschriebenen rund 300 Fällen chirurgischer Tuberkulose wurde lediglich die klassisch-internistische Therapie mit Ruhe und leichter Bewegung im Schatten angewendet, wie sie auch für Lungentuberkulöse Routine war. Dennoch war schon deutlich ersichtlich, dass Wundheilung und Rekonvaleszenz beschleunigt wurden und dass die Zahl der verstümmelnden operativen Eingriffe sank.

Von direkter Sonnenbestrahlung bei chirurgischer Tuberkulose war allerdings bis dato noch nicht die Rede. (Bei der Lungentuberkulose kam sie ja ohnehin nicht in Frage, da die Patienten sonst Blut husteten.) Doch dann geschah das kleine Wunder, das Samedan hätte weltbekannt machen können, wenn man es damals richtig eingeschätzt hätte.

Hier, im kleinen Spital von Samedan, da begann die grosse Geschichte der heilenden Wirkung der Gebirgssonne.

Bündnerfleisch sei Dank!

Die Heliotherapie beruht auf Bernhards Gedankenblitz, dass, wenn die Sonne Bündnerfleisch trocknen kann, dies auch mit Wunden funktionieren muss. Renato Giovanoli in Maloja macht heute noch Bindenfleisch mit Sonnenhilfe.

Manchmal beruhen bahnbrechende Entdeckungen auf Zufällen (Beispiel: Penicillin) oder aber auf ganz alltäglichen Dingen. So war es auch bezüglich Heliotherapie der chirurgischen Tuberkulose. Es war ein Aha-Erlebnis im wahrsten Sinn des Wortes, das Oscar Bernhard auf die Idee der Besonnung brachte.

Gedankenblitz mit Folgen

Eine ganz üble Wunde, die nicht heilen wollte, bereitete ihm im Spital Samedan grosse Sorgen. Eines Morgens, die Sonne lachte durch die Spitalfenster, kam ihm – in Analogie zur Haltbarmachung der Bündner Bindenfleisch-Spezialität durch Trocknung – der entscheidende Gedankenblitz: Besonnung und Frischluft würden die Wunde trocknen, granulieren und heilen. Und so war es! Die Heliotherapie der chirurgischen Tuberkulose war «erfunden» *(vgl. Kastentext)* – und sollte fortan einen weltweiten Siegeszug antreten.

Wären Bündnerfleisch und Tuberkulose nicht etwas gar gegensätzliche Begriffe, müsste die Trockenfleischbranche eigentlich stolz darauf sein, einer medizinischen Jahrhundertstrategie zu Gevatter gestanden zu haben. «Bündnerfleisch rettete indirekt Hunderttausende von Menschenleben» wäre doch allemal der bessere PR-Slogan als der bundesrätliche Lachkrampf-Versprecher «Bü-bü-bü-Bündnerfleisch»…

Randvermerkt sei noch, dass Bindenfleisch notabene nicht das einzige Lebensmittel war, das die «Erfindung» eines Arztes stipulierte. Die traditionellen Getreidemus-Speisen der Alphirten lieferten zur gleichen Zeit dem Arzt und Ernährungsreformer Maximilian Bircher-Benner (1867-1939) die Idee für seine «Spys», die dann im Rahmen seiner wissenschaftlich nicht fassbaren «Sonnenlichtnahrung» als konkretisierte Quintessenz seiner Ernährungsphilosophie unter dem Begriff «Birchermüesli» einen weltweiten Siegeszug antrat und in aller Munde war – und bis heute blieb. So besehen, haben Hirten und Bauern auch das Ihre an die Medizin beigetragen.

Doch zurück zur Heliotherapie: Der umwerfende Erfolg bei diesem Erstversuch veranlasste Bernhard, fortan sämtliche granulierenden und infizierten Wunden intensiv mit Sonnenbestrahlung zu behandeln, später dann auch die Fisteln, die tuberkulösen Geschwüre und – nach den glänzenden Erfolgen bei Letzteren – schliesslich sogar die geschlossene Knochentuberkulose; denn, so fand er, die Sonne hat ja auch Tiefenwirkung. Und er wandte sie als solche an, ohne Filtration der Wärmestrahlen (wie dies Nobelpreisträger Finsen tat); denn er wollte alle Komponenten nutzen, «die chemische, das Licht und die Wärme inklusive die schmerzstillende Nebenwirkung».

Wo blieb der Hautkrebs?

Ohne von den Arbeiten der Franzosen und von jener Lyoner Dissertation gewusst zu haben, war Bernhard also auf ganz anderem Weg zur lokalen Heliotherapie gelangt und hat fortan die Sonne seiner Gebirgsheimat zum therapeutischen Partner und die Methode zum System gemacht, das alsbald einen globalen Siegeszug antreten sollte.

Dass Sonnenbestrahlung kein harmloses Heilmittel ist, dessen war man sich bewusst. Die Behandlung begann erst Tage nach Eintreffen der Patienten, wenn diese sich ans Höhenklima gewöhnt hatten, und zwar mit einschleichender Dosierung bis zur individuellen Toleranz. Die entblössten Wunden wurden, nach langsamer Steigerung der Expositionszeiten, bis zu mehreren Stunden täglich der Sonne ausgesetzt, an bedeckten Tagen der Luft und dem diffusen Tageslicht. Bei der Ganzkörperbestrahlung (mit abgedecktem Kopf) war man noch vorsichtiger.

Und dennoch: Rätselhaft erscheint, dass, obschon schliesslich weltweit Hunderttausende von Patienten besonnt worden sind, nie von einer Problematik Hautkrebs die Rede war, auch nicht Jahre danach als Spätfolge. Im Engadin sollen Hautkarzinome generell selten beobachtet worden sein.

Die Gründe liegen im Dunkeln: Wurde das Problem übersehen, oder war es damals schlicht keines? Grössere Resistenz, geringere Lebenserwartung, kleineres Ozonloch? Hier ist noch Forschungsbedarf angesagt; denn die Klärung dieses Phänomens könnte in der momentan neu belebten Diskussion rund um die Entstehung des Hautkrebses vielleicht von Interesse sein.

Geburtsstunde der Heliotherapie
Oscar Bernhard über seinen Geistesblitz «Sonnenlichtbehandlung»

Den 2. Februar 1902 nachts wurde mir ein durch sieben Messerstiche schwer verletzter Italiener ins Krankenhaus gebracht. Neben anderen Wunden hatte er eine perforierende Brust- und zwei perforierende Bauchwunden mit Leber- und Milzverletzung. Wegen drohender Verblutung war ich genötigt, die durchschnittene Milz zu exstirpieren. Acht Tage nach der Laparotomie platzte die Operationswunde in ihrer ganzen Länge und klaffte breit, nur die Peritonealnaht hielt. Der Versuch einer Sekundärnaht missglückte, die Wundränder liessen sich nicht mehr zusammenbringen.

So wurde die Wunde mit Jodoformgaze ausgestopft und, nachdem die Wundränder bestmöglich durch breite Heftpflasterstreifen einander genähert worden waren, sich selbst überlassen. Allmählich begann die grosse Wunde zu granulieren, das Granulationsgewebe war aber schlaff und schwammig, und die ganze Wunde sezernierte stark. Sämtliche zur Eintrocknung angewandten Wundstreupulver halfen nichts. Lapis und scharfer Löffel wurden auch häufig angewendet, aber ebenfalls ohne Erfolg.

Als ich an einem prachtvollen Morgen ins Spital kam und die Sonne warm durch die offenen Fenster hereinschien und eine erfrischende, prickelnde Luft das ganze Krankenzimmer erfüllte, kam mir ganz plötzlich der Gedanke, diese grosse Wunde der Sonne und Luft auszusetzen, hängt ja auch der Bündner Bergbauer seit uralten Zeiten frische Fleischstücke in der trockenen Luft an die Sonne und konserviert sie auf diese Art zu dem als kräftiges und schmackhaftes Nahrungsmittel bekannten Bindenfleisch.

Ich entschloss mich, diese antiseptische und eintrocknende Wirkung von Sonne und Luft auch beim lebendigen Gewebe zu versuchen. Zum grossen Erstaunen des Personals liess ich das Bett ans offene Fenster stossen und legte die grosse Wunde frei. Schon nach der ersten 1½stündigen Bestrahlung war eine deutliche Besserung zu beobachten, und die Wunde bot einen ganz anderen Anblick. Die Granulationen wurden zusehends normaler und kräftiger, und die enorme Wunde überhäutete sich unter dieser Behandlung rasch.

Fairer Forscher-Wettstreit

Was jetzt folgt, könnte direkt Lehrstück sein für heutige Verhältnisse an Hochschulen und in Forschungsinstitutionen, wo oft mit harten Bandagen um Prestige gerangelt wird. Wer eine neue, revolutionäre Behandlungsmethode erfindet, der findet auch Nachahmer, was in der Medizin absolut erwünscht ist, damit möglichst viele Patienten möglichst rasch in den Genuss der Neuerung kommen. So war es auch bezüglich der Bernhard'schen Heliotherapie. Aber es geschah mit Stil.

Rollier – Bernhards «Double»

In der Schweiz begann allen voran Auguste Rollier (1874-1954), sich brennend für die hygienisch-klimatische Behandlung der chirurgischen Tuberkulose zu interessieren und wurde schliesslich so etwas wie Bernhards Doppelgänger. Rollier war ab 1898, als Bernhard bereits im Engadin praktizierte, ebenfalls für ein paar Jahre Assistent bei Theodor Kocher in Bern und damit auf bestem Weg, ein tüchtiger Chirurg zu werden.

Aber auch er hatte seine Aha-Erlebnisse und sah, wie die radikale operative Behandlung der chirurgischen Tuberkulose an Grenzen stiess. Dabei machte ihn besonders das Schicksal eines Schulkameraden betroffen, der an Gelenktuberkulose erkrankt war. In der Kocher'schen Klinik verlor er nacheinander ein Hüft- und ein Schultergelenk sowie einen Finger. Dann musste er wieder antreten – zur Amputation eines Fusses. Er bedankte sich bei Kocher und Rollier höflich, ging nach Hause – und setzte seinem verkrüppelten Leben ein Ende.

Auf den Hund gekommen

Auch das persönliche Umfeld spielte Schicksal: Rolliers Braut erkrankte an Lungentuberkulose und musste nach Leysin zur Kur. Er folgte ihr, verzichtete auf die Karriere als Chirurg und eröffnete 1898 im damaligen Bergdorf Leysin (mit 1400 m ü.M. höchstgelegene Gemeinde des Kantons Waadt) eine Allgemeinpraxis. Dabei fiel ihm auf, wie bei den Bergbauern Wunden aller Art schneller heilten und sich seltener entzündeten. Ob da die Sonne mit im Spiel war? In diesem Zusammenhang erinnerte er sich an ein tierisches Erlebnis: Er hatte früher einmal

Beschäftigungstherapie wider die Eintönigkeit der Kur: Kleine Patienten in Sonne und Schnee, links in St. Moritz, rechts in Leysin. Auf der rechten Seite Rolliers Sonnenschule.

seine Wachtelhündin Diana operiert, worauf diese den Verband in kürzester Zeit zerschliss.

Nachdem dieser erneuert war, sperrte er die Hündin in ein Zimmer, beobachtete sie durchs Schlüsselloch – und staunte nicht schlecht: Mit den Zähnen zerrte sie den Verband erneut auf und legte sich auf dem Stubenboden derart hin, dass ein durchs Fenster fallender Sonnenstrahl exakt auf die freigelegte Wunde zu liegen kam. Hündische Heliotherapie nach dem Motto: Auch Vierbeiner sind nicht blöd… Der Instinkt dieses Tieres hatte dem Intellekt des Forschers einen Wink gegeben. Gleichzeitig ergab sich noch der glückliche Zufall, dass Rollier von den erstaunlichen Erfolgen Kenntnis erhielt, die sein Berufskollege Bernhard am anderen Ende der Schweiz, im 1850 m ü.M. gelegenen St. Moritz mit der Sonnentherapie bereits gemacht hatte.

Geben und Nehmen

Nun wurde die Lawine auch im Waadtland losgetreten: Bereits 1903 errichtete er in Leysin eine erste Anstalt für Heliotherapie nach Bernhards Muster, worüber er diesen jedoch korrekt informierte: «Mon but est de suivre la méthode dont vous êtes, très honoré confrère, le promoteur et qui vous a donné depuis nombre d'années de si heureux résultats. J'ai pris la liberté de signaler votre nom et vos succès dans une circulaire destinée aux confrères».

Bernhard, konziliant wie er war, beglückwünschte Rollier zu seinen Aktivitäten. Ja, mehr noch: Weil er feststellte, dass dieser nur seine Frühform der Heliotherapie bei chirurgischer Tuberkulose übernommen hatte (Freiluft-Liegekur, ähnlich der Behandlung der Lungentuberkulose, kombiniert mit orthopädischen Massnahmen) und ihm offenbar die neuste Entwicklung mit der direkten Sonnenbestrahlung noch nicht bekannt war, gab er ihm diesbezügliche kollegiale Ratschläge. Rollier antwortete prompt: «Je vous remercie vivement aussi pour vos éminents conseils que je vais m'empresser d'expérimenter».

Leysin dominiert St. Moritz

Und er meldete sich auch wieder, als er mit Bernhards eigentlicher Heliotherapie die ersten Erfolge verbuchen konnte: «Voilà, cher monsieur et très honoré confrère, les heureux résultats optenus avec votre excellente méthode que je vous remercie de m'avoir conseillé». So schreibt kein Usurpator, der sich mit fremden Federn schmücken will. Man spürt, dass es beiden, dem «Erfinder» und dem Nach-

Zwei friedliche Kontrahenten: Oscar Bernhard in St. Moritz und Auguste Rollier in Leysin *(vgl. Kastentext).*

> **Kollegiale Konkurrenten**
> **Aus einem freundschaftlichen Brief von Bernhard an Rollier, 03.06.1907**
>
> Es freut mich, mit Ihnen am Congress (für Physiotherapie in Rom) über unsere Sache zu referieren, wir sind es derselben schuldig, gerade im Hinblick auf manche Zunftchirurgen, die derselben noch skeptisch gegenüberstehen.
>
> Wir wollen so als die beiden Hochgebirgschirurgen gemeinsam arbeiten und unsere conservative Therapie, namentlich der chirurgischen Tuberkulose, weiterhin ausbauen.

Die anfängliche Methode: Lokale Besonnung durch einen gefensterten Gipsverband.

vollzieher, um die Sache, ums Helfen und nicht um das eigene Ego und persönliche Prestige ging.

Die Patientenzahlen in Leysin stiegen nun laufend, worunter sich viele verkrüppelte Kinder und Jugendliche befanden, die von ihren Chirurgen aufgegeben worden waren. Das einstige Bauerndorf mutierte zum Sanatoriums-Kurort, wo «die lebenden Leichname schonend an das starke, gefährliche Licht der Hochgebirgssonne» gewöhnt wurden. Die verschrumpelten Glieder wurden aus den Stoff- und Gipsverbänden herausgeschält und die eiternden Wunden der Höhenluft und Gebirgssonne ausgesetzt, wobei die Besonnung allmählich auf den ganzen Körper ausgedehnt wurde.

Zusammen mit seiner Frau (sie hatte ihre Tuberkulose glücklich überstanden) gründete Rollier in Leysin in kurzer Zeit nicht weniger als 35 (!) Sonnensanatorien und -schulen und machte Leysin zum Mekka all jener, die an chirurgischer Tuberkulose litten. Umgekehrt hatte Bernhard in St. Moritz seine geplante Gross-Sonnenklinik nicht bauen dürfen. Er musste zuschauen, wie sein Traum bei Rollier im Waadtland in Erfüllung ging.

Das spätere Verfahren: Vollsonnenbad auf der Terrasse der Bernhard-Klinik.

Mit welcher Grösse Bernhard diese Schicksalswende trug, zeigt ein kleines Detail: In einem damals erschienenen Buch mit dem Titel «Kämpfer für das Leben» wurde im Kapitel über Heliotherapie Rollier dominant, Bernhard dagegen nur marginal dargestellt.

Das hinderte ihn nicht, dieses Buch «Der lieben Enkelin und Bazillenjägerin Jacqueline Herold zur Erinnerung» zu schenken und zu signieren. Dasselbe Bild menschlicher Grösse belegt ein Brief Bernhards an Rollier. Wenn es doch mehr solch grosszügige Charaktere gäbe!

Triumph der Vernunft

Rollier war nicht einfach der Nachahmer von Bernhard. Wohl hat er dessen Technik übernommen, aber er war durch eigene Erlebnisse bereits dafür sensibilisiert gewesen. Was Bernhard im Engadin im Kleinen begonnen hatte, zelebrierte er im Waadtland im Grossen, weil er hier, im Gegensatz zu Bernhard, breite Unterstützung fand.

Doch wie vorher schon Bernhard, so wurde auch er angefeindet, vor allem von den operativ tätigen Berufskollegen. Als er sich 1905 am Ärztekongress in Paris zu rechtfertigen versuchte, verliessen diese demonstrativ den Saal. Doch die Sonne siegte auch bei ihm; 1928 erhielt er von der Universität Lausanne den Ehrendoktor-Titel.

Das Verrückte an dieser Geschichte: Weil umgekehrt Bernhard im mondänen Sport- und Jetset-Kurort St. Moritz *(wie im allgemeinen Kapitel über den Promotor Bernhard gezeigt wurde)* in seiner Entfaltung gebremst worden war, ergab sich die verquere Situation, dass der Begründer der Heliotherapie plötzlich im Schatten seines umständehalber erfolgreicheren Nacheiferers verblasste, ja schliesslich sogar in Vergessenheit geriet, was die Ausstellung über Alpenmedizin im Schweizerischen Landesmuseum im Frühjahr 2010 deutlich machte: Rollier und Leysin waren präsent, St. Moritz und Bernhard fehlten...

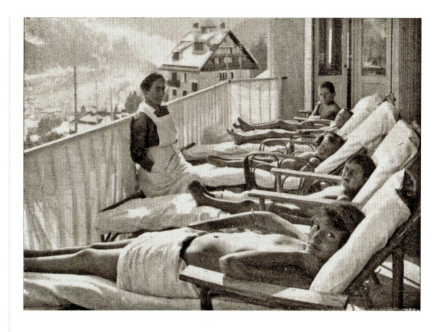

Kinderpatienten auf einer Liegeterrasse bei der Sonnenlichtbehandlung im Winter.

Die international bekannt gewordene Bernhard-Klinik mit ihren gegen Einsicht geschützten Sonnenterrassen.

Zwerge aus den Bergen

Dass es so kam, ist weder die Schuld von Bernhard noch die von Rollier. Im Gegenteil, beide verhielten sich im Wettstreit der Entwicklung absolut korrekt. Bernhard hatte die Grösse, sich über diesen Verlauf der Dinge nie zu beklagen und gönnte Rollier dessen Erfolg. Dieser hat umgekehrt immer kristallklar kommuniziert, dass Bernhard und nicht er der «Erfinder» der Heliotherapie sei.

Hartnäckig, aber fair

Noch mehr erstaunt, wie schliesslich auch der unantastbare Zieh- und Übervater der beiden, Theodor Kocher, charakterliche Grösse bewies. Er hatte den zwei jugendlich-dynamischen Heliotherapeuten, die man in Neiderkreisen als «Zwerge aus den Bergen» apostrophierte, stets kritisch bis ablehnend gegenübergestanden: «Die Beschreibungen sind von viel zu viel Enthusiasmus begleitet».

Doch Bernhard liess nie locker und bot Kocher Paroli, nie verletzend, aber seiner festen Überzeugung verpflichtet. Und er war auch objektiv genug, über seinen ehemaligen Lehrer bewundernd zu bekennen: «Es schwebt mir immer noch die herrliche Klinik Kochers, die schlichte und doch so wissenschaftliche und gründliche Art seines Unterrichts vor Augen, sein ruhiges und genaues Operieren, dass allen alles verständlich erschien und den Eindruck gab: Schau gut zu und du wirst es auch können».

Graue Eminenz zeigt Grösse

Als dann die stur-operative Behandlung der chirurgischen Tuberkulose ins Wanken geriet, fand plötzlich auch Kocher: «Die Entfernung des kranken Herdes dürfte nicht Ende der Behandlung sein» und «dass bei den operativ Geheilten die Sorge um den Allgemeinzustand durch Luft und Sonne nicht aus den Augen gelassen werden darf».

Und siehe: 1914, drei Jahre vor seinem Tod, hatte der Medizinpapst Kocher die menschliche Grösse, seinen Irrtum einzugestehen, und zwar öffentlich: «Wir müssen bekennen, dass wir für unsere mit chirurgischer Tuberkulose befallenen Patienten nicht das getan haben, was wir hätten tun sollen». Ja, er bekannte sogar, «dass wir dem konsequenten Vorgehen der Heliotherapeuten den grössten Dank schuldig sind». Und er schloss mit den Worten: «Wir zollen den Pionieren und ihrer eisernen Konsequenz volle Anerkennung».

Solch vorbehaltloses Eingeständnis einer eigenen Fehlbeurteilung macht den grossen Kocher nicht kleiner, im Gegenteil! Dies zeigt erst seine wahre Grösse. Überhaupt: Das an den Tag gelegte, vor-

Der einstige Lehrer, Professor Theodor Kocher, fragt seinen ehemaligen, Romanisch sprechenden Assistenten um Rat bei einem Wortwurzel-Problem.

Der Berner Chirurg Theodor Kocher (1841-1917) bei einer Kropfoperation vor ausländischen Medizinern; er war der Mentor von Oscar Bernhard und Auguste Rollier.

bildliche Verhalten aller drei Kontrahenten – Bernhard, Rollier und Kocher – könnte direkt Vorbild sein für die heutige Zeit, wenn im akademischen Wettstreit gelegentlich missgünstig und unkollegial mit dem Zweihänder gekämpft wird.

Ganzheitliche Medizin

Oscar Bernhard ist und bleibt also der Vater der Heliotherapie und das kleine Krankenhaus in Samedan deren Wiege. Rollier hat ihn «beerbt», erfolgreich, aber korrekt. In den Details der Therapie sind beide später etwas auseinandergedriftet; denn während Bernhard grösseren Wert auf die direkte lokale Besonnung legte und dies mit konservativer Therapie unterstützte, propagierte Rollier die Ganzkörperbestrahlung und verzichtete fast gänzlich auf chirurgische Eingriffe. Beim Kurieren von Spätfolgen wendete Bernhard auch balneologische Zusatztherapien an, was in der traditionellen Hochgebirgs-Bäderstadt St. Moritz eigentlich auf der Hand lag.

Im Gegensatz zur Lungentuberkulose war die Ansteckungsgefahr bei der Knochen- und Gelenktuberkulose gering bis nicht vorhanden. Deshalb musste auch der Kontakt zur Aussenwelt und zu den Familienangehörigen nicht auf ein Minimum beschränkt werden. Dennoch stellten die langen Kuren fernab vom Zuhause psychische Belastung dar. Deshalb wurden von Bernhard wie von Rollier die zur Untätigkeit verdammten Patienten auch als Menschen ernst genommen, betreut, ja sogar gezielt beschäftigt, eine Art ganzheitliche Medizin, schon damals!

Trotz grossem Erfolg beider Heliotherapeuten war von Überheblichkeit nichts zu spüren. Bernhard blieb der Arzt und Menschenfreund, und auch von Rollier gibt es ein schönes Zeugnis edler Denkart, wenn er in seinem Buch «Die Heliotherapie der Tuberkulose» (1913), in welchem er zuerst an Bernhards Vorleistungen erinnert, darlegt: «Ein medizinisches Kapitel unparteiisch zu schreiben, ist so schwierig, wie eine politische Abhandlung nur sein kann, ja noch schwieriger und gefährlicher, denn es berührt leicht persönliche Eigenliebe und nationale Empfindlichkeit». – Möge es dem Schreiberling dieses Buches gelingen, solcher Objektivität auch zu genügen.

Bernhard als Kriegschirurg

Zu Bernhards Zeiten gelangte die Heliotherapie von Wunden auch in der Kriegschirurgie zur Anwendung und wurde, wo es möglich war, in grossem Umfang ausgeübt. Er selber war im Ersten Weltkrieg monatelang in mehreren deutschen und englischen Lazaretten als Chirurg tätig.

Schwarzwald-Sonnenklinik

Unter Militärärzten war Sonnenlichtbehandlung schon früher bekannt gewesen. So berichtete zum Beispiel Napoleons Leibarzt Larrey von Wunden, die unter Besonnung schneller heilten als unter dem Verband. Auch Stabsarzt Goldammer rühmte seine grossen Erfolge in den Balkankriegen von 1912/13 mit Heliotherapie bei Granatsplitter-Weichteilwunden. Er hatte die Methode notabene bei Bernhard in St. Moritz erlernt.

Obschon Oscar Bernhard während des Ersten Weltkrieges im sichern Hort St. Moritz seinem Tagewerk hätte nachgehen können, war er sich nicht zu schade, sein medizinisches Wissen und chirurgisches Können dort einzubringen, wo es noch dringender benötigt wurde, bei den schwer verwundeten Kriegsopfern vor Ort.

Oder war es eine Flucht nach vorn in den Arbeitsstress, weil er in seiner Entfaltung zu Hause gebremst worden war und zusehen musste, wie andere mit seiner Methode gross herauskamen? Wie dem auch sei: Während acht Monaten war er als Kriegschirurg in deutschen Lazaretten tätig, zuerst im Winter 1914/15 in Kettwig (Rheinprovinz), dann im Frühjahr 1915 in Colmar.

Doch im Norden gab es in den Wintermonaten nur wenig Sonne, so dass er sich mit der Quarzlampe behelfen musste: Und im Elsass hatte er, ganz nahe an der Front, einen derartigen Wechsel im Verwundetenbestand, dass für Heliotherapie, die eine Langzeitbehandlung erfordert, keine Zeit blieb. Ganz anders war es im Sommer 1915 in Bad Dürrheim im Badischen Schwarzwald. Im Auftrag des Sanitätsamtes des 14. deutschen Armeekorps konnte er hier eine eigentliche Sonnenklinik für Kriegsverwundete errichten. Dies geschah notabene auf Veranlassung der Grossherzogin Luise von Baden, die sich bei ihren früheren häufigen Aufenthalten im Engadin im Spital Samedan die Heliotherapie hatte erklären lassen.

Internierungs-Triage

Aber auch in offizieller Mission als Schweizer Militärarzt und Sanitätsoffizier war Oscar Bernhard im Ausland tätig, so von 1916 bis 1918 in Kriegsgefangenenlagern in England, Deutschland und Nordfrankreich beim Austausch von verwundeten und kranken Kriegsgefangenen zwischen den verschiedenen Nationen zwecks Internierung in der Schweiz oder direkter Repatriierung. Auf diesen Reisen hat er in verschiedensten Lagerlazaretten feststellen können, dass die Sonnenlichtbehandlung der Wunden routinemässig eingesetzt wurde.

Vorbildliche Einrichtungen für Heliotherapie in der Kriegschirurgie fand er etwa im grossen Lazarett der kanadischen Truppen, welches das Kanadische Rote Kreuz in Maidenhead an der Themse eingerich-

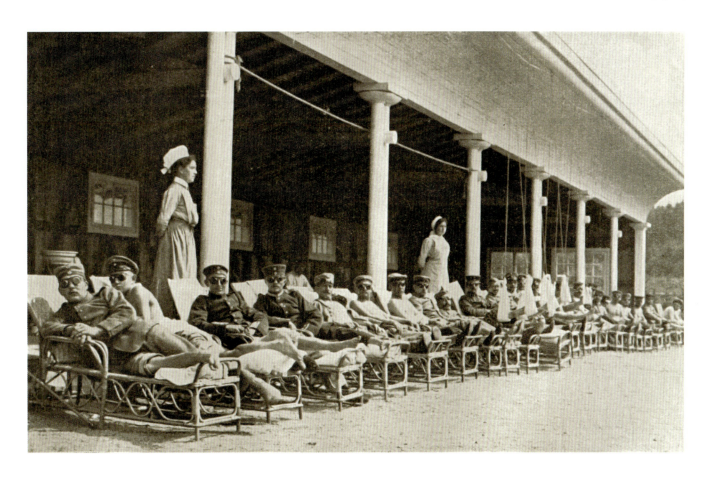

Die Sonnenklinik im Vereinslazarett Bad Dürrheim im Badischen Schwarzwald, die Oscar Bernhard im Auftrag von Grossherzogin Luise von Baden 1915 einrichten konnte.

tet hatte. Aber auch Franzosen und Italiener nutzten die Sonnenlichtbehandlung für ihre Verwundeten eifrig, besonders an den sonnigen Küsten des Mittelmeers. Erfolgsberichte lagen auch vom Kriegsschauplatz in Polen vor (wo eine Besonnungsanstalt in einem Gärtnereitreibhaus improvisiert wurde), ja sogar von der Marine in Konstantinopel.

Ganz nüchtern und ohne zur Schau gestellten Stolz konnte Oscar Bernhard konstatieren: «Vergleicht man all diese Mitteilungen verschiedenster Kriegschirurgen, die sich der Heliotherapie zugewandt haben, so bestätigen sie meine im Jahre 1904 zum ersten Male ausführlich veröffentlichten Beobachtungen vollauf und oft ganz wörtlich». Das mag ihn über einige weniger schöne Erlebnisse in diesem Zusammenhang hinweggetröstet haben.

Unerwartetes Wiedersehen

Immer wieder schrieb er zu später Nachtstunde lange und ausführliche Briefe an seine Frau, von denen jeder einzelne sich wie ein dichterisches Essay liest, selbst wenn es sich um tragische Kriegsgeschehnisse handelt *(vgl. Kastentexte folgende Seiten)*. «Du magst», schreibt er seiner Lili, «was Dich weniger interessiert, überspringen. Ich tue es aber auch für mich statt eines Tagebuches. Zur Führung eines solchen habe ich mich, wie Du weisst, nie aufschwingen können».

Und weiter: «Das Neue und Interessante, das in so grossem Massstabe und plötzlich über mich gekommen ist, möchte ich doch gerne für spätere Zeiten festhalten. Trotzdem ich in den bald 30 Jahren meiner Praxis schon viel Schweres gesehen habe, bleibt der erste Eindruck, auf einmal einer so grossen Zahl meistens sehr schwer Verletzter gegenüber zu stehen, für mich ein tiefer und unauslöschlicher, und ebenso gross und dauernd ist die Freude, dabei helfend mitwirken zu können».

Und er fand auch noch Zeit, sich für Einzelschicksale zu engagieren, wie ein Schreiben vom 31. März 1917 an seine Königliche Hoheit, Prinz Adalbert von Preussen belegt, in welchem er sich für einen abgeschossenen und gefangen genom-

Ein berührendes Statement
Aus einem Brief an die Familie vom Kriegslazarett Kettwig-Ruhr, 28.10.1914

Meine Lieben! Im Corridor war ein penetranter Geruch, zusammengesetzt von Jodoform und andern aseptischen Mitteln, Schweiss, Blut, Eiter und Ausdünstungen, der unendliches Mitleid mit den armen Unglücklichen erweckte – und dann erst der Anblick all des Jammers und Elendes!

Da ist einer mit einem durchschossenen, ganz zersplitterten Knochen, hier hängt in Fetzen eine ganze Hand herunter, dann wird wieder einer gebracht, dessen Leib an vielen Stellen von Granatsplittern zerfetzt ist. Handtellergrosse Stücke Haut fehlen. Muskeln und Sehnen liegen bloss und zucken beim Verbandwechsel.

Dann kommt wieder einer, dem eine Granate den Unterkiefer zerschmettert hat und dessen Gesicht unförmlich entstellt ist, oder es wird einer hereingetragen, dem eine Shrapnellkugel durch den Hals eingedrungen ist, das Schlüsselbein zerschmettert hat und nebst mitgerissenen Knochensplittern vorn in der Lunge steckt; mühsam geht sein Atem und sein Auge glänzt in Todesangst.

Solches und noch viel anderes Schreckliches sah ich, kaum angelangt. Oft schnürte mir das Mitleid mit allen diesen braven Burschen, deren Leiden sich in ihren Augen widerspiegelte – wie bei einem angeschossenen Wilde, in einem merkwürdigen, schwer zu beschreibenden Ausdruck von Schmerz und Angst, gepaart mit wilder Lust zu leben –, fast das Herz zusammen. Ich fluchte auf den Krieg und dankte, dass ein gütiges Geschick mir beschieden war, so viel es in meinen schwachen Kräften liegt, seine schrecklichen Folgen mildern zu können.

Alles, was ich bishin in fast 30jähriger aerztlicher Tätigkeit erlebt und durchgemacht habe, kommt mir klein vor gegenüber dem, was jetzt zu leisten ist, und noch nie habe ich ein so herrliches Gefühl der Befriedigung gehabt. Wie schön ist doch die Medizin! Und wiederum wie traurig, wie unsäglich traurig ist es, dass unsere ganze vermeintliche Kultur so versagt hat und die raffiniertest ausgesonnenen Mordmaschinen heute Menschen hinmähen wie Aehren, oder sie qualvoll verstümmeln.

Man sollte jeden Diplomaten, der am grünen Tisch seine Schachzüge zieht über die Geschicke von Völkern, verpflichten, der Aufnahme und der Untersuchung eines grossen Verwundetentransportes aus einem modernen Schlachtfelde nur einen halben Tag lang beizuwohnen. Ich glaube, das wäre für einen künftigen langen Frieden nützlicher als alle Haager Conferenzen.

menen französischen Fliegerwachtmeister einsetzt, dem er – welch ein Zufall! – vor zwölf Jahren als Jüngling durch eine Blinddarmoperation in extremis das Leben gerettet hatte und dessen Mutter aktuell zur Kur in seiner Klinik in St. Moritz weilte... Auch im Krieg ist die Welt klein!

Wink mit dem Zaunpfahl?

In diesen ganz persönlichen, vom Herzen weg geschriebenen Briefen an seine liebe Frau kommt Bernhards Denkart erst richtig zur Geltung: «An den Anblick der grässlichen Verwundungen und an die schweren Leiden der armen Kriegsopfer gewöhnt man sich schliesslich und sie verlieren allmählich das Schreckliche, nur das Mitleid mit den braven, unschuldigen Leuten bleibt dasselbe und wird auch immer so bleiben.

Wo es immer angeht, suche ich den Leuten Schmerzen zu ersparen und ich wende viel mehr Narkosen und Lokal-Anaesthesien bei meinen Verwundeten an, als in der Zivilpraxis. Diese Leute, die meistens schon Unsägliches gelitten haben, bis sie im Lazarett untergebracht worden sind, verdienen es auch mehr, dass man ihnen soviel wie möglich Schmerzen erspart, als unsere Sportsleute, die glauben eine Heldentat verrichtet zu haben, wenn sie zum Beispiel auf dem Cresta Run mit einer Fünftelsekunde ihren Rivalen geschlagen haben. Wer für solche Blasiertheiten – ich urteile bei allem, was ich jetzt sehe, darüber schärfer als früher – Leben und Gesundheit aufs Spiel setzt, soll auch den Mut haben, etwas Schmerzen auszuhalten».

Ob bei diesem Wink mit dem Zaunpfahl eine leise Kränkung darüber mitschwingt, dass beim Negativentscheid über seine Gross-Sonnenklinik in St. Moritz der Sport über die Medizin gesiegt hatte? Denn die Cresta Riders tun ja wohl nicht viel anderes, als der Hochgebirgsjäger bei seinen lebensgefährlichen Adleraushorstungen in steiler Felswand auch mal getan hat mit der damaligen Begründung, dass ihn die damit verbundene «Ueberwindung der oft grossen Schwierigkeiten und Gefahren gereizt» habe – was in heutiger Diktion hiesse: den ultimativen Adrenalinkick suchen...

Kämpfer-«Recycling»

Chirurg sein in Kriegslazaretten war nicht nur knallhartes Handwerk, es hat auch Denkprozesse ausgelöst. So schrieb Bernhard seiner Frau am 12. Dezember 1914: «Der Kriegsgott, der nun auf der ganzen Welt alle Kräfte in seinen Dienst und zu seiner vernichtenden Tätigkeit herbeigezogen hat, hat auch uns Aerzte zu seinen Dienern gemacht. Es klingt dies paradox, aber dennoch ist es so.

Dadurch, dass wir die Wunden, die der Krieg schlägt, zu mildern und zu heilen suchen, befördern wir ihn andererseits, indem wir ihm immer wieder frische Kräfte zuführen helfen. Dank der so hochentwickelten modernen Chirurgie können nach mehr oder wenigen Wochen 50 – 60 % der Verwundeten, wie unsere Statistik ergibt, wieder als kriegstüchtig ins Feld einrücken».

Und er doppelt nach: «Ich habe in meinem Lazarette einige Krieger behandelt, die schon anfangs August im Elsass schwer verwundet worden waren, Ende September oder im Oktober wieder ausrückten, in den Kämpfen an der Yser wieder verwundet wurden und jetzt freudig und willig nach dem Osten ziehen, um sich zum dritten Male den Schrecken des Krieges auszusetzen».

Nervenstark und resistent

Dann gibt er gleich noch eins drauf: «Vor den Nerven unserer modernen Menschen, die ich früher im Hinblick auf die vielen Neurastheniker, welche mich in St. Moritz mit ihren Klagen beglückten, so oft verwünscht habe, habe ich nun doch grossen Respekt bekommen. Fast alle diese Soldaten haben eiserne Nerven. Wenn sich ein-

---

Lungen-, Bauch- und Beckenschüsse
Aus einem Brief an seine Frau vom Kriegslazarett Kettwig-Ruhr, 18.11.1914

Meine liebe Lili! In Gedanken bin ich, sofern dieselben in dieser arbeitsreichen und verantwortungsvollen Zeit mir selbst angehören, stets bei Dir und den lieben Kindern, und wenn ich zum Schreiben käme, würde ich öfters mit Dir plaudern. Sonntag vor 8 Tagen wollte ich mich gerade hinsetzen und einen Brief beginnen mit «diesen stillen Sonntagnachmittag», als es hiess, es sei soeben ein neuer Verwundetentransport von Essen hieher abgegangen. Ich bekam 29 Bayern, alles Schwerverwundete.

Die Leute kamen direkt vom Schlachtfelde am Isère-Kanal, wo man die Bayern den Engländern gegenüber gestellt hatte. Bei einem Sturme kam es zu schrecklichem Nahkampf. Die Bayern scheinen wie die Löwen gekämpft zu haben und gewannen schrittweise Boden, aber von einer Compagnie von 276 Mann waren nur noch knapp 30 übrig geblieben, die andern entweder tot oder verwundet, als gefangen ergab sich keiner. Die Armen sahen schrecklich aus, von den feldgrauen Uniformen war nicht mehr viel zu sehen, lehmgrau waren auch die abgehärmten, ausgebluteten Gesichter.

Es waren alles schöne, kräftige Gestalten aus der Gegend des Oberammergaus, Männer mit reichem Haar, grossen gekräuselten Bärten, jeder hätte ein Passionsspieler sein können, ein Christus, Petrus, und auch ein feuerroter Judas hätte nicht gefehlt. Diesmal aber war die Passion bitterer Ernst. Viele hatten Lungenschüsse und keuchten schwer, andere Bauch- und Beckenschüsse. Die meisten zeigten Schüsse durch den Oberschenkel, wegen der Schussnähe mit colossalen Ausschussverletzungen, und bei 7 war der Oberschenkelknochen zugleich zerschmettert.

Der eine meiner Amputirten starb leider, wie vorauszusehen war. Es ist dies bis jetzt der erste Todesfall, den ich hatte. Es war ein mit dem eisernen Kreuz geschmückter Bayer, der in Zürich niedergelassen war und freiwillig dem Rufe seines Vaterlandes gefolgt war. Seine aus Zürich hergereiste Braut traf einige Stunden vor seinem Tode hier ein und fand ihn noch bei klarem Bewusstsein.

An der Beerdigung nahmen alle hiesigen Verwundeten, die sich nur irgendwie vorwärtsschleppen konnten, teil, gewiss etwa 80 bis 100 Mann, dann der Kriegerverein mit Militärmusik, andere Vereine der Stadt und viel Volk. Von dem auf einer Anhöhe gelegenen Friedhofe sah man im trüben Morgennebel den Rauch der Krupp'schen Schlote in Essen, ein richtiger Weihrauch für ein Soldatengrab. Nachdem der wackere Krieger gebettet war, ging's unter den frischen Klängen «ich hatt' einen Kameraden» wieder zurück mit den Verwundeten ins Lazarett.

Abends 10 Uhr, 18. Nov. 1914. Eben wird für diese Nacht 1 Uhr ein grosser Verwundeten-Transport angesagt…

mal ein Zimperlicher zeigt, so ist es eben ein solcher Mensch, der auch im alltäglichen Leben auf Kleinigkeiten reagieren würde. Von einer sogenannten Kriegspsychose, wie sie die Herren Nervenaerzte schon gleich konstruirt haben, habe ich noch nichts gesehen».

Bewundernd fügt er an: «Wenn ich meinen Respekt geäussert habe für die Nerven unserer Generation, so kann ich es auch tun für die Kraft und Energie, die in ihrem Körper wohnt. Auch da merkt man noch nichts von Decadenz und Verweichlichung. Es ist merkwürdig, ja oft fast unfasslich, wie rasch und gut bei richtiger chirurgischer Nachhilfe die scheusslichsten Wunden heilen».

«Drei Monate lang», schreibt er an anderer Stelle, «habe ich nun deutsche Verwundete behandelt und zu meiner Freude niemals mit einem etwas Unangenehmes erlebt, ja nicht einmal einen Misston gehabt». Die tapferen Soldaten waren geerdete Patienten, wie er sie von seiner Gebirgspraxis her kannte. Zum Abschied drückten sie ihm dankbar und treuherzig die Hand. Einer der Bayern, nicht gerade der gescheiteste, aber der urwüchsigste, ein rothaariger, vierschrötiger Landwehrmann, brachte ihm mit vor Stolz leuchtenden Augen ein Bildchen: «Herr Docta, do bring ich eana ä Präsidänt, mei Fotografi, dös is vor dia Ehr».

Weihnachten im Krieg

Ergreifend ist, wenn Oscar Bernhard seiner Lili die Weihnachtsfeier für die Kriegsversehrten im Lazarett beschreibt, «diese Armen, die wochenlang draussen in den feuchten Schützengräben lagen, allen Unbilden der Witterung ausgesetzt und dem Tode, der vom Feinde droht, immer entgegen schauend, nun sich unter einem schützenden Dach geborgen wissen, in dessen Hallen der Weihnachtsbaum brennt und friedliche, feierliche Stimmung ausstrahlt.

In langen Reihen trugen die Sanitäter die Schwerverwundeten in den Saal hinunter und lagerten sie bestmöglich, während die andern in Gruppen hermarschiert kamen mit ihren verbundenen Köpfen, den Arm in der Schlinge oder an Stöcken und Krücken humpelnd». Und dann beschreibt er, wie all diese struppierten Krieger mit glänzenden Augen die Weihnachtslieder mitzusingen versuchten.

«Es traten bei mir», beginnt er zu philosophieren, «eigentümliche Gedanken auf. Welch widersinniges Unheil ist eigentlich so ein Krieg! Manche finden für ihn eine tröstliche Benennung, wenn sie ihn mit einem Naturereignis vergleichen. Es ist dies aber eine vielleicht bestrickende und doch so hohle Phrase.

Naturereignisse stehen über den Menschen; der Krieg ist aber etwas von den Menschen selbst Gewolltes und umsomehr zu verabscheuen, weil gerade in diesem Krieg nirgends die Not eine Triebfeder sein konnte. Alle Nationen hatten ihren Platz an der Sonne, der ihnen genügend Nahrung gab, und nur Grossmannssucht und Neid hat diesen grässlichsten aller Kriege verschuldet».

Bis an die Leistungsgrenze

Die Arbeit in den Kriegslazaretten war eine Rund-um-die-Uhr-Aufgabe, physisch hart und psychisch belastend. In einem Brief an seine Frau Lili aus Kettwig vom 7. Februar 1915 schimmert denn auch erstmals – und das hat er wohl nur ihr und niemand anderem gegenüber offenbart –

so etwas wie widerwilliger Respekt vor der erdrückenden Arbeitslast durch, wenn er, der sonst unermüdliche Draufgänger und hartgesottene Naturbursche schreibt: «Heute war ich wirklich eine Zeit lang fast erschöpft und fühlte auf einmal zu meinem grossen Ärger etwas wie Alter».

Kein Wunder, wenn er gleich begründet, warum: «Allerdings ist in den letzten 14 Tagen vieles über mich ergangen. Im Lazarettzuge gab es wenig Schlaf und die Rückreise war sehr anstrengend. Wir hatten 315 Verwundete und Kranke, darunter auch Irrsinnige transportiert. Von früh morgens bis abends spät gab es zu verbinden und in die Nacht hinein mussten noch die Protocolle geschrieben werden. Die ganze Reise war aber höchst interessant und lehrreich und ein Gewinn für mein ganzes Leben».

Plumpe Anschuldigung

Bernhard konnte aber auch ganz schön wütend werden und poltern, wenn er sich ungerechterweise angegriffen fühlte, wie damals in Colmar, als ihm, ausgerechnet ihm, irgendwelche Bürokraten-Generalärzte mit unbefleckter Uniform und zwei linken Händen mangelnde Asepsis vorwarfen, was für ihn als Operations-Perfektionist geradezu beleidigend war: «Wenn den Herren Inspizienten meine schwarzen Fingernägel vielleicht aufgefallen sein mögen, so rührt das daher, dass ich schon seit 30 Jahren meine Fingerspitzen vor einer Operation noch nach vorangegangener gründlicher Desinfektion der Hände zur ganz sicheren Desinfektion des Nagelfalzes mit Jodtinktur bepinsele».

Ungehalten fährt er fort: «Einem Chirurgen muss die Asepsis (steriles Arbeiten) und die Antisepsis (Verhinderung der Wundinfektion) in Fleisch und Blut liegen, sonst ist er durch sich selbst gerichtet und bald abgefertigt. Meine 30 Jahre chirurgischer Betätigung und im Beginne viele Jahre hindurch unter den schwierigsten äusseren Verhältnissen, die Erfolge eines Lebensalters kann mir kein Sanitätsamt oder kein Professor in einer halben Stunde absägen».

Für solch plumpe Anschuldigung verlangte er an höchster politischer Stelle Satisfaktion und schloss mit der Feststellung: «Eines hat mir aber der Beschluss des Sanitätsrates doch nicht nehmen können, mein chirurgisches Selbstvertrauen».

Durchs Netz gefallen

Oscar Bernhard gehörte zu jenen Menschen, die immer spontan bereit waren zu helfen, so auch der Schweizer Armee durch diese freiwilligen, monatelangen Einsätze in Kriegslazaretten und mit verantwortungsvollen Commissionsreisen ins Ausland. Dennoch ging er bei der militärischen Beförderung vergessen.

Also beantragte Hauptmann Bernhard 1917 beim Hauptquartier seine Beförderung zum Major gleich selber, «denn ich fand mich wirklich einige Male in etwas gedemütigter Lage» als älterer Subalterner unter den jüngeren, ranghöheren internationalen Commissionsmitgliedern.

Diese Beförderung erfolgte später dann auch, allerdings erst 1925, und 1936 wurde er als Major «unter Verdankung der geleisteten Dienste» aus der Wehrpflicht entlassen. Wahrscheinlich war er bezüglich Kriegschirurgie unter den Schweizer Militärärzten derjenige mit der grössten Erfahrung, obschon er darüber nie Aufhebens gemacht hat.

Beeindruckender Palmarès

Den ersten Ehrendoktor-Titel erhielt Oscar Bernhard von der Universität Frankfurt a. M. für seine Erfolge mit der Heliotherapie.

Was Oscar Bernhard im Laufe seines Lebens – in der Medizin und in anderen Sparten – gesät und geerntet hat, ist gewaltig. Wollte man sämtliche Publikationen aufführen, die er verfasst hat, und auch alle Ehrungen, Auszeichnungen und Diplome auflisten, die er erhalten hat, würde dies Seiten füllen. Wir beschränken uns deshalb auf eine nach Themenkreisen gegliederte, mengenmässige Übersicht.

Publikationen zur Heliotherapie

Im Zentrum stehen natürlich seine Veröffentlichungen zu Helio- und Klimatherapie, namentlich seine sechs Bücher: «Heliotherapie im Hochgebirge unter besonderer Berücksichtigung der Behandlung der chirurgischen Tuberkulose» (1912), «L'Eliotherapia in Alta Montagna» (1914), sein Standardwerk «Sonnenlichtbehandlung in der Chirurgie» (1917 und 1923, Stuttgart), später auch in Englisch und Italienisch erschienen. Die Beiträge in Zeitschriften und Handbüchern zum gleichen Themenkreis sind Legion (insgesamt rund deren 65).

Und wiederum typisch für Bernhard: Als volksverbundener Arzt hat er sich bemüht, nicht nur in renommierten medizinischen Fachzeitschriften zu publizieren, was dem Bekanntwerden in Fachkreisen dienlich ist, sondern auch Vorträge zu halten und für Publikumstitel Artikel zu verfassen, so etwa «Höhenklima als Heilmittel» für die Zeitschrift «Die Alpen».

Zu weiteren Themenkreisen

Fast ebenso zahlreich sind all seine Publikationen zu anderen medizinischen, zu naturwissenschaftlichen, numismatisch-historischen und naturschützerisch-jagdlichen Themen. Zuerst wieder die Bücher: Zur Thematik Bergrettung das Tabellenwerk «Samariterdienst» (1895), dann «Erste Hilfe bei Unglücksfällen im Hochgebirge» (5. Auflage 1914) sowie eine französische, englische und italienische Ausgabe davon.

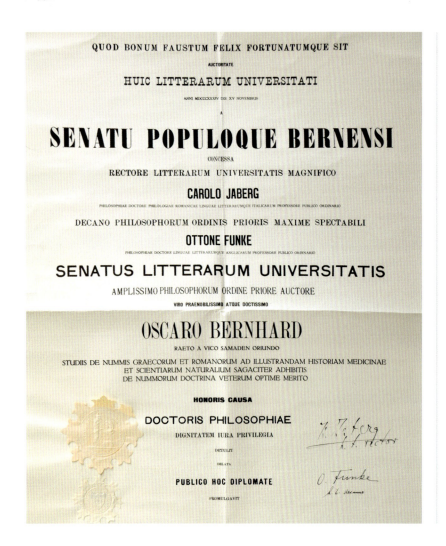

Beim Thema Numismatik (griechische und römische Münzbilder) sind es zusätzlich drei Buchpublikationen.

Auch hier ist die Zahl der Beiträge in Zeitschriften enorm (rund ein halbes Hundert). Neben Titeln zu den genannten Themenbereichen findet man da auch noch ganz spezielle Rosinen wie etwa «Geschichtliches über die Heilquellen von St. Moritz und den Kurort überhaupt» (was auf sein Interesse an der engeren Heimat hinweist), oder «Ein Hilfsmittel zu raschem und exaktem Nähen» (was seine praktische Ader belegt und nach ihm benannt wurde: Bernhard'sche Wundklemmen).

Zwei Ehrendoktor-Titel

Zu einem an sich verdienten Nobelpreis für Medizin kam es nicht. Dafür hat Oscar Bernhard zwei Doktortitel ehrenhalber zugesprochen erhalten. Der erste (Dr. phil. nat. h.c.) kam aus dem Ausland und wurde ihm 1928 von der naturwis-

Der zweite Ehrendoktor-Titel wurde Oscar Bernhard von der Universität Bern für seine numismatischen Forschungen zuerkannt.

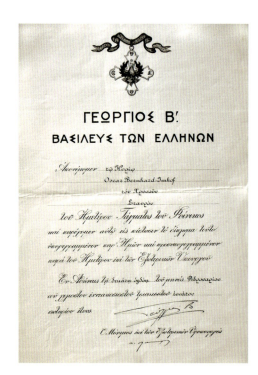

senschaftlichen Fakultät der Universität Frankfurt a. M. mit folgender Laudatio verliehen: «Ihnen, der durch Begründung und systematischen Ausbau der Heliotherapie der leidenden Menschheit einen unvergänglichen Dienst erwiesen und der Naturwissenschaft ein neues Forschungsgebiet erschlossen hat».

Den zweiten (Dr. phil. I h.c.) erhielt er – nicht für seine medizinische, sondern für die numismatische Forschungsarbeit – 1931 von der philosophischen Fakultät I der Universität Bern: «Für Arbeiten über die antike Numismatik in ihren Beziehungen zur Geschichte der Medizin und der Naturwissenschaften» (mit lateinischer Laudatio).

Auszeichnungen und Ehrungen

Auch hier eine geballte Ladung, mehrheitlich aus dem Ausland, womit definitiv klar wird, welch grosse internationale Reputation und Wertschätzung dieser Arzt und Forscher weltweit genoss: 1920 Verdienstmedaille der Croce Rossa Italiana, gefolgt 1921 vom Ehrenbürgerrecht der Gemeinde St. Moritz. Dann wurde er Ehrenmitglied der Naturforschenden Gesellschaft des Kantons Graubünden und der Section Bernina des Schweizerischen Alpenclubs (beide 1926), Ehrenmitglied der Deutschen Balneologischen Gesellschaft und der Deutschen Gesellschaft für Lichtforschung (beide 1927).

Es folgte die Ehrenmitgliedschaft der Oesterreichischen Balneologischen Gesellschaft (1928), der Gesellschaft der Aerzte in Wien (1929) und der Deutschen Gesellschaft für Meeresheilkunde, Abteilung Nordsee (1929). Dann wurde er Membre d'Honneur de la Société Vaudoise de Médecine (1929), Président d'Honneur du Comité international de la Lumière (1929) und Fellow of the Royal Institute of Public Health, London (1930), Ehrenmitglied der Schweizerischen Gesellschaft für Balneologie und Klimatologie (1931) sowie Hono-

Aus allen Himmelsrichtungen trafen Ehrungen und Auszeichnungen ein.

Eine Auszeichnung der Französischen Ehrenlegion und die Ehrenmitgliedschaft bei den Balneologen.

rary Member of the American Congress of Physical Therapy (1931).

Und es ging munter weiter: Preussische Medaille «Für Verdienste um die Volksgesundheit» (1932), Ehrenmitglied der historisch-antiquarischen Gesellschaft des Kantons Graubünden (1932), Ehrenmitglied der Gesellschaft der Aerzte in Kopenhagen und der Schweizerischen Numismatischen Gesellschaft (beide 1933), Mitglied der Kaiserlich Leopoldinisch-Carolinischen Deutschen Akademie der Naturforscher zu Halle (1933), Dunant-Medaille (für verdienstvolle Arbeit im Samariterwesen, 1937), Golden Key of the American Congress of Physical Therapy und Ehrenmitglied der Schweizerischen Gesellschaft für physikalische Therapie (beide 1934) sowie Ehrenmitglied des Institutes für physikalisch-biologische Lichtforschung in Hamburg (1936).

Berufungen und Diplome

Dank seinem Renommee wurde er 1916 bis 1918 dazu berufen, als Sanitätsoffizier der Schweizer Armee den Austausch von Gefangenen in England und Deutschland zwecks Repatriierung oder Internierung in

---

Vorbild für viele
So etwa für Dr. Carl Häberlin; aus seinem Brief aus Wyk auf Föhr, 01.02.1932

Hochverehrter Meister! Mit grosser Freude lese ich von der Anerkennung, die Ihnen von der Universität Bern zuteil wurde. Wenn je ein Mann die Ehrung verdiente, so sind Sie es; Sie in den Reihen ihrer Ehrenbürger zu sehen, ziert jede Fakultät.

Dass Sie mir durch Ihr Beispiel als Arzt und Mensch sehr viel gegeben haben, wissen Sie vielleicht nicht; ich aber empfinde es dankbar, dass ich Ihnen begegnen durfte. In unserer Zeit der unphilosophischen Medicin ist ein Arzt wie Sie eine grosse Seltenheit.

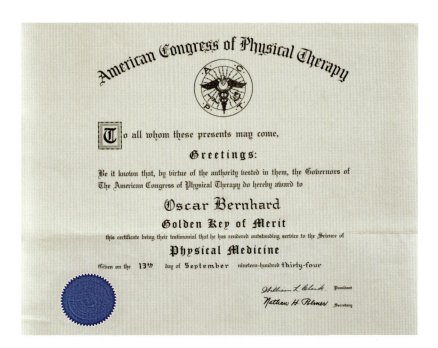

Auszeichnungen und Ehrenmeldungen aus verschiedenen Bereichen der Medizin und der Naturwissenschaften.

die Schweiz zu beaufsichtigen, in verschiedenen Lazaretten als Kriegschirurg tätig zu sein und im Badischen Schwarzwald eine Sonnenklinik einzurichten.

Gefreut haben ihn wohl auch die kleineren Auszeichnungen wie das Diplom I. Classe mit Goldmedaille der Kantonalen Gewerbeausstellung in Zürich (1894) oder das Ehrendiplom mit Goldmedaille der Hygiene-Ausstellung in München (1895) und verschiedene andere, ganz abgesehen von den vielen Dankschreiben *(vgl. Kastentexte).*

Die vielleicht allerschönsten und herzlichsten Anerkennungsbezeugungen jedoch erhielt er von seinen Patienten, und zwar sowohl von den Berühmten und Reichen, was sich in vielen Briefen widerspiegelt, als auch von den Kriegsopfern in den Lazaretten und den armen Leuten zu Hause im Tal, die er oft unentgeltlich behandelte.

Respekt vom Meer zum Fels
Ehrbezeugung des «Vereins der Aerzte in den Deutschen Nordseebädern», 01.02.1932

Hochverehrter Meister! Der Verein der Aerzte in den Deutschen Nordseebädern kann nicht verfehlen, Ihnen zu der Ehrung durch die Universität Bern seinen wärmsten Glückwunsch auszusprechen. Das neue Leben, das Sie der Klimatologie eingehaucht, hat sich auch in der Meeresheilkunde fruchtbringend und epochemachend gezeigt.

Der unmessbare Dank der Knochen-Tuberkulösen, die Sie aus der finsteren Nacht der Stadt-Hospitäler in's Licht führten, die Sie vor Verstümmelung bewahrten, ist ein Lohn, so schön, dass Sie keinen weiteren brauchen. Aber Ihren Berufsgenossen neue weite Horizonte geöffnet zu haben, ist doch ein schönes Blatt in Ihrem Ruhmeskranz.

Lassen Sie uns daher Ihnen vom Meer zum Fels die Hand reichen und Ihnen unsere aufrichtigsten Glückwünsche aussprechen.

Diplome und Medaillen erhielt Oscar Bernhard gleich reihenweise.

Auf einmal überflüssig

Oscar Bernhard war weitsichtig und postulierte schon von Beginn weg, die Heliotherapie der chirurgischen Tuberkulose werde so lange das Mittel der Wahl sein, bis ein Spezifikum gegen diese Geissel der Menschheit gefunden werde.

Und also geschah es. Als die Chemotherapie mit den Tuberkulostatika auf den Plan trat, hatte die Heliotherapie ausgedient.

Nach Bernhards Tod

Nach dem Ableben von Oscar Bernhard am 14. November 1939 änderte sich auch infolge Ausbruchs des Zweiten Weltkrieges alles. Die Villa wurde an die Contessa di Medici verkauft, die darin Eigentumswohnungen einrichten liess.

Die Klinik wurde von Marco Petitpierre, Arzt und Schwiegersohn, verheiratet mit Bernhards Tochter Annigna, weitergeführt. Doch wegen der Kriegswirren blieben die Hotelgäste in St. Moritz aus und dadurch auch die Patienten. Die einst weltberühmte Sonnenklinik fuhr Verluste ein und musste schon nach zwei Jahren, 1941, schliessen.

Nun stand sie einige Jahre leer. Als Aussenstation des Kreisspitals Samedan erlebte sie dann nochmals – wenn auch nicht mehr als Sonnenklinik – ein Revival, um schliesslich von der Gemeinde St. Moritz übernommen zu werden.

Damit endete – wegen eines Konkurrenzverbotes – die medizinische Nutzung. Die Medizinkatze biss sich in den eigenen Schwanz. In der ehemaligen Sonnenklinik entstanden nun Eigentumswohnungen. Aus der Not hat man eine Tugend gemacht. Für den einstigen Pionier wäre das wohl ein schwacher Trost.

Tempora mutantur

Aber auch die Heliotherapie an sich war am Ende. Sein Nachfolger hatte gerade noch eine einzige wissenschaftliche Arbeit zu diesem Thema veröffentlicht. Die Chemotherapie mit den neu entwickelten Tuberkulostatika ermöglichte fortan die Tuberkulosebehandlung in jedem beliebigen Spital oder sogar ambulant.

Viele Sonnenkliniken, wie zum Beispiel in Leysin, wurden in Sporthotels umfunktioniert. Die Umstände hatten sich geändert. Eine grosse Errungenschaft der Medizin, die Sonnenlichtbehandlung, die zu ihrer Zeit Hunderttausende von Menschen retten konnte, hatte ausgedient.

Dennoch blieb Bernhards Name, zumal im Ausland, noch lange präsent. So erhielt er am 9. Juni 1947, acht Jahre nach seinem Tod, von der «World Biography» in New York einen Fragebogen zum Ausfüllen (was dann seine Tochter Annigna besorgte) für die «Biographical Encyclopedia of the World», welche von jedem Land jene Personen auflistet, «deren Leistungen einer Registration würdig sind».

Doch wie seine segensreiche Methode, so verblasste auch sein Name im Laufe der Jahre zusehends. Schön, dass er zu seinem 150. Geburtstag nochmals in Erinnerung gerufen werden kann!

Die symbolische Schlusslaterne am Kapitelende: Noch hängt sie am ehemaligen Klinikgebäude, die schmiedeiserne Lampe mit dem Sonnensignet.

HÖHENKLIMA UND HÖHENPHÄNOMENE

Klima – was ist das?

Den Engadiner Alpenmediziner Oscar Bernhard nur auf die Heliotherapie und die Bergrettung zu reduzieren, wäre zu kurz gegriffen. Seine umfassende Sicht der Dinge geht allein schon daraus hervor, dass er noch zu Lebzeiten einen «ansehnlichen Fonds für wissenschaftliche Forschung» errichtete und dadurch die «Klimaphysiologische Forschungsstation St. Moritz Dorf» initiierte. Sonne, Wasser und Höhenklima waren für ihn Unzertrennliche.

Damit hat er in weiser Voraussicht den für einen Klimakurort zielführenden Weg aufgezeigt, der anfänglich verdienstvoll weiterverfolgt wurde, dann aber in Vergessenheit geriet, jedoch in Zukunft für St. Moritz, nicht zuletzt im Zusammenhang mit der aktuellen Klimadiskussion, vielleicht wieder von Wichtigkeit werden könnte, sowohl in der Medizin als auch im Sport und folgedessen im Tourismus ganz allgemein. Hätte man Bernhards Vision konsequent fort- und durchgesetzt, wäre Magglingen heute vielleicht in St. Moritz!

Vergessenes geistiges Erbe

Oscar Bernhard (ganz rechts) hat in St. Moritz die Klimaforschung initiiert, die aber später unglücklicherweise wieder fallen gelassen wurde.

Gegen das Ende seines Lebens, 1937, hat Oscar Bernhard in einem Rückblick auf «50 Jahre Klima- und Heliotherapie» die von der Natur verbandelte Wechselwirkung von Sonne und Klima auf die Physiologie des Körpers eingehend erläutert.

Weil er nicht nur Arzt, sondern auch Forscher mit breitem Horizont war, erachtete er es als zwingend, dass sich die Medizin eines Höhenkurortes nicht an mythischem Wunschdenken, sondern an Forschungsfakten orientieren müsse. Die Botschaft hiess: «Der Begriff der Höhenmedizin im weitesten Sinn soll bei all diesen Forschungsarbeiten wegleitend sein».

Klimaforschung ade!

Nach Bernhards Ableben schien es zuerst, als halte man an diesem Grundsatz fest. Wir erinnern uns *(vgl. Kapitel «Heilbad-Revival: Totgesagte leben länger»)*, dass anlässlich der Renovation des Heilbades 1951 als Ergänzung zur medizinischen Abteilung eine eigene Forschungsstation mit zwei Laboratorien in Betrieb genommen worden war, dank welcher es möglich wurde, den Patienten individuelle, sowohl balneologisch als auch höhen- und bioklimatisch abgestimmte Kurprogramme zu verordnen.

Leiter dieser Station war der mit Bäderarzt Theodor Oettli befreundete Professor Fritz Verzar, Vorsteher des Physiologischen Institutes der Universität Basel, der bereits seit 1945 an der von Oscar Bernhard begründeten Klimaphysiologischen Station in St. Moritz Dorf gearbeitet hatte. Die Kontinuität der Bernhard'schen Zielsetzung schien gesichert, was zahlreiche Publikationen belegen. 1970 folgte Professor H. W. Georgii. Auch unter ihm pflegte die Station regen internationalen Austausch mit Fachleuten und Institutionen im Bereich Höhenphysiologie und Gebirgsklima.

Doch dann erging es der Klimaforschung in St. Moritz gleich wie damals der Heliotherapie. Bei der Sonnenlichtbehandlung, die Oscar Bernhard in Samedan begründet und dann von St. Moritz aus weltweit bekannt gemacht hatte, übernahm im Schnellzugstempo Leysin die führende Stellung, weil man in St. Moritz dem Initianten die Hände band und ihn keine Grossklinik bauen liess.

In der Klimaforschung passierte Analoges, so dass hier Davos bald einmal die Nase im Wind hatte, während in St. Moritz bei der Privatisierung des Parkhotels Kurhaus 2001 die Forschungsräume, die bereits verwaist waren, endgültig liquidiert wurden. Das Bernhard'sche Gedankengut war somit beerdigt, die Vision eines «Magglingen in St. Moritz» endgültig vom Tisch, und damit wohl auch eine der Legitimationen für einen sicheren Fortbestand des Heilbades und seiner Quelle.

Anders in Davos: Hier gründete Carl Dorno 1907 aus eigenen Mitteln das physikalisch-meteorologische Observatorium und begann mit der systematischen Erfassung der Strahlungsparameter, worüber er 1911 eine umfangreiche Arbeit veröffentlichte mit dem Titel «Studie über Luft und Licht im Hochgebirge». Davos hat diese Forschungstradition clever beibehalten und sich damit einen Namen gemacht – mit positiven Auswirkungen bis heute.

«Julie ou la Nouvelle Héloise»

Doch auch hier zuerst ein Blick zurück: Klimakuren in kühler, reiner, gesundheitsfördernder Luft waren bereits in der Antike ein Thema, sowohl bei Hippokrates wie bei Galen. Im 18. Jahrhundert entbrannte ein Wettstreit zwischen Meeres- und Höhenklima, wobei die Verfechter des Ersteren das Alpenklima als «rau und ungesund» bezeichneten, wogegen es die anderen als «reiner und gesünder» qualifizierten.

Schon damals, ist man versucht zu sagen, übten sich die Wissenschafter in Expertise und Gegenexpertise. Wer im Recht war, bestimmten dann die Kuranden, und diese entschieden sich mehrheitlich für die Bergluft. Auch das Höhenklima von St. Moritz war – neben dem Heilwasser der Mauritiusquelle – schon früh Gegenstand wissenschaftlicher Überlegungen.

So begannen Ärzte wie der Zürcher Stadtphysikus Johann Jacob Scheuchzer, der St. Moritz im Jahre 1703 besuchte, oder der Bündner Medicus J. A. Grassi von Portein, neben den Eigenschaften des Mineralwassers auch jene der Höhenlage für den Heilerfolg in Betracht zu ziehen. Grassi wies bereits damals auf die heilsame Wirkung des verminderten Luftdruckes bei gewissen Krankheiten hin. Das machte ihn so bekannt, dass nicht weniger als drei regierende Häupter ihn als Leibarzt anheuern wollten, nämlich Friedrich der Grosse, Ludwig XV. von Frankreich und Georg II. von England; er aber blieb seiner Heimat treu.

Nicht lange nach Grassi hat 1764 kein Geringerer als Jean-Jacques Rousseau in seinem Buch «Julie ou la Nouvelle Héloise» anlässlich einer Reise durchs Wallis auf den günstigen Einfluss des Höhenklimas auf das Nervensystem hingewiesen und die Alpenluft für Kurzwecke empfohlen *(vgl. Kastentext)*. Als dann 1789 der Chemiker Antoine Laurent Lavoisier den Luftsauerstoff entdeckte, war die Diskussion um die heilsame Alpenluft lanciert.

Bereits Jean-Jacques Rousseau (1712-1778) hat die Alpenluft und damit das Höhenklima empfohlen.

Nachfolgende Doppelseite: Ein prächtiges Dokument früher Wetteraufzeichnungen (1895-1899) aus der «Graphischen Anstalt Simon Tanner, Samedan».

Die wohltätigen Luftbäder der Gebirge
Jean-Jacques Rousseau in «La nouvelle Héloise» über die Höhenkur, 1764

Hier in der reinen Luft, die ich atmete, war es, wo ich die wahre Ursache der Veränderung meiner Stimmung und die Rückkehr jenes inneren Friedens fand, den ich solange verloren hatte. Es ist in der Tat ein allgemeiner Eindruck, den jedermann empfängt, wenn auch nicht alle darauf achten, dass man auf hohen Bergen, wo die Luft reiner und dünner ist, leichter atmet, sich leichter bewegt und sich heiteren Geistes fühlt.

Es scheint, als liesse man, wenn man sich über die Region der Menschen erhebt, alle niedern und irdischen Gefühle dort zurück und als nehme die Seele von ihrer ursprünglichen Reinheit wieder etwas an, je näher man den ätherischen Regionen kommt. Dort ist man ernst, ohne schwermütig, ruhig, ohne unempfindlich zu sein; man ist zufrieden, dass man ist und denkt.

Ich zweifle, ob irgendeine heftige Gemütserschütterung oder eine üble Laune gegen einen solchen verlängerten Aufenthalt sich würden halten können, und wundre mich, dass die heilsamen und wohltätigen Luftbäder der Gebirge nicht zu den vorzüglichen Heilmitteln der Medizin und der Moral gerechnet werden.

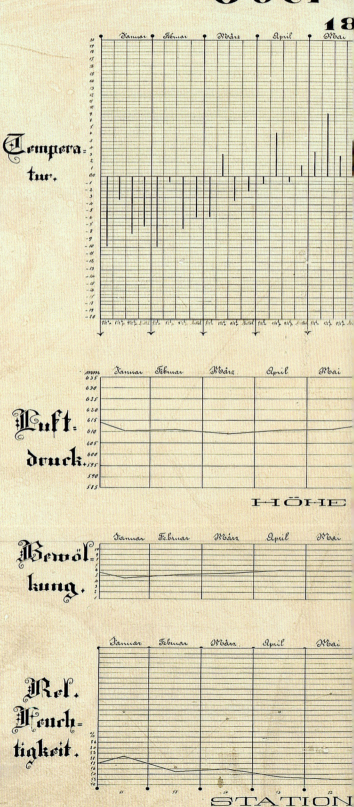

he Beobachtungen
ngadin.
1899

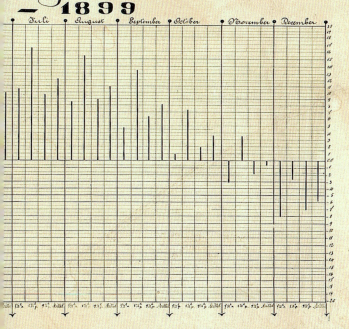

MEER 1809 m

Niederschlag.

LS-MARIA.

P. Fluor, Sils-Maria.

Forno-Gletscher
Cima del Largo
von Sils nach Maloja
auf dem Suvrettagrat
Sils-Maria
Maloja (Cursaal)
Sils-Baseld
Fexthal
Bergamasker
Silvaplana-see
Campfér
Eisbahn a.d. Silser See

Das Klimawunder Engadin

Was zu allen Zeiten selbst klimatologische Laien fasziniert hat, wenn sie zum ersten Mal ins Engadin kamen, hat auch die Fachleute immer wieder beschäftigt: diese Andersartigkeit des Klimas im höchsten, ganzjährig bewohnten Bergtal. Die Forscher nannten und nennen es Reizklima, die Kurdirektoren verkauften es als Champagner-Klima und die Ärzte empfehlen es seit jeher zur Kur. Was jedoch dieses Klima so apart macht und wie es auf den menschlichen Körper wirkt, dies zu ergründen war ein langer Lernprozess.

Brunnenarzt, Wirt und Autor

Deshalb wollen wir mit einem Medicus beginnen, mit dem Samedner Brunnenarzt J. U. Wettstein, der sich schon 1833 in seiner «Beschreibung der St. Morizer Brunnen und Badeanstalt» zum Klima äussert.

Wer Brunnenarzt Wettstein war? Das erfahren wir durch Historiker Jules Robbi in dessen Essay «Der erste Winterkurgast im Ober-Engadin», worin er denselbigen, den Thurgauer Fabrikanten Johann Heinrich Mayr aus Arbon (1768-1838), einen grossen Verehrer des Engadins *(vgl. Kastentext)*, über Wettstein sagen lässt: «Ich bezog Wohnung bei Herrn Dr. Wettstein in Samada. Wohl würde man den Kopf schütteln, da man meine Verhältnisse zu der Fakultät kennt, dass ich zum Doctor gehe – einzig zu bemerken: der Doctor war auch Wirth»…

Zum Klima meint Arzt und Wirt Wettstein: «Das hiesige Klima ist das einer Alpenregion. Daher ist es auch nichts Seltenes, dass auf den schönsten Mittag eine kalte Nacht und ein kalter Morgen folgt, und mitten im Sommer, Wiesen und Dächer unerwartet mit Reif und sogar mit Schnee bedeckt werden, woher das bekannte Sprüchwort bei den an diesen Anblick ungewöhnten Italienern: Engadina terra fina, se non fosse la pruina *(wenn dieser Raureif nicht wäre)*!

Worte an Freunde in der Tiefe
Johann Heinrich Mayr, erster Wintergast im Oberengadin, 1834/35

Jetzt war ich also förmlich im Norden, denn täglich war 14, 15, auch 16 Grad Kälte. Gesund und munter machte ich täglich Ausflüge von Samada – zu Fuss, oder im Schlitten – in die benachbarten Ortschaften Bevers, Celerina, St. Moritz und Pontresina, und gegen Sonnenuntergang, welch herrliche Beleuchtungen bezaubern das Auge in dieser wildromantischen Gegend!

Unbeschreiblich schön aus der hellen, reinen, dunstlosen Athmosphäre heben sich die Schneeberge, Eisklötze und Zinken mit Abendgluth geröthet, – die niederen Gebirge mit nacktem Lerchgehölze, schwarzen Tannen und Arven auf braunen Felsen mit glänzenden Schneeschichten untermengt, bilden einen lebhaften Kontrast gegen jene glänzende Winterregion – und in Zeit innert einer halben Stunde – welch total veränderte Ansicht, sobald die Sonne sich hinter die benachbarten Berge senkt.

Jetzt verlieren sich die scharfen Conturen der Form, – die Silhouetten, welche die vorstehenden Berge und Giebel auf die gegenüber noch leuchtenden werfen, schwinden. – Statt dem glänzenden Blau der Luft zieht sich ein lila violetter dunkler Saum um die entfernten Schneegebirge – die Umkreisung wird immer düsterer – der Saum breiter, die Nüance verliert sich in Grau, – und was vor Kurzem durch die Thalebene hell glühte und zündete – steht jetzt weiss und geisterähnlich in dunklem Raum heranziehender Nacht.

Ich konnte bey meiner Heimkehr mich nicht satt sehen – an den jeden Augenblick wechselnden Scenen, – ich überwand das unangenehme Gefühl des Frostes und harrte aus in tüchtiger Kälte – um die ganze Abwechslung des Feuergemäldes bis zu seinem leichenartigen Uebergang ganz zu geniessen. – Die Nachtluft soll ungesund seyn, – aber ich trotzte der Schädlichkeit – ich konnte dem schönen Genuss nicht entsagen.

Dagegen herrscht in der Regel, in der wohl sechs Monate anhaltenden Winterzeit, der reinste Himmel, den man anderswo gewiss vergebens sucht; es fällt zwar viel Schnee, doch selten anhaltend; der November bei'm Anschneien und der April bei'm Schmelzen der Schneemassen machen den Aufenthalt sehr unangenehm; desto angenehmer ist derselbe aber während des Sommers wegen der gesunden Bergluft und erfrischenden Temperatur. Die feuchten Nebel der tiefern Gegenden sind beinahe unbekannt, so dass bei uns gar häufig angenehme Witterung herrscht, während man in zähmern Thälern von der Kälte leidet».

Als die Wetterfeen männlich waren

Eine träfere Charakterisierung des Kurortsklimas von St. Moritz, als dies ellenlange meteorologische Tabellen liefern können, gab bereits 1873 der Medizinprofessor S. Jaccoud in seinem Essay «La station médicale de St. Moritz», kein Gebirgsheini notabene, sondern einer aus der Pariser Banlieue, aber offensichtlich ein kluger Mann *(vgl. Kastentext)*. Das erwachende Interesse an Klimaforschung machte sich aber auch vor Ort selbst bemerkbar. Bis 1832 reichen die bis heute lückenlos nachgeführten Aufzeichnungen über die Befreiung des St. Moritzersees von der Eisdecke zurück *(vgl. dazu später in diesem Kapitel)*.

1842 begann Lehrer L. Krättli in Bever mit regelmässigen Barometer- und Thermometer-Ablesungen: «Der mittlere Luftdruck der Jahre 1850-1853 betrug 275,02 Par.Linien, die mittlere Temperatur 1852 bei frühabendlichen Messungen +2,77°C, bei spätabendlichen Messungen 1853 +1,42°C». Ebenso fleissige Wetterbeobachter waren ab 1864 Joh. Caviezel und später P. Fluor in Sils-Maria. Von Letzterem existiert im Kulturarchiv Oberengadin in Samedan eine grossformatige Tafel mit grafischen Darstellungen der Messresultate von 1895 bis 1899, umfassend Temperatur, Luftdruck, Bewölkung und relative Luftfeuchtigkeit *(vgl. doppelseitiges Bild)*. Weitere Messstationen wurden

> **Genialer Klimabeschrieb**
> **Aus einem Essay des Pariser Medizinprofessors S. Jaccoud, 1873**
>
> In den südlichen Schweizer und Tiroler sowie in den bayrischen Alpen hört der Baumwuchs in einer Höhe von 1850-1950 m auf, im Riesengebirge bei 1430, im Harz bei 1075 m; im Oberengadin findet man kräftige Tannen in 2275 m Höhe, Lärche und Arve reichen selbst an den Nordhängen der Berge bis zu 2600 m hinauf. In der nördlichen Schweiz, in Südbayern und im Nordtirol wächst kein Getreide jenseits von 1200 m; im Engadin begegnet man ihm bis zu 1950 m.
>
> Wozu anzumerken ist, dass die Ackeranlagen in dieser Höhe heute noch sichtbar sind, dass die Aecker aber seit der Jahrhundertwende nicht bestellt werden, weil die Arbeit sich nicht mehr lohnt. Die ersten Gerstenfelder trifft man heute ob Zuoz in etwa 1750 m Höhe.
>
> Vergleicht man die unteren Grenzen des ewigen Schnees, so gelangt man zu nicht weniger frappierenden Resultaten. Diese Grenze liegt in den bayrischen Alpen bei 2308 m, in den Alpen der Zentralschweiz bei 2665 m, in den Bündner Alpen bei 2795 m. Die gleiche Zone erhebt sich auf 2730 m in den Pyrenäen, auf 2893 m im Mont-Blanc-Massiv, und am Monte Rosa erreicht sie 2991 m.
>
> Eh bien! Im Oberengadin beginnt der ewige Schnee erst auf 3089 m, und während im Berner Oberland der untere Grindelwaldgletscher bis auf 1020 m herabreicht, liegt der tiefste Punkt, bis zu dem sich die gewaltigen Gletscher am Nordhang des Bernina senken, nirgends unter 1950 m.
>
> *(Nach einer vergleichenden Untersuchung von Barometerstand, Besonnung und mittlerer Temperatur kommt Jaccoud zu folgendem Schluss:)*
>
> Hier liegt meiner Meinung nach der Faktor, der über den Charakter des Kurortes St. Moritz entscheidet, und ich bin erstaunt darüber, dass er nicht schon früher deutlich herausgestellt wurde. Eine mittlere Temperatur, die höher ist als es der Höhe über dem Meeresspiegel entspricht, eine Verminderung des barometrischen Druckes, wie immer der Höhe über Meer proportional: dies sind die beiden entgegengesetzten Bedingungen, die an keinem andern mir bekannten Orte zugleich verwirklicht werden; und diese einzigartigen Verhältnisse bilden in meinen Augen die Grundlage für die besonderen Heilanzeigen des Klimas von St. Moritz.

Das Klima hat auch einen optischen Aspekt, der auf das Gemüt wirkt: Die Oberengadiner Seenlandschaft in ihrer intensiven Farbenpracht.

1873 in Pontresina, 1875 in Samedan und St. Moritz sowie 1876 in Zuoz eingerichtet.

Die beiden Chemiker Adolf von Planta-Reichenau und Professor A. Kekulé fassen 1854 in ihren Untersuchungen über die «Heilquellen zu St. Moritz» ihren Klimaexkurs im Bereich Temperaturen wie folgt zusammen: «Dem ungeachtet müssen wir uns auf's lebhafteste gegen irrthümliche Ansichten, als herrsche in diesem Hochthale auch im Sommer sibirische Kälte, verwahren. Im Gegentheil kann es kaum eine angenehmere Temperatur als diejenige des Oberengadins in den Sommermonaten geben».

Weil schon früh erkannt worden ist, dass Wasser- und Klimakur eine Einheit bilden, hat bereits seit 1855 ein Major P. Candrian beim Kurhaus an der Mauritiusquelle eine meteorologische Station betrieben.

Die Silhouetten von Piz Julier und Piz Nair, zusammen mit dem purpurnen Wolkengebilde am Abendhimmel, kreieren eine psychedelische Impression der Natur.

Ärztlich betreute Klimatologie

Damals machte sich auch hochoffizielles Interesse an der Erforschung des Klimas bemerkbar. So hat der Oberengadiner Curverein sogar einen Wettbewerb gestartet. Preisgekrönt wurde 1877 – sozusagen unter dem Motto «Ehret einheimisches Schaffen» – die Arbeit «Das Oberengadin in seinem Einfluss auf Gesundheit und Leben», verfasst von Arzt J. M. Ludwig, Praktiker in Pontresina. In der Laudatio war von «vorzüglicher Leistung im Gebiete der Klimatologie und Klimatotherapie» die Rede und dass diese Arbeit «in wissenschaftlicher Beziehung hoch über dem Niveau der gewöhnlichen Bäder- und Curorte-Literatur» stehe. Und es sei jetzt schon verraten: Der «Klimaärzte» gab es anschliessend noch mehr!

Charakteristische Schwankungen

«Das Oberengadin ist ein Hochthal», schreibt Medicus Ludwig, «wie es in gleicher oder nur annähernder Höhe über dem Meere mit einer so sonnigen, ebenen, wenig geneigten Thalsohle in solcher Breiten- und Längenausdehnung in Europa kein zweites gibt. Es ist zugleich durch einen der niedrigsten Alpenpässe mit Italien verbunden». Und weiter: «Das Oberengadin darf sich in Bezug auf Reichhaltigkeit und Mannigfaltigkeit der wundervollsten landschaftlichen Reize stolz neben die berühmtesten und besuchtesten Theile der Alpen stellen».

Zu den über Jahre ermittelten Temperatur-Mittelwerten meinte Ludwig: «Selbstverständlich sind unsere sämmtlichen Temperaturen niedrige, da in den Alpen auf je 180 Meter Erhöhung eine Temperaturerniedrigung von etwa 1°C kommt. Vergleichen wir unsere Zahlen mit denjenigen, die man in ungefähr gleicher Höhe auf Spitzen und an Abhängen frei stehender Berge gefunden, so erfahren wir, dass dort die Luft während des Winters wesentlich wärmer ist als bei uns.

Im Sommer kehrt sich das Verhältnis um; da ist unsere Luft wärmer als auf freien Bergspitzen oder vom Tiefland aufsteigenden Bergabhängen gleicher Höhe. In freien Lagen gleicher Höhe ist ferner die Temperatur eine viel gleichförmigere, während bei uns grosse jährliche, monatliche und tägliche Differenzen geradezu characteristisch sind».

Nie schwül – stets frisch

Ludwigs Klimabetrachtungen lassen sich in etwa so zusammenfassen: Das Oberengadin weist die Charakteristika der Höhenlage auf, das heisst verminderten Luftdruck, geringeren Wasserdampfgehalt der Luft sowie eine mehr Wärme und Licht spendende Sonne. Gegenüber anderen Lagen in gleicher Höhe ist das Engadin vermehrt durch die Eigentümlichkeiten einer Hochebene gekennzeichnet.

Das heisst, die Temperatursprünge des Tages und des Jahres sind grösser, die Morgen- und Abendstunden relativ kälter, die Mittagszeit wärmer; ebenso der Winter kälter, der Sommer wärmer. Nebel und Wolken sind seltener, die Sonne hat öfter und freien Zutritt, die relative Feuchtigkeit ist geringer, die Niederschlagsmengen sind kleiner und die Winde – besonders im Winter – seltener und schwächer.

Tiefland-Kurandinnen in Toilette, ausgerüstet mit Drahteseln.

Was die Jahreszeiten anbetrifft, so befand Ludwig, hat der Sommer eine äusserst behagliche Schattentemperatur, es ist nie schwül, die Nächte sind stets frisch. Es kann aber auch im Sommer gelegentlich einmal recht kalt werden. Der Herbst hat im sonnigen September und zum Teil auch noch im Oktober tagsüber eine ganz angenehme Temperatur.

Später werden aber die Morgen und Abende immer kühler und eisiger. Der Winter wechselt sein weisses Kleid aus kristallinem Schnee für nahezu ein halbes Jahr nicht mehr, da die Lufttemperatur sich nur selten über null Grad erhebt. Der Frühling ist die Zeit der Schneeschmelze, mit all ihren unangenehmen Nebenerscheinungen.

Die Periode der Akklimatisierung

Es waren bezeichnenderweise immer wieder Mediziner, die sich mit dem Einfluss des Klimas beschäftigten, so auch der Kurarzt (und spätere Bäderarzt) C. Veraguth. 1887 stellt er in seiner «Klimato-balneologischen Studie» die gemachten Erfahrungswerte zusammen: «Seit einer Reihe von Jahren habe ich mir zur Aufgabe gemacht, die Einflüsse des Engadinerklima's auf die Functionen und Stoffwechselvorgänge experimentell zu studiren. Als Versuchs- und Beobachtungsobjekte diente dazu in erster Linie meine eigene Person, sodann eine Anzahl gesunder Leute, die sich periodisch in St. Moritz aufhielten und die ich vorher und z. Th. auch nachher im Tiefland (in Zürich) zu untersuchen Gelegenheit hatte».

Dabei berücksichtigt er drei Aspekte: Die Zeit der Akklimatisation in St. Moritz (in der Regel 6 bis 8 Tage), den Aufenthalt daselbst danach sowie den Aufenthalt im Tiefland nach demjenigen in St. Moritz.

Bei der Akklimatisation stellt er fest: Erhöhter Spannungszustand (Turgor) der Haut mit Rötung namentlich bei zartem Teint (Blonde und Rothaarige), vermindertes Schlafbedürfnis bis Schlaflosigkeit bei gleichzeitigem Gefühl des Ausgeruhtseins am Morgen («Meist genügt eine Dosis Bromkali, oft auch nur ein Glas Bier als wirksames Schlafmittel»). Ferner Herzklopfen und Atembeschwerden bei disponierten Personen, seltener Verdauungsstörungen, gelegentlich Druck im Kopf und Ohrensausen.

«Dagegen», so fügt Veraguth an, «werden leicht psychische Alterationen beobachtet, die sich meistens durch besondere Aufgeräumtheit und Unternehmungslust, oft aber auch durch eine ungewohnte Neigung zum Weinen manifestiren»…

Als typisch bezeichnet er eine Steigerung der Atemfrequenz, eine Senkung des Blutdrucks, eine Steigerung der Diurese in den ersten 2 bis 3 Tagen, ferner ein vergrössertes Quantum der Exspirationsluft mit vermehrter Menge Kohlensäure und Wasserdampf in der Ausatmungsluft.

Die Zeit nach der Akklimatisation

«Der Beginn derselben», so präzisiert Veraguth, «fällt in der Regel auf den Anfang der zweiten Woche». Der Turgor der Haut dauert in geringerem Grade fort, sonnenverbrannte Hautstellen bilden neue Epidermis und es setzt eine Braunfärbung der Haut ein. «Die Secretion der Haarbalgdrüsen ist oft vermindert; dann werden die Haare spröde und trocken und veranlassen Manchen zum ungewohnten Gebrauch von Pomade». Am Anfang der zweiten Woche beobachtete er öfters die Bildung von Herpesbläschen am Übergang der Haut in die Lippen- oder Nasenschleimhaut, die aber nach einigen Tagen eintrocknen.

Das Schlafbedürfnis und der Schlaf werden wieder normal («Schlaflosigkeit, die nach der ersten Woche andauert, kann eine Translocirung in tiefere Regionen nothwendig machen»). Atembeschwerden und Herzklopfen verschwinden (falls nicht wirkliche Störungen zugrunde liegen) und machen einer ungewohnten Leichtigkeit des Atmens Platz. Fast immer macht sich eine Steigerung des Nahrungsbedürfnisses bemerkbar, wogegen sich der Durst niemals in erheblichem Masse vermehrt. Schwindel, Kopfweh und Druck im Kopf verschwinden, «die im Anfang etwas aufgeregten Sinne beruhigen sich und machen einer beschaulichen harmonischen Stimmung Platz».

«Die Leistungsfähigkeit für körperliche Strapazen», subsummiert Veraguth, «erhöht sich zusehends und Manchen soll auch die geistige Arbeit leichter von Statten gehen (da kann der Schreiberling dieses Buches nur beipflichten: sic!); auf die sexuelle Sphäre wirkt die Höhenluft eher depressiv, aber nur so lange man unter ihrem Einflusse steht». Als typisch bezeichnet er: Die Normalisierung der Atem- und Pulsfrequenz, den (im Gegensatz zur Akklimatisation) erhöhten Blutdruck, die Normalisierung der Harnsekretion und die gleichbleibende erhöhte Menge der Exspirationsluft sowie der darin enthaltenen Kohlensäure und des Wasserdampfes. «Dass die Quantität der Exspirationsluft grösser bleibt, trotzdem die Atemfrequenz wieder normal wird, ist ein Beweis, dass die einzelnen Atemzüge an Tiefe gewinnen müssen».

Nach der Rückkehr ins Tiefland

Die stärkere Hautpigmentierung verliert sich nach 1 bis 2 Wochen, die Puls- und Atemfrequenz fällt anfänglich unter die Norm, um nach 1 bis 2 Wochen diese wieder zu erreichen. Die körperliche Leistungsfähigkeit, das subjektive Wohlbehagen und die grössere Energie der Leibesfunktionen bleiben erhöht, wenn nicht schädliche Momente dazukommen. Veraguths Schlussfolgerung lautet: Durch den verminderten Luftdruck, die grosse Lufttrockenheit und die intensive Sonnenstrahlung tritt ein Reizzustand der oberflächlichen Hautschichten ein.

Tiefland-Kurandinnen im Damensitz auf leibhaftigen Eseln.

Auch das «Mikroklima» in St. Moritz hat sich verändert: Wo es früher auf dem Viehmarkt nach Kuhdung und Pferdeäpfeln roch, duftet es heute nach Armani, Coco Chanel und Givenchy...

Der Gasaustausch in den Lungen ist vermehrt; dennoch kann nicht von einem Sauerstoffhunger die Rede sein, wie ihn Jourdanet für die Bewohner des mexikanischen Hochlandes beschrieb, vielleicht eher von einer Reizung des Respirationszentrums. Jedenfalls, so war Veraguth überzeugt, muss die bessere Ventilation der Lungen eine Gymnastik der Respirationsmuskeln bewirken, ebenso wie die dauernde Erhöhung des Blutdrucks eine Gymnastik des Herzmuskels erzeuge. Seine Hauptfragestellung war: «Wird der Stoffwechsel durch das Hochgebirgsklima beschleunigt, wie allgemein leichthin behauptet wird?». Gesichert schien ihm, dass eine gesteigerte Verbrennung des Fettes und ein erhöhter Wasserentzug aus den Geweben stattfindet, und auf die Anbildung von Muskeleiweiss schloss er indirekt.

Zu diesem Zweck wog er 1886 alle Patienten, sämtliche Angestellten des Kurhauses, Bergführer usw. sowohl zu Beginn wie am Ende der Sommersaison. Rund ein Drittel zeigte eine Gewichtsabnahme, zwei Drittel eine Zunahme. Resultat: Jene mit schwerer Arbeit (Bergführer, Kofferträger, Wäscherinnen) hatten zugenommen, jene mit leichterer Arbeit (Zimmermädchen, Kellner, Köche) abgenommen. Der scheinbare Widerspruch erklärt sich so: Die Angestellten kommen mit einem ziemlichen Vorrat an Körperfett nach St. Moritz, das sie unter dem Einfluss der Gebirgsluft verbrennen. Anders die Bergführer, meist drahtige Gestalten: Sie bringen keinen Fettvorrat mit, dagegen vergrössert sich ihre Muskelsubstanz durch die anstrengende Tätigkeit. Die Rückkehr der Kuranden ins Tiefland bewirkt gewöhnlich eine Vermehrung des Körpergewichts.

Les extrêmes se touchent

Es ist auffallend, wie intensiv sich Mediziner in St. Moritz mit dem Klima auseinandersetzten. 1905 publizierte Bäderarzt Professor A. Nolda eine umfassende Studie zum Thema «Das Klima von St. Moritz». Während früher analoge Arbeiten vor allem auf Beobachtungen aus Sils-Maria und Bever basierten, konnte er sich nun auf Messungen aus St. Moritz selber abstützen. Zudem behandelte er – neben dem Sommerklima – erstmals auch das Winterklima von St. Moritz. Und das war insofern aufschlussreich, da sich beide gegenseitig beeinflussen.

Auch Nolda argumentiert, dass «im Engadin das Klima durch die Höhenlage, die schwache Neigung der Talsohle und den durch die hohen Berge verkürzten Horizont beeinflusst wird»: trockene Luft, reiner Himmel, starke Isolation, kräftige Bodenerwärmung und geringe Niederschläge – das typische Klima der Hochtäler. «Die Lufttemperatur zeigt grosse

---

Worauf Heilerfolg und Weltruf basieren
Kurhausarzt C. Veraguth über den Nutzen der Wasser- und Klimakur, 1887

Am Kurorte lebt der Patient, wenn er vernünftig ist und vernünftig geleitet wird, ausschliesslich seiner Gesundheit, die Kur wird ihm zur Hauptsache und sein ganzes Thun und Lassen hat sich darnach zu richten. Die ganze Lebensweise wird eine andere, dazu gesellt sich noch der Einfluss der Bäder, der veränderten Ernährung, des sorglosen Nichtsthuns und vor Allem eines von dem häuslichen durchaus verschiedenen Klimas.

Wo dieser letztere Faktor in so eminenter Weise zur Geltung kommt, wie in St. Moritz, wo er den sämmtlichen Körperfunktionen einen so mächtigen Impuls zu geben vermag, ist es begreiflich, dass der menschliche Körper eher denn anderswo in den Stand gesetzt wird, das ihm Fehlende zu assimiliren.

In diesen begleitenden Nebenumständen liegt der Werth und die Bedeutung einer St. Moritzerkur. Dem Umstande, dass die Wirkung des Klimas derjenigen des Wassers in so ausgiebiger Weise entgegenkommt, wie vielleicht an keinem andern Kurorte, verdankt St. Moritz seine schönen Heilerfolge und seinen Weltruf.

tägliche und jährliche Schwankungen: kalte Winter und warme Sommer, kalte Nächte und warme Tage», oder, wie der Franzose sagt: Les extrèmes so touchent.

Die einzelnen Elemente des Klimas beschreibt er so: «Der mittlere Luftdruck beträgt in St. Moritz 609,4 mm. Der absolut niedrigste Stand wurde 1903 bei 585,2 mm gemessen, der absolut höchste im gleichen Jahr bei 623,4 mm. Klimatologisch ist der Luftdruck von untergeordneter Bedeutung. Dagegen ist dank der verdünnten Luft der Schall vermindert. Geräusche dringen nicht so weit wie im Tiefland und werden gedämpft wahrgenommen».

Wärmer um einen Rock

«Die Lufttemperatur nimmt wohl mit zunehmender Höhe ab», vermerkt Nolda, «doch ist das Phänomen ziemlich kompliziert, weil die Terrainformen dabei eine grosse Rolle spielen. Der Wärmeaustausch im Gebirge ist nachhaltiger als in der Ebene. Die erwärmte Luft steigt längs den Berghängen in die Höhe und umgibt das Gebirge förmlich mit einem Mantel erwärmter Luft. Diese aufsteigende Luft kühlt aber rasch ab, im Verhältnis von 1 Grad pro 100 Höhenmeter». Dies hatte ja bereits der Bezwinger der Westalpen, Horace Bénédict de Saussure, auf seiner denkwürdigen Mont-Blanc-Expedition 1787 belegt.

Auch zur Temperaturumkehr äussert sich Nolda, also zum Phänomen der Wärmezunahme mit der Höhe, oder, wie die Kärntner sagen: «Steigt man im Winter um einen Stock, so wird es wärmer um einen Rock». So ist denn in den Wintermonaten die mittlere Temperatur in den Tälern häufig niedriger als jene an den Bergabhängen.

Zu einer Erholungskur in der Bergnatur gehörte auch das gesellschaftliche Leben: Kirche St. Karl, Hotel Du Lac und ganz rechts Kursaal/Casino (eröffnet 1875).

Hoher Luftdruck, klarer Himmel und Windstille verstärken diesen Effekt der in den Tälern abgelagerten Kälteseen, zumal in den Bergregionen südlich und östlich der Zentralalpen, wozu auch das Engadin gehört, weil sie gegen die stürmischen Winde des westeuropäischen Winters abgeschirmt sind, welche die unteren kälteren und oberen wärmeren Luftschichten aufmischen würden. Beweis dafür ist die verhältnismässig milde Tagestemperatur in St. Moritz, die wesentlich wärmer ist als diejenige des bloss 7,5 Kilometer entfernten und 150 Meter tiefer gelegenen Bever.

Nebel – was ist das?

Während bei grosser Hitze die Indios im Amazonasbecken Südamerikas praktisch nackt herumlaufen, tragen Wüstenbewohner bei gleich hohen Temperaturen Ganzkörperkleidung. Das hängt damit zusammen, dass trockene Wärme vom menschlichen Organismus leichter ertragen wird als feuchte Hitze, und dasselbe gilt für trockene Kälte versus nasskaltes Wetter. Und weil die relative Feuchtigkeit mit der Höhe abnimmt, hat

St. Moritz solch angenehmes Klima. Es kommen Tage vor, da der Feuchtigkeitsgrad so gering ist, wie er für die Niederungen unbekannt ist. Deshalb ist Nebel in St. Moritz sowohl im Sommer als auch im Winter ein Fremdwort, ganz anders als etwa der berühmte Deckel von Olten.

Qui si sana! – Hier wird man gesund!
Medizinprofessor A. Noldas Hohelied aufs Oberengadiner Klima, 1905

Die Luft ist von einer unvergleichlichen Durchsichtigkeit, Klarheit und Reinheit; sowohl im Sommer als auch besonders im Winter, wenn jedes Eisstückchen, jeder Eiskristall, jede Schneeflocke die Sonnenstrahlen zurückwirft. Ein Glitzern, ein Gluten, ein Leuchten, ein Schimmern, ein Strahlen, kurz, eine ungeheure, mannigfache Fülle von Licht durchdringt und durchweht dann die Luft, wie das in der Ebene völlig unbekannt ist.

Darüber wölbt sich der tiefblaue Himmel. Ein Bild, das Jedem, der die ungeahnte Pracht und Schönheit der Hochalpen im Winter schauen durfte, unvergesslich bleiben wird und das von einer wunderbar belebenden und anregenden Wirkung auf Geist und Körper, auf Seele und Gemüt ist. Wem sollen wir die Palme zuerkennen?

Dem Oberengadiner Winter oder dem Sommer, wenn die warmen Frühjahrs-Sonnenstrahlen das unter der Schneedecke schlummernde Leben wach geküsst haben, wenn ein mächtiges Keimen, ein Sprossen, ein Grünen angeht, wenn das Tal und die Hänge im vollsten, schönsten Blütenschmuck prangen, wenn die Schnee- und Eisfelder der himmelragenden Berge sich widerspiegeln in den funkelnden Seen, wenn der Silberlauf des jungen Inn rauscht, wenn der tiefblaue Seenkranz lächelt und wenn die Vögel ihre Liebeslieder in den prachtvollen Arvenwäldern singen?

Wir glauben, die Wagschale bleibt sich gleich. Beides ist zwar grundverschieden und jede Jahreszeit hat ihre Eigenart. Mag man aber im Sommer, mag man im Winter in dieses gottbegnadete Tal kommen: es ist immer unvergleichlich, unbeschreiblich grossartig und einzig schön. Es ist, als ob das hohe Lied von der überwältigenden Schönheit der Natur angestimmt und den Leidenden und Erholungsbedürftigen zujubeln würde: Qui si sana! – Hier wird man gesund!

(An anderer Stelle im gleichen Buch fällt die Gewichtung dann allerdings doch pro Wintersaison aus, wenn Nolda schreibt:)

Dabei muss darauf aufmerksam gemacht werden, dass nach unseren Erfahrungen, hauptsächlich infolge der grösseren Kälte und Trockenheit, sowie der stärkeren Isolation, das Hochgebirgsklima im Winter noch belebender, noch energischer, noch erfrischender, noch erregender, noch kräftigender wirkt, wie das Sommerklima.

Professor Nolda geht auch auf die Niederschläge ein und beginnt mit der Binsenwahrheit, dass gegen die Abhänge des Gebirges hin, im Gegensatz zur Ebene, die Regenmenge zunimmt. Im mittleren Alpenbereich sind die Längstäler die regenärmsten, während die Aussenseiten der Bergketten viel Nass abbekommen. «Die Regenverhältnisse des langen Inntales», so folgert Nolda, «bieten ein instruktives Bild zur Illustration der austrocknenden Wirkung von Gebirgsketten auf die Regenwinde».

Die mittlere Zahl der Regen- und Schneetage von St. Moritz führt er mit 128 an. Oft fällt aber nicht einmal 1 mm; zieht man diese 104 Tage ab, bleiben nur noch 24 eigentliche Niederschlagstage. Von Mitte November bis Ende März erfolgen die Niederschläge nur als Schnee.

Und schliesslich, was die Bewölkung anbetrifft: Die Zahl der heiteren und wenig bewölkten Tage überwiegt massiv. Der reinste Himmel zeigt sich im Herbst, gefolgt von Winter, Sommer und Frühling *(vgl. Kastentext)*.

Das Tüpfchen auf dem «i» und für einen Kurort zugleich das Massgebendste sind die Sonneneinstrahlung und deren Intensität. Man staunt: Während auf Meeresniveau der Temperaturunterschied zwischen Schatten und Sonne 5,6 Grad beträgt, steigt er auf der Diavolezza auf fast das Zehnfache, nämlich 53,6 Grad!

Das hängt auch mit dem im Gebirge günstigeren Einfallswinkel der Strahlung zusammen. Und obschon von Bergen umgeben, welche die Sonnenscheindauer verkürzen, weist St. Moritz stolze 1843 Sonnenstunden auf gegenüber 1575 in Zürich ohne Abschirmung durch Berge.

Das Alpentriptychon der Medizin

Erhabene Bergwelt: Blick vom Piz Roseg über den Piz Cambrena zur Königsspitze.

Oscar Bernhard wechselte 1908 von Samedan nach St. Moritz *(vgl. die drei Kapitel über ihn)*. Als Begründer der Heliotherapie setzte er sich mit grosser Tatkraft für die medizinischen Belange im Hochgebirge ganz allgemein ein, zeigte, ohne selber Bäderarzt zu sein, grosses Interesse am Heilbad und wurde zu einem Vorreiter der Klimatherapie, indem er einen Fonds für wissenschaftliche Arbeiten stiftete. So wie für Segantini Leben, Natur und Tod eine Trinität waren, so bedeuteten für Bernhard Sonne, Wasser und Klima das medizinische Alpentriptychon.

Mulatte unter Bleichgesichtern

Dass er auch bezüglich Klima kein blosser Theoretiker war, geht aus einer Artikelserie über den Winteraufenthalt im Oberengadin hervor, erschienen im «Allgemeinen Fremdenblatt, St. Moritz» vom 9. September 1896, allwo über seine Wetteraufzeichnungen geschrieben steht: «Nach 10-jährigen Beobachtungen des Herrn Dr. med. Bernhard zu Samaden waren von den 151 Wintertagen – vom 1. November bis 1. April – 25 wolkenlos, 84 bewölkt und nur 42 trübe mit Schnee».

Der Verfasser fügt an, dass dies die Erklärung für so manche Erscheinungen des täglichen Lebens sei, die man erlebt haben muss, um sie zu glauben: «Man läuft hier Schlittschuh im Strohhut; eine Pelzmütze würde unerträglich heiss sein. Ist man beim Laufen einmal kalt geworden, so setzt man sich, um wieder warm zu werden. Der Luftzug bei der Bewegung hatte den Körper abgekühlt; das Sitzen in der ruhigen Luft an der Sonne wärmt wieder auf. Stundenlang sitzen die Zuschauer beim Tennis-

Auch auf die Gesundheit des Alpviehs wirkt sich das Höhenklima vorteilhaft aus.

spiel und Schlittschuhlaufen in der Sonne, sich an ihren Strahlen wärmend».

Und er präzisiert noch: «Die Uhrkette eines solch ruhigen Zuschauers wird dabei so heiss, dass sie der berührenden Hand weh tut; umgekehrt friert ein Glas Wasser, das man in den Schatten stellt, in kurzer Zeit. Die Intensität der Sonnenstrahlen zeigt sich in einer starken Pigmentierung der Haut, so dass ein zurückkehrender St. Moritzer seinen bleichgesichtigen Freunden als ein Mulatte erscheint».

Galerie der «Klimaärzte»

Kurz nach Bernhard eröffnete 1910 Privatdozent Carl Stäubli, von der Universität Basel kommend, eine Praxis in der Villa «Berna» in St. Moritz, dessen Bedeutung als Kurort er rasch erkannte. Aus seiner Feder stammen verschiedene wissenschaftliche Abhandlungen über die Einwirkung des Hochgebirgsklimas auf Herz, Kreislauf und Blutbildung sowie auf Kinderkrankheiten. Im Auftrag der Gemeinde sowie des Kur- und Verkehrsvereins hielt er 1917, obschon die Kriegswirren noch nicht ausgestanden waren, ein wegweisendes Referat über die künftige Entwicklung des Kurortes St. Moritz. Leider verstarb er noch im gleichen Jahr.

Der Senior der St. Moritzer Ärzte, Anton Hoessli, und sein Sohn, der als Arzt Grönlandexpeditionen begleitet hatte und 1918 an der Grippe starb, stellten ihr Wissen und Können ebenfalls in den Dienst des Kurortes und bearbeiteten speziell die Thematik der Klimakuren im Hochgebirge sowie der Trainings- und Arbeitskuren. Anton Hoesslis letzte diesbezügliche Arbeit erschien 1926; seine erste über Diabetes und Höhenklima hatte er 1904 verfasst.

Die Bedeutung der Geopsyche

Der Mediziner Albert von Planta, Vater von Arzt Rudolf von Planta, arbeitete von 1904 bis 1938 als Allgemeinpraktiker und Kinderarzt in St. Moritz. Er hat Publikationen verfasst über die Einwirkung des Höhenklimas und der St. Moritzer Kuren auf Kinderkrankheiten. Von 1908 bis 1939 betrieb J. B. Rocco als beliebter Allgemeinpraktiker und Familienarzt eine Praxis in St. Moritz. Sein Interesse galt schon damals der Bedeutung der Geopsyche, indem er den Einfluss der Landschaft und des Klimas auf das Wohlbefinden des Menschen untersuchte.

Einen stolzen Beitrag zur Bedeutung des Höhenklimas in der Medizin und seinen physiologischen Einfluss auf den Menschen leisteten die «vereinigten» St. Moritzer Bäder- und Klimaärzte in der 1910 (und 1911 in Neuauflage) erschienenen «Ober-Engadiner Medizinischen Festschrift», die vollumfänglich dieser Thematik gewidmet ist und verschiedene hochkarätige Beiträge enthält.

St. Moritzer Zigaretten und Munggengehege
Zwei gleichzeitige Reklameblüten, «Engadiner Post», 15. Juni 1920

Zigaretten St. Moritz: Auf Veranlassung des Kurvereins hat die bekannte Zigarettenfabrik «XY» bei Manchester eine neue vorzügliche Zigarette «St. Moritz Luxe» angefertigt, die dieser Tage eintreffen soll. Findet das Fabrikat in unseren Hotels und bei Privaten Anklang, so wird die Marke im internationalen Verkehr eingeführt, was ohne Zweifel eine gute indirekte Reklame bedeutet.

Londoner Zoo: Die Direktion des Londoner Zoologischen Gartens hat sich bereit erklärt, ein besonderes Gehege für Engadiner Murmeltiere zu errichten mit Felsen und Rasenplätzen, das den Namen «St. Moritzer Murmeltier-Gehege» erhalten soll und für das der Kurverein St. Moritz eine Anzahl Tiere stiftet. Die Tiere werden es sehr gut bekommen und täglich von durchschnittlich 2000 Menschen bewundert werden. Hoffentlich verhalten sie sich dann anständig und veranlassen manchen Londoner, ihre im Engadin zurückgelassenen Verwandten gelegentlich zu besuchen.

Unglückliche Weichenstellung

Man spürte, bei den Medizinern war Dampf im Kessel, was man von offizieller Seite nicht behaupten konnte; denn leider blieb die von Oscar Bernhard in weiser Voraussicht initiierte, zukunftsträchtige Sparte «Klimaforschung» immer ein Stiefkind, auch als sie später im Heilbad angesiedelt worden war. Die erfolgversprechende, aber nicht entsprechend geförderte und geführte Forschungsstation (anstelle medizinisch relevanter wurde schliesslich nur noch «l'art pour l'art»-Forschung betrieben) löste sich später gänzlich in Luft auf, da für Forschung kein Geld mehr zur Verfügung stand.

Dabei ist vorher während Jahrzehnten von sämtlichen Kur- und Bäderärzten immer wieder die zwingende Zusammengehörigkeit von Klima und Kurmitteln beschworen und doziert worden. Eigentlich erscheint es logisch: Was in der Praxis zusammengehört, muss auch in der Forschung gleichwertig behandelt werden!

Aber einmal mehr ist hier das Gedankengut des Visionärs Bernhard auf dem Altar des Vergessens geopfert worden *(vgl. das Kapitel über die Heliotheraphie)*. Das dürfte Il Bernard, so er es mitbekommen haben sollte, wohl ganz und gar nicht gefreut haben!

Das war eine Weichenstellung, die man in Zukunft vielleicht noch sehr bedauern wird. Denn hätte man die Klimaforschung, in Kombination mit den Kurmitteln, dem Sport und dem Tourismus konsequent weiterverfolgt, könnte sich St. Moritz heute vielleicht eines im Alpenraum führenden Kompetenzzentrums rühmen, zum eigenen Nutzen und zum Frommen für die ganze Alpenregion, auf die im Zuge des prophezeiten Klimawandels ganz gewaltige Probleme zukommen könnten, im Tourismus, im Wintersport und in der Kurmedizin, auf die es nur brauchbare Antworten geben wird, die sich auf wissenschaftlich fundierte Basis abstützen können *(vgl. nachfolgendes Kapitel und Epilog)*.

Amüsante Marginalie: Dass auch andere Kreise sich etwas vom Klima-Werbekuchen abzuschneiden versuchten, zeigen zwei nebeneinander in der gleichen Ausgabe der «Engadiner Post» erschienene Kurzmitteilungen; und dass es erneut wieder kritische Stimmen gab, die sich über mangelnde Initiative auf offizieller Seite beklagten, ist einer Postille ebenfalls aus der «Engadiner Post» zu entnehmen *(vgl. Kastentexte)*.

Vliesträger wie Schafe sind gegen die Kälte in der Höhe besonders gut geschützt.

Armer Bobadil!
Bittere Worte eines Herrn «X» in der «Engadiner Post» vom 08.10.1920

Es gab eine Zeit, und ich befürchte, sie ist unerkannt an uns vorbeigeschlichen, als sie ihren Kulminationspunkt erreicht hatte. Es ist die, da wir als Touristenland fast konkurrenzlos und unbestritten dastanden. In bezug auf Hotels und Verkehrstechnik galten wir als Modell; sind wir es heute noch unbestritten?

Nein. Nicht nur unsere Nachbarn, sondern auch weiter entferntere Länder haben den Wirtschaftswert der Touristik erkannt, Verkehrsmittel und Hotels geschaffen in Gegenden, die in Schönheit unserem Lande nicht zurückstehen und haben, was wir nicht genug verstehen: sich in vielen Hinsichten den Gästen und ihren Veranlagungen anzupassen verstanden.

Gehe ich zu weit, wenn ich behaupte: wir sind auf dem Krebsgange? Es geht uns an den Kragen und wenn wir uns nicht zu wehren wissen, hilft uns der Ruhm unserer alten Hotelindustrie keinen Pfifferling, denn eines Tages wird er aufgezehrt sein. Ja, wer kann mir entgegnen, wenn ich sage, wir leben schon längst vom eigenen Fleisch!

Man hat geschlafen. In diesem Satz liegt teilweise der Misserfolg, und da die allgemeinen Verhältnisse vorderhand an der Sachlage keine Aenderung bringen können, kann ich nur den immer wieder wahr bleibenden Spruch der Mutter des letzten Maurenkönigs anführen, den sie dem verjagten Sohne ins Exil mitgab: «Armer Bobadil! Nun weinst du wie ein Kind, nachdem du nicht als Mann zu handeln verstundest».

Alpenblumen – Gedichte des Bergfrühlings

Kleine Wunder reiner Schönheit vor dem Bernina-Massiv

Das Engadin – eine Klimaoase

«Die medizinische Klimatologie, so wie wir sie heute verstehen und anwenden, gehört (innerhalb der Heilkunde) in den Bereich der unspezifischen Reiztherapie. Sie stellt die physikalische Beschaffenheit der Atmosphäre und die auf ihrer Verschiedenheit beruhenden Wirkungen der funktionellen Tätigkeit des Organismus in den Dienst der Kräftigung und Gesundung», schreibt Stephan Hediger, leitender Arzt der klimatisch-balneologischen Station St. Moritz 1923 in seinem Buch «Klima und Heilquellen von St. Moritz».

Nicht genügend gewürdigt

Und er präzisiert: «Sie fusst auf der Erkenntnis, dass der Verlauf einer Krankheit nicht nur durch die Krankheitsursache selbst, sondern auch durch Faktoren beeinflusst wird, welche im allgemeinen Kräftezustand liegen und dass es oftmals besser gelingt, auf diesen einzuwirken als auf das krankmachende Agens». In diesem Zusammenhang nennt er das Oberengadin eine Klimaoase, die in der Alpenregion eine Vorzugsstellung aufweise, weil ihre einzigartigen Vorzüge, gepaart mit ihren Naturschönheiten, von keinem zweiten Kurort zu überbieten seien. Er schliesst mit der lakonischen Feststellung, dass die Eignung dieser Klimaoase zur Krankenbehandlung noch nicht genügend gewürdigt werde.

Doch was geschieht, wenn man sich um etwas nicht selber genügend kümmert? Dann tun es andere. So steht denn im «Offiziellen Fremdenblatt, Graubünden» vom 13. Juli 1926 zu lesen: «In neuster Zeit hat man diese Heilkraft des Gebirgsklimas eingehend erforscht, und zwar war es der Direktor des Davoser Observatoriums, Professor Dorno, dessen Studien bahnbrechend wirkten und die geheimen Vorgänge aufhellten, die vom Gebirge in unserem Organismus hervorgebracht werden.

Der Gelehrte fasst seine Forschungen in einem Aufsatz über das Klima des Hochgebirges in der Frankfurter Wochenschrift «Die Umschau» so zusammen: «Um mehr Sauerstoff in die Lungen zu bekommen, muss der Mensch im Hochgebirge häufiger und tiefer atmen, und dabei dringt die reine, kühle Luft auch in entlegene Lungenteile und sorgt für eine äusserst gesunde Ventilation der gesamten Lunge. Gleichzeitig veranlasst der Sauerstoffmangel die blutbildenden Organe des Körpers zu einer wunderbaren Doppelreaktion: Die Anzahl der roten Blutkörperchen wird vermehrt und zugleich auch ihr Farbstoffgehalt, das Hämoglobin. Der gesamte Stoffwechsel wird dadurch gesteigert; der vermehrte Hämoglobingehalt des Blutes hält auch nach der Rückkehr ins Tiefland noch längere Zeit an, und die vermehrte Atemgrösse kann zu einer dauernden werden. Diese durch den Sauerstoffhunger ausgelöste Erhöhung des Stoffwechsels übt eine verjüngende Wirkung aus».

Das Oberengadin (hier mit Blick auf das Bernina-Massiv) ist ein klimatologischer Spezialfall: im Herzen der Alpen und an der Grenze zwischen Nord und Süd gelegen.

Schonungsvolles Reizklima

So wie der Sperling nicht begreifen kann, warum der Adler höher fliegt als die Kirschbäume wachsen, so können, wie Bäderarzt Paul Gut 1934 in einem geistreichen Beitrag «Zur biologischen Klimatologie des Oberengadins» ausführt, gewisse Autoren wissenschaftlich-klimatologischer Literatur nicht zwischen *physikalisch*-klimatologischen und *biologisch*-klimatologischen Aspekten unterscheiden, womit dann gelegentlich Äpfel mit Birnen verwechselt werden.

Nur das Quecksilber «friert»

Zwei Beispiele: Die mittlere (an den Meteostationen im Schatten gemessene!) Lufttemperatur ist eine rein meteorologisch-klimatische Grösse, während biologisch lediglich die sogenannte Abkühlungsgrösse oder der Wärmeanspruch des Klimas an den Körper interessiert. Dieser ist im Winter im Hochgebirge kleiner als im Tiefland. Auf grafischen Darstellungen erscheint der Hochgebirgswinter als sehr «kalt», der Tieflandwinter als «warm».

Jedoch: Es ist im Gebirge nur physikalisch kalt (das heisst nur das Quecksilber «friert»!) und im Tiefland nur physikalisch warm. Biologisch gesehen verhält es sich exakt umgekehrt; denn es kommt für den biologischen Wärmehaushalt nicht allein auf die *Lufttemperatur* an, sondern vielmehr auf die *Luftfeuchtigkeit* und die *Luftbewegung*.

Das zweite Exempel: Wenn Klimakurorte lediglich nach der Stundenzahl der Sonnenscheindauer miteinander verglichen und klimatotherapeutisch gewertet werden, entspricht dies einer meteorologischen Oberflächlichkeit. Denn wichtiger als die Strahlungs*dauer* sind die Strahlungs*qualität* und die Strahlungs*intensität*. Dasselbe gilt für die Regenmenge in Millimetern. Sie interessiert den Menschen, speziell den Feriengast, weit weniger als die (nicht registrierte) Regen*dauer*.

Mix von Hochgebirge und Süden

Die klassische Klimatologie unterscheidet nach geografischen Gesichtspunkten: Meeres- oder Kontinentalklima, Polar-, Tropen- oder Wüstenklima, alpines oder mediterranes Klima. Die Wortneuschöpfungen *Reizklima* und *Schon- oder Ruheklima* versuchen dagegen eine biologische Einteilung. Paul Gut gibt zu bedenken, dass man besser von Reiz- und Schonungsfaktoren im Klima sprechen sollte, da es auch niemandem einfallen würde, die Heilmittel mit ihren Wirkungen in «Reizmittel» und «Schonungsmittel» zu triagieren.

So meint der einheimische Medicus denn salomonisch: «Das Oberengadin verdient klimatologisch die Charakterisierung *schonendes Reizklima*, da es eine für den Organismus äusserst wirksame

Für junge Wildtiere kann das schonungsvolle gelegentlich auch zum schonungslosen Reizklima werden, etwa dann, wenn im Sommer der Winter unsanft zurückkehrt.

und angenehme Mischung von *herben und kräftigenden Reizfaktoren* mit *milden, wohltuenden Schonungsfaktoren* bietet. Es ist nicht brüsk, extrem, irritierend, auch nicht flau, indifferent, lähmend, sondern liegt mit seinen Klimakomponenten in einer glücklichen Mitte: es ist *Hochgebirge und Süden zugleich*».

Reiz- und Schonungsfaktoren

Als *Reizfaktoren* nennt er deren drei. Zum einen: Die *Luftverdünnung*, welche alle Lebewesen zu unbewusster Atemgymnastik zwingt, was ein Herztraining nach sich zieht. Auch vermehrt sich bei Mensch und Tier der rote Blutfarbstoff (Hämoglobin), bei der Pflanze der grüne Blattfarbstoff (Chlorophyll). Zum anderen: Die *relativ tiefe Lufttemperatur* und die im Gebirge charakteristische *grosse Differenz zwischen Sonnen- und Schattentemperatur* erquicken den Organismus und härten ihn ab (Vasomotorentraining). Bei Nichttrainierten kann dies Erkältungssymptome hervorrufen. Zum Dritten: Die *intensive kurzwellige, biologisch wirksame Strahlung* bewirkt in der menschlichen Haut einen anfänglich roten, dann braunen «Sonnenschirm» (Hyperämie und Pigmentierung). Ebenfalls die Pflanze antwortet mit vermehrter Farbstoffbildung in der Epidermis.

Auch bei den *Schonungsfaktoren* kommt er auf deren drei. Einerseits: Die *charakteristische Lufttrockenheit* schützt (im Gegensatz zum nasskalten Nebel des Unterlandes) den Organismus vor zu grosser Abkühlung. Andererseits: Die *chemische und physikalische Reinheit der Luft* schont die Schleimhäute. Und schliesslich: Die *winterliche Windstille* schont den Temperaturhaushalt des Organismus ebenfalls. Dann macht er noch den nicht ganz unwichtigen Randvermerk: «Wäre der sommerliche Schönwetter-Malojawind, in der warmen Jahreszeit ein erwünschter, kühlender Reizfaktor, auch im Winter aktiv, was er zum Glück nicht ist, könnte man das Oberengadin als Winterdestination vergessen».

Kaviar für alle!

Sozusagen als Beleg für seine Sicht der Dinge führt Paul Gut zum einen die Tatsache an, dass im Oberengadin der geschlossene Wald bis auf 2250 m hinaufsteigt (übliche Waldgrenze: 1800 m), zum anderen die stolze Zahl von Säuglingen und Siebzigjährigen, welche immer wieder zur Kur kommen und sich dabei wohl fühlen. Recht hat er auch mit der Feststellung, dass es neben der Klimato*physiologie* auch eine Klimato*psychologie* gibt: Mehr als fleissig zusammengetragene physikalisch-meteorologische Statistiken beeindrucken den Kur- und Feriengast das Klima*gefühl* und der Klima*genuss*, das heisst Licht, Luft, Landschaft und Himmel. Für sie bedeutet das Engadiner Klima «Kaviar für alle»!

Deshalb steigert er sich abschliessend zur Feststellung, wie sie wohl ein Bäderarzt nicht anders formulieren kann: «Ebensowenig wie in der Balneologie der analytische Chemiker das letzte Wort hat, so wenig hat der physikalische Meteorologe über Wert und Wirkung eines Klimas zu entscheiden, dafür sind einzig Arzt und Patient zuständig». Dem wäre entgegenzuhalten, dass überall im Leben, so auch in Forschung und Medizin, nur vernetztes Bemühen zum optimalen Erfolg führt; denn ohne Analytiker wären auch die Balneologen nie so erfolgreich gewesen. Dieses Spartendenken hat ja dann letztlich, nebst dem offiziellen Desinteresse, leider dazu geführt, dass die Klimaforschung – und damit Oscar Bernhards Vision – in St. Moritz eingesargt wurde.

Die grosse Rückschau

So sieht ein Bergrettungs-Helipilot den Piz Palü: stille Grösse und Erhabenheit aus ewigem Schnee und Eis.

Einen guten Überblick über den damaligen Wissensstand bezüglich Höhenklima und Hochgebirgsphysiologie gab Altmeister Oscar Bernhard zwei Jahre vor seinem Ableben am I. Internationalen Kongress der Therapeutischen Union in Bern 1937, dies nach 50 Jahren praktischer Erfahrung, und solchige ist der Sache halt alleweil wesentlich näher als graue Schreibtischtheorie.

Charakteristik des Höhenklimas

Das Gebirgs- oder Höhenklima umfasst: Hügelregion (300-700 m ü. M.), voralpine Region (700-1400 m ü. M.) und alpine oder Hochgebirgsregion (ab 1400 m ü. M.), zu welch Letzterer auch das Engadin zählt. Massgebende klimatische Faktoren des Hochgebirges, welche auf den Organismus einwirken, sind: Erstens der verminderte Luftdruck und die dadurch bedingte Herabsetzung der Sauerstoffmenge in der Volumeneinheit der Luft. Zweitens die stärkere Besonnung, die sich durch grössere Intensität und durch grösseren Reichtum an ultravioletten Strahlen sowie durch längere Dauer gegenüber dem Tiefland auszeichnet.

Drittens die geringe absolute Feuchtigkeit der Luft, verhältnismässig wenig Niederschläge und mässige Bewölkung, dazu kalte, trockene und schneereiche Winter, Windschutz in den Tälern durch die Gebirgskämme. Viertens eine reine, fast bakterienfreie und in den Wintermonaten praktisch staubfreie Luft. Und schliesslich noch fünftens: Eine verstärkte Luftelektrizität.

Bernhard gibt dann einen fundierten Überblick über die Entwicklung des Kenntnisstandes bezüglich wohltuender Einfluss des Gebirgsklimas auf gesunde und kranke Menschen, der bereits den alten Griechen und Römern bekannt war, wie die Sage belegt, welche besagt, dass Apollon seinen schwächlichen Sohn

Asklepios in die gute Luft des Pelion zum Centauren Cheiron gebracht habe, um ihn da aufwachsen zu lassen. In dessen Pflege lernte er auch die Kräfte der Wurzeln des Waldes und die linden Säfte der Kräuter kennen (der Engadiner Iva lässt grüssen!) – wohl eine früheste Verbindung von Klima- und Pharmakotherapie.

Über Wasser und Milch zur Luft

Die eigentliche Wertschätzung des Hochgebirgsklimas setzte allerdings viel später ein, weil bis tief ins Mittelalter hinein *(vgl. Kapitel «Von der magischen Heilkraft der Berge»)* die von Aberglaube genährte Furcht vor dem Hochgebirge als Sitz unheimlicher Dämonen und grusliger Ungeheuer dominierte. Erst Naturforscher wie Conrad Gessner mit seiner Erstbesteigung des Pilatus (1540) läuteten ein neues Denken ein, oder Jahrhundertarzt Paracelsus, der den Sauerbrunnen von St. Moritz besuchte (1535) und anschliessend «lancierte», oder der Zürcher Stadtphysikus Johann Jacob Scheuchzer (1672-1733) und der Bündner Medicus J. A. Grassi von Portein am Heinzenberg (1684-1770).

Auffallend jedoch ist, dass bis dahin klimatische Einflüsse nur als Marginalie beim Beschrieb von Heilquellen in Erscheinung traten. Erst allmählich fand die eigentliche klimatische Therapie Eingang in die Fachliteratur, und es waren auch Schweizer Ärzte, die zuerst auf eine Heilwirkung der Höhenlage durch verminderten Luftdruck aufmerksam machten, vorab Scheuchzer und Grassi, der Erstere im Zusammenhang mit Badekuren in Pfäfers bei Ragaz auf 685 m ü. M., der Letztere mit solchen in Bad Alvaneu auf 951 m ü. M. *(vgl. Kastentexte)*. So entwickelten sich aus Orten, die durch Mineralquellen bekannt geworden waren, fast beiläufig auch Höhenkurorte.

Dies gilt analog für die Mitte 18. Jahrhundert von Schweizer Ärzten ausgegangene Bewegung für Milch- und Molkenkuren, die indirekt ebenfalls klimatische Kurorte schuf, vorab im Appenzellerland. Hier war einer der führenden Köpfe der Arzt und Schöngeist Laurenz Zellweger von Trogen (1692-1764), Schüler von Johann Jacob Scheuchzer. Die günstige Wirkung des Klimas auf Körper und Geist haben auch Jean-Jacques Rousseau (in, wie bereits gesehen, «Lettre à Julie», 1761) und Albrecht von Haller in seinen enthusiastischen Schilderungen der Alpenwelt (1742) bezeugt.

Werber wirbt für Schweizer Alpenluft

Bei Oscar Bernhard nicht mehr erwähnt, weil später aktiv geworden, ist der deutsche Bewunderer der Schweizer Bergluft, Wilhelm Joseph Anton Werber. In «Die Schweizer-Alpenluft» (1862) lässt er verlauten: «Schon in früherer Zeit hatte ich Gelegenheit, die Alpenkurorte der Schweiz in ihren Einrichtungen und in ihren Wirkungen genau zu beobachten; ich habe dann gesehen, wie stark zerrüttetes Nervensystem, wie höchst verarmtes Blutsystem, wie einzelne schwer erkrankte Organe durch den Aufenthalt in den Alpenkurorten zur völligen Gesundheit zurückgeführt wurden, so dass ich genöthigt bin, der Alpenluft ausgezeichnete heilkräftigende Wirkungen zuzuschreiben».

Gesündere Lufft eines höheren Lagers
J. A. Grassi von Portein über Bad Alvaneu, 1747

Es ergibt sich hier die Mutmassung, dass / weilen die Gegende des Alvaneuer Bads auch etliche 100 Schuhe höcher ligt als Chur / Zizers / Mayenfeld / Domlesg etc. / die allhier gebrauchte Cur / wegen der Eygenschafft dem frischeren und zu Sommerszeit gesünderen Lufft eines höheren Lagers / denen aus niederen wärmeren ankommenden Herrn Curanten besser anschlagen werde / als zu Hause.

Dabei präzisiert er: «Bekennen muss ich aber, dass ich beobachtete, wie besonders rasch und entscheidend die Wirkungen der Alpenluft auf eine Brunnen- und Badekur folgten, so dass also Wasser und Luft in Aufeinanderfolge hauptsächlich grosse Heilkraft in chronischen Krankheiten entwickeln, daher die *Klimatotherapie* eine wahre Bereicherung der Neuzeit ist». An anderer Stelle bewundert er die «Urbewohner der höheren Alpen»: «Man erstaunt, braun gefärbte Greise mit grosser Magerkeit in leichtester Behaglichkeit und Kräftigkeit, steile Berge aufsteigen und schwere Lasten tragen zu sehen. In dieser breiten Brust und in diesem kräftigen Herzen athmet und pulst der Muth und die Freiheit!».

Und er streicht gleich noch mehr Butter aufs Brot: «Wenn ein Wanderer die Alpen besteigt oder zu Pferd oder sonst getragen auf ihre Höhen gelangt, welche Umwandlungen gehen mit ihm vor! – Hatte er keine Esslust, schlechte Verdauung, wenig Blut, mühsamen Athem, geringe Muskelkraft, abgespannte Nerven, trüben Sinn und unfreien Geist; – es erwacht die Esslust mächtig, die Verdauung geht geregelt und kräftigt von Statten, das Athmen wird leicht und die Haut röthet sich, die Bewegung wird kräftiger, die Nerven bekommen neuen Schwung, das Gemüth erheitert sich und der Geist regt, verjüngt und erfrischt, seine Gedanken schwingen in leichter Bewegung». Da rötet sich einem die Haut nur schon beim Lesen!

Belobigung physiologischen Denkens

Auch August Feierabend in «Die klimatischen Kurorte der Schweiz» (1865) stellt fest: «*Luftveränderungen* oder *klimatische Kuren* sind ein wahres Bedürfniss unserer Zeit geworden. Hat auch die Mode hieran ihren hübschen Theil, so hat doch das wirkliche Nothgefühl bei der Erschöpfung der geistigen und körperlichen Kräfte in dem immer schwierigern Kampfe um die Hülfsmittel des irdischen Daseins unstreitig den grösseren Antheil daran, und die Erholung und Erfrischung derselben in frischer freier Luft und bei ungestörter Ruhe ist dann kein eingebildetes Bedürfniss».

Man könnte meinen, er hätte das heute geschrieben: «Unsere verwickelteren Lebensverhältnisse, das ruhelose Ringen und Jagen nach materiellem Gewinne, die gesteigerten Forderungen der Kunst und Wissenschaft verbrauchen unendlich mehr Lebenskraft, als dieses noch vor wenigen Jahrzehnten der Fall war. Anderseits ist die herrschende ärztliche Schule der Neuzeit, die *physiologische*, zu der sehr vernünftigen Ansicht gekommen, dass gegen die Krankheit unseres Jahrhunderts, den übermässigen Kräfteverbrauch, in dem entsprechenden Zusammenspiele der allgemeinen Lebenseinflüsse, als Luft und Wasser, Wärme und Licht, Elektrizität und Bodenbeschaffenheit, eine weit kräftigere und sichere Heilkraft liege, als in der vollständigsten aller allopathischen Apotheken».

Äussere Lufft von geringerer Truck-Krafft
Johann Jacob Scheuchzer über Bad Pfäfers, 1717

Weilen dieses Heilwasser so viel hundert Schuh über unsere Zürcherische / und andere respective niedrigere Lande erhebt / so wird alldort die äussere Lufft eine geringere Truck-Krafft ausüben auf unsere Leiber / und diejenige Lufft / welche innert uns / in unserem Geblüt / Aderen / und allen kleinsten Theilen enthalten / ihre Ausdehn-Krafft mit erfolgender desto grösseren Wirkung zeigen.

Aus bisherigen Fundamenten lasset sich schliessen / dass dieses Pfefers Bad dienstlicher / oder besser werde zuschlagen uns Zürichern / oder anderen in niedrigeren Orthen wohnenden Schweitzeren / und noch besser denen Teutschen / Franzosen / Italiänern / oder Holländern / als denen anwohnenden Unterthanen der Grafschaft Sargans / oder noch höher liegenden Pündtneren.

Aktuelle Klimagutachten

Doch kehren wir wieder zurück zum aktuellen Geschehen in St. Moritz: Weil man die von Oscar Bernhard initiierte Klimaforschung hatte sterben lassen, musste das Know-how nun eingekauft werden. Dabei ist frappant, wie relativ gleichlautend in den Schlussfolgerungen heutige Klimastudien sind im Vergleich zu früheren, was die Qualität der Letzteren bestätigt. Das ist speziell deshalb erstaunlich, weil die damaligen Handaufzeichnungen eifriger Thermometer- und Barometerableser in keinem Verhältnis standen zum heutigen technisierten, automatisierten und computergestützten Meteobetrieb.

Viele Frosttage, wenige Hitzetage

Im Januar 1999 erschien, in Auftrag gegeben vom heutigen Bäderarzt Robert Eberhard, unter dem Titel «Klimagutachten» eine Studie von Meteo Schweiz (Bio- und Umweltmeteorologie), die sich auf Erhebungen der Jahre 1981 bis 1996 der nächstgelegenen Meteostation auf dem Flugplatz Samedan (1706 m ü. M.) stützt, die im 10-Minuten-Takt Messwerte erhebt.

Warum wählte man nicht eine offizielle Klimaperiode von 30 Jahren, wie das üblich ist? Weil 1981 vom konventionellen auf automatischen Betrieb umgestellt wurde, was die Auswertung wohl wesentlich erleichterte… Die Resultate bestätigen Bekanntes: Das Hochtal des Engadins ist von starken Stauniederschlägen sowohl von Norden als auch von Süden durch hohe Gebirgsketten geschützt. Ähnlich wie das Wallis gehört es zu den inneralpinen Trockentälern.

Am besten Auskunft über Wärme- und Kältebelastung des menschlichen Organismus geben die sogenannten *Eistage* (Temperaturmaximum > 0 Grad), *Frosttage* (Temperaturminimum > 0 Grad), *Sommertage* (Temperaturmaximum mindestens 25 Grad) und *Hitzetage* (Temperaturmaximum mindestens 30 Grad). Mit Schwületagen ist im Engadin nicht zu rechnen (während zum Beispiel die Meteostation Zürich deren rund 15 pro Jahr verzeichnet), und auch Sommertage sind selten (pro Jahr rund deren zwei). Dagegen können Frosttage gelegentlich sogar in den Sommermonaten auftreten; typisch sind sie jedoch für September bis Mai, im Jahresdurchschnitt gesamthaft deren 244, das heisst im Schnitt ziemlich exakt an zwei Dritteln aller Tage.

Während also die Wärmebelastung vernachlässigt werden kann, ist von Dezember bis Februar mit einer starken Kältebelastung zu rechnen. Da aber bezüglich Luftfeuchtigkeit im Engadin ein viel trockeneres Klima herrscht als im schweizerischen Mittelland, wird diese Kälte vom Körper auch besser ertragen. Zudem bewirkt dieses trockene Klima, dass in dieser Höhenlage die Hausstaubmilben nicht mehr vorkommen, was besonders Allergiker freut. Der reduzierte Dampfdruck im Hochgebirge wirkt sich auch bei Rheuma und Atemwegserkrankungen positiv aus. Die Niederschlagsmenge betrug in der Messperiode im Jahresdurchschnitt 659 mm und war damit nur rund halb so gross wie in der Mittellandstation Zürich mit 1022 mm. Die Gefahr einer langen, den Tourismus beeinträchtigenden Niederschlagsperiode existiert im Engadin nicht.

St. Moritz Bad und Dorf Ende 19. Jahrhundert; im Hintergrund Celerina, Samedan und Bever. Die Wiesen sind gemäht und das vom Malojawind getrocknete Heu ist eingebracht.

Sonnig, trocken und nebelarm

Was sich Ferien- und Kurgäste wünschen, freundliches und sonniges Wetter, das finden sie im Engadin. Erneut im Vergleich zum Mittelland: Heitere Tage gibt es in Zürich pro Jahr rund 36, in Samedan-St. Moritz dagegen 61, und trübe Tage zählt die Stadt an der Limmat 155, das Engadin lediglich 103. Die heiteren Tage verteilen sich hier vor allem auf Herbst und Winter. Nebel, der für Rheuma- und Atemwegserkrankungen, aber auch für die Psyche belastend wirkt, kennt das Engadin kaum, ebenso wenig Inversionslagen unter einer Hochnebeldecke mit entsprechenden Schadstoffkonzentrationen wegen ausbleibendem vertikalem Luftaustausch.

Die Sonnenscheindauer, die durch die Bewölkungsverhältnisse und die Horizontalabschirmung umgebender Berge limitiert wird, betrug in der Messperiode für Samedan-St. Moritz durchschnittlich 1749 Stunden, während es Zürich, ohne Schattenwurf durch Berge, lediglich auf 1514 Stunden brachte. Auffallend ist der Unterschied vor allem im Winterhalbjahr. In den Monaten November bis Januar zählt das Oberengadin mehr als doppelt so viele Sonnenstunden wie das zu dieser Zeit meist unter einer Hochnebeldecke liegende Mittelland. Die Meteo-Schweiz-Studie kommt denn auch zum beruhigenden Ergebnis: «Gesamthaft darf das Oberengadin als sehr sonnig bezeichnet werden».

Für das menschliche Wohlbefinden ist nicht nur die Dauer, sondern auch die Intensität der Sonneneinstrahlung relevant. Bei der sogenannten Globalstrahlung werden die direkte und die diffuse Sonneneinstrahlung gemessen. Auch diese Werte liegen, speziell im Winter, im Oberengadin höher als im Mittelland, das öfters mit Nebel oder Hochnebel eingedeckt ist. Nicht zu vergessen ist, dass der UV-Anteil des Sonnenlichtes *(vgl. Kapitel «Heliotherapie»)* in dieser Höhenlage erhöht ist, und bekanntlich hat speziell die UVB-Strahlung – bei

Beide Bilder zeigen ein der Malojaschlange (vgl. Seite 370 / 371) analoges Naturphänomen: Über die Fuorcla Crap Alv fliessen feuchte Luftmassen wasserfallartig von Nord nach Süd in das Val Bever.

nicht übermässigem Genuss – positive Auswirkungen auf den menschlichen Organismus (spezifische Messungen dazu gab es im Engadin jedoch nicht). Gesamthaft beurteilt die Studie das Klima im Oberengadin im Vergleich zum Mittelland als «bevorzugt», wenn auch wohl etwas verhaltener, als dies ein Kurdirektor tat *(vgl. Kastentext).*

Der «Maloja-Winterwind» …

Im März 1999 erfolgte die Publikation der zweiten, ebenfalls von Bäderarzt Eberhard initiierten Auftragsstudie mit dem klimatösen Titel «Der Einfluss des Klimas und Konzept über die ortsspezifischen Formen der Klimatherapie», diesmal aus dem Institut für Medizinische Balneologie und Klimatologie der Ludwig-Maximilians-Universität, München.

Der hier interessierende Klimateil ist eher allgemein gehalten (im Literaturverzeichnis figuriert gerade eine einzige, St. Moritz betreffende, lediglich populärwissenschaftliche Publikation).

Die fehlende Nähe zum «Gegenstand» schimmert denn auch in Formulierungen wie dieser durch, dass «in der Hochgebirgs-Klimatherapie von St. Moritz insbesondere die Adaptation (u.a.) an den *ganzjährig wehenden* Malojawind eine wesentliche Rolle spielt». Denkste! Denn wenn dieser mehrheitliche Sommerwind – gemäss Münchner Professorin in der Studie – auch im Winter tüchtig blasen täte *(vgl. nächstes Unterkapitel)*, dann würden die Kuranden wohl bald mal ausrufen «Da koide Wind tuat meim Hois need guad»…

In der «Klimatisch-medizinischen Studie der Ärzteschaft St. Moritz» von 1933 wäre dies, aus der Feder von Bäderarzt Paul Gut, nachzulesen gewesen (wie wir bereits gesehen haben): «Wäre der sommerliche Schönwetter-Malojawind, in der warmen Jahreszeit ein erwünschter, kühlender Reizfaktor, auch im Winter aktiv, was er zum Glück nicht ist, könnte man das Oberengadin als Winterdestination vergessen». – Drum merke: Auch Expertisen sind nicht immer sakrosankt.

Soweit, so gut – bis auf …

Interessanter sind die historischen Ergänzungen in der Münchner Studie: Da wird auf die bereits 1791 erschienene deutsche Ausgabe eines Buches von Professor Jacob Gregory aus Edinburgh über therapeutische Klimawechsel berichtet sowie über das erste Sanatorium im Hochgebirge, das englische Ärzte 1831 im Himalaja auf 2300 Metern Höhe zur Behandlung der Malaria errichteten.

Für Deutschland wird der Beginn der Klimatherapie im Seebad Heiligendamm (1793) und auf Norderney (1797) beschrieben.

In Bezug auf die Jahrhundertseuche Lungentuberkulose wird die Erstinitiative für ein klimatotherapeutisches Vorgehen dem schlesischen Arzt Hermann Brehmer (1826-1899) zugeordnet, der mit seinem Schüler Dettweiler im Riesengebirge (auf 600 Metern Höhe) in speziellen Sanatorien erstmals Frischluft-Liegekuren als Therapieelement einsetzte, die dann 1865 auch von Klinikgründer Alexander Spengler in der Schweiz übernommen worden seien.

Unerwähnt bleibt, dass *vor* Spengler (der 1849 als politischer Flüchtling in die Schweiz gekommen war) der Davoser Landschaftsarzt Luzius Rüedi bereits von 1841 bis 1849 im sonnigen Hochtal «skrophulöse» (an Tuberkulose erkrankte) Kinder behandelt hatte und dass der Samedner Arzt Georg Brügger ungefähr zeitgleich mit Brehmer seine Beobachtungen über Lungentuberkulose im Engadin veröffentlicht hatte und dass *vor* Brehmer der Schweizer Arzt J. Guggenbühl auf dem Abendberg bei Interlaken im Jahre 1840 wohl die allererste Höhenkuranstalt eingerichtet hat.

Auch bezüglich Themenkreis Oscar Bernhard und Klimatherapie sind die Fakten etwas verrutscht. Tröstlich jedoch ist die abschliessende Feststellung, dass «St. Moritz hervorragende Voraussetzungen für eine erfolgreiche Klimatherapie» aufweise, mit der klitzekleinen Einschränkung: «… die entsprechenden speziellen klimatherapeutischen Einrichtungen fehlen allerdings noch. Diese können jedoch anlässlich der Neugestaltung des Heilbades geschaffen werden». Wenn das keine guten Aussichten sind!

Der letzte Kurdirektor von St. Moritz, Hanspeter Danuser, und sein Alphorn: Champagner-Klima und 322 Sonnentage waren wohl etwas gar hoch gegriffen, aber äusserst werbewirksam…

Achtung: Champagner-Klima!
Aus der Sicht des letzten Kurdirektors, Hanspeter Danuser, 2006

Der Begriff Champagner-Klima wird schon seit über 100 Jahren gebraucht. Wer ihn erfunden hat, weiss ich nicht. Aber es muss schon etwas dran sein. Das Besondere am Oberengadiner Klima: Es ist sehr trocken, sehr sonnig (durchschnittlich 322 Sonnentage pro Jahr) und findet auf 1856 Metern über Meer statt. Zudem bläst nachmittags oft der Malojawind. Im Sommer kommen dann noch die intensiven Farben und Düfte von Lärchen, Arven und Alpwiesen hinzu.

Medizinisch ausgedrückt ist es ein «Reizklima». Es wirkt anregend, vitalisierend, ja erotisierend, «wie viele berichten». Prickelnd eben, wie Champagner. Unser Klima ist wahrscheinlich heimlicher Mitspieler unzähliger Love-Storys. Und wenn die Leute dann in diesem aufgedrehten Zustand in unseren italienisch angehauchten Cafés und Bars noch viel Espresso und abends ein paar Cüpli trinken, können sie natürlich nachher nicht schlafen. Was in den Ferien ja nicht so tragisch, aber doch schade ist.

Wer nicht um die euphorisierende Wirkung unseres Klimas weiss, tendiert dazu, sich in der ersten Begeisterung zu überschätzen. Manche wollen sofort mit unseren Bergbahnen auf 3300 Meter hochfahren oder trauen sich untrainiert eine strenge Bergwanderung zu. Und wundern sich dann, wenn der Kreislauf nicht mitmacht. Ich rate Oberengadin-«Beginners» immer, zuerst mal in der Horizontalen zu bleiben und um unsere schönen Seen herum zu spazieren.

Das Licht hier ist wirklich ganz spezifisch. Die Farben des Morgen- und Abendhimmels haben Künstler wie Segantini, die Giacomettis oder Hodler unsterblich festgehalten. Nicht nur das Endorphin und die zusätzlichen roten Blutkörperchen sind Effekte dieses Reizklimas. Das helle Licht, die offene Weite mit den zurückversetzten Bergketten, die kraftvollen Farben und der frische Sommerwind vertreiben auch die Seelenschatten und Sorgengeister.

Das Wunderkind Malojawind

Der Malojawind, das himmlische Kind, kräuselt den Silvaplanersee; im Hintergrund der Piz da la Margna.

Durch die meisten grösseren Alpentäler streichen an sonnigen Sommertagen Berg- und Talwinde. Man lernt es in der Schule, dass Talwinde tagsüber bergwärts, nachts dagegen talwärts wehen. Spricht man jedoch vom Malojawind, kann man diese Weisheit gleich vergessen; hier kommt eine ganz andere zum Tragen, nämlich die, dass es – auch in der Natur – keine Regel ohne Ausnahme gibt. Eine solche stellt der Malojawind dar, das Naturphänomen des Oberengadins. Statt wie andere Talwinde bergwärts zu streichen, bläst er talauswärts.

Er weht in die «falsche» Richtung

Motor solch tageszeitlich wehender Berg- und Talwinde ist die Sonne. Bescheint sie die Talflanken, steigt die erwärmte Luft. Die das Tal himmelwärts in Form von Hangwinden verlassenden Luftmassen werden vom Talausgang her durch horizontal nachströmende Luft ersetzt. Für diesen Nachschub zeichnet der Talwind verantwortlich. Nachts ist es umgekehrt. Die abgekühlte Talluft sinkt und fliesst als Bergwind talauswärts. Man nennt das auch die Atmung des Gebirges – mit täglich einem Atemzug, einatmen tags, ausatmen nachts.

Der Richtungswechsel zwischen Tag- und Nachtwind vollzieht sich gewöhnlich einige Stunden nach Sonnenaufgang beziehungsweise nach Sonnenuntergang. Der tagsüber aktive Talwind nimmt an Stärke rasch zu und erreicht sein Maximum am frühen Nachmittag. Der nächtliche Bergwind ist deutlich schwächer und weht weniger regelmässig als der Talwind.

So weit die allgemeine Regel; doch daran hält sich der Malojawind nicht. Er ist eigenwillig und anders, weshalb man von ihm sagt, er sei «der Wind, der in die falsche Richtung weht». Und er steht auch nicht ganz allein als Sonderling da: Analog verkehrt wehende Winde gibt es am Berninapass, im Davoser Hochtal und am Arlberg.

Himmlisches Schönwetterkind

Da der Malojawind zudem einer der stärksten Lokalwinde der Alpen ist, war seine Andersartigkeit schon früh aufgefallen. Bereits 1879 stellte Julius von Hann fest, dass er sich «ganz abweichend von dem gewöhnlichen Verhalten» manifestiere.

Noch früher, 1877, hatte der Engadiner Arzt J. M. Ludwig in seiner Studie «Das Oberengadin in seinem Einfluss auf Gesundheit und Leben» vermerkt, dass im Sommer «der sog. Thalwind bläst, ein lokaler Wind, der in der Flussrichtung von Maloja nach Scanfs mitunter recht lebhaft streicht. Er fehlt am Morgen, bläst am stärksten in den warmen Mittagsstunden und verliert sich gegen Abend allmählich».

Ja sogar schon der Zürcher Arzt und Naturgelehrte Johann Jacob Scheuchzer hat im 18. Jahrhundert im dritten Teil seiner «Natur-Historie des Schweizerlandes», welcher Themen wie Luft, Mineralien und «Ueberbleibseln der Sündfluth» gewidmet war, festgestellt, «wann der Nord- und Westwind gegeneinander streiten, so ist, so zu reden, der Champ de bataille bey dem Berg Maloja, auf denen Gränzen des Engadeins und Bergeller-Thals».

Und weiter schreibt er: «Ueberwindet der Westwind *(gemeint war wohl der Südwestwind)*, so wird Engadein befeuchtet».

Das heisst, schon damals waren zwei verschiedenartige Südwestwinde bekannt, der von Scheuchzer beschriebene, der als Schlechtwetterwind im Sommer Regen und im Winter Schnee bringt, und der von Ludwig erwähnte Malojawind, der in der warmen Jahreszeit als Schönwetterkind auftritt. Er setzt, wie Bodenwindmessungen in Sils ergaben, um etwa 10 Uhr ein, erreicht sein Maximum mit einer mittleren Windgeschwindigkeit von 25 km/h am Nachmittag, um im Laufe des Abends abzuflauen. Nach Mitternacht setzt bei Sils dann meist der talaufwärts wehende, viel weniger starke Gegenwind ein.

Ein Wind – drei Theorien

Den Einheimischen sind solche Talwinde bestens bekannt und vertraut, weshalb sie ihnen Namen geben, die sich auf ihr geografisches Vorkommen beziehen («Malojawind» im Oberengadin, «Vaudaire» im Unterwallis, «Ober- oder Unterwind» im St. Galler Rheintal), auf ihre Regelmässigkeit («Zehnerli» in Bludenz und Feldkirch, «Ora» im Etschtal) oder auf ihre Verbindung zu Schönwetter («Heiter» oder «Heiterwind» im Vorarlberg).

Der bekannteste und wohl auch eigenwilligste all dieser Talwinde ist jedoch derjenige von Maloja. Er ist zugleich auch einer der stärksten Lokalwinde der Alpen schlechthin und hat daher seit jeher Heerscharen von Meteorologen aus dem In- und Ausland beschäftigt, die verschiedene Theorien aufstellten. Die älteste besagt, dass die Luftmassen auf der Alpensüdseite durch Erwärmung über die Malojapasshöhe gehoben werden und sich dann ins Engadin ergiessen. Eine zweite Theorie betrachtet den Malojawind als die Fortsetzung des Bergeller Talwindes, der, weil eine wirksame Talscheide fehlt, «übers Ziel hinausschiesst» und sich einen Weg durchs Engadin bahnt.

Die dritte und neuere Theorie sieht die Ursache für die Entstehung des Malojawindes im Engadin selber. Die starke Erwärmung tagsüber lässt die Luft in Form von Hangwinden aufsteigen, was die horizontale Nachschubströmung auslöst. Warum diese im Engadin aus der «falschen» Richtung erfolgt, geht aus der Topografie hervor: Der Nachschubweg aus dem Bergell ist viel kürzer als er durchs ganze Inntal wäre, das zudem durch seinen Knick unterhalb von Zernez noch sogmindernd wirken würde.

Wegen fehlendem Talabschluss

In einem sind sich die Meteorologen einig: Die seltsamen Windverhältnisse korrespondieren mit der ungewöhnlichen Geländekammerung. Weil dem Oberengadin in Richtung Bergell ein Talabschluss fehlt, also keine Bergkette die beiden Täler und ihre Windsysteme trennt, wird das Engadin für den Wind aus dem Süden zum Schengenraum – mit freiem Zutritt. Der eingangs erwähnte Julius Hann lag somit richtig, wenn er argumentierte: «Es besteht kein Zweifel, dass, wenn das Oberengadin den gewöhnlichen Talabschluss durch höhere Berge *(oder einen höheren Pass)* hätte, es auch seinen aufsteigenden Talwind haben würde».

Höhenwindmessungen haben diese Theorie vom Ansaugen der Luft aus der «falschen» Richtung übrigens bestätigt und gezeigt, dass der Bergeller Talwind eine Doppelschichtung aufweist mit einem Geschwindigkeitsmaximum in Bodennähe und einem anderen in der Höhe, das mit dem des Malojawindes übereinstimmt, also durch dessen Sogwirkung bestimmt wird. Doch lustigerweise spielt das Prinzip «keine Regel ohne Ausnahme» selbst innerhalb der Ausnahme: Neben dem abnormalen Talwind weht im Engadin auch ein normaler aus Nordost talaufwärts, die «Brüscha», allerdings mehr im Unter- als im Oberengadin, und nur dann, wenn über den Alpen eine kräftige Nordostströmung dominiert.

Biologische Grastrocknungsanlage

Der Malojawind manifestiert sich erfrischend im Oberengadiner Sommer und Frühherbst. Als stärkster Talwind der Alpen hat er in der warmen Jahreszeit einen grossen Einfluss auf das Klima.

Empfunden wird er als kühl, was allerdings weniger auf die Lufttemperatur als vielmehr auf die Windgeschwindigkeit zurückzuführen ist. Solche Abkühlung ist in der Tagesmitte willkommen, gegen den Abend hin wirkt sie eher unangenehm. Heiss geliebt wir der Malojawind von den Seglern; denn sie haben, wenn im Unterland an heissen Sommertagen kein Lüftchen weht, auf den Engadiner Seen pralle Segel. Mit anderen Worten: Segelsport und auch Segelfliegerei leben im Engadin von und mit dem Malojawind!

Eine weitere positive Eigenschaft dieses regelmässigen Schönwetterwindes wissen die Bauern zu schätzen, wenn dank viel Sonnenschein und wenig Luftfeuchtigkeit aus dem am Morgen geschnittenen Gras bis am Abend bereits trockenes Heu resultiert. Der Malojawind ist sozusagen ihre biologische und zudem kostenfreie Grastrocknungsanlage. Das Haar in der Suppe der Malojawind-Positivmeldungen sind gewisse Wuchsdeformationen an Bäumen, die man dem himmlischen Kind zuschreibt.

Einfluss auf Reizstufen-Rating

Doch entscheidend ist die Tatsache, dass der Malojawind aktiv in das Rating der klimatologischen Zuordnung der Kurorte eingreift. Je nach Heilfaktoren werden die Klimakurorte der Schweiz in verschiedene Reizstufen eingeteilt. Dabei spielen sowohl Reizfaktoren wie Höhenlage, Besonnung und Strahlung, aber auch Schonfaktoren wie relative Stabilität der Witterung oder Schutz vor stärkeren Winden eine Rolle. (Damit sind wir einmal mehr bei jenem Thema, das sich wie ein roter Faden durch das ganze Buch zieht: positive Reizwirkung durch die Natur respektive Reizsetzung durch den Arzt.)

Je nach Gewichtverteilung in den beiden Waagschalen für Reiz- und Schonfaktoren werden die Kurorte in vier Reizstufen eingeteilt. Die dem Malojawind ausgesetzten Ortschaften St. Moritz, Silvaplana und Sils werden der höchsten Reizstufe zugeordnet, Pontresina dagegen, das vom Malojawind kaum tangiert wird, findet sich eine Stufe unter dem Reizmaximum. Dass es solche Unterschiede gibt, ist sogar von Vorteil; denn dadurch steht den ebenfalls unterschiedlichen Ansprüchen der Kurgäste eine echte Auswahl zur Verfügung.

Der konstante Malojawind ist ein verlässlicher Partner sowohl der Segler als auch der Segelflieger.

Selbst der im Winter gelegentlich aktive Südwind wurde schon früher sportlich genutzt, so etwa beim Eissegeln.

Grösstes Riesenreptil der Welt

Diese Flugaufnahme zeigt eindrücklich die Entstehung der Malojaschlange: feuchte Luftmassen dringen bei Maloja ins Oberengadin ein und kondensieren zum reptilartigen Wolkengebilde.

Die Existenz von Drachen in den Alpen ist zwar seit Jahrhunderten als irrige Annahme widerlegt, doch im Engadin existiert heute noch ein Mammutreptil, nämlich die grösste Riesenschlange der ganzen Welt, und es erstaunt, dass bei so vielen findigen Kurdirektoren nie einer auf die Idee gekommen ist, sie ins Guinnessbuch der Rekorde eintragen zu lassen.

La serp da Malögia …

Die Rede ist von der Malojaschlange, dem – neben dem Malojawind – anderen spektakulären Naturphänomen im Engadiner Luftraum. Es handelt sich dabei um extrem langgezogene Wolkenbänke in Form einer überdimensionalen, kilometerlangen albinotischen Boa constrictor, die im Zeitlupentempo den Talhängen entlang oder – falls das Kondensationsniveau unterhalb von Maloja liegt – über den Talboden hinweg talauswärts gleitet.

Im Gegensatz zum Malojawind, der nur in der warmen Jahreszeit und bei schönem Wetter in Erscheinung tritt, kann die Malojaschlange im Sommer und im Winter, bei Schön- und Schlechtwetter beobachtet werden. Typisches Schlangenwetter sind grossräumige Schlechtwetterlagen mit Südwestwind. Im oberen Talabschnitt macht sich die Malojaschlange aber auch häufig am Abend bei Malojawind bemerkbar.

Riesenschlangen sind bekanntlich nicht giftig, aber unheimlich kräftig im Würgegriff. So brachte es 1974 eine Malojaschlange zustande, die Herrenabfahrt der Skiweltmeisterschaften von St. Mo-

«La serp da Malögia», die imposante Malojaschlange, betrachtet ab Muottas da Schlarigna.

Gleich einem urtümlichen Reptil kriecht die wolkige Malojaschlange über das Oberengadin.

ritz nachhaltig zu stören und das hochkarätige Organisationskomitee schachmatt zu setzen. Naturphänomene, selbst solche scheinbar harmloser Art, zeigen mitunter dem Zauberlehrling Mensch, wo seine Grenzen liegen.

... porta plövgia

Obschon die Malojaschlange älter ist als die einheimische Bevölkerung, scheint bei dieser noch ein bisschen Optimierung des herpetologischen Kenntnisstandes angesagt; denn die Engadiner Wetterregel «La serp da Malögia porta plövgia» («Die Malojaschlange bringt Regen») kann, muss aber, wie gesehen, längst nicht immer zutreffen. Sie gehört in die Kategorie jener Bauernregeln, die sich unter dem Schmunzelprinzip «Das Wetter bleibt schön – ausser es regnet...» subsummieren lassen.

Und deren gibt es – neben sehr zutreffenden wohlverstanden – einige. Während beispielsweise die Wetterregel «Je mehr Donnerwetter, je fruchtbarer das Jahr» den Nagel auf den Kopf trifft, da Gewitter das für den Pflanzenwuchs lebensnotwendige Regennass mit sich bringen, könnte die Befolgung der Volksmund-Regel für das Verhalten bei Blitzschlag recht böse Folgen haben: «Vor den Eichen sollst du weichen, doch die Buchen sollst du suchen».

Diese irrige Auffassung stammt daher, weil man die Blitzeinschläge und deren Kanäle an glatten Baumstämmen mit dünner Tapetenrinde stets weniger gut sah als solche an Bäumen mit borkiger Rinde, welche beim Blitzschlag in grossen Fetzen weggefegt wird.

Daraus schloss man irrtümlich, Buchen seien weniger gefährdet als Eichen. Das stimmt keineswegs. Richtig ist, während eines Gewitters überhaupt nicht unter Bäume zu stehen, schon gar nicht unter frei stehende. Darum Vorsicht – bei Blitzen und Himmelsschlangen!

Sibirien im Engadiner Untergrund

Der Roseggletscher hat gemäss dem Schweizer Gletschermessnetz seit 1855 von seiner damaligen Länge von 6,7 km total 2849 m eingebüsst.

Ein weiteres Natur- und Klimaphänomen, das allerdings auch Sorgen bereitet, ist der Permafrost, das heisst der ganzjährig gefrorene Untergrund, der sich heute zum Teil nahe am Schmelzpunkt befindet, womit die in den Sicherheitsvorkehrungen verankerten Parameter nicht mehr überall gewährleistet sind. Denn wo der Permafrost sich verabschiedet, geraten Hänge und Felspartien in Bewegung und es kommt zu Murgängen. Routen, die vor Jahren noch problemlos waren, sind dann nicht mehr passierbar. Weltuntergangsstimmung macht sich dennoch nicht breit.

Wenn Erwärmung kühlend wirkt

Rund 4 bis 6 Prozent der Schweizer Landesfläche liegen ganzjährig unter null Grad und fallen damit unter den Begriff Permafrostgebiet. Doch die Hochgebirgslandschaft verändert sich, der Untergrund taut auf, die Gletscher schwinden, und dies unerwartet rasch. Beispiel Roseggletscher: 1991 wurde noch ein kleiner Vorstoss von 30 cm registriert, 1995 ein Rückzug von 84 m. Im Durchschnitt ist der Roseggletscher seit 1895 jährlich um rund 32 m kürzer geworden. Die segelfliegende Glaziologin Christine Levy von der Academia Engiadina in Samedan überwacht die Gletscherlängen-Veränderungen im Sinne verlässlicher Klimazeiger nicht nur terrestrisch, sondern – als wachsames Gletscherauge – auch von oben mit jährlicher luftfotografischer Dokumentierung.

Gelegentlich offenbart die Forschung Überraschungen: So kann Klimaerwärmung auch zu Permafrost-Abkühlung führen, so unlogisch dies tönt. Denn während eine dicke winterliche Schneeschicht wärmend auf den Permafrost wirkt, tut dies eine dünne Schneeschicht in abkühlendem Sinn. Dies zeigte sich im schneearmen Winter 1995/96: Seit 1987 war eine kontinuierliche Erwärmung des Permafrosts festgestellt worden. Dieser einzelne Schneemangel-Winter hat ausgereicht, die Erwärmung wieder rückgängig zu machen.

Anzutreffen ist der Permafrost in den Alpen vor allem in Nord-Expositionen oberhalb 2000 bis 2500 m, doch ist er auch schon unterhalb 1500 m registriert worden. Unterschieden wird zwischen trockenem Permafrost ohne Eis und solchem mit mehr oder weniger Eis. Dieses Untergrundeis bildet sich entweder durch gefrorenes Grundwasser oder wiedergefrorenes Schmelzwasser, kann aber auch von Gletscherüberresten herrühren.

Keine unnötige Dramatisierung

Während in gewissen Medien auf permafröstelnde Dramatik gemacht wird, lautet im Tal selber, wo man gewohnt ist, mit den Gefahren des Berges zu leben, die Devise «handeln statt jammern». So darf das Oberengadin denn stolz darauf sein, bezüglich Gebirgspermafrost weltweit die bestuntersuchte Gegend zu sein. Was die Kenntnis über den Permafrost und die vorzukehrenden Massnahmen anbetrifft, ist die Schweiz insgesamt Pionierland. Und notabene hat man das Phänomen auch schon früher gekannt. So lieferte etwa der ehemalige Kreisförster in Bever, Eduardo Campell, schon sehr detaillierte Beschreibungen. Die erste grössere Permafrostbohrung am Corvatsch erfolgte dann 1987.

Heute ist Felix Keller von der Academia Engiadina in Samedan der anerkannte Spezialist im Bereich Permafrost. Er gehört zu jenen Forschern, die durch eine unaufgeregte und sachliche Sicht der Dinge angenehm auffallen. «Man redet», meint der bodenständige Wissenschaftler ohne Starallüren, «gerne über die Schrecken des Permafrostes. Doch bei aller Betroffenheit darf man nicht ausser acht lassen, dass in den nächsten Jahrzehnten weltweit über zwanzig Nationen viel gewaltigere Probleme bei der Sicherstellung der Bewässerung in der Landwirtschaft werden hinnehmen müssen, die um ein Vielfaches gravierender sind als unsere Permafrostsituation».

Felix Keller korrigiert auch die mediale Verzeichnung der aktuellen Lage: «Man pflegt den Alpenraum als den Verlierer der Klimaentwicklung darzustellen. In Wirklichkeit ist es umgekehrt; denn die Gebirgsregionen werden weltweit zu Schlüsselregionen der Wasserversorgung». Die Engadiner Fachleute neigen also nicht zur Dramatisierung, und schon gar nicht zum Heraufbeschwören von Horrorszenarien mit unter Schuttmassen begrabenen Dörfern. Im Gegenteil, sie sehen sogar die Möglichkeit, den Permafrost zur Tourismusthematik zu machen. «Denn er hat», so erklärt Felix Keller, «auch seine spannenden Seiten, zum Beispiel die imposanten, mit Lavaströmen vergleichbaren Kriechformen, wovon es allein im Oberengadin gut deren 300 gibt».

Kriechende, einem Lavastrom ähnliche Permafrostform (Blockgletscher) im Val Muragl, fotografiert im Aufstieg zur Segantinihütte auf dem Schafberg.

Befreiungsritual seit 1832

Dass die Menschen im Engadin eine enge Beziehung zu Wetter und Klima haben, beweist auch der gute alte Brauch, wenn im Frühling die Regionalzeitung «Engadiner Post/Posta Ladina» die mit Spannung erwartete, seit 1832 getreulich nachgeführte Statistik veröffentlicht – nein, keine Börsenkurs-Übersicht, sondern die lapidare Aufzeichnung über die Befreiung des St. Moritzersees von der Eisdecke.

Indikator für den Bergfrühling

Wenn die Eiszeit auf dem St. Moritzersee zu Ende ist, dann bricht die Zeit des Grünens und Blühens an, die Schneedecke an den umliegenden Berghängen wird dünner und dünner und fängt an auszufransen.

Deshalb wird, nach dem langen Winter, der Zeitpunkt, da sich das Gewässer vom Eispanzer befreit hat, sehnlichst erwartet. Speziell freuen sich jeweilen die Bootsfischer über die Eisfreiheit; denn am 15. Mai beginnt ihre Fischereisaison – und sie wünschen sich Petriheil für nicht eisgekühlten Fisch!

Sobald die letzten Eisschollen, die im vergangenen Winter die grossartige Open-Air-Bühne für das St. Moritzer Highlife bis hin zum Publikumsmagnet White Turf gebildet haben, am Inn-Wehr zerklirren und schliesslich, aufgelöst in Myriaden von Wassertröpfchen, die lange Reise zum Schwarzen Meer antreten, dann erscheint im Lokalblatt die berühmte Statistik «Ende der Eiszeit». Beim Silser- und Silvaplanersee dauert es jeweilen um einiges länger.

Rekordmarken: 18. April und 8. Juni

Im Erscheinungsjahr dieses Buches geschah dieses Ritual seit 1832 zum 180. Mal *(vgl. Kasten)*, und zwar sehr früh; bereits am 21. April veröffentlichte die Zeitung die Freudenbotschaft, dass der See nach rund fünf Monaten gänzlich vom Eiskleid befreit sei. Das ist elf Tage früher als im Vorjahr und insgesamt eines der frühesten Daten seit Aufzeichnungsbeginn.

Eisfrei präsentierte sich der St. Moritzersee bisher insgesamt zweimal am 21. April, nämlich 2011 und 1946. Noch früher geschah dies nur dreimal: 2007 und 1961 am 19. April und, als absoluter Frührekord, 1981 bereits am 18. April. Es gab aber auch lange und harte Winter, die das Auftauen verzögerten. Für dieses andere Extrem steht der 8. Juni der Jahre 1837 und 1836. Zusammen mit dem 6. Juni 1879 war solch späte Eisfreiheit nur dreimal Tatsache, seither nie mehr.

Seit 1990 erreicht der See das Ende der Eiszeit stets Ende April oder spätestens in der ersten Mai-Hälfte. Grosse Theorien darüber will man – wohl richtigerweise – noch nicht anstellen. Denn Wärmeeinbrüche und Wetterabnormitäten gab es schon immer, so 1367 oder 1584 mit grünen Weihnachten, oder in den Jahren 1710, 1727, 1734 und 1766 mit schneearmen Wintern. Auch aus dem 19. Jahrhundert sind im Oberengadin ganze 14 milde Winter mit wenig Schnee überliefert. Man muss, so scheinen sich die St. Moritzer zu sagen, nicht gleich aus jeder Wetterkapriolen-Mücke einen wissenschaftstheoretischen Elefanten machen!

«Chalandamarz» in Samedan – das Frühlingsfest der Engadiner Jugend, immer am 1. März.

Ende-Eiszeit-Statistik des St. Moritzersees
Aufzeichnungen über die Befreiung von der Eisdecke seit 1832

Jahr	Datum	Jahr	Datum	Jahr	Datum	Jahr	Datum
1832	5. Mai	1877	18. Mai	1922	21. Mai	1967	14. Mai
1833	24. Mai	1878	8. Mai	1923	7. Mai	1968	5. Mai
1834	11. Mai	**1879**	**6. Juni**	1924	2. Mai	1969	7. Mai
1835	23. Mai	1880	18. Mai	1925	19. Mai	1970	23. Mai
1836	**8. Juni**	1881	28. April	1926	16. Mai	1971	2. Mai
1837	**8. Juni**	1882	13. Mai	1927	9. Mai	1972	28. April
1838	28. Mai	1883	19. Mai	1928	8. Mai	1973	13. Mai
1839	21. Mai	1884	10. Mai	1929	10. Mai	1974	22. April
1840	11. Mai	1885	11. Mai	1930	9. Mai	1975	17. Mai
1841	6. Mai	1886	9. Mai	1931	20. Mai	1976	20. April
1842	11. Mai	1887	10. Mai	1932	25. Mai	1977	16. Mai
1843	23. Mai	1888	24. Mai	1933	3. Mai	1978	20. Mai
1844	12. Mai	1889	16. Mai	1934	7. Mai	1979	24. Mai
1845	25. Mai	1890	17. Mai	1935	15. Mai	1980	14. Mai
1846	10. Mai	1891	17. Mai	1936	7. Mai	**1981**	**18. April**
1847	20. Mai	1892	18. Mai	1937	15. Mai	1982	4. Mai
1848	15. Mai	1893	29. April	1938	5. Mai	1983	7. Mai
1849	20. Mai	1894	7. Mai	1939	28. April	1984	13. Mai
1850	30. Mai	1895	11. Mai	1940	10. Mai	1985	18. Mai
1851	24. Mai	1896	16. Mai	1941	14. Mai	1986	15. Mai
1852	20. Mai	1897	5. Mai	1942	24. April	1987	10. Mai
1853	19. Mai	1898	10. Mai	1943	25. April	1988	2. Mai
1854	5. Mai	1899	12. Mai	1944	28. April	1989	16. Mai
1855	26. Mai	1900	9. Mai	1945	7. Mai	1990	7. Mai
1856	20. Mai	1901	23. Mai	**1946**	**21. April**	1991	28. April
1857	22. Mai	1902	4. Mai	1947	29. April	1992	13. Mai
1858	13. Mai	1903	24. Mai	1948	27. April	1993	4. Mai
1859	7. Mai	1904	5. Mai	1949	22. April	1994	30. April
1860	18. Mai	1905	6. Mai	1950	13. Mai	1995	1. Mai
1861	15. Mai	1906	14. Mai	1951	20. Mai	1996	24. April
1862	4. Mai	1907	16. Mai	1952	27. April	1997	3. Mai
1863	14. Mai	1908	14. Mai	1953	24. April	1998	4. Mai
1864	16. Mai	1909	2. Mai	1954	14. Mai	1999	12. Mai
1865	28. April	1910	25. Mai	1955	2. Mai	2000	8. Mai
1866	11. Mai	1911	13. Mai	1956	10. Mai	2001	11. Mai
1867	6. Mai	1912	10. Mai	1957	29. April	2002	4. Mai
1868	13. Mai	1913	17. Mai	1958	13. Mai	2003	23. April
1869	8. Mai	1914	12. Mai	1959	28. April	2004	3. Mai
1870	12. Mai	1915	10. Mai	1960	7. Mai	2005	23. April
1871	27. Mai	1916	19. Mai	**1961**	**19. April**	2006	4. Mai
1872	21. Mai	1917	19. Mai	1962	16. Mai	**2007**	**19. April**
1873	1. Mai	1918	13. Mai	1963	12. Mai	2008	11. Mai
1874	18. Mai	1919	26. Mai	1964	4. Mai	2009	3. Mai
1875	14. Mai	1920	15. Mai	1965	8. Mai	2010	2. Mai
1876	25. Mai	1921	7. Mai	1966	2. Mai	**2011**	**21. April**

«Schlitteda» – ein alter Volksbrauch: junges Paar in der Tracht auf traditionellem Schlitten, vor dem Piz Julier.

HÖHENMEDIZIN UND HÖHENTRAINING

Training in der Naturarena

Über die früher vorherrschende Furcht vor den tatsächlichen und den imaginären Gefahren des Gebirges war schon im vorangehenden und auch im ersten Kapitel die Rede. Hier wenden wir uns nun der Faszination zu, welche das Höhenerlebnis auf den Menschen ausübt, seit er begann, die Berge zu besteigen, nachdem er die Angst überwunden hatte. Dabei machte er die Erfahrung, dass Höhe auf der einen Seite beflügeln, andererseits aber auch krank machen kann.

Diese für den menschlichen Körper ungewohnten klimatischen Faktoren in grosser Höhe mit an sich positiven und gesundheitsfördernden, unter gewissen Umständen aber auch negativen oder sogar lebensgefährlichen Auswirkungen begannen daher die Physiologen und die Mediziner zu interessieren. Es entwickelte sich eine eigentliche Höhenmedizin, sowohl für den Kurbereich als auch für den Sport, die in St. Moritz ebenfalls Zeichen setzte, wie die Kapitel über die Quellen- und Sonnenthematik bereits gezeigt haben.

Die Seele aus dem Leib erbrochen

Auch hier wieder vorab ein grober Überblick: Warum wohl stiegen die Inkas auf die Sechstausender der südamerikanischen Anden, warum die tibetischen Mönche bis in die Todeszone und warum die Chinesen der Han-Zeit auf die «Berge des grossen Kopfwehs»? Suchten sie die Nähe der Sonne, erhofften sie sich Erleuchtung in der Höhe, wollten sie Abstand und Überblick gewinnen?

Für die neuzeitlichen Grenzgänger gibt Reinhold Messner in dem Buch «Kopfwehberge», verfasst von den Medizinern und Bergsteigern Elisabeth Simons und Oswald Oelz, die Antwort: «Die Welt von oben gesehen zu haben und zu erfahren, dass jenseits unserer Möglichkeiten jenes Unendliche liegt, das uns nicht zugänglich ist – das Jenseits eben –, das ist in jedem Fall all die Strapazen und Mühen unserer ‹Eroberung des Nutzlosen› wert».

Dummköpfe und träge Fische

Zu den Besessenen frühester Zeit, die ohne zwingenden Grund in die Höhe stiegen, gehörte der römische Kaiser Hadrian, der bereits um das Jahr 125 einen Sonnenaufgang auf dem Ätna bewunderte. Francesco Petrarca, Dichter der Renaissance, kraxelte 1336 «allein von dem Wunsch geleitet, eine bemerkenswerte Höhe zu erreichen», zusammen mit seinem Bruder auf den 1912 Meter hohen Mont Ventoux.

Der Zürcher Stadtarzt Conrad Gessner (1516-1565), der in der Schweiz einer jener Naturgelehrten war, die der ängstlichen Ehrfurcht vor der Bergwelt eine interessierte und staunende Annäherung entgegensetzten, bezwang *(wie wir schon im ersten Kapitel gesehen haben)* 1555 mit behördlicher Erlaubnis den Sagenberg Pilatus *(vgl. Kastentext)*. Auch Vadianus, der St. Galler Humanist Joachim von Watt, war auf dem Luzerner Hausberg.

Über die Besteigung des Stockhorns (2190 m), nahe beim Thunersee gelegen (und Hausberg des Schreiberlings dieses Buches), berichtet in seiner amüsanten «Stockhorniade» 1537 Pfarrer Johann Rhellicanus. Auch Gessners Freund, der Berner Philologe Benedikt Marti, war 1557 auf dem Stockhorn, wobei er vermerkte, dass «alle, das nicht lieben, bewundern und mit Freude anschauen, als Pilze, Dummköpfe, träge Fische und Schildkröten zu bezeichnen sind».

Playground of Europe

Die Grosszahl der irdischen Lebewesen hat sich das sauerstoffreichere Tiefland beziehungsweise in den Bergen die Täler als Lebensraum ausgesucht. Die unwirtlichen, sauerstoffärmeren Höhen wurden gemieden. Erst bergsteigende Naturforscher, dann erste Alpinisten und schliesslich an Höhenmedizin interessierte Wissenschaftler und Ärzte getrauten sich hoch hinauf.

Kleine Ode an die Bergluft
Conrad Gessner nach seiner Pilatus-Erstbesteigung, 1555

Diese Luft wird von der Nase zum Gehirn geführt, und durch die Arterien zu Lunge und Herz; sie ist nicht nur nicht schädlich, sondern besänftigend.

Die Luft ist freier und gesünder und nicht durch dichte Ausdünstungen verdorben wie in der Ebene und auch nicht ansteckend und stinkend wie in den Städten und Wohnplätzen der Menschen.

Damit begann in den Alpen das, was der Engländer Leslie Stephen 1871 in seinem gleichnamigen Buch als «Playground of Europe» (Tummelplatz Europas) apostrophierte.

Dieser Trend setzte sich bis in die heutige Zeit fort, und zwar rund um den Globus und bis hinauf auf die höchsten Gipfel der Welt. Aus den Unterfangen einiger Verwegener wurde ein Volkssport. Resultat dieser Entwicklung: die Höhenmedizin. Doch angefangen hat sie ganz bescheiden.

Erste Konturen der Bergkrankheit

Früh schon zeichnen sich in Berichten über Bergeroberungen vage Beschreibungen der Bergkrankheit ab. Die ältesten Hinweise liefern Xenophon und Plutarch, die von gesundheitlichen Problemen berichten, wenn Kriegsheere höhere Pässe überquerten. Auch sollen die Pilger bei Olymp-Besteigungen (2911 m) feuchte oder essiggetränkte Schwämme als Atemhilfe verwendet haben, da «Augen und Stirn schwer waren, das Herz zitterte und er kalt und fahl wurde». Auch aus Asien liegen fantasievolle Erlebnisberichte vor *(vgl. Kastentexte)*.

Jesuitenpater José de Acosta, der lange in Peru tätig gewesen war, beschreibt in seinem mehrbändigen Werk über die Neue Welt, «Historia natural» (1590), die Effekte der Winde oder der Luft am Pariacaca recht dramatisch als eine Krankheit, die sich urplötzlich als heftig einsetzende Schwäche manifestierte, die ihn fast zu Boden schleuderte, bevor er sich nahezu die Seele aus dem Leib erbrach *(vgl. Kastentext)*. Das drastische Bild vom Herauswürgen der Seele widerspiegelt die Dramatik dieser «Seekrankheit im Gebirge».

Von Kopfweh- und Fieberbergen
Chinesischer Text aus der Han-Dynastie, Reise nach Ke-Pin, 35 v. Chr.

Als Nächstes gelangt man zu den Grossen und den Kleinen Kopfwehbergen sowie zu Roter Erde und den Fieberbergen. Sie erhitzen einen Menschen so, dass sein Gesicht bleich wird, sein Kopf schmerzt und er erbricht. Selbst den Eseln und dem Vieh ergeht es in gleicher Weise.

Bericht über ein Ereignis auf einem Pass der Seidenstrasse, 403 n. Chr.

Der Wind kühlte uns bis auf die Knochen aus, dies auf der schattigen Seite der kleineren Schneeberge. Hui Jiao war schwer krank; er schäumte aus dem Munde, seine Kraft schwand, und er verlor hin und wieder das Bewusstsein. Schliesslich fiel er tot auf den Schneeboden.

Ein früher Beschrieb der Bergkrankheit
Mirza Muhammad Haidar aus Taschkent in «Tarikh-i-Rashidi», 1546

Die Symptome sind eine schwere Übelkeit, und immer ist die Atmung so betroffen, dass man erschöpft ist, als hätte man gerade einen steilen Berg mit einer schweren Last auf dem Rücken erklommen. Wegen dieser Beengung ist es schwierig zu schlafen. Falls aber einen der Schlaf dennoch übermannt, so sind die Augen gerade erst geschlossen, wenn man schon wieder schlagartig erwacht wegen des Engegefühls von Lunge und Brust.

Wenn er von dieser Krankheit bezwungen wird, wird der Patient verwirrt und beginnt Unsinn zu reden. Manchmal verliert er die Fähigkeit zu sprechen, und seine Handflächen und Fusssohlen werden geschwollen. Wenn dieses letzte Symptom auftritt, stirbt der Patient häufig zwischen Morgengrauen und Frühstückszeit; manchmal aber schleppt er sich noch einige Tage dahin.

Wenn sich in dieser Zeit sein Schicksal nicht besiegelt hat und er ein Dorf oder eine Feste erreicht, wird er vermutlich überleben. Ansonsten wird er sicherlich sterben.

Schlimmer noch als seekrank
Jesuitenpater José de Acosta über eine Passüberquerung in den Anden, 1570

Ich erlebte einen seltsamen Effekt, welcher durch die Luft oder den Wind in diesen Gegenden verursacht wird, nicht weniger, sondern im Gegenteil sogar schlimmer als auf dem Meer.

Ich wurde von derartigem Husten und Brechen geschüttelt, dass ich fürchtete, meine Seele herauszuwürgen. Nachdem ich zunächst Fleisch und Flüssigkeit erbrochen hatte, folgte bald gelbe und grüne Galle, und am Ende würgte ich gar Blut heraus.

Gletschersturz Morteratsch Ende 19. Jahrhundert
Schon damals wurde getrickst – die «Alpinisten» sind hineinkopiert

Schwarzes Blut und weisse Stirn

Naturwissenschaftliche Forschung ist insgesamt ein grosser, langwieriger und gelegentlich über Irrwege zum Ziel führender Lernprozess. Das zeigt sich beispielhaft an der schrittweisen Aufklärung des Phänomens Bergkrankheit. In Europa dauerte es zudem viel länger, bis man ihr auf die Sprünge kam, und auch nur annähernd so präzise Beschreibungen wie jene von Haidar liessen auf sich warten.

Burnetius meint: «wie ausgekotzet»

Im 17. Jahrhundert erlahmte das Interesse an der wilden, rauen Bergwelt sogar wieder. Das widerspiegelt sich in den Formulierungen des Philosophen Thomas Burnetius, der zu jener Zeit – in «Theoria Telluris sacra» (1698) – die Berge als das grösste Muster von Unordnung und wildem Wesen hielt, «als ob sie vom Himmel gefallen oder das innerste Theil des Erdreichs sie gleichsam ausgekotzet habe». Herr Philosoph präferierte offenbar die wohlausgeebneten Spazierweglein. Nun ja, ein anderer Philosoph – oder war's ein Gewöhnlichsterblicher? – hat ja gesagt: Jedem Tierchen sein Pläsierchen!

Der Fortschritt der Erkenntnis blieb aber unaufhaltbar. So entwickelte in Florenz der Mathematiker Evangelista Torricelli, Schüler von Galileo Galilei, 1643 das erste Quecksilberbarometer. Seine Erkenntnis: Wir sind von Luft umgeben, die ein Gewicht hat und in Bodennähe am dichtesten ist.

Den praktischen Beweis für diese Theorie erbrachte 1647 eine Gruppe Gelehrter und Geistlicher, die von Clermont-Ferrand aus den Puy du Dôme (1465 m) bestieg: Die Quecksilbersäulen mehrerer mitgeschleppter Barometer sanken beim Aufstieg und stiegen beim Abstieg. Kontrollbestätigung: Ein in Clermont-Ferrand zurückgelassenes Barometer blieb – unter Aufsicht eines Mönchs – den ganzen Tag über unverändert. Damit war die Relation zwischen sinkendem Luftdruck und zunehmender Höhe belegt – und konnte inskünftig zur Höhenbestimmung genutzt werden.

Warum Schweizer vierschrötig sind

Und immer wieder vollzieht sich, einem Perpetuum mobile gleich, die bewährte Pendelbewegung der Geschichte: Im 18. Jahrhundert stand die belebte Natur wieder ganz im Fokus des Interesses. Puderperücken und Seidenstrümpfe waren

---

Kahle Worte und leere Schalen ohne Kern
Johann Jacob Scheuchzer in «Naturhistorie des Schweizerlandes», 1716

Ich sage mit Nutzen und schliesse damit auf eine grosse Zahl jener Scribenden, welche auf dem Fuss der alten Schulweisheit die Natur nicht in der Natur, sondern in ihrem Gehirn suchen und ganze Bücher anfüllen mit kahlen Worten, mit leeren Schalen, in welchen kein Kern, sondern nur ein wurmstichiger Kern, oder nur ein armes Würmlein sich findet, deswegen von ihrer Arbeit wenig Ehr treffen.

Wer in diesem Studio etwas fruchtbarliches will ausrichten, der muss nicht immer hinter dem Ofen sitzen und phantastische Grillen ausbrüten, sondern die Natur selbst einsehen, Berge und Täler durchlaufen, alles allen Orten genau in acht nehmen, das was er observiert mit den mathematischen Grundsätzen vergleichen, weilen ja die heutige Naturwissenschaft anders nichts ist, als eine Mathesis ad corpora naturalia, horumque vires applicata, eine auf die Kräfte der Natur gerichtete Mathematik.

Insbesondere befleissige ich mich dahin, dass meine Arbeit seie eine Theologica naturalis, eine Anleitung zur Kenntnis Gottes aus der Natur.

Blick auf die drei um 1890 noch mächtigen Gletscher Tschierva, Roseg und Sella (hinten rechts). Das Bild wird dominiert vom Piz Roseg.

«out», Natürlichkeit «in», auch im Denken. Was im 16. Jahrhundert Conrad Gessner gewesen, war jetzt Johann Jacob Scheuchzer (1672-1733), ebenfalls Zürcher Stadtarzt *(dem wir auch schon im ersten Kapitel begegnet sind)*.

Scheuchzer wandelte allerdings noch zwischen zwei Welten, jener der rationalen Wissenschaft und jener des ehrfürchtigen Glaubens *(vgl. Kastentext)*, so dass sich in seinem Weltbild solch kontroverse Dinge wie die moderne barometrische Höhenmessung und der alte Glaube an die Existenz von Drachen nicht bissen. Anders als Philosoph Burnetius, der für die Entstehung der Alpen eine recht unprosaische Theorie vertreten hatte, war Scheuchzer der Auffassung, dass die hohen Berge sich aufgetürmt hätten, um der Wassersnot der Sintflut Herr zu werden.

Auch Scheuchzer sprach schon davon, dass «besonders die Berge nicht gewöhnte Leute auf den höchsten Stellen eine merkliche Schwierigkeit des Atmens empfinden». Als Grund dafür nahm er an, dass die dünnere Luft die Lunge zusammendrücke, so wie eine aufgeblasene Schweinsblase sich in der Höhe ebenfalls ausdehne, und diese Expansion der Luft im Körper sei auch der Grund für die «vierschrötige, grosse, ansehnliche Gestalt der Alpleren und insgemein der Schweizer». – Erstaunlich, was «dünne Luft» alles anstellen kann; alle Eidgenossen unter der Leserschaft: Bitte tief ausatmen!

Auf Europas höchstem Gipfel

Auch der Dritte im Bund der grossen Naturforscher, der Berner Arzt Albrecht von Haller (1708-1777), der nur ein paar Jahrzehnte nach Scheuchzer auf den Plan trat *(und mit dem wir im ersten Kapitel ebenfalls bereits Bekanntschaft gemacht haben)*, hat sich in «Elementa physiologiae corporis humanae» mit der Wirkung der «dünnen Luft» befasst und geraten, nicht zu rasch in grosse Höhen aufzusteigen.

Hinter den sieben Bergen (vom Waadtland aus gesehen) thront der Mont Blanc, der höchste Gipfel Europas und zugleich eines der ersten Freiluftlaboratorien der Hochgebirgsphysiologie.

Wesentlich mehr als mit seinen physiologischen Studien als Arzt hat Haller jedoch in seiner Eigenschaft als Dichter die Begeisterung für die Berge in die Runde getragen, vorab mit seinem euphorisch-enthusiastischen Gedicht «Die Alpen», das bezüglich Auswirkungen jede heutige Hitparade in den Schatten stellt; denn nun setzte ein wahrer Run auf die Berge ein.

Ein anderer Bekannter *(von dem im ersten Kapitel auch schon die Rede war)* ist der Genfer Forscher Horace Bénédict de Saussure (1740-1799), notabene entfernt verwandt mit Haller und wohl auch geprägt durch *(den im ersten Kapitel ebenfalls schon zitierten)* Jean-Jacques Rousseau (1712-1778) und dessen Philosophie des «Retour à la nature» *(vgl. Kastentext)*.

Berühmt wurde er durch seine Mont-Blanc-Expedition 1787, die «wissenschaftliche» Besteigung des höchsten Gipfels Europas, der zwei Jahre zuvor von Balmat und Paccard erstbestiegen worden war.

Widerstreit der Meinungen

De Saussures Beschrieb der höhenmedizinischen Probleme war schon sehr konkret, wenn er diese bezeichnete als «eine gänzliche Erschöpfung, eine absolute Unmöglichkeit, seinen Marsch fortzusetzen, bis die Ruhe die Kräfte wieder ersetzt hat». Oder: «Auf einem hohen Berge wird man bisweilen so müde, dass selbst um die augenscheinlichste Gefahr zu vermeiden, man nicht vier Schritte oder vielleicht selbst nicht einen mehr machen könnte. Denn wenn man fortfährt sich weiter anzustrengen, so wird man von Herzklopfen und schnellen und starken Schlägen in allen Pulsadern überfallen, dass man in Ohnmacht sinken würde, wenn man zu steigen fortführe».

Und er wusste, wovon er sprach; zusammen mit seinem Sohn und etlichen Begleitern hat er 1788 ganze sechzehn Nächte auf dem 3360 Meter hohen Col du Géant im Mont-Blanc-Massiv verbracht.

Bei seinen Expeditionen beobachtete de Saussure auch eine verminderte Esslust der Bergsteiger und staunte, dass der Wein, der damals zum Bergproviant gehörte, unberührt blieb. Er war auch der Auffassung, dass Alkohol die Krankheitssymptome noch verstärke.

Umgekehrt berichtete ein anderer Mont-Blanc-Bezwinger, A. Lepileur, in «Mémoire» (1845) davon, dass die ersten Symptome der Höhenkrankheit erfolgreich mit kleinen Mengen Alkohol bekämpft worden seien: «Wir nahmen alle etwas Wein. Das war es, was uns immer am besten half; und das Experiment hat uns bewiesen, dass der moderate Gebrauch von Spirituosen bei Hochtouren nützlich ist und nicht schädlich, wie immer wieder behauptet wurde». Lepileur hat dann auch als Erster dem ganzen Symptomenkomplex einen Namen gegeben: Le mal de montagnes, die Bergkrankheit.

«Bergkrankheit-Leugner»

Es gab aber auch Bergsteiger und sogar Forscher, die das Phänomen Bergkrankheit nicht ernst nahmen, als rein «psychisches Problem» einstuften oder sogar «leugneten»: Der Genfer Physiker Jean-André Luc (1727-1817) etwa, der mit seinen Begleitern auf dem Buet (3106 m) von Bergkrankheitssymptomen unbehelligt blieb, warf den Ärzten vor, sie würden die Auswirkungen des Luftdrucks überbewerten.

Noch dezidierter äusserte sich der Lausanner Arzt Jean Delaharpe (1802-1877). Nicht die Verminderung des Luftdruckes machte er für die Symptome verantwortlich, sondern die Angst und die Untrainiertheit der verweichlichten «Städter und Stubenhocker»: «Noch ein paar Jahre, und dann sind unsere jungen Leute unfähig, sich ohne Dampf und Wagen fortzubewegen, nicht mehr in der Lage, einen Hügel hinaufzuklettern, ohne in Ohnmacht zu fallen und unter Beklemmungen und Schwindel zu leiden».

Harte Männer – heute würde man sie Adrenalinjunkies nennen – erachteten die «Bergkrankheit» als ein Hirngespinst von Schwächlingen und Feiglingen, die allein schon angesichts eines Abgrundes in die Hosen machen würden. Nun, Kranke als Versager darzustellen, war wohl keine weise Sicht der Dinge; denn dadurch wurden vielleicht manche, die nicht als Weichling gelten wollten, dazu verleitet, die Warnsignale der Natur zu missachten – mit bösen Folgen.

Das Blut als Chamäleon

Auch Missionare und dann vor allem Gelehrte des 19. Jahrhunderts wie Johann Jakob Tschudy oder Alexander von Humboldt beschreiben Probleme mit der Höhe. Oft werden auch schon die wichtigsten Symptome der Bergkrankheit beim Namen genannt: Kopfweh, Atemnot, Übelkeit und Erbrechen – jetzt nicht mehr der Seele, sondern des Mageninhalts…

Von Humboldt äusserte bereits den Verdacht, dass er 1802 am Chimborazo auf 5600 Metern an Sauerstoffmangel und tiefem Luftdruck gelitten habe.

Medizinprofessor Jean Louis Brachet (1789-1858) machte sich Gedanken über die Zusammenhänge zwischen Muskelarbeit und Sauerstoffverbrauch, allerdings mehr theoretisch durchdacht als experimentell abgestützt, die er in «Note sur les causes de la lassitude et de l'anhélation dans les ascensions sur les montagnes les plus élevées» (1832) publizierte. Bezüglich der «dünnen Luft» argumentierte er noch mit dem verminderten Gewicht, das auf den Menschen drücke und dadurch eine Pression auf Blutgefässe und Körperflüssigkeiten ausübe.

Mit neunzehn Trägern inszenierte der Genfer Forscher Horace Bénédict de Saussure 1787 die Zweitbesteigung des Mont Blanc, die der Wissenschaft diente.

Ein Lob auf den natürlichen Verstand
Horace Bénédict de Saussure in «Voyages dans les Alpes», 1780

Der sittliche Gesichtspunkt, woraus sich die Alpen betrachten lassen, ist ebenso interessant als der physikalische. Denn obschon im Grunde der Mensch überall sich gleich, und das Spiel der gleichen durch gleiche Bedürfnisse gezeugten Leidenschaften ist: So muss man, wenn es je zu hoffen ist, irgendwo in Europa Menschen anzutreffen, die gesittet genug sind, um nicht zu den Wilden gerechnet zu werden, und Naturmenschen genug, um noch unverdorben zu sein, diese Menschen in den Alpen suchen, in diesen Thälern auf der Höhe, wo sich weder Herrscher noch Reiche, noch häufige Besuche von Fremden finden.

Und wird man es wohl glauben, dass in diesen wilden Entfernungen ich Denker gefunden habe, Leute, die bloss durch die Stärke ihres natürlichen Verstandes sich über den Aberglauben erhuben, in dessen Becher sich der Pöbel der Städte so gierig berauscht. Dies sind die Vergnügungen derer, die sich in den Gebirgen der Studien derselben widmen.

Bezüglich erschwerte Atmung beim anstrengenden Bergsteigen gibt er *(vgl. Kastentext)* eine Erklärung, die sich auf seine früheren Publikationen über die Blutfarbe in Relation zur Muskelarbeit abstützt, die vom Sauerstoffverbrauch abhängig sei und daher von Hellrot über Dunkelrot bis Drachenblut-Schwarz variiere. So weiss wie die Stirn im fahlen Gesicht, so schwarz der Lebenssaft. Das Blut – ein vom Sauerstoff abhängiges Chamäleon…

Eine erste Gesamtübersicht

Die erste eigentliche Monografie über die Bergkrankheit lieferte 1854 der Zürcher Arzt und Medizinhistoriker Conrad Meyer-Ahrens (1813-1873). Unter dem Titel «Die Bergkrankheit oder der Einfluss des Ersteigens grosser Höhen» gibt er zuerst eine Gesamtübersicht über den bisherigen Wissensstand weltweit, um dann die einzelnen Symptome zu besprechen. Seine Schlussfolgerung lautet: Die Abnahme des Sauerstoffgehalts der Luft, die grössere Wasserverdampfung und die intensive Lichtwirkung haben eine Veränderung der Blutmischung zur Folge. Wie dies genau zu verstehen sei, interpretiert er nicht.

Als wichtigste Symptome nennt er: Ekel, Abneigung gegen Speisen, meist auch gegen Wein (mit der Einschränkung, dass hier auch das Gegenteil konstatiert wird), starker Durst (meist nach Wasser), Übelkeit, Erbrechen, beschleunigtes und keuchendes Atmen, beschleunigte Pulsfrequenz, Pulsieren grosser Arterien, Herzklopfen, Beklemmung, Erstickungsangst, Schwindel, heftige Kopfschmerzen, Anwandlungen von Ohnmacht, unbezwingbare Schläfrigkeit, gestörter Schlaf, Erlahmung der Muskeln.

Zusammenfassend meint er, dass alles darauf hindeute, «dass das Auftreten der Bergkrankheit im Allgemeinen an mehr oder minder bedeutende Höhen gebunden ist, dass es aber teils von den meteorologischen Verhältnissen, teils der zeitweisen Disposition, teils der allgemeinen Anlage, teils der ungleich raschen Lokomotion abhängt, auf welcher Höhe die Erscheinungen aufzutreten beginnen, oder ob sie ganz ausbleiben».

Matte Augen, blutiger Mund

Neu zeigte sich das Höhenproblem nun auch bei den Luftschiffern. Denn seit 1783 in Frankreich erstmals eine Montgolfiere aufgestiegen war, hatte sich das Ballonfahren emanzipiert. Bereits 1804 liess sich

> **Von hellrotem bis zu schwarzem Blut**
> **Der Lyoner Professor Jean Louis Brachet in «Notes sur les causes», 1832**
>
> Wir haben erkannt, dass das arterielle Blut bei seiner Passage durch die Organe seine hellrote Farbe verliert und dunkelrot wird, mit anderen Worten, dass es zu venösem Blut wird.
>
> Nehmen wir die Muskulatur als Beispiel. Ich habe zeigen können, dass das arterielle Blut, wenn es durch ruhendes Gewebe fliesst, viel weniger schwarz wird, als wenn es durch kontrahierte Muskeln fliesst.
>
> In Ruhe fliesst das Blut weniger schwarz, weniger desoxygeniert, weniger carbonisiert zum Herzen zurück, wie wir gesehen haben. Daher braucht es weniger Sauerstoff, um in den hochroten Zustand zurückzukehren, von dem es weniger weit entfernt ist, und die Quantität, die sich in der verdünnten Luft findet, ist ausreichend für diesen Vorgang.
>
> Unter Bewegung, welcher Art auch immer, wird das Blut schwärzer, stärker desoxygeniert, während es die kontrahierten Muskeln passiert. Es fordert also mehr Sauerstoff, als ihm die schwache Dosis der in der Lunge enthaltenen dünnen Luft liefern kann.
>
> Es wird daher unumgänglich, die absolute Qualität durch das Tempo zu ergänzen, in dem die Luft erneuert wird, die mit dem Blut in Kontakt steht. Daher kommt die Beschleunigung der Atmung, die Kurzatmigkeit.
>
> Die Müdigkeit beruht darauf, dass das weniger gut arterialisierte Blut den Muskeln nicht genug Anreiz bietet, um sich zu kontrahieren.

Louis Gay-Lussac in einem Ballon – unter grossen Atmungsproblemen – bis auf 7000 Meter Höhe hieven. Meteorologe James Glaisher und Zahnarzt Henry Coxwell getrauten sich 1862 sogar auf über 8000 Meter – und bezahlten das beinahe mit dem Leben; denn der eine war bereits bewusstlos, der andere teilgelähmt.

Bei einem anderen Aeronautentrio 1875 endete das Abenteuer tragisch. Joseph Crocé-Spinelli und Theodore Sivel fanden bei über 8000 Metern im Ballonkorb den Tod. Der überlebende Dritte, Gaston Tissandier, berichtete später, wie es war, als sie sich 7500 Metern näherten: «Körper und Geist erschlaffen langsam fortschreitend, unmerklich, ohne dass man es wahrnimmt. Man leidet gar nicht; im Gegenteil: Man empfindet eine innere Freude, als werde man von Lichtstrahlen durchflutet. Man wird gleichgültig, man denkt weder an die riskante Situation noch an Gefahren».

Doch dann wird es ernst: «Ich wollte ausrufen ‹Wir sind auf 8000 Metern!›, aber meine Zunge war wie gelähmt. Plötzlich schloss ich die Augen und fiel hin, verlor vollständig das Bewusstsein». Und dann erinnert er sich, wie es war, als er wieder zu sich kam: «Meine zwei Kameraden waren in der Gondel zusammengekauert, die Köpfe unter den Reisedecken versteckt. Ich sammelte meine Kräfte und versuchte sie aufzurichten. Sivels Gesicht war schwarz, die Augen matt, der Mund offen und mit Blut gefüllt. Crocé hatte halb geschlossene Augen und einen blutigen Mund».

«Dauerkotzender» Spatz

Nun brach die Zeit der Höhenphysiologie an. Der französische Arzt Denis Jourdanet (1815-1891), der jahrzehntelang in Süd- und Mittelamerika tätig war, konnte zeigen, dass ein Bergsteiger bei raschem Aufstieg in grosse Höhe zwar noch Sauerstoff zum Leben hat, dass aber Muskeln und Nervensystem durch den Sauerstoffmangel in ihrer Funktion eingeschränkt sind, vergleichbar dem Zustand nach einem Aderlass.

Sein Credo: Sowohl die roten Blutkörperchen (Erythrozyten) als auch der Luftdruck zeichnen für den Sauerstoffgehalt des Blutes verantwortlich.

Jourdanet war Freund und Mentor seines Kollegen Paul Bert (1833-1886), der heute als Altmeister der Höhenphysiologie gilt. Von ihm erschien 1878 das Standardwerk «La pression barométrique», in dem er aufgrund von Experimenten in der Unterdruckkammer belegt, dass sowohl zu viel als auch zu wenig Sauerstoff für den Organismus schädlich ist und dass künstliche Sauerstoffatmung auch bei niedrigem Luftdruck die vitalen Funktionen garantiert.

In seinem berühmt gewordenen Selbstversuch dekomprimierte er sich, eine Ratte und einen Spatz auf einen Druck von 248 mm Hg, was Mount-Everest-Höhe entspricht. Seine Symptome waren Übelkeit, Sehbeschwerden und Kopfweh, die aber beim Inhalieren von Sauerstoff verschwanden. Seine beiden tierlichen Versuchskumpane dagegen, die keinen Sauerstoff erhielten, serbelten weiter; der arme Spatz «kotzte pausenlos».

Dies waren notabene, und dessen darf man sich vielleicht auch einmal erinnern, nur zwei von unzähligen Tieren, die im Dienste am medizinischen Fortschritt zugunsten des Menschen Schmerzen erleiden oder gar den Tod hinnehmen mussten.

Mystisches Formen- und Farbenspiel in der Eisgrotte des Morteratsch-Gletschers.

Vom Laboratorium an die Höhenfront

Lange Zeit war sie eine exotische Sparte, die Höhenphysiologie, betrieben von wissenschaftlich interessierten Alpinisten. Erst als sich die Touristen auch in die Berge getrauten, erhielt diese Thematik allgemeine Beachtung, so dass nun berggängige Mediziner zur Feldforschung ansetzten. Was Paul Bert noch im Labor versucht hatte, vollzog sich nun vor Ort in der Höhe.

Erstes dokumentiertes Opfer der Bergkrankheit, 1891
Mont-Blanc-Expeditionsleiter Imfeld in der «Neuen Zürcher Zeitung»

Am Morgen des 2. September 1891 beklagte sich Dr. Jaccotet über heftige Kopfschmerzen und Übelbefinden. Er hatte während der Nacht unruhig geschlafen und gehustet. Das Frühstück mundete ihm nicht. Wir hielten ihn alle für bergkrank und ich rieth ihm wiederholt und eindringlich, seinen Aufenthalt nicht länger auszudehnen und den schönen Tag zu benützen, um mit den zwei Postträgern, die uns gegen 11 Uhr verlassen sollten, nach Chamonix zurückzukehren, wo er sich rasch wieder erholen würde.

Beim Mittagessen, das er mit ziemlich gutem Appetit einnahm, fühlte er sich wohler. Er sagte, dass er morgen den Gipfel nochmals besuchen und dann direct nach Chamonix absteigen wolle, und hiess mich mit grosser Entschiedenheit meine zwei Männer entlassen. Meine übrigen Leute befanden sich alle auf dem Gipfel an der Arbeit, und ich blieb allein mit ihm zurück. Sein Zustand verschlimmerte sich rasch.

Gegen 3 Uhr stellte sich Schüttelfrost ein; die Kräfte nahmen ab; ich beobachtete Lähmungserscheinungen an Hand und Zunge, seine Rede machte den Eindruck geistiger Trübung. Zu wiederholten Malen liess ich den Patienten Oxygen inhalieren, das bei hochgradiger Bergkrankheit oft schon gute Dienste getan hat und auch hier anfänglich vorübergehende Linderung zu bereiten schien, später aber ganz wirkungslos blieb.

Nach 5 Uhr verlor Dr. Jaccotet das Bewusstsein, als die Führer von der Arbeit zurückkamen, erkannte er sie nicht mehr; durch seine letzten Worte deutete er an, dass er nicht krank sei, dass er keine Schmerzen fühle und dass er nun einfach schlafen wolle. Das seit 4 Uhr hörbar gewordene Lungenödem entwickelte sich rascher und rascher, und so entschlief er dann 2 Uhr nachts, umstanden und betrauert von allen Anwesenden.

Tierliche Forschungshelfer

Manchmal kommen Entdeckungen auf verschlungenen Wegen zustande: Paul Bert hatte bereits 1882 die Vermutung geäussert, dass durch Höhenaufenthalt die Zahl der roten Blutkörperchen ansteige. Dabei stützte er sich auf Blutvergleiche zwischen europäischen Tieren und solchen aus den Anden Boliviens. Das wollte 1883 Agrikulturchemiker A. Müntz noch genauer wissen: Er setzte (Faunenverfälschung war damals wohl noch kein Thema) in den Pyrenäen Kaninchen aus, liess sie verwildern und untersuchte sieben Jahre später den Hämoglobingehalt ihres Zuchterfolges. Und siehe: Berts Vermutung war bestätigt!

Im gleichen Zeitraum – diesmal in den peruanischen Anden – stellte Professor François Viault aus Bordeaux bei den Bewohnern einer über 4300 m ü. M. gelegenen Ortschaft auffallend hohe Erythrozytenzahlen fest. Doch nicht genug: Auch er und sein Begleiter hatten – nach dreiwöchigem Aufenthalt – erhöhte Werte. Dies war der Anfang unzähliger Experimente auf Bergen und im Ballonkorb, die zeigten, dass höhenbedingter Sauerstoffmangel im Körper einen Anpassungsmechanismus in Gang setzt. Oder anders gesagt, ein erster handfester Hinweis darauf, dass das Höhenklima «gesund» ist. Den Karnikeln und den menschlichen Versuchstieren sei Dank!

Der erste Bergkrankheits-Todesfall

Diese Phase der Feldforschung in der Höhe begann aber auch mit einem Donnerschlag. Es war die Zeit der ehrgeizigen Bergbahnprojekte im Sog der grossen technischen und industriellen Revolution. In Diskussion standen die bahntechnische Erschliessung von Gebirgsikonen wie Jungfrau, Mönch und Eiger, Gornergrat und Matterhorn, ja sogar Mont Blanc. Dabei stellte sich natürlich die Frage, ob die Bauarbeiter auf dieser Höhe funktionieren würden und ob später die Bahnpassagiere keinen gesundheitlichen Schaden erleiden täten. Dazu benötigte man wissenschaftlich fundierte Erfahrungswerte. Die Höhenphysiologie war gefordert.

Auf dem Mont Blanc existierte bereits seit 1890 ein kleines Observatorium, in dem neben Meteorologie auch medizinische Forschung Platz fand, und ein zweites sollte noch errichtet werden. Hiefür, um dessen Verankerung im Fels abzuklären, fand 1891 eine Expedition statt, an der unter anderem auch Gustave Eiffel teilnahm, der durch seinen Turm an der Pariser Weltausstellung von 1889 weltweite Bekanntheit erlangt hatte.

Diese Expedition sollte jedoch doppelt überschattet werden. Zuerst kamen zwei Teilnehmer durch eine Lawine um. Daraufhin erfolgte eine Auswechslung der Crew, welcher jetzt auch der junge, erst 24-jährige, frischgebackene Dorfarzt von Chamonix, Etienne Henri Jacottet, angehörte.

Am Tag nach der Gipfelbesteigung starb er – aus heutiger Sicht ganz offensichtlich an einem Höhenlungen- und einem Höhenhirnödem. Als erstes dokumentiertes Opfer der Bergkrankheit in den Alpen erlangte der junge Neuenburger Arzt traurige Berühmtheit. Der Expeditionsleiter, Ingenieur Xaver Imfeld aus Zürich, beschrieb diesen tragischen Vorfall in der «Neuen Zürcher Zeitung» *(vgl. Kastentext).*

Bergbahnboom fördert Physiologie

Nicht nur Tiere und menschliche Figuranten dienten der Erforschung der Wirkung des Höhenklimas auf den menschlichen Körper. Auch das boomende Industriezeitalter half indirekt mit, ganz konkret durch die verrückten Bergbahnprojekte und durch die dahinter stehenden Pioniere. Der eine, dem wir beim tragischen Todesfall auf dem Mont Blanc bereits als Expeditionsleiter begegnet sind, Ingenieur Xaver Imfeld, war solch einer, wobei da natürlich auch Eigeninteresse im Spiel war; denn er hatte Konzessionsgesuche für Bahnprojekte auf Gornergrat und Matterhorn eingereicht.

Ein anderer war der Berner Physiologe Hugo Kronecker, der im Auftrag des Bundesrates mit Abklärungen möglicher Gesundheitsschäden im Zusammenhang mit der geplanten Jungfraubahn beauftragt war. Der Zürcher Industrielle und Bahnpionier Adolf Guyer-Zeller, dem 1884 die Betriebskonzession für Europas höchste Bergbahn erteilt worden war, musste, weil es nun zu einem politischen Seilziehen kam («Berggenuss für alle» versus «Berge nur den Bergsteigern»), den Nachweis medizinischer Verträglichkeit erbringen.

Auf dem Dach Europas

Das tat er mittels einer Expedition auf das Breithorn: Sieben Versuchspersonen

Auf Tragbahre und Schlitten liess sich der Wissenschaftler Jules César Janssen – zwecks Schonung seiner geistigen Kräfte – auf den Mont Blanc hieven.

Die Capanna Regina Margherita auf der Punta Gnifetti (Signalkuppe) des Monte Rosa im Bau, gestiftet zu Gunsten der Forschung von der Gattin des italienischen Königs.

zwischen 10 und 73 Jahren wurden von je sechs bis acht Trägern auf 3750 Meter Höhe geschleppt; dabei waren die Träger die Figuranten für die beim Bau einzusetzenden Bahnarbeiter, während die Getragenen die Touristen markierten. Ein anderes Beispiel «passiven Bergsteigens» bot Astronom Jules César Janssen; er liess sich zwecks «Schonung seiner geistigen Fähigkeiten» mittels einer extra konstruierten, vier Meter langen Tragbahre mit – vergleichbar einem Schiffskompass – wippendem Stuhl bis Grands Mulets tragen, anschliessend auf einem ebenfalls speziell angefertigten Schlitten auf den Gipfel des Mont Blanc hinaufziehen…

Aderlass, Fussbäder, Cognac, Champagner
Was Hugo Kronecker – neben dem Abstieg – auch noch empfahl, 1903

Ein derivatorischer Aderlass kann das drohende Lungenödem beseitigen. Häufig genügt es auch schon, wenn man periphere Gefässe erweitert, zum Beispiel heisse Fussbäder nehmen lässt.

Sahli empfiehlt bei respiratorisch-kardialer Stauung Coffein und Kampfer mit Digitalis kombiniert.

Bei leichteren Anfällen von Herzschwäche nützen wohl ein paar Tropfen von Pfefferminzalkohol auf Zucker oder auch ein Schluck Cognac, oder der auf dem Montblanc obligatorische Champagner.

Doch zurück zur Jungfraubahn; am 1. August 1912 war es so weit: Europas höchstgelegener Bahnhof konnte dem Betrieb übergeben werden. Die baulichen Anlagen sind, mit Ausnahme des Observatoriums hoch auf dem Sphynxfelsen, im Innern des Berges verborgen. Die Hochalpine Forschungsstation Jungfraujoch hat inzwischen Berühmtheit erlangt und stellt eine weltweit wohl einmalige Heirat zwischen einer Privatbahn und einem wissenschaftlichen Institut dar. Stifter dieser Forschungsstätte (die erste in Europa, die mit der Bahn erreichbar war und daher ganz andere Möglichkeiten bot) war Guyer-Zeller selber, welcher darin ganz clever einen zusätzlichen Anreiz für die Konzessionserteilung gesehen hatte… Der Schreiberling dieses Buches erinnert sich noch lebhaft, wie er als Studentlein mit den verehrten Physiologielehrern, den Professoren von Muralt und Weidmann, dort oben experimentieren und so die Faszination dieser Wissenschaft erahnen durfte.

Randvermerk: Auf dem Schild der Endstation dieser Himmelsbahn steht: Jungfraujoch – 3454 m / 11 333 ft – Top of Europe. Kleine Klammerbemerkung im Randvermerk: St. Moritz nennt sich Top of the World. Der klitzekleine Unterschied: Das eine ist selbsternannter, wenn auch verdienter Marketing-Mythos, das andere in Fels gehauene Realität – könnte man frotzeln, so man wollte, will man aber nicht…

Capanna Regina Margherita

Einem für die Geschichte der Höhenphysiologie klingenden Namen sind wir bereits früher begegnet *(vgl. Kapitel «Promotor Oscar Bernhard»)*: Angelo Mosso, Physiologie-Professor aus Turin. Er hat zuerst auf dem Theodulpass (3333 m) in einer mickrigen Unterkunft gearbeitet. Dann geschah das Erfreuliche: Dank Unterstützung der Gattin des italienischen Königs Umberto I. konnte 1893 auf der Punta Gnifetti des Monte Rosa (4559 m) die Capanna Regina Margherita samt einem Laboratorium erstellt werden, an deren Einweihung die Königin höchstpersönlich teilnahm, wobei sie mindestens einen Teil des Weges selbst unter die Füsse nahm.

Nun hatten Angelo Mosso und später auch viele andere komfortablere Arbeitsbedingungen. Als Dank an die wissenschaftsbegeisterte Monarchin widmete ihr Mosso sein Hauptwerk «Fisiologia dell'uomo sulle Alpi».

Darin diskutierte er verschiedene Theorien für das Entstehen der Bergkrankheit; so postulierte er, die akute Bergkrankheit werde eher durch Mangel an Kohlendioxid denn durch Sauerstoffmangel ausgelöst. So ist er denn weniger durch seine Resultate, als vielmehr durch sein System der streng wissenschaftlichen Feldforschung in die Annalen eingegangen, zudem durch seine populärwissenschaftlichen Publikationen.

Berühmt wurde der Fall des Soldaten Pietro Ramella, der zusammen mit einer Gruppe einen raschen Aufstieg getätigt hatte und dann (rückblickend gemäss den Symptomen) an einem Höhenlungenödem erkrankte und dieses – weil ein Abstieg wetterbedingt nicht möglich war – auf 4559 Metern überlebte. Die anwesenden Ärzte behandelten ihn – mit Bettruhe, Kokain, Phenacetin sowie Marsalawein samt Eigelb...

Erkenntnisgewinn auf Irrwegen

Zurück zu Hugo Kronecker, dem Gutachter der Jungfraubahn. Er publizierte 1903 das Buch «Die Bergkrankheit»,

Königin Margherita weihte die Capanna Regina Margherita auf der Signalkuppe des Monte Rosa auf 4559 Metern Höhe im August 1893 höchstpersönlich ein.

worin er, nicht zuletzt aufgrund des Erlebnisses mit dem Todesgeschehen des jungen Arztes Etienne Henri Jacottet auf dem Mont Blanc, die These aufstellte, die Bergkrankheit beruhe auf Stauungen im Lungenkreislauf, weshalb er eine ganz spezielle Therapie empfahl *(vgl. Kastentext)*. Als Ursache betrachtete er den verminderten Luftdruck; Sauerstoffmangel stand bei ihm noch nicht zur Diskussion.

Noch ein Name ist mit dem Begriff Bergkrankheit eng verbunden: Nathan Zuntz, Physiologe aus Bonn und eifriger Verfechter sportlicher Aktivitäten. Ihn faszinierte das Funktionieren von Atmungsapparat und Stoffwechsel bei verschiedenen körperlichen Tätigkeiten in unterschiedlichen Höhenlagen.

Zusammen mit dem Berliner Physiologen Adolf Loewy und anderen hat er 1901 eine Publikation veröffentlicht, worin der generalstäblich organisierte Tagesablauf und das kurios anmutende Pflichtprogramm der Wissenschaftler auf einer sechswöchigen Alpen-Forschungsreise beschrieben werden *(vgl. Kastentext auf folgender Seite)*.

Der tragbare Gasmesser, mit dem beim Bergsteigen Volumen und Gehalt der Ausatmungsluft erfasst wurden.

Fasnachts-Cortège pro Forschung

Um ihre Tests in verschiedenen Höhenlagen durchzuführen, verbrachte die eine Gruppenhälfte zuerst eine Woche auf dem Brienzer Rothorn (2260 m), die andere in Brienz (580 m), mit Wechsel nach einer Woche. Dann ging es in die Capanna Regina Margherita (4559 m) beziehungsweise auf den Col d'Olen (2902 m).

Aus dem von August Julius Geppert und Nathan Zuntz entwickelten Gasmesser, der das Volumen der Ausatmungsluft sowie ihren Gehalt an Sauerstoff und Kohlensäure mass, wurde ein tragbares Modell konstruiert, das auf dem Rücken mitgeführt werden konnte. Die Belustigung unter den vielen zuschauenden Touristen am Brienzer Rothorn war gross, als die Forscher wie Wesen von einem anderen Planeten mit dieser auf einem Räf montierten Apparat, bewehrt mit Stirnreif und im Wind sich drehendem Kopfputz, dem Bahntrassee entlang bergan marschierten – als kämen sie direkt vom Basler Fasnachts-Cortège. Resultat dieses Versuchs: In grösseren Höhenlagen erfolgt eine Steigerung der Atmung als Kompensation für die geringere Sauerstoffzufuhr.

Ertrinken im eigenen Blutwasser

Doch je mehr nun geforscht wurde, desto näher kam man der Wahrheit. 1913 publizierte der Minenarzt Ravenhill eine modern anmutende Arbeit über die Höhenkrankheit, die aber fast unbeachtet blieb. Dasselbe passierte mit Publikationen aus Peru um die Jahrhundertmitte, die das Krankheitsbild auch schon präzis beschrieben.

Man ist fast versucht zu sagen: So wie das Hungerproblem dieser Welt ein Verteilproblem ist, so war es im Vorcomputer-Zeitalter ein solches der Wissenschaft. Erst die (unabhängig voneinander entstandenen) Arbeiten zweier amerikanischer Wissenschaftler, Charles Houston und Herb Hultgren, wurden zur Kenntnis genommen und mit ihnen die heute gültige Theorie über die Entstehung des akuten Höhenlungenödems: Ertrinken im eigenen Blutwasser.

Einige Jahre später lüfteten Houston und Dickinson auch das Rätsel beim Höhenhirnödem. Und was die Physiologen bislang für nicht möglich gehalten hatten, wurde jetzt von Extrembergsteigern, die ohne Sauerstoff in grosse Höhen vordrangen, widerlegt. Das Rennen um die Achttausender hatte begonnen. Doch von diesen schwindelerregenden Höhen wieder «hinunter» ins Hochtal Engadin!

Harnflaschen und Kotbüchsen
Alpen-Forschungsreise mit Nathan Zuntz, Adolf Loewy und Co., 1901

Die Tageseinteilung gestaltete sich derart, dass bereits frühmorgens vor 6 Uhr im Bett Puls gezählt und die Körpertemperatur gemessen, dann punkt 6 Uhr der Harn entleert und dann noch nüchtern das Nacktgewicht festgestellt wurde.

Zum Frühstück nahmen wir 200 ccm eines jeden Tag gleich hergestellten Kaffees und von der für 24 Stunden abgewogenen Ration je nach Behagen verschiedene Mengen Zucker, Kakes mit Marmelade oder Butter, einige von uns auch Käse.

Schon vor dem Frühstück wurden in Bettruhe Gaswechselversuche angestellt, später die Atemproben analysiert, Blutuntersuchungen und meteorologische Ablesungen gemacht, Harnflaschen und Kotbüchsen gewogen, bis gegen 3 Uhr nach ununterbrochener, wenn auch nicht allzu anstrengender Tätigkeit die Mittagsmahlzeit herannahte.

Das Essen wurde in der tarierten Kasserolle aufgetragen und diese samt dem Inhalt auf der Waage abgewogen, dann jedem sein Sechstel zugeteilt. Der letzte bekam die Kasserolle statt des Tellers, mit der Verpflichtung, sie quantitativ rein gesäubert abzuliefern. Dazu sass jeder mit Bleistift und Notizbuch bewaffnet, um alle von dem austeilenden Tischpräsidenten angegebenen Zahlen zu notieren.

Höchstgelegenes Akutspital Europas

Oscar Bernhard tät's wohl freuen, wenn er wüsste, dass «sein» Spital in Samedan, das er 1895 als erstes im Tal aus der Taufe gehoben hat, heute noch floriert – notabene als Europas höchstgelegenes Akutspital (1750 m ü. M.), und dass man sich dort auch jetzt noch mit höhenmedizinischen Fragen befasst.

Dass der neue Spitaldirektor ganz weit hinten in seiner Genealogie sogar noch eine entfernte Verwandtschaft mit Philippus Aureolus Theophrastus Bombastus von Hohenheim, dem Jahrhundertarzt Paracelsus, ins Feld führen kann, wäre für ihn wohl noch das Tüpfchen auf dem «i».

Die Lunge im Fokus

Der zunehmende Bergtourismus bis in Höhen von 3000 Metern brachte nicht nur eine steigende Zahl von Bergunfällen, sondern auch vermehrt internmedizinische Erkrankungen, speziell solche von Herz, Kreislauf und Lunge. Diesbezüglich verfügt der langjährige Chefarzt der medizinischen Klinik, Donat Marugg, über grosse Erfahrung. Darüber hat er auch publiziert, unter anderem eine Abhandlung über Lungenprobleme von sowohl lungenkranken als auch gesunden Tieflandbewohnern bei Exposition in mittleren Höhen (1000 bis 3000 m ü. M.).

Darin zeigt er auf, dass verschiedenste Faktoren Auswirkungen auf die Lunge haben können, sowohl bezüglich Höhe (Sauerstoffgehalt und Barometerdruck) als auch Klima (Temperatur, Wind, Luftfeuchtigkeit, Sonneneinstrahlung) oder Luftverschmutzung (Allergengehalt, Ozon). Dazu kommen körperliche Belastung und Alter. Donat Marugg hat speziell die akuten Einwirkungen des erniedrigten Barometerdrucks und Sauerstoffgehalts der Luft auf die Lunge unter die Lupe genommen.

Das akute Höhenlungenödem

Der Sauerstoffmangel auf mittlerer Gebirgshöhe hat verschiedene physiologische Anpassungsmechanismen der gesunden Lunge und des Herz-Kreislauf-Systems zur Folge. In erster Linie bewirkt er eine gesteigerte Atmung und Herztätigkeit, um dadurch das vermin-

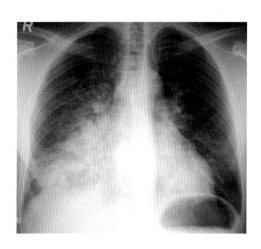 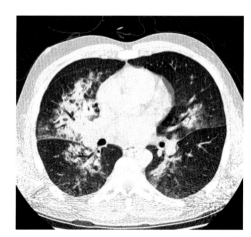

Im Thorax-Röntgenbild (links) ist ein vor allem rechtsseitiges, fleckiges Lungenödem sichtbar. Die Thorax-Computertomografie (rechts) zeigt das akute Höhenlungenödem.

derte Sauerstoffangebot effizienter dem Gewebe zuzuführen. Auch Patienten mit chronischen Lungenerkrankungen weisen auf mittlerer Höhe noch eine erstaunlich gute Anpassung auf. Es ist aber ein langsamer Höhenanstieg angezeigt (mit der Bahn), kein rascher (mit Seilbahn oder Helikopter). Und es empfiehlt sich auch, über die nächstgelegene ärztliche Betreuungsmöglichkeit informiert zu sein.

Beim Asthma bronchiale geht es den Patienten wegen der Allergenarmut und der verminderten Luftdichte, das heisst der luftdruckabhängigen Abnahme des Atemwegwiderstandes, meistens sogar besser. Andererseits können körperliche Anstrengungen in der trockenen, kalten Luft, zum Beispiel beim Wintersport, auch Asthmaanfälle auslösen. Lungenkranke Patienten sollten daher vom Arzt auf ihre Höhentauglichkeit vorgängig abgeklärt werden.

Die einzige wirklich höhenspezifische Erkrankung der gesunden Lunge ist das akute Höhenlungenödem (HLO). Der auslösende Faktor dabei ist eine überschiessende Reaktion des Lungenkreislaufes auf den Sauerstoffmangel bei erniedrigtem Luftdruck. Auch hier gibt es einen prophylaktischen und einen therapeutischen Massnahmenkatalog *(vgl. Kastentext)*. Unbehandelte akute Höhenlungenödeme nehmen zu 40 bis 50 Prozent einen tödlichen Verlauf.

Das statistisch starke Geschlecht

Über die regionale Situation gibt das von Chefarzt Donat Marugg zusammengetragene Datenmaterial einen guten Überblick: Das Höhenlungenödem entwickelt sich in der Regel frühestens am zweiten bis dritten Tag der Exposition, meist oberhalb einer kritischen Höhe von 2500 Metern, also auch in mittleren Höhenlagen.

Doch keine Regel ohne Ausnahme: In den letzten Jahren begegnete er als Chef der medizinischen Klinik und Intensivstation des Spitals Oberengadin zunehmend auch Fällen von Höhenlungenödem in weniger hohen Lagen. So wurden bisher fünf solche Patienten auch aus der Region um St. Moritz im Spital Oberengadin behandelt.

Obschon selbst gesunde, gut trainierte Bergsteiger daran erkranken können, besteht doch eine individuelle Disposition mit erhöhter Rückfallhäufigkeit. Und was die stolze Männlichkeit wohl nur ungern zur Kenntnis nimmt: Frauen sind – statistisch gesehen – weniger häufig betroffen. Noch Fragen bezüglich starkes Geschlecht?

Aufschlussreiche Übersicht

Im Alpinbereich Südbündens (höchste Erhebung: Piz Bernina, 4049 m ü. M.)

Das akute Höhenlungenödem (HLO)
Spital-Oberengadin-Chefarzt Donat Marugg zu Prophylaxe und Therapie

Prophylaxe des akuten HLO

- langsamer Aufstieg, Akklimatisationsphase (über 2500 m ü. M. jede Nacht maximal 300 m höher schlafen)
- keine Überanstrengungen in der Akklimatisationsphase
- keine Sedativa, kein Alkohol
- kein Höhenanstieg bei (viralem) Infekt der Luftwege
- Medikament als Prophylaxe: Nifedipin 3x20 mg pro Tag (Beginn 24 Std. vor Aufstieg)

Therapie des akuten HLO

- Erhöhung der Sauerstoffzufuhr und des Barometerdrucks durch Abstieg oder Evakuation in tiefere Regionen, Sauerstoffgabe (2-4 l/Min.)
- Medikament: Nifedipin, zuerst 10 bis 20 mg unter die Zunge, dann 4x20 mg pro Tag peroral
- eventuell kontinuierlicher, positiver Ausatmungsdruck mittels Maske (CPAP)

mussten – gemäss der erwähnten Studie von Donat Marugg – über eine Zeitspanne von 16 Jahren bis 1995 insgesamt ein Dutzend Patienten mit einem akuten Höhenlungenödem notfallmässig ins Spital Oberengadin eingeliefert werden, grösstenteils gut trainierte Berggänger: 2 Frauen, 10 Männer, davon 9 Ausländer, Durchschnittsalter 42 Jahre (24 bis 55 Jahre).

Die Aufenthaltshöhe von 2500 m ü. M. hatten alle am ersten oder zweiten Tag nach der Anreise aus dem Unterland erreicht. Die Latenzzeit vom Erreichen dieser Höhe bis zum Auftreten der Symptome betrug 2 bis 5 Tage, der Aufenthalt im Spital 1 bis 6 Tage (im Schnitt 3 Tage). Seither hat die Anzahl der im Spital Oberengadin wegen akutem Höhenlungenödem hospitalisierten Patienten auf insgesamt rund 35 zugenommen.

Höhenlungenödem-Patienten klagen meistens über trockenen Husten oder erschwerte Atmung, zuerst bei Anstrengung, später auch in Ruhe, allenfalls über Karcheln oder sogar schaumigen und blutigen Auswurf. Das konventionelle Thorax-Röntgenbild zeigt ein doppel- oder einseitig lokalisiertes, fleckiges Lungenödem und allenfalls eine Erweiterung der zentralen Lungengefässe. Die Herzgrösse ist gewöhnlich normal. In der Computertomografie (röntgenologisches Schichtaufnahmeverfahren) ist ebenfalls ein unregelmässig verteiltes, fleckiges Lungenödem zu erkennen.

Höhenkrankheiten ABK, HLO, HHO

Nach diesem Besuch im Spital Oberengadin nun ganz allgemein zum heutigen Stand der Kenntnisse über die Höhenkrankheiten, welche Personen, die vorher gesund waren, in den ersten Tagen einer Höhenexposition befallen können. Die Hauptsymptome der akuten Bergkrankheit (ABK) sind, wie das im geschichtlichen Teil auch schon sehr realistisch zur Geltung kam: Kopfschmerzen, Übelkeit, Erbrechen, Schwindelgefühl, Störung der Bewegungskoordination (Ataxie), Fieber, Schlafstörungen und periphere Ödeme, die nach einer Latenzzeit von 6 bis 12 Stunden in Höhen über 2500 m ü. M. auftreten.

Meist klingen diese Symptome spontan wieder ab, vor allem wenn in tiefere Lagen abgestiegen wird. So gesehen ist Bergkrankheit selbstheilend. Nur in schweren Fällen kommt es zu Bewusstseinsstörung, Koma und Tod infolge Höhenhirnödem (HHO). Gleichzeitig, wenn auch unabhängig von der Entwicklung der neurologischen Symptome, kann ein Höhenlungenödem (HLO) entstehen. Eine Fehlregulation der kleinen Gefässe in der Lunge infolge Sauerstoffmangel bei erniedrigtem Luftdruck und die fehlende körpereigene Atemregulation sind hauptsächlich dafür verantwortlich.

Mutiger Selbstversuch

Die Erforschung der Höhenkrankheiten war zu Beginn, wie wir gesehen haben, oft mit mutigen Experimenten am eigenen Leib verbunden. Ein solcher Testversuch wurde auch noch 1983 am Universitätsspital Zürich durchgeführt. In der Unterdruckkammer konnte in einem simulierten Aufstieg auf 6200 Meter innerhalb von 14 Minuten eindrücklich bestätigt werden, dass einzelne Testpersonen ihre Atemfrequenz zweckmässig steigern konnten, während andere dazu nicht imstande waren. Dies untermauert die These, dass die Atemregulation in der Höhe individuell gestört sein kann.

An diesem dreistündigen simulierten Höhenversuch nahmen zwei Mediziner teil, denen wir bereits begegnet sind, der Mount-Everest-Bezwinger (zusammen mit Reinhold Messner) Oswald Oelz, Professor und ehemaliger Chefarzt am Stadtspital Triemli in Zürich, und der Samedner Chefarzt Donat Marugg, zusammen mit einem weiteren Kollegen und einer Sekretärin. Auf 6200 Metern absolvierte der sportliche Engadiner sogar noch einen Leistungstest auf dem Fahrrad von 200 Watt. Ausser Kopfweh und etwas Müdigkeit traten dabei keine weiteren Symptome auf. Glück gehabt!

Prophylaxe und Therapie

Die beste Prophylaxe der ABK ist eine gute Akklimatisation, das bedeutet langsamer Aufstieg mit höchstens 300 Höhenmetern pro Tag oder mit mehreren Übernachtungen auf 2500 m ü. M.; bei ersten Symptomen jedoch sofort in tiefere Lagen absteigen.

Erkrankt trotz aller Vorsicht jemand an ABK, gibt es für ihn in Zukunft die Möglichkeit einer medikamentösen Prophylaxe: Acetazolamid, 250 bis 500 mg/Tag, beginnend 12 bis 24 Stunden vor dem Aufstieg. Kommt ein HLO dazu: Nifedipin 3x20 mg/Tag.

Die Einnahme von Medikamenten zur Prävention fällt zwar, weil Bergsteigen kein Wettkampfsport ist, rein juristisch nicht unter die Definition Doping. Sie kann aber Menschen mit einem kleinen Krankheitsproblem helfen, trotzdem das Höhenglück zu geniessen, natürlich nach Absprache mit dem Arzt. Eine saubere Abgrenzung zwischen Vorbeugen und Missbrauch ist allerdings schwierig.

Bei schwerer ABK (zerebrale Form) muss vom Arzt stärkeres Geschütz aufgefahren werden: Dexamethason (Kortison), beginnend mit 8 mg, dann 4 mg alle 6 Stunden. Bei sehr schwerer ABK mit Lungen- und Gehirnsymptomen sind Dexamethason und Nifedipin gemeinsam zu verabreichen und mit Acetazolamid 500 mg zu ergänzen.

Vorsicht geboten mit Aufsteigen in die Höhe ist bei Herzkrankheiten (Angina pectoris). Bezüglich Lungenkrankheiten besteht keine Gefahr bei Asthma bronchiale, wohl aber bei chronischer Bronchitis mit Lungenüberblähung (Emphysem) und Lungenvernarbung (Fibrose). Schwangere, die nicht aus den Bergen stammen, sollten eine Höhe von 2500 Meter nicht überschreiten. Bei einem Kind, das sich über 2500 Meter nicht wohl fühlt, muss von einer Höhenproblematik ausgegangen werden.

In majestätischer Grösse und stiller Ruhe thronen sie im Reich des ewigen Schnees (v.l.n.r.): Palü, Bellavista, Bernina, Roseg und Tschierva.

Gretchenfrage: Wie hoch ist hoch?

So wie alles im Leben, je nachdem, wie man es betrachtet, relativ ist, so verhält es sich auch mit der Höhe und ihrer Einwirkung auf den menschlichen Körper. Hoch ist nicht immer gleich hoch.

Die Höhen-Klassifikation

Eingeteilt werden die Höhenbereiche in mittlere Höhen (1500-2500 m), grosse Höhen (2500-5300 m) und extreme Höhen (5300-8848 m, das heisst Mount-Everest-Höhe, die hier nicht zur Diskussion steht). Die Zusammensetzung der Atmosphäre darüber bleibt konstant, so dass immer 21 Volumenprozent Sauerstoff enthalten sind. Mit zunehmender Höhe nimmt jedoch der Druck ab, weil das Gewicht der darüber liegenden Luftsäule immer kleiner wird. Deshalb, weil die Luft «dünner» wird, sind dann pro Kubikmeter Luft weniger Teilchen, also auch weniger Sauerstoffteilchen enthalten.

Dieser reduzierte Sauerstoffpartialdruck (auf 2000 Metern um 25 Prozent niedriger als auf Meereshöhe) wirkt in mittleren Höhen gesundheitsfördernd, dies zusammen mit anderen reizintensiven Elementen wie intensive Sonnenbestrahlung, verminderter Wasserdampfgehalt der Luft, kühle Temperatur, frischer Wind, hohe Luftreinheit und Allergenarmut.

Der veränderten Situation passt sich der Körper an durch Erhöhung der Atem- und Pulsfrequenz sowie – mit etwas Verzögerung – durch vermehrte Erythropoese (Zunahme der roten Blutkörperchen), wodurch die Abgabe von Sauerstoff vom Hämoglobin an das Gewebe verbessert wird.

Wichtig zur Vermeidung von Höhenkrankheiten (akute Bergkrankheit, Höhenlungenödem, Höhenhirnödem) ist eine zweckmässig durchgeführte Akklimatisation ab 2500 Metern: Nicht zu schnell zu hoch, Vermeidung unnötiger Anstrengung, Schlafhöhengewinn nicht mehr als 300 m/Tag, alle 1000 Meter ein Ruhetag auf gleicher Höhe, viel Flüssigkeit und kohlehydratreiche Nahrung. Aber nicht jeder Körper reagiert gleich; es gibt Anfällige und weniger Anfällige. Doch gerade das macht das Höhenerlebnis noch einmal interessanter, weil man dadurch seinen Körper und dessen Möglichkeiten kennen und ausloten lernt. So besehen ist hoch eben nicht für alle gleich hoch.

Die Reizstufen-Einteilung

Eingeteilt werden die 41 Klimakurorte der Schweiz in vier Reizstufen, von 0 (Schonklima) bis 3 (Reizklima), gemäss den im Jahresverlauf herrschenden Schon- und Reizfaktoren. Die Bezeichnung Klimakurort ändert sich von Land zu Land und von Sprache zu Sprache: Was in der Schweiz der Klimakurort, ist in Deutschland der Heilklimatische Kurort, in England das Health Resort und in Frankreich die Station climatique.

Die Wirkung wird wie folgt definiert: Für die Reizstufe 0 als «sedativ, schonend», für die Reizstufe 1 als «sedativ, leicht stimulierend», für die Reizstufe 2 als «mässig bis kräftig stimulierend» und schliesslich für die Reizstufe 3 als «kräftig stimulierend».

Die Zugehörigkeit ist die folgende. *Reizstufe 0:* Ascona, Brissago, Caslano,

Locarno und Umgebung, Lugano und Umgebung, Montreux und Umgebung, Tesserete. *Reizstufe 1:* Astano, Bad Ragaz, Bürgenstock, Cademario, Château-d'Oex, Engelberg, Gstaad, Heiden, Ilanz, Interlaken, Lausanne und Umgebung, Lenk, Passugg, Rehetobel, Seewis i. P., Sierre. *Reizstufe 2:* Adelboden, Arosa, Braunwald, Davos, Klosters, Leukerbad, Leysin, Montana, *Pontresina, Scuol-Tarasp-Vulpera,* Vals, Wengen, Wiesen, Zermatt. *Reizstufe 3:* Lenzerheide, *St. Moritz, Sils i. E.,* Rigi-Kaltbad.

Auf zu neuen Ufern!

Leider ist, wie im «Forum Alpinum» (2006) der Schweizerischen Gesellschaft für Gebirgsmedizin zu lesen steht, «das Wissen um die Indikationen und den für bestimmte Krankheiten empirisch und wissenschaftlich nachgewiesene Langzeiteffekt der Hochgebirgsklimatherapie weitgehend vergessen oder wird ignoriert beziehungsweise einfach angezweifelt und bestritten». Nichtsdestotrotz ist die Sparte Klimatherapie im Begriff, sich wieder Gehör und Achtung zu verschaffen. Die äusseren Umstände – gesellschaftliches Umdenken, aber auch Neubewertung innerhalb der Medizin – unterstützen sie dabei.

Ziel der Klimatherapie war es schon immer, Erkrankungen vorzubeugen oder bestehende zu lindern, indem man dem Patienten einen Klimawechsel und einen Aufenthalt in einem anderen, vorteilhaften Klima verordnete. Heute strebt man in der Klimatherapie massgeschneidertes Vorbeugen und Behandeln klar definierter Krankheitsbilder an. Die Therapiekonzepte werden dem aktuellen Wissensstand angepasst und zudem auf zusätzliche Krankheitsbilder ausgedehnt *(vgl. Kastentext).*

Mythos und Realität

Bei all diesen Bestrebungen «akademisch sauberer Klassifizierung» gilt es jedoch zu bedenken: Es handelt sich in der Klimatherapie immer um unspezifische, multifaktorielle Einflüsse auf den menschlichen Körper, die alle seine Funktionen beeinflussen, stimulieren oder beruhigen und somit zu einer Verbesserung gestörter Funktionen beitragen – oder ihn auch überfordern können. Deshalb wird es wohl kaum je eine ganz spezifische Höhentherapie für nur eine bestimmte Krankheit geben.

So facettenreich die Naturreize in ihren Erscheinungen, so variantenreich sind sie in ihren Auswirkungen. Trotzdem gibt es handfeste Belege für ihre Wirksamkeit: Zu den dokumentierten Effekten des Höhenklimareizes gehören eine im Blut feststellbare Zunahme des Nebennierenrinden-Hormons (Kortison), des männlichen Geschlechtshormons (Testosteron) sowie eine Aktivierung des Immunsystems.

Zudem: Unter Sonneneinwirkung entsteht in der Haut Vitamin D. Neuere Erkenntnisse zeigen, dass dessen Gehalt im menschlichen Körper in der zivilisierten westlichen Welt wahrscheinlich zu tief ist. Man hat auch festgestellt, dass Vitamin D nicht nur für den Kalkhaushalt des Knochens verantwortlich ist, sondern ebenso eine wichtige Funktion im Immun- und in anderen Organsystemen wahrnimmt. Die Frage drängt sich auf: Liegt hier ein wichtiger Schlüssel für die bekannte, heilsame Wirkung der Heliotherapie verborgen?

Wie erste Liebe…

Ein Höhenerlebnis ist wie erste Liebe – Schmetterlinge im Bauch und im Kopf. Jeder Höhenaufenthalt beeinflusst immer den ganzen Körper, eingeschlossen – etwas prosaisch ausgedrückt – die Seele. Wer weiss, vielleicht haben die Erfahrungsmediziner des letzten Jahrhunderts sogar mehr zum Verständnis der Wirkung von Höhenaufenthalten auf gesunde und kranke Körper beigetragen als die heutigen Sportphysiologen, die vorwiegend die Reaktionen bei extremen Leistungen von Sportlern und Bergsteigern in der Höhe ausloten.

Wenn wir schon beim Thema sind: Im Grunde genommen sind die Klimareize gleichzusetzen mit den balneologischen Reizen der Trink- und Badekuren. Die Kunst all dieser Anwendungen liegt in der richtigen Dosierung, wie schon weiland Paracelsus sagte. Und man kann die Philosophie der Klimatherapie auch noch auf einen anderen Nenner herunterbrechen: Übung kräftigt, Schonung schwächt, Überlastung schadet. Wenn das nicht einleuchtet!

Der Vollständigkeit halber: Bekanntlich kann sich auch Positives – bei unkontrolliertem Verhalten – ins Gegenteil verwandeln. So kann man sich des Eindrucks nicht erwehren, dass das Glücksgefühl, das sich auf Berges Höh' entwickelt, dann in Tragik endet, wenn im Sport durch euphorische Selbstüberschätzung – sei das im Winter auf den Skipisten oder im Sommer beim Gleitschirmfliegen oder beim Motorradfahren über die Alpenpässe – sich zum Geschwindigkeitsexzess noch der «Höhenrausch» gesellt – und dadurch zur Ursache so manch tragischer Unfälle wird.

Il Bernard tät's wohl freuen

Übrigens: Auch die Nutzung des Sonnenlichtes und des Lichtes ganz allgemein erlebt zurzeit ein Comeback – was Oscar Bernhard bestimmt zu einem verschmitzten Lächeln bringen würde. So erhält beispielsweise das Hotel Archiv Schweiz in Lausanne dauernd Anfragen von Hotelmanagern aus aller Welt bezüglich Heliotherapie. «Man möchte sich wieder orientieren, warum und wie das damals so gut funktioniert hat». Was kann einer Therapiemethode Besseres passieren, als wenn sie von der Basis aus nachgefragt statt ex cathedra doziert wird!

Licht spielt auch in der Psychiatrie eine neue Rolle, nämlich bei der Behandlung depressiver Zustände; denn ähnlich wie Antidepressiva erhöht es den Spiegel des Glückshormons Serotonin im Gehirn. Kurz: Die Klimatherapie ist auf dem besten Weg, sich vom alternativen Beigeschmack zu befreien und wieder zu punkten. Das dürfte die Höhenkurorte im Allgemeinen und St. Moritz im Speziellen freuen – und vielleicht auch anspornen, selber zu diesem Revival aktiv beizutragen *(vgl. Epilog)*.

Was bewirkt Höhe?
Gedanken von Fred Auer, Klima- und Sportarzt in St. Moritz, 1992

Der gesunde Mensch, der aus dem Tiefland ins Hochgebirge kommt, hat gute Chancen, gesünder und nach seinem Urlaub leistungsstärker zu werden. Der latent Kranke entdeckt leichter die Herde seiner Beschwerden, der Kranke schliesslich hat unter Umständen in den völlig anderen höhenklimatischen Bedingungen gute Chancen zur Heilung.

Im Mittelpunkt der Auswirkungen steht die Frage, wie der einzelne auf die Sauerstoffmangel-Bedingungen reagiert, wie der Prozess der Adaptation (Anpassung) verläuft. In den Auswirkungen des reduzierten Sauerstoffangebotes sieht der Arzt willkommene Möglichkeiten einer wirkungsvollen, «taktischen Therapie und Prophylaxe» zur Erhaltung und Steigerung der Gesundheit und zur Bekämpfung von Zivilisationsschäden und -krankheiten.

Durch die Vorgänge der Adaptation wird – immer dann, wenn man ihnen auch aktiv und produktiv begegnet – für Gesunde und Kranke, für sportlich Interessierte wie für Hochleistungssportler, für Menschen aus dem Tiefland wie für den Bewohner des Alpenraumes, physiologisch ein therapeutisch leicht beeinflussbarer Trainings- und Rehabilitationseffekt erzielt. Die veränderten Bedingungen zu definieren, ist die Aufgabe einer neuen, modernen «Höhenmedizin».

In «atemberaubender» Bergwelt

Wenden wir uns nun von der Höhen- und Klimamedizin hin zu Freizeitbetätigung, Sport und Spitzensport in den Bergen. Damit der Aufenthalt in der Höhe zum Genuss wird à la «…im Frühtau zu Berge wir gehen fallera, es grünen die Wälder und Höhen fallera, wir wandern ohne Sorgen, singend in den Morgen…» und diese gute Stimmung nicht ins Gegenteil umschlägt und das frohe Singen nicht in beklemmende Atemnot mutiert, sind einige Grundregeln zu beachten. Ausdauer- und Spitzensportler haben daraus sogar ein System gemacht, von dem auch die übrigen Bergaufenthalter profitieren können.

Hinauf in die «dünne Luft»!

Für Otto und Ottilie Normalverbraucher, aber auch für Jugendliche in Sportlagern, gilt es vor allem, die folgenden Aspekte zu beherzigen: Die ersten Tage in den Bergen gehören der Akklimatisation. Also keine grossen Sprünge, sondern dosiert gesteigerte Belastung. Wichtig ist auch ausgewogene Ernährung; denn der Energiebedarf ist – trotz reduziertem Hungergefühl – erhöht. Das heisst genügend Kohlehydrate (Teigwaren, Kartoffeln, Reis, Brot) und Eiweiss (Fleisch, Fisch, Milchprodukte) sowie Gemüse, Salate und Früchte.

Weil die Luft in der Höhe sauerstoffärmer ist und man deshalb schneller atmet (auf 3000 Metern Höhe sind ein Drittel mehr Atemzüge notwendig, um zur gleichen Menge Sauerstoff zu gelangen), trocknen auch die Schleimhäute vermehrt aus, was die Anfälligkeit für Atemwegserkrankungen erhöht. Deshalb empfiehlt die Höhenmedizin, pro 1000 Meter zusätzliche Höhe mindestens einen Liter mehr zu trinken. Aber auch genügend Schlaf ist wichtig, weil man in der Höhe an sich mehr davon benötigt. Sonnen-, Kälte-, Wind- und Regenschutz sowie gutes Schuhwerk gehören zur Grundausrüstung beim Aufenthalt im Hochgebirge.

Mehr Saft aus der Zitrone pressen

Mit zunehmender Höhe sinkt der Luftdruck und damit auch die Sauerstoffmenge, die wir einatmen. Um dem drohenden Sauerstoffmangel (Hypoxie) zu begegnen, erhöht der Körper durch schnelleres Atmen das Atemvolumen. Und damit trotz tieferer Sauerstoffsättigung des Blutes genügend Sauerstoff in den Kreislauf gelangt, steigert er zudem die Herzfrequenz. Nach ein bis zwei Tagen verringert sich auch das Plasmavolumen des Blutes, wodurch die Zahl der roten Blutkörperchen (Erythrozyten) und damit der Hämatokritwert (Prozentanteil fester Blutbestandteile) ansteigt und dadurch auch die Sauerstoffmenge, die pro Herzschlag in die Muskulatur gepumpt wird.

Damit sind aber die Anpassungsmechanismen der Natur an das verminderte Sauerstoffangebot noch nicht ausgeschöpft. Es erfolgt eine vermehrte Ausschüttung des Hormons Erythropoetin (EPO), welches die Produktion der Erythrozyten regelt. Nach einem Höhenaufenthalt von drei bis vier Wochen auf 2500 Metern erhöht sich die Zahl der roten Blutkörperchen, und zudem kräftigt sich der Herzmuskel. Dies steigert die ökonomische Nutzung des vorhandenen Sauerstoffs.

Das Oberengadiner «Bermuda-Dreieck» St. Moritz – Samedan – Pontresina, aufgenommen aus rund 8000 Metern Höhe, Blick in Richtung Norden.

Nach erfolgtem Wiederabstieg ins Flachland kann man noch vier bis fünf Wochen von diesen Akklimatisationseffekten nutzniessen, weil hier nun wieder mehr Sauerstoff für einen Körper zur Verfügung steht, der mit weniger zu leben gelernt hat. Die Muskulatur wird somit extra gut mit Sauerstoff versorgt, was sie zu Höchstleistung befähigt. Diesen Effekt der natürlichen Anpassungsmechanismen nutzen die Leistungssportler und Spitzenathleten ganz gezielt, um die Leistungssteigerungs-Zitrone noch etwas mehr auszupressen. Doch bleiben wir vorerst beim Bevölkerungsdurchschnitt.

Bergurlaub bringt Gesundheit

An dieser Thematik fand nun auch die Forschung immer mehr Gefallen. Mit einer bezüglich Umfang beeindruckenden medizinischen Höhenstudie wartete im Jahr 2000 das Alpenland Österreich auf («Austrian Moderate Altitude Study»), deren Quintessenz lautet: «Geniessen Sie einen Bergurlaub – Ihr Körper wird es Ihnen danken!» Das musste ja fast so ausfallen, wenn man nachschaut, wer die Studie finanzierte: das Wirtschaftsministerium, die Österreich Werbung und mehrere Landestourismus-Organisationen… Nun, eigentlich ist es ja erfreulich, dass sich solche Organisationen um die Gesundheitsthematik kümmern, offensichtlich in weiser Voraussicht, dass diese im Alpentourismus von steigender Bedeutung werden wird. So besehen, ist Österreich sogar eine Nasenlänge voraus.

Dies bringt denn auch der Leiter dieser unter dem Patronat der Universität Innsbruck und der Österreichischen Gesellschaft für Alpin- und Höhenmedizin erstellten Studie, der Vorarlberger Universitätsprofessor Egon Humpeler, auf den Punkt: «Es ist ein grosses Verdienst des Tourismus, Ja zur Forschung zu sagen und damit einen wichtigen Bereich der medizinischen Urlaubsforschung im Dienste des Menschen in der Freizeitgesellschaft zu ermöglichen». Und er fügt noch an, dass dieser Einsatz sich zweifellos positiv auf den Tourismus auswirken werde, denn er liefere diesem wissenschaftlich fundierte Argumente für den gesunden Bergurlaub in die Hand.

Probanden in dieser Studie waren Leute zwischen 39 und 65 Jahren (Durchschnitt 55 Jahre), die unter zivilisationsbedingten gesundheitlichen Problemen («Metabolisches Syndrom») litten wie Übergewicht, Bluthochdruck, zu hohe Zucker- und Fettwerte im Blut. Sie verbrachten einen üblichen Bergurlaub mit Spaziergängen, Wanderungen und leichtem Sport.

Zauberwort «milde Hypoxie»

Relevanteste Ergebnisse waren: Ökonomisierung des Herz-Kreislauf-Verhaltens (bei einigen konnten blutdrucksenkende Mittel verringert oder sogar abgesetzt werden), Verbesserung der Blutzucker- und Blutfettstoffwechsel-Situation, Gewichtsabnahme trotz Normalkost, Rückgang subjektiver Beschwerden, positivere Lebenseinstellung, verbesserte Schlafqualität, Zunahme der roten Blutkörperchen und Abnahme thromboseförderndern Substanzen (Fibrinogen).

Die Studie kommt zum Schluss: «Das Geheimnis des Erholungswertes beim Bergurlaub liegt in der Mobilisierung und Ökonomisierung der Kräfte im menschlichen Organismus. Dieser registriert den geringen Partialdruck des Sauerstoffs, die sogenannte ‹milde Hypoxie›, bereits in Höhen zwischen 1400 und 2000 m ü. M. und kurbelt seine Aktivitäten kräftig an. Alsdann folgt eine Drosselung und damit eine Ökonomisierung. Dieser ‹Jungbrunneneffekt› (markante Verbesserung des Sauerstofftransportes zu den Körperzellen) ist ein Zusatzbonus, der den psychologischen Erholungswert ausmacht».

Neubelebung einer alten Idee

Die Urlaubsdauer zur Nutzung dieser gesundheitlichen Effekte beträgt, so betont die Studie, mindestens drei Wochen. Dazu kommt das psychedelische Gesamterlebnis: Licht, Luft, Sonne, Aussicht, Flora und Fauna; denn gesunde Ferien setzen sich zusammen aus «Erholung, Fitness/Wellness und Erlebnis». Zusammenfassende Schlussbemerkung: Vor allem der Background dieser Studie, nämlich das sinnvolle Zusammenspannen von Tourismus und höhenmedizinischer Forschung, ist wegweisend für die ganze Alpenregion.

Das Engadin mit seiner von der geoklimatischen Situation her gegebenen Sonderstellung, mit seiner auf dem Alpentriptychon «Heilquellen, Gebirgssonne und Reizklima» beruhenden, sehr speziellen Medizingeschichte und seiner touristischen Attraktivität wäre geradezu prädestiniert und privilegiert, auf diese altbekannte, aber etwas in Vergessenheit geratene, zukunftsträchtige Tourismusstrategie «gesunde Bergwelt» zu setzen.

Kurz vor Fertigstellung dieses Buches hat das Unterengadin einen ersten Schritt in diese Richtung getan mit der Proklamation «Nationalparkregion – Gesundheitsregion». Wie heisst es doch: Die Schnelleren haben gewonnen. Diesbezüglich haben die Unterengadiner die Oberengadiner überrundet. Aber vielleicht reift dann doch noch ein Konzept für das Engadin als Ganzes, da dieses bekanntlich mehr als die Summe der Teile ist, was auch in Bezug auf ein Tourismus-Strategiekonzept zutrifft *(vgl. Epilog)*.

Höhentraining begann mit Pferden

Doch nun zum Sport: So wie sich die Höhenmedizin schrittweise von ihrem Mauerblümchendasein zu einer eigenen, dynamischen Sparte entwickelt hat, so begann sich jetzt auch der Spitzensport für die Höhenthematik zu interessieren. Nicht weil er selber darauf gekommen wäre, sondern weil er verzweifelt nach effizienteren Trainingsmethoden suchen musste. Denn im Leistungssport waren immer stärkere Resultate gefragt, wenn man international mithalten wollte. Lustigerweise waren es dann aber nicht zweibeinige, sondern vierbeinige Athleten, die dem Sport das Höhentraining erschlossen.

Rennpferde waren die Ersten

Nach dem schlechten Abschneiden der Schweizer Delegation an den Olympischen Winterspielen von 1964 in Innsbruck und mit besorgtem Blick auf die Olympischen Sommerspiele von 1968 in Mexiko auf über 2000 m ü. M. suchten die Verantwortlichen nach Möglichkeiten für eine verbesserte Vorbereitungstaktik mit zielführendem Athletentraining.

Die zündende Idee kam aus St. Moritz; denn in den Zwanzigerjahren hatte man bei Rennpferden (Traber und Galopper) eine interessante Beobachtung gemacht. Für die internationalen Pferderennen im Februar auf dem gefrorenen See kamen sie jeweilen bereits einen Monat vorher nach St. Moritz zum Trainieren – und liefen dann an den grossen Frühjahrsrennen in verschiedenen europäischen Metropolen auf Spitzenplätze. Dies waren somit die ersten Höhentrainings zur Vorbereitung für Wettkämpfe in tieferen Lagen.

Diesem Phänomen widmete sich der damalige Leiter des Forschungsinstitutes in Magglingen, Professor Gottfried Schönholzer; denn was beim hippologischen Training funktionierte, so folgerte er, konnte doch auch bei menschlichen Athleten fruchten. So wurde denn 1966/67 in St. Moritz das Internationale Höhentrainings- und Wettkampfzentrum (HTWZ) aus der Taufe gehoben. In der Folge entstanden eine grössere Zahl von Trainingsstätten für verschiedene Sportarten, wobei die Kosten für all diese Bauten zum grossen Teil vom Schweizerischen Landesverband für Sport (SLS) übernommen wurden.

Verpasste Weichenstellung

Das internationale Interesse war gross, wie die rege Teilnahme von Einzelsportlern und Nationenteams bewies. Und siehe da: In Mexiko 1968 und in München 1972

White Turf auf dem zugefrorenen St. Moritzersee – das hippologische Grossereignis. Auch Rennpferde sind Sportler und profitieren vom Höhentraining.

Rudertraining auf dem Silvaplanersee – lautloses Gleiten durch Muskelkraft im Einklang mit der Natur.

stellten sich olympische Erfolge ein. Das gab Auftrieb! Das Höhentrainings- und Wettkampfzentrum sollte massiv ausgebaut werden mit Trainingsanlagen und Unterkunftsmöglichkeiten. Ferner sollte – alte Erinnerungen werden wach! – ein Forschungszentrum mit Labors errichtet werden, also genau das, was Oscar Bernhard schon einmal realisiert hatte, was später im Heilbad weitergeführt, dann aber bei der Privatisierung des Parkhotels Kurhaus unglücklicherweise definitiv geschlossen wurde.

Doch nicht genug: Nun passierte bezüglich Sport genau dasselbe, wie damals bei Oscar Bernhard mit seiner geplanten Gross-Sonnenklinik, die er nicht bauen durfte *(vgl. Kapitel «Promotor Oscar Bernhard»)*. So wie man zu Zeiten von Il Bernard den aufstrebenden Nobelkurort nicht mit Sanatoriums-Image verbrämen wollte, befürchtete man jetzt, es würden in der Jetset-Destination dann nur noch Sportler in Turnhosen und Trainingsanzügen herumrennen, was die übrige Klientel stören könnte. Man ahnte damals nicht, dass der Stellenwert des Sportes massiv ansteigen und dass er zur Volksbewegung werden würde.

Das Ende vom Lied: Aus lauter Enttäuschung war nun bei den Initianten der Dampf aus dem Kessel entwichen, und andere Wintersportorte profitierten von der Idee aus St. Moritz, exakt gleich, wie es damals der im Oberengadin begründeten Heliotherapie ergangen war; Leysin war plötzlich führend, St. Moritz weg vom Fenster. Und nun dasselbe in einem ganz anderen Bereich, der ebenfalls, wie damals die Heliotherapie, mit jenen Reizen der Natur arbeitet, mit denen sie das Engadin so sehr beschenkt hat. Zwar blieb das Oberengadin bis heute eine erste Adresse für Höhentraining. Doch wären damals die Weichen anders gestellt worden, zugunsten der Infrastruktur und der Forschung, wäre Magglingen heute vielleicht in St. Moritz.

Muottas Muragl – Zauberberg des Sports

Ob Schulsportlager oder Elitesporttraining – die Schweiz ist ganz speziell auch für sportliche Höhenaufenthalte prädestiniert. Tourismusdestinationen mit gut ausgebauter Sportinfrastruktur finden sich im ganzen Alpenbereich. Dazu kommt ein Netzwerk von ganzjährig geöffneten Berghäusern auf 2500 bis 3000 Metern Höhe. So wie die Medizin ihre Zauberberge hat, so hat auch der Sport die seinen. Der Höhentrainings-Olymp des Engadins heisst Muottas Muragl.

Auch der Sport arbeitet mit Reizen

«Finden Wettkämpfe in der Höhe statt», argumentiert der Leiter Sportphysiologie der Eidg. Hochschule für Sport in Magglingen, Jon Peter Wehrlin, «macht Höhentraining für alle Teilnehmer Sinn. Denn um die bestmögliche Leistung zu erbringen, muss sich der Körper an die Höhenlage akklimatisieren. Im Vergleich zu einem ‹normalen› Training kann ein solches in der Höhe ein bis drei Prozent Leistungssteigerung erbringen. Und genau dies entscheidet im Spitzensport über Sieg oder Niederlage».

Ein Höhentraining als Vorbereitung für einen Wettkampf im Flachland empfiehlt Wehrlin dagegen nur austrainierten Athleten, die mit den klassischen Trainingsmethoden bereits ein hohes Niveau erreicht haben, damit jedoch keine Fortschritte mehr erzielen können. Durch diese zusätzliche Reizsetzung können sie ihre Leistung noch verbessern. Womit wir einmal mehr beim Thema Reize sind, die – analog wie in Medizin, Wellness und Tourismus – auch im Sport eine ganz zentrale Rolle spielen.

Mal oben, mal unten…

In den letzten Jahrzehnten verbesserten sich die Spitzenleistungen und Weltrekorde in den Ausdauersportarten, weil die maximale Sauerstoffaufnahme der Athleten gestiegen ist. Viele der Rekorde wurden durch Elitesportler aufgestellt, die in Höhenlagen (wie den Alpen) trainiert haben oder in solchen leben (Kenia, Äthiopien).

Die klassische Methode des Höhentrainings basiert auf dem Prinzip «oben ruhen – oben trainieren» (live high – train high, LHTH). Dies hat sich bewährt für die Vorbereitung auf Wettkämpfe, die ebenfalls in Höhenlagen stattfinden. Umgekehrt wurden Risiken und Nutzen eines Höhentrainings als Vorbereitung für einen Wettkampf im Flachland kontrovers diskutiert.

Deshalb hat Höhentrainingsspezialist Benjamin Levine anfangs der 1990er-Jahre eine verbesserte Methode ausgearbeitet mit «oben ruhen – unten trainieren» (live high

So wie die Höhenmedizin ihre Zauberberge kennt, so hat auch der Sport im Engadin einen solchen: Muottas Muragl.

– train low, LHTL). Er bezweckte damit, die Vorteile der Akklimatisation an die Höhe durch «live high» beizubehalten, das heisst die Zunahme des Erythrozytenvolumens und der Hämoglobinmasse. Zugleich wollte er die Nachteile des «train high» (vorab die Reduktion der Trainingsintensität) minimieren.

Erlaubtes «Naturdoping»

Seither gilt diese Methode als die erfolgversprechendste Variante des Höhentrainings für Eliteathleten in der Vorbereitung auf Wettkämpfe im Flachland. «Die Leistungssportler», so Wehrlin, «bereiten sich mit dem Höhentraining gemäss der Devise ‹live high – train low› sowohl für Wettkämpfe im Flachland wie auch für solche in der Höhe vor. Diese Methode eignet sich speziell für Athleten aus Sportarten mit hoher Ausdauerleistung (wie Läufer, Langläufer, Radfahrer, Schwimmer, Ruderer). Aber auch Sportler aus anderen Sparten (wie Mannschaftsspielsport oder Kampfsport) profitieren von einem Aufenthalt in der Höhe».

Denn die Forschung fand heraus, dass der gewünschte Effekt des Höhentrainings – Zunahme der roten Blutkörperchen und Ökonomisierung der Sauerstoffnutzung – als quasi erlaubtes «Naturdoping» nur dann eintritt, wenn rund 400 Stunden in einer Höhe von 2300 bis 2600 Metern verbracht werden (das heisst während drei bis vier Wochen täglich zwischen 14 und 19 Stunden).

Die Zielsetzung bestimmt die Methode
Trainingsmodelle, definiert von Jon Peter Wehrlin, EHS Magglingen

Ursprüngliche Höhentrainingsform: oben schlafen – oben schuften (live high – train high, LHTH)

Es wird in erhöhter Lage gelebt und trainiert. Die Akklimatisationszeit für Spielsportarten beträgt rund 7 bis 10 Tage, für Ausdauersportarten 10 bis 14 Tage.

Zweck: Vorbereitung für Wettkämpfe in der Höhe oder wenn Höhentraining zwingend ist (Schneetraining im Sommer).

Physiologische Effekte: Der Körper kann sich an die Bedingungen auf Wettkampfhöhe anpassen. Je nach gewählter Höhe sind die positiven Akklimatisationseffekte unterschiedlich ausgeprägt.

Hypoxie-Training: unten schlafen – oben schuften (live low – train high, LLTH)

Hypoxie bedeutet Minderversorgung des Körpers mit Sauerstoff: Die 20 bis 120 Minuten dauernden Trainingseinheiten werden in der Höhe (2000 bis 3000 Meter) absolviert. Die trainingsfreie Zeit wird auf Normalhöhe verbracht.

Wöchentlich werden zwei bis drei solcher Hypoxie-Einheiten durchgeführt, dies über drei bis sechs Wochen. Je nach Zielsetzung können verschiedene Methoden eingesetzt werden (Dauer-, Intervall- oder Schwellentrainings). Weil Hypoxie-Training sehr belastend ist, werden daneben keine weiteren intensiven Trainings durchgeführt.

Zweck: Die anaerobe Leistungsfähigkeit wird verbessert. Hypoxie-Training empfiehlt sich vor allem für Sportarten, bei welchen Stehvermögen (Ski alpin, Mannschaftsspielsportarten, Mittelstreckenläufe) wichtig ist. Es wird eingesetzt während intensiver oder spezifischer Phasen im Trainingsaufbau oder als Vorbereitung für Wettkämpfe und Trainingsaufenthalte in der Höhe.

Physiologische Effekte: Hypoxietraining wirkt vor allem auf die beanspruchte Muskulatur. Sie wird vermehrt mit Sauerstoff und Nährstoffen versorgt. Der Kohlehydratstoffwechsel wird verstärkt aktiviert.

Ergo: Pendeln die Athleten zwischen Berg und Tal (oben schlafen – unten schuften), dann haben sie sozusagen den Fünfer und das Weggli; denn sie profitieren vom Höheneffekt und können trotzdem hochintensiv trainieren.

Randvermerk: Das praktizierte im kleinen Stil notabene auch der Schreiberling dieses Buches als Studentlein; er war Untermieter bei der Turmwartin auf dem Berner Münsterturm: täglich zweimal 254 Treppenstufen, oben schlafen, unten schuften. Für einen Höhentrainingseffekt reichte das allerdings nicht ganz, hatte aber den selektiven Nebeneffekt, dass ihn nur sehr sportliche Freundinnen besuchten…

Doch wieder ernsthaft: Eine weitere Methode stellt das sehr belastende «Hypoxie-Training» dar (Minderversorgung des Körpers mit Sauerstoff), geeignet für Sportarten, bei denen Stehvermögen gefragt ist, beispielsweise Ski alpin. Hier wird nach dem Prinzip «unten ruhen – oben trainieren» (live low – train high, LLTH) gearbeitet *(vgl. Kastentexte).*

Generalstäbliche Planung

«Wichtig ist», betont Wehrlin, «dass die Trainingsinhalte seriös geplant werden; denn der Grat zwischen Belastung und Überlastung ist in der Höhe noch schmaler als im üblichen Hochleistungstraining; denn der Körper muss hier oben, neben den Trainingsreizen auch noch den Sauerstoffmangel, die Kälte, den Wind und die trockenere Luft verkraften». Und dann weist er gleich noch auf eine weitere Knacknuss hin, nämlich auf die Phase nach dem Höhentrainingsaufenthalt: «Nach vier bis sechs Wochen sind die positiven Akklimatisationseffekte wieder verschwunden. Ergo: Der Zeitpunkt des Höhentrainings muss so angesetzt werden, dass der zu bestehende Wettkampf im ersten Monat nach diesem stattfindet».

«Aber es sind», so der Spezialist, «noch weitere Aspekte zu beachten: Zwischen Tag 3 und 10 nach der Höhenexposition sind die Leistungen instabil («Period of poor performance»), also nicht geeignet für Wettkämpfe. Die Erfahrung zeigt, dass die ersten zwei sowie die Tage 16 bis 24

Für die Einheimischen ist und war Höhentraining banaler Alltag: Die eine Tochter von Oscar und Lili Bernhard, Lucie, beim Skispringen auf dem Corvatsch.

Eine optimierte Variante des Höhentrainings
Jon Peter Wehrlin von der EHS Magglingen über die aktuellste Methode

Der neueste Höhentrainingsmodus: oben schlafen – unten schuften (live high – train low, LHTL)

Während der Nutzen der Höhenakklimatisation für eine verbesserte Ausdauerleistungsfähigkeit, die ebenfalls in der Höhe zu erfolgen hat, gut dokumentiert ist, wird die Höhentrainingsmethode «oben schlafen – oben trainieren» (live high – train high) als Vorbereitung für Wettkämpfe im Flachland kontrovers diskutiert. Deshalb wurde ein verqueres, aber für diesen Zweck effizienteres System geboren mit «oben schlafen – unten schuften».

Zweck: Diese Art Höhentraining «oben schlafen – unten schuften» hat sich bei Eliteausdauerathleten in der Vorbereitung für Wettkämpfe im Flachland als vorteilhafter erwiesen als «oben ruhen – oben schuften», aber auch als vorteilhafter im Vergleich zum Training im Flachland.

Physiologische Effekte: Der Vorteil der positiven Höhenakklimatisationseffekte wird beibehalten (speziell die Zunahme des Erythrozytenvolumens und der Hämoglobinmasse), während der Nachteil, die reduzierte Trainingsintensität in der Höhe, minimiert wird.

Nicht nur Touristen sind international, auch bei den Nutztieren gibt es immer mehr assimilierte Ausländer – wie das Angusvieh beim «Höhentraining» auf Muottas Muragl.

Zwei- und vierbeinige Sportler

Muottas Muragl ist aber nicht nur Sport-Eldorado, sondern auch Wildlebensraum und Kuhalp. Wenn Gian Peter Nigglis rabenschwarze Angus-Damen samt Pascha, nämlich die Kühe der ursprünglich schottischen Rinderrasse (auch unter Nutztieren gibt es immer mehr assimilierte Ausländer), die im Frühling und Herbst beim Flugplatzgelände in Samedan weiden, im Sommer ihre bovinen Ferien auf Muottas Muragl verbringen, dann machen auch sie eine Art Höhentraining – wenn auch nicht so tierisch ernst wie die Sportler.

nach dem Höhentrainingsende der Zeitpunkt der besten Leistungsfähigkeit sind; allerdings kann dies von Athlet zu Athlet noch etwas variieren». Höhentraining scheitert oft auch ganz einfach an den Finanzen oder, wie Jan Wehrlin moniert, «am Fehlen von Infrastruktur oder Trainingspartnern; denn ein Schwimmer ohne Schwimmbecken, ein Judoka ohne Gegner oder ein Orientierungsläufer ohne Wald – das macht keinen Sinn».

Sie sind auch nicht so fanatisch, täglich diesen Zirkus mitzumachen mit «oben fressen und unten schlafen»; sie machen beides oben, und eigentlich mehr Wellness denn Sport (vgl. Kapitel «Von der Heilkraft der Berge»). Trotzdem ist der Gian Peter mit ihnen zufrieden, wenn sie im Herbst wieder vom Höhentraining auf Muottas Muragl zurückkehren; denn ihr Fleisch ist dann voller Alpenkräuterwürze. Und weil die Sportler, wie man gehört hat, viel Fleisch essen müssen, schliesst sich der Kreis des Höhentrainings somit wieder...

Beispiele für «oben passiv, unten aktiv»
Das Oberengadin ist nicht allein, aber speziell

Region Engadin	Übernachten:	Muottas Muragl (2456 m), Bernina Hospiz (2309 m)
	Trainieren:	St. Moritz (1856 m), Scuol (1275 m)
Region Davos	Übernachten:	Jakobshorn (2590 m), SLF Weissfluhjoch (2663 m)
	Trainieren:	Davos (1540 m), Klosters (1120 m)
Region Appenzell	Übernachten:	Säntis (2501 m)
	Trainieren:	Schwägalp (1320 m), Urnäsch (841 m), Herisau (745 m)
Region Innerschweiz	Übernachten:	Gütsch ob Andermatt (2344 m)
	Trainieren:	Andermatt (1445 m)
Region Wallis	Übernachten:	Gemmi-Pass, Berghotel Wildstrubel (2346 m)
	Trainieren:	Leukerbad (1411 m)

Verpuffte Attacke auf das Höhentraining

Just kurz vor Fertigstellung dieses Buches entfachte sich ein medialer Sturm im Wasserglas rund um die Thematik Höhentraining, ausgelöst durch einen Forscher der Universität Zürich, der eine noch unveröffentlichte, von anderen Wissenschaftlern aber bereits als nicht stichhaltig qualifizierte Studie noch während der laufenden Begutachtung (Revueprozess) ausgerechnet via das Informationsmagazin der Hochschule lauthals in die Öffentlichkeit trug und dadurch unnötigerweise für Wirbel und Verunsicherung sorgte.

«Höhentraining bringt nichts»

Diese vernichtende Aussage über eine bisher sakrosankte Lehrmeinung zierte als Titel einen Artikel in der Zürcher Universitäts-Zeitschrift «magazin» (Nr. 2/2011), in dem beschrieben steht, wie der betreffende Forscher «mit schallendem Lachen» unterstreicht, dass es ihm Spass mache, eines der grössten Dogmen der Sportphysiologie vom Sockel zu stossen, «weil unsere Studie einfach viel besser ist als die anderen». Die akademische Reiterattacke gilt dem «oben leben, unten trainieren»-Prinzip, mit dem seit über zehn Jahren Spitzenathleten ihre Leistungen noch um einige Prozente steigern.

Angesprochen auf Marathon-Europameister Victor Röthlin, der, wie viele andere Sportler, im Engadin sein «live high – train low»-Höhentraining zu absolvieren pflegt (mit Wohnen auf Muottas Muragl und Trainieren in St. Moritz) und aus eigener Erfahrung sagt, «drei Wochen, nachdem ich aus den Bergen zurück im Unterland bin, fliege ich förmlich», antwortet besagter Forscher, dass er die von Spitzensportlern als positiv empfundenen Auswirkungen eines Höhentrainings für einen Placeboeffekt halte, also schlicht und ergriffen für Einbildung.

Gemäss seiner Auffassung ist somit Höhe = Placebo, das heisst eine unwirksame, indifferente Substanz, ein «Scheinmedikament», angewendet bei Patienten (sprich: Sportlern), um einem eingebildeten Bedürfnis zu entsprechen. Eine kühne These. Ob solcher Entzauberung würde Paracelsus, so er sie vernehmen täte, wohl erneut sackgrob kontern wie damals: «Polsterprofessoren ... Requiemsdoktoren ... Gugelfritzen ... die in den Büchern der Alten rumpeln wie die Sau im Trog». Nun, entscheiden werden schlussendlich die Sportler selber, und wie sie das tun, kann man sich ausdenken. Für sie zählt die persönlich gemachte Erfahrung – und die ist gut.

Die Fachwelt kontert

Besagter Höhentrainingsverneiner rät Swiss Olympic sogar, besser «mehr Psychologen einzustellen». Denn «so lange die

Die aktuelle Höhentrainingsmethode für Elitesportler lautet «oben schlafen» (das heisst auf Muottas Muragl oder Bernina Hospiz) und «unten schuften» (das heisst auf dem Talgrund des Oberengadins).

Schwimmtraining im St. Moritzersee – mehr als nur ein Sporterlebnis.

Athleten glauben, Höhentraining nütze etwas, werden sie es weiterhin machen», lautet seine sarkastische Devise. Er empfiehlt sogar den Athleten, das Höhentraining selber auf Wirksamkeit zu testen. Fragt sich dann nur, wozu für eine solche Studie öffentliche Gelder eingesetzt werden müssen.

Nun, eines hat er damit erreicht, nämlich mediale Aufmerksamkeit, obschon seine Studie nur eine unter fünfzig anderen (anderslautenden!) ist; denn für die Journaille der seichteren Gefilde ist es jeweilen ein gefundenes Fressen, wenn universitäre Forscher sich gegenseitig bekriegen. Jedoch: Wer derart in den Wald lacht, muss nicht aufs Echo warten. Auch in der Wissenschaft gilt: Die Revolution frisst ihre eigenen Kinder. Und schon manch vermeintliche Leuchtrakete hat als Rohrkrepierer geendet.

Andere renommierte Forscher haben für den Reviewprozess bereits harsche Kritik angemeldet, so unter anderem, dass in dieser Studie die Leistung nach dem Höhenaufenthalt nicht zum anerkannt besten Zeitpunkt, sondern in der instabilen Phase gemessen worden sei (Tag 4 und 11 statt nach 3 Wochen), dass die Messgenauigkeit für die Bestimmung der Hämoglobinmasse zu wünschen übrig lasse, dass unkritisch von künstlicher auf natürliche Höhe interpoliert werde (Zimmer mit simuliertem Sauerstoff, entsprechend einer Höhe von 3000 Metern) und dass der angebliche Blindversuch mit einer Höhen- und einer Kontrollgruppe nicht «lege artis» durchgeführt worden sei, ganz abgesehen davon, dass «das ‹Blinding› bei Höhentrainingsstudien Unsinn» sei.

Wenn die Hypothese zur These wird

Diese Elfenbeinturm-Episode ist symptomatisch für die heutige Zeit. Forschung arbeitet mit Fragestellungen, stellt also eine *Hypothese* auf, um dann zu untersuchen, ob es sich tatsächlich so verhält, wie man angenommen hat, oder allenfalls doch anders. Resultat solcher Forschung ist dann eine *These*. Früher war es Usus, erst mit dieser These, das heisst mit dem bestätigten Forschungsresultat in die Medien und damit an die Öffentlichkeit zu gehen, um nicht Verwirrung zu stiften.

Heute jedoch passiert es immer öfter, dass, getrieben vom Kampf um das Generieren von Forschungsgeldern, gelegentlich wohl auch um sich in den Medien zu positionieren (böse Zungen sprechen dann von Mediengeilheit), bereits mit der Hypothese vorgeprescht wird. Und was machen dann die meisten Medienleute? Natürlich aus der Hypothese eine These; denn sie müssen die Storys ja knackig und mit Fleisch am Knochen verkaufen. Resultat: Die Hypothese, ob richtig oder falsch, wird via veröffentlichte als öffentliche Meinung zementiert.

Wo bleibt die alte Schule?

Man erinnert sich an einen analogen Fall vor Jahren, der die Rohmilch-Verkäsung auf der Alp betraf. Damals war es ein Professor der ETH Zürich, der einen solchen Wirbel veranstaltete. Es war von lebensgefährlicher Bedrohung die Rede. Der Grossteil der Medien überbot sich gegenseitig mit Teufel-an-die-Wand-Malereien derart, dass sich der Bundesrat veranlasst sah, eine Sonderkommission einzusetzen. Diese tagte, beriet, wägte ab und kam zum Schluss: «Es sind *keine* Sofortmassnahmen notwendig».

Das heisst im Klartext, der ganze akademische Wirbel war heisse Luft. Das Pikante an solchen Geschichten: Eine Richtigstellung erfolgte nie und nirgends. Der Schaden war angerichtet, und niemand verantwortlich. – Der guten Ordnung halber sei angeführt, dass es sich hierbei immer um Einzelfälle handelt, die jedoch die überwiegend seriöse Forschung ebenfalls in Mitleidenschaft ziehen.

Vielleicht sollte man just hier noch einmal an das vorbildliche Verhalten dreier Forscher erinnern *(vgl. Kapitel «Heliotherapie»)*, nämlich an die beiden Heliotherapeuten Bernhard und Rollier, die trotz Konkurrenzsituation und teils unterschiedlicher Auffassung respektvolles Verhalten an den Tag legten und im Interesse der Sache dennoch kooperierten, und an deren Ziehvater, den Chirurgenpapst und Nobelpreisträger Kocher, der nicht nur die Grösse hatte, in diesem Zusammenhang einen Fehler öffentlich einzugestehen (er hatte die Methode der beiden anfänglich kritisiert), sondern sich bei den beiden Zöglingen (sie waren früher Assistent bei ihm) dafür sogar noch entschuldigte. Wissenschaftsethik alter Schule!

Visionäre und ihre Visionen

Zurück zum Höhentrainingsdisput. Was bedeutet dieser Sturm im Wasserglas nun konkret? Das definitive Aus fürs Höhentraining, auch im Oberengadin? Wohl kaum! Vielleicht bewirkt er sogar das Gegenteil: Man spricht vermehrt darüber, und das wiederum dürfte auch den «Mis-

Radtraining entlang dem St. Moritzersee – vor einmaliger Naturkulisse.

ter Höhentraining» von St. Moritz freuen, Martin Berthod, dessen Vision es ist, aus der ganzen Region ein Zentrum für den Spitzen- und Breitensport zu machen. Seine Begründung: «Einerseits kommt das dem Tourismus zugute. Dieser profitiert ja vom vielseitigen Angebot des Sportes, seit dieser das Engadin erobert hat. Andererseits greifen wir dadurch einen Trend auf, der immer mehr gefragt ist».

Auch der Sportdirektor von Swiss Olympic, Gian Gilli, hat – just während der Entstehungszeit dieses Buches – als Kolumnist der Regionalzeitung seine Vision kundgetan. Er wies auf die beiden Sport- und Ausbildungszentren in Magglingen und Tenero hin und fragte sich, warum es kein solches Zentrum für Wintersport gebe. Und er hielt auch gleich die Antwort bereit: «Nur ein Ort in der Schweiz wäre für ein solches Zentrum prädestiniert – das Oberengadin. Die Höhenlage des Tals ist für Training und Wintersport perfekt. St. Moritz als der Wintertourismusort schlechthin, als bewährter Wettkampfort verschiedenster Sportarten und als Höhentrainingszentrum und Swiss-Olympic-Trainingsbase wäre das Zugpferd für ein solches Projekt, es gäbe kein besseres».

Sportliches Eldorado

Aber auch noch ohne Wintersportzentrum ist St. Moritz bereits heute sportlich und sportmedizinisch – abgesehen von der

Gegenüberliegende Seite: Dies ist keine Ameisenstrasse, sondern der Engadin Skimarathon; er gehört – wie Vasalauf, Birkebeiner oder Marcialonga – zu den Klassikern der Worldloppet-Skilanglauf-Volksläufe der Welt.

ad acta gelegten Klimaforschung – auf hohem Niveau und deshalb seit Jahren die Nummer eins unter den Höhentrainingszentren Europas.

Seine sportrelevanten Ingredienzien auf 1856 m ü. M. sind, abgesehen von traumhafter Landschaft und reizvollem Ambiente: Sonne, Schnee, gesunde Luft und prickelndes Klima als Gaben der Natur, dazu eine grosszügige Infrastruktur, Trainingsmöglichkeiten für (fast) alle Sportarten, ferner das sportmedizinische Beratungs- und Trainingszentrum Gut sowie, weil Erholung auch Teil des Trainings ist, das Heilbad und – in spe (geplante Eröffnung 2014) – das Sportzentrum und Hallenbad «Ova verva» (lebendiges Wasser).

Zu den sportlichen Attraktionen Top of the World zählen der Cresta Run als zweitgrösste Eisskulptur der Welt, der Bob Run als älteste Natureisbahn, der White Turf auf dem gefrorenen See, Polo im Sommer und auf Schnee, Wintergolf mit roten Bällen und «weissen Greens», Skisport- und Eissport-Veranstaltungen, Surf- und Inline-Marathon, ferner Events in den Sparten Golf und Tennis, Segeln und Surfen, Rudern und Kanu, Radfahren und Biken, Bergsteigen und Klettern, Laufsport und Schwimmen, Gleitschirmfliegen und Schiessen. Noch Wünsche offen?

Der grosse Tatzelwurm

Die Königsdisziplin sowohl bezüglich Bekanntheitsgrad als auch in Bezug auf das Teilnehmerfeld ist zweifelsohne der Engadin Skimarathon *(vgl. Kastentext)*, Jahr für Jahr einer der weltweit grössten Sportanlässe und zugleich eine gewaltige logistische Herausforderung. Seit 1969 findet dieser Volkslauf über die klassische Marathonstrecke von 42 Kilometern immer am zweiten Sonntag im März statt (falls inskünftig ein allfälliger Klimawandel nicht ein anderes Diktat auferlegen wird).

Einem riesigen Tatzelwurm gleich bewegt sich ein Teilnehmerfeld von gut 12 000 Langlauffans aus Dutzenden von Ländern von Maloja bis S-chanf – sozusagen als terrestrische Schwester der wolkigen Malojaschlange, aber mit dem kleinen Unterschied, dass dieser Tatzelwurm, im Gegensatz zur Malojaschlange, im Tal jährlich einen Umsatz von etlichen Millionen Fränkli generiert.

Das Phänomen Engadin Skimarathon
Kleines Hohelied aus der Feder des ehemaligen Kurdirektors Peter Kasper

Ist der Engadin Skimarathon nur eine sportliche Veranstaltung wie Dutzende andere? Oh nein, er ist ein Ereignis, ein Phänomen, ein Abenteuer, eine Herausforderung für jeden Einzelnen. Es ist ein Kampf in der Masse, in der sich trotzdem jeder allein auf sich selbst angewiesen sieht, ein «kleines» Menschlein unter Tausenden von anderen.

Ein Wettkampf nicht nur gegenüber den Mitkämpfern und nicht allein gegen die Uhr, sondern vielmehr gegen sich selbst, gegen die eigene Bequemlichkeit, gegen den «Faulpelz», den jeder in sich hat. Der Engadin Skimarathon hat mit Spielerei nichts zu tun. Ohne sehr viel trainiert zu haben, kann und darf man ihn nicht in Angriff nehmen, denn es wäre nicht möglich, ihn durchzuhalten.

Der Engadin Skimarathon findet auch nicht irgendwo statt. Nein, der Lauf führt durch eine Landschaft eigener Prägung, eine Talschaft, die wohl zu den erlesensten und abwechslungsreichsten unseres Kontinentes gehört.

ENGIADINA – TERRA SANA

Vorgarten zum Paradies

Heute ist das Engadin weltweit ein Begriff wie sonst kaum ein anderes Gebirgstal, und St. Moritz ist zur bekanntesten Feriendestination geworden. Dafür, dass dem so ist, hat vor allem die Natur gesorgt, indem sie das Hochtal mit Landschaftsreizen, klimatischen Vorzügen, heilendem Quellwasser und einer lachenden Sonne beglückte und es so zum Bündner Vorgarten des Paradieses machte, zur Terra sana.

Sein Bekanntheitsgrad ist, wie wir gesehen haben, auch einheimischen Pionieren zu verdanken, die Grosses geleistet haben, wie ein Johannes Badrutt oder ein Oscar Bernhard, aber auch tüchtigen Kurdirektoren sowie Heerscharen von bescheidenen Leuten im Hintergrund. Doch eine noch viel wertvollere Werbung pro Engadin als jene der PR-Verantwortlichen haben seine berühmten Gäste gemacht, wenn sie sich gegenseitig im Schwärmen übertrafen.

Andere Welt in anderem Licht

Dichter und Schriftsteller, Maler und Musiker, Naturforscher und Philosophen haben sich von diesem einmaligen Hochtal, seiner lieblichen Landschaft, seinem sonderbaren Licht und seinen intensiven Farben inspirieren lassen. Daraus resultieren eine Unzahl von Oden und Hymnen über diese Terra sana, die hier zur Symphonie konzertiert werden sollen.

100 Kilometer Hochtal

Doch einleitend zuerst ein nüchternes Präludium: Geografisch-tektonisch betrachtet ist das Engadin ein rund hundert Kilometer langes Hochtal, das sich vom Malojapass im Süden (1805 m ü.M.) in nordöstlicher Richtung bis zum Engnis von Finstermünz (1020 m ü.M.) an der schweizerisch-österreichischen Grenze erstreckt. Es wird durchflossen vom Inn (ladinisch: En), der dem Tal den Namen gab (ladinisch: Engiadina; in alten Quellen: En Co d'Oen).

Und weil der Mensch ein strukturliebendes Wesen ist, hat er das Hochtal in zwei Abschnitte unterteilt, in das Ober- und das Unterengadin, mit Grenzmarke bei Punt'Ota südlich von Zernez. Oben zieht sich das Tal in befreiender Weite entlang dem Inn, während es später dem Fluss in enge Schluchten folgt. Zum nutzniessenden und doch eigenständig-schönen Umfeld des Engadins zählen auch die Seitentäler: Bergell, Puschlav, Münstertal und die «Sackgasse» Samnaun.

Manche sagen, dass die Unterteilung in Ober- und Unterengadin auch mit dem Naturell der dort lebenden Menschen zu tun habe. So wird denn gegenseitig gestichelt (wie das ja überall im Schweizerland gang und gäbe und meistens auch nicht ganz ernst gemeint ist): Arrogant, ignorant und selbstverliebt sollen die Oberengadiner sein, sagen die von unterhalb der Punt'Ota. Und umgekehrt schimpfen die von oberhalb die Unterengadiner als sture, altmodische und kauzige Eigenbrödler. Schlussendlich sind sie wohl allesamt stolz, Engadiner zu sein.

Geringster Niederschlag

Das Engadin ist das grösste und längste besiedelte Alpental auf solcher Höhe. Was an seiner grossartigen Natur fasziniert, sind die klare Luft, das intensive und ungetrübte Licht, ein Himmel mit unergründlicher Blauskala, die ausgedehnten Lärchen- und Arvenwälder, die Berge und ihre Gletscher, die Blumenwiesen und die kristallklaren Seen sowie ein Klima, das bei aller Frische den Süden spüren lässt. Und noch etwas macht das Engadin besonders: Es weist gesamtschweizerisch die geringste Niederschlagsmenge auf.

Wie auch immer man sich der Bella Val nähert, ob stufenweise ab einem der drei hohen Passübergänge – Julier, Albula oder Flüela –, ob über die Welterbe-Bahnstrecken Albula und Bernina, oder aber unvermittelt nach Querung des Vereinatunnels, ob aus Italien vom Comersee her via Bergell und Malojapass, via Puschlav und Berninapass oder via Münstertal und Ofenpass, oder aber von Österreich via Landeck dem Inn entlang, stets ist es das gleich faszinierende Erlebnis: Man taucht in eine andere Welt in einem anderen Licht!

Das Unterengadin imponiert durch wuchtige Berge und tiefdunkle Wälder. Die mächtigen Gipfel der Silvretta halten die rauen Nordwinde ab. Von sonnigen Terrassen grüssen schmucke Dörfer. Nur wenige Orte finden, wie das vom majestätischen Schloss dominierte Scuol-Tarasp-Vulpera, Platz im grünen Talgrund. Richtung Süden führt der Ofenpass durch den Nationalpark, die am meisten naturbelassene Oase der Schweiz, und ins Münstertal, das heisst in die «Biosfera Val Müstair/Parc Naziunal».

Dach von Europa

Das Oberengadin ist – innerhalb des ganzen Hochtals – eine der meistgerühmten Landschaften der Erde. Auch hier unterteilt die Natur in zwei unterschiedliche Bereiche, und zwar an der Talstufe zwischen St. Moritz und Celerina: Der obere Abschnitt, von Maloja bis St. Moritz, ist geprägt durch die vier Oberengadiner Seen, den Silser-, Silvaplaner-, Champfèrer- und St. Moritzersee, während im unteren Teil zwischen Celerina und Punt'Ota die weiten Wiesenflächen dominieren.

Die schönen Dörfer auf der westlichen Talseite mit ihren stattlichen Häusern und engen Strassen muten eigentlich eher kleinstädtisch an. Dafür spricht auch der Geist der Menschen, die hier leben, der gar nicht eng und dörflich ist, weil ja viele ihrer Vorfahren schon draussen in der weiten Welt waren. Deshalb – bei aller Liebe zur Heimat – diese Offenheit den Fremden gegenüber, die dazu führte, dass einige dieser Dörfer, allen voran St. Moritz, zu international bekanntesten Feriendestinationen wurden, zu einem Eldorado der Reichen, zum Garten der Millionäre, aber auch zum Favoriten gewöhnlich sterblicher Natur- und Sportfreunde.

«Hier spiegelt sich der azurne Himmel in Seen und Teichen, die hundert mal blauer sind als das Firmament darüber.»
Giovanni Segantini

«**Das Engadin – eine Insel der Ruhe, des Friedens, des Ausgleichs und der Freude.**»
Henry Hoek

Es sind nicht die höchsten Gipfel der Ostalpen im Berninamassiv mit dem Piz Bernina (4049 m ü.M.) als Dominator, die dem Oberengadin das Label «Dach Europas» einbrachten. Dafür steht ein anderes Phänomen, nämlich eine Laune der Alpenfaltung: Am Piz Lunghin, nordwestlich von Maloja, entspringen Wasser, die sich in drei Meere ergiessen: Die Sela (= Oberlauf des Inn) fliesst via Donau ins Schwarze Meer, die Maira durch den Comersee in die Adda und dann via Po ins Mittelmeer, und schliesslich die Ova dal Set via Julia und Rhein in die Nordsee – eine Wassertriage im wahrsten Sinn des Wortes!

Reichste Landschaft des Kontinents
Eine undatierte und nicht signierte Ode an das Oberengadin

Das Unterengadin unterscheidet sich vom Oberengadin durch grössere Fruchtbarkeit und mindere Einförmigkeit und Rauheit der Gegenden; es ist noch malerischer, romantischer als dieses; dagegen wiegt im Oberengadin der Fleiss, die Ordnungsliebe und der Schönheitssinn der Bewohner, die in dieser Hinsicht, sowie auch an Wohlstand, den Unterengadinern weit überlegen sind, die grössern Vortheile auf, welche die Natur von Zernez bis Martinsbrück gewährt.

Im Mittelalter herrschte über Unterengadin das Haus Österreich, über Oberengadin das hochgräfliche Geschlecht von Kamertingen, welches jedoch schon in der ersten Hälfte des 12. Jahrhunderts seine Ländereien und Rechtsamen an den Ufern des rhätischen Inn dem Bistum Chur verhaufte; von diesem löste sich das Volk mit 900 Gulden, im Jahre 1494, gänzlich; die Unterengadiner hingegen vermochten erst Anno 1652 sich von Österreich unabhängig zu machen.

Seither ist dieses Thalvolk ein Wandervolk geworden. Fast in allen grossen Städten, zumal des Südens, stösst man auf Engadiner, welche, als Zuckerbäcker, Chokolatefabrikanten, Caféwirthe u.s.w. sich ein Vermögen erwerben, aber selten, fast nie, es unterlassen, dasselbe bei herannahendem Alter friedlich im Schosse der heimischen Berge zu verzehren.

Das Oberengadin mit seinen schönen, reinlichen Dörfern, in denen häufig palastähnliche Häuser vorkommen, ist vielleicht, im Verhältnis zu seinem beschränkten Flächenraum, die reichste Landschaft des europäischen Kontinents. Es hat eine Fülle herrlicher Matten und Waldungen und besitzt nicht minder als 14 Seen, von denen vier durch den Inn gebildet werden.

Eine dieser Seeansichten – vom Camfeer- zum Silvaplaner-See gegen die gewaltigen Massen und Firnen des Piz della Margna – gehört zu jenen Gegenden, die man nimmer vergisst, wenn man sie einmal gesehen hat; der Eindruck des Erhabenen, Feierlichen wirkt stets bleibender, als der des Anmuthigen, Lieblichen. Hier indessen auch etwas vom Letztern; gerade so viel, um diesen riesenhaften Massen und gewaltigen Linien den Charakter des Unheimlichen, Unwirthlichen zu benehmen.

Wie freundlich liegt Silvaplana an der Scheide der beiden Seen, deren stilles, klares Gewässer so sinnig absticht gegen das wilde Blockwesen des Vordergrundes, und wer möchte nicht der Hirtin folgen, die, mit ihrer Heerde auf der malerischen Strasse dahinschreitend, in die Geheimnisse der grünen Wildnis taucht, die sich hinter jenen Felsen verbirgt!

Natur- und Heimatliebe
Historischer Spaziergang in die Bündner Bäder- und Kurorte, Georg Leonhardi, 1863

Das an erhabenen Naturschönheiten so reiche Oberengadin ist auch an historischen Merkwürdigkeiten nicht arm. Aus Freiheitsliebe vertauschten die ersten Einwohner schon vor Christi Geburt die reizenden Gefilde Italiens mit dieser Wildnis zwischen Gletschern und Schneebergen. Nur die Freiheit konnte aus einem Alpenthal mehr als 5000 Fuss über Meer, eine liebe Heimath schaffen. Kein Opfer für die Freiheit war den alten Engadinern zu gross.

Als 1499, nach der Niederlage auf der Malserhaide, der deutsche Kaiser mit überlegenen Streitkräften einen Rachezug in's Oberengadin vornahm, zündeten die hochherzigen Einwohner mit eigener Hand ihre Dörfer an und zogen sich auf die Berge zurück: Lieber freie Aschenhaufen, als Unterthanendörfer!

Die Luft der Gemsen schlürfen

Seinen Bewohnern ist das Engadin Heimat, mit der sie verwurzelt sind, mit Leib und Seele. Aber auch von vielen Fremden wird dieses Hochtal wie eine zweite Heimat vergöttert.

Galerie der Verehrer

Kein Wunder, schrieb Josef Victor Widmann in «Du schöne Welt»: «Kann man noch zweifeln an der geheimnisvollen Naturwelt des Engadins, wenn solche seltene, auserlesene Geister – wie Nietzsche, Segantini, Conrad Ferdinand Meyer – immer wieder zu ihm zurückkehrten oder es gar zur zweiten Heimat erkoren?».

Bunt und schillernd ist denn auch die lange Liste all jener Koryphäen, die sich von dieser magischen Kraftlandschaft angezogen fühlten, inspirieren liessen und deshalb das Engadin besungen haben: Dichter und Schriftsteller wie Heinrich Zschokke, Conrad Ferdinand Meyer, Joseph Victor von Scheffel, Josef Victor Widmann, Jakob Christoph Heer, Rainer Maria Rilke, Thomas Mann, Hermann Hesse, Johannes Jegerlehner und Hermann Hiltbrunner oder Philosophen wie Friedrich Nietzsche.

Verehrt haben dieses Hochtal aber auch Maler wie Giovanni Segantini und Ferdinand Hodler, Komponisten wie Richard Wagner und Richard Strauss, Dirigenten wie Otto Klemperer, Herbert von Karajan und Claudio Abbado oder Pianisten wie Dinu Lipati, Wilhelm Kempff und Clara Haskil. Und natürlich auch Wissenschaftler wie Theophrastus Paracelsus, Albrecht von Haller, Wilhelm Conrad Röntgen und Albert Heim oder Alpinisten wie Toni Hiebeler. Sie alle sind dem Naturcharme des Engadins verfallen.

Wie ein Gruss Gottes

Und die Begeisterung ist gross, bei Einheimischen wie bei Fremden: Als Insider schwärmt in seinem Heimatlied der Dichter Andrea Bezzola von «Ma bella val, mi'Engiadina» und schwört, «solange im Felsenbett der Inn zu Tale rauscht, solange sucht mein Herz nur dich», während Henry Hoek in «Ma bella Engiadina» von aussen besehen urteilt: «Das Engadin ist nicht nur für die schön, die es lieben; seine fast schon dem Vergleich, der Relation enthobene Schönheit wurde und wird von Tausenden gepriesen, sie ist eine europäische Berühmtheit».

«Erhaben schön dein Alpenglühn – ja, schön bist du, o Engadin!»
Eduard Bosio

«Hier ist es so schön und so still und so kühl.»
Conrad Ferdinand Meyer

Schon im 19. Jahrhundert machten die Komplimente ans Engadin Luftsprünge und schlugen Purzelbäume: «Hier ist, möchte ich sagen, eine eigene Schweiz in der Schweiz» (Heinrich Zschokke), «Engadin! In der That, Europa bietet ein Landschaftsbild dieser Art nicht zum zweiten Mal!» (Alfred Mueller), « ... in den Sprachen der ganzen gesitteten Welt webt sich ein Zauberklang um den Namen des Engadins» (Jakob Christoph Heer), «Sei gegrüsst, altes Etruskertal, rätselvolles Engadin!» (Joseph Victor von Scheffel), «Für ernste Wand'rer liess die Urwelt liegen in diesem Tal versteinert ihre Träume» (Nikolaus Lenau), «Im ganzen Alpenkamm zwischen Wien und Nizza gibt es nichts Vergleichbares» (Toni Hiebeler).

Einige haben in ihrer grenzenlosen Begeisterung sogar den lieben Gott bemüht: «Das Engadin ist wohl ein wunderschönes Tal, die silbernen Firnen leuchten wie ein Gruss Gottes darüber hin, seine Seen sind kristallene Märchen, und in seinen Felsen blühen die herrlichsten Blumen» (Jakob Christoph Heer), «Mein Gott, dass ich nun hier bin und schauen darf – welch eine Weite, welch grosser Atemzug der Landschaft, welch ein Welthorizont». Oder, noch dezidierter: «Eine Welt, von der man mit seliger Bangnis im Herzen glauben muss, sie sei selbst Gott über den Kopf gewachsen» (beide Hermann Hiltbrunner).

Eine Insel der Ruhe

Etwas lockerer frohlockte Richard Strauss: «Wir sind hier restlos begeistert und schlürfen die Luft der Gemsen wie französischen Champagner», während Richard Wagner vom «erhabenen Eindruck der Heiligkeit» und von der «fast gewaltsam beschwichtigenden Ruhe» sprach. Kurz und bündig befand Johannes Jegerlehner: «Eine Fahrt ins Engadin ... wie ein Flug ins Paradiso Dantes». Ganz anders Wilhelm Conrad Röntgen: «Das Engadin hat mich als Physiker von früher Jugend an mächtig angezogen durch seine gewaltigen und pittoresken Bergmassen. Sie zu bemeistern, sie zu bewältigen, war mein innerstes Verlangen».

Umgekehrt versuchte Conrad Ferdinand Meyer im Engadin das Leben schlechthin zu verstehen: «Hier ist es so schön und still und so kühl, dass man die Rätsel des Daseins vergisst und sich an die klare Offenbarung der Schönheit hält. Wenn ich die schöne Zeichnung der Berge mit dem Auge verfolge oder die Farben der Seen oder der Luft bewundere, ja, nicht selten, vor Bildern stehe, an denen kein Claude Lorrain etwas ändern dürfte, Bilder, die eigentliche Typen des landschaftlich Schönen sind, so sage ich mir, dass derselbe Meister, der dies geordnet hat, auf dem ganz andern Gebiete der Geschichte gewiss auch seine, wenn auch für mich verborgenen Linien gezogen hat, die das Ganze leiten und zusammenhalten».

Auch Hermann Hiltbrunner äussert sich mit Bedacht: « ... ein viel missbrauchtes Wort fällt mir ein, ich spreche es langsam und bei vollem Bewusstsein aus, ich brauche es, missbrauche es nicht, und mein bewegtes Herz bürgt für das Wort: unvergleichlich heisst es. Unvergleichlich ist der gepriesene Name dieses Stückes Erde». Und Henry Hoek subsummiert dann gleichsam: «Im Herzen der Alpen gelegen, auf der Grenze zwischen Nord und Süd, in der Mitte zwischen germanischem und mediterranem Denken und Fühlen, ist das Engadin eine Insel der Ruhe, des Friedens, des Ausgleichs und der Freude».

Am meisten liebe ich die Sonne

Der ehemalige französische Feldarzt J. V. Wettstein, später Arzt und Wundarzt in Samedan, schwärmte 1819 bezüglich Engadin: «Hier begegnet dem Wanderer oft des Vorhofs von Italien milde Luft, und nur ein paar Stunden weiter, sieht er sich zauberhaft unter Lapplands rauhen Himmel versetzt».

Heroisch und idyllisch

Doch wie kaum ein anderer, hat Friedrich Nietzsche, der über Jahre die Sommermonate in Sils-Maria verbrachte, das Engadiner Lebensgefühl, das ihn seine Krankheit vergessen und seinen «Zarathustra» finden liess, in Worte gefasst: «Das Engadin hat mich dem Leben wiedergegeben», «Das Oberengadin, meine Landschaft, so fern vom Leben, so metaphysisch ... », «heroisch zugleich und idyllisch». Für ihn stand unumstösslich fest: « ... und wieder fühle ich, dass hier und nirgends anderswo meine rechte Heimat und Brutstätte ist».

Oder an anderer Stelle, den Genuss von Licht und Farbe umschreibend: « ... ganz

«Das ganze Geheimnis dieser Berglandschaft ist ihr Licht.»
Jakob Christoph Heer

«Überall Licht, reines Licht der Höhe, und die Berge wachsen in seiner schwellenden Flut.»
Jakob Christoph Heer

> «Meine Landschaft, so fern vom Leben, so metaphysisch.»
> *Friedrich Nietzsche*

> «Welch eine Weite, welch grosser Atemzug der Landschaft, welch ein Welthorizont!»
> *Hermann Hiltbrunner*

nur Spiel, ganz See, ganz Mittag, ganz Zeit ohne Ziel», «... hier, wo Italien und Finnland zum Bunde zusammen gekommen sind und die Heimat aller silbernen Farbentöne der Natur zu sein scheint», «... ich müsste schon nach den Hochebenen von Mexiko am Stillen Ozean gehen, um etwas Ähnliches zu finden», «Trotzdem weiss ich mir nichts meiner Natur Angemesseneres als dies Stück Ober-Erde». Also sprach dann sogar Zarathustra enthemmt-beschwörend: «O Himmel über mir, du Reiner! Tiefer! Du Lichtabgrund! Dich schauend, schaudere ich vor göttlichen Begierden!»

Blauer Himmelsbogen

Und erst recht Giovanni Segantini, dessen Name mit dem Engadin untrennbar verbunden ist; er hat seinem geliebten Hochtal gleich mit Feder und Pinsel gehuldigt: «Ich neige mich vor dieser mit Schönheit gesegneten Erde, ich küsse die Grashalme und die Blumen unter diesem blauen Himmelsbogen, und während die Vögel singen und sich im Fluge vereinigen und die Bienen aus den offenen Blumenkelchen Honig saugen, trinke ich an diesen reinen Quellen, wo die Schönheit sich ewig erneut. Wo sich die Liebe erneut, die allen Dingen Leben gibt». Und er gestand: «Am meisten liebe ich die Sonne, nach der Sonne den Frühling, dann die Quellen, die in den Alpen kristallklar aus den Felsen sprudeln, die in den Adern der Erde rieseln und fliessen wie das Blut in unsern eignen Adern».

Seine Formulierungen entstanden über das Auge des Malers: «Hier verschmelzen die Ketten der Berge und ewigen Gletscher

mit dem Grün der Weiden und dem grünen Dom der Tannenwälder; hier spiegelt sich der azurne Himmel in Seen und Teichen, die hundertmal blauer sind als das Firmament darüber. Die üppigreichen Weiden werden überall von kristallenen Bächen durchzogen, die aus den Felsspalten herabkommen, um alles auf ihrem Wege mit frischem Wasser zu tränken. Überall blühen die Alpenrosen, und alles ist erfüllt von den Klängen wechselnder Harmonien, vom Gezwitscher der Vögel, dem Gesang der Lerchen, vom Geplätscher der Quellen, dem Glockenklang ferner Herden und dem Gesumme der Bienen».

Wie erste Jugendliebe

Bei Segantini glaubt man der Echtheit seiner Worte: «An einem schönen, sonnigen Frühlingstage in diesen mir zur Heimat gewordenen Bergen, wenn die blühenden Alpenrosen aus dem Grau des Granitfelsens oder dem weichen Grün der Triften zart hervortreten, wenn der blaue Himmelsbogen sich in den klaren Augen der Erde spiegelt, da fühle ich einen unendlichen Jubel; das Herz pocht mir in den Adern wie in der ersten Jugendliebe vor dem angebeteten Mädchen».

Man spürt auch die Ehrlichkeit seiner Gefühle: «An manchem Morgen, während ich minutenlang diese Berge betrachte, noch bevor ich zum Pinsel greife, fühle ich mich gedrängt, mich vor ihnen niederzuwerfen als vor lauter unter dem Himmel aufgerichteten Altären». «Ich will Eure Berge malen, Engadiner, dass die ganze Welt von ihrer Schönheit spricht», sagte Segantini – und tat es – und siehe die Welt spricht darüber!

«Farben, wie sie nur der reine Himmel der Hochalpen geben kann.»
Heinrich Zschokke

«Für ernste Wand'rer liess die Urwelt liegen in diesem Tal versteinert ihre Träume.»
Nikolaus Lenau

Vier Oden ans Engadin

Hier, wo der Alpen Haupt die Wolken übersteigt
Und der erhabenen Welt die Sonne näher scheint,
Hat, was die Erde sonst an Seltenheit gezeugt,
Die spielende Natur in wenig Land vereint.

Albrecht von Haller

Mein Engadin, du Heiligtum, im Schnee
du grüner Strich,
Du meines Herzens Glück und Ruhm, mein Tal,
wie lieb ich dich!

Conradin von Flugi

Ja, du bist so schön, o Engadin!
Schön deiner Berge Reihn,
Schön deine Auen, deine Seen
So blau und spiegelrein;
Erhaben schön dein Alpenglühn –
Ja, schön bist du – o Engadin!

Eduard Bosio

Was schaffst du noch unten im Menschengewühl?
Hier oben ist's einsam, hier oben ist's kühl!
Der See mir zu Füssen hat heut sich enteist,
Er kräuselt sich, flutet, er wandert, er reist.
Die Moosbank des Felsens ist dir schon bereit.
Von ihr ist's zum ewigen Schnee nicht mehr weit.

Conrad Ferdinand Meyer

«Oh Himmel über mir, du Reiner! Tiefer! Du Lichtabgrund!»
Friedrich Nietzsche

«Ich neige mich vor dieser mit Schönheit gesegneten Erde.»
Giovanni Segantini

Harmloser «Tolggen»

So man will, kann man überall ein Haar in der Suppe finden, wie dies der Kanzlist aus badensischem Weinland, Joseph Victor von Scheffel, tat: «Wär' nicht ein Wein im Tal Valt'lin, genannt der Valtelliner, ich fluchte auf das Engadin und auf die Engadiner».

Doch als er «der wilden Höhe des Bernina» ansichtig wurde, da löffelte sich von Scheffel und gestand, dass er seine «Gedanken von den kleinen Miseren badischer Kanzleitätigkeit habe ausruhen lassen und an grössere Dimensionen gewöhnte»…

Epilog: Lage ist Auftrag!

Was hat Gesundheitsmythos mit Tourismus in den Bergen zu tun? Sehr viel! Seit Jahren schwimmen dem Schweizer Tourismus Marktanteile davon. Verzweifelt versucht man, die Segel wieder in den Wind zu stellen. Das ist leichter gesagt als getan, da dieser Zeitenwind nicht so berechenbar ist wie der verlässliche Malojawind im Oberengadin. Und sollte die vieldiskutierte Klimaveränderung Tatsache werden, dann gibt es der Probleme noch mehr, für Tourismus und Sport. Gefragt sind daher griffige Strategien, für deren Realisierung man vielleicht auch mal mutig über einen Schatten springen muss.

Engadin – rohstoffgesegnetes Land

Wie man reagiert, kann matchentscheidend werden für einen Tourismuskanton wie Graubünden (wir erinnern uns an den Schüleraufsatz «Die Bündner ernähren sich von Touristen»), geschweige denn für ein Tourismus-Eldorado wie das Engadin und ganz speziell für eine Weltdestination wie St. Moritz. Was tun? Es gibt drei Möglichkeiten: Die Hände in den Schoss legen (Kommt Zeit, kommt Rat!), die Hände falten und beten (Das Schicksal wird's schon gut mit uns meinen!) oder in die Hände spucken und anpacken. Letzteres passt wohl am besten zur Bergbewohner-Mentalität.

Aber wo und wie? Ganz einfach: Sich bücken und aufheben! Das Engadin ist eine der rohstoffreichsten Gegenden der Schweiz. Das ist weder ein Verschrieb noch ein Witz, das ist Realität, die aber zum Teil in Vergessenheit geraten ist. Nicht Edelmetalle, Diamanten oder Erdöl sind gemeint, sondern jene Rohstoffe der Natur, welche sie aus ihrem Füllhorn in grosszügiger Weise über das Engadin verteilte: die Höhenlage, das Reizklima, die reine Luft, das intensive Licht, die Gebirgssonne, die Heilquellen und das Alpenmoor, im Sommer der erfrischende Malojawind und im Winter die Schneepracht – und das alles in einem landschaftlichen Garten Eden. Was will man mehr?

Wir haben in diesem Buch erfahren, wie diese Geschenke der Natur St. Moritz und das Engadin zu dem machten, was sie heute sind, Top of the World und Paradies auf Erden. Wir haben aber auch gesehen, wie sträflich diese Rohstoffe der Natur zeitweise vernachlässigt wurden oder überhaupt in Vergessenheit gerieten. Wie hatte doch «ein wohlmeinender Mann» schon 1797 «an die Ehrsame Gemeinde St. Mauritz» geschrieben, dass «Ihr diejenigen Gaben der Natur am meisten vernachlässigt, welche am nächsten und mit der wenigsten Mühe vor Euch liegen».

Von den Bergen kommt Hilfe

Die Sonne hat man – indem man dem berühmten Talarzt und «Sonnendoktor» Oscar Bernhard die Hände band – ihrer Heilkraft beraubt; sie wurde auf ein Logo reduziert. Das Klima wurde primär für die Leistungssteigerung im Spitzensport propagiert, das Heilbad hätte sich beinahe in Luft aufgelöst, vom Alpenmoor gar nicht zu reden; denn dass es das gibt, wissen die wenigsten mehr. Das Traurigste jedoch von allem: Die weltberühmte

Linke Seite: «Bündnerin am Brunnen» von Giovanni Segantini (1887, Ausschnitt). Die aus der Hand trinkende Hirtin in Bündner Sonntagstracht vor sonnendurchfluteter Bergwiese stellt sozusagen eine Allegorie dar zum Lebenselixier Wasser, das in der Geschichte von St. Moritz eine wichtige Rolle spielte und für das Engadin schlechthin zur zentralen Zukunftsthematik werden könnte.

**Lage ist Auftrag –
Grundregel Nummer 1:
Die Entwicklung der
Dinge genau beobachten,
dann kluge Schlüsse
daraus ziehen.**

Sauerwasser-Heilquelle, die am Anfang der ganzen Erfolgsgeschichte stand und St. Moritz zum Versailles der Alpen machte, sie ist – man getraut sich kaum, dies laut zu sagen – in einem Verlies versenkt und weggesperrt, wo sie keiner sieht, dieweil früher Kaiser und Könige zu ihr pilgerten. Das ist, wie wenn Paris seinen Eiffelturm in eine Kiste verpacken täte und im Keller des Pantheons verrosten liesse.

Dabei liegen genau diese Rohstoffe der Natur heute erneut voll im Trend. Im Zuge der Klimadiskussion wird man sich der Zusammenhänge zwischen Klima und Umwelt wieder vermehrt bewusst und realisiert, dass Wetter und Jahreszeiten mit all ihren klimatischen Reizen die Gesundheit des Menschen beeinflussen. Doch ob der Erfolgslawine der modernen Medizin ist die Klimatherapie in die Ecke gedrängt worden. Jetzt aber, da zivilisationsbedingte Leiden und chronische Störungen sich mehren, erinnert man sich

Lage ist Auftrag – Grundregel Nummer 2: In die gleiche Richtung marschieren; denn nur gemeinsam ist man stark.

ihrer wieder und merkt, dass Klimafaktoren die medikamentöse Behandlung unterstützen oder ideal ergänzen, ja gelegentlich sogar ersetzen können.

Auch die Sonne kommt wieder zum Zug, deren Strahlung die Vitamin-D-Synthese ankurbelt; ebenso erfährt die Lichttherapie in der Behandlung von Depressionen ein Revival. Das sind starke Zeichen an der Wand, wenn diese Geschenke der Natur wieder gefragt sind. Eine naturentfremdete Konsum- und gestresste Leistungsgesellschaft beginnt zu realisieren, dass ein Aufenthalt oder eine Kur im Höhenklima eine ganze Palette natürlicher Reize wirksam werden lässt gemäss der Binsenwahrheit: Ein reizvolles Leben ist ein Leben voller Reize. Höhenaufenthalt im Sinne von Vorbeugen als auch von Heilen ist wieder aktuell. Was bedeutet das für den Tourismus und damit für das ganze Hochtal? Lage ist Auftrag!

Vision «Engiadina – Terra sana»

Dabei geht es nicht darum, einen künstlich kreierten Gesundbeter- und Kongresstourismus anzukurbeln, sondern Begeisterung auszulösen für sinnvolles Geniessen und zweckmässiges Nutzen einer grandiosen Gesundheitslandschaft, als Feriengast oder Kurand, als Freizeit- oder Spitzensportler. Die Adaptation ans Höhenklima hat eine Kettenreaktion von physiologischen Abläufen im Körper zur Folge, mit positiven psychosomatischen Auswirkungen, die fast schon von selbst ein Bewegungsbedürfnis auslösen. Und Leben

Lage ist Auftrag – Grundregel Nummer 3: Sich notfalls auf die Hinterbeine stellen; denn am Mute hängt letztlich der Erfolg.

ist ja Bewegung! Solche Jungbrunnen-Effekte liegen doch ganz im Modetrend von Wellness und Antiaging und entsprechen damit dem Grundbedürfnis einer verzivilisierten und gestressten Gesellschaft.

Die Gebirgspolitiker und -touristiker haben diese Trümpfe in Händen; sie müssen sie bloss ausspielen. Wer hier zuerst aktiv wird, kann Signalgeber für den ganzen Alpenraum werden. Das Hochtal Engadin mit all seinen übrigen Vorzügen wäre prädestiniert dazu. Nur sollte man nicht den Fehler begehen wie im Lebensmittelsektor, wo man gesunde einheimische Nahrungsmittel propagieren will, sich aber mit einem unüberschaubaren Labelkrieg gegenseitig schachmatt setzt. Wichtig wäre eine konzertierte Aktion für das ganze Tal, damit man mit geballter Kraft auftreten kann. Mit etwas Goodwill wäre dies sicher noch möglich, obschon gerade jetzt, kurz vor Fertigstellung dieses Buches, das Unterengadin mit der «Gesundheitsregion Nationalpark» im Alleingang in dieser Richtung bereits aktiv geworden ist.

Genau hier müsste man über den Schatten springen und eine Strategie für die ganze Talschaft fahren, die dem sich abzeichnenden Tourismustrend gerecht wird. Dieser basiert darauf, dass die Menschen heute gesundheitsbewusster leben und älter werden, ganz abgesehen davon, dass allfällige Klimaveränderungen noch zusätzlich neue Strategien erzwingen können. Was also liegt in diesem begnadeten Hochtal mit seiner grandiosen Gesundheitsmythos-Geschichte und dem Vorhandensein einer ganzen Palette an natürlichen Gesundheitsressourcen näher als das zu propagieren, was des Pudels Kern ist: Engiadina – Terra sana! Eine solche Message tangiert alle, Junge und Alte, Gesunde und Kranke, Einheimische und Fremde.

Wo den Hebel ansetzen?

Ein ganz zentraler Punkt solcher Überlegung in St. Moritz betrifft primär jenes Geschenk der Natur, welches das kleine Bauerndorf zur Topdestination machte: die Heilquelle. Wie ein roter Faden zieht es sich durch dieses Buch: Immer und immer wieder kam es im Verlaufe der Zeit zu trauriger Vernachlässigung dieses Goldbrunnens. Doch vielleicht könnte gerade er zum Rettungsanker für eine ungewisse Zukunft werden, was er bereits früher stets dann gewesen ist, wenn die Folgen schlechter Zeiten zu überdauern waren.

Das Erfreuliche an diesem Klagelied: Immer wieder, wenn auch oft erst fünf vor zwölf, packten «einige Weitsichtige» das Steuer und rissen es mutig herum. Sie sind die verdienstvollen, mehrheitlich vergessenen Helden der Lokalgeschichte.

Bezüglich Quelle und Heilbad hat man noch jenen saloppen Spruch eines höheren Funktionärs in den Ohren: «Euer altes Bad renovieren, Unsinn, zündet es lieber an. Euer Bad ist eine Sahara – der einzige Unterschied ist, dass es eine Quelle hat und die Sahara keine». Man hat aber auch nicht vergessen, dass besagter Herr nach genauerem Hinsehen seine Schnellschussaussage ins glatte Gegenteil umzuformulieren sich gezwungen sah: «Für dieses Bad muss etwas getan werden!».

Die Gesellschaft von morgen

Nun, wirtschaftlich betrachtet ist ein Heilbad, obschon im Dienste der Gesundheit stehend, ein konjunkturabhängiger, personalintensiver Dienstleistungsbetrieb, für den ebenfalls die marktwirtschaftlichen Gesetze gelten. Doch es gibt noch einen anderen Aspekt. Weil es im Tourismussektor darum geht, am Ball zu bleiben, sind Gedanken über die Aufgaben eines Kur- und Erholungsortes auch unter dem Blickwinkel der Gesellschaft von morgen anzustellen.

Natürlich hat heute nur noch marktgerechte Tourismuspolitik eine Chance. Der springende Punkt jedoch ist, dass sich diese Marktgerechtigkeit nicht bloss kurzsichtig am Istzustand, sondern an langfristigen Entwicklungen orientieren muss. Der Mensch wird immer älter und gesundheitsbewusster und ist daher bestrebt, für sein körperliches und geistiges Wohlergehen auch präventiv etwas zu tun. Deshalb: Kur- und Gesundheitstourismus sind weniger krisenempfindlich als Reise- und Ferientourismus. Das zeigen auch Analysen, die den Trend zu steigendem Gästepotenzial für moderne Heilbäder bestätigen.

Der Letzte der Spezies Kurdirektoren von St. Moritz hat einmal gesagt: «Man hat lange das schnelle Geschäft gesucht und die Kuh verkauft, statt die Milch». Diesen Vergleich hätte er ebenso gut mit dem Gesundbrunnen und dem Wasser machen können. Er sprach übrigens auch von Mythos, allerdings nicht von jenem der Gesundheit, sondern von dem des Marketings: «Basis des Markenmythos St. Moritz war und ist die langfristige, konsequente und konsistente Umsetzung klarer Marketingstrategien, die darauf abzielen, St. Moritz weltweit zur ersten Adresse aller Bergferienorte zu machen».

Etwas einfacher, bestimmt aber aus innerster Überzeugung, hat Oscar Bernhard selig formuliert: «Ich wünsche St. Moritz durch seine Luft, seine Sonne und seine Quelle für sich und die leidende Menschheit ein blühendes Gedeihen».

Das Credo des Altmeisters

Konsequent weitergedacht: St. Moritz war und ist nun einmal ein *Kurort*, was sich auch darin äussert, dass man, trotz Jetset-Tourismus und Sportboom, beides gewinnbringende Folgeerscheinungen der Quellen- und Bädertradition, an der Institution *Kurverein* festgehalten hat.

In diesem Zusammenhang erinnert man sich auch an Oscar Bernhards Credo, dass «als solide Basis für St. Moritz immer gelten wird, dass es ein *Kurort* sei». Das ist wohl auch gut so; denn Geringschätzung der eigenen Vergangenheit wäre kein guter Ratgeber für eine erfolgreiche Zukunft.

Nicht jeder Kurort besitzt solche Trumpfkarten im Multipack wie St. Moritz! Hier findet sowohl der Heilung als auch der Erholung suchende Gast eine ganze Palette natur- und menschengemachter Wohltaten vereint: ein modernes, traditionelle Kurmittel und

Medical-Wellness anbietendes Heilbad an der ältesten, höchstgelegenen Heilquelle, eine grosse Bettenkapazität in bestens geführten Hotels aller Preiskategorien, dazu gratis Gebirgssonne und Höhenklima sowie fast unbeschränkte Möglichkeiten der körperlichen Betätigung, von leichten Spaziergängen bis zu sportlichen Herausforderungen, und das alles in einer gottbegnadeten, reizvollen Landschaft im höchsten, ganzjährig bewohnten Bergtal. Wer könnte da noch toppen?

Hätte man die Klimaforschung, wie sie Altmeister Oscar Bernhard in weiser Voraussicht aufgegleist hatte, konsequent weitergeführt, wäre St. Moritz heute ein Kompetenzzentrum.

Praxis- und Forschungskombinat

Und trotzdem: Etwas fehlt, und das ist eine geschickte, der heutigen Mentalität entsprechende Wiederbelebung der uralten balneologischen Tradition. Der Zeitpunkt hiefür wäre günstig, da man frühere Entscheide inzwischen kritisch hinterfragt hat. Um dies zu realisieren, müsste es jedoch gelingen, das Heilbad mit seinem Sauerbrunnen und das im Entstehen begriffene Sportzentrum und Hallenbad «Ova verva» (lebendiges Wasser), das die Bedürfnisse eines sportlichen Publikums abdeckt, zusammen mit einem eigentlichen Kurhotel zum gegenseitig sich befruchtenden Triptychon der Bäderkultur neu auferstehen zu lassen.

Wichtig dabei wäre, dass sich das Heilbad auch in Zukunft als medizinisches Kompetenzzentrum unter ärztlicher Leitung von einem profanen Wellnesstempel abhebt und im Idealfall die einst von Oscar Bernhard initiierte balneo-klimatologische Forschung wieder aufnehmen könnte, die lange Zeit praktiziert, dann aber aus pecuniären Überlegungen eliminiert worden ist.

Denn durch ein solches Praxis- und Forschungskombinat würde der Kurort St. Moritz nicht nur an Kompetenz gewinnen, sondern könnte sich als Opinionleader alpiner Klimatherapie profilieren, die ja generell wieder an Akzeptanz gewinnt und somit neuer Impulse bedarf.

«Quellorama» mit multiplem Angebot

Zudem müsste das, was vom einstigen Kurpark à la Versailles noch übrig geblieben ist, gerettet und in ein balneo-kulturelles Tourismus-Eldorado umgestaltet werden, um Einheimischen und Gästen in Erinnerung zu rufen, wie und durch was St. Moritz gross geworden ist.

Eine erste Initiative in dieser Richtung ist in lobenswerter Weise gestartet: Man prüft (zum Zeitpunkt der Entstehung dieses Buches), den letzten Zeugen der hohen Zeit der Trink- und Badekuren, die vom Zerfall bedrohte Paracelsus-Trinkhalle, zu restaurieren und in ein Sightseeing-Highlight umzuwandeln, in dem allenfalls auch die dort drin ein zugeschüttetes Dornröschendasein fristende Paracelsusquelle wieder wachgeküsst werden soll, damit man das Sauerwasser direkt ab Quelle geniessen kann.

Zudem könnte dort, neben dem Erlebnis einer filmischen Reise in die balneologische Vergangenheit (wofür sich ein Filmemacher aus München – anhand unserer Buchthematik

Die heute baufällige Trinkhalle (Büvetta) in Tarasp zu ihrer Blütezeit. Thermale Bauten waren Zentren medizinisch verordneter Gesellschaftlichkeit; sie imponierten durch ihre Fassaden.

– bereits interessiert), auch die älteste existente, hölzerne Quellfassung, welche Urengadiner vor fast 3500 Jahren aus zwei ausgehöhlten Lärchenstämmen hergestellt haben und die bislang in einem Museumskeller vor sich hin trauerte, aus nächster Nähe bestaunt werden.

Ferner müsste, und das käme wohl schon fast einer moralischen Verpflichtung gleich, der älteste und berühmteste Sauerbrunnen von St. Moritz, die für das Heilbad immer noch aktive Mauritiusquelle, aus ihrem verriegelten Verlies, wo sie keiner sehen kann, befreit und ebenfalls ins balneo-kulturelle Konzept integriert werden – als Hauptattraktion, mit Verlaub. Denn sie und nur sie war der Auslöser, dass das einstige Bauerndorf zu Top of the World wurde. Eigentlich gehörte ja, das ist wohl kaum zu hoch gegriffen, diese Mauritiusquelle ins Guinnessbuch der Rekorde! Kurz: Ein solches «Quellorama» in St. Moritz, das heisst eine sowohl retrospektive als auch zukunftsweisende balneo-klimatische Tourismusattraktion, könnte zudem Impulsgeber sein für eine noch viel grössere, das ganze Engadin betreffende Erlebniswelt.

Vision «Wasserschloss Engadin»

Begründung: Die Erkenntnis, die sich im Naturschutz durchgesetzt hat, dass ganzheitlicher Lebensraumschutz effizienter ist als Hege einzelner Tier- und Pflanzensozietäten, gilt im übertragenen Sinn wohl auch für Kulturgüter. Will man also die älteste, höchstgelegene Heilquelle und die dazu gehörende Institution Heilbad langfristig in eine gute Zukunft führen, müssen sie als Teil des Ganzen verstanden werden, wobei mit das Ganze die einmalige Situation bezüglich Wasserthematik im gesamten Engadin zu verstehen ist.

Zwar weist dieses Hochtal gesamtschweizerisch die geringste Niederschlagsmenge auf. Trotzdem ist es bezüglich Wasserthematik eine Ausnahmeerscheinung. Und weil das Thema Wasser in Zukunft zu einer ganz zentralen Überlebensthematik der Menschheit werden wird, woran heute niemand mehr zweifelt, tut man vielleicht gut daran, sich dazu einige Gedanken zu machen. Denn St. Moritz und das Engadin könnten, und das wäre vielleicht ein zweiter zukunftsträchtiger Tourismusaspekt, zum Denk- und Erlebnisplatz für die Wasserthematik werden unter dem Label «Wasserschloss Engadin». Das ist ganz einfach zu begründen.

Wassertriage und Quellenrekord

Fangen wir oben im Tal an, mit seiner sensationellen Wassertriage: Am Piz Lunghin, nordwestlich von Maloja, entspringen – wo gibt es das sonst! – Wasser, die sich, aufgrund einer Laune der Alpenfaltung, ihren Weg in drei verschiedene Meere bahnen. Die Sela (= Oberlauf des Inn) findet via Donau ins Schwarze Meer, die Maira durch den Comersee in die Adda und dann via Po ins Mittelmeer, und schliesslich die Ova dal Set via Julia und Rhein in die Nordsee. Das Engadin bewässert halb Europa!

St. Moritz selber wurde, wie wir gesehen haben, von der Natur mit der ältesten und höchstgelegenen Heilquelle beglückt, die eine spannende Geschichte über Trink- und

Badekuren zu erzählen weiss und in der noch heute viel Potenzial steckt, wenn man sie nicht so stiefmütterlich behandeln täte. Zwei weitere Sauerbrunnen, die Paracelsus- und die Surpuntquelle, die ebenfalls eine stolze Vergangenheit aufweisen, befinden sich im Dornröschenschlaf und warten auf den Prinzen. Doch der Brunnen gibt es im Engadin noch mehr. Bereits in Samedan steht ein ganz neues und sehr spezielles Mineralwasser-Wellnessbad, und im Unterengadin schrieb die Region Scuol-Tarasp-Vulpera eine mit St. Moritz vergleichbare, ebenfalls grosse Geschichte der Wasserkuren.

Das Burgenjuwel Schloss Tarasp, das Odolkönig Lingner dank (Mund-)Wasser-Millionen rettete. Quellwasser jedoch ist gratis und muss nicht zuerst erfunden, sondern lediglich genutzt werden.

Das «geologische Fenster»

Überhaupt ist das Unterengadin bezüglich Wasserthematik ein Sonderfall; denn hier öffnet sich das «geologische Fenster», das sich als elliptische Zone von Guarda/Ardez bis nach Prutz im Tirol erstreckt. Die Einwirkung durch Gletscher und den Inn haben in den letzten 1,5 Millionen Jahren zu solch tiefer Erosion in den ostalpinen Decken geführt, dass sich ein «Loch» oder eben ein «Fenster» bildete, durch welches die darunter liegenden penninischen Decken zum Vorschein kommen. Folge davon: Rund 20 Mineralwasser- und Heilquellen in Scuol und Umgebung (im Gegensatz zum Sauerwasser von St. Moritz handelt es sich hier mehrheitlich um Salzwasser) verdanken ihre Entstehung diesem «geologischen Fenster» und machten die Gegend berühmt.

Im Jahre 1369 erstmals erwähnt, wurden sie 1533 von Paracelsus gerühmt und 1561 von Conrad Gessner als «Miraculum naturae» belobigt. 1717 erfolgte die erste Analyse dieser Magnesium, Calcium, Sulfat, Natrium und Hydrogencarbonat enthaltenden Heilquellen. Sogar der Tiroler Freiheitsheld Andreas Hofer machte 1802 hier eine Trinkkur, und in der zweiten Hälfte des 19. Jahrhunderts entwickelte sich daraus, ähnlich wie in St. Moritz, eine Hochblüte des Bädertourismus, woran noch die 150-jährige, leider ebenfalls baufällige Trinkhalle Büvetta in Tarasp erinnert.

Der Odolkönig hat's vorgezeigt

Heute macht man sich allenthalben Gedanken darüber, wie man das Thema Heilquellen wieder attraktiv machen könnte. So wie St. Moritz daran ist, zu prüfen, die baufällige Paracelsus-Trinkhalle zu retten und allenfalls die Paracelsusquelle erneut freizulegen und zusammen mit der altberühmten Mauritiusquelle zur Sightseeing-Attraktion zu machen, so ventiliert im Unterengadin eine Stiftung Pro Aua Minerala, wie die Mineralwasserwelt wieder zum florierenden Tourismusfaktor zu pushen wäre.

Ein analoges Unterfangen notabene, wie es die neuen Schlossherren von Tarasp für ihr Juwel anstreben. Vielleicht müsste man sich einmal daran erinnern, wie einst der Odolkönig Karl August Lingner aus (Mund-)Wasser Millionen machte und damit auch Schloss Tarasp, eines der schönsten Burgenjuwele der Schweiz, retten konnte. Odol musste erfunden werden, die Mineralquellen im Unter- und Oberengadin jedoch sind ein Geschenk der Natur und plätschern gratis vor sich hin. Man muss sich bloss aufraffen, sie nachhaltig zu nutzen, wie das frühere Generationen mit grösstem Erfolg schon vorgelebt haben.

Die aktuellen Schweizer Welterbe-Stätten
Sechs Kulturerbe, drei Naturerbe und zwei Biosphären

Die Welterbekonvention der Unesco (World Heritage Convention) datiert aus dem Jahr 1972. Weltweit sind bereits 936 Stätten aus 153 Ländern ernannt. Dazu kommen 580 Biosphärenreservate in 114 Ländern.

In der Schweiz wurden bisher folgende Labels verteilt:

Als Weltkulturerbe:

- Altstadt von Bern, 1983
- Kloster St. Johann Müstair GR, 1983
- Stiftsbibliothek und Stiftsbezirk St. Gallen, 1983
- Burgen von Bellinzona (Tre Castelli) TI, 2000
- Weinbaugebiet Lavaux VD, 2007
- RhB in der Kulturlandschaft Albula/Bernina GR, 2008

Als Weltnaturerbe:

- Region Jungfrau-Aletsch-Bietschhorn, 2001
- Monte San Giorgio TI, 2007
- Tektonikarena Sardona (Glarner Hauptüberschiebung), 2008

Als Biosphärenreservat:

- Entlebuch LU, 2001
- Reservat da Biosfera Val Müstair-Parc Naziunal, 2010
  (Schweizerischer Nationalpark, seit 1979)

Wo bleiben die Anträge aus dem Engadin?
Die Chancen sind gross und intakt – aber wie lange noch?

Erstaunlicherweise verfügt das mit Naturschätzen so reich gesegnete Landschaftsparadies Engadin zwar über ein technisches Welt*kultur*erbe (RhB Albula/Bernina), nicht aber über ein Welt*natur*erbe.

Deshalb wäre es wohl nicht ganz abwegig, über einen solchen Antrag nachzudenken. Zwei prädestinierte Themen liegen in der Luft.

Allerdings sind sie dermassen aktuell, dass bei zu langem Zögern die Gefahr besteht, dass andere Antragsteller rascher agieren.

Visionen für Weltnaturerbe-Anträge aus dem Engadin:

- *Engiadina – Terra sana*
  und/oder
- *Wasserschloss Engadin*

Zwei biosphärentaugliche Naturphänomene

Vielleicht wäre, damit schliesst sich der Ring der angesagten Überlegungen, nebst unternehmerischer Genialität à la Lingner auch hier ganzheitliches, vernetztes und zudem gemeinsames Vorgehen von Ober- und Unterengadin am erfolgversprechendsten – für alle. Denn mutet es nicht etwas seltsam an: Zwar fährt durch das Engadin ein technisches, menschengemachtes Welt*kultur*erbe *(vgl. Kastentexte)*.

Doch die Landschaftsperle Engadin verfügt über kein Welt*natur*erbe, trotz ihrer Terra sana-Eigenschaft und trotz drei überzeugenden Wasserthematik-Trumpfkarten: sensationelle Wassertriage, älteste und höchstgelegene Heilquelle und «geologisches Fenster», Letzteres bedeutungsmässig der Tektonikarena (Glarner Hauptüberschiebung) ebenbürtig.

Man bedenke: Sowohl die Gesundheits- wie die Wasserthematik sind in der Welterbekonvention der Unesco noch nicht übermässig abgedeckt. Doch weil das Thema Gesundheit immer zentraler und das Thema Wasser weltweit zur Überlebensfrage wird, dürfte es nicht lange dauern, bis Anträge in dieser Richtung eintrudeln.

Das Engadin als Ganzes hätte mit seinem Gesundheitsmythos, das heisst mit seiner einzigartigen, klimato-balneologischen Palette und mit seiner unvergleichlichen Wassersituation, beides Themenbereiche, die nach Ermessen biosphärentauglich sind, wohl eine reelle Chance, sich und seinen Geschenken der Natur für immer einen Platz an der Sonne zu sichern. Deshalb noch einmal: Lage ist Auftrag! Doch dazu wären wieder «ein paar weitsichtige Männer – und Frauen» gefragt. Glück auf, dass der Krug, wenn er zum Brunnen geht, nicht bricht!

Ein Wort zum Schluss

Soweit die Konklusion des Buchinhaltes und die sich daraus ergebende Vision. Dazu ein Randvermerk: Der Schreiberling dieses Buches ist zwar nicht ganz ohne Vorkenntnisse an die gestellte Aufgabe herangetreten, den Gesundheitsmythos von St. Moritz umfassend aufzuarbeiten; eine enge Beziehung zum Engadin hat vorbestanden.

Doch ob allem Recherchieren hat sich das Interesse an dieser sagenhaften Geschichte gesteigert und in Begeisterung verwandelt. Dass dabei auch etwas Besorgnis darüber mitschwingt, ob es gelingen wird, diese grosse Gesundheitsmythos-Geschichte der Vergangenheit auch in eine solche für die Zukunft umzusetzen, mag man verzeihen. Sie beruht, ebenso wie die Begeisterung, auf engagiertem Interesse an der Sache.

Es wäre schön, wenn St. Moritz und das Engadin diesen Turnaround schaffen würden im Sinne von Il Bernard, der als aufgeweckter Bub aus den Bergen in einem Schulaufsatz schrieb und dies später bei all seinem Tun in die Tat umsetzte: Quidquid agis, prudenter agas et recipe finem – Was du auch immer tust, tue es mit Bedacht und bedenke die Folgen!

Heini Hofmann

Verdankung

Den nachstehenden Institutionen und Personen sei herzlich für die freundliche Unterstützung bei der oft schwierigen und aufwendigen Recherche gedankt:

Dr. Oscar Bernhard-Stiftung, St. Moritz
Dr. med. Robert Eberhard

Gemeinde St. Moritz
Sigi Asprion, Gemeindepräsident
Peter Barth, ehem. Gemeindepräsident

Bürgergemeinde St. Moritz
Daniel Eichholzer, Bürgermeister
Susanne Robbi, Vize-Bürgermeisterin

Gemeinde Samedan
Thomas Nievergelt, Gemeindepräsident
Claudio Prevost, Gemeindeschreiber

Dokumentationsbibliothek, St. Moritz
Corina Huber und Team mit
Daniela Franziscus, Laura Rezzoli,
Anna-Maria Guadagnini

Staatsarchiv Graubünden, Chur
Dr. Silvio Margadant und Team

Kulturarchiv Oberengadin, Samedan
Dora Lardelli, Dolf Kaiser, Giuliano Pedretti
und Team

Biblioteca Fundaziun Planta, Samedan
Ines Gartmann

Academia Engiadina, Samedan
Dr. Felix Keller, Dr. Christine Levy

Archäologischer Dienst Graubünden, Chur
Dr. Mathias Seifert

Redaktion Engadiner Post / Posta Ladina, St. Moritz
Chefredaktor Reto Stifel und Team

Segantini Museum, St. Moritz
Cornelia Pedretti, Verena Lawrence

Atelier Segantini, Maloja
Diana Segantini, Gioconda Leykauf-Segantini

Spital Oberengadin, Samedan
Dr. med. Donat Marugg, Philipp Wessner,
Doris Göpfert

Eidg. Hochschule für Sport, Sportphysiologie, Magglingen
Dr. Jon Peter Wehrlin

Medizinhistorisches Institut und Museum der Universität Zürich
Prof. Dr. Christoph Mörgeli, Dr. Margrit Wyder

Kur- und Verkehrsverein, St. Moritz
Martin Berthod, Sandro Wegmann

Grundbuchamt Oberengadin, St. Moritz
Hanspeter Brenna, Pascal Wernli

Klinik Gut, St. Moritz
Dr. med. Andi Grünenfelder

Bauamt, Samedan
Daniel Freitag

Bauamt, St. Moritz
Marco Caminada, Ferdinando Dalle Vedove,
Livio Moffa

Ruch & Partner, Architekten, St. Moritz
Hans-Jörg Ruch, Stefan Lauener

CSD Ingenieure, Thusis
Daniel Wurster, Lorenz Fanger

Mauritiusquelle, St. Moritz
Heini Denoth, René Müller

Gemeindeverwaltung, Samedan
Gaby Grob, Michaela Jenal

Pfarramt, Samedan
Pfr. Michael Landwehr

Staatsarchiv Basel-Stadt, Basel
Dr. Hermann Wichers

Stadtarchiv, Chur
Susanna Kraus

Bündner Natur-Museum, Chur
Dr. Jürg Paul Müller

Bündner Kunstmuseum, Chur
Dr. Beat Stutzer

Galerie Kornfeld, Bern
Christine Stauffer

Fleischtrocknerei Churwalden, Landquart
Gustav Spiess

Verein für wirtschaftshistorische Studien, Zürich
Dr. Bernhard Ruetz und Susanna Ruf

Botanischer Garten, St. Gallen
Hanspeter Schumacher

Schweizerische Orchideen-Stiftung, Basel
Dr. h.c. Samuel Sprunger

Schweizer Luftwaffe, Dübendorf
Helmut Steck

*Hotel Archiv Schweiz, Lausanne,
Archiv Badrutt's Palace Hotel, St. Moritz
und Archiv Hotel Kulm, St. Moritz*
Evelyne Lüthi-Graf

Schweizerischer Nationalpark, Zernez
Prof. Dr. Heinrich Haller

Engadiner Museum, St. Moritz
Monika Bock

*Landwirtschaftliches Bildungs- und
Beratungszentrum Plantahof, Landquart*
Peter Küchler, Curdin Foppa

Privatpersonen in St. Moritz
Marcella Maier, Renato Testa, Agi Fetz,
Britta Ahlden, Diane Conrad-Daubrah,
Dr. Urs A. Nater, Hans Thoma, Claudio
Bernasconi, Manuela Biffi, Tina Tesfaye,
Dr. med. Peter Robert Berry

Privatpersonen in Samedan
Katherina Rutschmann-Kienast,
Maria Gichilly, Kathrin Götz, Gian Peter Niggli,
Alice Bisaz, Gian Adolf Duttweiler,
Göri Klainguti, Elio Paganini, Claudio Morell,
Gian-Battista Camenisch, Ursula Zambail,
Heidi Graf, Corina Naef, Ernst Huber,
Tom Bärfuss, Kurt von Rotz,
Dr. med. vet. Martin Merker

Privatpersonen in Pontresina
Ursula Mäxi Golay, Urs Dubs,
Alfred Lochau, Thomas Wehrli

Privatpersonen anderswo
Käthy und Ueli Hofmann-Mäder, Uetendorf;
Rolf Zollinger, Vulpera; Dr. med. Reto Eberhard
Rast, Luzern; Andrea Miolo-Eberhard,
Küsnacht; Dr. Peider Ratti, Chur;
Franz Rödiger, Soglio; Marco Jehli,
Celerina; Dr. Ursulina Mutzner, Bivio;
Jon Andri Tgetgel, Ardez; Robert Küng,
Rapperswil; Dr. Hans-Rudolf Bener,
Chur; Dr. Andrea Picenoni, Meilen;
Silvia Kaiser, München; Sabine Keller,
Jona; Renato Giovanoli, Maloja;
Guido Huder, Scuol

Bewohner Bernhard-Klinik, St. Moritz
Dr. Hanspeter Danuser
Hansruedi Schaffner
Albert R. Nold

Oscar Bernhard-Verwandtschaft
Michael A. R. Bernhard, Pully
Dr. Waldemar E. Bernhard, Zürich
Marianne Herold, Zürich
Jacqueline Thèves, Paris
Regula Hoch-Frei, Zürich
François Petitpierre, Biel-Benken
Dr. Jean-Claude Petitpierre, Binningen
Alfred R. Sulzer, Zürich

Bezüglich Zusammenarbeit mit den oben aufgelisteten Institutionen und Personen sei noch besonders das arbeitsintensive Engagement von Sarah Honegger c/o Foto Breitenmoser Rüti ZH, der Dokumentationsbibliothek St. Moritz, des Kulturarchivs Oberengadin, der Academia Engiadina, des Staatsarchivs Graubünden, der Oscar-Bernhard-Verwandtschaft sowie die vielseitige Unterstützung durch meinen Bruder Ueli Hofmann dankend hervorgehoben.

Ein ganz spezieller Dank geht an meinen Auftraggeber, den Präsidenten der Dr. Oscar Bernhard-Stiftung und Leitenden Arzt des Medizinischen Therapiezentrums Heilbad St. Moritz, Dr. med. Robert Eberhard, für die sehr engagierte und geduldige Begleitung der umfangreichen Arbeit unter grossem Zeitdruck, der bedingte, dass gelegentlich auch noch die Nacht zum Tag gemacht werden musste, an Verleger Max Weiss für die professionelle und unkomplizierte Betreuung des Projektes, an Layouter und Künstler Jon Duri Gross für die lehr- und genussreiche Zeit bei der gemeinsamen Aufarbeitung der Druckvorstufe, unterstützt von seiner Frau Aita Gross und «überwacht» von Hundefreund Lupo, an Esther Siegrist für die umsichtige Korrekturlesung, an Walter Urs Gammeter, Jon Martin Taverna, Werner Graf und Alberto Bega für die drucktechnische Umsetzung, an Christian Eibert, Urban Küng, Martin Lang und Rolf Honegger für das Binden des Endproduktes, und nicht zuletzt an Dr. Hanspeter Danuser, der den ersten Anstoss zur Realisierung dieses (damals noch in kleinerem Rahmen angedachten) Buches gegeben hat.

Bildernachweis

Umschlagbild vorne:
Freier Entwurf von Jon Duri Gross nach dem Plakat von Hugo Laubi: St. Moritz Les Bains, 1943

Umschlagbild hinten:
Oscar Bernhard als Hochgebirgsjäger mit Jungadler, Ende 19. Jh., Kulturarchiv Oberengadin, Samedan.

Bilder im Textteil:

Archäologischer Dienst Graubünden, Chur: 59, 60, 61 alle, 122 beide, 123, 124, 125 alle

Architekturbüro Ruch & Partner, St. Moritz: 154/155, 169

Archiv Wild-, Haus- und Nutztiere: 35, 36 beide, 44 beide, 47 u., 50 beide, 51 beide, 54 beide, 352, 353

Atelier Segantini, Maloja: 259

Badrutt's Palace Hotel, St. Moritz: 142, 143, 144 beide, 145 alle

Bauamt, Samedan: 235 gr., 238 u. l.

Bauamt, St. Moritz: 153, 161 beide, 163, 165, 167, 171 beide, 180 u., 335

Botanischer Garten, St. Gallen: 231 l.

Bündner Natur-Museum, Chur: 19 o., 22 o., 24, 28 beide, 53

C. Fleming Williams, Winter Sports in Switzerland: 136 beide, 137 beide, 140/141, 149

Christine Levy, Dr., Bever: 364 o., 370 o., 372

Claudio und Diane Conrad-Daubrah, St. Moritz: 133

Destination Engadin St. Moritz: 403, 405

Donat Marugg, Dr. med., Samedan: 393 beide

Dokumentationsbibliothek, St. Moritz: 63, 69, 70, 75, 81, 83, 87, 92, 96/97, 99, 104/105, 108 beide, 109, 111 beide, 112, 113, 114 beide, 120, 121, 126 beide, 127, 138, 139, 146 beide, 150 o., 150 u., 160, 184 beide, 185, 187, 188, 191, 196, 212, 245, 263 u. r., 267 beide, 269, 276, 278/279, 280, 281 beide, 286, 293, 306 alle, 307 o. alle, 316 l., 346, 363, 369 u., 407, 433

Engadiner Post/Posta Ladina, St. Moritz: 238 o./u. r.

Engadin Press, Samedan: 107, 110, 118, 147, 349

Ernst Huber, Samedan: 354/355

Felix Keller, Dr., Samedan: 373

François Petitpierre, Biel-Benken: 282 alle, 283, 285

Galerie Kornfeld, Bern: 300

Gian Adolf Duttweiler, Samedan: 235 kl.

Graphische Sammlung ETH, Zürich: 71

Gunther Klenk, Krattigen: 43 o.

Hans Krebs, Ottikon/Kemptthal ZH: 48

Heini Hofmann, Jona: 43 u., 55, 151 o., 229 u., 243 u., 272 u., 295, 314

Johanna Spyri-Archiv, Zürich: 17

Jon Duri Gross, Bever: 25 o., 32, 52 o., 344 u., 371, 419

Jon Feuerstein, Scuol: 46 u., 47 o.

Jürg Schucan, Dr., Zürich: 41, 387

Kräuterpfarrer Künzle AG, Itingen BL: 23

Kulm Hotel, St. Moritz: 134, 135, 347

Kulturarchiv Oberengadin, Samedan: 150 M., 228 o., 247, 248/249, 250, 251 beide, 254, 260 o., 340/341

Kur- und Verkehrsverein, St. Moritz: 129, 130, 131, 301, 307 u. beide, 365

Marco Jehli (Sammlung), Celerina: 132, 380/381, 383

Marianne Herold, Zürich: 291 beide, 312 l., 313, 316 r., 317 u.

Max Blösch, Altreu: 46 o.

Max Weiss, St. Moritz: 10/11, 198, 302, 305, 344 o., 370 u., 374, 375, 396, 417, 421

Medizinhistorisches Institut der Universität Bern: 321

Medizinhistorisches Institut und Museum der Universität Zürich: 39 u., 67, 317 M.

Medizinisches Therapiezentrum Heilbad St. Moritz: 178, 180 o., 181, 183, 190 o., 190 u., 192, 193, 197, 199, 201, 202 alle, 203, 204, 205, 206 alle, 208 alle, 209, 217 beide, 218 beide, 220, 224/225

Michael A. R. Bernhard, Pully: 12, 15, 56, 227, 228 l. o., 264 alle, 265 beide, 272 o., 287, 289, 290 beide, 317 o., 318 beide, 319 beide, 323, 338

Mili Weber-Stiftung, St. Moritz: 151 M./u.

Musée cantonal de zoologie, Lausanne: 42 beide

Musée d'histoire de sciences, Genève: 385

Museum für Gestaltung (Plakatsammlung), Zürich: 37

Naturhistorisches Museum der Burgergemeinde Bern: 18, 19 u., 31

Natur-Museum, Luzern: 29, 30

Nicolo Bass, Scuol: 234 beide

Peter Donatsch, Ulisbach SG: 49

Pfarramt, Samedan: 14

Pharmazie-Historisches Museum, Basel: 25 u.

Privatsammlung Kleiner: 115 o.

Public Domain-Bildarchive: 21 alle, 52 u., 57, 62, 65, 66, 207 beide, 243 o., 339, 389, 390, 391, 392

Reto Ackermann, Dr. med., Altdorf: 45 o.

Robert Eberhard, Dr. med., St. Moritz: 170, 211

Rolf Canal, Samedan: 366, 408

Rolf Zollinger, Vulpera: 434

Rosenfluh Publikationen, Neuhausen am Rheinfall: 45 u.

Sammlung Zinggeler, Eidg. Archiv für Denkmalpflege, SND: 115 u.

Schweizer Luftwaffe: 401

Schweizerische Orchideenstiftung, Basel: 231 M./r.

Segantini Museum, St. Moritz: 256, 257 beide, 258 beide, 261 o./u. l., 426 (Ausschnitt)

Spital Oberengadin, Samedan: 270/271, 309 (Ausschnitt), 312 r.

St. Moritz Sport, St. Moritz: 369 o., 377, 404, 409, 410, 411

Staatsarchiv Graubünden, Chur: 253, 260 u., 261 u. r., 262 u. alle, 263 u. l., 268, 288, 320, 329, 330 alle, 331 beide, 332 beide, 333 beide, 334 alle

Stiftung für Kunst, Kultur und Geschichte, Winterthur: 297 (Ausschnitt), 299

swiss-image: 413

Tarasp-Vulpera Turissem: 435

Thomas Wehrli, Pontresina: 26/27, 40, 337, 356, 357, 364 u., 415, 422, 423, 424/425, 428, 429, 430

Tom Bärfuss, Samedan: 351, 359, 384

Waldemar E. Bernhard, Dr. med. dent., Zürich: 228 l. M./u., 229 o. beide, 230 alle, 233, 236/237 alle, 239 beide, 240, 241, 242, 244, 262 o., 266

Zentralbibliothek, Zürich: 22 u., 34, 38, 39 o.